经典战史回眸　抗战系列

铁血远征

滇缅会战

杨刚　冯杰　著

WUHAN UNIVERSITY PRESS
武汉大学出版社

图书在版编目(CIP)数据

铁血远征：滇缅会战/杨刚，冯杰著．—武汉：武汉大学出版社，2011.9(2025.3 重印)
经典战史回眸·抗战系列
ISBN 978-7-307-07693-8

Ⅰ．铁…　Ⅱ．①杨…　②冯…　Ⅲ．国民党军-抗日战争-史料　Ⅳ．K265.210.6

中国版本图书馆 CIP 数据核字(2011)第 137222 号

责任编辑:王军风　　责任校对:刘　欣　　版式设计:马　佳

出版发行：**武汉大学出版社**　(430072　武昌　珞珈山)
(电子邮箱：cbs22@whu.edu.cn　网址：www.wdp.com.cn)
印刷:武汉邮科印务有限公司
开本:720×1000　1/16　印张:29.25　字数:493 千字
版次:2011 年 9 月第 1 版　　2025 年 3 月第 4 次印刷
ISBN 978-7-307-07693-8　　定价:98.00 元

序

刚刚过去的20世纪，是中华民族奋力拼搏，从几近亡国的颓势下扭转乾坤、重新崛起于强国之林的一个世纪，近百年的积贫积弱，列强的几番蹂躏，都没有使中国人丧失自豪与信心。在历史的尘埃纷纷扬扬的迷雾里，一代代人努力探寻，不惜抛头颅洒热血，倾自己的一切力量为了民族的复兴而奋斗。和平安宁的日子，是无数先辈的鲜血和生命换来的。确实，中国近现代史，就是一部以硝烟和热血书写的屈辱史和奋斗史。

当我们重新回顾这段历史的时候，更加觉得中华民族的辛酸，她沉重的脚步有时不免蹒跚，她伟岸的身躯有时不免伛偻，但她总能坚强地挺过来，总能在她的子孙的帮助下，重新焕发出年轻和强壮的声音。即使在20世纪三四十年代，黑暗笼罩世界，连一丝阳光都看不到的时候，她依然固守着自己的信念，在苦斗，在自强。正如当时的诗人田间那首著名的诗："我们这个古老的民族，不能屈辱地活着，也不能屈辱地死去。"

她做到了。在抗日战争的烽烟终于消逝在天际的时候，人们发现，她瘦了，但却更加结实和成熟了，无数死难烈士的尸骨撑起了她的脊梁。在欢庆胜利、万众沸腾的时刻，不知有多少家庭正在啜泣，因为伴随着无边无际的锣鼓鞭炮声，在这个古老国度的各个角落，无数已成为幽灵的面孔正在亲人心里泛起，带来阵阵难以言表的酸楚。

本书讲述的是，1942年到1945年间，中日两国围绕滇缅公路所进行的殊死搏斗中那一幕幕惊心动魄的瞬间，力求把这一场伟大战略胜利的整个战斗过程表现出来，让今天的我们真切地感受到60多年前那些令人肃然起敬的日日夜夜，永远记住那些在亚热带丛林里舍生忘死奋斗乃至为国捐躯的人们。

目　录 CONTENTS

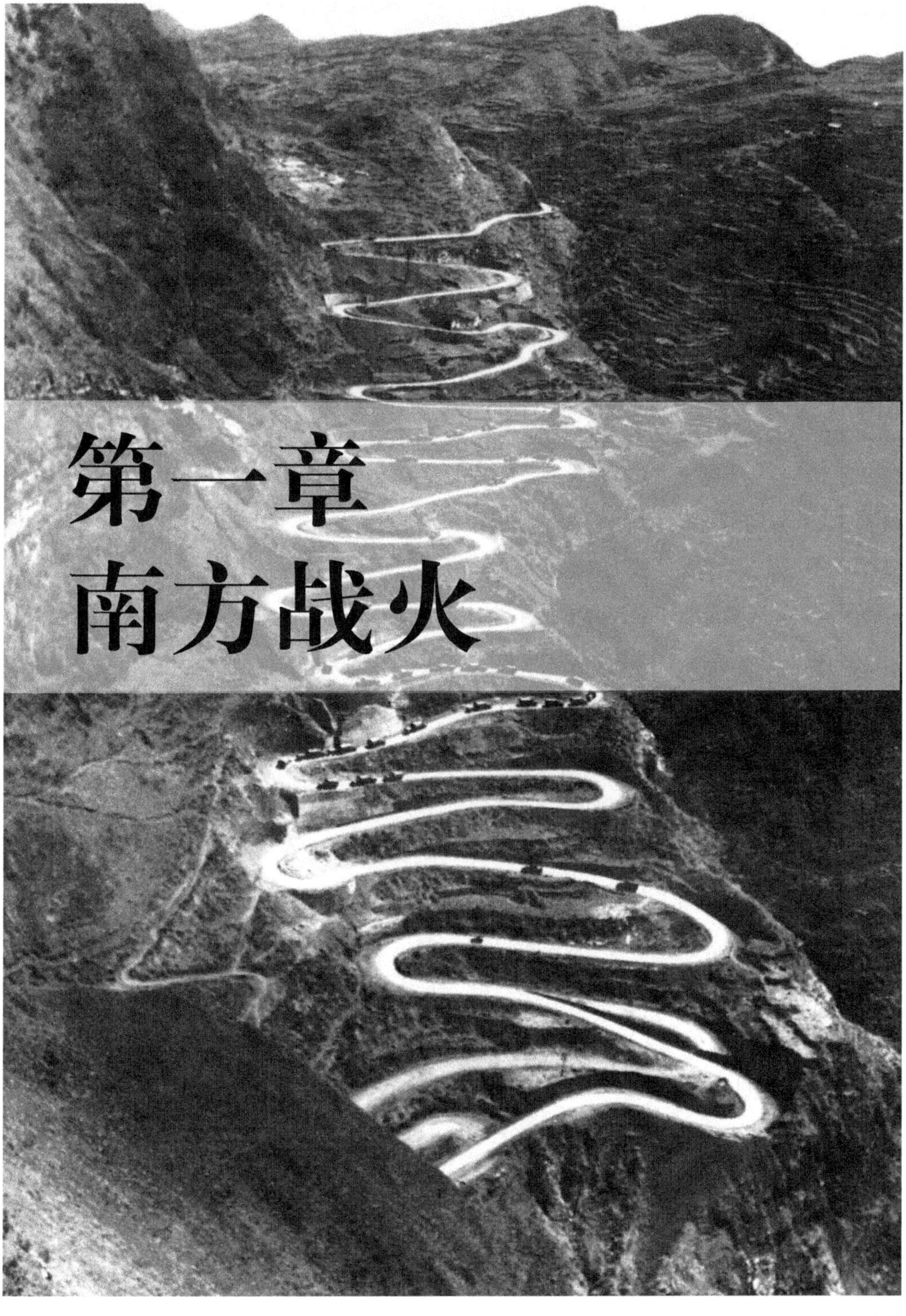
第一章
南方战火

大动脉

1937年7月抗战全面爆发以后，中国进行了坚决抵抗，虽然由于国力、科技经济实力和人口素质相差过大，大片国土相继丧失，但全国人民不分民族和党派，联合在了一起，依靠国土辽阔、人口众多和民族意识觉醒的优势，打破了日军三个月灭亡中国的梦呓。战争逐渐进入了艰苦的相持阶段，日军尽管不断取得胜利，但前进的脚步却越来越慢，付出的代价也越来越大，“以战养战”的思想在中国顽强的抵抗和中国贫瘠的工业基础面前变得十分可笑，日本只能在中国部分沦陷区获得农作物和一些原材料，石油、有色金属等大部分战略资源依旧无法解决，这使得日本高层忧心忡忡，被迫开始重新制定国策。

在日本军方看来，出路有两个，一个是北上，一个是南下。北上就必须要与苏联强大的陆军直接对抗，南下则肯定要与英美等国的强大海军决战，但日本陆军和海军都自认为能够打垮苏联陆军和英美海军，于是陆军海军之间争持了许久都没有定论。

从1937年到1940年，日本在这两条路线之间一直摇摆不定，直到1939年夏秋之际日本陆军在中蒙边界的哈拉哈河地区招惹了苏联而遭到惨败之后（即“诺门坎事件”），才真正放弃了北进战略，转而准备南进。而中国坚强不屈的抵抗，则是使日本定下这个后来导致其全面失败的国策的最核心因素，旷日持久、伤亡巨大的对华战争对于日本是个灾难，从中国获得的益处远远不能弥补所失。正是中国人民的苦斗，拖住了日本，虽然日本在此期间的国民经济运行良好，可是巨大的损失毕竟无法回避，这种消耗随着时间的推移而逐渐增加，眼看西方那些老牌帝国主义国家渐渐摆脱了经济危机、复苏的脚步逐渐加快，而日本却深陷泥潭，任谁都看得出在未来的岁月里日本将重新被列强甩在身后。

充满忧患意识的日本上层从中日战争全面爆发那时起，就在绞尽脑汁寻找迫使中国屈服的办法。他们发现中国尽管贫弱，但大量国际援华物资起到了输血的作用，这样就使中国拥有继续战斗下去的能力，如此下去只要国际援华物资供应不断档，武力压迫就没有什么效果。西方列强希望中国坚持下去拖住日本，在这一点上日本也看得很清楚，所以它认为要想使中国屈服的关键是阻断中国所有得到外来物资的道路。从1938年开始日军沿着中国海岸线进行了封锁作战，江浙、两广、海南、越南等物资运输线一条一条被日军掐断了。到1940年底，苏联迫于轴心国东西夹击的压力，关闭了从新疆入境的援华路线，在抗战前途最黑暗的时刻，中国原有的国际援华物资运输线几乎全部被切断。幸亏中国人未雨绸缪，早在全面抗战爆发不久，就做了很有远见的准备，这就使中国联结外界的战略公路，还剩下了最后一条。

这条最后的大动脉，就是躲藏在遥远的大西南后方、深深的群山之中的滇缅公路。

滇缅公路，以云南昆明为起点，向西穿过往昔云南府的治所楚雄，再经过大理，继续向西跨越澜沧江，衔接已改称保山的永昌古郡，再越过怒江峡谷，经过后来以一场惨烈大战闻名于世的松山、龙陵，从富庶的傣族土司辖地芒市、遮放伸向边境小镇畹町，出境后直到缅甸中部的腊戍。腊戍有铁路、公路与首都仰光相连，从海上颠簸而来的各种物资可以从仰光转运到腊戍，再从腊戍沿滇缅公路运到中国，支撑着中国在战争中的消耗。在1940年，作为中国仅剩的唯一一条国际公路，它对中国抗战的重要意义不言而喻。

1937年8月，也就是抗战刚刚开始1个月，云南省主席龙云就向军事委员会提出了建设滇缅公路和滇缅铁路的计划。蒋介石对龙云的这个建议非常赞同，但考虑到建设滇缅铁路的条件显然还不成熟，只能暂且先搁置，而滇缅公路的建设却应该立即着手开始。建造滇缅公路的决策一确定，龙云立即派特使缪云台前往缅甸，与英国殖民当局洽谈有关公路建造事宜，并最终达成了协议，以缅甸边境小镇木姐为滇缅公路同腊戍至八莫公路的连接站，从畹町到腊戍的187公里路程中，从畹町到木姐需要新建公路18公里由英缅当局负责修建。

在与英国殖民当局进行谈判的同时，国民政府也在第一时间开始进行修建滇缅公路的准备，1937年10月底，交通部次长王芃生、全国经济委员会公路督察工程司司长徐以枋以及工务科长赵履祺等，就急匆匆赶到昆明，与龙云协商修筑公路的各项事宜，甚至比行政院的指示到达云南省政府的时间还早了好几天。技术员汤仁寿、吴文熹等也开

■ 云南省主席龙云，滇缅公路修建的倡议者。

云南

云南省，简称云或滇，位于中华人民共和国西南边陲。云南省名的来历，一种说法是“彩云之南”，二是位于“云岭之南”。省会昆明市。

云南位于东亚大陆与中南半岛和南亚次大陆的结合部，沿边而不临海，但距离海洋却不远，是一个典型的内陆边疆省，是中国西南内陆通往太平洋和印度洋的必经之地。东部与贵州省、广西壮族自治区为邻，北部同四川省相连，西北紧邻西藏自治区，西部同缅甸接壤，南部同老挝、越南毗连。云南省与邻国的边界线总长为4060公里，其中：中缅段1997公里，中老段710公里，中越段1353公里。云南自古就是中国连接东南亚各国的陆路通道。有出境公路20多条，15个民族与境外相同民族在国境线两侧居住。

北回归线从本省南部横穿而过，全境东西最大横距864.9公里，南北最大纵距900公里，总面积39.4万平方公里，占全国陆地总面积的4.1%。全省土地面积中，山地约占84%，高原、丘陵约占10%，盆地、河谷约占6%，平均海拔2000米左右，云南地形极为复杂，大体上西北部是高山深谷的横断山区，东部和南部是云贵高原。最高峰是西北部迪庆藏族自治州德钦县的梅里雪山，其主峰卡瓦格博峰海拔6740米。最低点是河口县的元江河谷，海拔仅76.4米。整个云南呈现西北高、东南低的态势，省内山脉呈扇形分布，河流则呈带状分布，在六大水系中有四大水系流向中南半岛各国。这样的地理位置和地势，使云南在地缘战略上呈现陆权与海权的交接点，并且占有高屋建瓴的态势，从而使云南对于中国而言，成为西南大后方进退皆可有据的关键节点。

由于云南北依广袤的亚洲大陆，南连位于辽阔的太平洋和印度洋的东南亚半岛，处在东南季风和西南季风控制之下，又受西藏高原区的影响，从而形成了复杂多样的气候。主要受南孟加拉高压气流影响形成的高原季风气候，全省大部分地区呈现冬暖夏凉，四季如春的气候特征。全省气候类型丰富多样，有北热带、南亚热带、中亚热带、北亚热带、南温带、中温带和高原气候区共7个气候类型。

云南自然资源丰富，在全国162种自然矿产中就有148种，探明储量的矿产有92种，其中25种矿产储量位居全国前三名，54种矿产储量居前十位，因此被誉为“有色金属王国”。全省人均水资源超过10000立方米，是全国平均水平的4倍。由于地形缘故，河流落差都很大，蕴藏有巨大的水能资源。云南几乎集中了从热带、亚热带至温带甚至寒带的植物品种。在全国约3万种高等植物中，云南有约

1.7万种。云南独特的气候和地理环境，形成了寒温热带动物交会的奇特现象。有脊椎动物1737种，脊椎动物中兽类有300种，鸟类有793种，爬行类143种，两栖类102种，淡水鱼类366种；昆虫1万多种。鸟兽类中有46种为国家一级保护动物，154种为国家二级保护动物。

全省总人口4513万（2008年数据），占全国人口3.36%。云南是全国民族最多的省份，共有52个民族，其中人口5000以上并有固定分布范围的有26个。各民族分布呈大杂居、小聚居的特点。

始受命对工程进行勘测。在他们到达之后，行政院的命令也正式下发，由中央给云南拨款200万元，要求在1年之内把公路修通。

早在1937年，国民政府已经意识到抵抗日本入侵的艰巨性，东部许多工商业都在大举西迁，新鲜事物和人员大量涌进西部，给西南大后方造成了不小压力，但也给原本十分贫穷落后的大后方提供了难得的发展机会。1937年的云南，交通十分困难，仅仅有一条滇越铁路和几条很有限的、里程很短的汽车路。滇缅公路预定经过的滇西山地，更是一寸公路也没有，当地的交通情况与今天西藏的墨脱类似，全靠马帮在山间水畔转来转去。芒市的傣族土司曾经利用靠近英国殖民地缅甸的优势进口过一辆汽车，也准备过一过洋人的舒适生活，为了迎接爱车的到来，专门修了近10公里公路，再花费巨大的人力翻山越岭将车抬了进来。不料由于没有专门的公路养护知识，亚热带的雨季又十分乖戾，这条公路不久就彻底被塌方和泥石流埋葬了，于是一切就又恢复到从前。

“云南王”龙云在这一地区有着重要的经济收入，就是通过腾冲从江心坡（迈立开江和恩梅开江之间的山地）一带转运烟土，他的大儿子龙绳武长期在此镇守，公路的开通不仅对国家有好处，对龙氏家族来说也是尽得其便利，所以龙云热情高涨，在接到有关命令后，龙云下令要在4个月里修通。一场声势浩大的工程拉开了。

滇缅公路从昆明到缅甸腊戍全长1146.1公里，缅甸境内是从畹町到腊戍的186.7公里，在中国境内的959.4公里由云南自行完成。这959.4公里，由昆明到大理的东段部分施工比较容易，这一段411.6公里，其中昆明至广通在1935年12月已经修通，其余300公里也已经筑有路基，只要稍加修缮就可投入使用。困难出自下关（今云南省大理白族自治州州府和大理市市府所在地）至边境，这一部分被称为西段，长547.8公里。在滇缅公路的修筑史上，修筑这一段公路所付出的艰辛和血泪，远远不是几页历史书就能说得清的。

今天，从下关到边境的高速公路已经开

龙云

龙云，彝族，彝名纳吉鸟梯。原名登云，字志舟。1884年出生于云南省恩安（今昭通市）炎山区，祖父为当地土司，4岁时父亲病逝，由舅父龙德清抚养长大。自幼喜好武术，与卢汉、邹若衡并称为“昭通三剑客”。

1911年加入滇军，1912年被保送进云南陆军讲武堂第四期骑兵科学习。1914年因击败到昆明摆擂台的法国拳师，引起云南都督唐继尧的注意。从云南陆军讲武堂毕业后，被分配到昭通独立营任少尉排长。1915年经邹若衡的推荐，任云南都督唐继尧的中尉侍从副官，逐渐为唐继尧所赏识，历任近卫军第二大队中队长、补充第一大队大队附、佽飞军副大队长，佽飞军大队长（“佽飞军”的军号出自汉代，是唐继尧的贴身卫队）。1921年2月顾品珍突然进军昆明，龙云率百余人的卫队护送唐继尧离开昆明，佽飞军被改编为云南陆军第11团，龙云任团长。6月，龙云响应孙中山号召进军广西，讨伐陆荣廷，进入柳州后任柳州警备司令。11月唐继尧从香港回国，龙云等积极拥护他打回昆明，1922年2月李友勋阵亡后，龙云代理第1军军长，3月打败顾品珍，攻占昆明，使唐继尧重掌云南，龙云任滇中镇守使。1923年3月任第3军军长。10月，唐继尧将滇军整编为14个军，龙云任第5军军长兼滇东镇守使。1924年9月唐继尧组建“建国联军”，龙云任第3军军长。1926年改任昆明镇守使。

1927年龙云与胡若愚等发动“二六政变”迫使唐继尧下台，投向广州国民政府，任国民革命军第38军军长，之后在与胡若愚争夺云南统治权的斗争中获胜，1928年被蒋介石任命为云南省主席兼国民革命军第十三路军总指挥等职。1929年秋统一云南，至1945年主政云南18年之久，被称为“云南王”。抗日战争时期，任第1集团军总司令，军事委员会委员兼昆明行营主任，陆军副总司令。

抗战期间，龙云先后派遣滇军20多万奔赴抗战前线，伤亡达10多万人，为抗战胜利作出巨大贡献。后因与蒋介石的矛盾日益尖锐，龙云开始同中国共产党及民主人士结交，并秘密参加了民主同盟。

1945年9月，昆明防守司令杜聿明趁滇军主力赴越南受降之际，发动五华山事变，将昆明城内滇军缴械，同时国民政府下令免去龙云本兼各职，调任军事参议院院长。龙云于10月被挟持到重庆，形同软禁，从此失去了对云南的控制。

1948年12月，在陈纳德等人帮助下，龙云从南京出走香港，脱离蒋介石的控制。不久加入中国国民党革命委员会。

1949年8月，龙云与黄绍竑、刘斐等44位国民党同仁在香港发表《我们对现阶段中国革命的认识与主张》的声明，正式宣布起义，拥护中国共产党的领导。

1950年1月龙云从香港赴北京，历任中央人民政府委员，国防委员会副主席，西南军政委员会副主席，西南行政委员会副主席，第二、三届全国人民代表大会常务委员会委员，第二、三、四届中国人民政治协商会议全国委员会常务委员，中国国民党革命委员会中央副主席等职。

1957年他被错划为“右派”，1962年6月在北京病逝。1980年6月，中共中央为龙云平反昭雪，恢复名誉。

通，即便如此，由于严重的地形障碍，高速公路仍然需要在群山中绕行，许多地段还修筑有长度惊人的隧道，由于坡度太大，以至于路上标示的限速经常要从120公里降低到80公里，而在与昔日滇缅公路西段相伴的那一段路程，最高时速有时甚至降到60公里。当你作为一位旅客，坐在大巴上以每小时100公里的速度向边境飞驰，一边悠闲地看着车上播放的影碟，一边百无聊赖地看看外面的风景或者昏昏欲睡的时候，你是否会为70多年前当地那些贫穷到极点的人们，使用原始的生产工具硬从大山中掏出这么一条路来，而感到异常吃惊呢？

根据龙云的命令，滇西各县紧急动员了起来。云南已经组建了第60军（军长卢汉）4万余人出滇抗日，第58军（军长孙渡）又已经开始组建，另外还有许多壮丁加入地方团队，因此，修筑滇缅公路的人群里，有许多是老年人、妇女甚至是少年儿童，这段历史因而更增加了几丝苍凉。龙云传送命令的方式是鸡毛信（鸡毛信源于古代的“羽檄”，为古代征调军队的文书，信封上插鸟羽表示紧急，必须尽速传递，后来就以鸡毛贴在信封上表示紧急）加手铐（不能按时完成任务者，各级官员自戴手铐来昆明听候处分），限所有单位在1937年的12月里将工人送到施工现场。接到命令的县长、区长、乡长、保甲长和大小土司们马上忙作一团，征发自己所能找到的所有劳工，从滇西各地的群山中逐渐会集到各城镇所在的平坝里，然后一队一队开进工地，为了确保工程进度，各级地方官员都与工人一同吃住在工地上，按辖地进行承包，分片包干。以下是滇西沿线各县份出民工的数字：凤仪（今属大理市）4000人，大理5000人，蒙化（今巍山彝族回族自治县）8000人，漾濞6000人，顺宁（今凤庆）5000人，昌宁7000人，永平9000人，云龙10000人，保山28000人，龙陵7000人，腾冲8000人，镇康5000人，潞西（芒市）8000人，梁河8000人，陇川1000人，莲山（今分属腾冲、梁河）1000人，瑞丽1000人……云南滇缅公路沿线28个县总共动员了劳工约20万人投入修路建设。

抗战初期中国的国际交通线

抗战初期，从1938年10月日军占领广州后，中国沿海地区的主要港口几乎全部沦陷。1941年12月日军占领香港，彻底切断了中国的海上交通。

抗战初期的中国国际交通线主要有：

一、西北国际交通线：西北国际交通线是在抗战中位于中国境内距离最长、运行时间最长、也是最安全的国际交通线，而且是同时拥有公路、航空、铁路的立体交通体系。

公路从西安经兰州、星星峡到苏联霍尔果斯，最后到萨雷奥捷克，全长3750公里，其中在中国境内3520公里。在中国境内的部分，西安到兰州的公路早已于1935年4月建成，而兰州到星星峡抗战前虽已开始修建，但进展缓慢，1937年8月国民政府开始投入人力物力加紧修建，年底基本建成，又经过两年边通行边改善，至1939年全线改善工程才结束。

1939年3月中德合资的欧亚航空公司开通渝哈线（重庆至哈密）和渝兰线（重庆至兰州）。1939年9月，中国交通部和苏联中央民航总管理局联合成立中苏航空公司，随即开通了阿拉木图经乌鲁木齐至兰州航线。铁路方面，1940年开始修建宝鸡至天水铁路，但进展迟缓，直到1946年1月才告竣工，基本没能在抗战中发挥作用。

西北国际交通线主要是运送苏联提供给中国的武器弹药以及中国偿还苏联的农副产品和矿产原料。

英美盟国也曾考虑经苏联从西北国际交通线运送援华物资，但最终因种种原因而未能实现。

1941年4月苏联与日本签署《苏日中立条约》，苏联随即停止了对中国的武器供应。1941年6月纳粹德国进攻苏联，苏联自顾不暇，西北国际交通线也随之基本结束。

二、中越国际交通线

这一交通线主要是通过越南北部的海防港与海上航线相连，再通过公路铁路与中国连接。中越国际交通又分为桂越交通和滇越交通。

桂越交通就是在越南境内从海防经河内再到同登，然后与中国的镇南关（今友谊关）相连。越南境内的铁路线早已建成，本来中国计划从镇南关到粤汉线的枢纽衡阳之间修建铁路，但在日军于1939年11月占领南宁前，铁路只修到南宁，未能与越南的铁路线直接联系。因此进入中国境内后，还是先得依靠公路运输到南宁、桂林才能会入中国内陆的铁路线。

从昆明经河口到海防的滇越铁路早在1910年就已建成，还有从昆明至河口的滇越公路可以对铁路运输起到补充作用。同时中国航空公司也开通了重庆—昆明—河内的空中航线。

在抗战前期，中越交通的运输量仅次于香港—广州线，起到了相当重要的作用，在广州沦陷之后，更是成为中国最重要的国际交通线。但由于法国殖民政府迫于日本的威胁和压力，对中越交通百般刁难、阻挠甚至扣留，因此在1939年12月到1940年6月，作为中国最重要的国际交通线，每个月的运量都没超过2万吨。

1939年11月南宁沦陷，桂越交通被切断。1940年6月，法国殖民地当局又迫于日本压力，关闭了滇越交通，由此中越国际交通线彻底断绝。从1937年9月到1940年6月，中越国际交通线总共运送物资约40万吨，主要是苏联援华武器和汽油燃料，但被法国扣留的物资，具体数量已难查清，估计在10余万吨以上。

综上所述，到1941年6月以后，中国对外的国际交通线就只剩下了滇缅公路。

1937年12月，作为滇缅公路最关键的西段，按照（下）关漾（濞）、漾（濞）云（龙）、云（龙）保（山）、保（山）龙（陵）、龙（陵）潞（西）、潞（西）畹（町）这6个工程分处的安排，开始了艰苦卓绝的施工。

参加施工的人们，大多生活在贫瘠的山区，其中相当大一部分是生产力十分低下的山区少数民族，他们原先只会种植大烟，但每年在大烟原料生产上获利很少，在云南省政府逐渐响应国民政府号召开展禁烟后，种植大烟被禁止了。但由于山区适合种植粮食的土地面积太小，他们尽管也能够生产出一些杂粮，生活也还是十分艰苦。云南省政府只给这些人每天2角云南半开（云南半开为云南当时自行发行的一种硬币，2元云南半开折合1元银圆，2角云南半开也就相当于1角银圆）的伙食补助，加上路途遥远，采买不便，多数人只能是尽量带上十天半月的口粮参与施工，此外，施工所用工具也得自理。

没有现代化工程机械，没有炸药，一切全靠锄头、畚箕、绳索和扁担，以及万能的双手。吃不饱，穿不暖，还要面对山区瞬间变幻的气候和肆虐的传染疾病（也就是在这一地区人们常说的“瘴疠之气”）。由于条件十分简陋，公路只能顺着各条河谷的走向弯弯曲曲。从下关以西几公里的西洱河谷

■ 云南省群众正在热火朝天地赶修滇缅公路。

开始，一直到怒江和澜沧江边，自古就是瘴气区，古代行商马队路过也只敢匆匆而行，各种湿热病症很快就演化成疟疾，使人一片一片病倒甚至死亡，瞬间暴发的洪水和泥石流，则能掩埋掉一切人的踪迹。为了尽快修通公路，人们自己制造黑色火药，自己烧制石灰。他们在江边悬崖上打炮眼，一个熟练的工人每天只能打出4个，就已经累得筋疲力尽，不断有人从几百米高的悬崖上跌进江里，江水只轻轻荡起一点水花。还有许多人由于紧张或疲劳而疏忽了工序，导致火药提前爆炸以致粉身碎骨，甚至有全家都死在施工现场的惨事。那些头上缠着黑布包头的人们，就是这样每天承受着死亡和伤残的威胁，将公路一点一点延伸到远方。而头戴着

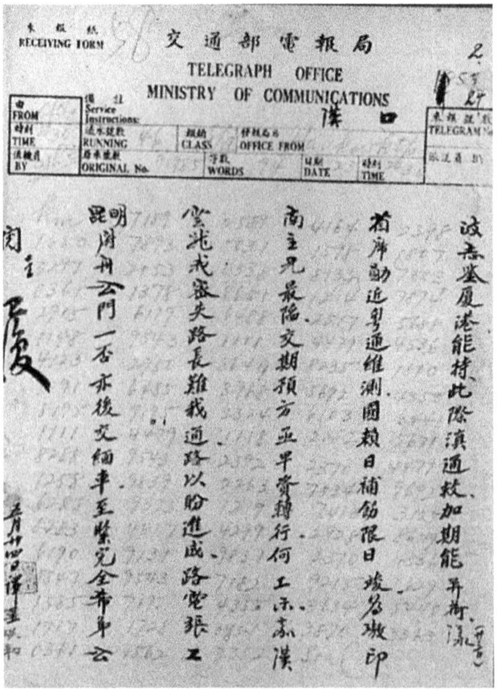

來報紙 RECEIVING FORM
交通部電報局
TELEGRAPH OFFICE
MINISTRY OF COMMUNICATIONS

■ 1938年5月23日国民政府交通部长张嘉璈致电龙云希望滇缅路能早日通车。

■ 工人们在夜间加班加点赶修公路，点燃了的柴油桶是他们的照明工具。

"洋毡帽"（也就是礼帽）的"先生"（技术员）们，也在工地附近的大山里进行选线和技术指导。有的"先生"由于疾病发作而在山林里失踪，待几个月后找到遗体的时候，只剩下一架白骨。

让人们最难忘怀的是这么一个夜晚，漾濞县顺濞河工地上，由于架设胜备桥的工作繁重，工人需要采用沉井法修筑桥墩，为了照顾家人，很多人拖家带口来到施工现场居住，许多工人的妻子儿女都在河边平坝上搭建了窝棚，待工期结束才一同回家。结果晚上就暴发了山洪，被红土染成红色的洪水夹带着大量泥沙一直漫上来，很快淹没了营地，所有的窝棚都被冲毁，人们都来不及逃掉，千余人只好互相抱着站成一大堆。浪头一次一次扑过了人们的头顶，急流将人们冲得摇摇晃晃，有人没抓紧，就被急流冲走了。这个时候人群只有将孩子们高高举在中间，江水则不断撕扯人的手臂要将孩子夺走。所有人都在撕心裂肺大声叫嚷着同一句话：千万不要松手！急流这样汹涌了一夜，人们也这样坚持了一夜。太阳再次升起的时候，六七十人已经悄无声息地永远失踪了。

关键的问题是桥梁，滇西山地大大小小的河流众多，其中澜沧江和怒江两条大河，非大型桥梁不能克服。而偌大的中国实在找不出多少桥梁专家，最后滇缅公路桥梁总设计师徐以枋从缅甸找到了一名印度技工，请他到澜沧江上现场教学，让中国工人学会了桥梁吊装技术。从1938年2月到6月，澜沧江上的第一座桥——功果桥得以完工。这是一座临时性的柔性悬索桥，跨径90米，桥面宽3米，可通行7吨半卡车1辆，后又于此桥上游800米处，架设跨径130米、桥面宽度4.2米、承重量达15吨的永久性公路桥，为了纪念设计者、以身殉职的工程师钱昌淦，该桥被命名为昌淦桥。可惜的是，在日军飞机针对滇缅公路的数百次轰炸中，1941年1月6日，这座通车仅仅7天的大型桥梁，就被炸沉于江中。建筑桥梁的材料对于抗战中的中国是多么的宝贵，所以人们将江中桥梁的残骸打捞起来，转运到顺濞河，拼接成了新胜备桥（钢架桥）。

滇缅公路

滇缅公路从中国云南昆明到缅甸腊戍全长1146.1公里，其中在中国境内长959.4公里，是中国在抗战时期，西南大后方历时最久，运量最大的国际交通线，被誉为中国抗战的生命线。

1937年8月，中国政府决定修建滇缅公路。年底，中国向国际招标，有数家国际大型公司对此有兴趣，表示若中国能提供先进设备，于六七年内便可开通，但当时中国缺乏先进机械，更无六七年时间可以等待，最后中国决定自行修建。

1937年11月，国民政府行政院正式下令修建，并由中央拨款200万元。

1937年12月，滇缅公路总工程处成立，下设四个工程处，两个桥工处，随即开始边测量，边设计，边施工。云南省通令公路沿线28个县开始征集筑路民工。1938年初，滇缅公路沿线约20万各族民工被征集到工地上开始施工，其中大部分是老人、妇女和儿童。

1938年3月完成全线路基工程，9月初步建成通车。由于战局紧急，因此要求筑路工程先求通，再求好。初步通车后再不断整修。至1938年12月2日，滇缅公路全线竣工。1939年1月10日全线正式通车。在几乎全部由人力修筑的情况下，总共完成土方1998万立方米，石方187万立方米，大小桥梁544座。在筑路工程中，共有约3000名民工和技术人员死亡，平均每公里就要付出3个人的生命。此后还有约1万人伤残。所以完全可以说，滇缅公路是由云南各族人民的血肉筑成的。

滇缅公路最初建造预算是每公里5000元，再加中央补助320万元，实际造价每公里约5800元。数十万筑路民工除了政府发给少量伙食补贴，几乎都是无偿劳动，所以滇缅公路造价之低，为全国之冠。

滇缅公路因为形势需要，早期以抢通为主要目标，工程标准比较低。平原地段基本上是乙等泥结碎石路面。虽基本上符合通车要求，但许多地段仍需要继续改善。交通部决定成立滇缅公路运输管理局负责对滇缅公路进行改

■ 今天滇缅公路的照片。

造。改造工程的范围，主要是把那些路基太狭，弯道太急，坡度太陡，行车困难甚至危险的路段，加以拓宽或改线。改造的工程量很大，计全路有羊老哨、汲三坡、天子庙坡、定西岭、杨梅岭、澜沧江和怒江两岸的双坡及三台山等几十处。因限于经费紧张，经过改善之后，路基的宽度、坡度、弯度等还没有全部达到规定的标准，但比以前行车安全和方便得多了。此外，还改建了临时桥涵，补铺了路面。

随着该路运输日趋繁忙，原有的泥结碎石路面已难胜任，为了提高公路的通车能力，交通部先后花费巨资向美国的美孚石油公司订购了2700吨柏油，决定在全路加铺柏油层，宽度为5米。柏油铺设工程于1941年10月初开始，从中缅交界的畹町河开始向东铺筑。为加快工程进度，交通部还从美国购买了大量的工程机械，如推土机、开山机、轧石机、压路机等，交与滇缅公路施工队使用。至1942年1月底，柏油路面已从畹町筑到龙陵。

从1939年初到1941年底，通过滇缅公路总共运输物资约22万吨。

1940年10月起，日军专门成立“滇缅路封锁委员会”，调集飞机对滇缅公路的主要桥梁进行轰炸，企图切断中国获取外援的最后通道。在不到6个月的时间里，日军先后出动飞机400多架次。护桥职工不顾危险，昼夜守护，随炸随修，使滇缅公路始终保持畅通。

1940年7月18日，英缅当局迫于日本的压力，宣布自即日起封锁滇缅公路三个月。10月重新开放后，这条公路的运输量逐月增加，从1940年10月的每月5200吨增加到1941年9月的1.8万吨。

从1939年到1942年的三年中，滇缅公路共运输约50万吨军需物资，15000多辆汽车，以及其他难以统计的各类物资。

1942年5月，日军侵占缅甸后长驱直入，惠通桥守桥部队奉令炸毁了该桥，将日军阻于怒江西岸。滇缅公路运输被迫中断。

1944年7月滇西反攻开始不久，国民政府即着手组织力量重建联结中国西南后方与西方盟国的地面交通线——中印公路。经过大批盟军工程兵和数万滇西人民近半年的共同努力，在远征军与驻印军胜利会师的同时，这条新的国际运输线也正式开通。公路分成南北两线：南线从利多至密支那后，转南经八莫至畹町接滇缅公路再至昆明，全长1732公里；北线从利多至密支那向东，经腾冲至龙陵接滇缅公路再到昆明，全长1568公里。公路贯通后，由中美两国共同组建的运输队于1945年1月20日开始向中国运送物资。此后8个月内，共出入汽车1万多辆次，运进各类作战物资5万余吨，有力地促进了国内正面战场的大反攻。

保山以西的怒江上，桥梁问题稍微乐观一些，这里有一座比较新式的悬索桥，为当地旅缅华侨梁金山先生出资建造，意在方便当地的行人马帮。这就是后来十分著名的惠通桥。但此桥的钢索很细，桥基受力情况不得而知，要通行汽车，必须进行改扩建。经过不少周折，工程处从仰光找到了当初设计这座桥梁的印度工程师，要来了设计图，又从缅甸千里迢迢运来钢材，在当地筹集了足够的木料，才将其改造成了一座跨径84米、面宽4米、可通行10吨卡车的公路桥。1938年10月，宋子文之弟宋子良亲自押运几车苏联军火从缅甸到达桥边，为了赶时间，他迫不及待地要求尝试从正在改建的桥上通过。这时惠通桥的悬索还没有更换完毕，承载力到底怎么样谁也没底。大胆的人们摸着石头过河，惠通桥上第一次压上了汽车车轮。卸了货的空车压得桥面像弓弦一般，不断向江面接近，司机的视野一点一点被碧绿的江水填满，让两岸的数百观众连心脏都几乎停止跳动。所幸不久车辆通过了最低点，逐渐向桥的另一端爬去。惠通桥第一次有汽车经过，见证了滇西人民在公路修筑史上的奇迹。

到1939年1月，惠通桥全部改扩建工程彻底完工，正式通车，标志着滇缅公路正式开通。有8位“先生”和至少3000名各族群众为这条公路的修建付出了生命。

■ 惠通桥远景。

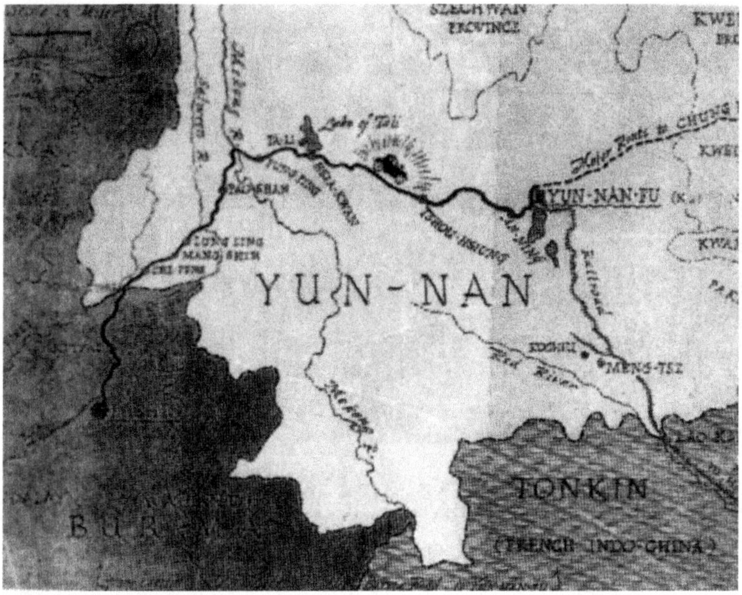

■ 滇缅公路示意图。

新的危机

滇缅公路开通以后，其对中国的重要性不断上升。1939年秋天，交通部在滇西重镇保山设立了西南运输处，专门从事滇缅公路的运输。在仰光和腊戌，国际援华物资堆积如山，中国已经投入了很大力量，还是深感运力不足，即使在西南运输处已经拥有全国全部27个运输兵团中的14个、4000多辆卡车的情况下，抢运物资的任务仍然十分吃紧，其原因一是公路路面情况不良，二是几座桥梁承重有限，几分钟才能通过一辆卡车。当时从昆明到畹町，在正常情况下开卡车要走5天，昆明到楚雄的路况挑战不算很大，下关到漾濞的路面也还勉强（弹石路面），但地形恶劣，公路上方到处悬石林立，灌木满山，一到雨季则山洪频发，几年内有许多车辆被西洱河、漾濞江、顺濞河和黑惠江席卷而去（西洱河、顺濞河皆为漾濞江的支流，而漾濞江的上游称黑惠江）。从永平到保山的路段上更加危险，狭窄的公路依山傍水，坡度和弯度都十分陡急，180度的大弯屡见不鲜，刹车稍微出点问题，或方向盘回转不到位，一场悲剧就不可避免，尤其到了雨季，还要把糟糕的泥水路面考虑进去，有时候汽车在坡上根本刹不住，直挺挺向下滑动。滚滚澜沧江中至今还有不少当年遗留的车辆残骸。过了保山七零七（位于今施甸县水长乡，滇缅公路从昆明至此地正好707公里而得名）西边的高山，令当年的司机谈虎色变的怒江大江坡即扑面而来，这里的视野十分宽广，风景十分壮丽，但行程却是危险之至：从一丘田开始，三个巨大的之字形大弯，涵盖了千余米落差、30公里路程和大约5米宽的路面。这里，惠通桥附近山地，就是滇缅路上最著名的鬼门关。但实际上怒江西边的群山，也未必见得比这里轻松多少。今天再走这些路，过去5天的路程，乘坐轿车只需要10个小时即可从昆明直

■ 滇缅公路上车辆运输连绵不绝，为抗战前线输送给养弹药。

达畹町，活生生被拉回现实中时，不免让人依稀有隔世之感。

除了西南运输处，滇缅路开通的第一年奔驰在这条凶险无比的路上的车辆还有军事委员会所属的各汽车团、第5军的各级汽车队，此外还有公私商车3000余辆。1939年，在这条工路上蠕动的车辆在万辆以上，这个数字占了当时全国汽车保有量的一半以上。

滇缅公路的繁忙景象让日本大伤脑筋，根据《1938年以后战争指导计划大纲草案》，日本逐渐控制了中国沿海的出海口，但对滇缅公路毫无办法。随着诺门坎的炮声平息，日本陆军北进的迷梦被苏联坦克的履带所碾碎，被迫将目光转向了南洋。中国的不妥协态度使日本头疼万分，觉得这样下去根本没有出路，掐断中国所有的运输线是日军梦寐以求的战略目标，他们指望中国屈服，攻占南洋则不但可能使中国停止抵抗，还能使日本获得持续战争的资源。所以从1939年秋天开始，日本军队的战争目标已经悄悄变成了东南亚。为了得到东南亚的资源，他们不惜与整个世界开战。

1940年6月，趁纳粹在西欧横行，英法无暇东顾的良机，日本第5师团（师团长中村明人）从广西窜入越南北部，被德国人打得狼狈不堪的法国政府对远东殖民地发生的变故毫无作为，丧失了增援希望的法国殖民地当局被迫与日本合作，于6月20日宣布封闭滇越铁路和公路，并宣称若中国军队敢于开进越南，则必联合日军进行抗击。实际上国民政府根本没有进攻越南北部的计划，轻易将这一十分重要的战略要地拱手送给了日本。如果倾云南驻军全力出击，纵使日军第5师团再英勇善战，由于其立足未稳，中国人胜算应该不小，况且法国殖民当局之所以发表这个声明，不过是想自保而已，在当时情况下，最终还只能听从拳头硬的人。中国军队如能将日军驱逐出越南，则不但保住这一战略据点，战后越南问题也将简单得多。

日军进入越南起到了杀鸡儆猴的作用，一个月后英国也正式宣布封锁滇缅公路3个月，以表示不愿与日本为敌之意。这3个月，

■ 华侨机工驾驶的车辆行驶在滇缅公路上。

中国简直是硬着头皮熬过来的，10月滇缅公路一开禁，西南运输处立即组织一批又一批公私车辆，一刻不停地抢运物资，在一个冬季里即运入物资2万余吨。由于路况车况都很差，自然发生了不少车祸。长坡加急转弯的险段太多，解放后人们为了避免刹车过热而失灵，通过研究才发明了给刹车片淋水降温的办法，至今在云南高原上行车，时见路面上两道长长的轮印，就是使用淋水给刹车制冷的痕迹。但抗战时期没有这个发明，许多事故无从避免，那些山谷里容纳了无数含恨的冤魂。车多重载，上坡吃力，有时不免马力不足，于是司机常命助手带一个三角形木块，遇到陡坡时即用其卡住后轮以制止车辆倒退，再一步一步爬上坡顶。从1939年到1945年，死在这条路上的人没有一个确切的数字，比如响应祖国号召归国服务的3000名南洋华侨机工，在经过许多死亡路面的威胁，度过了滇西抗战的艰辛岁月，到抗战胜利时，仅剩1000余人。这些幸存者有不少人落籍滇西，解放后加入了云南省大理、保山和丽江等地的汽车总站，继续与这条已经和自己命运紧密相连的公路为伴。

日本全面侵略东南亚的征候越来越明显，1941年1月借口调停越泰间的领土纠纷，把自己的势力伸进了泰国，他们许诺将来所有有泰族居住的地方尽归泰国所有。顽固坚持大暹罗主义观的泰国国王喜出望外，双方自然一拍即合，于3月签订了日、越、泰军事同盟，中国几乎完全陷入日本的战略包围。

同时，日军陆军航空兵利用在越南和泰国的机场，加强了对中缅之间运输线路的袭击，并派遣大批飞机空袭云南各大城市。到1942年到来之际，云南省有4500余人在空袭中伤亡，滇缅路上各桥梁均被炸数十甚至数百次，中国的高射机枪和刚刚成立的中国空军美国志愿援华航空队（即著名的飞虎队）不顾实力悬殊，英勇迎战并击落了几十架日机。另外还在功果桥和惠通桥附近建立了渡口和水下浮桥，以保障公路运输不间断。

美国志愿援华航空队

美国志愿援华航空队（American Volunteer Group，简称AVG），也就是在抗战时期赫赫有名的飞虎队。

1937年中国空军聘请美国陆军航空队（即美国空军的前身）退役上尉陈纳德为顾问，协助发展空军及训练飞行员。1941年陈纳德前往美国，代表中国接收美国政府按照租借法案援助中国的100架P-40型战斗机，同时在罗斯福总统的支持下，招募约100名飞行员，其中40名来自陆军航空队，60名来自海军和海军陆战队航空队，多数为后备役军官，少数为美国政府授意下自愿退役的飞行员；还招募了约200名地勤人员。1941年8月，陈纳德就以这批人员为基础组建了美国志愿援华航空队，下辖3个中队，分别是第1中队“亚当与夏娃”中队；第2中队“熊猫”中队；第3中队“地狱天使”中队。飞虎队成立后随即开始在缅甸同古开始整训。

1941年12月20日，首战便击落了日军9架空袭昆明的轰炸机，因此被中国军民称之为“飞虎队”（Flying Tiger）。后来好莱坞迪士尼公司的华特·迪士尼亲自为志愿援华航空队设计了张着翅膀的老虎高高跃起的队徽，飞虎队更是名声大噪。此后，飞虎队分驻滇缅公路两端的昆明和仰光，担负直接掩护滇缅公路的重任。

从1941年12月到1942年7月，飞虎队在得不到补充的情况下，英勇奋战，取得了确认击落击毁日军飞机286架的辉煌战果，自己损失飞机50架，飞行员24人。

在美国参战后，陈纳德恢复现役，晋升为上校，而飞虎队也被编入第10航空队所属的第23战斗机大队。1942年7月，飞虎队正式撤消，人员和装备改编为第10航空队中国战区特遣队。1943年3月，中国战区特遣队扩编为第14航空队，陈纳德任司令，并晋升为中将。

飞虎队以自己的顽强奋战，以弱敌强，粉碎了当时日本空军不可战胜的神话，为反法西斯战争作出了巨大贡献。

1992年，美国政府宣布承认在美国志愿航空队服务等同于在美军服役，飞虎队的老兵亦可得到退役军人待遇，并于1996年获得荣誉奖章。同时飞虎队作为战斗集体也荣获美军战斗部队集体最高荣誉——美国总统嘉奖部队。

同床异梦的盟友

1940年9月，日军进占法属印度支那北部，同时加紧了对泰国、缅甸的渗透，其南进的野心已昭然若揭。但此时的英国正在全力抗击德军的进攻，对于万里之遥的远东殖民地，实在有些鞭长莫及。于是首先想到了向美国求援，多次请求美国派遣舰队到新加坡，但都被美国拒绝。在这种情况下，大英帝国才不得不低下尊贵的头颅，开始与中国改善关系，希望借助中国的力量来增强在缅甸、印度的防御。而中国要坚持抗战，保障滇缅公路的畅通是重中之重，那么争取英国的合作，自然是求之不得，于是中英双方一拍即合，开始了军事合作。

1940年10月，英国在新加坡成立远东英军总司令部，统一指挥马来西亚、缅甸、香港等地的英军。同时宣布重开滇缅公路。

1941年1月，英国政府任命丹尼斯少将为驻华使馆武官，开始加强与中国军方的交流，酝酿与中国的军事合作，并邀请中国派遣军事代表团前往缅甸、印度和马来亚进行军事考察，共同商讨保卫缅甸的作战方案。

中国方面对于滇缅公路的畅通，始终是极其关注的，因为这条公路可以说是维系中国抗战的生命线。当1940年9月日军进占印度支那北部后，就开始调集部队陆续向滇黔、滇川、滇康边境集结，准备随时入滇迎击日军对缅甸的进犯。

1941年2月，中国政府应英国政府之邀，派出由军事委员会办公厅主任商震为团长、军令部次长林蔚为副团长，杜聿明、侯腾等高级将领为团员的中国缅印马军事考察团，前往缅甸、印度、马来亚三国，进行了为期100天的军事考察，于6月提出了30多万字的《中国缅印马军事考察团报告书》，详尽分析了东南亚地区敌、我、友的力量对比、战局发展趋势，对敌情判断、作战指导、兵力部署等提出了充分建议。这一报告数得到了英国驻新加坡总督波普汉和驻华武官丹尼斯的大力支持——丹尼斯甚至为此搭上了性命，1942年2月丹尼斯为了中国远征军尽早入缅的问题飞赴腊戌与英缅当局协商，在返回重庆途中因飞机失事而丧生——但英国政府的主要决策者却并不以为然，这是因为一方面，英国始终将新加坡作为其远东战略的核心，缅甸对于中国是非常重要，但从英国的角度来看，缅甸的地位肯定是要排在新加坡之后的。另一方面，英国既想借助中国的力量来保卫缅甸，但又怕中国军队进入缅甸后，会削弱英国在缅甸的影响，助长缅甸人民的反英情绪，危及英国在缅甸的殖民统治。正因为如此，英国对中英军事合作的态度始终是心猿意马，始终要求中国军队在中老、中缅边境布防，而不要进入缅甸布防。

而中国方面在1941年6月开始进行了一系

列准备：成立军事委员会驻滇参谋团，以林蔚为团长，萧毅肃为参谋长；以第5军、第6军和66军为第一批入缅部队，对这3个军充实装备，加紧训练；对集结在滇黔、滇川、滇康边境各部队也开始进行动员，并对其他炮兵、工兵、通讯、辎重等特种部队也进行了必要准备。

参谋团团长人选，蒋介石也是经过一番苦心考虑的。林蔚字蔚文，浙江黄岩人，生于1889年，出身书香门第，旧学根底扎实。1916年毕业于陆军大学第4期，北洋时代做过浙军第1师陈仪的参谋长。南京政府成立后，林蔚先后担任警卫第1师参谋长兼第11师32旅旅长、总司令部参谋处长、参谋本部第二厅(作战厅) 厅长、军委会铨叙厅厅长等要职，

■ 林蔚，时任军委会驻滇参谋团团长。

逐渐成为蒋介石身边的核心幕僚。徐州会战期间，林蔚从军委会石家庄行营参谋长调任侍从室第一处主任，主要处理军事业务。一年后，军令部次长杨杰转任驻苏大使，所遗职务由林蔚担任。日军登陆钦州湾，林蔚以军令部次长兼任桂林行营参谋长，襄助白崇禧指挥桂南会战。在侍从室监听专员王正元的回忆中，林蔚个性谦和，办事严谨，战事紧张时候常被半夜叫起来听电话，而从无怨言。据说“重庆大轰炸”时期躲警报，宋美龄曾不止一次关心地喊：“林主任，林主任！请到这里边来！”但林蔚从不利用这样的机会去接近最高统帅，按他自己的话说：“君臣之间有一个距离不可逾越。”林蔚是一位出色的幕僚人才，但他身上缺乏“先斩后奏”的勇气。而参谋团的参谋长萧毅肃是四川蓬安人，1920年毕业于云南讲武堂第14期工兵科，早年混迹川军，几度易主，不得其志。1934年，得到第43军军长郭汝栋保荐，进入陆军大学特别班第2期学习。萧毅肃在校刻苦研究大军统帅与战争指挥，有一次与德国教官就大军战术问题展开辩论，推理严密，竟然驳得洋老师理屈词穷，拂袖离去。由此初露才华，小有名气。抗战初期，萧毅肃以第43军参谋长参加了淞沪和武汉两次大会战。第43军番号撤消，萧毅肃赋闲重庆，何应钦慧眼识英才，聘其出任军委会高参。南岳军事会议前夕，萧毅肃向何应钦提出了两项战

驻滇参谋团

1941年3月，军事委员会为应对即将在云南、缅甸开始的军事行动，从军令部、军政部、军训部中选调一些专家，组成驻滇参谋团（入缅参战后改称驻滇缅参谋团），作为军委会的派出机构，负责先期备战和拟订作战计划，后来也负责作战指导。

参谋团的级别很高，几乎相等于军令部的前进指挥部，具有和军令部的同等权力。必要时可代行军委会委员长蒋介石的职权，这时参谋团所发布的命令用“蒋XX（日韵字代号）滇参”落款，并由参谋团团长签字批准下达。甚至对违抗军令者，拥有先斩后奏的权限。当时能用蒋介石的名义发布命令的，除了参谋团外，仅有侍从室、军令部两个单位，可见参谋团的权限之高。

参谋团团长林蔚中将（军令部第一次长），副团长阮肇昌中将（军训部第一次长），参谋长萧毅肃中将（总参谋部高参），高级参谋邵百昌中将（要塞炮兵司令）、华振麟中将（通信兵司令）、林柏森中将（工兵学校教育长）、斯立中将（辎重兵学校教育长）、马崇六少将（国防工程处处长）、李云鹏上校（炮兵学校教官）、罗崇典中校（工兵学校教官）、时道玄少校（工兵学校教官）。

下设总务处，处长许高阳少将（军委会广西办公厅高参）、第一科（作战科），科长涂健少将（军令部第一厅科长）、第二科（情报科），科长李立柏少将（军令部第二厅科长）、第三科（后勤科），科长杨铎少将（江南兵站统监部参谋长）。

参谋团与远征军司令长官部有直线电话与无线电联系，与各军、师有无线电联络，与重庆军委会也有无线电专台联系（而且是1000瓦的大型电台，这在当时是功率最大的电台），与昆明有有线电话与无线电联系。可以说在当时情况下，参谋团的通信设备是最先进最完善的。

在与盟军联络方面，在入缅之前，军令部就派侯腾少将为中国军队代表在缅甸腊戍与美英军联络。后来又在腊戍设立联络处，由冯衍少将任处长。中国空军也派黄楮彪中校为联络参谋，负责与美国陆军航空队联络。参谋团进驻腊戍后，与美英军的联络主要就是由侯腾、冯衍、黄楮彪三人负责。

略性原则建议，短期内对日军避免决战，以空间换时间；建立第二线部队，使第一线部队随时可以得到已完成基本训练的兵员补充。深得何应钦器重，据说会后有许多战区司令长官点名邀请萧毅肃出任军长，都被何应钦以“该员职务重要，所请碍难照准”挡回。

1940年8月，中英双方经过四次磋商，

初步达成协议，如果日本进攻香港，中国军队在该方面发动攻势，协助英军防守香港；如果日本进攻缅甸，中国军队自云南边境出击侵缅日军侧背；英国同意缅甸政府在缅甸境内给予中国诸多便利，准许中国飞机在缅甸装备；英国乐意利用现有仓库组织协助中国启运在缅甸军用物资。重庆和伦敦间的合作方案或者说是意向，明眼人都知道少不了要在云南大做文章。蒋介石在规划中央嫡系部队集结滇黔、滇川边境时，为消除“云南王”的不安情绪，特别指示何应钦转告龙云：“凡归昆明行营序列之部队，无论驻在何地，皆由志舟主任全权指挥与负责部署，中央绝不干预。”但同时又强调：“惟对国际局势及抗战成败攸关者，中央不能不作适应之决定，务望志舟兄深谅体循。”10月，第5、第6军分别由贵州境内向云南挺进，其中第5军分驻昆明近郊杨林、沾益和贵州盘县一线，杜聿明军长兼任昆明防守司令部司令。中央军势力能够进入云南政治中心昆明，龙云确实做到了“深谅体循”。

1941年12月7日，日军偷袭珍珠港，太平洋战争的帷幕正式拉开。日军随即在整个东南亚和西太平洋全面发起海陆军联合进攻，列强在亚太地区的殖民地纷纷沦陷。菲律宾、越南、老挝、泰国、马来亚、印尼全部为日军狂热攻击的浪潮所淹没。12月8日，就在珍珠港的轰炸刚刚停息几小时后，日军第25军（司令官山下奉文）的船队就从越南出发，在马来半岛北端最狭窄的克拉地峡登陆，拉开了马来亚战役的帷幕。英军在马来亚半岛北部的重要城市和附近机场全部丢失。而为了保障第25军攻占马来亚，日军特别组建了第15军（司令官饭田祥二郎）进驻泰国，牵制英军缅甸部队并在克拉地峡截断了英军增援马来亚的道路。整个泰缅边境一线骤然变成前线，缅甸密林上空的空气突然紧张起来。

12月10日，英国从新加坡开出的Z舰队（最早称G舰队，不知为何最终换用了英文26个字母中的最后字母“Z”）在日本海军飞机的围攻下，最新型战列舰“威尔士亲王”号

■ 日本第15军司令官饭田祥二郎。

和战列巡洋舰“反击”号都被击沉，日军飞机创造了这个“蚊子叮死大象”的奇迹，英国远东地区的海上优势不复存在。受了这样辉煌战果的鼓励，两天后，第15军接到向缅甸南部重镇毛淡棉进攻，以支持缅甸独立运动、促进缅甸脱离英国的命令，缅甸的宁静也将被打破。东南亚战火熊熊，再也没有一个地区能够幸免。

12月9日，中国政府正式对日宣战，同一天蒋介石便致电罗斯福、丘吉尔和斯大林，建议在反轴心国之间组织某种联合军事会议。10、11日，蒋介石接连两天邀集美、英等国驻华大使和武官，商讨联合对日作战计划。英国驻华武官丹尼斯代表英国政府正式向蒋介石提出，请求中国军队入缅参战。

12月11日，也就是太平洋战争爆发后第五天，中国政府第一次对入缅军队进行动员，第6军第93师以第277团（团长李友尚）为基础组建了一个支队，由第6军第49师副师长刘观隆带领，称刘观隆支队，从滇南进入缅甸；第6军其他部队和第5军全部，开始从昆明沿滇缅公路移动，做好了进军缅甸保卫祖国的准备。17日，中国唯一的机械化军——第5军的先头部队第200师从昆明乘车向畹町前进，国民政府爱护得如眼珠子一样的第5军的出动，告诉了世界一个事实：中国出兵缅甸并不是做做样子，而是真心实意要与英国一起将日军驱逐出去。

12月22日，丘吉尔抵达美国，在华盛顿与美国总统罗斯福举行了美国参战后美英首脑的第一次会议，丘吉尔特意将“阿卡迪亚”（Acadia）作为这次会议的代号。“阿卡迪亚”在英文里是指古希腊田园牧歌式的宁静生活，有点中文里世外桃源的意思，丘吉尔选择这个词语作为代号，显然是寄托了很大的希望。“阿卡迪亚”美英首脑会议再次确认“先欧后亚”的战略，并决定成立美英联合参谋部。

12月23日，中美英联合军事会议在重庆蒋介石的官邸举行，会议上中英双方发生了激烈争执，使会议从23日下午16时一直开到24日的凌晨3时，整整开了11个小时！最后经美国代表的调和，才达成了协议。在会议上，英国方面终于正式邀请中国军队迅速开进缅甸，协助防御。中英双方签署了《中英共同防御滇缅路协定》，计划由中国先派3个军入缅作战。但美国著名历史学者巴巴拉·塔奇曼这样评价：“这次会议几乎和珍珠港事件一样不幸，因为它使中英两个盟国之间的对立表面化和扩大化了。”而在中英之间，美国就是在和稀泥，当然还有点偏向英国。最典型的就是在远东地区设立了两大司令部——南太平洋战区和中国战区，南太平洋战区包括从孟加拉湾到澳大利亚的广阔地区，最高统帅是英国驻印英军总司令韦维尔。而在中国战区范围划分的最初备忘录上，是“包

第5军抗战简史

在国民革命军的序列中，建国粤军，湘军陈嘉佑，陈炯明部队，西北军石友三、田金凯，晋绥军李服膺等部队都曾使用过第5军的番号。1932年的一·二八淞沪抗战时，中央军第87师、第88师和中央军校教导总队等整编成第5军，开赴上海与十九路军并肩作战，但战后第5军番号就被撤销。

在滇缅抗战中，中国远征军所属的第5军与上述各部都没有任何源流关系，第5军作为中国抗战时期唯一的机械化部队，其历史也就是国民党军机械化部队的历史，最早可追溯到国民党军最早的机械化部队——教导第1师战车队。这是由财政部税警团出资购买了18辆英国“卡登·罗伊”轻型坦克于1929年3月1日交付给教导第1师，称机枪排，后改机枪连，最后正名为战车队。1932年5月，战车队拨归交通兵第2团指挥。

1933年长城抗战中，第17军军长徐庭瑶率部参战。目睹了中国军队因为与日军装备悬殊而伤亡惨重的徐庭瑶上书蒋介石：“现代化、机械化是当今列强建军要旨，德国尤为突出，英、美、法正在不懈努力，而日本也已颇具规模。中国应大力创造条件，建设机械化部队，建立战车、通信、辎重专业军事学校。”蒋介石对这个建议极为重视，随即成立了由军委会和交通部联合组成的军事交通考察团，以徐庭瑶为团长，于1934年5月前后考察了意大利、瑞士、德国、捷克、苏联、瑞典、丹麦、比利时、法国、英国、美国等国的军事院校、特种兵部队、通讯中枢、兵工厂等地方。同年11月，从英国购得“维克斯”坦克32辆，加上若干美国哈雷摩托车，将交通兵第2团战车队扩编为战车营。

1935年5月，徐庭瑶出任交通、辎重、通信兵监，因此被誉为国民党军“装甲兵之父”。10月，辎重兵学校、交通兵第2团所属的汽车训练班和战车营等三个单位合编为交通辎重学校。1936年7月，交通辎重学校再次改组，辎重科改为辎重兵学校，交通科改为机械化学校，从此机械化部队正式成为国民党军的独立兵种，官兵军衔标识采用银白色军种色。1937年初，从德国购买了17辆I号轻型坦克和12辆Sdkfz.222装甲车。5月，得到这批德式装备后，战车营扩编为陆军装甲兵团，由杜聿明任少将团长。

1937年7月抗战爆发后，陆军装甲兵团战车营、战防炮教导队第3营星夜北上驰援华北，但随着战争的变化，八一三淞沪事变后，战车营又奉命南下返回南京。8月18日，杜聿明率战车营第1连、第2连、第4连，战防炮教导队第1营等单位，开赴淞沪战场。8月19日，战车营奉命配属第87师向杨树浦突进，这也是八年抗战中，中国军队的装甲部队第一次亮相。但因为步兵缺乏与坦克协同作战的训练，在一个多月的作战中，得不到步兵配合的装甲兵团伤亡人员五分之三，坦克也损失很大。装甲兵团原本计划分两路撤离上海，但因缺乏油料和运载车辆，只能滞留在方山营房。11月，军事委员会命令战车第3连的17辆德制1号坦克留在南京，杜聿明对此大惑不解，因为1号坦克威力不大，也不适应南京河流错综复杂的水网地带，建议留下更适合南京附近地形的“维克斯”坦克以及战车第2连的水陆坦克，但未获同意。结果留在南京的战车第3连17辆1号坦克后来全部损失。

1937年12月中旬，陆军装甲兵团撤至湖南湘潭。1938年1月，国民政府购买了苏联T-26坦克82辆，意大利CV-33坦克92辆，德国Sdkfz.222装甲车18辆。在此基础上，装甲兵团扩编成第200师，杜聿明升任第200师中将师长，200师直接隶属于军政部，由机械化学校督训。第200师按照当时德国陆军装甲师的模式编成，是国民党军师级机械化部队的开始。鲜为人知的是，第200师是当时世界上第四个装甲师，在中国近现代军事史上具有划时代意义。

1938年5月，为阻止日军沿陇海路南下，第200师奉命以第1150团第1营为基干，配属第1149团第5连，特务营机枪排、工兵排，搜索营第2连第1排编组成突击纵队，由副师长邱清泉任司令，北上参战。突击纵队攻克大小王庄，充分展示了装甲部队的威力。因此在200师成立后的几个月里，军事委员会先后三次提出计划，从突击纵队到扫荡队，最后是突击军，但除了最早的突击纵队稍具雏形外，其余都没有实际编成。

1938年10月，军事委员会鉴于中国的实际情况，开始意识到要在200师的基础上组建突击军困难重重。因此决定以第200师为基础，加上新编第22师和77师，扩编成新编第11军。由徐庭瑶兼任军长，杜聿明为副军长兼第200师师长。新编第11军成立后，原第200师的4个战车营，合编为军直属装甲兵团。另以200师的2个汽车营，合编为军属汽车兵团。原先师属搜索营增加重兵器连、骑兵连，扩编为军属骑兵团。原师属特务营、通信营、辎重营、工兵营、战防炮营、消防连、修理工厂、野战医院、水上运输排、兵站等，全部改为军直属单位。原第200师高射炮营、卫生队仍为师直属单位，原1152团、补充团改为步兵团，并改称第1149团、第1150团，另外新成立第1151团。这样一来，第200师就从原来的装甲师退化成了步兵师。就装甲兵的运用而言这是一种倒退，但此举更为适应当时的国情以及国民党军的军事思想体系。

1938年11月，新编第11军奉命移防广西全县，第77师改隶第73军，另调来荣誉第1师，该师是由抗战中伤愈官兵组建而成，官兵抗日意识坚决，作战经验丰富，勇敢善战，是一支战斗力很强的队伍。同时军直属部队又增设野战补充第1、2团，每个步兵师各增设1个野战补充团。第200师高射机枪连改为军部直属。12月，杜聿明奉命专任副军长，戴安澜接任第200师师长。

1939年1月，徐庭瑶力辞军长的兼职，杜聿明继任军长。新编第11军进驻全县后，大力开展整训。

1939年2月，新编第11军改称第5军。不久，军事委员会校阅组来到第5军，军训部长白崇禧、训练总监徐庭瑶带参谋人员到所属的每个团各校阅一日，最后全军开赴全县界首，举行步战炮联合对抗实弹演习和师攻、防、追、退演习，前后历时一月。经校阅组评定，第5军的军事训练成绩位列全军第一。

1939年10月，日军发动桂南会战，第5军随即被转用于广西。12月第5军奉命进攻重镇昆仑关，经过18个昼夜的激战，第5军以伤亡约1.1万人的代价，歼灭日军号称“钢军”的第5师团中村正雄旅团长以下4000余人，收复昆仑关，由此一战成名。

1940年3月，第5军先后调赴湖南祁阳、广西全县整训，期间荣誉第1师调出，第96师拨归第5军建制。1941年2月，装甲兵第1团接收了12辆法式雷诺轻型坦克和25辆美式拖车，装备得到进一步充实。

1941年12月，太平洋战争爆发。军事委员会向第5军第一次下达入缅参战动员令。

1942年3月，第200师作为第5军先遣部队，开赴缅甸。在同古孤军激战12天，顺利突围，此战歼敌5000余人，是缅甸作战中盟军阵地防御坚持时间最长的一次战斗。

4月由于中英在战略上的矛盾以及指挥上的失误，导致远征军兵败缅北，第5军在总退却中损失惨重，第200师师长戴安澜伤重身亡，有近1.5万人死于撤退途中，200师和96师退回国内，第5军直属部队、新编第22师则退至印度。杜聿明抵达印度后即奉召返国，军直属各部队除少数军官回国外，其余官兵和新编第22师一起前往印度兰姆伽接受美式整训，新22师也随之脱离第5军建制，49师调入。1943年初，杜聿明调升第5集团军总司令兼昆明防守司令部司令，由邱清泉接任第5军军长。

1943年10月，第5军开始接受美械装备。1944年5月，中国远征军强渡怒江，发动滇西反攻，第5军第200师前往滇西参战，参加了攻占龙陵、芒市、迂回遮放、奇袭回龙山等战斗。1944年1月滇西反攻取得全胜，第200师归还第5军建制，回防昆明。

1945年3月，第49师裁撤，第45师由第57军改隶第5军。同年8月15日，日本宣布无条件投降。10月乘滇军主力前往越南受降，在云南兵力空虚之际，杜聿明指挥第5军发动五华山事变，解除滇军武装，结束龙云在云南历时十八年的统治。

1946年5月，第5军北上南京，进驻浦口。此时的第5军全军约48000人，全副美式装备，主要火炮计有：美式105毫米榴弹炮12门（军直属），美式75毫米山炮36门（每师12门），37毫米战防炮54门（每团6门）、81毫米迫击炮72门（每团8门）、60毫米迫击炮324门（每连4门）；另有火箭筒30具，火焰喷射器16具。第5军被称为国民党军五大王牌主力之一。

括缅甸东北部以及泰国和印度支那的凡是合作国部队可能到达的地方”，罗斯福亲自在“包括”前加上“最初”，删去了“缅甸东北部”，并把“合作国”改为“联合国”，最终修改成“最初包括泰国和印度支那的凡是联合国部队可能到达的地方”。经过这一番修改后，才提议由蒋介石出任同盟国中国战区最高统帅。

12月26日，重庆中美英联合军事会议才刚刚结束三天，来自仰光的英国殖民地当局就再次食言，要求中国军队暂时不要进入缅甸，因为“难以供应”这么多军队。韦维尔打心眼里不相信中国军队的战斗力，打算使用自己的力量击败日军，不给中国人染指殖民地的任何机会。这位志大才疏的将军自我感觉十分良好，甚至还说“如果由中国军队来解救缅甸，那是大英帝国的耻辱，中国只要允许将美援物资转拨给我们就可以了”。于是已经开始向缅甸开进的第5军、第6军又被紧急叫停，甚至第5军一度被解除了入缅任务，反而开始准备向东转运投入国内战场。

韦维尔和他的缅甸驻军司令赫顿中将都认为，从日军对马来亚的攻击来看，日军应该会避开大道，利用丛林隐蔽向缅甸中部曼德勒一线进军，将缅甸腰斩，为此他们命令刚从印度赶到的第17英印师全部进入仰光及其以南、范围为200公里左右的狭长丛林中，而以第1英缅师防守泰缅边境。这样，拥有高度机动力量和强大火力支援的殖民地部队，都被愚蠢的指挥官送进了暗无天日的丛林里。

韦维尔的这一命令，后来受到了诸多批评。殖民地部队放弃了火力和机动优势，还高度分散了兵力，形不成拳头，所防守的阵地又处处是漏洞，难怪日军在这两个师面前几乎如入无人之境，最终把英军有生力量一块一块地啃掉了。

但缅甸战役被日军自己推迟了，第15军只辖1个师团——第55师团（师团长竹内宽），而且55师团还有3个大队正在泰南的马来亚

韦维尔

阿奇博尔德·珀西瓦尔·韦维尔(Archibald Percival Wavell)，1883年5月出生在英国科尔切斯特的军人世家，其祖父和父亲都是将军。1900年韦维尔考入英国桑赫斯特皇家军事学院，毕业后被分配到布莱克沃奇步兵团任少尉，4个月后转赴南非服役，参加过英布战争。在印度服役数年之后，韦维尔于1909年11月考入英国坎伯利参谋学院，一年之后成为该期学员中仅有的两名全优毕业学员之一。1911年前往俄国学习俄语，1913年回国后在英国陆军部俄国处任情报军官。

1914年11月，韦维尔出任英国第3步兵师少校军官，参加第一次世界大战。1915年6月，韦维尔在作战中头部负伤，失去左眼，因而获得勋章。1916年1月，韦维尔调入英国远征军总司令部任参谋。1916年10月至1917年5月，韦维尔任俄国高加索集团军司令尼古拉大公的联络官。1917年7月，韦维尔赴巴勒斯坦担任埃及远征军总司令埃德蒙·艾伦比与帝国总参谋长威廉·罗伯逊之间的中校联络官。1918年，韦维尔调任第20军参谋，其间曾任军代理参谋长，并晋升准将。

战后由于英军大举裁减使韦维尔和其他优秀军官一样长期得不到晋升，直至1934年才晋升为少将。1937年，调任驻巴勒斯坦英军司令。1938年，升任英国南方军区司令，并晋升中将。

1939年7月出任中东英军司令部总司令，晋升为临时上将，指挥中东地区的全部英军。

1940年6月北非的意大利军进攻埃及，韦维尔指挥北非英军果断反击，至1941年2月，击败北非意军，英军在两个月内推进八百余公里，俘虏意军官兵13万人。韦维尔也于1940年10月晋升为上将。

1940年8月，东非意军也开始进攻，1941年2月东非英军转入反攻，至5月东非意军23万人投降，意属东非不复存在。

纳粹德国于1941年3月组织非洲军介入北非战局，5月韦维尔对德军非洲军发动“战斧”行动，激战至6月，英军被迫撤退。

1941年7月，韦维尔调任驻印度英军总司令。9月韦维尔前往伦敦，指出英军在印度实力极度虚弱，认为缅甸应划归印度英军总司令管辖，但直到12月才获准接管缅甸防务。

1942年1月，韦维尔出任南太平洋战区盟军最高司令，统一指挥该地区的盟军部队。2月，南太平洋战区盟军司令部解散，韦维尔改任印度英军总司令。第一次缅甸战役失利后，韦维尔安排撤退到印度的中国远征军残部，同意在印度为中国远征军开办训练中心。

1943年韦维尔晋升元帅，6月被任命为印度总督，同年被封为“昔兰尼加的韦维尔子爵”。1945年，韦维尔出任阿贝丁大学名誉校长。

1947年3月，韦维尔从印度总督职位上离职，获得“韦维尔勋爵”封号。

1950年5月，韦维尔在伦敦去世。

边境一线，现在手里的兵力只有6个步兵大队。要对抗英国驻扎在缅甸的第1英缅师和第17英印师以及其他辅助部队，肯定是远远不够的。因此日本只好从遥远的中国战场又增派第33师团（师团长樱井省三）前来加入第15军，一直到1月中旬，第33师团才在南京附近集结完毕，经海路开向泰国。

本来这是盟军的机会，2个英国殖民地师对付6个日军大队应该有很大把握的。可是英国的缅甸殖民当局放弃了主动进攻泰国基地，还为了中国援军问题与中国政府进行了无休无止的争吵，他们十分想得到中国的帮助，又怕中国从此在缅甸赖着不走，所以非常矛盾。英国首相丘吉尔很清醒，他知道缅甸与印度的战略价值都不可能被替代，为此他准备动用正在前往新加坡的英联邦部队中的一部分转道缅甸，来稳定缅甸局势。可是当英国缅甸殖民当局最高长官、驻印英军总司令韦维尔在答复首相询问时，居然十分自大地表示现有力量足以守住缅甸，根本不需要援军。与英国的举棋不定相反，日军的行动十分迅速。第33师团部队很快陆续到达，第55师团也做好了战争准备。这样，先发制人的宝贵时机一过，就再也回不来了。

12月，日军第5飞行集团开始从空中对缅甸进行打击，23日和25日两次轰炸了仰光，造成2000多名居民伤亡。不过日机先被抵达缅甸同古开道机场不久的美国志愿援华航空队截击，又与英国战斗机缠斗，回程时再次遭到飞虎队那些绘着“鲨鱼嘴”的P-40战斗机的袭击，损失相当惨重，114架轰炸机和52架战斗机中，有68架被击落，指挥官臼井茂树大佐也死于空战。英国空军和飞虎队在空战里总共只损失21架飞机，另有10架英国飞机在地面被炸毁，5名美英飞行员血洒长空。

到了这个时候，日军进攻缅甸的征候已经很明显了。如果要质疑日本陆军为何迟迟未见行动，原因只有一个，那就是兵力不足。当运载第33师团的船队即将抵达缅甸的时候，第15军这才给第55师团下达了作战命令。缅甸之战正式开始。

■ 日机轰炸仰光。

日军侵占缅甸以削弱英国力量，并截断滇缅公路的计划，进入了实施阶段。

早在日本发动东南亚战争前一个月，鉴于日军已经在东南亚实际存在，而且正在酝酿新的世界性危机，为了大动脉的安全，中国火速组织了远征军，准备到国门之外去作战。但是这支军队进入缅甸的时候，最佳时机已失。中国军队仓促上阵，前景堪忧。

一波三折的曲折入缅

1941年12月28日，日军第55师团派遣1个小队和20多名由日本训练的缅甸特工开始对预定战场进行详细侦察，大部队随后携带大量牛马等牲畜（牛马既可以作为运输工具又能兼做食物），分成两路秘密进入丛林向通往仰光的重要城市毛淡棉进发。

1月4日，在泰缅南部边境的日军第112联队第3大队，从缅甸南方靠近克拉地峡的地方潜入，在丛林里摸索了11天，于1月15日突然钻出丛林，19日即攻占了缅甸毗邻马来半岛的德林达依省首府土瓦，在攻占这一重镇之后，日军还在当地组织了后来对日军帮助极大的“缅甸义勇军”。这支义勇军成立时只有少得可怜的190人，可是缅甸人反抗英国殖民统治的干柴，很快就会被这个火星点起烈火，“缅甸义勇军”只要成立，人数不是问题。

日军的牵制行动果然造成了英军的混乱。丛林里的英军开始匆忙调动，而这正是日军等待的机会。19日，第55师团主力突然出现在距毛淡棉不到百公里的丛林里，大吃一惊的殖民地守备分队纷纷败北。22日，日军冲出了山区，尽管他们的牛全部死亡，驮马也只剩三分之一，还有不少士兵死在艰苦的丛林行军中，但他们士气高涨，已经将英国第16旅抛在南边的大山里，那些英军最终只能依靠海运撤走。在日军面前的路标清楚地表明：距毛淡棉75公里。

韦维尔这才发现自己手里没有任何兵力可救援毛淡棉，他只能向中国求救，虽然他也知道远水解不了近渴，但接下来的战斗里他实在需要中国军队来帮助他挽救缅甸局势。可是他的汽车连紧急接送那些被日军打败的部队撤退都还不够，没有运输车辆，中国军队入缅的进程受到了严重干扰，这样窘迫的处境完全是由以韦维尔为代表的殖民地当局的短视造成的，殖民地军队已经遭受了很大挫折，更严峻的局面还在发展。这不过是个开头。

1月30日，日军冲进毛淡棉，这个萨尔温江（萨尔温江上游就是怒江）出海口附近的城市打成了一片废墟，市区接近地的203高地成了主战场，在这里担负守备的是殖民地部队中的1个英国营，很有战斗力。这个高地钳制着江岸，陡峭的坡上只有一条石条路直上直下，日军两翼第143联队、第112联队的几次突击都被打垮，死伤严重。但第112联队第3大队带领“缅甸义勇军”沿海而上加入了战斗，在滚雪球般扩大到5000人的义勇军的帮助下，第55骑兵联队绕道迂回突击203高地获得成功，从后面包围了203高地，守军旋即崩溃。在最后的阵地273高地上，战斗以惨烈的肉搏战而画上句号，225名英军在毛淡棉阵亡，另有800人成了俘虏。

毛淡棉之战，日军除了打开缅甸南大门外，还得到了大量战利品：坦克装甲车7辆、汽车256辆、火车头和车厢205节，还有火车站和码头上堆积如山的航空汽油，以及仓库里数不完的牛肉、黄油、香肠、乳酪、水果、鱼类等各种各样的罐头，刚刚走出丛林的日军一下子得到这些，简直喜出望外，有了充足的给养，下一步日军的胃口更大了。

英军的颓势迫使殖民地当局一改阻挠中国军队入缅帮助抗击日本入侵的态度，现在韦维尔迫不及待地要求中国军队“火速”进入缅甸，但没有汽车和汽油，中国军队又不是“神行太保”，国民政府在两个月前，就已经将第6军和第5军输送到中缅边境一线，却因为韦维尔多变的态度而迟迟不能深入缅甸南部布防，以至于错过了保卫缅甸的最佳时机。

在1月19日缅南重镇土瓦失陷后，赫顿知道再不让中国军队入缅，缅甸真的可就要保

缅甸

缅甸，全称为缅甸联邦，位于东南亚，西南临安达曼海，西北与印度和孟加拉国为邻，东北靠中华人民共和国，东南接泰国与老挝。缅甸领土面积676581平方公里，形状就像一块钻石，从南到北长约2090公里，东西最宽处约925公里。地势北高南低，整个地理态势简单来说就是口小、肚大、尾巴尖。北、西、东为山脉环绕。北部为高山区，西部有那加丘陵和若开山脉，东部为掸邦高原。靠近中国边境的开卡博峰海拔5881米，为全国最高峰。西部山地和东部高原间为伊洛瓦底江冲积平原，地势低平。由于山脉、河流大都是南北走向，因此在军事上南北攻击比较容易，东西运动和呼应就较为困难了。海岸线长3200公里，从海上可以控制马六甲海峡前往印度洋的要冲，战略地位非常重要。

由于不同的地理和政治、经济特点，缅甸又分为上、下缅甸两部分，从曼德勒以北的北部地区为上缅甸，多山地；从曼德勒以南则为下缅甸，多平原。曼德勒也由此成为上缅甸的中心城市，同时也是缅甸腹地的水陆交通枢纽。下缅甸的中心城市则是仰光，当时的缅甸首都。因此曼德勒和仰光就成为防御缅甸的重要核心地点，仰光失守，如同门户洞开；而曼德勒一失，就可以直入腹心了。勃固、同古、平满纳是曼德勒和仰光之间的交通要点，腊戌、密支那、八莫则是缅北重镇，为中缅边境的屏障。这8个城镇就是当年缅甸战役双方争夺的焦点。

缅甸大部分地区都在北回归线以南，属热带季风气候，年平均气温27度，潮湿炎热，全年分为旱季和雨季，旱季几乎无雨，雨季则连绵数月，缅甸西部地区是世界上雨量最大的地区，部分地区的年降水量几乎达到了5000毫米。

缅甸的矿藏资源丰富，有石油、天然气、钨、锡、铅、银、镍、锑、金、铁、铬、宝石等。缅甸的森林覆盖率为50%左右，全国拥有林地3412公顷。盛产柚木、鸡翅木、黄花梨、铁刀木、藤、竹等，是世界柚木产量第一大国。粮食作物以生产大米为主，素有“稻米之国”美称，还盛产玉米、棉花、甘蔗、花生等。

全国总人口约5700万（2008年数据），其中华人华侨约300万。缅甸共有135个民族，主要有缅族、克伦族、掸族、克钦族、钦族、克耶族、孟族等，缅族约占总人口的65%。全国80%以上人口信奉佛教，是著名的“佛教之国”，还有约8%的人口信奉伊斯兰教。缅甸语为官方语言，首都内比都（Nay Pyi Taw，曾用名彬马那 Pyinmana）。

缅甸是一个历史悠久的文明古国，可以上溯到5000年前，公元1044年形成统一国家后，经历了蒲甘、东圩和贡榜三个封建王朝。英国于1824－1885年间先后发动了3次侵缅战争并最终占领了缅甸，1886年英国将缅甸划为“上缅甸”和“下缅甸”，成为英属印度的一个省。1937年缅甸脱离英属印度，成为英国直辖殖民地。

第二次世界大战时，日本在1942年5月占领缅甸，成立以巴莫为首的缅甸执行政府。在日本的支持下，反对英国殖民政府、渴望独立的昂山将军组织了缅甸独立义勇军，1942年他率军与日军一起参加了对英军的战斗，然后在日军支持下宣布缅甸独立。1944年昂山开始支持同盟国，并组织“反法西斯人民自由同盟”以对抗日军。1945年日本投降后，宣布缅甸独立是有效的。但战后的缅甸仍受英国控制，昂山则在1947年7月遇刺身亡。1947年10月英国被迫公布缅甸独立法案。1948年1月缅甸脱离英联邦宣布独立，建立缅甸联邦。1974年1月改称缅甸联邦社会主义共和国，1988年9月改称缅甸联邦。

2008年5月缅甸宣布新宪法在全民公决中获得通过，根据新宪法，缅甸国名为“缅甸联邦共和国”，首都为内比都，实行总统制，总统为国家元首和政府首脑，同时还是包括三军总司令在内的国家国防和安全委员会的主席。缅甸实行多党制、市场经济制度，奉行自主、积极、不结盟的外交政策，不允许外国在缅甸驻军。

不住了，但在此前他得到训令，在没有获得远东英军总司令批准之前，只能要求中国军队1个师即第6军93师入缅。于是他一面要求93师立即全部入缅，一面请求韦维尔批准再要求中国增派1个师，以接替在缅甸西北部英军的防务，从而将这部分英军增援缅南。当韦维尔批准了这一请求时，毛淡棉已经失守了。2月3日，英军要求驻芒市的第6军49师全师开景东，愈早愈佳，并由英方负责派车，保证每天可输送半个团。根据英方请求，2月6日蒋介石命令第6军军部和93师、49师立即开赴景东，入缅后归英军指挥，暂编55师在畹町集结，随时待命入缅。同时命令第5军立即作好出发准备，在英方要求时能立即入缅。这是中国第二次动员入缅，另外继第6军和第5军之后，第66军也从贵州开进云南，向中缅边境移动。可是谁也没想到，中国军队才刚刚行动，又被缅甸殖民当局叫停了。10万中国军队只好再次停止移动。这一点连丘吉尔都大感困惑，还专门致电韦维尔“我就不能了解我们为什么不欢迎中国人的援防?”面对首相的责问，韦维尔的辩解实在苍白：“我并没拒绝中国的帮助。……我所要求的，只不过是不要把第6军开到缅甸边境，因为供应困难。”而在电文里，韦维尔竟然连第5军、第6军所辖各师的番号都搞混了，可见这个大英帝国的爵士，对敌我军情是何等的无知！上有首相的责问，下有驻军司令的请求，韦维尔还要如此死硬，一方面是寄希望从非洲调援军来缅甸，此前英国确实想从非洲抽调1个澳大利亚师增援缅甸，但澳大利亚见到日军在南太平洋上步步进逼，坚持将这个师调回澳大利亚加强本国防御。于是丘吉尔无可奈何地表示如果不能给缅甸派一支部队，那就派一个人吧——3月5日，英军在敦刻尔克的英雄亚历山大被任命为驻缅英军总司令，赫顿改任参谋长。另一方面是韦维尔对缅甸战局还存有幻想。日军第55师团主力在毛淡棉休整了大约一星期，殖民地当局对日军的战略意图判断不准，一厢情愿地抱有日军在毛淡棉停止前进的希望。而实际上一支日军新锐力量已经于2月1日悄悄沿萨尔温江北上，在毛淡棉北方50公里处找到了偷渡点，驻守此地的缅甸士兵被悉数挑死在睡梦中。这支部队就是正在源源到达的第33师团的前锋，以第215联队和山炮第33联队第3大队混编而成的原田支队(由215联队联队长原田栋大佐指挥)。就在韦维尔正在庆幸缅甸平静无事、又一次阻止了中国军队进入缅甸的时候，日军第33和第55师团经过精心准备，于2月8日突然渡江，一南一北合围了英军许多部队，英军将被中国第93师刘观隆支队接替了防务而腾出手来的第2英缅旅投入阻击，也不见效果，该旅与第46英印旅一起被打得落花流水。事到如今，英国人只好打出最后两张王牌：拥有150辆坦克的第7装甲旅，和刚刚在仰光登陆的澳大利亚第63旅。保卫南缅甸，只有这么一点指望了。

2月23日，南太平洋战区美英荷澳联军总司令部解散，韦维尔仍旧担任驻印度英军总司令，缅甸仍归他指挥。由于他的错误判断，缅甸的灾难已经开始了，束手无策的韦维尔只好请求中国军队入缅。2月16日英方向

■ 1942年3月5日，亚历山大被任命为驻缅英军总司令。

亚历山大

哈罗德·亚历山大（Harold Alexander）1891年12月出生在爱尔兰的大贵族家庭，自幼受到良好的教育和熏陶，对体育和绘画极有兴趣，曾希望长大后在艺术领域有所发展。但是最终还是遵从家庭的一贯传统进入英国著名的军校桑赫斯特皇家军事学院学习，踏上了从军之路。

1911年军校毕业后在爱尔兰近卫军中担任少尉。一次大战期间，参加英国远征军开赴欧洲，历任排长、连长、营长和代理旅长，两次负伤，以自己的勇敢从中尉一步步晋升为中校，并积累了实战指挥经验。1918年在英国驻波兰军事代表团中任职，1919年指挥兰德斯威步兵旅参与武装干涉苏联的军事行动，1920年回国后又转往中东地区英军部队任职。1926年进入坎伯利军事参谋学院深造，毕业后在英国陆军部工作。1928年进入帝国国防学院深造，毕业后在英军高级指挥机关内工作。1934年外派印度任驻印军旅长，二战爆发后升任第1步兵师少将师长，作为英国远征军前往法国。就在盟军节节败退的时候，亚历山大却仕途顺利，升任第1军军长，他担任军长的第一项重大使命就是接手指挥敦刻尔克撤退。在敦刻尔克海滩，素以沉着冷静著称的亚历山大更是将这一特点发挥到极致，有时在海滩上安了张帆布躺椅，神态自若地坐在上面，平静地注视着部队秩序井然地登船，宛若休闲度假；有时啃着苹果在海滩漫步，毫不在乎空中敌机肆虐，他的这种镇定泰然的气势极大稳定了部队情绪，从而出色完成了几乎不可能完成的大撤退。亚历山大在组织大撤退中所表现的指挥若定、冷静沉稳赢得了英军高层的极大器重，半年后即升任南方战区司令，同时晋升中将军衔。

1942年远东局势恶化，亚历山大又被派往缅甸指挥英军对日作战，但是由于缺乏必要协调和各种客观因素，日军最终占领缅甸，亚历山大只得率领残部退入印度。同年7月调任在北非的第1集团军司令，一个月后又升任英军中东战区总司令，并晋升上将军衔。1943年1月，亚历山大出任北非战区盟军最高副司令兼第15集团军群司令，指挥美英盟军彻底肃清北非轴心国军队，5月，盟军取得了突尼斯战役的胜利，消灭了北非地区的全部德意军队，亚历山大也因为在此役中的出色指挥而被英国国王册封为“突尼斯的亚历山大伯爵”。北非战事平息之后，亚历山大又出任地中海战区盟军最高副司令兼第15集团军群司令，全面指挥盟军在地中海战区的地面作战。1944年12月，亚历山大升任地中海战区盟军最高司令，并晋升元帅军衔。在亚历山大的指挥下，地中海战区盟军步步推进，从罗马一直北进，最终于1945年4月迫使驻意大利的德军C集团军群无条件投降，而接受意大利德军投降的同盟国代表就是亚历山大。

战争结束后，1946年亚历山大出任加拿大总督，1952年回国就任国防大臣，1954年退休，1969年6月去世。

中国远征军第1路军作战序列

中国远征军第1路军司令长官卫立煌（未到任，后罗卓英），副司令长官杜聿明。

第5军军长杜聿明（兼）
第200师师长戴安澜
第598团团长郑庭笈
第599团团长柳树人
第600团团长刘少峰
第96师师长余韶
第286团团长刘有道
第287团团长刘宪文
第288团团长凌则民
新编第22师师长廖耀湘
第64团团长刘建章
第65团团长邓军林
第66团团长谢懋云
第5军直属部队
装甲兵团团长胡献群
摩托化骑兵团团长林承熙
炮兵团团长朱茂榛
汽车团团长洪世寿
工兵团团长李树正
辎重兵团团长杜洪范
2个补充团
特务营、通讯营、高射机枪营、消防营、野战医院、修造厂等
第6军军长甘丽初
第49师师长彭壁生
第145团团长文雨辰
第146团团长梁筠
第147团团长文谟
第93师师长吕国铨
第277团团长李友尚
第278团团长刘天荣
第279团团长朱谔臣
暂编第55师师长陈勉吾
第1团团长刘应佳
第2团团长刘行素
第3团团长李文伦
军部直属部队
辎重团，特务营、工兵营、搜索营、通讯营、输送营、修械所和野战医院等
第66军军长张轸
新编第28师师长刘伯龙
第82团团长梁少雄
第83团团长杨砺初
第84团团长薛健仁
新编第29师师长马维骥
第85团团长李寅星
第86团何树屏
第87团陈海泉
新编第38师师长孙立人
第112团团长陈鸣人
第113团团长刘放吾
第114团团长李鸿
军部直属部队：
辎重团，特务营、工兵营、搜索营、通讯营、输送连和野战医院等
远征军司令部直属部队：
宪兵第24团1营
独立工兵第24营
野战重炮第2旅13团1营
战防炮第1营
炮兵第18团1营
第11集团军71军36师师长李志鹏（未入缅）

中方要求“仰光情况紧急，请派第5军迅速入缅”。于是第5军立即向畹町开进，再由英方派车接运入缅。第5军所属炮兵部队同时出发，装甲兵团则先作好出发准备，视情况再决定是否入缅。为优先保证运送第5军，第6军暂编55师暂缓运送。这是中国军队的第三次动员入缅。驻扎在中缅边境无所事事的中国军队，现在终于大批开进缅甸。脚穿草鞋的士兵源源不断开过边境，向陌生的战场前进。但英国人允诺的大量汽车并未出现，为了集中有限的运输力量，以便运送整个中国陆军中最有战斗力的第200师，第5军抽调了所有车辆，其余部队只能靠脚板走在缅甸滚烫的柏油路上，中国军队先头部队已经到达缅甸的腊戍，而后尾却还拖在云南昆明一线。中国军队根本就没能真正集结起来，而集结状态不良的军队，战斗力会受很大影响。

中国政府派到缅甸去作战的这3个军，被统称为中国远征军第1路军。在甲午战争之后近50年里，中国首次派遣军队出境作战，意义自然非比寻常，长期被视为“东亚病夫”的中国，在艰苦抵抗日军侵略的黑暗时刻，还能抽出如此规模的力量支援盟国，因而备受世界瞩目。正在痛击英军的日军第15军，则在一份份文件里一再提醒自己的部队，要十分留意中国远征军的动向。

为了组建这支远征军，国民政府军事委员会不惜拿出了直辖的王牌第5军和昆明行营直辖的第6军，还从宋希濂第11集团军里调来了新成立的第66军。这3个军总兵力达10.4万之众，远远超过日军第15军发动缅甸作战时的2个师团，如果能早日进入缅甸，就不至于一开始就陷入被动，英军得到强援，也就没有迅速垮掉的理由。

远征军的挂名司令长官是卫立煌，但一直没到任，后由罗卓英接替。而在罗作英到来前，实际指挥是副司令长官兼第5军军长杜聿明。远征军部队编成以后，长期在边境上踟躇徘徊，一方面固然是英缅殖民地政府的拖延，但另一方面，国民政府不敢得罪洋人的心理作祟也是原因。如果能毅然决然开进战场，主动权就为我所有，日军要想赢得缅甸战役的胜利，将十分困难。

可惜，历史没有如果。国民政府收到缅甸殖民当局14次出兵请求的同时，对远征军进行过3次动员，可是其间却遭到了出尔反尔、举棋不定的殖民地当局6次阻挠和拖延。一直到了1942年2月16日，日军已经取得对英军全面优势的情况下，远征军才终于得以开始出发，可是南缅甸早已是太阳旗的天下。中英联合抗日，来得太迟了。

令出多门的指挥体系

真所谓一波未平一波又起，远征军入缅的问题刚刚解决，有关远征军指挥权的问题又冒了出来。

2月25日，蒋介石来到昆明部署远征军入缅事宜。在听取了中国滇缅参谋团驻腊戌军事代表侯腾的汇报后确定第5、6军由第5军军长杜聿明统一指挥，杜聿明则受驻缅英军总司令赫顿指挥。

3月1日，蒋介石从昆明飞抵腊戌。3月2日，韦维尔和英国缅甸总督史密斯从仰光飞抵腊戌，与蒋介石一起协商中英两军在缅甸联合作战的有关事宜。3月3日，蒋介石在腊戌召开中国远征军高级将领会议，在这次会议上蒋介石确定了远征军的指挥体系：由驻滇缅参谋团团长林蔚负责战术指挥以及与英方联络；兵工署署长俞飞鹏负责后勤保障；任命卫立煌为中国远征军司令长官，杜聿明为副司令长官，在卫立煌没到任之前由杜聿明暂时代理指挥。当天，蒋介石还会见了正从美国取道印度前往中国就任中国战区参谋长的美国将军史迪威。3月4日，蒋介石又命令杜聿明接受史迪威指挥，并对史迪威要绝对服从。杜聿明对这个命令感到非常为难，便特意向蒋介石请示，“如果史迪威的命令与你的决策不符合时该如何办？”蒋介石回答道：“你打电报向我请示。”

根据蒋介石在昆明和腊戌的有关命令，中国远征军的行动要听从中、英、美三国四位将领的指挥——中国的林蔚、杜聿明，英国的赫顿，美国的史迪威，而最终的决策权则由蒋介石亲自掌握。这种叠屋架床的多头指挥体系，是蒋介石刻意安排的，因为通过这种指挥体系，对内，可以使远征军各将领相互掣肘，从而便于自己在重庆进行遥控。对外，第5军、第6军都是蒋介石的嫡系部队，尤其是第5军是中国唯一的机械化部队，是心肝宝贝，怎么可能完全放手让英国人美国人来指挥？

3月5日，蒋介石回到重庆，史迪威也在同一天抵达重庆。次日，史迪威便正式向蒋介石报到，说明自己来华的任务。在蒋介石的追问下，史迪威确切说明了自己的指挥权限：“本人指挥在中国、缅甸、印度境内的所有美军部队，但印度只是作为运输器材进入中国的通道，并无其他企图。关于中国部

■ 史迪威将军于1942年就任中国战区参谋长。

史迪威

约瑟夫·华伦·史迪威1883年3月出生于美国佛罗里达州帕拉特卡，后随家人定居纽约州扬克斯市。1900年7月考入西点军校。1904年6月从西点军校毕业，被授予少尉军衔，随后分配在驻菲律宾的步兵第12团服役。1906年2月调回西点军校，在现代语言系任教官。1911年1月再次赴菲律宾步兵第12团服役，并于3月晋升中尉。1911年11月来中国，游历上海、厦门、广州、梧州、香港等地。1913年9月重返西点军校任教。1916年7月调任纽约州普拉茨堡后备役军官训练营地教官并晋升上尉。1917年8月任第80师旅长副官。1918年1月赴法国参加第一次世界大战，在美国远征军总司令部和第4军担任情报工作，荣获优秀服役勋章。1919年7月回国，随即被任命为首任驻华语言军官，赴加利福尼亚大学学习汉语。

1920年8月第二次来华，出任驻华语言军官，在北京华北协和语言学校继续学习汉语。1921年至1922年被国际赈灾委员会借用，先后担任修筑山西汾阳至军渡、陕西潼关至西安公路的总工程师。1922年至1923年6月作为美国驻华武官处工作人员视察和游历了中国东北、外蒙古、浙江、江西、湖南和苏联西伯利亚、朝鲜、日本。1923年7月回美国进入本宁堡步兵学校学习。1924年7月任本宁堡步兵学校校长助理执行官。1925年9月进入利文沃思指挥和参谋学院深造。1926年9月第三次来华，任驻天津美军步兵第15团营长。1928年1月代理步兵第15团参谋长。1929年6月回国任本宁堡步兵学校战术系主任。1935年7月第四次来华，任美国驻华使馆武官，晋升上校。1939年8月回国出任步兵第2师第3旅旅长，并晋升准将。1940年7月升任第7师师长兼蒙特雷市奥德兵营司令。1940年9月晋升少将。1941年6月升任第3军军长。

1941年12月太平洋战争爆发后，奉调回陆军部，负责制定在北非登陆的作战计划。1942年2月晋升中将。1942年3月第五次来华，担任盟军中国战区参谋长兼中缅印战区美军司令。1942年8月任中国驻印军总指挥、在印度兰姆加尔整训和装备中国军队。1943年12月史迪威指挥中国驻印军及麦利尔突击队反攻缅北，最终于1944年8月收复缅北重镇密支那，晋升上将。由印度利多，经缅北密支那到中国云南的中印公路亦于1945年1月建成，并被命名为史迪威公路。

1944年10月因与蒋介石的矛盾激化而被召回国。1945年1月出任美国陆军地面部队司令。1945年6月出任第10集团军司令，参加冲绳战役。1945年9月出席在“密苏里”号战列舰上举行的日本投降签字仪式，并主持琉球岛日军的受降仪式。1945年10月出任军需装备委员会主席。1946年1月出任第6集团军司令，并负责西部防御司令部的工作。1946年10月因患胃癌在旧金山莱特曼陆军医院逝世。

分，本人所受训令，系在委员长统率之下，指挥中国境内的美国军队以及拨交本人指挥之中国军队。”蒋介石与史迪威的第一次正式会晤，并不那么愉快。

3月8日，蒋介石发布命令正式任命史迪威为中国战区参谋长，并负责指挥入缅作战的中国军队。

仰光失守后，在缅甸的英军被日军打得残破不堪，蒋介石开始动心思想要抓到在缅甸的指挥大权，于是提出在缅甸的中英军队应该统一指挥，鉴于英军在缅甸的部队只有残破的2个师，而中国军队数量已超过英军4倍以上，因此建议由已负责指挥入缅中国军队的史迪威来统一指挥。蒋介石指示在美国的宋子文将此建议与罗斯福总统协商，其实蒋介石是想利用美国来压制英国，表面上让史迪威来统一指挥，实际由自己来控制缅甸战场的中英军队。老谋深算的罗斯福自然看穿了蒋介石的心思，他婉拒了蒋介石的建议。

3月11日，蒋介石第四次约见史迪威，告知已命令参谋团林蔚团长和第5军、6军军长，绝对服从史迪威的指挥。就缅甸战局与史迪威进行了商讨。会谈一结束，史迪威就飞往缅甸。从3月5日到11日，史迪威在重庆一共待了7天，与蒋介石会见就有4次，蒋介石虽然将远征军的指挥权交给史迪威，但对他并不放心。而史迪威也清楚，自己得到的指挥权是相当有限的。可以说两个人之间从一开始就出现了分歧，这一点不仅对缅甸战局，而且对此后战时的中美关系都产生了非常深远的影响。

3月12日，中国远征军第1路军司令长官部正式成立，卫立煌任司令长官，杜聿明任副司令长官，在卫立煌没到任之前由杜聿明代理指挥。同一天，史迪威抵达缅甸，他迅速在眉苗 (Maymyo，也译作眉谬) 设立了自己的指挥部。3月14日，史迪威致电蒋介石，报告中国远征军所需要的粮食、车辆、装备和经费等，都已与英国商定，请求增派1个军入缅以加强兵力。蒋介石立即命令第66军入缅。虽然史迪威称已经与英方商定有关事宜，但英国人却认为史迪威的美国参谋班子根本没法组织对中国远征军的补给，而史迪威则认为英国人是无法与中国人合作的，因为他们压根瞧不起中国人。

这时英方提出由史迪威指挥的中国远征军，与3月5日刚刚就任驻缅英军总司令的亚历山大的指挥关系不明。而中国方面在发布成立中国远征军第1路军司令长官部的命令中也没明确规定司令长官与史迪威之间的地位与隶属关系。中、英、美三方的指挥关系显然是乱成了一团麻。史迪威与亚历山大之间也是互不信任，史迪威从内心厌恶英国人，而亚历山大听说是由史迪威来指挥中国远征军时，更是大为吃惊，上下打量着史迪威，就像是看一个从石头缝里钻出来的怪物，还以开玩笑的口吻，埋怨史迪威抢走了中国军队。

3月15日，美国陆军部通知史迪威，美英联合参谋长委员会已决定，在缅甸的所有盟军部队都由英国驻印军总司令韦维尔指挥。史迪威则在同一天，向中国第5军、6军下达命令，说明他已奉蒋介石的指示，正式负责这2个军的指挥。但中国军队的将领却并不买账，因为他们很清楚，蒋介石才是这2个军的真正指挥。从下面这件事情可以很清楚地看清这一点：史迪威到缅甸后，曾礼节性拜访缅甸总督史密斯，当史密斯听到史迪威自称是中国入缅部队总指挥时，不由得大为惊诧，因为就在几天前，杜聿明就以同样身份来拜访过！于是，史密斯后来专门问了杜聿明，怎么两个人会担任同一职务？杜聿明的回答很能说明问题："那位美国将军只当是让他指挥军队，其实并非如此。您知道，我们中国认为，让美国继续参战的唯一办法就是给他们一些名义上的指挥权。"

亚历山大始终想掌握缅甸战场上的中国军队指挥权，因此他于3月24日飞往重庆会见蒋介石，会谈之后，蒋介石似乎忘记了已经把中国远征军的指挥权交给史迪威，让宋美龄通知史迪威"缅甸最高指挥权将交给亚历山大"。自以为得到了指挥权的亚历山大又急忙于3月28日赶到眉苗，当面告诉参谋团团长

■ 杜聿明时任中国远征军第1路军副司令长官。

林蔚："本人为在缅甸作战之中英联合军队的最高指挥官，史迪威也受本人指挥。"但是参谋团和远征军各军始终都没接到必须服从亚历山大指挥的正式命令。

这里史迪威、亚历山大、林蔚、杜聿明已经把远征军的指挥权搞得一团糟的时候，罗斯福和丘吉尔也来凑热闹了。丘吉尔致电罗斯福："蒋介石大元帅已接受我方要求，亚历山大对于实际上在缅甸境内的所有盟军部队应有最高指挥权。"罗斯福复电丘吉尔："亚历山大和史迪威之间最好能保持双重指挥权……我建议目前应将指挥权问题在此告一段落，我感到亚历山大和史迪威会合作无间。"然而事实上绝非如此，中、英、美三

杜聿明抗战简历

杜聿明，字光亭，1904年11月出生于陕西省米脂县。1924年3月考入黄埔军校第1期，毕业后被分配到第1教导团第1营第3连当见习官兼军需上士，后升任副排长。1925年春，随第1教导团参加第一次东征。1926年7月，任黄埔军校武汉分校学兵团中校连长。1930年1月，调任教导第2师第2旅第5团1营中校营长，不久升任该师第6团上校团长。12月，教导第2师改番号为陆军第4师，任第2师第12旅第24团团长。1932年1月，率24团参加“围剿”红军，得到师长徐庭瑶的赏识。11月，徐庭瑶升任第17军军长，杜聿明也随之升任17军第25师第73旅旅长，不久又升任25师副师长。

1933年3月，随部队参加长城抗战，在师长关麟征负伤后，代理师长指挥部队与日军激战。10月，杜聿明进入南京中央军校高教班第1期进修。1936年3月毕业后由徐庭瑶保荐任南京陆军交辎学校学员队队长。1937年交辎学校战车营、交通兵第2团所属装甲汽车队合编为国民党军第一个装甲兵团，杜聿明为第一任少将团长。八一三淞沪抗战时，杜聿明率装甲兵团第1营的第2、4连，开赴上海参战。

1938年，装甲兵团撤至湖南湘潭整训，不久扩编为第200师，杜聿明任师长。同年12月，第200师扩编成新编第11军，杜聿明任副军长。不久，新编11军改番号为第5军，杜聿明升任军长，这是国民党军在抗战中成立的唯一的机械化军。

1939年12月，杜聿明奉命率部反攻昆仑关，经过激战击毙日军号称“钢军”的第5师团旅团长中村正雄以下4000余人，取得昆仑关大捷。

1942年3月，中国派出远征军开赴缅甸，杜聿明任远征军第1路军副司令长官兼第5军军长。4月远征军失败，杜聿明率部撤退，在撤退途中历经苦难，杜聿明亦感染重病，几乎丧命。8月，杜聿明回国后自请处分，却反而被擢升为第5集团军总司令兼昆明防守司令。

国从最高首脑到军事将领，都在为了远征军的指挥权而勾心斗角，怎么可能合作无间？最后造成的恶果是远征军的指挥体系叠屋架床，令出多头。

中国远征军入缅由于英方的阻挠而丧失先机；而英军的战略根本无意坚守缅甸，请求中国军队入缅只不过是想利用中国军队来掩护在缅甸的英军撤入印度，在英国人心里，印度才是必须要坚决保卫的，缅甸是可以放弃的；现在再加上混乱不堪的指挥体系，必然会出现贻误战机的情况，可以说，战斗还未开始，战机、战略、指挥三大败笔已经显露无遗，远征军最终失败的悲剧就也已经注定了。

第二章
铁血远征

英军兵败

2月13日，日军南方军正式向第15军下达“夺取仰光，并继续向缅甸中部曼德勒和仁安羌作战”的命令，并且决定在对新加坡奄奄一息的英军实施最后一击之后，从第25军抽出2个师团加入到缅甸作战中来。16日，新加坡的英军投降，缅甸英军的士气已经低落到无以复加的地步，缅甸籍士兵开始大量逃亡，而日军前进的速度则越来越快。

2月23日，第55师团第143联队的1个大队穿越丛林迂回到第17英印师身后，攻占了锡唐河大桥东岸的135高地，堵住了英军后路。在后有奇兵堵截，前有第33和第55两个师团强大攻击的情况下，第17英印师崩溃了，师长史密斯为了阻止日军前进，只好将拖延了很久的炸桥行动付诸实施。锡唐河大桥炸断之后，在东岸的2个旅只好跃入汹涌的河水中，包括那些一点都不会游泳的廓尔喀人。没有胆量在浊流里搏击的人只有投降，最后被俘的英缅军多达1100名，另有1300名英军士兵在锡唐河战斗中阵亡。

从3月5日起，亚历山大接替赫顿，前来收拾残局，此人在1940年的敦刻尔克大撤退中初露头角，善于组织复杂的撤退，在这样凶险的时刻，英国政府对他抱有极大的希望。但就在亚历山大上将上任的第2天，从仰光匆忙向战场开进的第7装甲旅就在丛林小道上与铺天盖地袭来的日军撞在了一起，英军根本没有料到日军来得如此迅速，还没有来得及展开作战阵形，就被日军1个中队的九七式和九五式坦克、大量平射炮和拿反坦克雷的“肉弹”（也就是和坦克同归于尽的自杀式士兵）围攻，激战到3月7日，第7装甲旅扔下几十辆被击毁或是发生故障的坦克逃之夭夭。这个装甲旅是英国的王牌部队，号称“沙漠之鼠”，装备有150辆M3型和VI型坦克，在大约1年前，曾与纳粹德国的著名将领隆美尔麾下的非洲军较量多次，互有胜败，装备和部队素质都属一流，不料却在缅甸的热带丛林中水土不服，被狡诈的“黄猴子”杀得一败涂地。

连第7装甲旅也被打败了！这样的消息立即产生了雪崩般的效应，英印师和英缅师彻底丧失了士气，连澳大利亚部队也动摇起来。日军在此时不失时机地加快了进军，第33师团再次穿过丛林，占领了仰光东北的屏障——距离仰光只有80公里的勃固。

3月8日上午10：00，第33师团先头部队第215联队开进了没有军队据守的缅甸首都仰光，大大小小的太阳旗满城挥舞。在对仰光进行了一星期的秩序整顿的同时，第33和第55师团缴获了英国人还来不及处理的大量物资，这些物资当然就立即成为日军最理想的补充。特别要说明的是，日军缴获的物资中，居然还有数千打之多的威士忌！日军自然大开洋荤，尽情地痛饮美酒，连日军南方军总部也听说了这一消息，还专门致电第33师团："请送一车洋酒来。"显然，日本兵喝不惯威士忌，第33师团上下几乎都烂醉如泥，成了名副其实的醉汉师团，不得不停战一天，让官兵们身上的酒劲消退。英军真要感谢这些威士忌，因为在此时，恐怕整个缅甸也只有这些威士忌可以有效地阻止日军前进的脚步。也正是因为这些威士忌的巨大威力，匆忙撤离仰光的英军才得已侥幸逃过日军的追击。

仰光的陷落，标志着缅甸之战第一阶段的结束。对于日本来说，占领仰光，达到了第一阶段作战的预定目标，切断了滇缅公路的海上起点，获得了海上补给的港口和空军基地，为下一步作战创造了有利条件。对于英国来说，仰光的失陷，失去了获得外援的港口，而且严重动摇了军心士气，残破的英军从上到下都丧失了继续坚守上缅甸 (即缅甸北部) 的勇气和信心。对于中国来说，失去仰光，就失去了滇缅公路海陆转运的枢纽，即使能守住缅甸北部，也已经没有多大意义了。更严重的是，远征军刚刚入缅，面对的就是严峻而被动的局面。

日军决心趁热打铁，不等从新加坡转运来的第18师团 (师团长牟田口廉也) 和第56师

■ 3月10日，日军攻陷缅甸首都仰光，这是日军占领仰光正在欢呼的照片。

■ 缅甸人欢迎日军，他们不少人恐怕还天真地以为日本人是要把他们从英国殖民者的手中解放出来。

团（师团长渡边正夫）到达，即下达对英军实施战略追击的命令，第33师团向缅甸中部的油田区仁安羌挺进，第55师团转向北方，从同古向曼德勒进发。

几天之后，日军遇上了劲敌。

首战同古

2月中旬，中国远征军第一批部队第6军的49师和93师才开始进入缅北景东地区，而远征军的其余部队还在中国境内的滇缅公路沿线集结待命。2月16日，英方向中国提出了速派第5军入缅的紧急请求，于是蒋介石下令优先运送第5军入缅。中国远征军集中了所能集中的全部卡车，从2月17日开始，将第5军3个师中战斗力最强的第200师从保山紧急运往缅甸腊戌，尽管已经尽了全力，但仍费时达11天之久，一方面是由于滇缅公路上抢运物资的车流量太大且公路本身品质也差，另一方面是因为交通管理十分混乱。3月1日，第200师前卫第598团在腊戌登上英国提供的小火车，3天后到达缅甸南部的同古，部队一下车就马上开始修筑工事。

3月1日，蒋介石再次来到腊戌，视察远征军入缅部署和作战。蒋介石在腊戌的2天里，多次召见第200师师长戴安澜，说明了他对戴安澜和200师的信任和期望。第5军军长杜聿明也深知200师作为全军前锋的重要性，将第5军的骑兵团、工兵团和战防炮营都配属给了200师。

3月2日，第200师各团和配属部队从保山日夜兼程向缅甸开进。3月7日，200师全师抵达同古。同古在仰光以北约250公里处，曼德勒以南约320公里，是从下缅甸（即缅甸南方）通向上缅甸的门户，还是缅甸铁路的重要枢纽，经过10天的抢修，到3月15日战备工事基本完成，这里的大量枕木派上了用场，同古变成了以坑道和坚固火力点为主要防御手段的坚城。

■ 第5军200师率先入缅。

就在200师抵达同古的前一天，即3月6日英军就放弃了仰光。而在3月8日，日军就兵不血刃地占领了仰光。说来真是可悲，远征军刚刚到达战区，就失去了要保卫的目标——滇缅公路的起点仰光！

戴安澜师长3月6日率第599团和第5军军部骑兵团到达同古后，立即赶到英缅第1师师部了解情况办理交接。但英军对敌情一无所知，士气极其低落。戴安澜在日记中这样写道："询以敌情，则不明了，询以敌战法亦不知。……今后非由我国军队负起全责不可！"英缅第1师对交接毫无准备，使到达同古的200师食宿都遇到了很大困难，师部和599团只好驻扎在同古以北约30公里的叶达西。

3月8日一早，戴安澜来到英缅第1师师部，居然发现在这样紧急的时候，英军官兵大都还在睡梦中，全然没有大敌当前的紧迫。

直到3月9日，200师才全面接手同古的防务。仰光到曼德勒的铁路从同古城中穿过，将城区分为新城（路东）和旧城（路西），锡唐河从城东流过，形成天然屏障，其余三个方向都是平原，无险可守。戴安澜以主力守备同古城区，第598团到同古城南锡唐河边山地构筑前进阵地，工兵团守备城北机场，又于11日命骑兵团的1个营加强第598团第1营第1连，在骑兵团副团长黄行宪率领下，进至同古以南56公里处的皮尤河（彪关）大桥，在桥上埋设炸药，必要时炸桥以阻遏日军的进军。同古城里有英军留下的大量炸药，骑兵团带了不少。在骑兵团的掩护下，1个步兵排和部分工兵，从彪关再向南12公里，逆着英军川流不息的撤退洪流，到达昆河大桥边设伏。这一小群士兵到达预定地点时，看到的是桥上源源通过的车队上，坐满了毫无士气、形同僵尸的印度和缅甸士兵，竟没有人向路边这一小队来得十分突兀的中国军人投来哪怕一丝好奇。这是英国的第1英缅师第1旅和第2旅的残部，正在忙于仓皇逃命，身后几十公里的地方，日军正在使用缴获的车辆对他们穷追猛打，他们哪里还有到处观光的闲情逸致？渐渐地，英军车队越来越稀落，到最后，路上已空无一人一车。英军撤退完毕，说明日军快要来了。

此时英军只求自己快点后撤，保全实力，所以几次向中方要求第5军开至皮尤河一线布防，以掩护英军退守普罗美。为此甚至不惜欺骗中方，谎称仰光还在英军手里。亚历山大也放下身段，于13日来到同古视察，表示英军坚决与中国军队并肩作战。但是花言巧语无济于事，第5军除了200师到达同古外，96师和新22师还在滇西的芒市等待车辆，至少要到3月23日才能到达曼德勒东北地区，眼下在皮尤河一线的只有200师孤军奋战了。

3月18日14:00许，一小队日军出现在昆河大桥南，他们乘坐着摩托车，没有任何侦察就直接冲向大桥。连日来的顺风追击使这些日军忘乎所以了。结果在谢蔚然连长和王若坤排长的指挥下，一阵机枪扫射将这些骄横的日军全部撂倒在公路上。焦黑的摩托车摆了一地，30来具日军尸体乱七八糟横在其中。显然这是日军最前锋的斥候分队，大部队很快也将到来，设伏分队立即打扫战场，然后马上向彪关撤退。

果然，第二天清晨6:00，日军第55师团112联队的车队出现了。黄行宪一声令下，皮尤河大桥连同日军先头几辆卡车一起被炸飞上了天。随后的几百名日军纷纷跳下车寻找隐蔽，试图重新集结展开攻击。但没等他们喘气，骑兵团的装甲车就冲出树林，用猛烈的火舌沿地表舔过，留下遍地满是窟窿眼的尸体残骸。

这一战，日军第112联队一个多小队被歼灭，骑兵团缴获长短枪数十支，以及1辆装甲车和19辆汽车、摩托车，还捉到3个俘虏。另外还从被击毙的日军军官身上缴获了地图、文件还有一本《泰滇缅作战手册》的小册子，弄清了日军的兵力部署和作战意图。

本来中国军队只伤亡了二三十人，但从9:00开始，日军第143联队投入近千名兵力在装甲车配合下猛攻没有及时转移的中国军队。由于步兵数量不够，中国军队的防御到处是漏洞，结果虽然击毁日军装甲车和指挥车各1辆，却牺牲了骑兵团副团长黄行宪。到晚上，骑兵团只能撤出皮尤河。

日军第55师团主力陆续到达，他们从一匹被遗弃的中国军官坐骑的马鞍里搜出一份文件，弄清了对手原来是中国军队。到21日结束，秘密已经泄露的中国军队终于没有守住同古外围，骑兵团第二位团级军官——副团长曹成殉国。日军伤亡达600人，但中国军队也损失了540多人。日军飞机不断地一批一批飞来轰炸，而英国空军的飞机多数已在地面上被日军击毁，协同作战的20架美国志愿航空队第2中队飞机也仅剩3架，被迫撤离缅甸。同古城的压力骤然增加。

22日，200师的前哨部队主动撤至同古以南12公里的鄂克春，200师已在鄂克春构筑了坚固工事，特别是修筑了大量隐蔽的火力点。日军不知厉害一头冲入鄂克春，中国军队放火点燃了鄂克春周围的灌木，日军慌忙冲出村子，结果遭到隐蔽火力点的猛烈射击，死伤数百人。次日，日军调来飞机、坦克和山炮，掩护步兵猛攻鄂克春。守军依托坚固工事组成的交叉火力网，并以步骑小分队向日军侧翼反击。激战至天黑，日军才突破了鄂克春，598团团长郑庭笈亲率2营赶来增援，经过彻夜苦战，将日军击退，恢复阵地。

■ 第200师师长戴安澜将军。

第200师深入缅甸南部，与远征军主力相隔甚远，由于运力严重短缺，其他部队还在以断断续续的方式进入，到现在也没有完成集结，只有和第200师同一个军的兄弟部队新22师的先头部队赶到了曼德勒。为了解救第200师，英军拿出了最后一点勇气，从卑谬向第33师团与第55师团的结合部发起进攻，结果大败，损失了10辆坦克，只好调头向西继续奔逃，离中国军队越来越远。

24日，日军一面猛攻鄂克春，一面派出一部由缅甸向导带路迂回同古城北的克永冈机场。驻守机场的工兵团正在破坏附近的公路铁路，突然遭到日军攻击，猝不及防，团长李树正惊慌失措带头逃跑，工兵团的士气顿时崩溃，不战而逃，只有598团1营奋起迎战，但兵力单薄又无坚固工事依托，战至20：00，伤亡惨重，机场遂告失守。机场一失，同古与后方的联系便被切断，200师陷入日军包围。

戴安澜师长为防止日军从东侧迂回，把师部转移到锡唐河东岸第599团前沿阵地，城里第598团和第600团由师步兵指挥官兼598团团长郑庭笈统一指挥，戴安澜还传下命令："若本师长阵亡，则由副师长代之；副师长阵亡，由参谋长代之；参谋长阵亡，由步兵指挥官代之。各级照此办理！"

战斗确实很残酷，第598团在作战中，于24日牺牲副团长黄景升，这是连日来牺牲的第三位副团长，战况之激烈可见一斑。日军集中第55师团全部直属部队和第112、143联队，在24和25日两天进行了疯狂的总攻，依然无法突破200师在同古的防御。日军强攻不成，便来偷袭，屡次派出缅甸义勇军化装成平民，意图趁乱攻入，也被中国军队察觉而消灭。日军只好停止攻击，一边积极想办法，一边等候重炮和坦克的到来。

与此同时，新22师已经赶到离战场只有25公里处，如果这一天新22师的先头部队再努力一把，再向南2公里占领离同古城北23公里的南阳车站的话，距离同古城北的机场就不到5公里，解第200师之围就相对容易得多。可是新22师师长廖耀湘担心先头营孤军突出，有被日军吃掉的危险，遂命令这个营向北撤回叶达西（位于同古北方约30公里），向主力靠拢。远征军原本计划发动击破第55师团的同古会战，这时发生了微妙的变化，若当时新22师以1个团兵力迅猛突进，就该轮到日本人窘迫了。成败决定于细节，当年格鲁希(拿破仑的骑兵指挥官）的一秒钟犹豫成就了威灵顿，确实如此。

新22师先头部队停止于叶达西，第96师才刚有一部分走到离第200师更远的平满纳（也译作彬文那），而军部的战车团也没有全部到达：那些10吨左右的T-26坦克运输不便，只好留在国境内，尚不知何时能运来，现在运到缅甸的不过是些意大利制造的CV33轻型坦克，战斗全重2吨半，铆接装甲，武器只有机枪。第200师能否支持下去，只能靠自己了。

一个普普通通的日军师团（而且不满员），就能将中国名头最响的一个步兵师加以包围，并且反复进行攻击，抗战的艰难也许超乎我们的想像。不过此时的第200师，只是一个步兵师而已，在扩建为第5军以后，那些机械化部队已经脱离该师，成为军部直属部队。26日，第55师团一面派出部队阻击新22师，一边以主力猛攻同古，重炮将同古城的废墟炸得烟尘滚滚。第200师第600团阵地被攻破，日军步兵冲入城里，两家各自据守一半城区，展开了拉锯战。此后3天，混战成了战场的主题。

28日，日军第56师团也投入了战斗，此外还出动飞机近200架次、坦克百余辆、火炮百余门，火力异常凶猛，同时还施放毒气。守军阵地几次被突破，几次又被夺回，战况极其惨烈。戴安澜在日记里这样写道："28日这一仗，是我所经历过的恶战中最激烈，最难打，最险恶的一仗。敌人的意图是吃掉我们师，再去干掉廖耀湘的部队。我还是用百米决斗，刺刀手榴弹解决问题的打法。结果敌人的飞机、大炮、坦克就无用武之地了，我们就把敌人打跑了。”

■ 新22师师长廖耀湘。

第200师的安危直接牵动着蒋介石的心，这个师在他心里的重要地位远远超过其他部队，第一流的师是不能被日军消灭掉的，他命令第5军以最靠近第200师的新22师全力救援。

廖耀湘受领任务是很坚决的，不会讨价还价。但此人有个多虑的习惯，常在逆境中犹豫，难下决心；作战风格很勇猛，但战术上通常是常规打法，容易被对手识破。日军对付新22师的办法就是以拖为主，27日整整一天，日军只用了1个加强中队和少量炮兵、工兵，就将新22师的2个营牢牢吸引住；而28日的进攻新22师更是撞到了钉子上，其主攻部队64团1营营长张片帆重伤，副营长刘昭明牺牲，未几，代理营长蒋三石又负伤后送；第65团第1营和第2营同样被日军打回了丛林。新22师伤亡200余人，毫无进展。

29日一早，第5军投入战车营（装备CV-33坦克）进攻，在毙、伤日军近百人后，南阳车站终于拿下来了，但中国军队自己伤亡不小，战车营第2连连长魏成禄少校牺牲，坦克则不断出现故障。在新22师配合下，第5军补充兵训练处改编的游击支队在黄翔的率领下，已经迂回到克永冈机场，还消灭了一小队日军。看来第200师之围就要被打破了。

但第5军军长杜聿明已经电请军委会同意第200师撤离同古，理由很简单，第200师的弹药快打光了。这是实情，一些阵地上已经没有枪声，只剩下白刃格斗的拼杀声了。并且，敌情也出现了重大变化，第55师团固然也已筋疲力尽，但日军的后续部队第56师团却已经到了。第56师团的先头部队——第56搜索联队在28日到达，一同到来的还有坦克和装甲车，充满狂热的武士道思想，战斗精神亢奋的日军士兵，到达同古所做的第一件事不是休息，而是脱下衣服，游到锡唐河东，从东面将同古包围，还趁暗夜撕开了第

599团第3营阵地，一度还攻到了200师师部旁边。戴安澜亲自率师特务连冲杀，幸亏补充第1团和第598团及时来援，才勉强恢复了阵地。经此激战，第200师伤亡已达2000人，弹药所剩无几，已经危在旦夕了。

而第5军的其他部队，96师的先头团才刚到达同古以北约50公里的沙瓦特，另外2个团中1个团在平满纳，1个团正在前往平满纳的途中。第6军的暂编55师因火车出轨，只好停在棠吉等待车辆。

在此情况下，史迪威居然还要第5军主力在200师的策应下，与同古地区的日军进行决战。杜聿明认为目前形势下，同古决战根本不可能进行。200师应立即突围，另选时间地点与日军决战。为此两人发生了激烈争执，史迪威还亲自带了参谋来到第5军军部监督杜聿明必须执行他的决战计划，杜聿明只好发电报向蒋介石请示。蒋介石权衡再三，最后决定支持杜聿明的意见，同意200师突围。有了蒋介石的支持，杜聿明根本不顾史迪威的反对，立即命令200师于29日晚从同古突围，沿锡唐河东岸到达叶达西归还建制。新22师则向南阳汽车站之敌进行佯攻，以策应200师的突围。

30日凌晨4:00，第200师开始突围，按照先伤患，后后勤人员，最后战斗部队的顺序，有的走桥，有的涉渡，悄然撤退。就连预备以死相拼拖住敌人的后卫分队也安然撤出，日军竟然毫无觉察。第2天一早日军还用重炮向城里猛轰，接着使用花费了几天工夫才挖好的坑道进行爆破作业，才“解决”了城南那些让他们吃了很多苦头的工事。8时50分，日军在同古城的废墟上升起了太阳旗。

据中国军队估计，日军在同古损失5000人，第200师伤亡1200人。

200师千里跃进，深入缅南，同兵力、装备均占优势的日军激战12天，先是坚守稳如磐石，再是安然突围，掩护了英军安全撤退，同时为中国远征军的开进赢得了时间，打出了中国军队的威名，赢得了同盟国的交口称颂。3月29日蒋介石通令嘉奖200师。4月1日，韦维尔和亚历山大来到第5军军部，称赞在同古的中国军队英勇善战，并对中国军队掩护英缅第1师安全后撤表示感谢。美军评价200师坚守同古是缅甸作战中防御时间最久、歼敌最多的一次战役，而且全师后退很有秩序。被200师击毙的日军55师团143联队的横山大佐阵中日记这样写道：“自南进以来，敌军望风披靡，我军所向无敌。不料东瓜之战却遭遇若是之劲敌，劲敌为谁？即头顶青天白日徽的支那军也。”日军15军军长饭田祥二郎惊呼“东瓜之战，敌军抵抗既极顽强，又善夜战和阻击，使我军遭到重大损失。”日军15军战史也称：“当面的敌人是重庆军第200师，其战斗意志始终顽强，尤其是担任撤退收容的部队直至最后仍坚守阵地殊死抵抗，虽说是敌人也确实十分英勇，军司令官饭田中将及其部下对其勇敢均表称赞。”日军后来认为同古之战是整个缅甸战役中最艰苦的一战。

200师虽然打出了中国军队的威名，全师从重围中安然撤出，但是同古失守，不仅使原来计划的同古会战，击破当面之敌进而收复仰光的如意算盘落空，更重要的是同古至毛奇的公路就此向日军完全开放，日军后来正是从这条公路长驱直入，占领腊戍，从而导致远征军的全线崩溃。

再失战机

第200师的成功撤退，使日军十分沮丧，但他们还是穷追不放，沿铁路线如毒蛇一样爬上来。中国远征军准备用新22师粘住日军，在给第200师补充完毕、第96师主力到达以后与日军第55师团决战，击破中路日军后，再与英军合围西路的第33师团。在新22师和第96师前移后，为了填补兵力空白，第66军28师一部分开入缅甸腊戍，该军新38师也运到了曼德勒待命。这就是平满纳会战计划。

在得知日军已逼近普罗美后，蒋介石便通过参谋团的林蔚遥控指挥远征军，以有力部队扼守平满纳，并以新38师控制缅北。史迪威对此非常不满，特意于4月1日飞回重庆，他不便直接指责蒋介石，只好抱怨远征军的军、师长不服从命令，点名批评新22师师长廖耀湘和第5军军长杜聿明，他向蒋介石表示“要么解除我的职务，要么单独拨出一支部队归我指挥”。蒋介石只好于次日宣布由罗卓英接替卫立煌出任中国远征军第1路军司令长官，并向史迪威表示已查办新22师师长，并使第5军、6军军长服从于罗卓英，而罗卓英服从于史迪威。史迪威这才心满意足地返回缅甸，他以为已经确认了自己对中国军队的指挥权，但实际上只是又给远征军增加了一个指挥层次，进一步降低了指挥效能。蒋介石还答应给史迪威一枚刻着他正式头衔的印章——作为“中国通”的史迪威当然知道在中国印章才代表着权力——一周后，史迪威收到了大红印章，不过印章上是“同盟军总参谋长”而不是史迪威想要的“远征军总司令”，看到这个印章，远征军的军长、师长更有理了，不管蒋委员长说过什么，这个印章说明史迪威只不过是个顾问性质的参谋长而不是拥有实权的司令官！蒋介石的这个小动作，表面上看是缓解了史迪威与远征军军师长之间的矛盾，实际上是再次加深了他与史迪威之间的矛盾。

可是，日军并不会听从调遣。第15军在评估与第200师的战斗时，提出了以新锐师团闪击中国军队脆弱的东路防线，以造成中国军队崩溃的设想。他们现在兵力充裕，完全可以放手实行这个计划：从新加坡凯旋的第56师团和第18师团正在快速向缅甸增援而来。接下来，日军在中路平满纳前线的动作实际上只是虚晃一枪。

4月1日，英军放弃普罗美，日军第33师团跟踪追击。中国远征军第5军96师迅速派出1个营赶到沙斯瓦，以保障位于平满纳地区主力的右侧背安全。

4月1日至4日，新22师与日军55师团在南阳车站与叶达西之间对峙，双方只是小部队之间的零星战斗。

4月5日，日军第55师团向新22师据守的斯瓦河沿线发动攻击，该师团假戏真做，攻得很猛烈，将新22师、新38师、96师、200师和新28师主力全部吸引住，成功掩盖了第15军的真实意图。为了将这台戏唱得更像，日军还为第55师团调来了大量150毫米重炮，而且不惜在佯攻时付出重大代价。

在激战了两天后，到7日，新22师一线部队第66团第1营击毁日军坦克8辆，击毙日军175名。但这个营只剩下150人，连第66团指挥所都被日军坦克压成平地。如此节节抗击，经过6天战斗，连同前一阶段战斗损失，新22师伤亡高达3300人。日军第55师团在斯瓦河前线损失也达2000人之多。新22师的牺牲固然巨大，但斯瓦河的逐次抵抗，逐渐造成了日军第55师团的态势突出，缅甸战役似乎就要出现一个转机。正当杜聿明集中第5军、第66军新38师和新28师，准备一击而破之时，却传来了英军放弃西路，西逃仁安羌的第17印度师被日军切断后路的消息。而东线本来就只有第6军的暂55师分兵把守，防线漫长而兵力单薄。日军在发现中国军队东线薄弱后，立即以56师团主力投入攻击，分守各地的暂55师当即就被日军各个击破，第6军军长甘丽初只好率军部北撤到河邦，重镇罗衣考（也译作乐可）也于4月20日失守。东西两线战局的急剧恶化，使位于中路的第5军左右两翼都失去了掩护，不仅失去了进行平满纳会战的战机，甚至连自己的后路都有被日军切断的危险，于是史迪威和罗卓英只好于4月18日下令放弃平满纳会战，主力退守敏铁拉（也译作梅克提拉）、敏建一线，准备进行曼德勒会战。

平满纳会战计划的流产，使中国远征军再一次失去了本可以扭转缅甸战局的重要战机，失败已经越来越近了！

仁安羌大捷

英军仓皇放弃仰光，一路后撤到仰光以北约240公里的普罗美才站住脚。3月中旬，英军对残破的各部队进行了整编，将英缅第1师、英印第17师和英国第7装甲旅合编为英缅第1军团，由斯利姆中将任军团长，第1军团总兵力还有6万人，坦克约150辆，尚有一定实力，但英军士气已极其低落，用斯利姆自己的话来说，要想让英军守住一个阵地，“就像引诱一只胆小的麻雀到你面前栖息那样困难”。亚历山大也很清楚自己的部队对日军已经是谈虎色变，根本不堪一战了，于是希望中国远征军来接替英军在西线的防务，让英军撤往缅印边境。史迪威也从亚历山大不愿把部队投入战斗的举动中意识到，亚历山大显然已经得到了伦敦的命令，在缅甸只是象征性地抵抗一下，就撤到印度。

与英军的畏敌如虎相反，日军此时是斗志高昂，在第33师团4月7日攻占阿蓝庙后，就开始一心准备实现15军下达给自己的主要目标——占领仁安羌。仁安羌位于普罗美以北约150公里，在缅语中仁安羌就是“油河”的意思，是缅甸乃至整个中南半岛上最大的油田，日军一旦攻占仁安羌，就可以大大改善在中国战场和太平洋战场上的石油供应情况，因此夺取仁安羌油田也是日军发动缅甸战役的重要目标。

日军第33师团以所属的213、214、215等3个联队为骨干，分别配属炮兵和工兵，组成了3个具备独立作战能力的支队，兵分三路：以213联队为骨干的荒木支队（由第33步兵团团长荒木正二少将指挥）沿伊洛瓦底江 左岸向马格威急进；以214联队为骨干的作间支队（由第214联队联队长作间乔宣大佐指挥）则作为主攻部队，隐蔽奔袭仁安羌；以215联队为骨干的原田支队（由第215联队联队长原田栋大佐指挥）则掩护侧翼，积极活动以牵制当面之敌；师团部和直属部队在荒木支队后跟进，行动时间定于4月9日黄昏。

日军行动开始后，作间支队一路隐蔽行军，始终未被英军发现，于16日午夜抵达仁安羌以东约5公里处，看见从仁安羌到曼德勒公路上，频繁往来的英军车队灯光绵延不绝，作间支队立即兵分两路，一路占领仁安羌东北的公路路口，一路占领宾河北岸渡口，切断仁安羌公路。此时，荒木支队也击溃了当面英军的抵抗，于17日凌晨占领马格威，原田支队的积极活动也有力牵制了当面英军，使其不敢轻举妄动。这样一来，7000多名英军便被作间支队从东、北、南三面包围在了仁安羌。虽然兵法云十则围之，但这次日军作间支队的兵力还不及被围英军的一半，但已经毫无斗志的英军一路败退下来，惊魂未定，见自己三面都出现了日军，更是惊恐万状，哪里还有接战的勇气，只有急忙向中国远征军求援。尽管仁安羌并不是中国军队的作战地区，但罗卓英从发扬盟军相互协同的精神出发，命令驻守曼德勒的第66军新编38师派出1个团速开乔克柏当，转归英军第1军团指挥，解仁安羌之围。新38师师长孙立人接到命令后，便派副师长齐学启率113团立即开往乔克柏当。亚历山大在得知中国远征军只派出1个团后，认为兵力太过单薄，

英军作战序列

驻缅甸英军总司令赫顿（后亚历山大）
- 英缅军第1军团军团长斯利姆
  - 第1英缅师师长斯科特
    - 第1英缅步兵旅旅长法威尔
    - 第2英缅步兵旅旅长法凯
    - 第13英缅步兵旅旅长克迪斯
  - 第17英印师师长史密斯
    - 第16英印步兵旅旅长琼斯
    - 第46英印步兵旅（后改番号为第48步兵旅）旅长埃金
    - 第63澳大利亚旅
  - 第7装甲旅
  - 驻缅空军（1942年3月有战斗机50架，轰炸机15架），司令官罗奥

担心难以解围，要求中国远征军赶紧再派援军。于是中国远征军再命新38师派112团驰援，这样留守曼德勒的只剩下114团的2个营(另1个营负责守卫腊戍机场)。

4月17日，新38师的2个团先后到达指定地点，英缅军第1军团军团长斯利姆立即调派汽车运送113团前往仁安羌，并给113团加强了12辆坦克和3门火炮。113团先是车运到宾河以北，再徒步开进，于17日黄昏到达仁安羌外围，连夜开始进行战斗准备，此时新38师师长孙立人也赶到了第一线，亲自指挥113团的作战。斯利姆知道情况紧急，也赶到113团，以便及时协调与英军的行动。

4月18日拂晓，113团发起攻击，激战至中午，肃清宾河北岸日军。宾河南岸的地势比北岸高，日军居高临下，113团渡河仰攻必然是一场恶战。如果贸然攻击，一旦受挫，被日军摸清我军实力，不但无法解仁安羌之围，还将陷113团于险境，因此孙立人师长命令暂停攻击，带领团营长观察地形，侦察敌情，准备天黑后利用夜色掩护进行偷渡。这时在仁安羌包围圈里的英缅军第1师师长斯科特少将向斯利姆告急：“本师饮水及食物断绝已经两日，困难万分，官兵已无法维持。”斯利姆虽然知道孙立人这样部署是出于周到考虑，并无不当，但见自己部队已危在旦夕，便敦促孙立人不能等到天黑，必须立即渡河！孙立人一再说明利害，就在这时，斯科特第二次告急，报告部队已经无法再坚持了！斯利姆闻听脸色大变，孙立人并未被斯科特的告急打乱分寸，依旧冷静地请斯利姆转告斯科特无论如何都要再坚持最后一个晚

新编第38师

新编38师的前身就是国民政府财政部税警总团。税警总团由于是财政部直接拨款，装备之精良甚至超过了当时中央嫡系最精锐的陆军主力师，步枪是德制1924年式标准型毛瑟步枪，轻机枪是捷克ZB26，重机枪是马克沁水冷式，手枪名闻遐迩的7.63毫米毛瑟M1932驳壳枪。税警总团对兵员的要求也很高，首先谢绝文盲，所用人员均需试用三个月，期满后如经认定暂不能“补实”者，就再延长试用期三个月，如试用六个月仍不能合乎要求，即予淘汰。军官也多是留美的海归派，训练是以美国陆军的训练模式为蓝本。因此可以说新编38师无论装备还是训练都是当时中国军队的翘楚。

七七事变抗战全面爆发后，税警总团开往上海参加淞沪会战，参战1个多月，税警总团阵亡各级军官190名，士兵4143名，负伤者高达1.5万。税警总团18位营长中战死4名，负伤13名，伤亡之惨烈可见一斑。

1938年2月军委会决定将税警总团改编为陆军第8军第40师，财政部税警总团至此寿终正寝。但税警总团的血脉除了第40师之外，还有孙立人于1938年初在长沙组建的缉私总队，这个缉私总队的兵员主要是税警总团在淞沪会战中伤愈但已无处归队的5000名伤兵，孙立人任队长，齐学启（美国诺维奇军校毕业）任参谋长。8月缉私总队迁往贵州都匀，这时许多原税警总团的老人都陆续再回到缉私总队，如李鸿（时任第40师204团2营营长）、贾幼慧（原税警总团炮兵营营长）、唐守治（原税警总团第4分团第2营营副，改编第40师后调任102师609团团长）等人。很快缉私总队就扩充到了4个团的规模。

1938年12月财政部正式委任孙立人为财政部缉私总队总队长，齐学启为副总队长，贾幼慧为第1团团长，唐守治为第2团团长，葛南杉为第3团团长，李鸿为第4团团长。1939年恢复了税警总团的番号，这一个税警总团的名声要远比老税警总团响亮得多，通常人们印象中的税警总团就是指这支部队。总团长孙立人，副总团长齐学启，参谋长何钧衡。都匀练兵遂成为税警总团历史上的第二个黄金期，并很快由4个团发展到6个团又5个独立营。

1941年12月财政部成立缉私署，由戴笠负责，按理税警总团自然应由缉私署领导，但孙立人却一直希望能转为正规军参加抗战。1942年初，经过协调，军委会最后决定将税警总团第2、3、4团改编成陆军新编第38师，由孙立人任师长，齐学启任副师长兼政治部主任，隶属第66军。新38师成立后参加军政部校阅，其综合战斗力名列第一，立刻从丙种师提升为加强师，并被编入缅甸远征军。远征军失利后新38师撤入印度，接受美械装备与训练，并与新22师合编为新编第1军（新1军是国民党军中美械化程度最高的部队，成为五大王牌主力之一）。抗战胜利后，新38师又脱离新1军建制成为新编第7军的骨干。

上，并表示中国军队保证一定在明天上午6：00前解英军之围。斯科特在无线电里急切地询问明早解围有无把握？孙立人斩钉截铁地回答："中国军队，连我在内，纵使战斗到最后一人，也一定会把贵军解救脱险！"

4月19日凌晨4：00，113团悄然渡过宾河，利用夜色接近日军阵地，突然发起攻击，一举突破日军阵地，但日军也相当顽强，不断组织反击，阵地三次易手。经过激战，113团攻入仁安羌油田。枪弹横飞，油田多处起火，双方在烈火浓烟中拼杀，113团官兵刚刚是涉水过河，衣服都被河水打湿，在火战中反而有利。激战至14时，113团攻占制高点501高地，至17时占领整个仁安羌油田。

在113团发起攻击后，被围英军居然不知主动出击，策应113团的解围，而是坐等救援，其战斗意志之低落由此可见。直到战斗结束，113团还不见英军行动，孙立人只好派出1个连前去察看联络，与英军联系上后，斯科特居然都不敢相信自己已经脱险。

当晚，被围英军7000多人和记者、传教士等500多平民，在113团掩护下渡过宾河，北撤至安全地区。113团此战阵亡3营营长张琦以下204人，伤318人，伤亡人数几乎达到全团战斗兵员一半！113团长途奔袭，以少胜多，解救英军脱险，取得了中国远征军入缅作战以来第一次主动进攻的重大胜利，给失败阴云笼罩下的缅甸战局似乎带来了一丝曙光，特别是一扫珍珠港事变以来盟军接连失利的颓废之气，有力鼓舞了民心士气。

新编38师师长孙立人因此战功获得英国授予的"大英帝国司令勋章"(Commander, Order of the British Empire，简称CBE)、美国授予的"荣誉军团勋章"和中国的四等云麾勋章，新38师副师长齐学启、参谋长何钧衡各记大功一次，113团团长刘放吾和各营营长都获得了中英两国的嘉奖。

113团取得仁安羌大捷后，孙立人决定利用这次顿挫日军锐气之机，乘胜反击，以击破当面日军，彻底稳定缅甸西线局面，以确保中路远征军的侧翼安全。因此孙立人命令正在纳特曼克待命的112团和曼德勒的114团2

■ 113团团长刘放吾。

孙立人抗战简历

孙立人，字抚民，号仲能，1900年出生于安徽舒城。1919年考入清华大学土木工程系，1923年从清华大学毕业后公费留学美国，插班就读于印第安纳州普渡大学土木工程系三年级，1925年毕业，获土木工程学学士学位。后转入弗吉尼亚军事学院，鉴于孙立人已经取得土木工程学士学位，因此军校特准其插入三年级，免修一、二年级土木工程学课程，所学课程以军事科目为主。1927年毕业后，游历欧洲，考察英、德、法、丹麦等国军事。1928年回国，在国民党中央党务学校任中尉队长。1930年任陆海空军总司令部侍卫总队上校副总队长。1932年转任财政部税警总团任第二支队上校司令兼第4团团长。

1937年抗战爆发后，孙立人率部参加淞沪抗战。在蕴藻浜一线的阻击战中身先士卒，身负重伤（全身中十三处弹片）。次年伤愈后又率部参加了保卫武汉的战斗。1938年初财政部重建税警总团，孙立人任少将总团长。1941年12月，税警总团改编为陆军新编38师，孙立人任少将师长。

1942年2月，新编38师被编入中国远征军，入缅参战。4月孙立人率部取得仁安羌大捷，解救被日军包围的7000英军。5月远征军失利后，孙立人率部退入印度，是远征军大撤退中建制最完整，损失最小的部队。

1943年8月，新38师和新22师进驻印度兰姆伽训练基地，番号改为中国驻印军，开始接受美械装备和美式训练。10月，中国驻印军改编为新编第1军，孙立人任副军长兼新38师师长。1943年10月，新1军开始向缅北大举反攻。孙立人指挥所部一路进军，重创日军精锐第18师团，克复缅北重镇密支那。此后，新1军扩编成2个军，即新编1军和新编第6军，孙立人任新1军中将军长。

1944年10月，孙立人率新1军为东路，沿密支那至八莫的公路向南进攻，连续攻取八莫、南坎。1945年1月27日，新1军与滇西的中国远征军在芒友会师，打通了滇缅公路。随后，孙立人指挥新1军继续猛进，3月8日攻占腊戍，3月23日占领南图，24日占领西保，27日攻克猛岩，取得反攻缅北战役的胜利。孙立人和他的新38师、新1军，在远征缅甸的战斗中，东征西讨，迭克强敌，赢得国内外各方的高度赞扬，当时的国际舆论界赞誉孙立人为“东方的隆美尔”。

1945年7月，孙立人率新1军返回广西南宁，准备反攻广州。同月，应欧洲盟军最高司令艾森豪威尔之邀，赴欧洲考察欧洲战场。8月15日，日本投降。9月7日，孙立人率军进入广州，接受日军第23军投降。

个营迅速赶到仁安羌。当4月20日晚，112团赶到宾河北岸后，孙立人立即命令该团迂回当面日军侧翼，配合正面的113团合击日军33师团。

尽管仁安羌一线已经出现有利战机，但英军已是惊弓之鸟，根本不敢与日军交手，只顾马不停蹄地兼程北上。亚历山大按照大英帝国放弃缅甸退保印度的既定战略，不但不会配合中国军队保卫缅甸，反而千方百计对中方隐瞒英军的真实意图，更要利用中国远征军来掩护英军撤退。为此，亚历山大一面命令斯利姆在对中国军队严加保密的情况下开辟渡过亲敦江向西北撤退的路线，一面向中方谎报军情，称在乔克柏当西南发现日军主力，要求第5军急调乔克柏当。正是由于英方的欺骗和背信弃义，葬送了新38师在仁安羌苦战赢来的大好局面，新38师被迫放弃了进攻，转而沿伊洛瓦底江东岸布防，以掩护西线英军和中路中国远征军主力撤退。日军眼看新38师陆续增兵，正要展开攻击，却又突然后撤，也被弄得莫名其妙，还以为有诈，不敢转头追击。直到4月25日，日军33师团才再次占领仁安羌，新38师浴血奋战的战果就此付诸东流，令人痛心疾首。

脆弱的东线

同古之战后，第96师接替新22师，逐次抵抗，撤向曼德勒近郊，等待第200师、新22师、新28师、新38师和正在计划运送的总预备队——第71军的第36师集中在曼德勒，一举吃掉日军第55和第56师团，这就是曼德勒会战计划。第96师十分认真地执行这一计划，以伤亡4000人的代价钳制住了日军的攻击。但是，情况突然恶化，而且很快就无法挽回。继平满纳会战计划之后，曼德勒会战计划再次流产，而远征军也突然面临着生死存亡的考验。

4月11日，日军第18师团到达，悄悄换下第56师团，由于日军宣传“亚洲解放”的鬼话，而中国军队却缺乏争取缅甸民心的手段，缅甸人已倾向日军，因此日军的动向中英军队均无从知晓。日军从1940年就开始了对缅甸的间谍活动，其参谋本部负责东南亚情报的高级参谋铃木敬司大佐扎扎实实地在仰光发展了许多下线，还策动了后来缅甸的独立之父昂山将军（即现任缅甸全国民主联盟总书记昂山素季之父）在内的三十斗士到日本受训，成为日军在缅甸最得力的盟友。有了他们的协同，日军在缅甸走到哪里都受到欢迎。那些“缅甸义勇军”不但鼓励缅甸人帮助日军，还发动了许多针对中国军队的破坏，包括刺探军情、纵火、暗杀中国军人等等。就连身穿黄袈裟的僧人都加入到了反对中英军队的行列中，不得不说这都是英国殖民恶政的责任！

113团团长刘放吾的故事

由于当年对仁安羌大捷的报道，多为介绍新38师师长孙立人，而很少提及113团团长刘放吾。刘放吾，原名刘继枢，1898年4月出生于湖南桂阳。黄埔军校第6期步兵科毕业。仁安羌之战后，历任新38师上校师附、新1军干部教导队上校大队长、东北保安司令部第12支队少将副司令、骑兵第2旅少将副旅长、新编第7军少将高参。1948年12月，随孙立人去台湾任陆军训练司令部少将高参。1959年以少将军衔退役。退役后为生计所迫，刘放吾在老部下，即仁安羌战役中任113团1营营长杨振汉的帮助下在屏东开了一家煤球店，人称“将军煤球”。

1963年8月，骗子林彦章冒称113团团长在香港招摇撞骗，后因诈骗被香港警方逮捕。但因为孙立人此时在台湾受到迫害，有关资料都无从查考，所以刘放吾的名字依然湮没在历史中。连当年远征军副司令长官杜聿明都在回忆文章《中国远征军入缅对日作战记述》中将113团团长记为孙继光。

1977年，刘放吾举家移居美国。此后才被《征信新闻报》的记者找到，并予以了报道，以正视听。

1992年，仁安羌大捷50周年。4月英国首相撒切尔夫人访美，于4月11日在芝加哥卡尔登酒店会见了刘放吾，向刘放吾当年率部解救英军的光辉业绩表示感谢。

4月20日，美国加利福尼亚州州长彼得·威尔逊致函刘放吾：“我很高兴与你一同庆祝仁安羌大捷。只有热血忠诚的人，才能在战斗中奋不顾身。你已经证明了自己出类拔萃的才能。”美国洛杉矶议会议长迪恩·巴纳也于同日致贺：“你拯救的不仅是一代人，而且还有这一代人的子子孙孙。”

6月10日，英国国防大臣马尔科姆·里夫舍德致信刘放吾：“今年是仁安羌战役50周年，我在此向你及你团官兵对英军的支援，表达最诚挚的谢忱。”

7月27日，美国总统布什致函刘放吾：“在纪念仁安羌战役50周年之际，我谨代表国家感谢你解救500多名美国记者、传教士及数千名英军的英勇行为。”

1994年6月，刘放吾病逝于美国洛杉矶，享年95岁。

1994年7月，刘放吾次子刘伟民根据父亲的日记编著出版《刘放吾将军与缅甸仁安羌大捷》。

2005年9月，刘伟民代表父亲刘放吾出席了在北京召开的中国人民抗日战争胜利60周年纪念大会。

撤出中路战斗的第56师团，其目标是正在东路布防的中国第6军。56师团就是要从第6军的阵地中打开一条大道，然后合围在缅甸的全部中国军队。

甘丽初的第6军是1941年12月11日才开始入缅的。最初是第93师从佛海（今云南省西双版纳傣族自治州海县）步行，第49师从畹町乘车同时推进。战斗力最强的第93师刘观隆支队曾于2月5日打过泰缅边境，一举攻克英缅第1师许久都没能占领的日军芒坝阁据点。到1942年2月24日也就是日军已经由缅南大举入侵，仰光已危在旦夕之际，为了让第6军掩护远征军其他两个军顺利进入缅甸，军委会发布命令，将第6军沿着缅泰边境的走势，从西南到东北斜斜地摆了个一字长蛇阵，其中战斗力最弱的暂55师处在最南方的罗衣考，第49师在中间的孟畔，而战斗力最强的第93师则集结在紧靠国门的景东，3个师相互之间距离都在160公里以上，也就是说，这个军防守的地段竟然高达500余公里。

■ 缅甸的独立之父昂山将军。

由于地形条件差，热带丛林的气候又恶劣，没有汽车，无法快速机动，兵力不足，到处是漏洞，这个军根本没办法相互支援。战略缓冲地带和战略纵深更是痴人说梦，3个师只好各自据守要点。只要日军集中兵力拦腰一刀，第6军根本无法应战。果然，在日军快速部队的突破面前，第6军一点办法都没有。

当时判断日军可能由泰国出兵合击缅甸，这一点是对的，但方向判断错了，以为日军将会直接向缅甸中部的曼德勒进攻，将中国远征军向北挤压，事实上，日军的野心并不在于打败中国人，而是想将这些中国的精锐战略预备队一口吃掉。为了防止日军冲向曼德勒，蒋介石命令第6军和暂55师一部加强第6军中部第49师的防线，这一来等于是收缩兵力，使南部和北部的空子更大了。

3月13日第93师在搜索中遭遇了泰军，那是在靠近中缅泰交界三角地带的位置，见日军或泰军有可能从这里合击缅甸，第93师只好钉在这里，说什么也不敢动，即使后来南边打得那么火爆激烈，第93师也不敢掉以轻心。幸亏第93师警惕性高，否则车里、佛海所面临的形势，将远比现在复杂得多。

3月21日，英军一部忙着撤退，借口让防地给中国军队，把防守毛奇的包袱甩给了第6军，毛奇在罗衣考南边几十公里，第6军只好派暂55师1个团去接防，这又将暂55师拉扯得乱七八糟，兵力密度越发松散。英军很狡猾，毛奇是个最容易受伤的地方，所以交给中国军队。

中路日军在同古与第200师激战后，占领平原的目标被拖延了，不得不将目光投向东边的山地。这时日军第15军司令饭田祥二郎通过空中侦察，发现了第6军各师间还有一些虽然很崎岖但勉强可以通行的公路，这样日军使用奇兵长途奔袭中国远征军战略后方的计划就开始具体制订起来了。

第15军鉴于第33和第55师团已经被拖在中路，所以决定使用预备队第56师团，并决定给该师团配备第61汽车大队共250辆汽车，并加强以野战重炮和装甲兵、骑兵等精锐部队。饭田认为要截断中国部队，最重要的是速度，有了速度，远征军最肥美的部分——中路军就跑不掉了，至于第6军，在前进中根本不用过多理会。这位只喜爱武器不喜爱女人的帝国武士，果然具有打仗的天分。

日军据此计划，开始玩假动作，将右翼配属了摩托化装备的第56师团调至中部，随时等待机会从中国远征军东路第5军和第6军的结合部突进。为了保证胜利，又将第18师团从新加坡兼程调来，以跟进扩大第56师团的战果。

第56师团长渡边正夫也制订了详细的方案，他的方案主要有以下三点：一、在罗衣考以南歼灭暂55师主力，然后超越该地；二、包围河邦、棠吉的第49师部队和第6军军部，主要是击溃战，速战速决，以打开通路；三、在棠吉及其以东的雷列姆 (亦称南曲依) 留一部分精锐保证师团后路安全。

4月1日，第56师团趁第200师退出同古，中路战事渐趋紧张时，开始了进攻第6军的行动。第56搜索联队和第113联队第2大队做急先锋，师团又搜集了一些汽车，使汽车总数达400多辆，机动力空前强大。4月6日，几乎全是新兵的暂55师第1团3营8连，遭受800多名日军进攻时一下就垮掉，当天晚上毛奇轻易落入日军手中。远征军紧急调拨部队，从罗衣考派出2个营，再由第93师调出1个团，暂55师第3团也准备一起出击。8日，军长甘丽初亲临指挥，调整部署，以暂55师第1、2团守备罗衣考，3团主力集结于棠吉、杂泽，以1个营守卫黑河机场。

由于这一带山区小路狭窄，而且缺少水源，日军难以灵活机动，第56师团只好徒步行军200公里，边打边走，击溃了中国军队在山区的阻击，到10日已在罗衣考附近集结完毕等待汽车，12日日军汽车运载大量弹药给养赶到。见日军进攻已迫在眉睫，暂55师师长陈勉吾为稳定军心，将师部移至罗衣考，并急令第2、3团在罗衣考以南32公里的高地一线占领阵地，第6军军长甘丽初随后也将军部移至罗衣考，并命令49师146团迅速取捷径赶往罗衣考以北占领预备阵地，以备万一。

4月15日第56师团向暂55师实施多路迂回攻击，第6军两次出动共6辆装甲车配合步兵实施反冲击，不料步兵与装甲兵配合脱节，5辆装甲车被击毁，依然毫无战果。

19日，暂55师主力2个团和第93师279团被包围在罗衣考以南，下午日军9辆坦克袭击了暂55师师部，导致该师与第6军以及下属部队之间的联系全部中断。暂55师全面溃败，战斗兵损失殆尽，倒是第93师279团毕竟训练好得多，虽有损失但还是突围出来了。军部也随即转移，但留守罗衣考的第49师146团太过大意，致使破桥分队遭到日军先头部队第113联队的突然袭击，来不及炸桥，使得桥梁完好地落到日军手里，加快了罗衣考陷落的速度。

20日，守军第49师146团以及配属的1个连野战炮兵、1个连战防炮兵被迫随军部再次转移，罗衣考随即陷落。此后第6军不断向东北败退，而日军则向东猛追，在日军的巨大压力之下，第6军军、师、团之间的联系一再中断，整个部队已陷入一片混乱，脆弱的东线已经被日军完全撕开。当第6军不再成为障碍时，日军就调头直冲北方了，那里的腊戍才是真正的战略目标。

混乱的指挥

在第56师团向第6军猛追的时候，远征军高层还在为下一步的作战计划争论不休，林蔚认为如果无法执行平满纳会战计划，就应迅速脱离日军的合围，撤至曼德勒东北，再重新整顿、部署部队。但史迪威和罗卓英却仍坚持要进行曼德勒会战，于4月19日命令第5军退往敏铁拉、敏扬一线，根据这一命令，第5军和66军主力将分散在平满纳至曼德勒之间长达300多公里的漫长战线上，因此遭到了杜聿明的强烈反对，杜聿明认为要么继续执行平满纳会战计划，要么干脆集中兵力确保腊戍的门户——棠吉和眉苗。但史、罗不顾杜聿明的反对，执意要进行曼德勒会战。而在具体部署时，又将第5军主力背靠棠吉，集中在敏铁拉，准备侧击北上的日军，这样又使预定计划和具体部署不一致了。

4月20日，新的部署还未完成，部队还在集结调动之中，史迪威和罗卓英又同意了英方根据杜撰的在仁安羌和乔克柏当之间发现日军的假情况，从而提出中国军队前往乔克柏当的无理要求，命令将第5军主力200师和新22师紧急调往乔克柏当，同时命令新38师也从仁安羌向乔克柏当推进。杜聿明认为新

38师在仁安羌刚刚取得大捷，乔克柏当方向不可能出现大股日军，英军的情报很可能有假，因此仍坚持集中兵力保卫棠吉的意见，并为此与史迪威和罗卓英发生了激烈争执，杜聿明认为即使西线出现敌情，也不能置东线重镇棠吉于不顾，何况即使乔克柏当出现日军，有新38师在仁安羌，也完全可以掩护英军安全后撤，我军应该从全局出发，不能前门拒狼后门入虎，使我军陷于险境。但他的这一正确意见最终还是没被接受。

200师先头部队599团于20日到达乔克柏当，没有发现任何日军，只看到英军在新38师的掩护下如潮水般撤退，这才意识到是上了英军的当。史迪威和罗卓英只好命令还在敏铁拉尚未出动的新22师不必再开，但还是命令200师主力继续开到乔克柏当，一面搜索敌情，一面策应新38师。当天中午，东线重镇罗衣考失守的消息传来，罗卓英再次更改部署，命令新22师立即增援第6军，但是又没有运送新22师的汽车，只好命令已开到乔克柏当的200师再返回敏铁拉，再用运送200师的汽车运送新22师。杜聿明直接赶到远征军第1路军司令部找到罗卓英，再次提出集中200师和新22师保卫棠吉，如果棠吉有失，那么腊戍就危险了。但罗卓英只同意将200师调往棠吉，还在想进行曼德勒会战。

■ 1942年4月在缅甸眉苗一次会议间隙时蒋介石和史迪威这对吴越同舟的冤家合影，这张照片惟妙惟肖地诠释了宋美龄在蒋史二人间的位置。

21日，占领罗衣考的日军第56师团兵分三路，一路继续沿公路北上，一路则由河邦向东直逼雷列姆，一路则由河邦向西直扑棠吉。远征军在发现日军动向后，也立即分头部署堵截，命令第6军前往雷列姆，200师前往棠吉。

但是此时第6军已经在日军的攻击下溃不成军，军长甘丽初手上只剩下600多人，他把这点兵力全部交给参谋长林森木，连同林森木率领的第49师146团1营主力、第93师279团3营、军工兵营第3连、炮兵第52团5连、炮兵第55团10连一起沿公路逐次布置阻击阵地，自己则到后方收容残部召集援军。林森木指挥这点零散兵力成功阻击了日军一天。22日，援军虽然赶到，但只有第49师147团3营区区1个营。这个营成功击退了日军，并主动出击获得不小战果。但22日午夜后，被各种不利消息吓破了胆的林森木，却率部撤离了阻击阵地，雷列姆的大门向日军敞开了。

滇缅参谋团意识到了战局的危险形势，但因为远征军司令部正在向曼德勒以南的皎克西（也译作巧克西）转移，电话联系不上，林蔚只好打电话给驻眉苗英军司令部的中方代表侯腾，让他立即派人赶往皎克西向罗卓英建议：第一急令200师前往棠吉，第二命新28师连同66军直属部队确保腊戌。罗卓英收到这个建议后，表示已命令200师改运棠吉，而对于新28师确保腊戌的建议，现在还不必如此安排。显然罗卓英还没能意识到东线的情况已经无法挽回，对东线的空虚和第6军的实际情况并没有清醒的认识，自然更谈不上什么补救措施了。

23日，日军逼近棠吉，而在棠吉的甘丽初军长身边只有100多人，根本无力坚守，他只好下令破坏囤积在棠吉的物资，率军部向丙隆撤退。日军在缅甸义勇军的配合下，乘虚占领了棠吉。当晚军委会电令滇缅参谋团转令远征军：腊戌、雷列姆公路，立即着手破坏。林蔚立即命令新28师从守备腊戌的82团中抽调2个营，前出至莱卡以北，一面掩护第6军撤退，一面破坏公路，同时通知中国驻腊戌的各机关，立即撤回国内。另外组织后勤部、交通部，抢运和破坏物资。

200师从乔克柏当返回敏铁拉，再赶到棠吉，一来一去，来回路程有300多公里，再加上汽车空放到乔克柏当的100多公里，总共往

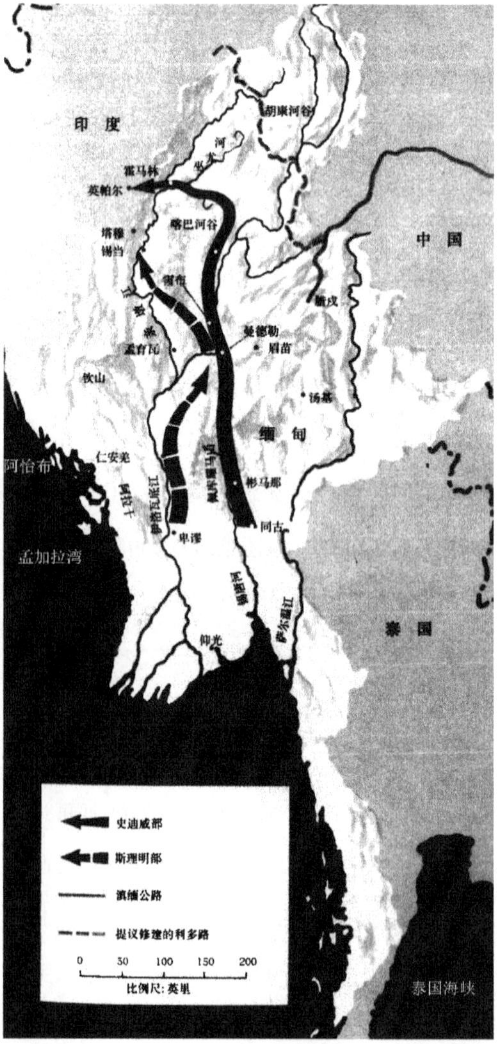

附图一　1942年盟军在缅甸溃退示意图

返折腾有近500公里，更重要的是来回折腾耽误了3天，在如此紧急战局下，3天的时间是何等宝贵啊！就在200师疲于奔命西去东回的时候，日军就先一步占领了棠吉！

23日下午，200师598团和第5军骑兵团赶到了棠吉以东约15公里的黑河，与日军遭遇，经过激战将日军击退。598团乘胜推进至距棠吉约6公里处才为日军所阻。史迪威、罗卓英、杜聿明都来到第一线，立即决定200师全力出击，务必击破当面日军收复棠吉。200师不顾连日奔波，连夜展开，于24日拂晓开始攻击，战至25日18：00，完全收复棠吉。

棠吉一战，200师师长戴安澜始终身先士卒，亲临一线指挥，他的副官孔德宏负伤，卫士樊国祥牺牲，可见戴安澜师长的指挥位置之靠前。200师守同古，取棠吉，显示出了200师守必固，攻必克的强悍战斗力。

而就在200师收复棠吉的战斗还未结束，24日深夜罗卓英命令杜聿明在攻克棠吉后，应返回曼德勒，准备会战。几乎在同一时刻，参谋团的林蔚则电示杜聿明在攻克棠吉后应尾击正从雷列姆北上的日军，以解腊戍之围。这两个命令相互矛盾，进攻方向是南辕北辙，让杜聿明感到左右为难，实在不知该听谁的。攻占棠吉后，杜聿明本来准备根据林蔚的命令向雷列姆攻击前进，又接到罗卓英的命令：“除以200师向雷列姆方向攻击外，军部及军直应即回师西南，经敏铁拉向皎克西集结。”接着又接到林蔚的电令：“应遵远征军司令长官部之命令行动。”高层意见总算一致了，于是杜聿明随即命令新22师、96师和军直属部队一部开往曼德勒准备会战，军部和另一部分军直属部队则经敏铁拉向皎克西集结。远在重庆的蒋介石也意识到缅甸东线的危急情况，指示罗卓英：“腊戍应有紧急处置，万一腊戍不守，则第5军、66军应以密支那、八莫为后方，第6军则以景东为后方。”但是直到此时，罗卓英和史迪威还沉醉在组织曼德勒会战的梦想之中，对蒋介石的这个指示断章取义，将电文中符合自己意图的部分——第5军、66军应以密支那、八莫为后方——来执行，而将这个电文中对腊戍应有紧急处置的核心精神置若罔闻，不顾腊戍事关全局的重要性，命令第5军主力西开曼德勒。

棠吉虽然被200师重新夺回，但是另一个重镇雷列姆却已经于24日失陷，日军在占领雷列姆后，立即集中了全部约400辆汽车，利用缴获的700多桶汽油，分兵两路直取腊戍——日军56师团一心想在4月29日天长节（即日本天皇生日）那天占领腊戍，来向天皇献礼。56师团长渡边正夫中将充分意识到夺取腊戍对于整个缅甸战局的重要意义，特别是深知时间的重要，因此他甚至命令停止了补给物资的运输，而将运送补给物资的汽车也全部集中起来运送作战部队，全力向

附图二　中国远征军入缅作战要图（1942年1月至5月）

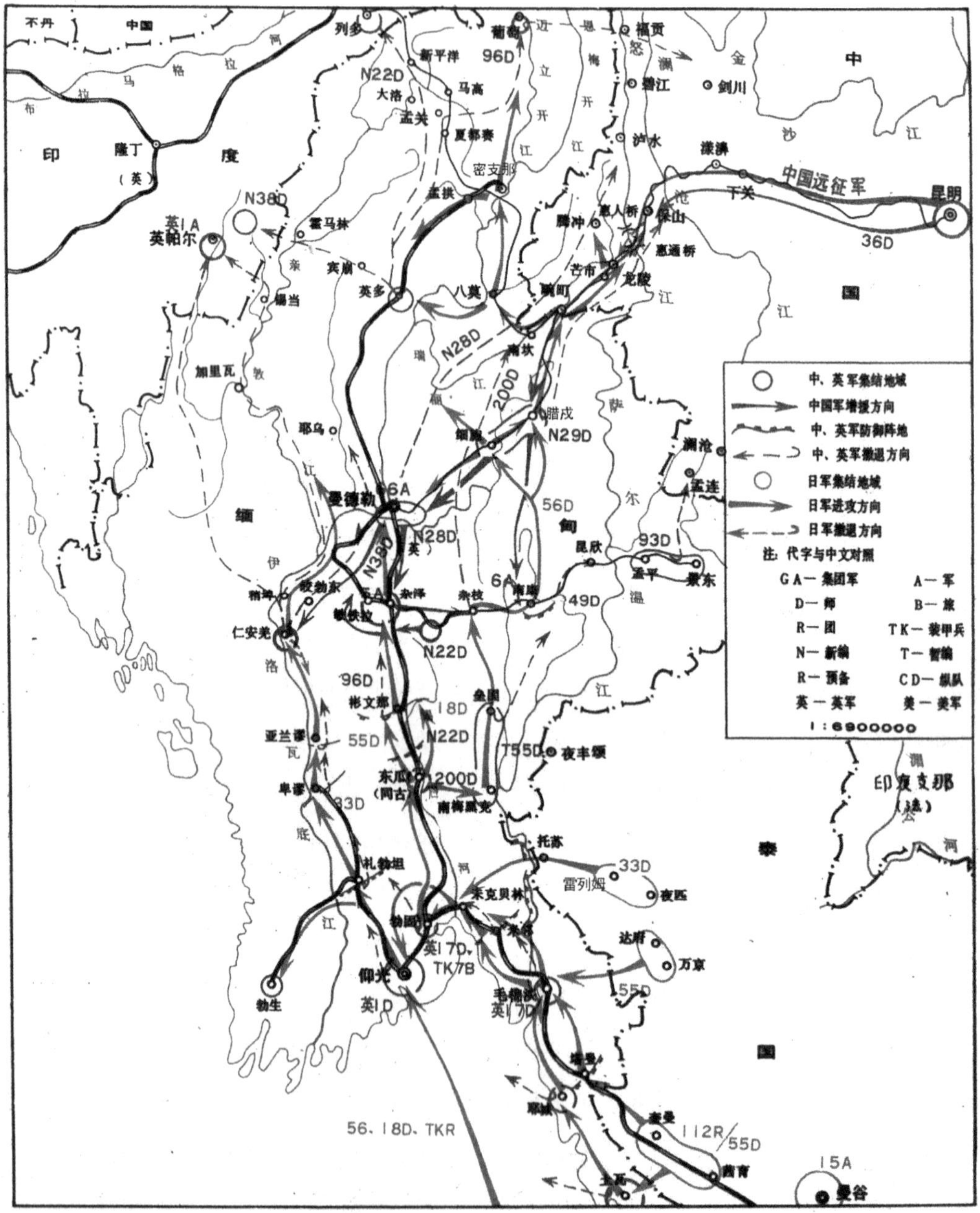

腊戌突进，至于补给嘛，就地解决！日军的这一行动，真正是打在了中国远征军的要害之上——第6军已经被击溃，再也无力阻止日军的北上；第5军主力已经西调曼德勒，准备所谓的会战；而66军的3个师中，新38师随第5军到了中路与西路英军的结合部仁安羌附近；新28师3个团分别在曼德勒和腊戌布防；而新29师由于才刚刚组建，缺员太多，没有入缅，目前远在大理整补。在最为重要的腊戌只有新28师的82团！并且依照此前的命令，这个团还派出第1营和第3营前出几十公里破坏道路，真正在腊戌城里的只有1个步兵营和第66军直属部队的特务营、搜索营，兵力异常空虚！

4月25日，接到日军第56师团正从棠吉出动，但去向不明的情报，重庆统帅部的气氛一下紧张起来。蒋介石给军委会滇缅参谋团团长林蔚去了电报，告之必要时可放弃曼德勒防线，集中新28师到腊戌防卫，以确保远征军后勤基地的安全。但不知为何，林蔚只发出了饬新28师派队破路和新29师火速来援的命令，却没有将蒋介石的指示转达给远征军长官部或杜聿明，致使新28师的2个团一直待在曼德勒和西保！第66军的新28师，系由原康泽的别动队改编，其下级军官接受的训练与野战军的要求甚远，而且由于部队急速扩编，战斗力并不强，第66军编制里唯一一个有战斗力的新38师，现在却被调到西线，为第5军右翼担任警戒。军长张轸目前跟光杆司令差不了多少。

26日晨，正在西保与曼德勒之间担负破路任务的第82团第1营，突然遭到长途奔袭而来的日军第56师团前锋第56搜索联队的攻击，在日军坦克哗啦啦压过许多中国士兵尸体之后，该营残余人员四散逃入丛林才得以生还；第二天，腊戌外围的第82团第3营也同样遭到日军第56师团第148联队的袭击。这2个营的残余人员被迫扔下车辆离开公路，从丛林一步一步撤向腊戌。新28师师长刘伯龙不敢担当弃守曼德勒之责，只能令第84团在西保一带布防，兵力分散的结果是，两个方向全部失败。

日军得到缅甸人的帮助，在沿途找到了许多英国军队储藏的汽油等物资，他们一边高速前进，一边依靠搜罗缴获来补充，虽经长途行军，却仍保持着强大战斗力，他们不但得到了第14战车联队坦克的配合，还在自己的搜索联队中配备了许多缴获的英军坦克，气势汹汹地向中缅边境扑来。

27日，就在战局已经十分困难的情况下，远征军司令长官部居然还下达了执行曼德勒会战的命令。而此时缅甸的战况是：西线英缅军正向印度全线撤退，中国远征军方面新38师在掩护英军撤退，96师在曼德勒附近阻击日军，200师正向雷列姆推进，第6军实际上已经瓦解，66军的新28师、新29师在腊戌及滇缅公路沿线布防，兵力部署极其分散，根本不可能形成会战的态势。

28日，远在重庆的军委会比罗卓英更清醒地认识到了腊戌的危急局面，电令参谋团转远征军："如可能用抽调瓦城（曼德勒）有力部队增援腊戌，先击破其袭腊部队侧背，则以后该易为力。如此瓦城不守也可。盖此时保腊戌为第一，而瓦城之得失无甚关系。"但这个电令由于参谋团已经撤离腊戌，未能及时收到。

就在蒋介石发出以保卫腊戌为第一的电令的同一天，日军新锐部队113联队占领西保，消除了第56师团左侧威胁，然后转过头来继续北上，与146和148联队合力猛攻腊戌。尽管刘伯龙带领残破的第84团到达腊戌，与伤亡惨重的第82团并肩奋战，但还是阻挡不住日军钢铁洪流的滚滚前进。这天下午，眼见腊戌不保，远在西边300公里外的远征军长官部绝望地发出了总撤退的命令，远征军中路军由缅甸东北部的密支那通过滇西北、第6军向东通过滇南，分头撤回祖国，第66军新28和新29师沿滇缅路节节抵抗，迟滞日军的进攻。

但这个命令对第66军来说，十分困难。腊戌的战况更加令人揪心，就在总撤退命令发布后1小时，大约17：30，日军坦克分别冲进了第66军军部和新28师师部，然后双方的步兵混战成一团，凌乱的人体和血肉在坦克装甲车的反复碾压下与泥土结合成黑饼，又被炮火掀上半空。这时，迎着隆隆的炮声，新29师先头部队2个步兵营终于赶到战场，总算暂时稳定了形势，挽救了第66军军部与新28师师部。

新29师接到了参谋团增援腊戌的命令时，已是25日下午，其驻地大理离腊戌远达1000公里。命令要求新29师在28日务必赶到，而这段路程通常情况下要走5天，更要命的是这个师连一辆汽车也没有，师长马维骥急得手足无措。当天该师与大理的滇缅公路运输处交涉的结果是，在第二天清早得到了70辆卡车。2个营当即上车出发，可是后续部队却没有车辆，只好在大理的下关城外临时征用过往车辆，找到一辆就征用一辆，当前锋已经到达边境时，后队还没有完全出动，如此零零落落的增援，为后面的悲剧画上了一个重重的省略号。

新29师的到来尽管为腊戌增加了一点兵力，但新28师损伤太大，其第82团和第84团都已是残破不堪，第83团则与师部失去联系，被迫向北转移，后经密支那以北的江心坡回国；新29师则因新兵太多，而且又是一车一车零散到来，由于是远在千余公里外就地拦车征用，每车到来的时间也无法估计。被征用车辆的司机在押车士兵枪口下疲劳驾驶，更是增加了车队凌乱的现象，混乱的公路管理，又加剧了这种可悲状况的发生。

日军15军和56师团都认为腊戌是滇缅公路上最为重要的交通枢纽和物资集散地，又是中国远征军在缅甸的后勤基地，必然会有坚强的防御，所以15师团师团长渡边正夫于28日下午命令第148联队沿滇缅公路向腊戌搜索前进，在没有遇到较大抵抗之后，才命令师团主力于29日拂晓开始全力突进。

29日拂晓，日军以步兵1个联队，在坦克、飞机的配合下向腊戌发起总攻，乱成一团的中国守军加在一起还不到4个营，在日军的猛攻下，伤亡惨重，一线阵地还坚持不到半天就被日军突破。日军随即将战车第14联队投入战斗，扩大突破口，师团主力也在坦克后跟进。在一线阵地被突破后，远征军66军以特务营、搜索营和战防炮1个连坚守腊戌老城区北部的桥梁，掩护一线部队后撤。这些部队才刚刚进入阵地，日军的坦克就已经冲到跟前了！守军立足未稳，根本顶不住日军的猛攻，中午前后，腊戌城区已经全被日军占领，守军只得退向新维。腊戌这个举足轻重的基地，连同堆积如山的物资，全部落于敌手。在此地的450辆卡车，守军居然在撤退前没有进行破坏，成了日军最有价值的战利品。腊戌失守，远征军回国的主要道路被切断，由此远征军失败的悲剧已无可挽回。

根据15军早先下达的在占领腊戌后，应继续以主力沿滇缅公路向怒江一线追击的命令，56师团立即以第56搜索联队为基础，加强独立速射炮1个中队、野战重炮1个中队、野炮1个小队、工兵1个小队以及卫生队，组成平井支队（由56搜索联队联队长平井卯辅大佐指挥），作为前导部队于4月30日出发，沿滇缅公路向中国急进。

5月1日，日本大本营指示日军第15军司令部：“大本营希望不失时机，更加扩大第15军的战果，确立积极向重庆进攻的态势，……力争在缅甸境内歼灭敌军，同时，以有力兵团越过缅境，向龙陵、腾冲和怒江周围扫荡。”饭田祥二郎立即命令第56师团148联队和搜索联队，经中缅边境南坎、八莫、曼楠、拜贡，攻占密支那；第146联队等部，沿滇缅公路进攻畹町、遮放、龙陵，到达腊勐街一带，控制怒江以西地区。

一般史料往往提到新28师和新29师如何不战而逃，其实那不是事实。至少到5月2日拂晓，他们依然在腊戌以北山区的新维一带努力与日军战斗，并且使日军也付出了严重伤亡。新29师第85团团长李寅星上校率所部1个营，在归国路过的第5军战防炮营第5连的支持下，与日军装甲部队血战到最后，其1个步兵营和1个战防炮连几乎全部英勇牺牲，日军装甲部队在这段几公里长的隘路上，留下了30多辆坦克、装甲车和汽车残骸。只是由于新28师已经被打散，新29师又无法集中，日军集结后穿越森林对这支小部队进行包围，在这支小部队几乎全部殉国之后，日军才得以继续前进。李寅星团长和战防炮谢连长，是这幕黯然无光的场景中两颗极为耀眼的流星。

5月2日，66军军长张轸亲率特务营在贵街以北高地布防，但是还未及展开就被已经冲过来的日军冲散，当晚日军先头部队已经冲到了畹町西南15公里的木姐三岔路口！参谋团急令张轸指挥在畹町附近的第6军93师补充团和第5军装甲兵团的1个营，立即在畹町以北高地布防，掩护远征军部队撤退。

5月3日，日军56师团以步兵第148联队和战车第14联队组成松本支队（由148联队联队长松本喜六大佐指挥）直取畹町，由于93师的补充团全是新兵，毫无作战经验，第5军装甲兵团感到孤掌难鸣，团长胡献群只好命令撤退。日军于当晚冲过畹町以北中国军队微弱的阻击，置公路上已完全失去指挥的残兵败将于不顾，径直冲向惠通桥。日军追击的速度如此之快，连参谋团和66军军长张轸都差一点被日军追上。

滇缅公路上重要的物资集散点畹町落入日军之手，大量物资来不及破坏就成为了日军的战利品，计有汽油1570桶、机油1000桶、大米500袋、食盐900公斤。

在突破中国军队阻击之后，日军平井支队继续引导主力，闭灯行驶，连夜赶到中缅边境。3日清晨，他们欣喜地发现南坎的桥梁还安然无恙地架设在瑞丽江上，穿过江面的迷雾，就是还沉浸在清晨宁静中的中国西南边疆。日本兵来不及下车，就驾驶坦克、装甲车和卡车闯过去，一边拼命开火，一边发出野人般的吼叫。一举打垮了守桥的部队——一支多达900余人的英国殖民军，这支殖民军的指挥官刚刚在混乱中被击毙，他们一见日军杀到就投降了。接着，喜出望外的日军猛然发现桥上已装满了炸药，于是庆幸不已的日军立即动手去清除那些令他们心惊肉跳的黄色小方块。

通向中国的大门打开了！

怒江阻击战

渡过瑞丽江，日军的车队一面疯狂射击他们所能看到的任何生命，一面马不停蹄地向中国腹地飞驰，新28师和新29师的散兵游勇不断被车轮碾压得面目全非，更多的百姓尸横遍路。翻倒在路旁的汽车、横七竖八的尸体、纷乱抛弃的箱子、丢得到处都是的衣物和细软，说明了中国人撤退的慌张程度，日军十分受用地感受着自己的胜利，杀戮成了他们最好的享乐。5月3日，日军已经推进到遮放，中国人在畹町、遮放和芒市到处放火烧毁来不及撤走的物资，但是事情来得太突然，计划未免不够周详，当日军穿过浓烟烈火时，他们发现还有许许多多的物资成了自己的战利品，包括参谋团林蔚命令炸毁在遮放与畹町之间的黑山门附近、用来堵塞日军前进道路的5辆英制“维克斯”坦克和2辆苏制T-26坦克。3日深夜，日军又袭占八莫，缴获了6架正在装配中的飞机和足够装配20架飞机的零部件，以及2万袋大米等大量物资。

4日中午，两批共54架涂着旭日机徽的轰炸机越过正在盘山路上的日军车队，越过滇缅路上乱糟糟的逃难人群和车辆，越过碧绿的怒江和惠通桥，向滇西最重要的战略要点保山飞去，设在山顶的防空哨急忙向保山县政府拨打电话警告，电话铃响了又响，却始终没有人接听，因为该地正在举行纪念五四运动的各种活动。近几年来人客熙熙，保山已隐约具有后起都市的模样。

日军飞机飞临保山，投下炸弹炸中了几个挤满了学生和市民的运动场，人群顿时血肉飞溅；最繁华的保岫路更无可避免，满街的豪宅尽成土灰。全城大火，烈焰冲天，断壁残垣间横尸漠漠，几成人间地狱，死者1万有余。众多尸体随后又导致疫情大暴发，短短几个月，又有5万余人死于非命。瘟疫还沿滇缅路一直向东，将疫情传播到了内地，起源于1942年保山五四惨案的这场大悲剧，家破人亡甚至全家灭绝者不知凡几。

4日，张轸仅带着30多名随从退到芒市、龙陵之间的高地。参谋团则继续从龙陵撤往保山，林蔚于途中命令新28师师长刘伯龙在芒市、龙陵之间收容整理溃散的部队，占据有利地点，阻滞日军前进。而张轸则前往保山收容整理66军直属部队。同一天交通部部长兼滇缅公路运输总局局长俞飞鹏命令正在龙陵的中国远征军工兵总指挥马崇六少将和龙陵县县长杨立声，必须组织在龙陵的车辆于4日12时前全部撤离，但是滇缅公路已经拥堵不堪，甚至走1米都不知要等多久，撤离龙陵的命令根本就是无法完成的任务。

虽然新28师师长刘伯龙竭尽全力收容组织败退的残兵，准备撤往芒市，但在滇缅公路汹涌的车流中行进极为缓慢，日军还比刘伯龙先一步到达芒市，刘伯龙仓促组织起来的部队就在途中被日军打散，他自己本人也陷在敌后。日军56师团步兵团长坂口静夫少将指挥的师团主力接连击溃了在芒市和龙陵之间的新29师、第5军装甲兵团，于4日下午进占芒市、当晚又占龙陵。日军在芒市、龙陵两地缴获的物资非常丰富，包括汽油550桶、柴油1000桶、轮胎900条、大米700袋、水泥1万袋、榴弹炮弹900箱、速射炮弹600箱以及大量铜、铁、锌、钨等金属原料。

此时，整个滇西战局已是极其危险，根据飞虎队的空中侦察，滇缅公路上的中国军队已溃不成军，对于日军的推进毫无抵抗之力，如果照此速度计算，日军再需10天就可以打到昆明了！眼下能挡住日军的就只有怒江天险和正在祥云的71军第36师了！此时在云南的部队除了36师，就是在昆明附近的预备第2师、滇东曲靖的新39师，而在从畹町到昆明的近千公里公路线和整个中缅边境上，除了只有少数云南的地方部队和1个负责检查滇缅公路交通的宪兵团、1个守卫怒江和澜沧江大桥的工兵团、1个在空袭时负责施放烟雾的化学兵营外，再没有一支有力的战斗部队了！4日深夜，蒋介石给第11集团军总司令宋希濂打电话，告诉他腊戍、畹町都已失陷，日军正沿滇缅公路大举东进，林蔚的参谋团已经失去联系一天，不知情况如何，要求宋希濂设法与参谋团取得联系，同时迅速征集汽车将36师运送到滇缅公路阻击日军，并调集昆明附近部队尽快开赴滇西增援。

宋希濂放下电话，深知眼下最当务之急的是将36师火速运往滇西，于是不顾已是深夜立即赶到昆明西郊的滇缅公路运输总局，叫醒副局长（局长是由在重庆的交通部部长俞飞鹏兼任）和主要负责人，通报了目前的情况，要求立即停止滇缅公路上的所有运输，集中所有能够集中的车辆向滇西运兵。副局长立即与各场站联系，询问车辆情况，然后告诉宋希濂可以在5月5日至7日的三天内向第11集团军提供550辆卡车，特别是马上命令距离祥云最近的下关和云南驿两个车站立即调集车辆到祥云，运送36师紧急开赴保山，以后再陆续征调车辆。宋希濂根据这个汽车的数量简单计算了一下，认为在这3天里可以向滇西运送2个师以上部队，车辆运力应无问题。便立即与36师师长李志鹏通话，命令36师整装待运，同时要求李志鹏先行出发，追赶已乘车西开的106团，直接指挥106团迎击来犯日军。

5月5日，蒋介石也在落实后续的补救措施，命令驻滇南的第9集团军54军开赴昆明，接替11集团军的防务，使11集团军能腾出手来全部开赴滇西。

此时，在36师还未赶到之前，所有的希望就在于怒江上唯一的桥梁——惠通桥了。怒江发源于青藏高原唐古拉山南麓，穿越横断山脉，流经缅甸掸帮高原，注入印度洋。怒江上游流速不大，中游进入云南境内后在怒山与高黎贡山之间，似骏马般奔腾向南。后来史迪威的参谋长弗兰克·多恩看到怒江，曾惊叹地说："我第一次看到了那可怕的怒江河谷，与我们科罗拉多大峡谷一样的伟岸雄峙，但更加险峻。怒涛拍岸，其声在数英里之外都可以听到。"怒江两岸山势险要，滇缅公路盘山曲折迂回，从东岸的老农田到西岸的腊勐，直线距离不过三四公里，汽车一下一上却要费时半天。惠通桥原是一座横跨怒江的老式铁链桥，所谓"惠通"顾名思义就是"互通互惠"的意思。1937年末滇缅路动工，惠通桥也进行了大修，龙陵县长王锡光征集民工800人，夜以继日赶运材料，并为此急瞎了一只眼睛。1938年10月，焕然一新的惠通桥竣工通车，每次可通行10吨卡车一辆。因此汽车到此，只能一辆一辆通过，杂乱无章的汽车和人群从桥边，沿着蜿蜒的公路一直排到后面60余公里外的龙陵黄草坝，为了争夺道路，各种车辆乱七八糟地阻塞在路面上，反而造成好些地方寸步难移。缓慢的车流小心绕过翻在路上的肇事车辆，或是抛锚的卡车，喇叭声和嘈杂的人声沸反盈天。在前线吃紧，而逃难的车流人流又如此众多的情况下，实在是令人心急如焚。有关日军进军速度的传言不断以各种版本传来，在怒江边一阵一阵激起汹涌的逃难浪潮，压得守桥的云南地方部队1个排与十几名中央军宪兵喘不过气来。

林蔚虽然接到蒋介石破坏桥梁的电令，但这一路上撤退狼狈，被日军追着赶，连电台都丢了，更别说是爆破材料。正束手无策间，得知惠通桥东端还有1个工兵营，因情况混乱无法渡江，于是在少数宪兵保护下，林蔚、萧毅肃、马崇六急忙驱车过桥，这个工兵营是中央独立工兵第24营，刚刚奉命从滇南屏边赶来，营长张祖武中校毕业于黄埔军校第6期工兵科。马崇六问明该营随带爆破器材情况后，便与张营长研究确定了炸桥方案。萧毅肃马上写下手令：命令独立工

■ 惠通桥是滇缅公路上的重要桥梁。

兵第24营在惠通桥东就地待命，待敌抢渡桥时，破坏该桥。林蔚随手签上名字，交给张祖武。李国屏当年是独立工兵第24营的给养军需，一路都紧随在营长左右，他后来在回忆录中写道：“张营长立即召开连排长会，紧急布置炸桥任务；一连长胡世安负责桥西端安装炸药，二连长赵宋卿负责桥中段炸药安装，三连长石坚负责桥东端及爆破各项准备工作。为确保引爆成功，张营长决定采用双保险——导火索引爆和发电器引爆。张营长随后便率营连干部一一检查无误后，回到东岸指挥地，手握发电器手柄，从望远镜中密切监视对岸敌情。此时桥上撤退的人车争道，秩序极乱，当然不能炸桥。”有了炸桥工兵，还得有步兵布防东岸高山峭壁阻止日军渡江，林蔚以军事委员会的名义，收容集合已过桥的散兵游勇（主要是66军的溃兵，还有少数云南地方部队），编成连排参加战斗，萧毅肃向收容来的官兵说明死守惠通桥的重要意义：“如果让日本鬼子渡过怒江，西南四省人民就要遭殃，只要我们能据险死守3天，援军必到，战局必可稳定。” 畏于参谋团可先斩后奏的大权，溃兵纷纷收拾武器，进入到简单构筑的工事内。

5月5日大约9：00，一个叫做何树鹏的龙陵商人开着自己的私车，逆着车流艰难来到桥边，碰到了熟人。熟人告之龙陵已沦陷，劝他改投别处。何树鹏迟疑转车时，有位性子急的司机与之争道，却由于踏放离合器过猛导致车辆相撞，将后面数千辆汽车悉数拦住。宪兵命将车推出路面，急脾气的司机也许是仗着自己有后台，报以恶言，惹得宪兵火起拔出枪来就朝他开火。

这一声枪响引来了日军机枪暴风骤雨般的狂热回应。混在难民流中的身穿便衣的200多名日军纷纷钻出来，向桥头冲锋。原来日军先头部队的便衣队已经到达，只要再等一会儿，他们必定能够制服桥头这一点微不足道的中国军队，广阔的中国大西南将向日军敞开大门。若没有何树鹏和那位不知名的倒霉蛋司机，这段历史该如何书写？

那位倒霉的司机死了没有，似乎已经不重要。重要的是激烈的枪声一响，工兵就点燃了导火线，在火苗蛇一样爬向桥身中部的炸药堆时，甚至还有平民在桥上奔跑。但顾不得这许多了，因为战争的血流得太多，不在乎加上这么几滴，于是，桥爆炸了。

惠通桥断了。急于争功的日军第56师团步兵团长坂口静夫简直要发疯了，他命令所有坦克立即向桥头进发，将一切拦阻道路的车辆统统推开，好使搭载步兵的车队火速到达。在坦克无情的推挤下，许多车辆从临江公路上滚滚落下，掉进这条愤怒的大江，导致许多年后，这一带还流传着日本人妄图用汽车填江而渡的说法。

随行的重炮兵大队立即在怒江西岸松

山下的腊勐街架炮轰击，将停滞在江东暴露地带的几百辆卡车逐一点成火把，以阻止中国人可能的增援，同时掩护步兵的强渡。很快，第56搜索联队的七八百人或者乘橡皮船，或者直接泅渡，完全不顾湍急的水流。虽然有人被怒江吞没，但大批士兵终于登陆，与参谋团仓促收容溃兵组成的守桥部队展开激战，守桥部队尽管奋力抵抗，但伤亡惨重渐渐不支，眼看日军已经渡过500余人，正向东岸黑崖山高地冲去。

在这关键时刻，天空里出现了一些黑点，向大峡谷俯冲下来，强烈的气流冲击得地面上的人摇摇欲坠。飞虎队来了！机头画着醒目的鲨鱼嘴的P-40纷纷投下炸弹，并沿公路向日本行军纵队猛烈扫射，许多汽车、装甲车顿时被打得起火，来不及隐蔽的日本士兵则被打得满身窟窿。重炮大队的阵地也一片狼藉，炮兵死伤严重，大队长田村中佐也为天皇尽忠了。坂口少将也负了伤，当他苏醒过来时已经是在后方，而且马上要被送到仰光去养伤，而他指挥渡过江去的部队，也已被中国人消灭了。

就在成功登陆的日军拼命向山头攀登时，意外发现了一支中国军队抢先占领了阵地，并向他们猛烈开火。这是中国守住怒江的唯一希望——第36师的先头部队第106团，该团从西昌兼程南下，在行进中得到上车的命令，立即由楚雄登车，在团长熊正诗的率领下急驰保山前线，天黑前到达保山时，看到的是一个曾经繁荣的城市已是遍地余烬和尸体。这是最好的战前动员，他们连夜赶路，在一路克服乱车当道的困难后，他们终于在5日上午10：00许赶到惠通桥上方高高的山头上！师长李志鹏和106团团长熊正诗各率1个连占据两个山头居高临下阻击日军，为后续部队的到来赢得了宝贵的时间。傍晚前后，106团主力陆续赶到，牢牢控制住了怒江东岸的制高点山头。经过8小时激战，加上飞虎队的出色配合，日军后援不继，被迫停止了攻击。随着第107团和第108团于5月6日陆续到达，怒江防线稳固了下来。

林蔚是在5日下午4时许遇到36师师长李志鹏，知道第106团主力已经赶来，第107团也已快到保山，即命李志鹏督率这2个团向惠通桥急进。林蔚判断怒江西岸日军因被数百辆汽车阻道，从山顶下来至惠通桥需要3个小时，36师陆续增防东岸完全来得及。参谋团终于可以喘口气了，但想到重庆，林蔚脸上又浮现出愁云，两天多没与重庆联系，而且连密码本都弄丢了。还是通信参谋沈定帮了大忙，沈后来在《鲜为人知的怒江惠通桥阻击战》一文中透露："幸好我的背包内带有与重庆军训部通信兵总指挥华振麟联系的专用密电本，即建议林蔚速拟电文，报告撤退的有关情况，由我用该密电本译成密码，迅速发往重庆，由华振麟译出后亲呈蒋介石。"林蔚这封密电长达600多字，汇报了自己龙陵、惠通桥、保山一路上的处置情况，并解释电报由军令部、通信指挥部译呈的原因，希望回电仍用同样密本。据传当时重庆已连续开了20多个小时的军事会议，因不明滇西情况，有人甚至建议迁都兰州。收到参谋团迟来的确切消息，蒋介石回复林蔚：“微戌电刻始接悉，无任欣慰之至。”看来蒋介石也是大舒一口气！

5月6日下午，宋希濂赶到下关，来到邮电局打电话给保山询问战况，但接线员推说线路不通，却让旁边的商人与保山通话谈生意，惹得宋希濂火起，拍案怒喝：“我是宋总司令，现在军情紧急，限你3分钟接通保山，不然贻误战机杀你的头！”接线员不敢拿自己的脑袋开玩笑，立即接通保山，宋希濂了解了36师5日在怒江东岸阻击的情况后，继续连夜赶路，于7日凌晨赶到保山，并与刚刚撤到保山的参谋团取得了联系。宋希濂随即马不停蹄赶往怒江前线，于7日下午赶到惠通桥东的36师师部，这时36师的3个团也全部赶到，宋希濂立即与36师的师长、团长商定作战计划，于8日上午集中全师兵力发起攻击，经过激战，终将渡过怒江的五六百名日军，除几十人逃回西岸外全部歼灭。

在5月5日至8日的战斗中，飞虎队发挥了重要作用，驻扎在云南驿机场的4架P-40E和4架P-40B不断起飞，在险峻的怒江峡谷中穿梭俯冲，攻击怒江西岸的日军，不但消灭了日军大量车辆和人员，更重要的是摧毁了日军

■ 美国人所绘的油画——惠通桥阻击战。

惠通桥

惠通桥始建于明朝末年，最初为铁链索桥，是连接怒江两岸唯一的桥梁。在惠通桥建成之前，人们要过怒江，只能舟筏以渡。惠通桥往上江面较宽之处，就是历史上著名的“将军古渡”。相传明朝万历年间，戍边名将邓子龙在龙陵大败入侵缅兵后，就是从这里渡江返回施甸姚关的。《龙陵县志》记载：“清道光以前，腊勐无桥，往来皆渡筏。水夫之役，系大平子金刚园、白虎山(均在施甸一侧，原属龙陵）所供。”

■ 爱国华侨梁金山。

1933年，新加坡华侨梁金山先生捐资将旧桥改建为新式柔型钢索大吊桥。所用的水泥、钢缆、铁件等材料，都是由梁金山先生在缅甸采购，再用驮马及人力运抵工地。此次新建在原铁链桥位置上进行，将原砌桥台增高20米以避洪峰。两岸桥台前沿相距80米。桥塔为钢桁架，高7.85米，以4根28.75毫米钢绳为主索，锚固于两岸岩壁之内。吊杆为20毫米圆钢，两根1付，全桥共54付；横梁用高200毫米的槽钢组合，纵梁之桥面皆用木材，桥面净宽4.35米，每次可通行7匹负重骡马（重约2吨)。吊桥全长205米，跨径190米，此为怒江历史上第一座钢缆吊桥，1935年1月14日正式建成通行，耗资8万银元，其中，梁金山先生捐助约占三分之二。

1937年12月，为了与滇缅公路相配套，将其改建为10级荷载公路桥。改建工程由国民政府交通总段管理处工程师徐以枋设计，段长陈德培和工程师郭增旺负责指导施工。原桥台不变，用混凝土将两岸钢架桥塔填实包裹，加固为钢骨水泥结构；两边主索由2根增为8根，吊杆及横梁均增密加固。1938年10月下旬竣工通车。每次可通行10吨卡车一辆。1939年2月正式建成通车，成为滇缅公路上的一座重要桥梁。

日军为切断滇缅公路的交通，千方百计对惠通桥进行破坏，从1940年10月28日至1941年2月27日，对惠通桥进行了6次空袭，共出动飞机168架次，投弹4000余枚。每次都使桥梁受到不同程度的破坏，幸守桥员工和部队在日军每次轰炸后均立即突击抢修恢复，但桥梁负载能力已有所降低，每次仅能通过7.5吨卡车1辆。

1942年5月5日，因日军逼近惠通桥，守军被迫将东岸桥塔炸毁，主索炸断，使整个桥架坠落江中。

1944年5月，中国军队开始滇西反攻，于6月初对侵占松山、平戛、龙陵和腾冲的日军发起全面反攻。为抢运军火物资支援前线，桥渡工程处全力以赴，于6月18日在吊桥位置上抢建临时人行便桥，同时修建东西两岸码头，赶制浮筏二艘以济军运，并着手恢复吊桥的准备工作。人行便桥仅三日便竣工，浮渡工程亦于28日通航。车辆、物资、部队等全靠筏渡，江面上昼夜繁忙紧张，车辆往来无阻。7月4日又完成骡马桥一座。8月1日开始突击修复吊桥。东岸被毁桥塔改用木桁架代替，钢缆、吊杆、纵横梁全部新架。从准备、动工到修复通车，仅仅2个月时间。

■ 今日已废弃不用的惠通桥。

1949年6月中旬该桥遭“共革盟”流匪破坏。同年11月，当地革命武装为切断国民党军队逃往缅甸的去路，曾将桥面拆除。解放以后，各级人民政府对大桥极为珍视，精心维护，并多次进行大修。

1974年6月1日，云南省公路工程处经过四年多的勘察、设计和施工，在惠通桥下游400米处，建成了滇西最大的一座钢筋混凝土箱型截面拱桥——红旗桥。桥全长200余米，主孔净跨116米，两岸石砌引桥净跨各27米。桥面平坦宽阔，客货车辆可数辆对开，大桥造型美观，结构坚牢，是现代建筑科学与中国民族传统形式的完美结合。这座新桥建成之后，老的吊桥始废弃不用。

的浮桥和架桥设备，为地面部队赢得了巩固江防的宝贵时间。

1942年5月5日，可以说是抗战时期最为关键的一天。在惠通桥千钧一发之际，工兵果断及时地炸桥，36师106团及时赶到，飞虎队宝贵的空中支援，最终使日军抢占惠通桥，强渡怒江，直取昆明的战略意图化为泡影。

日军56师团主力在抢占惠通桥的同时，也分兵进攻腾冲。腾冲自秦汉以降，就是中国西南丝绸之路的重要门户，也是近代以来云南最早开放的对外商贸口岸。当时云南省政府在腾冲设有腾龙边区行政公署，有云南地方部队的梁河营、特务大队第2营、护路队

宋希濂抗战简历

宋希濂，字荫国，1907年4月出生于湖南湘乡。1924年11月，毕业于黄埔军校第1期，任教导第2团2营4连1排排长。1926年6月，由第1师第2团2营4连连长升任补充第1师第3团第1营营长。1927年5月，任黄埔军校同学会交通股少校股长。11月，奉派赴日本留学千叶陆军步兵学校。1930年5月学成归国，任教导第1师中校参谋。12月，任国民政府警卫师第1旅第2团团长。1931年3月，调升警卫第1师第2旅旅长。1932年1月，警卫军第1师改编为第87师，宋希濂任第261旅旅长，请缨参加了一·二八淞沪抗战。9月，任第87师副师长兼旅长。1933年8月，升任第36师中将师长。西安事变后，率师入陕，兼任西安警备司令。

1937年抗战爆发后，八一三淞沪会战打响，宋希濂率部日夜兼程，从西安开赴上海参战。9月，调升第78军军长仍兼师长。南京保卫战失利，降任荣誉第1师师长。1938年5月，调升第71军军长，挥师中原参加豫东战役。1939年11月，升任第34集团军总司令仍兼军长。1940年7月，辞去军长兼职，旋兼任中央训练团副教育长。1941年11月，升任第11集团军总司令兼昆明防守司令部司令。1944年10月，离开烽火连天的滇西龙陵战场，带职入陆军大学将官班甲级第一期学习。1945年3月，调任中央军校第九分校（新疆迪化）主任。

■　“飞虎队”的P-40战斗机。

第3营以及腾冲县自卫队等，共约1000人。当畹町、芒市、龙陵陷落的消息传来，腾龙边区行政监督龙绳武（云南省主席龙云的长子）不仅不作任何防御准备，反而收拾细软，尤其是数百担鸦片准备逃回昆明。7日龙绳武便不顾腾冲地方人士的一再挽留，匆匆逃回昆明。腾冲县长邱天培在龙绳武走后，虽然召集腾冲各单位负责人和地方士绅开会，部署防御措施。但却在当日午夜率领县自卫队撤离腾冲，他这一走，护路营等地方部队也随即滑脚，接着各机关也纷纷逃跑，腾冲全城顿时一片混乱。

5月8日，新28师师长刘伯龙仅带着20多人逃到腾冲，地方士绅极力挽留他主持腾冲防务，但他却以仅有收容溃兵之责而无守土之职，当天就离开腾冲逃往永平。

5月5日以来，从滇缅公路败退而来的溃兵不断涌入腾冲，到处抢掠，使腾冲百姓纷纷不堪其扰，逃离家园。

5月10日下午，约300名日军不费一枪一弹进入腾冲，此时腾冲百姓几乎已逃散一空，城里的各种物资尽归日军。此后，日军修筑腾（冲）龙（陵）公路，并在畹町到腾冲一路分兵把守，怒江西岸人民，从此将忍受长达两年多的亡国奴生活。许多有血性的汉子，则开始了不屈服的斗争，直到1945年1月滇西的土地完全光复为止。

■ 1942年5月10日，日军在占领腾冲县城后，宪兵队人员在其司令部合影。

缅甸战役日军参战部队序列（1941年12月—1944年10月）

缅甸方面军（1943年3月27日设立）
河边正三 中将（1943年3月18日，上任日期，下同）
木村兵太郎 中将（1944年8月30日）
第15军（1941年11月编成）
饭田祥二郎 中将（1941年11月5日）
牟田口廉也 中将（1943年3月18日）
第28军（1944年1月6日编成）
樱井省三 中将（1944年1月7日）
第33军（1944年4月7日编成）
本多政材 中将（1944年4月8日）
第2师团（1944年5月调入缅甸方面军）
冈崎清三郎 中将（1943年6月10日）
步兵第4联队
步兵第16联队
步兵第29联队
第15师团（1943年6月编入第15军序列）
山内正文 中将（1942年6月2日）
柴田卯一 中将（1944年6月10日）
步兵第51联队
步兵第60联队
步兵第67联队
第18师团（1942年2月编入第15军序列）
牟田口廉也 中将（1941年4月10日）
田中新一 中将（1943年3月18日）
第23旅团 旅团长侘美治 少将
步兵第55联队
步兵第56联队
第35旅团 旅团长川口清健 少将
（旅团部及124联队组成川口支队，归南方军指挥）
步兵第114联队
步兵第124联队
骑兵第22大队
山炮第18联队
工兵第12联队
辎重兵第12联队

第31师团（1943年3月22日编成并编入第15军序列）
佐藤幸德 中将（1943年3月25日）
　步兵第58联队
　步兵第124联队
　步兵第138联队
第33师团（1941年12月编入第15军序列）
樱井省三 中将（1941年1月20日）
柳田元三 中将（1943年3月11日）
　第33步兵团 团长荒木正二 少将
　　步兵第213联队
　　步兵第214联队
　　步兵第215联队
　山炮第33联队
　工兵第33联队
　辎重兵第33联队
第49师团（1944年1月编成，5月编入缅甸方面军序列）
竹原三郎 中将（1944年1月7日）
　步兵第106联队
　步兵第153联队
　步兵第168联队
第53师团（1943年11月编成并编入缅甸方面军序列）
武田馨 中将（1944年4月27日）
　步兵第119联队
　步兵第128联队
　步兵第151联队
第54师团（1944年1月编入第28军序列）
片村四八 中将（1941年8月25日）
宫崎繁三郎 中将（1944年8月30日）
　步兵第111联队
　步兵第121联队
　步兵第154联队

第55师团（1944年1月编入第28军序列）
竹内宽 中将（1941年4月1日）
古闲健 中将（1942年12月1日）
花谷正 中将（1943年10月23日）
第55步兵团 团长崛井富太郎 少将
步兵第112联队
步兵第143联队
步兵第144联队
骑兵第55联队
山炮第55联队
工兵第55联队
辎重兵第55联队
第56师团（1942年3月编入第15军序列）
渡边正夫 中将（1940年8月1日）
松山祐三 中将（1942年12月1日）
第56步兵团 团长坂口静夫 少将
步兵第113联队
步兵第146联队
步兵第148联队
搜索第56联队
野炮第56联队
工兵第56联队
辎重兵第56联队

方面军直属部队
独立混成第24旅团
独立混成第72旅团
独立混成第105旅团

第三章 凄苦艰难的大撤退

英军的撤退

在英军看来，其在远东的第一重心是新加坡，在新加坡陷落之后，便是印度。而缅甸则是可以放弃的。正是基于这一指导思想，英军才会一再阻挠中国远征军入缅，最后直到战局已经万分危急才同意中国军队入缅。对中国军队入缅，英军并不是想并肩保卫缅甸，而是想利用中国军队来当英军的后卫，掩护英军主力退往印度。因此早在4月18日，也就是仁安羌之战还在紧张进行之时，驻印度英军总司令韦维尔就写信给驻缅甸英军总司令亚历山大，强调从缅甸撤退时的具体措施，虽然掩护经加里瓦渡过亲敦江撤往印度阿萨姆的道路至关重要，但必须“优先考虑”与中国军队的联系，不要给中国以谴责英军急于向印度撤退的口实。根据韦维尔的这一指示，亚历山大否决了英缅军第1军团军团长斯利姆要求尽快组织对曼德勒防御的意见，反而命令斯利姆立即开辟渡过亲敦江向印度撤退的道路，同时务必保持与中国军队的接触，并叮嘱斯利姆：“千万不能让他们（中国军队）抓住把柄，指责英国军队逃往印度。”

亚历山大为了保证英军安全撤退，千方百计欺骗史迪威和罗卓英，将中国远征军中最具战斗力的部队——第5军200师、新22师和第66军新38师都调到了乔克柏当，掩护撤退英军的侧背。让我们来看看亚历山大4月23日下达的作战命令：

一、现在曼德勒铁路以东的中国军队，全部遵照史迪威将军的命令，为防御腊戌道路，向北或东北方向行动；

二、在该铁路以西的中国军队新22师、96师，应在英军第7装甲旅的支援下，暂时防御敏铁拉、塔泽、瓢背地区；

三、英缅第1师、英印第17师及中国新38师，应在英缅军第1军团军团长斯利姆指挥下，暂时防御稍埠、泰昆、敏铁拉一线；

四、中国新28师防御曼德勒；

五、以后渡伊洛瓦底江撤退之际，英缅第1军团主力掩护接近梦内瓦和耶乌的道路，与此同时，以一个支队守备帕科库经密沙河

■ 英军撤退时火光冲天的曼德勒。

谷通往吉灵庙的道路。新38师和中国军队另1个师与第7装甲旅同时向实皆－瑞波道路方向行动。其余的中国军队沿曼德勒—腊戌道路行动。

从这个命令中就可以清楚地看到，亚历山大是将英军集中在伊洛瓦底江河曲地区，其重点是确保亲敦江谷和瑞波两条道路，英缅军第1军团主力根本不参加曼德勒的防御。这样的部署，毫无疑问是根本不考虑中国远征军的生死，而是利用中国远征军来掩护英军的撤退，完全是损人利己的部署。

4月25日，在仁安羌之战后经过整顿补充重新恢复攻击的日军33师团再次占领仁安羌，随即开始沿伊洛瓦底江向曼德勒推进。同一天，亚历山大、斯利姆、史迪威和罗卓英在皎克西举行了最后一次联席会议，英方直到此时才表示英军必须立即撤过伊洛瓦底江，不然就会被正向曼德勒推进的日军合围。当晚，亚历山大就下达了撤退的命令，英缅第1军团随即开始撤退。

曼德勒以南的阿瓦大桥是伊洛瓦底江上最大的桥梁，也是英军撤退的必经之路。从4月26日至30日，英军主力基本通过了这座大桥。当30日日军占领腊戌的消息传来，英缅第1军团军团长斯利姆便下令炸毁阿瓦大桥，30日23时50分，阿瓦大桥中段桥面在巨大的爆炸声中轰然落入伊洛瓦底江。亲眼看着大桥被炸毁的斯利姆后来回忆道：“这既是一幅可悲的情景，也是一个信号，我们丢掉了缅甸！”

英军渡过伊洛瓦底江后的撤退路线是沿梦内瓦—耶乌—加里瓦向西，渡过亲敦江，进入印度阿萨姆。日军很清楚英军的撤退路线，从4月26日起，33师团就以原田支队为先锋，以每天不低于50公里的速度向伊洛瓦底江急进，在4月30日夜抢在英军之前占领梦内瓦，切断了英军的退路。亚历山大深知梦内瓦的重要，严令斯利姆务必夺回梦内瓦。斯利姆一面组织英缅第1师反击梦内瓦，一面命英印17师取捷径赶往耶乌。

5月2日，英缅第1师反攻梦内瓦被日军击退。5月4日，原田支队在牢牢控制住梦内瓦之后，还派出部分兵力继续北上，于当天中午占领了梦内瓦以北25公里的布达林。日军第15军也命令33师团：“在继续执行原任务的同时，应迅速以一部兵力沿亲敦江向塔曼提方面追击逃敌，切断该江各主要渡河点附近敌之退路。从现在起，解除切断杰沙（又译作卡萨）、八莫附近退路之任务。”很显然，日军已看出了英军的命门所在，将追击的矛头直抵亲敦江！33师团根据这一命令，立即命令荒木支队向塔曼提追击，同时催促原田支队继续北进。

5月5日，英军退至亲敦江东岸的瑞琴，一面派出部队阻击日军，一面组织主力部队渡江。

■ 撤退途中翻山越岭的英印军部队。

5月6日深夜，日军荒木支队占领耶乌。次日凌晨与从瑞波北上的55师团会师，彻底切断了英军的退路，接着日军兵分四路，对英军展开全线追歼。

5月10日，日军荒木支队突破了英军后卫的阻击，冲入了加里瓦峡谷。斯利姆急令在英军中素以骁勇闻名的廓尔喀营阻击逼近的日军，其他英军部队丢弃所有重武器和车辆，轻装渡河。在加里瓦峡谷之战中，英军留下了汽车2000辆、坦克10辆、火炮40门以及1200具尸体，主力总算侥幸渡过亲敦江，但已经是溃不成军，整个行军纵队稀稀拉拉地足足有145公里长！

5月16日，英军的先头部队终于到达印度阿萨姆邦的达武镇，后续队伍也陆续到达。在经历了约1450公里的漫长撤退之旅，有12000名英军撤到印度，但还有约13000名英国、印度、缅甸士兵丧生。

5月17日，亚历山大向伦敦报告，他指挥下的驻缅甸部队已顺利撤至印度，不过损失了全部重装备和汽车，似乎是在夸耀自己在亚洲再一次创造了“敦刻尔克奇迹”。3天后，亚历山大在交出驻缅部队指挥权时，还信誓旦旦地说：“我们当然要夺回缅甸，它是大英帝国的一部分。”亚历山大的承诺显然远不如在菲律宾的麦克阿瑟，从此以后，亚历山大再也没回到过缅甸。但是他的仕途丝毫未受缅甸失败的影响，因为本来他就是被派来收拾残局组织撤退，从这点上说，他是很好地完成了使命——当然是以牺牲中国远征军为代价。在大英帝国的统帅部看来，亚历山大能将部队撤回印度，绝对是个一流的军事将领。所以他回到英国后，稍事休养，就于1942年7月调任在北非的第1集团军司令，8月又升任英军中东战区总司令，同时晋升上将军衔。

英军总算是实现了撤至印度的预定计划，但中国远征军却已经陷入了困境。

撤向滇西

4月29日，日军占领腊戍，截断滇缅公路，中国远征军的灾难就此开始。

在腊戍陷落之前，滇缅参谋团团长林蔚已经知道战局万分危急，先用电话命令杜聿明将汽车部队撤回国，再率主力向缅北撤退。再命令66军在腊戍一线布防，尽量阻滞日军的前进。在66军的军官面前，林蔚还强作镇定，但内心早已又急又惊，因为他知道66军在腊戍没有多少兵力，根本挡不住日军的进攻。在作了上述部署后，参谋团便匆匆撤离腊戍，5天里沿滇缅公路驱车后退了500多公里，一路退过怒江，5月3日在日军追兵赶到前3小时通过畹町，真是千钧一发！5月5日也是抢在日军到来之前渡过怒江，炸断惠通桥后，在宋希濂未赶到前线之前，参谋团便将66军的散兵临时编组成战斗部队，指定几个军官指挥，据守惠通桥畔山头，为106团赶到争取到了最宝贵的时间。林蔚到达保山后才重新与重庆取得联系，报告了惠通桥战斗的情况，蒋介石随即命令“参谋团团长林蔚在滇贵川前线，代行本委员长职权，三省部队任其调遣，如有不听指挥，就地枪决”。待宋希濂的11集团军陆续赶到，怒江一线防线逐渐稳定，在宋希濂接过怒江江防指挥权后，参谋团也于6月13日迁往昆明。

上文已简单介绍了66军在日军进攻之下仓皇退入滇西。由于66军在撤退途中，部队几乎完全失去控制，溃兵沿途骚扰地方，使滇西民众苦不堪言。蒋介石随即根据宋希濂的建议，撤消66军和新29师的番号，将66军军长张轸和新28师师长刘伯龙撤职，新29师师长马维骥不仅撤职，还被逮捕查办。66军残部全部补充给新28师，再把新28师划归71军，而71军原来所辖的36师则改为由第11集团军直属。

在第6军方面，4月26日第6军军长甘丽初命令所属各部陆续向萨尔温江（怒江下游）东岸转移，退往第93师所在的景东会合。28日暂55师仅剩的1000多人在龙东与伴随第56师团穿插的日军第18师团先头部队遭遇，筋疲力尽的暂55师残部完全丧失战斗的勇气，只好绕道，结果不少人就死在丛林之中。第6军在得到日军占领腊戍的通报后，从5月2日起便向景东撤退，8日陆续退至景东。日军第18师团第24旅团第56联队（第18师团于1943年3月撤销旅团改为三联队制）开始扫荡萨尔温江附近地区。由于地形险要，日军无法迂回，加之第93师第278团顽强抗击，日军未能前进。接着日军第55联队（隶属第23旅团）也被吸引过来，并带来重炮猛轰中国军队防御。中国军队被迫后撤，第49师残部表现英勇，不顾重大伤亡顶住了日军的进攻。由于日军在缅甸需要兵力围歼中国远征军主力，故第18师团逐渐脱离战斗。

此后留在景东的，只有以第277团为基础的刘观隆支队。在泰日联合部队屡次进攻的巨大压力下，刘观隆支队只得逐渐向北退出缅泰边境，5月15日后，第93师也撤向滇南，以拱卫国境。

从5月23日到6月3日，第6军各部队交替掩护，终于返回国境。第6军损失如下：第93师损失约4000人，还剩4900人左右；第49师还剩4600人，暂55师几次收容之后，还剩2300人，军部仅剩600余人。全军出征时近30000人，最后幸存仅12400人，损失达17000人以上。

此后第6军将全部兵力补充给第93师，暂55师撤销，第49师调归第5军。这样的调整，等于说是将老的第6军缩编为93师，93师此后一直戍守滇南，直到1945年，其间几次和日本支持的泰军交火，挫败了泰军的进犯，保障了滇南国境的安全。另外组建了新的第6军，由黄杰任军长，下辖预备第2师和新编第39师，新的第6军于1942年秋进驻滇西。

就这样，在第6军、66军残部回国后，军委会对滇西滇南地区的部队进行了全面整顿，第11集团军下辖71军、新的第6军、1942年冬进驻祥云、弥渡一线的54军（下辖第14师、50师、198师）以及集团军直属的36师，共3个军9个师。

第11集团军沿怒江东岸布防，北起泸水，经惠人桥、惠通桥、三江口，南至孟定，防线全长约200公里。第一线防御重点是怒江各渡口，以防日军偷渡。第二线以保山和澜沧江上的功果桥为重点，加大防御纵深。在1943年4月新的中国远征军司令长官部成立之前，滇西防务都由第11集团军司令宋希濂负责指挥。从1942年5月至1943年4月，近一年时间里，第11集团军一面巩固江防，一面积极整训，准备反攻。同时11集团军经常在腾冲以北地区保持1个师的兵力，进可威胁腾冲日军，退可保障怒江防线的右翼安全。另外，还经常以1个团的兵力活动于芒市至龙陵、松山之间，侦察敌情，破坏交通，并且顺便征集这一地区的粮食以补充部队。就这样一直到1944年滇西反攻。

第11集团军作战序列

第11集团军，总司令宋希濂

第71军军长钟彬

新编第28师师长刘又军

第87师师长张绍勋

第88师师长胡家骥

第6军军长黄杰

预备第2师师长顾葆裕

新编第39师师长洪行

第54军军长方天

第14师师长龙天武

第50师师长潘裕昆

第198师师长叶佩高

集团军直属

第36师师长李志鹏

生路被截

相比退往滇西滇南的东线部队，中线的远征军主力的撤退可谓多灾多难。

第5军96师原本为执行平满纳会战计划而在平满纳地区顽强阻击了日军达8天之久，要知道96师是在平原地带，缺乏有利地形掩护的情况下，抗击火力优势的日军进攻，虽然伤亡惨重，但最终还是守住了阵地，连参谋团团长林蔚也称赞该师“战斗成绩及指挥技术均属可观”，同时也感慨“苦战结果所得之宝贵时间（8天），我主力军既未用以掩护撤退，又未用以击破他方之敌，徒使战士之血膏于原野，而于全盘战局上未能发挥任何有效作用”。

平满纳会战计划夭折后，96师只能节节阻击，边打边退。4月24日日军占领央米丁，25日占领瓢背，26日攻占塔泽，虽然日军取得了不小进展，但在96师的顽强抗击下，已经伤亡惨重，人困马乏，日军18师团只好调整部署，将后续部队替换下追击部队后再继续北上。

第5军军部和新22师、96师于4月26日从皎克西乘汽车、火车向曼德勒撤退，并于当晚22：00许全部撤至曼德勒。此时，史迪威和罗卓英还在想执行曼德勒会战计划，但当日军逼近腊戌后，谁都知道远征军不要说举行曼德勒会战，就连自身都难保了，于是这才在28日下令放弃曼德勒会战计划，转兵于腊戌。此时才想到要保卫腊戌，显然为时已晚。

从4月29日起，日军向皎克西的新22师发动进攻，但在新22师的奋勇抗击下，兵锋顿挫，112联队第2大队甚至全面崩溃，进而影响到了整个联队的作战行动，另外55联队也遭到了重大损失，被迫停止攻击。经过一天的休整和恢复，日军于5月1日重新发起攻击，占领皎克西。

皎克西之战还在进行的30日，罗卓英在得知腊戌失守后即命令第5军迅速向北撤退，同一天蒋介石也电令罗卓英、杜聿明："希即将车辆与重武器由卡萨（即杰沙）直运畹町，务用最急方法赶施为要！可否盼复。伤兵亦由该路提前运回。"根据这一命令，杜聿明迅速开始部署撤退。同一天，史迪威与罗卓英率远征军司令部人员从瑞波乘火车撤至甘不鲁。

31日17：00，新22师65团掩护师主力及96师、第5军直属部队撤离曼德勒后，炸毁了伊洛瓦底江大桥。

5月1日，史迪威与亚历山大在耶乌会晤，两人达成一致的是，眼下必须毫不犹豫地从伊洛瓦底江一线撤退。亚历山大还向史迪威表示，英方会根据形势发展，将为第5军撤退到印度进行必要准备。接着史迪威与罗卓英率司令部人员继续后撤，到达英多（也译作列道）后就没有火车了，5月5日到达曼西之后，连汽车也没有了，只好徒步行军。也正是从这个时候起，远征军司令部与主力完全分离。史迪威谢绝了美军陆军航空队司令阿诺德将军派来接他撤离的专机，他说："如果我现在逃跑了，就会又造成一次失败，那么我以后就再也无法指挥中国军队了。"史迪威时年已经59岁，但他带领着一支包括少数参谋随从、英国殖民地官员、医护人员、新闻记者、传教士以及平民在内114人的队伍，坚持徒步行军，而且他始终身先士卒，走在队伍的最前面。5月13日，这支小队伍在霍马林附近渡过亲敦江。5月14日得到英印当局的接待，得到了食物、马匹、挑夫还有向导，情况才得到改善。20日抵达英帕尔，23日到达丁苏塞。特别要介绍的是，正是由于史迪威以身作则的榜样作用，以及周密的计划、严格的纪律和正确的领导，这支混杂着军人和平民的小队伍，在十多天的徒步行军中，没有一人死亡！但史迪威自己的健康却受到很严重的损害，体重减轻了20磅（约合9公斤），身体憔悴，眼窝深陷，双手不停地颤抖。即使这样，5月24日在新德里举行的记者招待会上，史迪威依然斗志高昂地表示"我们挨了一顿猛揍，我们从缅甸逃了出来，这是个奇耻大辱！我认为我们应该找出原因，然后打回去，收复缅甸！"历史证明，史迪威的承诺比亚历山大要值钱，他最终努力实现了自己的诺言，打回了缅甸，当然这是后话了。

罗卓英则率远征军司令部的大部分人员，一面收容散兵，一面后撤，也于24日到达印度英帕尔。

截至5月1日，中国远征军各部都已退至伊洛瓦底江以西、以北地区。但在次日，第5军的左右两翼均受到了沿伊洛瓦底江北进的日军威胁，杜聿明立即下令分路向瑞波撤退。

■ 史迪威带着他那114人的队伍“出缅甸”时的场景，任何不必要的装备都被丢了个干净。

5月3日，从西保西进的日军56师团遭到新22师的顽强阻击。此时，新22师正一面组织力量逐次抵抗，一面向瑞波撤退；96师已通过瑞波正向南巴撤退中；新38师则正乘火车经曼德勒至密支那的铁路北上。

5月4日，日军15军命令55师团应以一部兵力向实皆、瑞波、金宇方面进击，以捕歼当面的中国军队。

5月6日，杜聿明在撤退途中接连接到罗卓英的两封急电，告之畹町以北已受日军威胁，日军可能抢先占领八莫，因此原定向密支那撤退的计划，应改为经温托、英多向印度邦平撤退。杜聿明接到电令后，一面进行改道转移的准备，一面急电罗卓英陈述坚持向密支那撤退的意见，认为战败退入印度必为印人所不齿，应继续北上密支那，与日军决一死战，胜则可保缅北一隅，即使战败也可退入腾冲。杜聿明也同时将一意见电告重庆直接向蒋介石请示。

5月7日，罗卓英复电杜聿明，对其继续北上密支那的勇气深表嘉佩，同意其速率主力沿铁路北上，在南巴、温托之间集结，并派干探搜索八莫、密支那的情况。同一天蒋介石的复电也到了，“我军应即向密支那、片马转移，勿再犹豫停顿”。收到这两封复电，杜聿明心中有了底，他立即召集各师师长商议，决心遵照蒋介石的命令，向密支那、片马撤退，途中如遇日军，即全力击破之。

当中国远征军高层还在往来电报讨论撤退线路时，日军的行动可一点也没有停歇，日军56师团松本支队（以113联队为基础，由113联队联队长松井秀治大佐指挥）已于5月5日夜占领八莫，随后毫不踟蹰继续向密支那急进。日军15军根据情报准确判断出中国远征军正在曼德勒以北地区，因此于5月6日将4个师团中的3个——56师团、55师团、33师团全部投入到曼德勒至密支那一带，围歼该地区的中国远征军主力。

此时，中国远征军主力回国的唯一生路就是密支那了，密支那位于仰光以北约1200公里，是缅甸境内铁路最北面的终点，因此在当时自然便成为了中国军队在缅北重要的物资集散点。而且密支那自古以来就是缅北通往中国的交通要津，从密支那向东经腾冲就能到保山，连接上滇缅公路。中国远征军如果能退到密支那，就可以得到充足的给养，然后便可从容经腾冲到保山，这是当时远征军唯一的生路。但日军还是快了一步，56师团松本支队于5月8日上午占领密支那。而此时第5军还在日军的尾追堵截，以及缅人的不断袭骚中艰难行军，96师正由汽车运往密支那以西的孟拱，新22师已到温托，还是坚持以密支那为目标。在得知史迪威、罗卓英正从曼西徒步西行退往印度，杜聿明便派参谋长罗又伦前往追赶，一直追出近100公里还是没有追上。

5月10日，杜聿明率第5军军部到达英多，新22师和新38师正在向英多急进之中，这时第5军的前卫96师报告在孟拱已经发现日军。另外，日军56师团的松井支队正沿伊洛瓦底江进抵杰沙，与新38师113团发生激战。113团经过苦战仍未能阻止日军，杰沙失守。在随后的几天里，日军55师团的宇野支队（以步兵143联队和独立工兵第14联队组成，由143联队联队长宇野节大佐指挥）、33师团的福家支队（由33师团抽调步兵、炮兵、工兵混编而成，由第33山炮联队联队长福家政男大佐指挥）先后赶到杰沙，日军3个师团合围在曼德勒以北中国远征军主力的态势已经实现！

杜聿明见退路被切断，情况危急，便改变原定计划，下令："军以迅速脱离敌人为目的，即改沿曼（德勒）密（支那）铁路以西地区，径向孟关、大洛（也译作打洛）之线转进。"

深入蛮荒

杜聿明急于率部撤回国，不愿落进日军夹击的陷阱，命令96师停止攻打孟拱，全军向北绕道，希望能尽快绕过当面日军。从地图上看，孟拱以北是连绵数百公里的亚热带丛林，那可是人迹渺茫的蛮荒之地，日军不可能迅速深入或者迂回。于是第5军丢弃车辆，毁掉辎重，数万人马钻进了密林。

这个命令断送了无数战士的生命。很快远征军官兵发现不但“迅速”回国成了奢望，就连生存都已变为了巨大的难题，许多人被缅北的丛林吞噬，就连杜聿明自己都患上了回归热几乎命丧丛林，由忠心耿耿的部下想方设法救护才侥幸生还。

堂堂数万大军走到了这一步，本来也不是没有生机。

美国将军史迪威，这个59岁的老头，颇有美国牛仔风格，对待有才干的人直率真诚，而对待自己眼中的轻浮者和蠢材却是非常的尖酸刻薄，由此得到了一个“酸性子乔”的绰号。他21岁从西点军校毕业，到菲律宾与当地土著人作战；与另一位陆军里的旅行家在军方的授意下，为完成情报勘测，一起徒步走完整个危地马拉；在第一次世界大战里他曾尝试负责领导过复杂的情报工作，并以极好的口碑服务到战争结束；然后他几次到过中国，做过驻中国步兵团军官、做过驻华武官，能说法语、西班牙语和中国话；他曾经帮助山西的军阀阎锡山和西北军的冯玉祥改善当地交通，因而在中国大西北做了一次艰难的旅行并与冯玉祥保持了不寻常的友谊；在美国卷进战争前回到陆军，在历次规模从小到大的演习中扮演假想敌，使用闪电战术提前教训了美国陆军而且不止一次——这些对手的兵力通常是他的“红军”数量的两倍，而他的战术即使在德军里也只不过正在成熟而已；由于他的卓越履历和丰富经验以及过人的才干，在4年时间里便从中校晋升到了少将，在美国军队里曾经被称为“美国全部的47名少将中的第一名”，更重要的是，他是当时美军罕有的中国通，在两次世界大战之间的漫长的中国岁月里，他总是到处跑，用铅笔和小本子详细记录下中国的一切，再用心去感受中国社会最底层的一个个普通的中国人。所以太平洋战争爆发后，正在第4军军长位置上积极备战的史迪威成了美国政府派往中国的最佳人选。他因此晋升为陆军中将，再次来到中国，做了蒋介石的参谋长，并马上被派去指挥远征军保卫缅甸。

1942年3月9日，英军大崩溃的前夜，中国军队正在渐次开进缅甸，日军已经汹涌而来，在整个战局一片焦头烂额的时候，史迪威来到了这个后来与他的命运紧紧相连的战场，准备大展身手。可是，一开始他就发现这并不是那么容易，因为同他一样对中国远征军拥有指挥权的人，还有很多。

首先是英缅军司令亚历山大，然后是国民政府军事委员会派出的参谋团，还有就是第5军军长杜聿明。在中国，将军们的前途只能由领袖来决定，他们的功绩固然很重要，但最有决定意义的，还是忠诚和实力。即使是曾经指挥过血战昆仑关的杜聿明，也跳不出这样的环境。所以，他所执行的，更多是通过第5军的电台直接接收的来自重庆的命令。在撤退开始的时候，他一心一意克服恶劣的环境，想把军队带回遥远的祖国，而不是进入近在咫尺的印度，正是中国特殊政治文化的正常反映。

两种不同文化背景导致了直接的对撞，结果可想而知。在这次失败的远征中，杜聿明坚决拒绝了史迪威的许多建议和命令，包括转进印度，他把史迪威的所有举动认为是个人出风头的表现；而杜聿明制订的平满纳决战计划，也因史迪威被英军欺骗而把部队调走而夭折。为劝说杜聿明进入印度的史迪威，最终在日军合围前无奈地率一支只有百余人的小部队徒步退入印度；而杜聿明则将数万大军带进了死地——野人山。

史迪威曾经真诚帮助过英国人，他认为只要解除英军的危境就能阻止英军的崩溃，并拉住英军一起留在缅甸抗击共同的敌人。可是他不了解这支殖民军的真实情况：由于英国政府决不允许缅甸独立，军中的缅甸士兵已经纷纷逃亡，即使是英国军官也都毫无斗志；地方政府中被英国人用来控制缅甸人的印度人正在惊恐地离开这个已经充满敌意的国度。直到最后他才明白英军的士气已经无法挽救，而英国政府利己主义的逃命战略也根本不可能因他一个人的努力而有所改变，哪怕牺牲再多的中国人结果也一样；除此之外，他还犯了一个更大的错误：在中国，军队是将军和政客们发家以及保命的本钱，拿别人的部队去“出风头”，比直接断送别人的性命更加不被接受。

这才是问题的所在。在一个陌生的战场，两支互相并不信任的军队，在一个从第三个国家匆匆赶来的将军的“劝说”下就能团结起来，无异于痴人说梦。缅甸战局的前景，正如以前许多失败的战争一样，数不清的失败诱因一齐发作，已经无可挽回。

为了迅速回国，杜聿明不想在途中与敌人发生纠缠固然可以理解，远征异域与将士同甘共苦的高风亮节更是令人敬佩，但有几个因素，显然杜聿明当时根本没有考虑，由此带来了灾难性后果，后来杜聿明在功德林（即北京功德林战犯管理所）的小房间里撰写回忆文章时，将自己的责任轻轻地一笔带过，可是在若干年后的今天，当我们重新对战争失败进行检讨时，却不能不提到。

其一，占领密支那和孟拱的日军仅仅只有2个联队，总兵力不过7000人左右，如果除去已经产生的作战消耗，其人数和战斗力还要打个不大不小的折扣。而当时杜聿明麾下，尚有第5军直属部队15000人，新编第22师6000余人，第200师7000人，第96师5000余人，以及第66军的新编第38师7000余人，这几支部队都是中国军队中的精锐，而且充满着战斗精神，即使不能做到完全消灭当面日军，杀开一条血路强行通过应该问题不大，至少不会出现后来那样的严重损失——再退一步说，在战斗中付出这样惨重的代价，也至少可以换取一点日军的损失。5月8日杜聿明也曾有过全力反击密支那的计划，但却不知什么原因又改变了想法。另外更为可惜的是，就在杜聿明率部进入野人山的第二天，怒江前线的中国第11集团军在宋希濂率领下开始发起一次旨在策应入缅远征军归国的进攻，试图从日军力量相对薄弱的腾冲北部山区打开一条通道——当时第5军和11集团军相隔不到200公里。但已经进入密林的第5军已经没有这个机会了。5天后，11集团军停止了进攻。

杜聿明曾经在1939年冬天率领第5军，和日军精锐第5师团的第21旅团进行过一次较量，并消灭其4000余人，这就是众所周知的“昆仑关大捷”，杜聿明和第5军由此名扬天下，但巨大名誉的背后，却是难言的苦涩，第5军在战役中付出了高达16000余人伤亡的惨重代价，这个以全套苏式装备武装起来的机械化军实力因此大打折扣，在中国没有能力对其进行重新武装的窘境里，这么巨大的损失是国民政府难以承受的。所以，杜聿明在缅甸十分爱惜第5军这个当时中国最精锐的部队，这个军的损失越少，他在蒋介石面前越好交待。可惜天不遂人愿，违反了战争的法则，个人越是精明带来的伤害只会越大。

其二，缅甸北部的热带山岳丛林，是一种中国军队从未涉足过的环境，这种环境将带来什么样的危害，谁也不知道。杜聿明仓促之间仅仅按照地图进行作业，未免草率。军事地理是一门复杂的科学，并不是凭借经验主义就能运用自如的。而当时中国军队的将军们的奋斗史基本上就是一部内战史，他们的实战经验主要来自国内战场，中国尽管地大物博，但是领土所跨越的纬度其实并不大，国内战场环境的变化基本上幅度很小，热带战场环境的巨大杀伤力谁也没有领教过。还有，黄埔军校也好，保定军校也罢，虽然算是当时中国第一流的军事学校，其教学内容也主要是那些简单直接得一目了然的军事技能，这种明显带有速成性质的军校，是不可能真正培养出具有世界眼光和视军事学术为生命的大师的；而那些在中国历次战争里驰名中外的将星们，在考入军校步入他们的军事生涯之前，也几乎都是两腿泥水的农民后代。他们的军事生涯，正如那句名言：“在战争里学习战争。”

既然都是摸着石头过河，那么必然要摔上许多次。所以，中国军人在缅甸这样的充满危机的热带丛林里作战，肯定要先缴上代价高昂的学费。但，野人山中的累累白骨，这个代价却是太大、太大了。

其三，这次行军将与缅甸的雨季同步。缅甸的雨季对于中国军队来说更为陌生，尽管他们在缅甸道听途说而对其艰难性有一些心理准备，但到了真正置身于大自然的威严之下时，无论怎样捶胸顿足痛心疾首，都已悔之晚矣。毫无疑问，兵陷野人山，是一辈子作战谨慎的杜聿明一生中无法弥补的痛楚。

说完这许多，就让我们随着第5军再一次走进野人山。而在此后无数悲惨的故事中，有件事令人久久不能释怀：第5军的野战医院里千余名走不动的伤兵，在得知军部上山的命令后，为了不拖累部队，在哭声里全部自焚，用自己的生命变成一支照亮战友前进道路的火炬。如果他们泉下有知，看到战友们也纷纷倒毙在野人山的丛林之中，又当如何感想?

11日晚，第5军军部、特务营、通讯营、高射机枪营第5连及第1连一部、消防连、军乐队、补充兵第2团（欠第3营）及第1团第3营、辎重兵团第3营一部、炮兵第13团第1营一部、暂编大队、暂编第2营、第200师第598团第2连、驾驶连、搜索队、新编第28师搜索连、军野战医院，以及沿途收容的长官部与铁道兵团司令部各一部，第2兵站分监部等部，陆续到达曼西。新22师65团担任前卫，早一步向曼西以北约2公里的森林进发，而新22师主力则在军直属部队之后，相差一天行程的距离紧跟着进入丛林。

只有新编第38师在完成掩护第5军转移后，未遵照杜聿明命令，而是从英普哈尔进入印度，新38师的撤退将在下文详细介绍。

65团团长邓军林找来几位当地老人和华侨，杜聿明亲自向他们说明情况，并和盘托出部队所带粮食只够吃两三天的困境。老人建议，向西南通过原始森林，只需3天就能到达山区小镇斯委定，到那里后可以买到粮食，还能看情况再决定下一步的行动。杜聿明采纳了老人的建议，决定先到斯委定。

5月13日清晨，第5军直属部队集合在一块空地，各单位清查人数合计共2200余人。杜聿明一反平日集合队伍必讲话的惯例，只是一挥手就带头上路了，各单位按照行军序列，成一路纵队一个单位跟着一个单位出发了。5月14日中午，到达洞洞山（也译作通中隆山，海拔1708米）中莫的村，车辆至此再也无法前进，当晚爆炸声便此起彼伏，这是断后部队根据杜聿明的命令破坏重武器和车辆时的爆炸声，杜聿明不禁失声痛哭。在当时贫穷的中国，这些装备绝对是宝贝啊！可以想象杜聿明下达这个命令时是何等痛心！但是他还是有所保留，命令将重装备的重要部件以及通信器材都拆卸下来，继续携带着行军。

15日蒋介石两次致电杜聿明，告之已安排空投给养接济，行动不必太急，应从容设计，分路绕道而行，关键是以避开密支那日军为要。行军目标首先为孟关，其次为清加林卡姆特，再次为霍马林与塔曼提，同时强调未奉命不得入印。另外还让杜聿明派人去霍马林接罗卓英返回部队，但罗卓英已在前往印度英帕尔的途中。16日罗卓英致电参谋团，请林蔚转报蒋介石准许他“假道入印，乘机飞滇，再转往前方指挥”。蒋介石于18日复电同意罗卓英入印。

走入森林后，华侨向导就开始怀疑方向不对，慌张起来，有些人很敏感，怕走不出去会饿死在森林，便偷偷地往回走。杜聿明得知情况后，下令任何人不得退缩，只有向前走出森林，到达斯委定才是生路。次日上午，向导发现树上有刀砍的引路记号，并判断两三年前有人到过，说明方向是对的，于是满怀信心地表示很快就能走出森林。杜聿明马上指示把这一情况往后传，以安定军心。20日下午，第5军直属部队和65团主力到达斯委定。远征军纪律严明，在斯委定使用缅币买东西，与缅民公平买卖。

在斯委定稍事休整，杜聿明决心自斯委定经项巴、伦京（也译作隆肯）、索卡道至孟关。22日，65团主力进抵瑞道交，军直属部队紧跟其后抵达塔平，新22师主力仍与军直属部队保持一天的路程，刚刚到达斯委定。到达瑞道交之后，先头部队发现日军已封锁了密支那西北地区，杜聿明再次下令改道，自项巴向北沿南山东侧、巴拉曼、乌卡家小径，经乌尤河沿岸，向清加林卡姆特前进。清加林卡姆特地区密林蔽空，人迹罕至。杜聿明显然不清楚在雨季穿越热带原始森林的困难有多大，忠实执行蒋介石的命令，要与大自然作一番较量。他命令新22师65团以第2营于马梦占领阵地，以防止伦京、巴干日军西窜，对毛纳、拉孟方面严密警戒，团主力于项巴东北约4公里之南姆枝以东占领阵地，掩护军直属部队和师主力渡过乌尤河后，务必于24日夜渡过乌尤河，随本队之后前进。前卫则改由军骑兵团担任。骑兵团于24日一早渡河，不想却在丛林中迷失方向，2天只走了30来公里，跟在后面的军直属部队，从巴拉曼以南至3865高地间的小路上也走走停停。夜间行军使原本很有次序的队伍散乱不堪，杜聿明只好命令各单位就地宿营。25日夜，新22师各部相继跟上来，鉴于骑兵团的糟糕表现，杜聿明下令自27日起，仍由65团担当前卫。

野人山荒芜人烟，给养困难，加上山间蚊虫肆虐，毒蛇野兽出没，官兵饥疲交困，疫病流行，沿途人马倒毙不绝。本来预计可以在雨季到来前到达片马，但是一方面山路

野人山

野人山又名克钦山区、枯门岭、胡康河谷山，位于中国和缅甸、印度交界处，北面是喜马拉雅山，东西两面都为横断山脉所夹峙。方圆近300平方公里，长约200公里，是迈立开江和亲敦江上源各支流的分水岭。最高峰是海拔3411米的本帕本山。因这一带全是原始森林，生活在此地的土著也多未开化，因此有野人出没之说，故此得名。野人山地区峰峦重叠，林莽如海，猛兽横行，瘴疠疟疾蔓延，人迹罕至。每年5月下旬到10月间为雨季，森林里的蚊蚋和蚂蟥异常活跃，使得各种热带疾病传播极其猛烈。1942年中国远征军正是在这个时间进入野人山，因此遭到严重损失。

野人山地区原是中国疆土。早在东汉时期，这里就是汉朝统治下的一个边塞夷地，每年都要将其出产的翡翠作为贡品献给中央政府。从明朝起就已明确列入版图。在清乾隆时期，翡翠就已作为中国国宝由朝廷亲自监管开采。野人山区有着全世界最著名的玉石场——帕敢玉石场。该地区出产的翡翠以种老、种好、底净、色正而著称。后来缅甸东吁王朝兴起，加之英国殖民者的插手，这片土地遂划入缅甸版图，硬玉翡翠也随之成为缅甸的国宝。英国于1927年实现了对野人山地区的实际有效管制，1929年云南交涉署向英国驻滇总领事提出过抗议照会。1942年9月，第11集团军直属补充团团长谢晋生带600人进入野人山江心坡建立怒江西北抗日游击区，英国立刻提出抗议，蒋介石随即令其撤出。请注意，这是1942年9月，缅甸已在日军占领之下！英国仍然视缅北为禁脔，不容他人染指。而中国一接到英方抗议就撤军，也容易被人认为是对英缅拥有江心坡主权的默认。

1947年缅甸独立，英方向缅甸移交包括江心坡、孟养和野人山在内的实际控制地区的行政权，对此当时的国民党政府也未提出异议，使中国最后一次丧失了将上述领土确定为争议土地的机会。而勐卯三角地区（南坎地区）原为英国向清朝所租借（永租，年租金1000卢比），抗战期间南坎被日军占领，1945年1月，中国远征军经过战斗从日军手中收复了南坎，当时中国完全可以保持军事占领，而且在法律上由于英国在1943年已经宣布放弃了对华“租借地”，中国也完全有法律依据收回南坎，但中国军队还是主动退出。缅甸独立后，国民政府也没有要回南坎主权，反而继续承认了“永租继续有效”——每年收取租金1000卢比。

1960年的《中缅边界条约》南段（尖高山以南）基本保持了1841年线以来的走向，中国放弃了对南坎名义上的主权（即永租权），但对于1941年线阿佤地区边界线作了相应修改，原先被划给缅甸的班老、班洪地区重新归属中国。北段，中国承认缅甸对江心坡的主权，双方基本以高黎贡山脉分水岭为界，但片马地区归还中国，而野人山不再属于中国，属于缅甸领土。

难行，一方面日军封锁，不得不以小部队迎战掩护主力撤退，因此行军迂回曲折，费时费力。

29日凌晨，几经努力电台终于成功发出杜聿明给蒋介石的电报：“职率军直属部队及新22师已抵西攘附近，31日可达更的宛河（即亲敦江）河畔，缅北雨季提早来临，官兵饥寒交迫，死亡日增，职当遵奉指示，奋力直前。”

直到5月31日，第5军直属部队和新22师历经困难，终于到达了清加林卡姆特，在这里收到了蒋介石的电令：“该军既抵清加林卡姆特，即应西向印境或北向雷多（也译作列多）前进，暂为休息，不必再越葡萄，以免中途被围。”杜聿明遵令改道，率部经大洛、新平洋前往印度雷多——早知要退入印度，那在曼西时就直接向西退往印度，也不至于遭受如此的磨难，而且在此后更大的磨难还要继续……

这时已是缅甸的雨季，山区中头上密林遮空，脚下泥泞难行，部队只能靠指北针辨明方向，工兵在前开道，行军极其迟缓。在大洛的山区小镇，杜聿明也患上了回归热，高烧达40度，昏迷2天不省人事，部队也因此耽误了2天的行动。军医处长曾济仁认为病情严重，建议在大洛休息几天，军参谋长罗友伦、新22师师长廖耀湘均表示同意。不想杜聿明醒来后，坚决不愿留在大洛耽误时间，急命部队继续前进。军特务营营长李公瑜和第2连常连长带着官兵用担架抬着杜聿明行军，尤其是常连长日夜看护，最后杜聿明病愈，而常连长反倒染病身亡。

到达大奈河边后，前卫65团进行了徒涉探测、标定等工作，杜聿明下令：“沿大奈河右（西）岸向北经新平洋向雷多转进。”不想大雨引发了山洪，河水暴涨，对第5军来说更是雪上加霜。不久65团又被一条暴涨的小溪拦住去路。邓军林团长组织官兵扎竹排，挑选10个人用竹竿划过去，但水流湍急，竹排急速向下游漂去，像箭一般冲出了溪口，卷入大奈河的激流中，10名官兵无一生还。邓军林再次组织扎竹排，并收集绑腿，3根一组编成一股绳，一根一根相结起来，形成一根长绳。将其系在一位水性好的士兵腰上，令其先游到对岸，然后将绳的另一头系在竹排上，又在竹排尾部也同样系上一股绳，如此两边拉来拉去，终于成功渡河，每次可渡8个人。

6月8日傍晚，第5军直属部队到达冉阳、近吕山，新22师主力抵迈河两岸，64团抵达2357高地。10日中午，邓军林听说军部副官处驮载药品和食物的骡马掉队，杜聿明、罗又伦等高级军官已经两天粒米未进，急忙命特务排排附张洪谦背着装有牛奶、罐头、玉米的包裹，从拉其卡向西泅水到达军部，给杜聿明送粮。而一般断粮官兵，只能以野菜、芭蕉甚至煮熟的皮带充饥。

第5军直属部队和新22师又在山区艰难跋涉了近半个月，于6月14日到达大洛以南，这里因为连日大雨，河水暴涨，道路全被淹没，粮食药品都极度匮乏，官兵只能以草根树皮充饥。蒋介石得悉杜聿明率部到达大奈河右岸之大油洋及拉其卡附近，急命后勤部部长俞飞鹏与英、美交涉，急派飞机空投接济。在翘首苦等了3天之后，终于盼来天晴，飞机才得已空投下粮食，靠着空投下的粮食，部队才勉强能喝上薄粥。此后又陆续得到空投7000人3日的给养补充后，部队继续向雷多前进。

吃人的丛林

负责开路的仍旧是65团，经过拉家苏，渡过大卡河，攀越纳更班山，沿着山脊小路翻过1783高地、2972高地后奋力前行。19日凌晨又是倾盆大雨，山路上泥泞不堪，一不留神就会坠落山谷，官兵们只能战战兢兢，紧贴岩石缝壁前进。25日，65团在距离新平洋只有五六公里的地方再度为山洪所阻，只能停下来等待大水退却后再走。第5军直属部队跟在65团后面，于22日晨自694高地以西横渡大卡河，向北进入纳更班山，头顶滂沱暴雨，脚踩蜿蜒于悬崖峭壁间的羊肠小道，步履维艰，25日黄昏到达隆仆及其以南。新22师主力在军直属部队之后，于同日抵达伽卡诺克及3480高地附近。后卫64团和军通讯营无线电连始达2072高地。此后几天里，或为山洪所阻，或在丛林中迷途，部队在丛林盘桓，断粮缺药，官兵们饥寒交迫，困顿不堪。

7月3日正午，65团2营6连及团卫生队率先进入新平洋，团主力也随后进驻。官兵们首先看到的是新平洋正北方一座十几米高的佛塔和一栋官衙，继而是一座可以容纳五百人的空营房。英国方面在6月中旬接到中国方面的通报后，已开始在这里为中国军队储备了一些粮食。邓军林命令部队以新平洋为核心，防止日军可能的突袭，兼顾人员休养，尽快完成防御部署。4日傍晚，躺在担架上的杜聿明以及军直属部队，也终于抵达新平洋。6日，包括新22师主力在内的各单位陆续来到。7日，先后有3批各3架美军运输机空投下大米350包、药品7包，这才避免了部队因饥饿和疾病导致的更大伤亡。

杜聿明强撑病体召集罗友伦、廖耀湘、英方联络官和本地土著，就天候地形因素对新平洋到雷多间道路的影响，进行了深入讨论，眼看目的地在望，为避免疲惫之师再在中途受困，前进路线应尽量绕过沼泽、河川与高山绝岭，应尽速自新平洋出发，经沙姆大库、渡大卡河，沿卡拉卡、郎新、过日河、出哈巴采、尚尼伽、浓漾、朋绍关、马察姆、浪吐、提旁至雷多，全程约210公里。

65团2营作为全军先锋最先出发，8日黄昏抵沙姆大库。罗英营长率部在凄风苦雨中穿过501高地，顺着起伏的山坡进入峡谷。当天日落时分，行抵大卡河左岸。又是淫雨不止，山崩路断，一直到15日，洪水才慢慢消退，军部通过英国联络官，征召土著百人，由军工兵团带领，在大卡河畔架桥。65团2营这才抢在天黑前全部渡过大卡河。19日，3架运输机飞来为第5军空投物资，英方在卡拉卡、尚尼伽收容站也安排了不少粮食，因此这段道路相对顺利得多。第5军直属部队、新22师主力以及后卫64团分别在20日、22日、23日抵哈巴采。

由于英方的事先安排，沿途土著不再躲避，每逢大队经过，土著酋长都会手持托盘相送食物，远征军也以大米罐头回赠。7月25日中午，在丛林中历时114天苦难的第5军终于到达目的地——印度阿萨姆邦的雷多。

从5月10日至7月25日，在雨季的热带丛林中挣扎跋涉了整整两个半月，穿越了纵深达480公里的野人山区，第5军直属部队15000人，历次战斗伤亡约1300人，而在撤退中损失3700人，最后到达印度约1万人，战斗损失约为9%，撤退途中损失约为25%；新22师9000人，历次战斗伤亡约2000人，撤退途中损失约4000人，最后到达印度约3000人，战斗损失约为22%，撤退途中损失约为45%。单从冷冰冰的数字来看，撤退中的损失几乎是战斗伤亡的两倍以上，怎不令人痛心！

人在丛林中，除非遇到林空（森林里只生长着灌木的开阔地），否则一星期不见太阳是常有的事，森林里犹如黑夜，视力范围仅及数米之遥，空气里水分丰富，到处弥漫着腐臭，衣服始终潮湿，人被各种各样疯长的低矮植被紧紧包裹，只能靠脚尖在荆棘下面富有弹性的泥土上试探着一步步挪动，丛林中泥土的主要成分是腐殖质，水分充足，脚踏下去会被紧紧吸住，而密不透风的灌木荆棘则顽固地扯着人的腿，每走一步都要耗费大量体力。从土里挤压出的污水立即浸过足踝，当行走者使劲拔出脚后不多久，腐殖质里大量植物纤维又会固执地使地面恢复原状，即使很多人走过，也会在很快的时间里复原。要想走出这样的森林，手里的大砍刀是最好的工具，但就算是体力强劲的小伙子，一天竭尽全力能达到的最大行程，通常不过八九公里而已。

缅北的雨季从5月开始，泼墨似的雨云层层叠叠笼罩着这无边无际的山谷密林，在大风的协助下，瓢泼大雨肆意洗劫任何一个角落，从天空直插到大地深处的巨型闪电，将夜空映照成白昼，狂风的声音，雨柱折断荆棘的声音，霹雳触地的爆音，参天大树轰然倒地的震颤，山体滑坡时大地的轰鸣，洪水冲刷山谷时震耳欲聋的回声，无数远远近近的声响，一起混杂在不安的空气中，从四面八方不断传来。山里有数不清的溪流，在旱季，这些干涸沟谷不过几米宽，大大小小的石头胡乱堆在山沟中，大水冲刷出的一条条深槽触目惊心。由于沟里没有灌木林的妨碍，沿着河谷走可以节省宝贵的体力，1942年退入缅北森林的中国军队很自然地把河谷当做交通要道来使用。但在雨季，这样做十分冒险，干涸的河流会由于上游降雨而猝发山洪，洪水来势凶猛，荡涤一切，转瞬之间，人马即无影无踪。几个月中，不断有许多冒险渡河的军人，连同就近架设的桥、匆忙扎制的木筏一起葬身洪涛。

雨季是蚂蝗猖狂逞凶的时节，它们直往人的衣领、裤脚里钻，像受过训练似地专拣皮嫩处叮咬。要命的是人初被咬时往往没多大感觉，待到发现，蚂蝗已吸血多时，胀得竟有拇指般粗。你越是捏住那滑不溜秋的东西往外拽，它越是拼命往里钻，一用力，竟有把蚂蝗一分为二，半截仍死死地扎在皮肉里不出来，这时只能拿烟火熏，那半截才会慢慢退出来。更为可怕的是，有士兵因腹泻夜出大便，至天明不见人影，最后人们在树林中只找到一具白骨，从腰带上可辨认出就是这名士兵。原来他大便后因饥饿不堪而靠在树干睡着了，蚂蝗群拥而上吸完血后，又被大批山蚁啃光了肉体。沿途尸体有躺着的、仰卧的、俯卧的、侧卧的，经大雨浸泡后又遭太阳暴晒膨胀，皮色转黑后就溃烂淌出灰黑色的尸水，绿头苍蝇一时云集，满身蛆虫越聚越多，野人山俨然成了人间地狱。

冰冷的雨带走了热量，带走了体温，蚂蝗成群结队，循着人的气息袭来，无孔不入。蚊虫有零零散散来的，也有铺天盖地来的，不但吸血还传播致命的疾病。还有蚂蚁，刚在腐尸上吃饱，又爬到活人身上消遣……杜聿明回忆录里说，“自6月至7月中，缅甸的雨水特大，整天倾盆大雨。原本旱季作为交通道路的河沟小渠，此时皆洪水汹涌，既不能徒涉，也无法架桥摆渡。我工兵扎制的无数木筏皆被洪水冲走，有时连人也冲没。加以原始森林内潮湿特甚，蚂蝗、蚊虫以及千奇百怪的小爬虫到处皆是。蚂蝗叮咬，破伤风随之而来，疟疾、回归热及其他传染病也大为流行。一个发高热的人，一经昏迷不醒，又被蚂蝗吸血，蚂蚁侵袭，大雨冲洗，数小时内就变成白骨。”

第96师副师长胡义宾和新38师副师长齐学启，在撤退开始时都是随第5军军部行动，却莫名其妙被杜聿明赶走，杜聿明对他们说的，都是相同的一句话：“找你们师长去！”

结果，胡义宾少将在找到下属一支掉了队的小部队后，率领他们追赶师主力时遭到日军伏击，英勇牺牲。齐学启少将与18名掉队的伤患遭到日军骑兵突袭，重伤被俘，随即被押送到仰光。日军对其威逼利诱，软硬兼施，但齐将军在3年被囚期间始终矢志不渝，最后在日军战败前夕，1945年3月7日被派来劝降的汪伪汉奸杀害于新加坡监狱。抗战胜利后，国民政府追晋齐学启为中将。

还有很多掉队被俘的战士，在经历了日军集中营九死一生的折磨后，被日军送往太平洋上的岛屿监禁或做苦役，不知道究竟多少人客死他国。抗战胜利后亲人望眼欲穿的泪光里，再也没有出现他们的身影。

1942年8月，最后一名中国士兵走出丛林，到达印度的雷多。中国10.4万名远征军，最后只有不到4万人幸存，除了在作战中伤亡的1万人外，其余5万人都倒在了野人山的热带丛林之中。1年半以后，中国军队从野人山、胡康谷地一带向缅甸进军的时候，还到处可见当年远征军将士的具具忠骸，在众多官兵的心里无声地激扬起深深的复仇之心。

对于在缅甸的中国人来说，1942年是一个悲惨的年份。但是在种种苦难过去之后，从缅甸撤退的中国军队最终没有被日军消灭，而且很快日军就要领教中国复仇之师的强大战斗力，缅甸那些曾经吞噬数万中国将士的丛林，也终将成为日军的坟墓。

■ 穿越野人山抵达印度的第五军幸存士兵。

自寻归途的96师

96师4月28日奉命在曼德勒东郊集结，旋又奉命撤离。5月10日抵达孟拱，杜聿明电令余韶师长："密支那失守，归途被断，盼贵师立即自孟拱向孟关附近转进。"四天后，96师师直属部队、第286团、第288团、第5军炮兵团、工兵团、辎汽大队等部相继到达孟关。孟关是一个四面环山的小盆地，方圆约20平方公里，东北西三面均是崇山峻岭，峰峦重叠，仿佛使人置身云雾之中。遍地是高可过人的野草，越发使得人烟稀少，大军云集粮食就成了大问题。万幸的是288团1营官兵在野地找野菜之时巧遇几个英军落伍士兵，得知驻地东边不远处有座大仓库，在这几名英国兵带路下，288团全团出动搬运，大米、麦片、奶粉、咖啡、罐头应有尽有，基本解决了96师的给养问题。

96师在孟关四处寻找向导不得，环顾茫茫森林，不知路在何方。此时杜聿明来电命令96师折回密支那下游，渡过伊洛瓦底江，择路回国。余韶师长认为伊洛瓦底江已有日军游弋，偷渡不易。即使侥幸渡过江，面对密支那、腾冲、龙陵之敌，也是自投罗网，因此提出自行选择回师路线，杜聿明复电同意，但强调所有车辆必须就地焚毁，大炮要设法抬回国。焚毁汽车，不少驾驶员都迟迟不忍点火，望着大火，有的人痛哭流涕。余韶师长决定先到孙布拉蚌，取道江心坡回国。下令所部带足15天的给养，指定健壮士兵负责抬炮、抬电台。同时留下1个排在孟关收容溃散士兵，并将行动去向电告杜聿明和副师长胡义宾。

余韶师长亲自寻找向导，只找到一个不认路但会说当地土语的云南腾冲人，愿意随军问路前行。随后又奇迹般遇到从英军中逃回的孙布拉蚌当地土著，余韶师长大喜过望，立即将这一好消息通告各部。

5月17日清晨，96师离开孟关，踏上艰苦凄惨的归途。进入库芒山后，峻岭峭壁，荆棘遮道，没走多远迎接他们的便是一大群猿猴，数量不下千只，在参天大树上攀援跳跃，时不时发出哀鸣，即使身经百战的抗日战士也不免产生一丝寒意。随之而来的是蚂蝗，草间树梢比比皆是。连日来不乏扶老携幼的印度人跟随大军撤退，他们多数人缺乏粮食，全靠沿途猎取野物过活。奄奄一息的商人倒在路边，满身金饰无人搭理。夹杂其中的少数英国人此时也低下高傲的头颅，试图以随身财物向96师官兵换取食物，但是此情此景黄金已成为粪土，谁也不愿意拿出赖以为生的粮食交换钱财。

入缅以来的第一场大雨引来了山洪暴发，担任先导任务的288团1营官兵手提长刀，披荆斩棘，汹涌的水势把修桥变成不可能完成的任务，部队被阻塞在买当港。官兵们砍下了两棵参天大树向对岸推倒，形成两座横垮塔奈河的独木桥。滂沱的大雨未能阻挡一心回国的96师，然而泥泞的道路使抬炮士兵行动举步艰难，落后大军数日不说，还累死、累倒近百人。

5月23日，余韶师长一行走出森林，扑面而来的平原上有着公路和洋房十数幢，密林中行走多日的郁闷心情一扫而空。先期抵达的288团1营营长陈启銮向余师长报告，据逃亡的英印人说，沿途未见日军，但埋冲以东10公里处的铁桥已被英军破坏，1营已经派出1个排在那里警戒。次日96师终于到达孙布拉蚌，这里有房屋两千余幢，山下多为华侨、印侨商铺，山上则多为英国人的豪宅，这时均已逃避一空，遗弃的汽车不在少数。唯有两个在此传教的美国修女还在天主教堂里，余师长请她们帮助找寻向导，前往江心坡。善良的美国修女提醒余师长，前面山岭险峻，绝无粮食，且土人没有开化，道路太险，千万去不得。余师长表示愿意多付向导酬劳，美国修女直率地回答说："你就是把全世界都给他，也无人敢去。"

余韶师长决定在此休息三天，一面寻找向导，一面搜集粮食，希望还能像在孟关那样找到英军的仓库。

5月26日刚吃过早餐，美国修女告诉余师长，离此地90英里的葡萄，道路平坦，还有英国人在，那里是产米区，有路可通中国，常有华侨来往，不难找到向导。经过一番商议，大家都认为先往葡萄为宜，请示杜聿明后得到批准。余师长派出政工人员蒋治策等人先赴葡萄联络，各部于29日晨向葡萄进发。久无音讯的副师长胡义宾也有了消息，他担心孟关方向有日军，带着287团等部绕道到了孟关以西的新平洋，余韶师长复电催促其放胆通过孟关。

连行数天，道路确实十分通畅，每隔十多里就有英国人遗留的营房和当地土著人的住房可供宿营。6月4日下午，余韶师长在坎底迈立开江边见到了前来迎接的英国人和摆夷土司村长，这是蒋治策等人的功劳，他们比大队早到3天，圆满完成沟通联络任务。江面水流较急，村里有九条大小不一的独木舟可供渡江，这些舟都是用整株大树掏空挖成的，前后各一人操桨，大的可坐7人，小的可坐2人。

葡萄是位于群山之中的一处平原，三面环河，水田颇多，住着当地摆夷族土著数千人，还有一处平坦的开阔地简直就是天然的机场，可供飞机升降，此地还驻有少数英军，其中甚至包括1名准将和4名校尉级军官。余师长通过深入了解，获悉向北去有两条路通往云南的贡山、福贡，西北还有一路可抵西康，正西有路可到印度雷多。

好消息接踵而来，经过通信人员的不懈努力，居然直接与重庆军委会联络上了，蒋

■ 高黎贡山航拍照片。

介石复电余韶师长在葡萄待命。14日，4架运输机在葡萄降落，运来了大米食盐香烟等补给。此后，每天都有飞机2、3架次前来空投补给。7月2日，罗卓英转来蒋介石电令：该师即由葡萄向维西转进回国。于是96师官兵带足24天粮食后又踏上归途。时晴时雨的天气使空投补给断断续续，电池消耗完后，与外界又失去了联系。眼看抬炮士兵死伤越来越多，余韶师长只得下令就地埋炮。

7月14日，行至党曲江南岸，原有的铁索桥已被德钦族人砍断，在湍急的水流面前根本不可能摆渡。只得沿南岸往阿雇走，一路上悬崖峭壁，有些地方尚有扶梯上下，有些地方只能猫着身体爬过去，所带牛马尽数落到河中。到达阿雇，在当地土著的帮助下，结成大竹缆，两头横系在两岸高大的树木上成溜索，将人绑在木制的溜筒上，两脚倒悬盘索而进。以此陆续渡江到浪铺休整，获得飞机空投的补给，为翻越高黎贡山作最后的准备。

站在高黎贡山顶，从原始森林的空隙处远眺，怒江隐约像一条玉带缠绕在山脚下。见到久违的怒江，官兵们无不高兴万分。总结阿雇溜索的经验，工兵营编造大竹筐置于竹缆上，竹缆一头系在高点，一头系在低点，几秒钟就可倾斜着滑向对岸。全师用了两天的工夫，全部渡过怒江，到达维西。在得到兵站部运来的粮食接济之后，又于8月17日从维西经云南福贡、碧江、兰坪等县再转往剑川，直到8月23日全师抵达剑川。到达剑川时，官兵们已是衣衫褴褛，羸弱不堪，但是和胡义宾副师长一路相比，又是幸运的，胡义宾副师长阵亡后，残部由参谋长胡心愉少将带领，沿着羊肠小道循师主力所经道路千辛万苦于8月末回国，再迟一步，高黎贡山将迎来大雪封山。

96师入缅参战时总人数约9000人，在平满纳阻击日军18师团和55师团2个主力师团达8天战斗伤亡才不过2200人，而在撤退中损失竟高达3800人！幸存回国约3000人，战斗损失约为24%，而撤退中的损失约为42%！

异域死忠第一人

4月25日，200师收复棠吉，但由于日军已从棠吉东北的雷列姆北上，直取腊戍，占领棠吉已无意义，因此200师只好于26日放弃棠吉，尾追从雷列姆北上的日军56师团。此时56师团正全力向腊戍突进，在自己身后没有多少防备，连500名缅人义勇队都被调来阻击第200师，可见第56师团的兵力也很吃紧了。不过话说回来，200师就是追，其实也追不上56师团了。

29日腊戍陷落，中国远征军全线崩溃，罗卓英命令200师转归第6军指挥，向景东撤退。但此时200师已远离主力，孤军活动在敌后。根据战场情况，师长戴安澜决定率部在缅中打游击，以拖住日军，好为第5军归国创造条件。他的努力确实将日军两个多联队牵制在了缅甸东部，日军2个师团的7个联队最后只能抽出不到三分之一的兵力前去拦截第5军；可惜杜聿明却率部队进入野人山，使200师的艰苦游击变得毫无意义。

5月2日杜聿明命令200师“由棠吉、雷列姆间穿隙向景东方向转进”，4日200师又奉命重归第5军建制，因此戴安澜决定遵照杜聿明4月30日下达的命令，由雷列姆以北山地向东北撤退。5月8日，200师已通过眉苗，准备渡过南渡河，从八莫、南坎之间撤回国。200师一路上只走小路，完全避开大路和公路。每当要通过河流或公路时，部队先隐蔽在附近山林中，派侦察分队化装成百姓进行侦察，掌握了具体情况后，于夜晚先由小部队占领掩护阵地，大部队迅速再通过。正是采取这样有效的战术，200师顺利通过了南渡河和腊戍至曼德勒的公路，并且在途中与第5军游击司令黄翔率领的补充第1、2团会合，还收容了66军两支失散的小部队。

戴安澜经过精心研究，选定了回国的路线，绕开日军重点防御的南坎和八莫，穿过日军部队之间的狭小缝隙，向北直接进入腾冲。这条线路很偏僻，所以能出其不意。不料日军事先得到了缅人告密，因此在5月18日夜间，200师在郎科地区通过西保到摩谷公路时，遭到日军56师团2个大队的伏击，双方混战彻夜，日军因事先早有准备，兵力火力都部署到位。好在日军仓促之间调集的兵力不多，只有2个大队，不然200师的处境就更为险恶。最后200师虽然冲出了伏击圈，但损失相当惨重，师参谋主任董干、599团团长柳树人、599团副团长刘杰、600团团长刘吉汉都在战斗中阵亡，599团和600团都损失大半，剩余的兵力都不过1个营，598团的情况稍好，所剩兵力也不过1个半营而已。最糟糕的是，当部队冲出伏击圈集合清点人数时，却找不到戴安澜师长！于是师参谋长周之再赶紧派人四下寻找，最后在路边草丛中发现了身负重伤的戴安澜。戴安澜深恐自己受伤影响部队行动，强撑着命令部队切勿停留，必须日夜兼程返回祖国，还当众留言一旦自己殉职，就由副师长高吉人指挥部队回国。此时已是雨季，部队用担架抬着戴师长，冒着连日大雨在山间小道行军，异常艰难。而部队的粮食药品也早已断绝，戴师长因没有药品，伤口感染，终日高烧不退，连续昏迷。

5月26日，200师到达缅北茅邦村，这时距离国境已近在咫尺，而且追兵也已被甩掉，可以说到了安全地带。但戴师长的伤势更加恶化，于当天下午17时40分伤重不治，时年仅38岁。工兵营随即砍树制成棺材将师长入殓，由598团官兵抬棺行军。部队渡过瑞丽江后，因天气炎热，遗体开始腐烂，只好在5月29日将戴师长遗体火化，然后将骨灰用红绸包裹，再放入小木匣。当部队到达边境时，当地一位老华侨出于对戴师长的景仰，将自己备用的一口楠木棺材捐献出来，200师官兵便将小木匣放进楠木棺材成殓。

戴安澜是中国远征军牺牲的职务和军衔最高的将领，被誉为“异域死忠第一人”。

6月2日，200师通过最后一关——南坎至八莫公路，17日到达腾冲，再于6月下旬渡过怒江到达漕涧，29日再转至云龙整训。与200师同行的第5军补充第1、2团于5月20日抵达泸水，6月开往漕涧，暂归第11集团军指挥，负责对泸水方面的警戒。

据200师副师长高吉人报告，200师回国的官兵尚余4650人。而杜聿明回忆，200师入缅时9000人，战斗伤亡约1800人，撤退途中损失约3200人，幸存回国约4000人，战斗损失约为20%，而撤退中的损失约为36%！

虽败犹荣的新38师

在中国远征军大撤退中，建制最完整，损失最轻微的是66军的新编第38师。

新38师取得仁安羌大捷后，从4月28日起便在曼德勒附近的伊洛瓦底江两岸掩护英军和第5军主力的撤退，临时转归第5军军长杜

戴安澜抗战简历

戴安澜，又名戴炳阳，原名衍功，自号海鸥。1904年出生在安徽省无为县。1923年考入陶行知先生创办的安徽公学高中部。1924年投奔国民革命军。

1925年考入黄埔军校第3期步兵科，1926年参加北伐战争，在国民党军队历任排长、连长、营长。1932年冬任第25师145团团长，率部移防华北。1933年3月，率部参加长城抗战，因功荣获五等云麾勋章。七七事变爆发后，戴安澜升任第73旅旅长，先后参加了保定、漕河、台儿庄、中条山诸役。

1938年5月，在徐州会战中，率部在中艾山与日军激战4昼夜，因战功卓著，升任第89师副师长兼第31集团军总部干训班教育长。1938年8月，率部参加武汉会战，被第31集团军记大功1次。1939年1月升任中国第一支机械化部队第5军第200师师长。1939年5月，率部参加随枣战役。1939年9月，率部参加长沙保卫战。1939年11月，率部参加桂南昆仑关战役。在昆仑关战役中，200师坚守441高地，予敌重创，戴安澜也身负重伤。

1942年3月，率部作为远征军的先遣部队首批进入缅甸。首战同古，200师抗击日军达12天之久，使日军遭受了侵缅以来的第一次重大挫败。这也是远征军入缅作战的首次胜利。4月率部收复棠吉，但已难以挽回败局。5月中英盟军开始全线撤退，5月18日在横穿西保至摩谷公路的战斗中身负重伤。200师官兵抬着担架突围，因没有药品，伤口感染，5月26日，戴安澜在缅北茅邦村伤重不治。

1942年10月，国民政府追晋戴安澜为陆军中将，美国政府追授1枚“荣誉军团勋章”。

附注：美国荣誉军团勋章

荣誉军团勋章，又叫做“功勋军团勋章”“懋功勋章”，是1942年7月20日由美国国会决定设立，授予美国武装部队或盟军中在服役期间功绩卓著的人员（通常是主要人员）。授予美国军人勋章时不分等级，但依据陆军条例第672－5－1号的规定，在授予外国军人时，则分为四级：元首级（或称总司令级），司令官级，军官级及外籍军团成员级。

该勋章在美国的奖章体系里位于国会荣誉勋章、服役优异十字勋章、国防部服役优异勋章等之后。

中国远征军在入缅参战中，新编第38师师长孙立人也曾获得过这一勋章。

戴安澜身后事

1942年5月26日，戴安澜将军在缅北茅邦村壮烈殉国后，200师工兵营砍伐树木临时制作了棺材，由598团抬棺行军。因天气炎热尸体腐烂而于5月29日火化，随后骨灰放入一位老华侨捐献出来的楠木棺材。

7月15日，戴安澜的灵柩从滇西运抵昆明，沿途各地均设灵致祭，各界代表万余人在昆明志舟体育场举行隆重的公祭。随后戴安澜灵柩由戴夫人和三子一女及200师官兵代表护送，从昆明经贵州安顺、贵阳和广西柳州、桂林，抵达200师后方基地广西全州厝葬。灵柩所到之地，各地民众都自发设路祭迎灵，各界人士举行公祭大会。

1942年10月，国民政府追晋戴安澜为陆军中将，12月国民政府又批准戴安澜入祀忠烈祠。

1942年10月29日，美国政府追授1枚荣誉军团勋章，颁授勋章的命令由美国总统罗斯福亲自签署。1945年又由时任美国总统的杜鲁门与陆军部长史汀生签署授予勋章的荣誉状。

1943年4月1日，国民政府在广西全州香山寺隆重举行有1万多人参加的国葬，蒋介石特派军事委员会桂林办公厅主任李济深代表致祭，第5军军长杜聿明、广西省主席黄旭初等军政官员参加。国共两党领袖均亲撰挽词，蒋介石的挽词是：“虎头食肉负雄姿，看万里长征，与敌周旋欣不忝；马革裹尸酬壮志，惜大勋未集，虚予期望痛何如?”毛泽东的挽诗《海鸥将军千古》是：“外侮需人御，将军赋采薇。师称机械化，勇夺虎罴威。浴血东瓜守，驱倭棠吉归。沙场竟殒命，壮志也无违。”周恩来的挽词是：“黄埔之英，民族之雄。”朱德、彭德怀联名的挽联是：“将略冠军门，日寇几回遭重创；英魂羁缅境，国人无处不哀思。”

追悼大会后，戴安澜的灵柩一直厝葬在广西全州。1944年7月，因日军侵入广西，才移葬到贵阳花溪河畔的葫芦坡。抗战胜利后，于1948年5月迁葬到与戴安澜故乡无为县仅一江之隔的安徽省芜湖市小赭山。

1956年9月21日，中央人民政府追认戴安澜为革命烈士，并向烈士家属颁发了由中央人民政府主席毛泽东亲笔签署的《革命牺牲军人家属光荣纪念证》。

1978年由时任国务院副总理的邓小平批示，安徽省政府拨出专款对戴安澜烈士陵园进行了整修。

1983年6月，戴安澜将军的长子戴复东先生作为哥伦比亚大学的访问学者来到美国，向美国总统里根写信，说明美国政府授予戴安澜的勋章和授勋荣誉状都已遗失，希望能补发勋章的照片以及荣誉状存根的复印件。同年11月，美国陆军部副部长帕特里克·J.荷兰先生代表里根总统复信，说明根据美国陆军的档案记录，确实曾向戴安澜授予过勋章，因此已通知美国陆军支持活动组织的司令再重铸一枚勋章，并随函寄来绿色封面的荣誉状和当时美国陆军部的档案记录复印件。11月下旬，戴复东收到了由美国陆军支持活动组织授勋部核准处塞耶尔主任寄来的重新铸造的1枚荣誉军团勋章。

2005年7月，戴安澜将军的家人向中国人民抗日战争纪念馆捐献八件文物，这八件文物分别是：戴安澜将军生前刻的印章1枚，戴将军牺牲后国共两党、民主党派领导人、海外侨领及戴生前好友敬献挽诗、挽词、挽联的存根6本，美国陆军部副部长帕特里克·J.荷兰先生代表里根总统就重铸勋章一事给戴复东的复信1封。

2005年9月，中共中央总书记、中华人民共和国主席胡锦涛在纪念中国人民抗日战争暨世界反法西斯战争胜利60周年大会上的重要讲话中，列举了国共两党的8位著名抗日将领，其中就包括了戴安澜。

聿明指挥。5月2日，杜聿明命令新38师沿曼德勒至密支那的铁路北上，在瑞波地区占领阵地，继续执行掩护英军和第5军撤退。

新38师师长孙立人准确判断出日军是以双重的钳形攻势围歼缅北的英军和中国远征军，第一重是以由曼德勒北上、西保西进两个方向形成钳形攻势，而第二重是向更深远的密支那和加里瓦迂回，其企图更大，是想分别切断中国远征军和英军的退路。因此他赶到耶乌直接求见英军司令亚历山大，恳切陈词，建议将英军的部分坦克和大炮加强给新38师，由自己率领迎击沿亲敦江北上的日军，守住要津杰沙，使日军不敢放胆迂回，从而保障中英两军安全撤退。对于这个建议，亚历山大以“英军已奉命撤往印度，大炮和坦克均已后撤，而且一无汽油，二无给养，不堪再战”为由拒绝。

5月8日，新38师按预定计划到达温佐（也译作温早），此时中国远征军全线后撤已经开始，而新38师作为整个西路军的后卫，独力阻击日军第33和第55两个师团的追击。罗卓英命新38师西撤入印，而杜聿明则命新38师北撤回国。孙立人见日军已占领八莫、密支那，北上回国的道路已经被切断，再三权衡，决定接受罗卓英的命令西撤入印。

当5月10日杜聿明率第5军进入野人山之时，新38师所面临的形势相当严峻，取得仁安羌大捷的113团只剩约900人，其中还包括300多名伤员，正作为第5军的前卫在杰沙与日军交战；而112团作为师的后卫则在温佐遭到日军55师团的前锋——加强有8辆坦克的1个联队包围。接到112团的告急，孙立人立即亲率114团2个营（另1个营入缅后就留在腊戌作为滇缅参谋团的警卫部队，后随参谋团一起撤回国）回援温佐。11日，114团赶到温佐并立即发起进攻，打了日军一个措手不及。112团也闻声发起进攻，2个团对敌形成了夹击之势，新38师这个回马枪打得非常漂亮，经一昼夜血战，歼敌约400人。

13日，孙立人见日军后续部队正源源而来，便果断率部撤出温佐，向西北日夜兼程急进。此时新38师的局面可以用险恶来形容，身处日军2个多师团的大包围圈内，完全是一支孤军，而且所属3个团还被分割开了，既无重武器，又没有汽车，稍有不慎就有全军覆没的危险。

■ 时任新38师师长的孙立人。

新38师的撤退道路是在茂密的山林之中，很多时候就只有羊肠小径，有的时候根本就连小路都没有。为了防止在茫茫林海中失散，孙立人命令用绑腿和背包带相互连接，这个办法既可避免失散，又可在跌倒时相互救助。万幸的是新38师在路上偶遇英军联络官马丁中校，他还带着几个缅甸人，其中有个还是管理这一带丛林的官员，正好可以当向导。在明京山脉的原始丛林里艰难跋涉了好几天，直到5月18日才到达亲敦江边的榜宾，此时日军在江中不时有汽艇游弋巡逻，岸上有便衣队活动，情况相当危急。孙立人深知生死系于一线，下令部队不得休息，立即就地取材，砍伐竹木，扎竹排木筏。入夜后就借夜色掩护，从白天事先侦察好的地方渡过亲敦江。就在师主力刚刚过江还不到半小时，日军追兵就赶到了江边，这时师工兵营、辎重营都还没来得及过江，好在担负殿后掩护的112团1营沉着应战，不但成功掩护工兵营和辎重营顺利渡江，还在反击中解救出被俘英军和中国第5军士兵30多人。112团1营一直坚持到20日下午，才趁着不良天气的掩护渡江而去，与接应部队会合。然后，新38师进入了莽莽苍苍的巴豆开山脉，终于抢在雨季开始前，甩掉了追兵。5月27日，师主力到达印度边境的普拉村，距英帕尔仅有约30公里。

孙立人在率新38师主力退向印度的时候，曾用无线电通知正与日军激战的113团团长刘放吾上校，命其取捷径到亲敦江边的榜宾会合，并指示其避开大路，只走小路山道以免与优势敌人遭遇。113团在杰沙第5军新22师撤退后，才趁夜色撤出战场，向西追赶师主力，先于师主力4天到达榜宾，但却几乎在这里与日军撞个满怀，只好再次进入明京山脉向北转移，沿江寻找偷渡机会。此后在长达两星期的时间里与日军捉迷藏似地来回运动，克服了无线电损坏、给养断绝的困难后，终于在5月30日深夜成功渡过亲敦江，再翻越巴豆开山脉，于6月8日到达印度英帕尔归建。

新38师于6月8日全师撤至印度英帕尔，历经困苦，所属3个团均保持完整建制，全师官兵尚余约7000人(另一说为4000人)。

但新38师进入印度后，英国驻印度东区司令艾尔文中将认为这是走投无路才逃到印度的败军，命令新38师只能在英帕尔城外的指定地点驻扎，不准擅自行动，还准备以“非法入境”为由，解除新38师的武装，而把官兵作为难民收容。孙立人派联络官与英方联系，严正表明立场：“倘无理对待我军，余将率部以武力反抗！”同时命令部队立即构筑工事，整理武器装备，加强戒备，作好战斗准备。正在英帕尔休养的英缅军第1军团军团长斯利姆听到这个情况，马上向艾尔文介绍了新38师在仁安羌解救自己部队的情况，强调该师战斗力很强，英印军决不可贸然

中国远征军军歌

远征军军歌(歌词为第5军200师师长戴安澜所写《战场行》)

弟兄们，向前走！
弟兄们，向前走！
五千年历史的责任，
已落在我们的肩头，
已落在我们的肩头。
日本强盗要灭亡我们的国家，
奴役我们的民族。
我们不愿做亡国奴，
我们不愿做亡国奴。
只有誓死奋斗，
只有誓死奋斗，
只有誓死奋斗！

行动，以免引起严重后果。听斯利姆一说，艾尔文也不敢造次，急电新德里向驻印军总司令韦维尔请示，这时正巧亚历山大也在新德里，他也同意斯利姆的意见，认为应该慎重行事。英印当局这才没有轻举妄动。几天后，艾尔文便以拜访孙立人的名义来到新38师驻地，一探虚实。孙立人当然清楚英国人的来意，便命令部队整装列队。艾尔文一看新38师官兵虽然军装破旧，但精神抖擞，军容严整，而且武器装备俱在，甚至还看到有迫击炮和重机枪，想到同样从缅甸败退下来的英缅军，重武器全部丢弃，很多人只剩下一条裤衩的狼狈样，这才意识到新38师的战斗力确实不俗。斯利姆、亚历山大所言不虚，暗自庆幸没有草率行事。从新38师驻地回去后，艾尔文立即派人给新38师送来了大米、白面、罐头、香烟等补给，前倨后恭，完全判若两人。要别人看得起，还是要靠自己，新38师正是以自己的举止行动赢得了尊重。

6月14日，11个反法西斯同盟国在印度新德里举行联合阅兵式。中国政府命令刚到印度还不到一个星期的新38师派出1个排，作为中国远征军第1路军司令长官罗卓英的护卫，

■ 抵达印度的新38师。

并代表中国军队受阅。这个排在联合阅兵式的分列式比赛中荣获第一，得到了“步伐最整齐，精神最饱满，军容最壮盛”的高度评价，大大改变了英印当局对中国的偏见。英国印度总督特别宴请中国受阅分队，还破例批准加尔各答的华侨举行游行集会，欢迎来自祖国的子弟兵。由此，新38师在印度名声大噪，连美国总统罗斯福给孙立人颁发“荣誉军团勋章”的授勋辞中也说道：“中国陆军新编第38师师长孙立人将军于1942年缅甸战役中，在艰辛环境中，建立辉煌战绩。仁安羌一役，孙将军以卓越之指挥，击灭强敌，解英军第1师之围，使之免被歼灭。后复掩护盟军转进，于千苦万难中，从容殿后，转战经月。至印度后，尤复军容整肃，不灭锐气，尤为难能可贵。其智勇兼备，将略超人之处，实为盟军之楷模。”

1943年7月，新38师从英帕尔开往兰姆伽，开始接受史迪威领导的美式训练及美械装备，成为中国最精锐的部队驻印军的骨干。

失败的原因

1942年为了支援盟军对日作战，保卫抗战生命线滇缅公路，中国应英国邀请，抽调以最精锐的第5军为核心组建远征军第1路军入缅参战，取得了同古防御、仁安羌解围、收复棠吉等辉煌战绩，但最终未能挽回被动战局，以缅甸陷落和远征军的失败而告终，远征军入缅作为抗战的一个重要部分，成为抗战研究的一个重要课题，对远征军失败的原因，笔者也来作一番探究。

第一，中、英、美三国在全球战略之间的分歧以及具体战略目标的分歧，是远征军失败的根本原因。美英在二战中的战略是“先欧后亚”，也就是首先在欧洲打败德国，再在亚洲对付日本。就是在亚洲，美英也是以太平洋上的海空作战为主，亚洲大陆上的地面作战，希望主要由中国来承担。而中国早在1937年全面抗战爆发后不久，就确定了“运用美英之力解决对日问题”的战略，希望借重英美的力量来打败日本。这两种总战略上的差异，就是缅甸之战失败的最重要伏笔。

美国虽然重视中国和缅甸战场，但只是派出了相当有限的空军、少量的特种作战突击部队和工程技术人员，以及协助指挥的军事顾问，可以说是心有余而力不足。英国在亚洲的重点始终是新加坡和印度，用于缅甸的力量本来就十分有限。中国出于保卫抗战生命线滇缅公路的需要，对于出兵入缅是比较积极的，甚至不惜派出了唯一的机械化军第5军，但是当英国确定了“弃缅保印”的决定后，远征军失败的命运就已经注定了。

第二，英美对远东殖民地的不同看法以

及对待中国态度的分歧。英国在远东对日作战的目的之一就是为了维护其在远东的殖民地，因此英国一再压制缅甸、印度等殖民地的民族解放运动，并将美国和中国看作是对其殖民地进行竞争的对手。美国自然是不会为了英国的殖民地利益而战，对缅甸、印度等英国殖民地的独立要求给予同情，并希望在这些殖民地独立后再逐渐渗透。英国则把美国的这种态度看作是对英国殖民地利益的粗暴干涉。英美之间的这种矛盾分歧贯穿于整个二战，始终没有得到解决，也很自然地影响到了缅甸战役。

而英美对中国的不同看法对战局的影响就更大了，美国需要中国在远东担负起对日作战尤其是地面作战的主要责任，并对战后的中国有所期望。而英国对中国的态度就要消极得多，并不把中国看作一个大国，英国首相丘吉尔就明确说过："我从来不把重庆政府看作是一个世界大国。"正是基于这种对中国的轻视，英国先是拒绝中国主动出兵缅甸，眼看战局已无法收拾，才只好同意中国军队入缅。但同意之后，又是百般拖延阻挠，直到仰光失守，中国军队才真正得以入缅。中国军队进入缅甸后，英国又缺乏联合作战的诚意，拒绝了中国军队向英军各军、师、旅派驻联络参谋的合理要求——英军的联络参谋派到了中国远征军的师一级。不要小看了派驻联络参谋，这样一来，就使英军能及时了解中国军队的动向，而中国军队却根本无从掌握英军的动向，使得英军能够欺骗中国远征军来当自己的挡箭牌，并一再破坏了中国军队的预定计划，如中国远征军进行同古会战时，英军就不顾中国军队的要求而撤离了卑谬；再如当中国军队准备平满纳会战时，英军又毫不理会中国方面要求坚守亚兰谬的请求，擅自放弃亚兰谬，使平满纳会战计划夭折。最恶劣的是最后英军完全以欺骗手段将中国远征军3个最有战斗力的师——第200师、新编第22师和新编第38师调往乔克柏当，以掩护英缅军后撤，直接导致东线重镇棠吉、雷列姆兵力空虚，让日军得以乘虚迂回，腊戌一失，整个战局就彻底崩盘！

第三，叠屋架床的多头指挥体系。起初，因为缅甸未被划入中国战区的范围——这是美国总统罗斯福为安抚英国的小动作，而不得不接受至少是尊重英国的指挥。当中国远征军入缅后，实际上便成为盟军在缅甸的主力，但是中英之间还是没有就远征军的指挥权达成任何协议。作为中国军队的最高统帅，蒋介石出于对英国的不信任和以后将要倚重美国的考虑，宣布由中国战区参谋长美国中将史迪威全权指挥远征军，而实际上史迪威的这个指挥全权根本就是有名无实。而且史迪威自己也没能明确与英国驻缅甸军总司令亚历山大之间的指挥关系。即使是在中国方面，蒋介石自然是毫无争议的最高指挥，在缅甸战地，就存在着滇缅参谋团（林蔚）、远征军司令长官部（史迪威和罗卓英）和前敌指挥部（杜聿明）这样3个指挥中心！只要看看描述远征军指挥体系的文字就足以让人感到一个头两个大了，更别说实际作战时，这些指挥机关之间的相互转达甚至相反的命令，怎么可能打胜仗？

第四，远征军自身的作战失误。在入缅之前，对缅甸的敌情、地形等情况了解不够，有针对性的战前准备明显不足。在进入缅甸之后，也未能审时度势，最大限度地集中和使用兵力。当同古失守后，日军开始向远征军的深远后方实施两翼迂回，远征军既未能切实掌握西线英军的动向，又未能加强东线毛奇、雷列姆的防御。当确实发现日军两翼迂回的态势后，又不能当机立断，集中兵力击破东线冒进的日军，以扭转战局，相反还在一相情愿地幻想组织曼德勒会战，失去了扭转战局的最后机会。

第五，天时地利的影响。由于事先不了解缅甸北部热带丛林的地理、天气情况，结果在撤退时，为了避免与日军交手，就轻率地穿越纵深数百公里的热带丛林，使天时地利的所有不利因素将部队的损失加倍放大，结果远征军在撤退中的损失竟然高于战斗损失两倍以上，这些无谓牺牲在热带丛林的官兵，更是令人不胜惋惜唏嘘。

中国远征军入缅作战，是在极其复杂的国际环境下进行的，在作战中不可避免地受到各种各样因素的制约，很多时候，远征军根本无法把握自己的命运，只能尽人事而已。虽然入缅作战最后以失败告终，但远征军在战斗中所表现出的英勇顽强，是必须要予以肯定的。从另一个角度来看，第一次入缅作战的失败，给本身已经灾难深重的中国更添上一笔浓浓的悲怆之情，而在一年多以后的滇缅反攻中，充满着“哀兵”之心的中国军队终于取得了胜利，洗雪了第一次入缅战败之耻。

第四章
艰难的反攻决策

驻印军肇始

新38师是最早到达印度的中国军队。

对这支不请自来的军队，印度的英国殖民当局一度不知所措。当时逃入印度的主要是英军各殖民地部队和大批难民，带来了很大混乱，印度东区边境司令艾尔文中将采取了先收容甄别再行整编的对策，尤其是这些人军容不振纪律松弛，有些人甚至只剩下一条裤衩，更让自来注重军人尊严的英国绅士鄙夷，当听说边境甚至还来了一支中国草鞋兵的时候，英国人认为只能先解除武装关进难民营，否则可能会带来各种治安问题。

稍前退入印度的英国第15军军长司利姆则不这么看，他在仁安羌见识过新38师如何坚决攻击，打破日军包围圈救出英印军第17师，所以他的意见是该师战斗力强，军纪严整，埃尔文想强行解除其武装未必能够得逞，况且空虚的边境拥有了这支保持着完整建制的友军，对防备日军不无裨益。已经撤退到新德里的英国远东统帅亚历山大也同意司利姆的意见，埃尔文遂亲自去拜访新38师师长孙立人，发现新38师果然如司利姆所言是一支精锐部队，并且在同时对日军英军两面戒备，显然不是好啃的骨头，于是就坡下驴，对这支友军表示了欢迎。6月14日，新38师派遣一个排护送远征军司令长官罗卓英上将到达新德里，并参加了在新德里举行的11个反法西斯国家联合阅兵典礼，在嗣后评奖中获得第一名，大大改变了殖民地上层社会对中国军队的感观。在典礼上，新38师师长长孙立人还因为在缅甸仁安羌奋勇作战救出盟军而特被美国授予丰功勋章。阅兵事件标志着殖民地当局承认了中国军队作为战斗力量在印度的存在。

印度总督韦维尔的态度十分复杂，英国陆军退出缅甸的同时，英国海军东方舰队在与日本联合舰队的孟加拉湾海空战斗中失利，也放弃印度洋退到了东非，这就意味着相当一段时间内来自英联邦的援军断绝了，保留这样一支兵力相当于印度边境兵力三分之一而且很有战斗力的盟军，也就很有必要了。只不过英国人认为这支盟军来自与印度同属古老东方的中国，或许会对印度独立运动起到激励作用，因而一时难以决断。

这个时候，盟军中国战区参谋长兼中缅印战区美军司令史迪威出场了，这位59岁的中将稍早一些率一支110多人的小队伍徒步越过印缅边境，正在受到英雄般的对待，但他对被赶出缅甸耿耿于怀。5月25日史迪威草拟了一份打回缅甸的设想，并于6月向蒋介石提出以美械在印度训练10万中国军队（即后来所称的X军），并在云南装备30个师（即后来所称的Y军），然后联合盟军两路夹攻收复缅甸的计划。在后来的一年中，中美英三方出于各自的战略利益考量围绕着缅甸问题反复计较，计划一变再变，方案出了不少，一直未能落实，其间英国在1943年3月曾以3个师对缅甸西南若开沿海尝试过进攻，还尝试过以特种部队进行远程渗透袭扰，均遭败北，而日军因战线过长后勤补给问题严重，也停止了继续进攻，故长达一年时间里，在印度的中国部队没有卷入战斗，顺利完成了装备、训练计划。

史迪威向蒋介石索要驻印度中国军的控制权，并坚决要求遣送第5军高级军官杜聿明等回国，蒋介石为此提出美国须以500架作战飞机援助艰苦抗战中的中国，并每月向中国空运5000吨物资，双方最后勉强谈拢。然后史迪威又向英方要求划拨印度中部比哈尔邦兰契市的兰姆加作为中国军队的训练基地，为此他动员了马歇尔和罗斯福对英方进行解释和压服，使半推半就的英方最后下决心容纳这支盟军队伍。

史迪威之所以如此周旋于三方之间，是因为他自己没有可靠的军队可指挥，现在机会来了，所以他对到达印度的中国军队非常重视，很快就对其进行了详细清点。

1942年6月的新38师实力约有5000人，[①]稍后入印的新22师约3000人（另有第5军部分直属部队残部千余人），这两个师，成了中国驻印军最早的部队，也是后来五大主力中的新1军、新6军的核心部队。

7月6日，中国国民政府军委会允许新38师改为独立师，脱离国内部队建制，于7月15日先行开往兰姆加开始整训。1942年7、8月间，第五军直属队和新22师的幸存者也终于走出野人山一带到达印度东北阿萨姆边境小镇雷多，很快也被送到兰姆加，与新38师合兵一处。至此，到达印度的中国部队实力合计9000余人。

8月，原中国远征军第一路司令长官部撤销，改为中国驻印军总指挥部，史迪威亲自任总指挥，罗卓英任副总指挥，从美国调来的300多名美国军官充实了史迪威的班子。经过艰苦努力，后来在缅北纵横荡寇的中国驻印军就这样成立了。

战争主动权

盟军被逐出缅甸，标志着日军完全占领了东南亚。美国海军被迫向东撤退到了遥远的夏威夷和澳大利亚，英国海军也因为锡兰海战的严重损失而放弃了对印度洋制海权的争夺。日本海军联合舰队在整个亚太地区横冲直撞，几乎将西至孟加拉湾东到所罗门群岛的广阔洋面变成自己的内海，中国抗战大后方之大后方的云南、英国在远东最重要的

① 该师另有一个营及部分直属队退到国内，几个月后空运印度归建，所以该师实际剩余7000人。

殖民地印度都变成了战争前沿。日本陆军虽然在缅甸暂时停顿下来，但是他们却将战略进攻的矛头直指大洋洲，妄图与海军一起夺占澳大利亚，为此与美、澳陆军在巴布亚、所罗门群岛进行着残酷的争夺战；德意法西斯军队在中东攻取托布鲁克，继续发展对埃及的进攻，有可能冲入印度洋与日本会师；纳粹德国在哈尔科夫地域围歼了苏联红军西南方面军主力，逼近顿河、伏尔加河和高加索地区，苏联的粮食矿产石油供应可能被切断。世界反法西斯同盟面临着极其严重的局面。

作为世界反法西斯战线总后方和民主国家兵工厂的美国，在这时发挥了极其重要的作用，除了美国海军陆军已经开始在南太平洋与日军陷入苦战，美国海军还在大西洋上担任了主要反潜护航任务，护送一批批满载租借物资的船队驶向艰苦作战中的各个盟国，有力支撑了各条战线。但是中国因为失去了所有海岸和最后的“输血管”滇缅公路，物资补充渠道断绝，正在进行的对日作战比其他盟国更加艰难。

1942年6月，史迪威被迫令第10航空队动用全部运输力量——25架运输机沿喜马拉雅山向中国进行空运。该航空队此时成立才刚刚3个月，仅有10架P40战斗机和8架轰炸机，可以使用的也只有廷苏吉亚附近一个机场。不料在空运行动开始后，第10航空队全部轰炸机、一半运输机和司令部大部分参谋人员被紧急调去中东援助英军，史迪威只剩下极度缺少配件的13架DC-3和C-47；而缅甸日军的第5飞行师团已经进驻密支那机场，将巡逻范围扩展至葡萄（缅甸最北端的县）以北，运输机在这里极有可能落入日本战斗机的圈套，加上喜马拉雅山附近的极端气象环境，这种空运非常凶险。由于种种不利条件，6月份只有106吨空运物资到达中国。

本来中国获得租借物资的总量就只有英国的零头，在中国面临更严重危局时，美国还要用中国的东墙补英国的西墙，这种对盟国厚此薄彼的行径、对中国有意无意的忽视激怒了蒋介石，他质问“是否尚以此中国战区为盟军战区”，并于6月29日以书面形式提出“保持中国战区最低限度之需要”来抗议。罗斯福总统和马歇尔认为，必须安抚已经与日本战斗了数年、早已严重失血的中国，就势必加强对华空中运输力量，这样，为了维持这条通过喜马拉雅山区给中国输血的“驼峰航线”，美国陆军航空兵在中印缅战区投入了越来越大的本钱，损失飞机和飞行员数量也直线上升，特别是运输机部队。

日本占领缅甸给中国的利益、美国的战略带来了巨大影响，因而中美双方在反攻缅甸问题上的态度比较统一，但是每当说到具体行动，分歧就出来了。

第一个提出反攻缅甸计划的人是史迪

威，他于1942年7月18日向中国政府提交了一份规模宏大的两路夹攻缅甸计划：盟军动员英军3个师，中国14个师，美军1个师的兵力，分别从印度阿萨姆和中国滇西向心突破，攻击到缅甸中部的曼德勒会师，然后由英国从海上夺取仰光，这样中国的运输线就重新打开了；同时中国从滇南以9个师对越南采取牵制性攻击，美国海军则向西南太平洋行动以配合。这个计划得到了中国国民政府的谨慎支持，国民政府的担心主要是美国不出人，怕抓不住油滑的英国人，所以要求必须有美国部队参与，英国舰队必须诚信作战。

但是这份计划在英国人那里没有得到积极回应。韦维尔推说英国海军主力不可能在此地部署，所以根本无法全面反攻，但是英军可以尝试在缅甸西南沿海的若开进行一次有限度的攻击作战。英国人并不热衷反攻缅甸，因为他们不希望中国势力在反攻中重新渗透进来，反正日本人失败以后英国从敌人手里收回殖民地很容易，假如眼下的盟友中国占领了缅甸一些地方，事情就复杂多了，况且为了帮助中国打开通道需要动员如此庞大的资源，也不符合英国自身的利益。

最后，史迪威这个计划势必要影响到美国战略的走向，此时中途岛海战刚刚结束，美国海军在前一段时间里重创日本海军联合舰队机动部队，己方造舰高潮也即将到来，新锐的埃塞克斯级航母舰体正源源不断出现

■ 丁苏吉亚的美军机场。

在船台上，日本海军对盟国远洋航运的威胁日趋减少，印度洋上的航运已经恢复，缅甸的作战已经不需要美国人赤膊上阵了，于是奉行“先欧后亚”战略的美国政府又将球踢给了英国。美国陆军部向史迪威说明反攻缅甸的指挥权应交给英国，但为了平衡又确定中国驻印军不归英国指挥。这样，全面反攻缅甸的主动权就交到了英国手里去了，中国政府也不得不同意反攻缅甸必须要等到英国人攻击若开地区胜利以后，再与英军主力同时从缅甸北部、中部出兵，反攻开始的时间预计是在1943年3月1日。在这个缩水以后被称为“安纳吉姆”的反攻计划中，韦维尔不愿意在印度的中国军队沿着既有道路进攻，他划分给中国人的进攻地段，是无路可走的印缅边境最北端——野人山区，因此中国驻印军在印度阿萨姆平原的最边缘地带雷多（也译为利多）建立了自己的反攻基地。这个地方，也就是后来中印公路的起点。

这段时间日本也失去了继续推进的力量，它的资源都已投入所罗门群岛附近海域的争夺战中，它在缅甸主要是加紧掠夺和巩固，特别是霸占英国在缅甸留下的为数众多的矿业财产，以及缅甸丰富的稻米资源。为了防范盟军反攻，日本人在缅甸花了大力气，先前允诺缅甸独立的口号也不再提及，为日军打前阵而伤亡惨重的缅甸义勇军也逐渐为日本所忌惮，不但不再得到完全信任及补充，其规模还被日本人压缩。日本人用毫无价值的军票掠夺走了缅甸的一切，缅甸人民不过是换了一个新的殖民地主人，日本逐渐失去了缅甸人的崇拜、信赖、支持。战线暂时沉寂下来。

“通向东京之路”

随着南太平洋上的争夺越来越激烈，日本海军已顾及不到安达曼群岛以西，印度洋上盟军的运输护航压力骤减，于是美国提供给中国的租借物资源源而至，却因驼峰航运的瓶颈而堆积在加尔各答港。中美双方为了将物资运进中国付出了惨重代价，到1945年战争结束为止，美国陆军航空兵和中国航空公司加在一起，在驼峰航线上损失了609架飞机和机组人员1500多人（2002年中美华盛顿纪念“驼峰”展览上的数字）。

严重的损失给中美双方带来不小的烦恼，驼峰航线的效率却远远不如人意，不管是娇小的C-47，还是粗壮的C-46，或者轰炸机改装的C-87，都只能运进尺寸较小的物件，就连拆散了的吉普、山炮等都显得十分吃力，而那些更加急需的卡车、榴弹炮以及海量工业材料，“驼峰”就无能为力了。

问题出在缅甸北部，日本人在地面上切断了中印之间的联系，向中国输血只得完全依赖驼峰航线。20世纪40年代的航空技术尚不足以完全突破喜马拉雅山的阻碍，这个时代的运输机还没有密封机舱，如最成熟的C-47，只能勉强爬升到8000米，但是因为其他设备不足，载运的时候只能在6000米以下飞行，为了避开日本战斗机，这些航线越来越深入喜马拉雅山。那些山口、河谷都非常接近飞机升限，厚达几千米的云雾、突如其来的雷暴、不亚于台风的气流、莫名的冰冻，加上极度缺乏气象、导航信息，使这种航运更像是在拼经验拼运气，损失惨重也就不可避免了。

所以，不管英国愿意不愿意反攻缅甸，中美双方通过反攻缅北开通一条中印之间的公路，就非常必要了。韦维尔把雷多划为中美军反攻基地，实际上是符合中美双方需要的。史迪威从这里开始，将要通过中国驻印军的掩护，从日本占领区强行开出一条通向中国的公路，继而还要使之成为将来全面反攻缅甸的基础。英国人听说这个计划后，又开始了种种拖后腿的举动，但是没能动摇中美政府的决心，后来中国驻印军反攻缅北的作战，也正是围绕这条公路展开的。

这条公路，与中国驻印军令人振奋的事迹连在了一起，成为那场激动人心的战役标志之一。美国很多部队，包括后来非常著名的特种部队——第75游骑兵团的前身5307暂

■ 中印之间的公路。

■ 驼峰航线上的孤独之旅。

编团，在这条路上与中国军人结成了血的友谊。美国纪录片中那个有名的“此路通向东京”路牌特写镜头，就是中印公路上美军宣传部门的杰作。

公路的推进还获得了一个意外的好处，那就是当中印公路深入到缅甸胡康河谷，中国驻印军也推进到这一地带，日本势力开始溃退的时候，驼峰航线突然变得顺利起来，1943年底中美飞机终于可以重新沿世界屋脊边缘飞行而不再深入喜马拉雅山，这年底的空运量很快就达到了每月1万吨。这在中印公路开工的时候，是完全不敢想象的。

反复计较

中国驻印军在印度的整训成效明显，重整后的新38师很快就可以重新投入作战。然而这时英国人又开始闹腾了。1942年12月7日，也就是中美英一致同意修建中印公路后不久，韦维尔突然又一次表示不愿意全面反攻缅甸，只打算反攻阿恰布。就在同一天，马歇尔告知史迪威，美国陆军已经决定把满足缅甸战场需要排在北非之后，包括派遣6000工兵前来帮助修建中印公路，以及增加对反攻缅甸的其他物资、人力需求。韦维尔的表态不啻于同时狠狠打了中美一记耳光。

1943年1月14日—24日北非卡萨布兰卡会议期间，英军单独进攻阿恰布，其目的是夺取日本人的前线机场，以便于英国人的防守，而并非真正的、带战略意义的进攻。英国反对从英国本土进攻法国或从印度进攻缅甸，这是因为英国历来不愿意成为他国利益的牺牲品，它害怕它的本土或殖民地受到他国势力的影响。作为一种曲折的平衡，丘吉尔主张以进攻意大利来打击法西斯，而在其他方向上均不采取主动。

美英战略的分歧由此可见。美国陆军支持打通中印交通的原因，是想在不久的将来从中国对日本进行大规模空袭，以支援目前在所罗门群岛的激战；总统罗斯福则更进一步，他是想拉住中国以便于战后增加对抗苏联的砝码。不管怎么说，英国人消极看待支援中国的态度肯定是要损害美国利益的。于是马歇尔在卡萨布兰卡警告英国，假如英国拒绝参与法国和缅甸方向的战略进攻，解除不了美军对日作战的压力，那么美国或许会停止在欧洲方向上的作战；既然英军不愿意使用自己的登陆船只，美军决定从自己的部队中抽调上述装备以供需要。在这种威胁下，英国再次勉强同意中国军队从印度和滇西两路攻击缅北，英军一路攻击缅中一路攻击沿海，同时由英国海军封锁仰光，最终于1944年1月解放仰光的计划。

卡萨布兰卡会议没有邀请中国，蒋介石深有被冷落之感，于是也提出了自己的要求，主要有三点：要求将他深深信赖的陈纳德从第10航空队独立出来；要求每月得到1万吨物资；并且在11月前得到500架飞机以装备陈纳德的新航空队。美国人权衡再三，同意了蒋介石的大部分要求，并动员英国承认已经开工的中印公路的必要性，来对蒋介石进行安抚。

1943年3月，中国驻印军新38师完成整训，开往雷多，进行临战前的最后准备。就要打回中国去了，人人无比兴奋。

不料，这年4月日军反击阿恰布，英军损失惨重，被逐出若开，被英国人看做丛林战秘密武器的“钦迪特”远程渗透部队（由温盖特准将组建、率领）也被打得几乎全军覆没。一时间英国“绅士们”又是各种失败言论甚嚣尘上，丘吉尔认为反攻缅甸“就像一根一根拔箭猪毛那样费劲”，而罗斯福也终于对反攻缅甸失去耐心。于是1943年5月12日—23日在华盛顿举行的三叉戟会议上，攻击意大利成了主要议程，而缅甸反攻作战计划又一次搁浅了。为了防止中国人“捣蛋”，这次会议根本就没有允许中国人参与讨论。作为交换，美国人又一次用上了安抚的把戏：从本年7月1日开始，美国将保证运到中国7000吨物资，但是主要是给陈纳德第

14航空队的（4700吨）；从9月1日开始每月运送1万吨。但是中国人须放弃对全面反攻缅甸的期望，反攻缅甸将改为通过丛林地带的地面进攻。

非常失望的史迪威将这个大大缩水的“安纳吉姆”计划称为“茶碟”计划；中国代表宋子文对丘吉尔提出了强烈抗议。而老奸巨猾的丘吉尔则对宋子文说：“安纳吉姆”只有计划但无决议，英国并未坚定承诺反攻缅甸，当然可以视情况而变更自己的意图。老牌殖民主义者的心思流露无遗。

此次会议后，已经引起各方严重不满的韦维尔被撤换了，替换他的人是一个更加心思缜密的殖民主义战略家——英国海军上将蒙巴顿勋爵，来担任新成立的盟军东南亚战区最高司令，负责协调指挥中国—缅甸—印度战场。

1943年8月14日—24日在加拿大魁北克举行的“象限仪”会议上，美国英国为了中国的前途进行了激烈辩论。英国主张不应过多照顾中国，其立足点还是为了避免将来出现一个新的大国声望的竞争者，而美国坚持认为把中国看作大国的意义重大，罗斯福想把中国列为黄种人国家的标杆，以表示美国并不仅仅以人种为文明国家的区别，这是为了便于战后用民主思想控制世界对抗苏联，为了在未来的世界格局中多一个受己方支配的大国。

■ 史迪威和蒙巴顿。

调子定下来了，接下来的事情突然就简单了：那就是，中国是值得支持的，中印公路是必须打通的。

中国驻印军，终于迎来了“打回老家去”的这一天。

第五章
异域雄兵

偏师劲旅

1942年5月底，新编第38师尾随着溃不成军的英军败兵，以严整的军容越过印缅边境，进入印度英帕尔的普拉村，成为到达印度的第一支中国军队。新38师的渊源要从国民政府财政部长宋子文建立的财政部税务警察总团说起。这个部队的武器由财政部自己采办，多来自捷克等欧洲国家，干部也由税警总团自己的干部学校训练，部队里没有黄埔军校的毕业生，因此在蒋介石眼里是一支不折不扣的“杂牌”军，抗战前税警总团逐渐发展到了6个团，这支部队名义上是警察，实质却是野战军，所有训练都是针对未来的中日战争来进行，财政部甚至一度试图为它配备英国制造的轻型坦克。在1932年南昌行营的比武中，税警总团大出风头，参赛部队总计120个团，涌现出的10名神枪手中竟然有7名来自税警总团第4团。而这个税警4团的团长，正是后来担任新38师师长的孙立人。

淞沪抗战中，税警总团奋勇作战，其战斗力远远超过大部分友军，战后被整编为陆军第40师，并入胡宗南集团，从此再无建树。淞沪战役里身中13块弹片的孙立人团长出院后，得到宋子文和行政院长孔祥熙的支持，收容税警总团的治愈伤兵和少量来归旧部，按照原税警总团的编制重建部队，又承颇讲江湖义气的云南土皇帝龙云的慷慨相助，新招云南兵员万人，集中到贵州都匀练兵。三年之内，孙立人再次训练出了6个团的精兵，新军名为财政部缉私总队，实际上与原税警总团一样，属于野战军性质。正在招兵买马的军统老板戴笠，眼见这支好部队就在自己床榻旁，不禁垂涎三尺，处心积虑想全部收归帐下。把这些精锐野战部队拿去做缉私用途，那真是大材小用，也与创建者的用意背道而驰。经过孙立人多方奔走，才终于在最后关头得到了这样一个结果：缉私总队第2、3、4团组建为第66军新编第38师，参加远征军序列入缅抗战；而缉私总队第5、6团和战斗力最强的第1团，终于还是被编入戴笠的麾下，改编成军统缉私队留在了国内。

入缅之后，训练有素的新38师在仁安羌一战成名，而后又被用于掩护英军转移，杜聿明率军撤退时，其他部队都有汽车乘坐，独新38师徒步殿后掩护第5军3个师，抵挡日军第33和第55师团机械化重兵的追击，还要一直走完野人山，其路程大约800公里。这种稀奇古怪的任务，实在叫人瞠目结舌。不过作为那时的中国军队高级将领，杜聿明这么做是有道理的：新38师不但不属于第5军，更不算是中央嫡系，只是一个捡来的野孩子，纯属杂牌之外的杂牌，这种部队生来就是注定要被牺牲掉的；就连第66军军长张轸，在第66军成立之初，也曾当面训斥过孙立人说，我这三个师，就数你这个师最差……多年以后，杜聿明回忆说，“独新38师没有服从军部的命令进入野人山”，却没有提到其他条件。以当时的情况，新38师实在是根本没有办法服从第5军军部的命令，他们没有汽车，位置又是离国境最远，还承担了断后的任务，根本追不上第5军其他部队，即使新38师真有超人之能摆脱机械化日军部队的包抄，勉强沿着第5军的路线进入野人山，也会因前面部队搜光了食物而因缺乏给养饿死在山中。多年之后我们查阅史料，不可能明白杜聿明所说“独新38师没有服从军部的命令进入野人山”时心里的真实想法，但却不难理解新38师接到命令之后的惊愕。就当时的情形看，这支部队除了进入印度，真的再没有其他任何出路。

孙立人这位有着极强民族自尊心的将领，在进入印度的那一刻，就估计到英国当局可能做出不义之举，他命令全师整理着装，保养军械，占领阵地，若英军要胡来，就坚决自卫，一定不能任由他人宰割，丧失民族自尊和气节。孙立人毕业于清华大学，又曾到美国维吉尼亚军事学院进修，深知西方国家和军队的优势和毛病，是一位集中西军事思想大成于一身的优秀将领。他率军进入印度原不过是保全部队的权宜之计，其目的不是去寻求洋人的保护，而是想将这支他自己亲自训练的精兵转道印度再作回国抗日的打算。他在6月10日给蒋介石的报告中说：“英人之自尊自大，平日奴役印民，更甚于缅；若一旦有事，安能望其协助乎？”

孙立人曾在普拉村为来访的英军印度东区总司令艾尔文举行了一场阅兵式，200名精神饱满的战士，连同他们经过苦战、泥泞和饥寒的考验之后始终爱护有加的武器，都透露出了这支部队的不同凡响。军装十分简陋并早已磨旧，手中保养很好的武器却发出逼人的寒光，他们迈着同生死共进退的步伐，从中国、缅甸走到了印度。即使司令部门口那几个随便抽来值勤的年轻哨兵，眼中的杀气也能看得英国长官心底发毛。这支威武雄壮的部队彻底镇住了英国边境高级官员，也为后来纵横缅甸战场的壮举赢得了光明的开局，新38师终于在印度站稳了脚跟。很快，从新德里来了命令，他们获得了一个休养生息的地方——雷多。

雷多风云

雷多位于印度最东北的阿萨姆邦的东北端，毗邻野人山地区，是一个小镇，一个很偏僻的铁路终点站，英国殖民地当局让新38师驻扎在这里，是出于这样的考虑：既可以协助兵力空虚的英军防止日军从胡康谷地进军印度，又能防止这支部队对印度的独立运动起到激励作用。

而对新38师来说，驻扎在雷多也有很多

好处。这里有铁路，从加尔各答来的军列可以直接到达这里，所以给养的运输很便利；这里远离印度的中心地带，不会卷入印度人民与殖民当局的矛盾，正好符合国内“不允许干涉印度局势”的命令；还有一点就是，在这里可以等待尚在胡康谷地中艰难跋涉的第5军的消息，以便及时对兄弟部队实施救援。

史迪威在知道新38师完整来到印度的消息后非常兴奋，这位顽固的牛仔对被日本人赶出缅甸一事耿耿于怀，现在有了这一支部队，从日本人手中再次把缅甸夺回来的希望重新在他心中燃烧起来。与大多数人一样，史迪威了解新38师也是从仁安羌战斗开始的，在孙立人率新38师第113团成功击败日军救出英军时，他对这个结果十分惊异，因为罗卓英派一个团去解围其实不过是做做样子，谁也不能料到这样惊喜的结局。史迪威对自己的参谋长弗兰克·多恩准将说：“好得很，这家伙太有种了，又不怕打仗，一个货真价实的军人，我希望我们有更多的孙立人。”现在孙立人没有跟着杜聿明进野人山接受大自然的考验，而是遵照史迪威的指示到了印度，成了史迪威直接领导的部下。

新38师的到来使史迪威有机会洗雪缅甸的耻辱，于是史迪威开始着手进行他那在印度训练10万中国军队、在中国装备30个美械师齐头并进反攻缅甸的计划。这个计划在5月10日，也就是杜聿明将军下令进入野人山、史迪威被扔在缅甸敌后的那一天，就已经浮上心头了，史迪威在日记里说，中国有世界上最好的士兵，却由“腐败无能的政府和愚蠢胆小的指挥官”率领着。像新38师这样的部队，史迪威自然是求之不得，他下决心要将之留在印度，对其实施完全美国化的装备、教育、训练，将其建成一支更加强大的武装，作为重新打通滇缅公路甚至解放缅甸的基本力量。7月6日，蒋介石发来命令，新38师改为独立师，脱离国内部队建制，开始整训。

从新38师到达印度开始，国民政府控制下的中国航空公司的飞机就不断飞进野人山寻找杜聿明的部队，恶劣的天气固然掩护了侦察机免遭日军战斗机攻击，却也实实在在给搜寻带来了很大麻烦，所以当杜聿明的残部从鬼门关回到现实世界中来的时候，大部分人已经长眠在茫茫丛林之中了。直到7月初，才得到了空投下的干电池，恢复与外界的联系，接连几天里，降落伞投下的那些坚硬的军用饼干又胀死了不少饿得早已虚脱的人，但毕竟使更多的人有了走出大山的体力。7月中旬，新38师派出的救援部队在离印度边境100多公里的大洛开始零星接应到新22师的人员。在接下来的一个月里，杜聿明中将和新22师师长廖耀湘少将率领着东倒西歪的士兵们，终于陆续走出了恐怖的800里野人山。

这些九死一生的人首先该去的地方不是食堂而是医院，因为即使是可口的牛肉、饼干、面包和水果，对于他们的肠胃来说也无异于石头，几经折腾后，第5军直属部队加上新22师，总算有大约6000人活了下来，又一个师的架子保留下来了。

新22师是一支十分年轻却善战的部队，脱胎于第5军第200师，很多人有着血战昆仑关的光荣经历，曾经在缅甸平满纳单独抵抗5倍于己的日军达18天之久，虽然经过苦战和野人山的折磨，现在只剩下了3000人，但这毕竟是一支优秀部队的种子。以新38师和新22师这2个师为底子，史迪威有了一支很久以来都梦寐以求的中国部队，而且是中国最精锐的部队。

8月，中国驻印军成立，史迪威担任总指挥，美国人博特纳准将任参谋长，至于那位被史迪威称为“终日绕室彷徨，对于军队的教育训练毫无办法”的远征军司令长官罗卓英，也在做了2个月中国驻印军副总指挥后，被史迪威赶回了国内。实际上，史迪威一直都在按照美国式的方式来训练这些部队，由于史迪威讨厌大部分中国将领，认为他们根本不会打仗，而这里的一切都必须仰仗美国人，所以罗卓英这个副总指挥连同他的副总指挥部完全被架空，不过是徒有其名罢了，即便如此，2个月后还是连这点虚名也都被史迪威赶了回去。

史迪威多方奔走，努力使在印度的中国军队获得自主的、不受制于英国当局的境遇，这与英国当局的企图当然不相符合，理所当然地被韦维尔拒绝了。但这又非常符合美国的战略，为了支持中国战局，美国已经在缅甸损失了很多运输机和飞行员，而运进中国的物资则是杯水车薪，打通中印之间的公路是一个理想的选择。很快美国陆军参谋长马歇尔就出面劝说丘吉尔服从美国的计划，财多的人气粗，这一点不假，处处需要美国财力物力支援战争的英国，只能同意了美国人的设想。不单如此，还把一个设施不错的兰姆伽训练基地交给驻印军；另外又把雷多一带成立一个由中国人管理的军区，由孙立人兼任司令，交由中国驻印军作为后勤和进攻出发基地。一时间，印度最东北角的地方似乎成了中国人的天下，颇有天高皇帝远的样子。

美国人出装备、管训练，英国人负责生活供应，这就是雷多和兰姆伽基地的基本模式，美国物资变戏法似地源源而来，为后来的丛林决战提供了极为充分的物质条件。

与国内部队相比，驻印军士兵的装备可以用奢侈来形容：战斗服、作训服、夹克、T恤、内衣内裤、毛衣、胶皮雨衣、作战背包、钢盔、软帽、便帽、防毒面具、作战携行具、带帆布套的野战水壶、S腰带、丛林靴、帆布护腿，甚至袜子，一样不落；伙食也向美军看齐，注重营养，主要是面包、大米和罐头食品，国内不容易得到的各种肉食，在这里简直吃腻了，反而思念起那原先叫人厌烦透了的新鲜蔬菜来。军官每顿有面包、水果、火腿、鸡肉、牛奶和鸡蛋，士兵每餐有一个牛肉罐头，二包麦片、饼干，一包茶叶，一包香烟，一粒维他命丸。依据租借法案，补给由英国方面交给美军后勤部门转发，实行“补给到连，供应到人”的追送补给体制。先进的医药卫生和卫生教育保证了官兵的健康，热带丛林的恶劣气候已经不能打倒强壮而又养成了良好卫生习惯的中国人。在长时间经历了拮据单调的国内部队

驻印军的个人装具

军服

驻印军官兵最初的服装由英国提供，发给每名士兵英式卡其布热带军服3套，包括短裤2件、长袖衫3件、长裤1条。

1944年4月，驻印军官兵服装英方改由在印度当地招标生产，款式基本仍是英式，也混合了美式军服的一些款式，特别是长袖衬衫和长裤更多倾向于美式，短裤则更接近英式。

在驻印军进入缅北作战后，部队的装备、服装和补给，都由美军SOS (SERVICES OF SUPPLY) 后勤部队来提供，所以这一阶段驻印军官兵的服装都改为美式卡其布军服，但数量并不多，主要还是以英国在当地招标生产的军服为主。此外还有极少数官兵得到了美军的HBT连体战斗服。

除了基本的热带军服外，驻印军官兵还得到了御寒衣物，如英军V领长袖绿色毛衣、英军V领无袖绿色毛衣背心、英军V领三扣长袖绿色毛衣、美军橄榄绿羊毛背心、美军五扣橄榄绿高领毛衣、美军M41式夹克、美军M43式外套等等。其中M41夹克主要发给军官。而战车营的随车人员除基本军服外，还配发美式HBT连体军服。

另外驻印军官兵的军常服，当时被称为罗斯福呢军服。在第一批驻印军（新6军）回国时，美军又给每人加发了1套罗斯福呢军服。

军帽

驻印军的军帽，还是中国军队惯用的仿德式山地小帽，不过布料采用与军服相配套的卡其色棉织布，帽子上的布围也只具有样子而不能放下来挡风护面。在当时许多照片中都可看到许多外国军官也都戴着这种军帽，包括史迪威将军与很

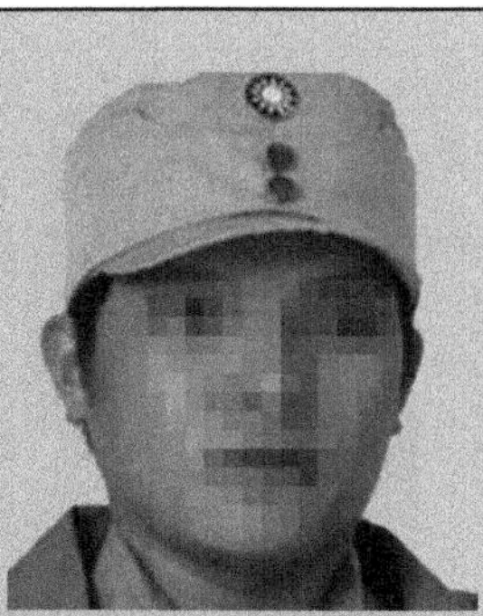

多美军联络官，足见这种军帽的魅力。

钢盔

驻印军的钢盔最初是由英军配发的英式MK2型TOMMY钢盔，这种钢盔一战以来便在英军及英联邦军队中广泛使用，中国军队也有大量使用，所以驻印军官兵也不陌生。MK2型钢盔是英国从一战时使用的MK1型钢盔改进而来，主要是在悬吊系统与下巴吊带上的改进，使之更符合实战的需要。MK2型钢盔悬吊系统在内衬方面采十字形铁框架，在金属圆箍头环上，并在头环上结合五片式皮衬，十字形铁框以一颗一字形螺丝与盔体结合并在铁框下设有十字形海绵软垫以增加戴盔的舒适性。在下巴吊带方面以挂环方式结合于盔体上；下巴吊带两端为具有弹性的伸缩带，口形环下结有一条可调式卡其色棉织带，同样在各边伸缩带的另一端，也设有口形环用于与盔体结合。驻印军在钢盔的左侧漆有青天白日徽作为标识，并在实战中加罩盔网，以便插上伪装。

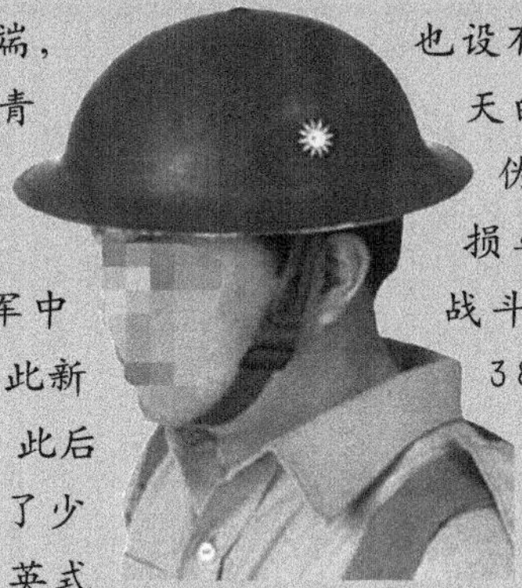

在进入缅北作战后，由于战斗中的耗损与英式钢盔的不足，因此在补充时，美军就给驻印军中战斗力最强的新38师优先换发了美军现役的M1钢盔，因此新38师就成为中国军队第一个使用美式M1钢盔的单位。此后新1军其他单位也陆续换发M1钢盔，而新6军则除了少数军部直属部队换发M1钢盔外，其他部队还是采用英式MK2型钢盔。

驻印军使用的M1钢盔为Model1943/44型，盔体比后来的改进型Model1956型钢盔略高，悬吊带为卡其色棉织带，以六个三角钉板固定于内盔，在悬吊上再结合汗圈，并在内盔后方设一条式后头杓带来托着后脑壳，在内盔的左右两侧各设有铝质凸钉用来结合内盔皮带，而这根皮带是为了在戴上钢盔后在后脑部位增加行进时的稳定度，不至于使钢盔在运动时前后晃动，但实际上很少有士兵如此使用，大多数都挂在钢盔的前帽沿。下巴吊带部分为卡其色棉帆布质，以车缝的方式车在钢盔环上。结合钩具为两岔式的挂钩，钩于像介字形的母扣上，在母扣同边的下巴额带可视需求来调整长度。

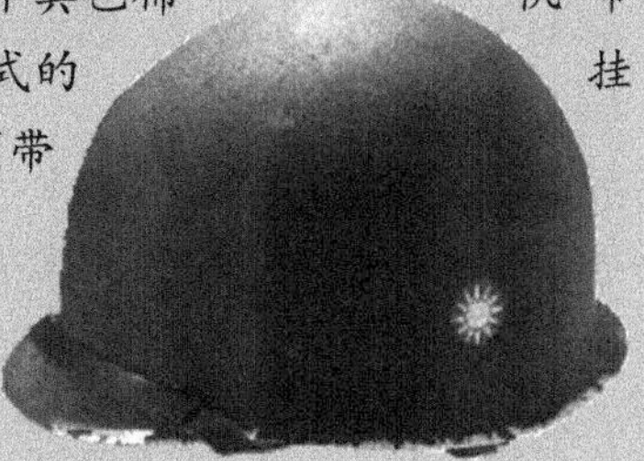

驻印军的M1钢盔为素色盔面，在钢盔左侧漆有青天白日徽作为识别，另外也大量采用盔网，以便进行伪装。

鞋袜

英方早期为驻印军提供的鞋子，士兵是英军野战半高筒黑色皮鞋、半高筒黑色伽拉皮鞋（鞋底为胶底），也有英式棕色胶底布鞋。同时驻印军也使用自制鞋子，如胶底黑布鞋以及当时中国军队的特色——草鞋。军官除配发英式黑色皮鞋外还额外配发美制黄半高筒翻面皮鞋，高级军官还配马靴。

进入缅北作战后，有部分部队也得到美军棕色双扣环战斗靴、半高筒棕色皮靴，伞兵部队则配发与美军伞兵相同的伞兵靴。在配发鞋子的同时，英方也向每人提供3双白色羊毛短袜，并随时补充。另外，驻印军官兵还是保持着中国军队的打绑腿的传统，只不过绑腿已经升级到了毛呢质地。

单兵装具

驻印军最主要的个人装具，是英军的1937型个人装备组，也被称为P37装备组，包括：帆布腰带、帆布吊背带、帆布背包、帆布小背包、水壶组、帆布子弹袋等等，实战时还可根据任务性质不同做局部调整，如可加挂铲组、十字镐等。1937装备组为英军以及英联邦国家军队所广泛使用的单兵装备组，如加拿大、澳大利亚甚至印度都采用这套装备组。

帆布腰带为卡其色棉帆布质材，前端有口字形公钩与另一端母环作结合，腰带上无任何穿孔式挂点而是在正面帆布的后方车缝有垂直布肋与各型袋子后方的C型金属钩，钩跨结合，是英式的特色结合方法，这种设计对于结合袋的稳固性颇佳。帆布腰带的后方有两个斜向的结合布条，布条上有日形环用以结合吊背带所用。

X型帆布吊背带是1937型装备组的特色，帆布吊背带可以结合大、小背包的背带当作是系统吊背带，亦可在不挂任何背包下单独当作单兵负载吊带来使用，或者是只用单条背带来当小背包或称之为杂物袋的侧背带以及水壶组的侧背带，用于侧挂及肩挂来使用。结合单兵的全套装备，在使用吊带时以两条背带交叉于背后呈X形状后，结合于帆布腰带后的布条，再向前与子弹袋作连接，最后以背包背带上的扣头扣于子弹袋上的日字环，就可以将全套装备连接起来，吊带在结合所有装备后就成为单兵全套装备的系统负载吊带。

驻印军配有多种款式的帆布子弹袋，一种是指北针/手枪通用型袋，为帆布质

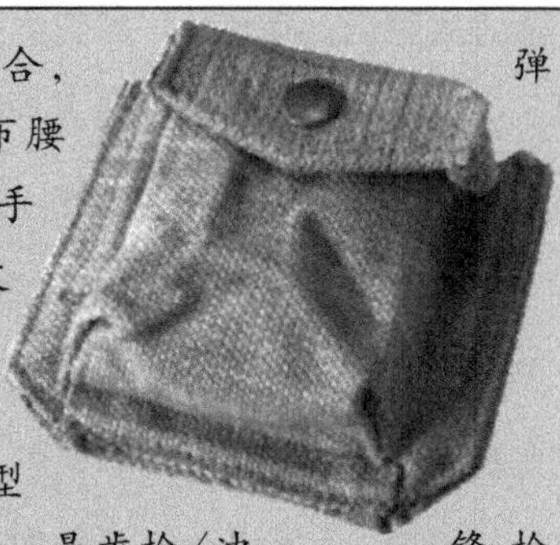

材，方形，布袋上有布盖以铜扣与弹袋上母扣作结合，弹袋后方车缝有五边形布底，后有C型金属钩与帆布腰带之垂直布肋相互连接，可携行指北针亦可放置手枪弹、步枪弹。第二种是步枪帆布弹袋，双弹袋设计，也就是说一袋可以装两包，各有独立的五角形布盖，布盖上有铜扣与弹袋上母扣作结合，每名单兵通常都携带两组弹袋，也就是四包。另一种更大型的帆布子弹袋是我们在当年照片中最常看到的样式，是步枪/冲锋枪/机枪/通用型子弹袋，驻印军所采用的是MK-3型通用弹袋，既可以装步枪弹，也可以装冲锋枪的弹匣，还可以作为机枪的弹匣袋。由于驻印军所装备的英制布伦机枪射速较快，因此需要较大的弹药携带量，但光靠机枪手携带必然有限，所以这种弹袋在当时还有为了步兵也能为机枪手携带弹药的考虑。为直式长方体，卡其色帆布材质，上有布盖，弹袋上车有布条，布条上有母铜扣可与袋盖上的公凸扣作结合，背后一样有C型金属钩可与帆布腰带钩跨结合，在袋后C型金属钩的上方，车有五边布条，上端置日字铜环，可用来穿过帆布吊背带来固定，并可与背包背带上的铜钩，钩跨相互连接。由于这款弹袋使用方便灵活，所以极受驻印军官兵欢迎，这也是在当时照片上经常看到的原因。

此外，驻印军部分军官还有英式布朗宁手枪双并式弹匣袋，这种弹匣袋除可放布朗宁的弹匣外也可放置11.43毫米手枪的弹匣。另外驻印军官兵也有配发英式7.7毫米备用弹袋，但驻印军官兵多不采用英军的背挂方式，而多是将这种弹袋缠在腰际上。

驻印军所使用的水壶为英式37型水壶，水壶为马口铁材质，壶口盖为铝质片向下连接木塞作为密封，盖上有连接在壶颈上的圆环的细棉绳，壶身为烤橄榄绿色磁漆，外覆呢质壶套以便保温，再以十字形帆布携行带来背负或是直接装在卡其色帆布水壶袋里。

美式装具

驻印军使用美式单兵装具的情况并不多，而且大多只是配件而非整套装具，主要有M-1936型帆布腰带、M-1923型腰带式弹袋、卡宾弹匣袋、11.43毫米手枪侧挂皮套、M-3肩挂枪套、11.43毫米弹匣袋、M-1942型刺刀组等等。配备美式装具不多的主要原因，一是英式1937装备组的设计精巧、结实耐用，颇受驻印军官兵的认可，二是英式装备组的补给也相当充足，再者说美式装具也没有成批量提供给驻印军，多是配备给一些要执行特殊任务的军官或士官，因此数量很少。

生活方式之后，猛然间接触到如此丰富的内容，美国强大的物质生产能力令所有中国官兵眼花缭乱、瞠目结舌，以为自己在做梦。

这当然不是梦，因为与美国物资一起到来的还有大批美国军官。史迪威有一个野心勃勃的设想，想把中国驻印军营以上军官全部换成美国人，为此他从美国国内运来了多达300名各级军官，准备给驻印军来个大“换血”。但是这样一来，这支部队就将变成一支美军的外籍部队，这个雄伟却有些可耻的计划遭到了全体中国军官士兵的反对。反对得最凶的人中，就有孙立人，他是唯一敢于用英语和史迪威吵得一塌糊涂的人，尽管他比任何人都受史迪威器重。

最终，这个计划没有施行，那些美国军官没有变成中国人的营长、团长、师长，而是按级别派驻到中国军队营以上部队里做了联络官。不过史迪威终究不放心中国军官，因而给予这些联络官的权限很大，在兰姆伽训练期间，装备弹药的发放补充、军事训练的计划组织全部由联络官与相应美军单位一手操持，中国的部队长只有管理军纪和发放后勤供应物资的权力。联络官对中国的部队长很不客气，但他们十分敬业，办事效率高，还把比较民主的风气带进了中国部队。只是他们流露出不少美国人式的趾高气扬，与士兵们的沟通不可能顺畅，因此，史迪威“美国官带中国兵”的可爱设想注定是行

■ 美军联络官戴维斯上尉正在教授中国士兵操作迫击炮。

不通的。中国的军官们，一直要到一年多以后，通过实战的考验，才赢得了美国人的敬佩。

在雷多军区成立的同时，国内命令将新38师和新22师合编成1个军，这就是大名鼎鼎后来成为五大主力之一的新编第1军，为此派来了一位军长。本来的人选是第5军副军长邱清泉，邱清泉人称“邱疯子”，打仗敢玩命，又曾经在德国学习过现代军事战术，应该是最理想的人选，但就是性情暴烈，国民政府担心他与史迪威碰撞出什么不良的影响来。后几经考虑，改派了温厚诚恳的黄埔一期生郑洞国中将来当军长。不过这可是个最不好当的军长，因为不管是谁来，史迪威都一概认为是国民政府派来的掣肘之人，处处加以防范限制，郑洞国到印度后，其境遇与罗卓英无异，一直坐了两年冷板凳，身边的所谓军部，官兵编制仅40人，不设任何直属部队。有关部队的指挥、训练、人事、经理等，军长均不得过问，而由中国驻印军总指挥部负责。军部的任务仅仅是管理军风纪。郑洞国曾三次提出修改军部编制，都没得到史迪威的批准。甚至军部的保卫，也是由新22师特务连担任。直到1944年夏新1军扩编为新1军、新6军时，仍旧是个光杆军部，郑洞国军长甚至连个警卫班也没有。连配给郑洞国的1辆美国新式轿车也被史迪威收回总部，郑洞国只能坐1辆英国二手车，平时出行

中国驻印军作战序列（1943年6月至1944年8月）

总指挥：史迪威美国陆军中将，副总指挥：罗卓英，

参谋长博特纳，副参谋长温剑鸣

新编第1军：军长郑洞国	工兵第10团
新编第22师师长廖耀湘	工兵第12团
新编第30师师长胡素	汽车辎重第6团
新编第38师师长孙立人	骡马辎重团
驻印军直属部队：	徒步运输团
第14师师长龙天武	战车第1、2、3、4、5、6、7营
第50师师长潘裕昆	高射机枪营
独立步兵第1团	第1工兵营
炮兵第4团	独立通讯兵第3营
炮兵第5团	特务营
炮兵第12团	独立宪兵第2营
重迫击炮第11团	美军第5307暂编步兵团团长梅里尔准将

■ 新1军军长郑洞国。

乘吉普车。新1军参谋长舒适存为军部业务和所属部队的调遣等问题，与总部参谋长博特纳准将商讨，结果谈得很不愉快，博特纳固执己见，盛气凌人，舒适存据理力争，毫不相让。当舒适存返回军部时，博特纳竟下令扣留舒适存所乘的汽车，舒适存愤然徒步而返。“酸性子乔”的“美名”果然不虚，最后的结果是，一生宽厚的郑洞国都在回忆文章里抱怨“受够了美国人的气”。

在美国物资和美国军官进入雷多以后，中国3个炮兵团、2个工兵团、2个辎重兵团外加3个正规步兵师的全体官兵也被陆续空运到印度，在雷多以美国装备进行了重新武装。1942年下半年和1943年初，美国2个工兵团、2个航空工程营、3个战斗工兵营相继从美国调到雷多，与中国工兵团合作，开始构筑从雷多经缅北到中国的公路。

作为中印公路起点的雷多，正在准备书写一段辉煌的历史。

兰姆伽的功勋

兰姆伽小镇位于远离雷多的印度中部，属比哈尔邦兰契市管辖，处在加尔各答到新德里铁路的途中，交通便利但人烟稀少，用作训练营地十分合适。这里原是英国当局为安置来自非洲战场的意大利战俘而修建的战俘营，范围达30平方公里，各种设施相当完善。镇内柏油马路四通八达，军用卡车可以任意开到野外训练场的任何一个角落，还有游泳池、电影院等，可见西方发达国家的士兵所享受的生活品质与中国士兵有多么大的差别，即使只是座战俘营，也远比中国正儿八经的军营豪华气派。基地里密密麻麻地建造了二十多座军营，床位多达三万多个，轮训史迪威设想中的10万中国军队绰绰有余。

基地的四周有成串起伏的小山，也有成片的茂密森林，夜间还有狼群出没，但很快就被一天比一天激烈的枪炮声赶跑了。

美国准将麦凯布担任训练中心主任，阿姆斯上校担任总教官，下面有一大群美国军官在负责方方面面的工作。决心在缅甸报日本人一箭之仇的史迪威，甚至把自己的儿子小史迪威和女婿布鲁克也都调到了兰姆伽，参加到火热的训练高潮里来。

1942年7月23日，新38师离开雷多到达兰姆伽，吹响了这个后来名字与反攻缅甸紧紧联系在一起的训练基地的第一声号角。新22师由于缺员太多，并且饱受了丛林的折磨，所以进入兰姆伽的时间稍晚。

■ 在兰姆伽进行射击训练的驻印军士兵。

原先，国内准备将新38师完全分解，训练成9个炮兵营，然后转运回国加强国内的炮兵力量。这等于把史迪威的乳酪一把夺走，让他反攻缅甸的梦想破灭，自然是说什么也行不通的。新38师的战士们在做了几星期炮兵后，又恢复了步兵的身份，不过还是有3个完整的建制营，被改编成了师直属炮兵营。

恢复了步兵师建制的新38师开始执行新编制，也就是所谓的美械部队编制。

史迪威计划在印度建设一支完全由美国人训练的全美械中国部队若干个师，用于反攻缅北，代号“X部队”；在中国云南昆明基地建设主要由美国人训练的美械部队30个师，用于反攻怒江，代号“Y部队”；然后在广西桂林基地再建设30个美械师，代号“Z部队”，最后与“X部队”、“Y部队”一起在中国大陆发起全面反攻，一举歼灭在华日军。

美械部队，通俗地说，就是装备美国武

■ 美军联络官在对中国军官进行战术指导。

■ 远征军装备的美造75毫米M1A1榴弹炮，此炮生产数量很少，推定大部都供应了在滇缅的中国军队。

"Y部队"的重武器数量严重不足，多数情况下1个军才有1个75毫米山炮营，这还不如驻印军1个师的炮兵，营养和卫生条件更是一个天上一个地下：国内部队士兵一月能吃上几次肉就算奢侈了，2年一套皱巴巴的粗布军服。至于"Z部队"，则因为史迪威后来被蒋介石赶回了美国，根本没有成立。

器的部队。但这个"美械"标准并不统一，因时间地点的不同而不同。

驻印军的装备全部换装美国武器，所有轻重武器装备一应俱全，还拥有别的部队想都不敢想的2个战车营，尤其是那35辆重达32吨的M4A2"谢尔曼"中型坦克，与它相比日军的九五式和九七式坦克仅仅比玩具强一点；正在训练的战车第1营装备的M3A3"斯图亚特"轻型坦克也很扎手，日军当时最好的九七式中型坦克必须要接近到300米才有可能将其击毁，而它却足以在500米外直接用37毫米坦克炮点燃九七式坦克。至于汽车的数量之多，那就更是不足为奇了，仅一个辎汽第6团，就有400辆大卡车。

国内的美械部队和驻印军根本比不了，而且，在史迪威被赶走后，美国停止了对中国美械军的继续装备，为了平衡，国民政府又将"Y部队"原本10个军30个师的装备平均分给了13个军，这样，国内美械部队的品质进一步下降。

作为驻印军的两只拳头，新22师和新38师的编制相当繁杂，尤其是师直属部队，系由1个由2吨半卡车牵引的12门制105毫米榴弹炮营、2个由骡马牵引的12门制75毫米山炮营、1个汽车骡马混合辎重营、1个装备无线电的通讯营、1个工兵营、1个教导营、1个特务连、1个搜索连、1个军械连、1个侦察队、1个卫生队和1个野战医院组成。如此编制，主要是为了给战斗部队提供强大的后勤和火力保障。

美械部队

抗战后期，中国军队将获得美国援助装备的部队称为美械部队，1942年美国同意向中国提供60个师的美式装备，分为两期，第一期为30个师，时间为打通滇缅公路之前。滇缅公路打通之后再提供第二期30个师的装备。而后在开罗会议上，美国又答应将提供的装备增加为三期共计90个师。从1942年底美国开始向中国提供美式装备，第一期装备了国内的30个师与驻印军6个师，共36个师。而在打通滇缅公路之后，一方面因为蒋介石将史迪威赶回了美国，另一方面美国因得到了苏联出兵远东的承诺，认为不必再从中国大陆组织反攻，因此第二期只给了3个师的装备。所以国民党在抗战时总共只获得了39个美械师的装备。

美械部队根据获得装备的不同主要可分为三种：一、驻印军（即X部队）；二、怒江前线的30个师（即Y部队，后增加至13个军）；三、半美械部队。

（一）驻印军的装备最好，而且经美国顾问直接培训，战斗力最强。

驻印军共2个师，新22师和新38师，装备情况如下：

师直属炮兵：1个105毫米榴弹炮营（12门）、2个75毫米山炮营（12门）；

团直属炮兵：1个81毫米迫击炮连（12门）、1个37毫米战防炮连（12门）；

营直属部队：1个7.62毫米重机枪连（8挺），1个火箭筒排（4具）；

连直属部队：1个60毫米迫击炮排（2门）；

每个排装备轻机枪3挺，每个班装备冲锋枪2支，步枪8支。

全师装备：105毫米榴弹炮12门、75毫米山炮24门、81毫米迫击炮36门、37毫米战防炮36门、60毫米迫击炮54门，重机枪72挺、轻机枪243挺、冲锋枪486支、步枪1944支。

当扩编为新1军和新6军时，师属105毫米榴弹炮营和1个75毫米山炮营被转为军属炮兵，师直属炮兵只剩下1个75毫米山炮营。

另外还有4个炮兵团：

炮兵第4团：105毫米榴弹炮36门

炮兵第5团：105毫米榴弹炮36门

炮兵第12团：155毫米榴弹炮36门

重迫击炮第11团：150毫米迫击炮48门

（二）由Y部队发展而来的13个美械军番号为：第2、5、6、8、13、53、54、71、73、74、79、85、94军。也有资料称12个军，有第18军，但没有79、85军。这批美械部队实际上是用3个师来分配2个师的美式装备。

每个军装备为：军直属炮兵，105毫米榴弹炮营（12门）、师直属炮兵，75毫米山炮营（12门）、37毫米战防炮营（12门）；团直属炮兵，81毫米迫击炮连（6门）。营、连装备基本同驻印军。

（三）半美械军是蒋介石为了安抚原定在第二期中装备美械的地方实力派，将第二期3个师的装备以及第一期30个师的后备装备来进行换装，主要是轻武器装备，具体番号不详（已知的有46军、52军、60军、62军）。这些部队没有105毫米榴弹炮、37毫米战防炮和81毫米重迫击炮，只有75毫米山炮和60毫米迫击炮，其他装备和Y部队基本一样。

M4“谢尔曼”中型坦克

M4“谢尔曼”坦克是第二次世界大战中美国研制的中型坦克，名字取自于美国南北战争时期的著名将领威廉·谢尔曼。

1940年8月美国根据M3“格兰特”坦克在实战中暴露出来的不足，开始研制新型坦克，研制代号是T6中型坦克。1941年9月，T6坦克定型并正式命名为M4“谢尔曼”中型坦克。因为M4是在M3坦克的基础上研制而成，因而M4和M3既有区别，又有联系。它们的底盘总体布置和行动部分都很相似。最大的区别是在炮塔上，M4坦克的炮塔为整体铸造炮塔，圆弧过渡，尺寸也比M3的炮塔要大得多。

M4坦克的主炮为1门75毫米火炮，可以发射穿甲弹，榴弹和烟幕弹。在M4系列的各种改进型车上，共装有4种不同型号的发动机，变速箱为机械式，行动部分采用平衡式悬挂装置，每侧6个负重轮分为3组，主动轮在前，诱导轮在后。

M4坦克的型号十分繁杂，仅美国官方公布的M4系列改进型车、变型车和实验型车就有50多种。

M4的长处在于可靠性高，易于维护和用途广泛，主要缺点是火力、装甲防御

■ 驻印军装备的美制“谢尔曼”中型坦克，虽然在欧洲战场它算不上一件强力武器，但却足以对付以轻步兵为主的日军。

力相对不足，特别是汽油发动机周围装甲防护尤其不足，一旦中弹必然起火。因此美军士兵给M4起了个外号——“Ronson”，一种以“一打就着”作为广告词的名牌打火机。尽管如此，日军仍然没有一种量产且装备部队的坦克能与之抗衡。

M4“谢尔曼”并不是二战中性能最佳的中型坦克，但却是最著名的中型坦克，以49234辆的庞大装备数量加上蒙哥马利、巴顿等名将的运用，使它在世界坦克发展史上，占有重要的地位。

M4A3型主要性能数据列表

战斗全重：33.6吨

车长：7.54米

车宽：3.0米

车高：2.97米

最大输出功率：298千瓦（400马力，发动机2400转时）

推重比：14马力/吨

最大速度：42公里/小时

最大行程：161公里

乘员：5人

武备：1门76毫米炮（备弹71发），1挺12.7毫米机枪（备弹300发），2挺7.62毫米机枪（备弹4750发）

装甲厚度：13—178毫米

爬坡度：31度

过垂直墙高：0.61米

越壕宽：2.3米

涉水深：0.91米

M3“斯图亚特”轻型坦克

M3“斯图亚特”轻型坦克是二战中美国生产数量最多的轻型坦克，以美国南北战争时期的著名将领斯图亚特来命名，而在英军中还有一个非官方的昵称“甜心”。

二战爆发后，美军开始认识到坦克的作用，开始研制新型轻型坦克。1940年6月，美军在采用装甲板铆接结构的M2A4轻型坦克的基础上，增加装甲厚度，行动部分安装诱导轮，改进防空武器等措施，改进研制出了M3轻型坦克，于1940年7月定型，1941年4月开始批量生产。此后又主要有M3A1、M3A3等改进型号，总产量达13859辆。

M3A3轻型坦克行驶速度快，越野能力强，但其车体较窄，限制了其主要武器的口径，且车体较高，流线性差，整车目标大，受弹凹部多。因此美国于1943年7月宣布淘汰M3，但生产持续到同年10月。

M3主要性能数据列表

战斗全重：12.7吨

车长：4.53米

车宽：2.24米

车高：2.64米

最大输出功率：186千瓦(250马力)

最大速度：58公里/小时

最大行程：113公里

乘员：4人

武备：1门37毫米炮（备弹103发），5挺7.62毫米机枪（备弹8270发）

装甲厚度：10—44毫米

爬坡度：31度

过垂直墙高：0.61米

越壕宽：1.83米

涉水深：0.91米

■ 驻印军的美制“斯图亚特”轻型坦克。

日军九七式中型坦克

日军九七式“奇哈”中型坦克是日本在二战期间装备的最成功的一种坦克，因为该型坦克是日本三菱重工于1937年研制而成，1937年是日本天皇纪年2597年，因此取名九七式，而“奇哈”则是日本假名的汉语音译。该坦克1938年开始装备日军，一直服役到1945年，共装备1500多辆。其中三菱重工生产了1224辆，日立的龟有工厂和相模工厂生产了300多辆。

在九七式之前，日本主战坦克为八九式。到了30年代中期，八九式的火力和机动性已明显落后。为此，日军参谋总部和工程部在1936年决定发展一种新式坦克。时值七七卢沟桥事变爆发之际，日军在侵华战争中急需大量坦克，于是便采用了三菱重工研制出的“奇哈”。虽然号称是中型坦克，但充其量只能算是轻型坦克。

九七式战斗全重15.3吨，乘员4人，车长和炮手位于炮塔内，驾驶员位于车体前部的右侧，机枪手位于驾驶员的左侧，炮塔位于车体纵向中心偏右的位置，装有扶手栏杆，以便检阅及步兵搭乘，兼作无线电天线。主要武器为1门57毫米短身管火炮，可发射榴弹和穿甲弹，携弹量120发（榴弹80发、穿甲弹40发），其穿甲弹可以在1200米距离上击穿50毫米厚的钢质装甲。辅助武器为2挺7.7毫米机枪，携弹量4035发，其中1挺为前置机枪，另1挺装在炮塔后部偏右的位置。

动力装置为1台功率为125千瓦的12缸风冷柴油机，位于车体后部；车辆最大速度38公里/小时，主动轮在前，动力需通过很长的传动轴才能传到车体前部的变速箱和并速器。车体每侧有6个中等直径的负重轮，第一和第六负重轮为独立的螺旋弹簧悬挂，第二到五的负重轮每2个为一组使用平衡悬挂。车体和炮塔均为钢质装甲，采用铆接结构，最大厚度25毫米。车长5.516米、宽2.33米、高2.23米。

师下设步兵团，每个步兵团由3个步兵营和团直属部队组成，团直属部队包括1个8挺制重机枪连、1个12门制81毫米迫击炮连、1个由吉普车牵引的4门制37毫米反坦克炮连、1个骡马辎重连、1个通讯连、1个卫生队，以及通讯排、特务排；步兵营由3个步兵连、1个8挺制机枪连和1个装备4具“巴祖卡”火箭筒的炮排组成，全团2750人。

步兵连下设3个排，每排下设3个步兵班和1个轻迫击炮班，每个步兵班有2支美制M2“汤姆森”冲锋枪、1挺英国制“布伦”轻机枪或美制M1918自动步枪和8支美国造M1903步枪，炮班装备60毫米迫击炮2门。全连170余人。

新的编制大大加强了战斗力，要求每个师要达到12500人，这个数字比1939年型步兵师高出3000人以上。相应地，武器装备得到了质的飞跃，1个师共计拥有汽车300辆、骡马千余匹、105毫米榴弹炮12门、75毫米山炮24门、37毫米反坦克炮12门、81毫米迫击炮36门、60毫米迫击炮162门、重机枪108挺，轻机枪360挺、火箭筒108具、火焰喷射器85具、冲锋枪与卡宾枪400支、步枪数千支。这样的编制体现了现代战争的一个特点，那就是火力密度和后勤保障的重要性。相比当面的日军部队，驻印军的新38师和新22师火力和机动能力已经全面超出日军一个1944年制甲种师团。

驻印军总指挥部也有庞大的直属部队。在总指挥部下，设有分管人事、情报、作战、后勤的四个参谋处，一个管理第48兵站医院、第20后方医院、第13卫生营的卫生处，一个专门管理中印公路施工的工程处，以及兰姆伽训练处，SOS供应处，协调第10

■ 驻印军炮兵装备的105毫米榴弹炮。

航空队的汀江办事处，战车管理部等美方管理机构；支援部队数量更大，主要由中国部队构成，几乎快要赶上1个军的规模，计有装备36门155毫米榴弹炮的炮兵第12团、各装备36门105毫米榴弹炮的炮兵第4和第5团、装备400辆汽车的辎汽第6团、装备近千匹骡马的骡马辎重兵团、工兵第10和第12团、分别装备30余辆M4A2中型坦克和M3A3轻型坦克的2个战车营、由化学兵团改编的1个48门制150毫米重迫击炮团及1个独立步兵团，以及特务营、通讯营、宪兵营、高炮营各1个；后来还加入了拥有3000名志愿人员的美军专业丛林战特种部队第5307步兵团。

有了先进的武器装备和良好的训练基地，现在面临的问题是缺乏兵员。训练开始时新38师有7000人，新22师仅剩1500人，还有正在组建中的驻印军总指挥部下属的庞大直属部队，都急需大量新兵补充。由于部队缺员太多，遂决定先补充、训练相对满员的新38师，以便尽早得到一支战斗力强大的美械部队。

军政部从1942年8月开始向驻印军提供补充兵员，全部精选体格强壮、有文化的青年，利用驼峰航线回程飞机空运到美军汀江（今印度迪布鲁格尔）空军基地，再车运到雷多。所以后来驻印军内学生兵的比例相当高，这就带来一个积极的影响：驻印军的兵员素质远远超过国内任何部队，包括重建的第二期远征军；而驻印军的两位留过洋的主将孙立人将军和廖耀湘将军学历也比国内绝大部分将领为高。兵强将勇，驻印军战斗力远超国内部队。1944年6月开始的怒江西岸松山战役，3个多步兵师加2个重炮团、数个山炮营和1个重迫击炮团计4.8万远征军围攻无路可退的千余日军，投入的兵力对比为40：1，历时3个多月，伤亡8000余人，敌我伤亡比为1：7；而在稍早的孟拱谷地西通截击战，驻印军仅以持步兵武器的不到500人阻击日军5000人，投入兵力对比为1：10，历时3天，伤亡百余人，而日军伤亡达2500余人，敌我伤亡比为20：1以上。同样是中国军队，同样的美械装备，其作战表现截然不同。

大批学生兵的到来使在兰姆伽训练的驻印军实力飞速提高，也引起了英国殖民当局的忧虑，英国容许这支部队驻扎印度不过是为了利用其防备日军进攻，并不赞成它的扩大；向缅甸进攻就更是让英国忧心忡忡，害怕缅甸在战后顺理成章变成中国的势力范围。国内给驻印军补充兵额的速度起初是每天空运800人，英殖民当局借口给养供应困难，极力阻挠。经过史迪威和美国政府的努力劝说甚至是威胁，这个数字最后定为每天400人。

从11月起，中国国内以平均每天16架飞机，运送士兵650人的速度向印度空运受训部队。第一批新兵送到兰姆伽，由于营养不

1942年8月军政部开始利用驼峰航线的返航飞机为驻印军提供补充兵员。

良，个个面黄肌瘦，且衣衫破旧。于是美军顾问便将新兵集中在营地广场上，剃头洗澡换装，换下的旧衣服及鞋袜全都被扔进大坑里焚毁，换上崭新的黄色卡其布制服。至年底，抵达兰姆伽的补充兵员已达3.2万人。源源进入兰姆伽的新兵经过接近1年的训练，就成为战斗意志旺盛、战斗技术高超的战士，兰姆伽基地正在为即将到来的缅甸决战奠定坚实基础。

兰姆伽基地里设置步兵、炮兵、工兵、通讯、汽车、装甲、卫生、兽医、驮载等一大批专门的学校，分门别类对军官们进行专业性培训，主要是熟悉美军的战法和武器装备的性能及使用，每期6到8周，经过讲解、示范、实习、考核四个阶段才能结业，讲解通过包括模型、电影等直观手段来进行，重点在实习，这样训练的效果和速度都很理想。这些学校都有自己的训练场，主要用来训练士兵，教官都是美国人，管理由中国军官负责。美国人对士兵的训练也通过多种手段来帮助理解，士兵素质的作用这时就显现出来了，他们的作战技能的提高异常地快，步兵改行的炮兵在一星期里就学会了使用山炮，原先不懂英文的译电员训练7星期后就已经达到美国译电员需13星期才能达到的效果，士兵使用迫击炮的技巧也到了让教官们赞不绝口的程度。

训练都是真枪实弹，有一个重要指标是耗弹量。像炮兵指挥员，就一定要实实在在亲自指挥大炮发射到400发炮弹才算达到训练量，于是训练基地四周随时炮火连天，枪声则几乎没有停歇的时候，似乎永远用不完的美国弹药帮助驻印军培训了一批又一批优秀官兵。几乎同样装备的国内美械部队步兵分队就享受不了这种待遇：飞越喜马拉雅山的驼峰航线的运力自然无法为国内的美械部队提供这样的消耗。

孙立人是驻印军中唯一受到史迪威器

重并且敢与美军将军直接叫板的人，他也因此为自己和新38师争来了权利。他在兰姆伽全面督促新38师训练时，战斗训练计划甚至是以他的军官为主，而美国军官只能服从。他特别注重射击、格斗、游泳、驾舟、武装泅渡、登山、攀爬、防暑、耐寒、防蚊、抗疟、泥泞地行军等特殊技能，还把一个信条灌注到全体官兵的内心：相信自己经过努力一定能完成上级交给的任务，当陷入困境时，相信上级一定会来救援和帮助，面临危险时，相信本师友军一定尽力前来营救。

孙立人的教育很快就在险恶的热带丛林战环境里得到了回报。

1943年3月初，雷多军区毗邻的野人山胡康谷地一带出现异常情况，已经齐装满员的新38师提前结束了整训，离开兰姆伽开往雷多。反攻缅甸的第一声军号，已经响起。

■ 从精神到物质各方面都面貌一新的中国驻印军在日后的反攻缅甸的作战中发挥出了强大的战斗力。

第六章 激战胡康谷地

日军出动

1942年12月10日，驻印军总指挥部所属由李乐中上校指挥的中国工兵第10团，举行了简单而富有意义的中印公路奠基仪式。这将是一条与大自然拼搏前行的不平凡的路，它将深入到茫茫林海，在悬崖绝壁和泥泞沼泽间曲折前行，直到与滇缅公路相接。二战前英国人曾有动过修建该路的念头，但刚刚动手就退缩了，原因是他们对自己和大自然都没有信心。日本人得知中印公路开工的消息后，在东京广播电台里挖苦说："美国人修筑这条路，将会成就两件事，一是教英国向中美学习如何筑路；二是为日军铺平进军印度的道路。"

话是这么说，日军还是颇为这件事担心。其驻扎在缅北专门对付驻印军的"常胜军"第18师团派出了侦察分队穿过胡康谷地对那加山东麓进行武力搜索，驻守在这里的英军边防分队接连丢失几处山头阵地，一时间"狼来了"的声音充斥着殖民地。为了保护这条公路的修筑施工，刚成立的雷多军区司令孙立人把新38师从兰姆伽调到了雷多。

3月初，新38师114团开始向胡康谷地方向搜索前进，保护已经开工的中印公路的安全。经过十几天的艰苦行军，他们越过瘴气和蚂蝗遍地的那加山脉深处，与日军的侦察部队发生了接触。战斗开始不久，第114团正准备发动进攻，日军侦察分队却纷纷退出了那加山，去了山下的胡康谷地，中国军队越过印缅边境，夺取了预定的新机场建设地新平洋周围全部要点。零星交锋一个月后，第114团发现随着1943年雨季的到来，日军仿佛从茫茫林海中消失了。原来日军走到这里已是强弩之末，在战斗中人员死伤严重，病患增加，1000多人的部队损失过半，只好撤回200公里外的孟拱谷地去了。但第114团不敢松懈，在滂沱大雨浇遍山林的半年中一直坚守阵地，10月初雨季结束才疲惫不堪地撤回雷多，由第112团接手防务。这时，幽灵般的日军又出现了。

野心勃勃的日军第18师团长田中新一(1943年3月18日接任) 渴望着能成为为帝国夺取印度的功臣，他随时准备将第18师团投入再次击溃中国军队的战斗里，为此他已经准备了一年。但是占领任务是如此的繁重：一边要巩固从胡康谷地进攻印度的出发阵地，一边还要抽调兵力协同占领云南怒江西岸的第56师团扫荡中国游击部队，兵力实在是捉襟见肘。不过更令他郁闷的是来自内部的一件事情：缅甸方面军对印度东部的英帕尔前进基地的进攻已经准备了很长时间，为了保证这个战略军事行动，其他方面的日军全部停止积极行动，对付云南方面20万中国军队的任务落在了第56师团身上，而第18师团则

日军第18师团

日本陆军第18师团是在日俄战争结束后的1907年11月在久留米成立。1914年第一次世界大战爆发后，参加了对中国青岛德军的进攻。

一战结束之后，在1925年的裁军中，第18师团被撤消。中国抗战全面爆发不久，就在1937年9月被重建，代号“菊”师团。下辖4个步兵联队分别是：第55（大村）、第56（久留米）、第114（福冈）和第124（福冈）联队。其中第124联队于1941年11月被编入了步兵第35旅团，前往瓜岛，结果全军覆没。

改为三联队制的第18师团被配属给了第10军，于1937年11月4日在杭州登陆，直接导致在淞沪前线的中国军队全线崩溃，18师团随即一路打到南京，参与了南京大屠杀。占领南京后，第18师团划归华中派遣军，担任各地的警备和治安。1938年10月转往华南战线，改隶21军，参加了广东战役。此后一直驻守在华南地区。1941年11月，第18师团被编入第25军。1941年12月7日，以18师团56联队为基干的佗美支队（佗美浩少将指挥）在马来半岛登陆，揭开了马来战役的序幕。18师团主力于1942年1月23日登陆，沿着马来半岛西岸迅速南下直扑新加坡，至1942年1月31日完全控制了马来半岛，2月占领新加坡。

占领新加坡后，18师团被编入第15军，投入缅甸战场，1942年4月占领仰光，5月占领曼德勒。随后在缅甸各地展开作战，1942年10月担任北缅甸的守备任务。1943年3月，与盟军在缅甸北部胡康河谷展开激战，遭到惨败，从此一蹶不振。据战后统计，投入缅甸战役的18师团3.1万名士兵中至少有2万人战死。

1945年8月在缅甸南部投降。

历任师团长

木村有恒（1907年11月13日－1910年11月30日）

大迫尚道（1910年11月30日－1912年12月26日）

神尾光臣（1912年12月26日－1914年11月26日）

斋藤力三郎（1914年11月26日－1915年5月26日）

柴胜三郎（1915年5月26日－1919年7月25日）

高山公通（1919年7月25日－1922年8月15日）

金谷范三（1922年8月15日－1925年5月1日）

牛岛贞雄（1937年9月11日－1938年7月15日）

久纳诚一（1938年7月15日－1940年2月10日）

百武晴吉（1940年2月10日－1941年4月10日）

牟田口廉也（1941年4月10日－1943年3月18日）

田中新一（1943年3月18日－1944年9月22日）

中永太郎（1944年9月22日－1945年8月15日）

要独自对付中国驻印军。最糟糕的还不是这个，作为常胜部队的指挥官，田中新一中将是有信心的，但是那些汽车中队几乎全部被方面军收回转用于英帕尔方向，致使第18师团的人员和物资运输全都处于异常窘迫的状态，这非常令人头疼。

此时第18师团与第56师团通力合作，抽调万余人成功扫荡了怒江西岸腾冲县北部，以保证在抵抗中国20万大军渡江时的后方安全。自1942年缅甸作战以来，同样以北九州为补充兵来源的这两个兄弟师团，可谓连战皆捷。这回也不例外，中国为替已经残废的预备第2师（师长顾葆裕，隶属第6军）收拾残局而派遣到该地区的第36师（师长李志鹏）又遭到了严重损失，在扔下千余具尸体后撤回了对岸，这个游击区被肃清了。第18师团的4个大队正在胜利的歌声中返回师团驻地密支那，田中中将认为兵力已经够了，至少防守不成问题。他命令前线的4000多名士兵向印度方向有限推进，做好防守准备，但不放弃在有利条件下追击敌人直至到达印度。有了这八九千人的机动兵力，他决心要让方面军看到，他的部队不会比将要进攻英帕尔的那3个师团逊色。

1943年10月，日军从胡康谷地再次向那加山搜索前进，士兵们都知道山那边就是富饶的印度阿萨姆平原，可是险恶的山势捆住了人们的手脚，有时候为了爬过一道100米宽的垂直悬崖就需要整整一天的时间，所以前进速度异常缓慢。他们的动向很快为盟军探知，当地的土著情报网系统迅速将发现日军的情况汇报到了新德里，之后又回馈到雷多，土著情报员没有日军数量的概念，于是驻印军总指挥部的参谋长博特纳仓促下达了一道进军的命令：第112团全线出击，歼灭日军的渗透部队并攻占胡康谷地边缘的大洛。

史迪威此时正在昆明与中国商量打通滇

■ 预备2师师长顾葆裕。

缅路的事，多次商量未果之后，他只能在各地辗转奔波，他勇敢而鲁莽地在各种场合批评中国政府，有一次甚至在第11集团军司令宋希濂中将的住所大骂国民政府的腐败，丝毫不避讳他对这个政权的反感。胡康谷地的战斗指挥交给了博特纳，但这位参谋长的战术素养算不了上乘，更使人惴惴不安的是他对中国人素无好感。上下不齐心，使得即将开始的战斗不容乐观。

10月24日，陈鸣人上校率领第112团分三路开出那加山，开始了胡康谷地的序战。第1营在左，向东攻击前进，目标是大龙河渡口附近的临滨和于邦（也译作于邦家）；右路是第3营，目标是正南方——那加山下胡康谷地的入口大洛，团部仅带着1个警卫排和第2营在中间接应。兵力明显不足：三路人马撒出去，成了近40公里宽的一个扇面，在这荆棘泥泞遍野的原始森林，相互之间的照应很困难。一旦日军集中优势力量多路渗透，第112团即可能陷入灭顶之灾。

之所以出现这种问题，是因为参谋长博特纳坚持认为英军情报的正确性，他不想在这里浪费兵力。日军正在准备向印度东部进行大规模进攻的消息已经传得是山雨欲来风满楼，印度这块炎热的大地上各种势力正在不停地翻涌，印度的亲日派正在加紧地下活动，竭尽全力鼓动印度人起来反对英国，其首领钱德拉·鲍斯甚至已经从在新加坡投降的英军印度士兵里组织“印度国民军”，印度的某些政治派别也正在做着独立的尝试；而英

胡康谷地

胡康原名户拱，历史上曾属于中国滇西孟养宣慰司管辖，胡康谷地位于缅甸北部新平洋与孟关之间，位于帕特凯山以南、坚布班山以北、库芒山之西、明金山之东是一个南北长约200公里，东西宽约20至70公里，面积约2000平方公里的盆地，也是大片的原始森林，是恶性疟疾和霍乱等烈性传染病的发源地，因此“胡康”在缅语中就是“死亡”之意，胡康谷地也被称为死亡之谷。

胡康谷地在地理上也称为胡康盆地，是孟关盆地和大洛盆地的统称，宛托克山脉纵贯南北，将胡康谷地一分为二，东面就是孟关盆地，西面则是大洛盆地，这两个盆地的连接点就是新平洋。河谷中纵横着大龙、大宛、大奈、大比四条大河及其支流，海拔高度起伏不大，但地形比野人山更为复杂。盆地四周都是高山峻岭，最高峰是孙布拉蚌山。

从新平洋向北到雷多，只有一条蜿蜒于悬崖峭壁上的羊肠小道。向南经太柏家至孟关则是一条可通行牛车的土路。于邦、太白家、孟关、瓦鲁班是胡康谷地中重要的四大村落。

军派出的进攻缅甸的先锋部队仗又没打好，由于是首次进行远程丛林渗透战术的尝试，温盖特准将那几个并没有什么经验的远程突击旅 (Long Range Penetration，简称LRP) 在缅甸遭受日军重创，数千人的部队只剩下200人穿过丛林逃回印度。英军对自己能否守得住印度正在重新评估，战争爆发时，如果英军像在缅甸时那样崩溃，驻印军这2个师有可能成为保卫印度的最后力量，这种局面在1943年并非不可能出现。如果印度完了，驻印军的给养和地盘也就全部丧失，反攻缅甸的所有计划就将成为一纸空文。

第一个回合

曾经在1942年率领第18师团横扫半个缅甸的牟田口廉也中将，现在已经升任驻缅甸日军第15军司令官 (编者注：前任为饭田祥二郎)，正在积极准备向印度进军。大本营已经在1943年确定于10月之后实施这个编号为第21号战役、代号为“乌号作战”的进攻，为了保证这一行动的胜利，东北方向的中缅边境和胡康谷地一带须保持稳定，从10月开始第18师团协助第56师团扫荡了怒江西岸的中国游击区，并派遣部队从胡康谷地向那加山渗透。第18师团第18搜索联队的前卫部队首

■ 1943年日本第15军军部合影，前排正中者为当时的司令官牟田口廉也，牟田口右侧即56师团长松山祐三。

温盖特

查尔斯·温盖特1904年出生于英格兰曼彻斯特的一个军官家庭。1924年毕业于英格兰著名的查特豪斯学校，获得物理学士学位，随后考进桑德赫斯特英国皇家军事学院，开始了他的军事生涯。

1929年从桑德赫斯特军事学院毕业，被分配到韦维尔任师长的第3师第9旅沃里克郡营当少尉排长，第3师先后在爱尔兰、埃及、印度、巴勒斯坦等地驻防，在各种复杂的情况下，温盖特表现优异，深受师长韦维尔、旅长派尔、营长蒙哥马利、连长斯利姆的赏识和器重，历任连长、副营长，并于1935年晋升上尉。1938年调任驻巴勒斯坦英军参谋，主管情报工作。温盖特经过仔细的调查研究，向总司令韦维尔建议：1.采取和平手段化解矛盾，平息冲突；2.对极少数阿拉伯武装暴乱分子必须给予有力打击。要求组建“侦察队和特种夜袭队”，对极少数阿拉伯武装暴乱分子进行缉捕。经过温盖特这种软硬两手的不懈努力，不久巴勒斯坦地区的社会治安和犹太人的安全状况，都有明显的改善。但不久因韦维尔调职，英国政府怀疑温盖特同犹太复国组织有牵连，撤销了他的侦察队和夜袭队队长职位。原第3师派尔将军升任英国本土防空司令，力证温盖特清白，将他调到防空司令部任少校参谋。不久他考入英国最高军事学府坎伯利参谋大学深造。

1940年，温盖特从参谋大学毕业，随英国参谋总长约翰·迪尔领导的东非考察团到苏丹、索马里、肯尼亚进行考察，提出的建议甚为迪尔赞赏，随后被派往中东总部任职。在苏丹，温盖特创造出了沙漠远程渗透奇袭战术，以2个步兵连和机炮、工兵、侦察、勤务各1个排共约400人，编成“沙漠远程渗透突击纵队”，先后组建了12个这样的突击纵队，有力配合了主力打败东非意大利军队，温盖特也因此于1941年1月晋升为准将。

1941年4月，被老上级韦维尔调来缅甸，随即根据在东非组建沙漠远程渗透突击纵队的经验，在印度组建“钦迪特”远程突击队，深入到日军占领区活动，给予日军以很大打击。1943年5月晋升少将。

1944年3月，温盖特因飞机失事而丧生。

先遭遇了中国军队，10月30日夜间师团得到报告，马上派遣驻扎在胡康谷地南部的第56联队进行攻击，准备将中国军队逐回印度。

残酷的丛林战一触即发。

此时的第18师团比两年前要小得多。1942年的第18师团是两旅团（第23、24旅团）四联队（第46、55和第48、56联队）制驮马师团，编制人员多达12个步兵大队加上其他特种部队共计28500余人，而现在，为了组建第31师团，抽调了1个步兵联队、部分支援部队和特种部队，撤销了旅团，由师团直接下辖第55、56和1143个联队共9个步兵大队及其他支援、特种部队，人员数量比以前大为削减，按编制只有21000人。尽管如此，第18师团毕竟是被军部寄予厚望的主力，在1944年列为最高等的甲种师团编制，目前有第55联队的1个步兵大队和第56联队的2个步兵大队部署在胡康谷地，从怒江战场返回的4个步兵大队在接到命令后正赶往胡康前线，其余2个步兵大队在重建被温盖特部队破坏的后勤线路的秩序。

田中师团长再次接到的报告称，此次的中国军队素质与以往的中国军队完全不同，无论是编制、装备还是战术训练都完全改变了面貌，他们在日军的火力攻击下毫不退缩，反而建立起了坚固的圆形阵地，“而我军的损失在不断增加”。田中中将很快判断，当面的中国军队力量有限，所以只能防御，其后方是宽达近200公里的亚热带山岳丛林，中国人即使派出增援也要20来天才能赶到。日军1个联队多达3000余人，后续还有4个大队近5000人正源源赶来，田中相信，哪怕中国军队抵抗再强烈，最终也会在日军的重击下烟消云散。第18师团下一步的行动，应该是在12月15日前击溃中国军队，然后一直追到那加山的中心地带新平洋西边的魔鬼山口附近，在不违背驻缅甸第15军命令的前提下，做好将来挺进印度的准备。唯一需要担心的是，制空权已经丧失，驻缅甸的第5飞行师团，将不得不以277架飞机对抗美英两国的819架飞机，数量的劣势自然不用说，更要命的是美国第10航空队还源源不断获得B-24“解放者”轰炸机和P-51“野马”战斗机这样的新型战机。不过田中新一觉得，在缅甸北部这样的地形条件里，对手的空中力量给己方地面部队制造不了多少麻烦。

在孙立人的坚持下，博特纳允许稍微修改了给第112团3营的命令，该营不再执行占领大洛的任务，而是占领大洛北面隔大奈河而望的拉加苏高地，这个带有前瞻性的修改带来了巨大的效益。拉加苏高地既可钳制大洛，又可避免背水作战，山高林密，日军也不能形成包抄和侧击，除了正面仰攻，日军无计可施。就在第112团第3营占领拉加苏的第二天，1943年11月2日，日军的前锋也到达了。这样的情况让团长陈鸣人和营长陈耐寒

P-51“野马”战斗机

P-51“野马”战斗机被称为二战中性能最出色的活塞螺旋桨战斗机，设计思想和制造工艺最完美结合的巅峰之作。外观线条流畅，速度快，航程远，火力强，机动性能出色，除了抗损性稍显逊色外，几乎找不到任何缺陷。P-51“野马”的生产数量庞大，其中美国生产了15575架，澳大利亚生产了100架，总共生产了15675架。

1940年3月，英国政府的飞机采购团来到美国采购急需的战斗机，由于寇蒂斯公司的P-40飞机交货速度太慢，于是英国代表团找到了北美飞机制造公司，希望该公司能一起制造P-40，但北美公司的董事长詹姆斯·金德巴克却提议由北美公司来设计制造一种全新的战斗机，而且保证所需时间不会比制造P-40长，并很快就向英方展示了全套的设计蓝图，最后双方商定，北美公司在120天里为英国生产一种新型战斗机。

新飞机于1940年10月11日制成样机，10月26日进行试飞，性能非常令人满意，英国政府立即订购了321架，当年年底前就开始批量生产。

美国陆军航空队取走了生产线上的第5和第10架飞机赋予XP-51的编号用于飞行测试，结果同样非常满意。美国政府随即订购了600架，美国陆军航空队给予了正式编号P-51“野马”。

P-51应用了许多新技术：新型全金属张紧蒙皮、革命性的层流翼型、强力襟翼、宽距起落架和可收回的尾轮。滑油散热器安装在后机身，散热器进气口延伸到机腹成为P-51“野马”最显著的识别特征。

英国空军得到P-51后首先将其作为对地攻击机来使用，实施“零高度攻击”(在10米高度以下飞机高度表指示为零)，猛烈打击德军地面部队和运输线。1943年秋，性能更为先进的P-51B型服役，随即成为盟军用于争夺制空权的主力战斗机，至1944年下半年，P-51已经牢牢控制了欧洲大陆的制空权。

1943年秋，P-51战斗机开始在远东和太平洋战场服役。中印缅战区的第311战斗机大队和中国战场上的中美航空兵部队首先装备了P-51战斗机。在P-51等飞机的冲击下，日军逐渐丧失了在中国的制空权。1945年春，P-51战斗机又掩护轰炸机对日本本土进行大规模空袭，战功卓著。

在第二次世界大战中，P-51战斗机立下了显赫的战功。据不完全统计，仅在欧洲战场上，P-51战斗机就出动13873架次，投弹5668吨，击落敌机4950架，击毁地面敌机4131架。

P-51D主要性能

全长：9.82米

全高：4.17米

翼展：11.29米

机翼面积：21.69平方米

空重：3463.38公斤

正常起飞重量：4581.55公斤

最大起飞重量：5488.79公斤

发动机额定功率：1490马力

最大功率：1720马力

最大速度：703.13公里/小时（7620米高度）

巡航速度：522.93公里/小时（3048米高度）

爬升率：6096米/7.3分钟

实用升限：12771.12米

作战航程：1858.4公里（不带副油箱）

武备：6挺12.7毫米机枪（备弹1880发）、可挂2枚1000磅炸弹

■ 美军P-51D战斗机。

庆幸不已：幸好占领的是拉加苏，否则第112团3营的命运就相当危险了。日军在当夜发起攻击，妄图把立足未稳的中国军队赶下高地，但面对视野狭小的丛林夜色和大量自动火器，日军那些采用手动枪机的步枪完全丧失了优势，远射程和精度已经没有意义，火力的反应能力和机动性占了上风，中国军队暴风雨般倾泻的子弹将进攻的日军压得抬不起头来。仅仅一个晚上，在连对手都看不见的情况下，日军对中国军队一个连级阵地的进攻即阵亡72人。天亮后第112团第3营组织反击，连占日军两个阵地，日军被迫节节后退。

11月11日，日军卷土重来，拉加苏高地当面日军兵力达到了1个多大队千余人。第二次进攻历时六天，日军再次损失惨重，第112团第3营仅阵亡数人，但连长赵振华被日军狙击手击中牺牲。从这时开始，日军狙击手的幽灵贯穿整个缅北作战。就在拉加苏战斗行将结束之际，12月27日夜，第3营营长陈耐寒被日军掷弹筒击中牺牲。缅北日军每个中队装备的掷弹筒多达9具，在没有遭到更加厉害的同类武器60毫米迫击炮压制前，发挥了不小的作用，此外在这次战斗里另有2名连长被狙击手击伤。可是拉加苏高地的地形情况特殊，双方武器装备水准又相差悬殊，在接近2个月的时间里，日军尽管对拉加苏高地进行了十几次进攻，却没有占到丝毫便宜，反而

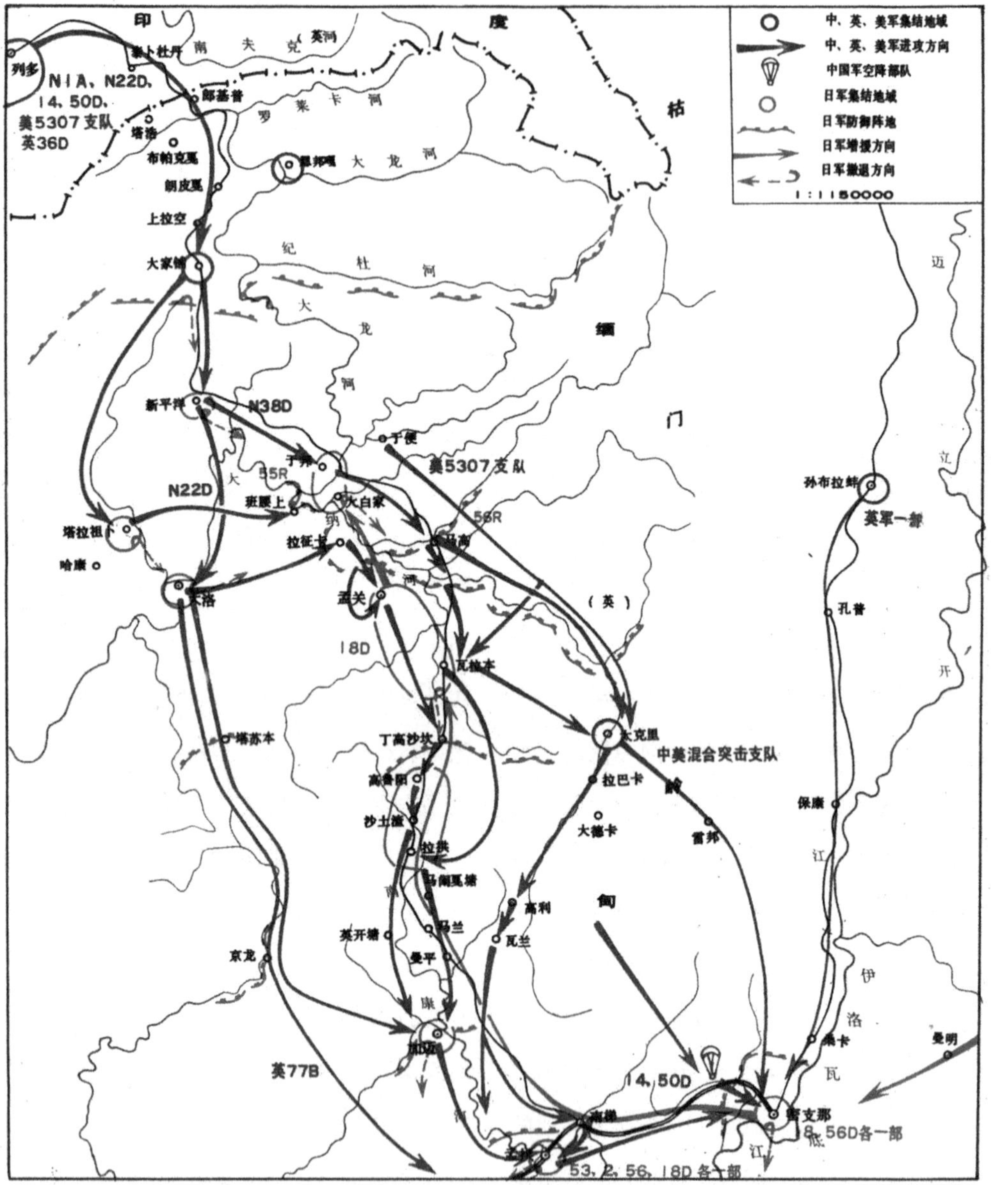
中、英、美军集结地域
中、英、美军进攻方向
中国军空降部队
日军集结地域
日军防御阵地
日军增援方向
日军撤退方向
1:1150000
印
度
缅
门
N1A、N22D、
14、50D、
美5307支队
英36D
新平洋
N38D
于邦
N22D
55R
56R
美5307支队
大洛
孟关
18D
瓦拉本
太克里
中美混合突击支队
孙布拉蚌
英军一部
孔普
保康
英77B
14、50D
密支那
18、56D各一部
53、2、56、18D各一部
大家伯
上拉空
塔拉祖卡
哈康
拉征卡
丁高沙坎
高鲁阳
沙土渡
拉拱
京龙
英开塘
曼平
孟拱
南堤
拉巴卡
大德卡
雷邦
高利
瓦兰
曼明

死伤累累，被击毙者达200余人并被俘1人。第112团第3营为此付出的代价是不到10人牺牲，以及50多人受伤。

西线打响的同时，40公里外的东路战斗也激烈起来。战场被那加山下弯曲的大奈河与大龙河分割成南北两半，其中更有不计其数的支流小河竞相蜿蜒。发源于河谷东边库芒山的大奈河向西流淌，在原始森林里猛然向北一拐，与北边靠近西藏的喜马拉雅山发源的大龙河汇合后再折向西南，形成了亲敦江的上游，上百公里范围里渡河的地点只有寥寥几处，大奈河与大龙河交汇点的北边几公里处就有一个十分重要的渡河点，围绕这个名叫于邦的地方，爆发了一场堪称教科书式的经典而艰苦卓绝的丛林攻防战。

锋芒初试李家寨

于邦和胡康谷地附近所有地点一样，只不过是个地名标记，并不是什么村庄和城镇，即使战争爆发前这里也只有一两户土著人家居住过，没有任何人类的踪迹，这些地方直到现在完全是纯自然状态。从那加山的中心地带新平洋到于邦不过30公里，然而荆棘密布，蚂蝗肆虐，步行需要好几天。在这样的地方，进攻远远比防御更加困难，当然，拥有强大火力的一方可以不受这个规律限制。

10月31日，第112团左翼的第2营以第5连为先锋从临干沙坎出发，向于邦渡河点前进，路程不到10公里。由于通报说在河边有小股日缅混合分队活动，连长江晓垣立功心切，亲自在前面与前卫排中尉排长刘治带队作为尖兵搜索开道。行军许久，遮天蔽日的原始丛林里一直暗淡无光，除了被封闭的空间放大的脚步声外，植物的滴水声和枝叶摇动的声音也纷乱传来。士兵们换班操作，大砍刀上下飞舞，砍出了一条半米宽的小路，终于在中午时分遇到了久违的太阳，一个300米长100米宽的大型林中空地出现在眼前，空地那边的缓坡后面，大龙河悠扬的水流声隐约可闻。这种空地多半在缺少水分的地方出现，这样的地方土壤很薄，下面是岩层，高大的植物无法立足，难以生长，基本没有腐殖质，即使在雨季也蓄不住水，只有低矮的灌木和草本如紫茎折兰之类生命力极强的近地植物，由于没有了树木的遮拦，惬意地生长在阳光下，反而越发茂盛。

走空地可以节约很多时间，江连长为了尽快赶到河边，命令前卫排散开，进入空地。开始一切正常，当走到空地北半部的时候，周围异常寂静，虫子和鸟的鸣叫不知何时消失了，阔叶的水滴声似乎不太正常，就连热腾腾的丛林蒸气也仿佛凝固了……这是遭到伏击前特有的感觉，有经验的老兵不由得一顿——霎时，日军的九二式重机枪突然间急促地响成一片，九六式轻机枪和九九式步枪的爆音也同时四下传来，子弹削断草茎贴地乱窜，钻进人体时就是扑的一声，在军装上激起小小的一阵烟雾，推得人直接扑倒或者转上一圈。许多人直挺挺地栽倒在地，走在空地中的人群一下子稀少下去，排长刘治当即牺牲。幸存者迅速卧倒，深草很快隐蔽了活着的人，但掷弹筒发射的九一式手榴弹纷纷飞来，炸得血红的雾夹杂着断草败叶凌空飞舞，这个排迅速丧失了战斗力。

江连长马上指挥后面2个排全部压上来，这是反攻缅甸以来的第一次真正的战斗，他要在这场战斗里痛快地战胜日军。面前是早已在空地北端左右两翼埋伏好的日军王牌军第18师团的部队，中国士兵不顾一切从空地两边强行突破，很快突破了日军的散兵线。双方在阴暗的森林里混战，1个小时以后，日军1个小队40余人被歼灭，但是中国军队也付出了高昂的代价，70多名战士牺牲，连长江晓垣上尉和前卫排排长刘治中尉壮烈殉国。

11月4日，从临滨沿大龙河南下的第112团第1营第2连加机枪第1连一部组成的加强连，由第1营营长李克己亲自率领，成功穿插到于邦东边，控制了第2营第5连遇伏的空地和附近另一个稍小的空地，将于邦守敌与渡口分割开来，与空地西边的第2营一起对于邦守敌1个中队形成包围，但日军的工事建筑在树上和荆棘里，并以沙包加固，十分牢固且隐蔽，部队在没有炮火跟进掩护的情况下，

■ 在丛林中作战的日军士兵。

激战一天，消灭日军70余名，自己损失也达到60名之多。1架美军P-51“野马”式战斗机曾经出现在战场上空掩护进攻，但投下的炸弹却偏离方向反倒炸伤己方数名战士，急得士兵指天大骂，陈鸣人团长急忙命令飞机停止攻击。显然缅甸中美盟军的空地协同战术还有待磨合。李克己眼见急切不能成功，而大龙河东岸日军又源源而来，只好暂停攻击，在阵地两翼设置机枪阵地，布置重机枪封锁渡口，阻敌增援。

10日黄昏，对岸突然升起了观测气球。这是日军大批增援部队携带炮兵已经赶到的信号，李克己部队人人知道，真正的考验来到了。11日开始，每天夜里第112团第1营阵地上，都会落下炮弹，日军利用火炮和夜色的掩护在为西岸输送援兵。机枪连的重机枪在夜间不时喷吐火舌，不断有日军从木筏上滚落到水里，随着滔滔水波漂去。尽管日军的偷渡部队损失很大，但日军连续偷渡，于邦的兵力对比还是慢慢向不利于驻印军的方向发展。

13日，第112团从日军一具中尉尸体上缴获的文件中了解到日军第55和第56步兵联队及炮兵、工兵、搜索联队已全部到达大龙河、大奈河前线，第112团有被五六倍于己的敌人合围的危险，孙立人接到报告后赶到总指挥部要求驰援第112团，然而炮兵出身的博特纳固执己见，认为这样的地方不可能出现日军炮兵部队，丝毫不为所动。孙立人十分恼火，在总指挥部对博特纳发了一通脾气，措辞自然很不客气：“你不要只会墨守美国那一套作战规则！世界各国的炮兵并不都像你们美国那样，没有运送大炮和炮弹的公路就不能使用炮兵；如果你不相信日军正规部队和炮兵已经到达胡康谷地，我提议，你和我一起乘坐小型飞机亲自到前线去看一看！”面对大量的前线紧急报告和义愤填膺的中国将士，为捍卫自己的威信不惜强词夺理的博特纳只得认错。

已经提前进行了紧急动员的新38师立即开拔，全部都投入了救援第112团的行动，部队不带重武器，少带弹药，待到达战场外围再空投装备和弹药，以加快行军速度。但是障碍重重的那加山拦住了心急如焚的官兵们的脚步，赶到战场需要至少三星期。而日军在胡康谷地筑有旱季简易公路直达于邦对面的太白家（也译作太柏家），现在时间站在日军一边，所有的希望都寄托在第112团的战斗能力上了。

22日，日军第18山炮兵联队赶在新38师主力到达之前加入战斗，炮火开始对中国第112团第1营暴露的阵地进行精确打击，机枪连连长吴瑾死守渡口，在激战中与重机枪阵地同亡。大批日本步兵从失去封锁的下游蜂拥渡河，接着上游机枪阵地也被破坏，日军两路共有700余人到达西岸。

当天夜里，成功登陆西岸的日军利用不良视野，渗透到第2营侧后，突然袭击了第2营后面高地上的第112团指挥所，为了掩护团指挥所，第112团特务排一半战士牺牲在了高地上，整夜混战之后，陈鸣人上校率领团指挥所人员杀出血路破围而出，但该团的美国中校联络官由于胆怯，躲在战壕里不敢突围而被俘，成了整个缅北战役里驻印军唯一的被俘者。此后，第2营在高地附近一直坚持战斗，在与日军相隔仅20米的情况下，第1营被围部队与第2营的枪声互相鼓励，直到一个多月以后，被日军分割的这两支兄弟部队，才终于得以团聚。

同一天，第1营留在临滨接应的刘益福第1连也遭到数百名日军的疯狂进攻，担任警戒的第1排在大量杀伤日军后被迫转移，3个战士落在了敌后，这3个人在敌后顽强作战，灵活游击，毙敌8人后趁夜色安然回到己方，驻印军兵员素质和训练程度与国内部队的差异立见高下。

25日，临滨战斗迎来了最严峻的考验，第1连伤亡已经很大，士兵极度疲劳，阵地出现了宽达数十米的缺口，大队日军眼看就要突破防御，2名被掷弹筒从树上震落的机枪手将计就计，为了使日军相信自己已经阵亡而冒着敌人掷弹筒的集中攻击，不作任何反应，当大批挺着刺刀冲锋准备趁机扑入战壕的日军完全暴露在缺口前方30米处的时候，他们迅速架起机枪，对着全无防备的日军，一口气在半分钟内痛快淋漓地打完了一个弹链，打得木屑、泥土与血肉一起飞溅，机枪枪管通红，冷却水沸腾不止，眼前雾气弥漫。猝不及防的日军遭到这可怕打击，在机枪前遗留下了残缺不全的尸首30多具，局势一举彻底扭转。到28日，第1连终于顶住了日军最后一次攻击，无法突破临滨的日军放弃临滨转向南方，加入到围攻早已被切断退路的李克己加强连的行列里。

苦战18天后仅存130人的李克己加强连陷入重围。

被围困的李克己加强连，现有大大减员的第1营第2连和机枪第1连及迫击炮连各1个排，所占据的阵地只有200米长、100米宽的范围，这片狭小的阵地后来因为指挥官的名字而被命名为李家寨。李克己是一名智勇双全的军官，他既没有被严重的形势吓倒，也没有坐等上级支援。他知道，撤退只会白白遭敌杀伤，甚至全军覆灭；况且现在一旦退出这里，前期战斗所取得的一切有利条件都将丧失，那时再打回来会付出更大的代价；而增援部队也已经在路上，到达战场需要时日，于是一面布置警戒，一面抓紧时间想方设法构筑防御。他决心在这里长期固守，拖住日军，待主力到达后里应外合击破敌人。

自此，被围困在李家寨的部队一面积极战斗，一面竭尽全力存活下来。阵地内那个方圆20－30平米的空地起到了无法取代的作用，它可以给前来空投的运输机指示地点。每3天都会有飞机飞来，然后就会有给养和弹药从天而降，日军缺乏防空火力，只能望天兴叹。日军在炮兵的掩护下向李家寨发动了一次次进攻，可是大量的自动武器再一次证明了丛林作战的特点，日军使用各种手段发动的屡次进攻都被瓦解。

不过李家寨的“居民”生活过得并不轻松，日军天天都对阵地进行炮击，日军的狙击手也随时在使用掷弹筒和狙击步枪眈眈相向，所以最要紧的还是构筑防御工事。李家寨的防御系统很有特色，整个阵地一共构筑成了8个立体支撑点，树上和地面火力互相交叉，每个班据守一个支撑点，阵地中间是步兵最钟爱的支援武器——迫击炮，具有射程和威力优势的60毫米和81毫米迫击炮成功压制了曾经猖獗一时的日军掷弹筒，日军对这只全身都已蜷缩起来的刺猬毫无办法。

在阵地的外缘，有一棵巨大的榕树，数十根气根垂到地里，即使把主根炸断也倒不了，这棵树的树冠投影面积超过一亩，在绿色的林海中像一座高高的岛屿那样。这棵大树的火力可以控制大小两个空地，并能监视日军的动向，只要日军一进入攻击位置就会被发现，因此成为日军的眼中钉、肉中刺，日军无时不想破坏这个阵地，但李克己在上面布置了1个加强排的兵力，兵器更不缺，树上树下构筑了完善的机枪巢，还能随时得到迫击炮的支援，火力强劲，日军的屡次攻击都以惨败收场。

李克己命令部下，要充分发挥工事和近战武器的威力，一般要等到日军进到20米左右，各单位才一起开火，日军通常以小股部队多路利用繁茂植被的掩护进行奇袭，战术手段不能不说精到，他们的单兵素质也确实了得，反应非常迅速，动作干脆利落，但毕竟不可能超过自动火器射击的速度，不过只要有人中弹别人就会立即就近隐蔽起来，虽然单发步枪的还击完全被驻印军的弹雨淹没而显得苍白无力，但每次失败扔下的尸体并不多，可见第18师团精锐之师的名气并非浪得。饶是如此，时间一长日军的有生力量还是损失严重，慢慢地只能将进攻改在夜间，希望能弥补武器装备的差距，获得意外的收获。

敌变我变，李家寨的“居民”们也改变了打法，连日高强度的战斗使消耗成为一种压力，即使飞机不断投下物资，弹药也还是渐渐有难以接济的感觉，日军战术这样一变，“居民”们其实是最大的受惠者。在1943年底的缅甸，美国陆航的力量有过一段真空时期，飞机奇缺，因此还不能独步天空。12月初，1架运输机被日军游猎的战斗机击伤，致使整整一个星期内李家寨内没有得到过一点物资。当大量P-51“野马”战斗机抵达以后，日军第5飞行师团才真正销声匿迹。

针对日军的战术变化，李家寨的“居民”把防御扩大到寨子外面，阵地外30米开始，挖了很多陷坑陷阱，利用大树杈制作了很多鹿砦，又在中间密密麻麻设置了大量手榴弹，矮树、树根、树藤、草丛、地面，到处都有，全部用树藤连接引信，稍一触动就爆炸，这样一层一层布置起来，战壕里只要留下一两个士兵值班，其余战士每夜都能睡上好觉。日军的夜袭仿佛化装舞会一样准时，一般在晚上8点开演，为了防止日军工兵在白天破坏障碍物和手榴弹警戒线，“居民”们每天都会在拂晓派人在阵地两翼进行监视，晚上7点准时撤回，然后8点钟日军又准时出现，双方人员来来往往，把这另类的暗战硬是弄得有声有色热闹非凡。

对于“居民”们来说，最大的问题是水。李家寨虽然离大龙河很近，空气湿润，但是地势高，又是旱季，天公连一滴雨都那么吝啬，很难想像不久前这里竟然是山洪四溢、雷电满谷的恐怖世界，12月里掘地三尺也找不到一滴水。缺粮时，那到处蔓生的芭蕉叶和芭蕉芯还能应付一阵，断水则等于直接把生命抽走。丛林战斗体力消耗极大，全靠补充水分来帮助恢复体力，没有水，人体的电解质环境会渐渐紊乱，机体的活力会渐渐消失。在无法空投的那个星期，“居民”们的嗓子眼里都能渴出火来，干燥的干粮与粗糙的咽喉剧烈摩擦，勉强下咽的结果往往就是饼干粉末呛到鼻孔里。

不过“居民”们终究是农民出身，中国农民的生命力是无比顽强的。他们很快就解答了这道最严格的试题，交出了一份含金量十足的满分卷。芭蕉根是这份试卷的第一个答案，把芭蕉根掘起来，可以当水果吃，当然，味道是不能讲究的，可是吃这个能救命。紧接着毛竹也加入进来：早晨雾气缭绕的时候，毛竹的根部靠近地面那几节会存水，用刀劈开就能得到真正的饮用水，还带着竹筒内膜的鲜香；再有，草上的露珠也不要白白浪费，那些水足以把人的裤脚打湿，可以用雨布收集……

水的问题上最有贡献的，还是那些无处不在、充作手榴弹绊索的树藤，士兵们把树藤砍出倾斜断面，在断面上中心位置钻一小孔，然后倒置在容器里，水就一滴一滴落下去。一根树藤每天可以滴出纯净水2到3斤，这一创举完全解决了饮水的问题，连煮饭用水的困难都迎刃而解。“居民”们喜出望外，所有的困难似乎都不存在了。

在孤独而艰难的那些日子里，被围者时刻保持着对师主力来援的信心，他们深知自己这支部队的传统。他们在电台里不但知道外面就有生死与共的第2营在和自己苦苦支撑，而且知道救援部队已经在路上，正在日夜兼程翻越那加山脉。现在需要时间，需要自己紧紧拖住敌人等待主力的到来。

12月14日，新38师的第一支增援部队第114团先头营终于赶到李家寨包围圈外，并马上发起攻击，但由于榴弹炮和山炮正和师主力一起在丛林中跋涉，没有炮火支援的进攻终究徒劳，这一次解救李家寨被困部队的仓促进攻失败了，还付出了几十名战士的伤亡，许炳新、谌茂堂两位连长在战斗中阵亡。

第114团的到来尽管没有立即解李家寨之围，但第112团的兵力由此得到了解放。陈鸣人团长现在可以腾出手来对兵力空虚的李家寨进行直接增援了。刚升上来接替吴瑾担任机枪第1连连长的原副连长丁涤勋，奉命带领第1营留在包围圈外的一部分步兵和机枪第1连的其他兵力共200多人，设法从日军的包围间隙里溜进去，增援兵力空虚的李克已加强连。丁连长从丛林的特点入手，仔细调查、认真研究，终于找到了进入李家寨的办法。丛林里光线很暗，多数地方视野仅仅数米见方，如果趁夜间进去，能见度还要低得多。日军兵力虽不少，但面对广阔的丛林，只能分兵防守兵力能够展开的重要地段，假设声音能够控制在某一范围内，在夜间即使从日军身边十几米处通过也有可能不惊动敌人。

丛林的夜晚，其实不像我们想像的那样寂静，相反，声音很乱。动物的吼叫和低鸣自不必说，植物也会发出各种奇妙声响，其中最有利的是阔叶的滴水声。在茫茫林海里，千万片叶子的滴水声十分壮观，更何况这样的封闭空间对声音有着无限的放大作用，尤其零点以后滴水声愈来愈响，就如合唱渐入高潮一般，因此中国军队选定零点以后行动。200多名战士做了最彻底的轻装，只带了武器弹药，像水滴那样渗入了丛林。士兵们成一条直线拉开，认定了水滴的节奏之后开始小心翼翼地迈开脚步，与水滴声保持一致，他们的耐心与细致取得了预想的效果，200多战士的脚步声果然全部被滴水声所掩盖。丁涤勋在出发前作过交代：万一被发现马上就地卧倒，没有命令不得还击；如果与大队失散不许乱走，也是就地停下来，以免暴露大队行踪。结果这些考虑都没有变成现实，整个行动异常顺利，整整1个加强连就这样从疲倦的日军身边一个不少地渗透过去，成功地加入了李家寨“居民”的行列。

新加入的部队立即使李家寨真正变成了汤池金城，日军的苦斗已经毫无意义，他们对攻击李家寨已经完全绝望，只不过还不肯认输，在为心中仅存的那一点武士精神而坚持。但这样的日子也不长了，攻守双方即将易位。

从雷多开始的公路，已经在这段艰难的日子里越过了最险峻的那加山，到达了新平洋，正在向于邦昼夜不停地延伸。兵力的转运已经十分方便。另一支雄师——新22师也已经启程，很快就会出现在日军面前。1944年最后的这几天，是驻缅甸日军厄运的开端，连时间都背叛了他们。

12月22日，新1军副军长兼新38师师长孙立人亲临于邦前线，在距离第一线阵地仅500米处的密林中建立了指挥所，李家寨中的官兵得知这一消息，无不欢呼雀跃，主力一直没有抛弃他们，数十天的战斗终于就要见分晓了。

日军的阵地核心是大龙河渡口，失去这个渡口日军的给养就会运不上来，防线自然就会崩溃。这里也有一片被“武装到牙齿”的大榕树，日军在上面修筑了许多掩体和机枪巢，气根之间也密密麻麻构筑了火力点，必要的话，树上可以容纳多达2个中队的日军，以保障渡口的安全。日军也想学李家寨那样搞一个榕树金汤阵地。

孙立人亲自指挥这次战斗，他用了3天进行仔细研究，制订了攻击方案：布置轻重机枪从不同角度沿纵向直线对大树上下进行密集火力攻击，消灭隐藏在树上的日军观察哨、狙击手和机枪手；以轻重迫击炮集中轰击气根林，以歼灭日军的轻重机枪巢；步兵从三个方向以小群多路战术在火力掩护下向大树逼近，用手榴弹消灭死角里残存的日军；步兵攻击的同时，山炮营12门炮对大龙河东岸的日军炮兵阵地进行压制，压制日军炮兵发挥火力；命令第112团做好出击准备，只要渡口被己方攻占，就马上超越日军据点，一边对日军据点围三缺一，一边以重兵在河边伏击败逃日军。部署一完，大快人心的时刻就要到了。

对这场早晚要发生的战斗，日军虽然早有预计，但对手火力的猛烈程度还是让他们大惊失色。驻印军装备的美国M1A1型75毫米山炮个头很小，怎么看都不够高大威猛，平常用吉普车拖着就能疾驰如飞，但其射程达9.4公里，远远超过日军75毫米山炮的8.3公里射程。有了它以后，驻印军在丛林里能够完

■ 在胡康河谷一线指挥作战的孙立人将军。

全压制住日军的炮火。26日清晨，炮弹一排排飞越宽阔的河面，砸在日军炮兵阵地上，日军炮兵只是象征性地回应了几发之后，就被打得不吭气了，眼看着自己的步兵在西岸继续孤军战斗，大榕树在一小时里挨了几百发迫击炮弹，许多钢盔和人的肢体从树冠上空冲天而起，不断有人拖着长长的哀号在树枝间重重撞击着跌落下来，很快树上树下就成了一片血火遍地的世界，日军的轻重机枪多数一发子弹都没打出来就报销了，弹着点是如此的密集，以至于拥挤在掩体里的日军一群连一群地变成血肉粉末。不久手榴弹闷嘟嘟的声音和冲锋枪激越的长点射到处传开，步兵攻上去了。

4个小时以后，树上树下的枪声渐渐停止，横七竖八的日军尸体被拖出来摆了一地。这里的200多名日军，被击毙52人，击伤百余人，还有3人成了俘虏。

渡口被攻占以后，第114团于28日拂晓再次对于邦日军主阵地发起进攻。日军1个步兵大队与1个山炮中队负隅顽抗，被击毙大队长岗尾少佐以下军官6名、士兵92名，西岸日军开始撤退，途中不断受到打击，很快就七零八落，李家寨之围，遂告瓦解。在解围战斗中，第114团牺牲53人、伤66人。被围困达40多天的李克己的部队，同时主动出击，击溃了日军1个中队，毙敌40余人。

锐气尽失的日军争相逃命，江边到处挤成一团，许多形销骨立的人被滔滔的大龙河水吞没。12月30日以后，大龙河西岸已经不见日军一兵一卒。

在于邦战斗中，新38师击毙日军大约400名，伤者未知，自身伤亡230名官兵，这反攻缅甸的第一战，作为一个模范战例，将永远留在史册和丛林战的教科书里。

丛林铁钳

初战的胜利极大振奋了驻印军的所有部队，也给遥远的国内送去了安慰，许多报纸大肆渲染于邦大捷，战果在纸面上越弄越大，最后直逼歼敌2500人这样牛气烘烘的数字。在抗战的艰难时刻，夸大其辞这种毛病偶尔也能起到振奋国人士气的作用，有军方门道的各家报社自然不肯放弃如此轰动的题材，很多记者搭乘驼峰航线的回航飞机飞到印度，专门来采访这支闻所未闻的“铁血虎贲”。他们赶上了正在新修的公路上意气风发坐着美制卡车前进的新22师，各种各样的装备让好奇的记者们兴奋不已。从此在新22师攒动的英式钢盔丛中，经常会夹杂着几顶软边礼帽，很快，记者们将把新22师的英勇战斗，全程报道到正面战场的每一个角落。新22师这支脱胎于第200师的后生部队，也随着各种新闻报道而逐渐被人们所熟悉，它的战斗成绩很快使它一跃升格成为中央军系统里的王牌。

而前线将士则在认真总结经验教训。丛林作战十分吃力，尤其是正面攻击，这一点人人深有体会。战斗两个多月，新38师损失了1名营长、5名连长和若干班排干部，这种损失率也逼着他们改变战术思想。在师召开的团营级干部会议上，孙立人提出了避免正面攻击，以绕道迂回侧击的方式，得到了全师官兵的热烈回应。孙立人是一个十分注重军容军姿的军人，以往他无论在什么场合都是军装严整，这次为了激励部下，他做了一个庄重但有些顽皮的承诺：不打下孟关就不刮胡子，后来有段时间，他果然满脸胡须，一副异常粗野的模样，与长期以来一直保持的英俊潇洒大相径庭。

这时，日军第18师团第55联队已经全部撤到大龙河东岸，在于邦对面的巧家一带设置防御，意图固守，等待后方援军到来。但是此时鬼迷心窍的缅甸日军司令部已经顾不上增援第18师团，前第18师团长、现第15军司令官牟田口廉也的眼睛天天在印度东部地图上打转，英帕尔的战火，已经如箭在弦上，几乎所有运输部队都要抽走。不过第18师团有很多私货，他们在2年前的追击战里缴获到了数百辆卡车，这些车辆并不属于日军独立运输部队，第18师团的问题不是缺少卡车，而是缺少司机。

最严重的问题来自天空。日军第5飞行师团力量已经大为削弱，数量上处于绝对劣势的同时，品质上也已经没有任何可夸口的地方，日军的飞机性能和飞行员素质已经全面逊于盟军，而且受命只能准备全力配合“乌号作战”，不允许在其他方向浪费资源。盟军控制了胡康谷地的天空，第10航空队的7个战斗机中队装备精良，A-36和P-51开始成群结队在战场上空游猎，日军从加迈到大奈河前线的补给线随时可能由于遭到大规模空袭而瘫痪，数不清的便桥被摧毁了又修好，修好了又被炸毁，许多卡车还没接近战场就在简易公路上烧成了焦黑的架子。

从1942年以来，日军第15军司令官牟田口中将一直认为，只有倾全力击溃和消灭印度东部的英军，才能真正解决问题，到那时候，印度人会和日本一起推翻英国统治并退出战争，从喜马拉雅山上流下来的布拉马普特拉河（西藏境内叫雅鲁藏布江）的河谷里那一串美军用来给重庆输血的空军基地自然也就完蛋，而那个讨厌的雷多基地里的中国军队也将成为无根之木，所以他给第18师团的命令很明确：坚持就是胜利，不要在进攻中浪费自己的力量，只要英帕尔战役胜利结束，一切苦难都将过去，缅甸就将迎来一个全新的开始。

日军的传统历来是不计较任何牺牲和困难。第18师团在这个命令下进行了积极调整，田中新一师团长亲自到达孟关坐镇指挥，他是大本营参谋出身，也曾参与策划过许多重大历史事件，他准备用第55和第56联队在大奈河前线紧紧顶住中国人的攻势，第114联队留作机动，死守孟关直到雨季来临，那个时候中国人唯一的选择只能是退回印度。可是他不知道，所有的一切都改变了，缅甸前线的中国人已今非昔比，在日本帝国败相已现的局势下，缅甸日军为挽救战局而在英帕尔进行的孤注一掷攻势也使他这个方向没有得到应有的重视，而这位参谋出身的师团长毕竟还缺乏直接指挥大兵团的经验。这个曾经战无不胜的师团面临着严重的灾难。

中国驻印军新1军的两只拳头已经一齐打出，继新38师开赴胡康谷地之后，新22师也全部到达战场，源源不断的战士从那加山的各个皱摺里到处涌出来，挤满了新平洋小盆地附近的山头。在这个窄窄的小盆地里，公路旁边的干河滩上新修了一个小型机场，天天都有联络机起降，里面坐着情报员或联络官，有时孙立人等将领也会乘飞机视察前线，而返航的飞机通常则会带回危重伤员，伤员一下飞机就马上住进这里的总部医院，许多伤员就是因为跑赢了时间而得救。美国立体化的交通联络方式使驻印军受益不浅，中国军人切身体会到强大的工业生产和强国的关系，在羡慕的同时也萌生和坚定了科技救国的念头。机场旁边到处支起了堆放各种物资的帐篷，每天都有大批汽车在这里来来去去，灰尘扬天但人人干劲十足，这里成了前线最热闹的地方。

1944年1月初，新22师的前卫第65团在师工兵营保障下，也由新平洋悄然南下，从已经没有了枪声的拉加苏高地附近绕过，渡大奈河直趋大洛。这段地方是一年半前他们经过的伤心路，昔日旧人早已化做堆堆白骨森然满地，老兵新兵都握紧枪杆咬牙潜行，就盼着早日血祭深仇。

■ 在丛林中作战的中国军队。

13日，第65团与赶来增援的日军遭遇，自动武器再次大显神威，官兵们还没能过瘾，凌乱不堪的1个大队日军就乱糟糟转身而逃，经过一星期乌龟赛跑式的追赶，第65团终于21日在大奈河支流百贼河边捕捉到了正在宿营的日军2个中队。战斗迅疾展开，迫击炮和机枪震颤着古老的森林，经过几天激战，第65团越战越勇，日军明显吃不住劲，开始再次撤退。关键时刻，中国新22师第65团第2营营长窦思功与第6连连长钟建岳率部经过4天的艰难跋涉，终于带着穿插部队到达日军身后，包了一个大饺子。结果，182名日军永远腐烂在百贼河畔，另有7名呆若木鸡的伤兵被俘虏。新22师一出场就迎来了开门红。

31日，新22师攻占大洛，这个荒无人烟的空地再次涌进了几千中国战士，只不过一年半前的那种充满腐败气息的沉闷的空气，已经被喜气洋洋的欢呼所取代。

作为战役计划的另一部分，东边40公里外的大龙河战场，新38师也正在兵分三路向日军进逼。他们使用了第113团1个营在于邦与日军第55联队残部隔河对峙以吸引日军注意，另以第112团沿大龙河北上，渡河后迅速南下在背后杀日军一刀；南边的第114团从日军左翼出奇兵，待两只手臂合抱过来后，第113团渡河攻击，将日军赶向绝境。

北面的第112团很快就接近了目标，于邦对面的巧家守敌只顾监视河西的第113团，在1月14日遭到突如其来的猛烈攻击，旋即崩溃。现在只要第114团迂回到日军更远的后方补给点太白家，这一带就不会再有成建制的日军了。

不料第114团预计的战斗却提前打响。因为该团的前面出现了意想不到的情况：在太白家西南十几公里处，他们与同样在丛林里急匆匆赶路的大队日军在孟阳河边撞了个满怀。双方反应都异常迅速，各自抢占了有利地形展开散兵线在森林里混战起来。

当面日军正是第55联队主力2个大队。田中新一给他们的命令是从南路偷渡大龙河，抢在中国新38师主力到达之前迂回到中国军队的远后方新平洋，切断中国军队的供应，然后集中后续跟进的第56联队和野炮兵联队及榴弹炮兵联队在于邦附近消灭中国守军。田中自以为得计，每天都在盼望着捷报，可是他不曾想到，大龙河的渡河点不多，除了中间的于邦，就是北线的下老卡和南线的康道，结果这支日军自然撞上了从康道渡河而来、怀着与他们同样使命的第114团。田中新一及其部下为保障艰苦行军而付出的缜密思虑，就这样十分荒诞地付诸东流。

缺弹少粮的日军进行了凶猛的反扑，但是受限于糟糕的后勤保障，战斗力逐日下降，伤亡越来越大。苦战20天后，李鸿上校从烧得焦黑的阵地上看到日军在收缩，马上命令部队猛插日军战斗队形，日军终于被分割包围在几大块旱地上，连水都喝不上了。当两个月前李克己的1营被日军包围的时候，天上有降落伞带来补给，手中有威力强大的武器，而日军此时却是什么也没有了，包括士气。

即使到了这时，2月8日过后，日军也没

有遵照新22师师长李涛的劝降书放下武器。到9日夜，枪声逐渐平息，在战场上日军遗尸600具，内有宇生少佐和室隅大尉2名大队长，还有大森、山林、小野、松尾4名中队长。散在丛林里腐烂的日军尸体和爬到各个角落的日军伤兵无法统计，然而谁都知道在负伤的情况下爬进丛林，不多时间就会变成白骨……

■ 缅甸茂密的原始丛林成了日军的坟墓。

1月17日，中路第113团也开始了进军，他们经过已经空无一人的巧家空地，踏着日军成批抛弃的尸体和各种杂物，全速向太白家进击。途中进行了一次围猎般的战斗，控制了太白家北岸的部队发现，有4只大竹筏载着准备增援太白家的百多名日军正顺大奈河漂来，一片机枪射击声和令人绝望的叫嚷声渐渐停息之后，第二天发现满河都是泡得发胀的死尸。太白家守军望眼欲穿的这批援军就这样被消灭了。

2月1日，早已成为惊弓之鸟的太白家日军彻底瓦解，大奈河以北全部落入中国人手中，总共1000多名日军死在那里。

从大洛向东，越过宛托克山即可进入胡康谷地，新22师第65团第3营从上千米的绝壁往上攀援而过，过程十分艰苦，有一段100米宽的悬崖就爬了整整一天。当他们如神兵天降般出现在胡康河谷重要据点孟关前面的腰班卡时，日军对身后这股突然出现的奇兵最初全然没有反应过来，清醒过来后便在2月22日与3营展开了激战，来回拉锯9次，最终在3营猛烈的火力和高昂的士气下溃不成军。3营随即顺利接应了另一路从新平洋正面南下的第66团，两路部队胜利会师，接着第66团第2营在进攻过程中也进行了一次“围猎”作战，他们在腰班卡东边的拉征卡附近伏击了数百名日军，使这支从孟关出发妄图收复腰班卡的日军吃了大亏。第64团也恰好在这个时候出现在孟关正北面的森班卡，而更远的东边，乘胜前进的新38师也已经气势汹汹地杀来。

就这样，在1944年2月，日军第18师团中将师团长田中新一的心情简直坏到了极点。然而，这还仅仅是个开始。

克复孟关

丛林里行军的最大困难是容易迷失方向，仅靠识别地形标志这样的土办法是远远不够的，现代战争须使用现代理念和现代装备来使战争向最有利的方向前进。所以兰姆伽训练中有一个重要内容——航空地图和指北针的使用。在中国军队里根本用不上这些东西，再说会用的人也寥寥无几，可是在这里，特殊战场环境逼迫人们必须善于学习，不会用这些装备将带来令人不寒而栗的结果。1942年雨季第5军的撤退部队就是迷失了方向，找不到出路而在森林里转了一个月，弄得给养全部断绝，以至于弃尸累累，留下了一段惨不忍睹的回忆。驻印军部队的文化素质水准高于其他部队，尤其是军官，很多都是科班出身，比别的部队强很多，这些在国内算是稀罕玩意的装备很快被他们掌握了，这对正在进行的胡康谷地战斗大有裨益。而真正令军中秀才们叹为观止的是航空地图。在驻印军每位连、排长的文件包里，都有一叠航空地图，这是史迪威指挥部那些专业的美国参谋们精心制作的。为了得到精确的战场照片，美军飞机一次又一次反复勘测了整个缅北谷地，把这些照片加工后连接起来，就是直观性很强的等比例地形地图。而且，只要不断接上照片，这张地图就会一直扩张，越来越大，直到缅北整个作战区域。

空地对空投物资有着极为重要的作用，因此地图上凡是有空地的地方，都事先标上了名称。这样，当部队在森林里移动时，只要按照地图走到空地附近，就能得到给养。

最后，美国参谋还把地图用方格子划分成许多数位坐标标注的区域，这样，呼唤补给或火力支援的时候只要按照坐标进行通知就可以了，既迅捷又精确。美国人对现代化的理解并不仅仅是物质上的，更重要的是现代意识。一个面朝黄土背朝天地过活的国家想真正赶上它，需要十分漫长的过程，很多人都在急切盼望着打倒日本军国主义后，再像美国人那样建设自己的国家，他们恨不得战争一结束就让中国一夜间变成美国那样的发达国家。这100年，给中国人的教训实在是太深刻了。

跟新22师和新38师一起翻山林淌泥浆行军打仗的还有不少美国联络官，这些联络官担负的任务不是指挥，而是协助部队与总指挥部沟通，呼唤地面炮火与空军支援，协调空投补给。在战争里，他们兢兢业业，尽力帮助中国人完成各种任务，获得了中国将士的好评，以及深厚的友谊。

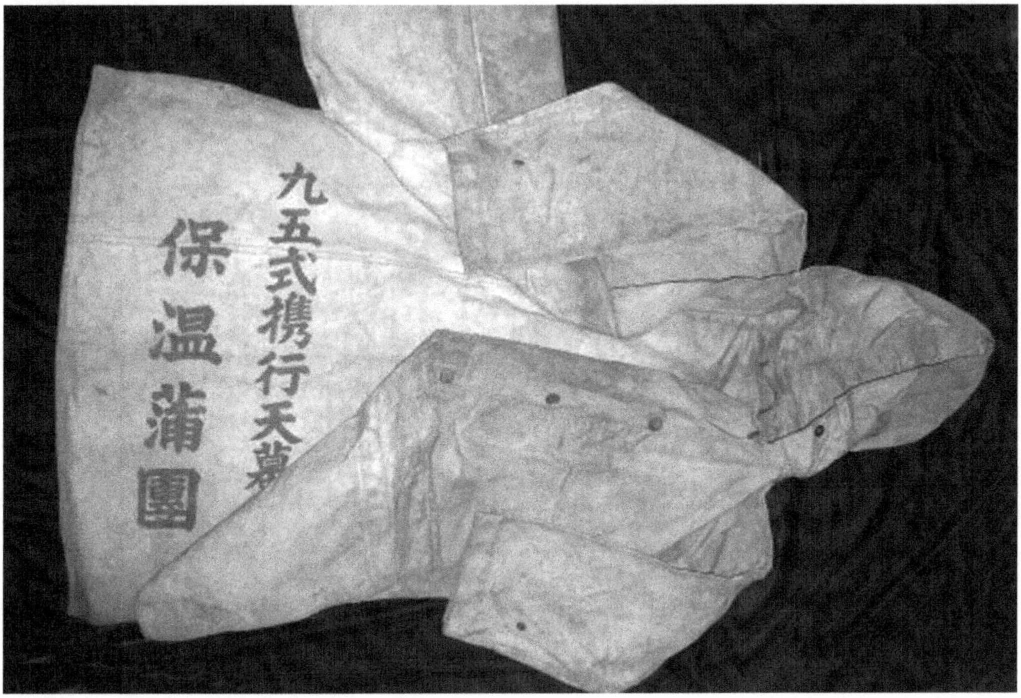

■ 日军“天幕”——日军单兵帐篷。

在缅北胡康谷地，能够在地图上标注上地名的地方，都是些大大小小的空地，并没有什么人烟。孟关就是一个大型空地，日军进驻这里已经两年，许多竹棚、竹屋和时常迁来迁去的“天幕”（日军单兵帐篷）把这里填得满满的。很多人从这里卷起“天幕”放进背包出发后，就再也没有回来，但是这里的忙碌却从没有稍微停顿。在四周高入云霄的森林阴影映照下，这里照样是数不完的兵，照样是堆成山的物资，照样是随处可闻将校们喝醉了酒大叫“天皇万岁”的声音，随处可见士兵从不停息地跑来跑去奔忙的身影。田中新一已经押上了大注，他把师团指挥所移到了这里，并且在几个月前不顾糟糕的后勤状况而发布了进军那加山的命令，现在马蜂窝已经捅了，想退已经来不及，除非把一切都扔下闭着眼睛逃走。但他还要搏一搏，置之死地而后生，他清楚感觉到手下官兵们那种略略恐惧而又不甘心失败的野兽本能，这对他是个安慰，毕竟还有5个步兵大队的兵力；蒙司令官牟田口廉也的照顾，第15军的王牌第21野战重炮大队和独立第13速射炮大队也配属给了第18师团，加上原有的第18山炮兵联队，火力已经远超当面敌军，敌军的榴弹炮这时还在那加山那面，不可能加入孟关附近战场。还是有力量与中国人决一死战的，至少，不能让中国人冲出胡康谷地。

田中决定，以1个联队兵力坚守防线，另1个联队留做内线机动，此外再从师团司令部勤杂分队和辎重、炮兵联队里各抽出1个中队，连同搜索联队主力，作为师团预备队，这样珍惜每一兵每一卒与中国人进行消耗，把中国人强行拖至雨季，待军主力在英帕尔作战成功，就可以收割胜利的果实了。

不过，参谋出身的田中还是留了一手，他派工兵联队在孟关南边秘密开了两条通路，可以行进六列纵队，在砍伐丛林时，路旁的树冠被特意保留下来，这是为了防止被美军侦察机发现。精细是参谋的特色，田中的智慧最后挽救了他自己和他的部队。

2月21日，驻印军总指挥部第10号作战命令下达，新22师从西边作为右翼，新38师从东边作为左翼，隔着弯弯曲曲的大奈河，开始了新的战斗。新22师猛攻日军防御，迫使日军节节后退，新38师则渡河南下，秘密向敌后纵深迂回。

2月下旬，田中看新22师的攻击越来越强，感到压力很大，他命令放弃大奈河的防御，集中力量确保孟关，暂时不理会新38师，他断定新38师确定当面日军动向需要时间，而日军有内线作战的优势，先对付了新22师再去抵挡新38师是来得及的。

日军的集中给新22师带来了很多麻烦。廖耀湘师长指挥整个师全力前进，像三把快刀般插进丛林，他们沿着公路不断打退日军的小规模反冲击和袭扰，在焦土里一路凯歌高奏。不料在快到达孟关的时候，接连遭到

■ 胡康河谷通向孟关的公路上，正在行进的是驻印军的运输部队。

■ 中国驻印军顺利地占领了孟关。

了沉重打击。3月1日第64团第2营刚刚攻入孟关的北大门唐开，就被孟关出援的上千日军包围，后路被截断。头上缠着白布条的日军几次冲进了第2营的防线，第2营几乎打光了所有的子弹和手榴弹，最后进行了白刃肉搏，牺牲了连长高士钦以下几十人，几乎被日军击溃。所幸廖耀湘严令第66团倾力抢救，才终于支持下来。

而第66团自己也很快遭到攻击，在他们向孟关西南渗透的过程中，几次与孟关的日军遭遇，几场恶战，伤亡很重。越接近孟关，日军的抵抗越强烈，到处在喷洒着火焰。新22师又连着损失几位排长，2个团处境都很危急。

这些天一直在走冤枉路的第65团在3月3日终于赶到战场，这等于是在双方都已经接近极限的天平上，投下了一个巨量砝码，现在，拴在孟关日军脖子上的绞索，可以收紧了。

5日，新22师的炮兵猛烈开火，雨点般的炮弹把孟关炸得稀烂，第64团第2营和第66团第3营勇猛冲击，很快就冲进孟关，在一片废墟中升起了国旗。攻克孟关如此轻松，很令人不解，原来日军在3月3日就开始向孟关以南退却，新22师正面不过仅剩下了一些零星分队。

日军仓皇退出孟关，有两个重要原因。其中之一是有一支新的部队出现在战场，并且已经对日军形成了严重威胁，这就是驻印军总指挥部下属的战车第1营，该营装备了87辆威风凛凛的美制M3A3“斯图亚特”轻型坦克，这些“斯图亚特”轻型坦克与苏德战场上那些装甲巨兽相比，只能算是小玩具，但在缅甸却足以横行战场，就连日军为数不多的王牌坦克九七改，也常常对它们退避三舍。现在，战车第1营在营长赵振宇上校率领下赶到战场，而且已经于3月3日从西向东迂回到了孟关西南。

其二，孟关东边，除了凶猛的新38师继续疯狂分割穿插日军以外，又闯进了一队人高马大、装备更加精良的盟军，他们的武器与驻印军大不相同，驻印军的重机枪是美国已经开始退出现役的水冷式M1917型，只能安装在支架上射击，准备时间长，转移起来十分不方便；步枪则是单发射击的非自动M1903“斯普林费尔德”式步枪，尽管射击精度很不错，比国内的杂式陈旧装备要先进很多，但跟美国现役机枪、步枪比起来，却还是差了一代。这是因为在装备远征军的时候，美国新型枪械生产能力不足，而美国一战后保持的小型陆军又没有什么库存。但新出现的这支盟军，肩上扛着的已经是轻便灵活的风冷式M1919型重机枪，这种机枪枪管外面没有了厚厚的水冷套筒，显得很精干，必要时可以不使用支架，只要把它往什么突起物上一摆就能猛烈开火，火力机动性不言而喻；他们的步枪则是久闻其名的M1“加兰德”半自动步枪，这是世界上第一支大规模

■ 驻印军装备的美制M3A3“斯图亚特”轻型坦克在缅甸的丛林中非常适用。

日军九七改坦克

日本九七改式中型坦克是日军在九七式坦克基础上改进研制而成，也被称为“奇哈改”坦克，主要改进是战斗全重增加到15.75吨，并由三菱公司设计出新炮塔，换装了1门1式47毫米炮，这种火炮是日军根据诺门坎战役中缴获的苏军45毫米反坦克炮研制而成的，穿甲弹的初速为825米/秒，在500米距离上可穿透75毫米厚的装甲。

九七改式中型坦克在服役初期是太平洋战场最具威力的坦克，但到了战争后期就显得过时了，对付美军新锐的M4“谢尔曼”中型坦克非常吃力，不过即使在战争末期，九七改在坦克战中仍具有相当威力，由于九七改在复杂地形的机动能力超过美军坦克，加上射击准确迅速，如果采取合理战术，仍能对美军坦克构成较大威胁，仅就损失比看，九七改在与美军M4“谢尔曼”中型坦克的对抗中也并不吃亏，但日军的九七改数量很少，所以对战局也起不到什么作用。

九七改式中型坦克主要性能

战斗全重：15.75吨

车体前装甲厚度：25毫米

炮塔前装甲厚度：25毫米

车体侧装甲厚度：25毫米

炮塔侧面装甲厚度：25毫米

装甲类型：锻压合金装甲

结构：铆接

最大速度：38公里/小时

最大行程：210公里

发动机输出功率：170马力（三菱SA12200VD型12缸风冷柴油发动机）

武备：1门47毫米炮（备弹104发），2挺7.7毫米机枪（备弹2575发）

乘员：4名

列装的半自动步枪，一个不必经过多少训练的射手也可以在2秒钟内打完弹夹中的全部8发子弹，日军的三八式和九九式这些手动步枪每打出一发，在下一发子弹上膛之前就可能要受到对方步枪手至少8发子弹的回应……他们就是美军特意调来的专业丛林战特种部队“加拉哈德”支队(正式番号是第5307暂编步兵团)，现在正由梅里尔准将率领着直扑孟关与瓦鲁班之间的咽喉——南比河渡口。拥有强大火力的、桀骜不驯的美国大兵嚼着口香糖、斜叼着香烟穿插到了孟关以南，这个新消息让田中新一本已如火烧似的焦急万状的心上又浇上了一瓢油。

孟关正打得一塌糊涂，孟关以南，却又有如一东一西两把匕首相向而行的两支部队，眼看就要交会在一起，在地图上看得田中新一后背一阵阵发凉。他眼看第18师团有被截断归路的可能，只好决心赶紧后撤，向南边12公里外的瓦鲁班急速收缩，希望能在那里站住脚，再反过来与新22师决战。

实际上，田中新一不知道，还有另外一支中国部队进入了战区。由军政部第25补充

■ “加拉哈德”支队的指挥官梅里尔准将。

兵训练处改编的中国新30师，已经于1943年底空运印度，并装备训练完毕，现正在新平洋进行临战前的动员和调整。在田中新一的部队与日军第15军之间的丛林里，英国那位传奇人物温盖特准将，也开始了他从空中回到缅甸的行动。3月5日18：00，作为庞大的英印第3师(该师其实以英国本土部队为主，用这个名字命名是为了麻痹日军)6个旅的开路先锋，英国第77旅部分人员和美国机场修建部队共539人，乘67架CG-4滑翔机从印

“加拉哈德”支队

暂编第5307团是美国陆军部赋予的番号，记者们都称其为“加拉哈德”支队，加拉哈德是亚瑟王的圆桌武士，因品德高尚纯洁而得到圣杯。而驻中缅印战区的美国记者白修德和埃里克·塞瓦赖德二人，却给这支部队另外取了一个诨名——“抢劫者”，称之为“抢劫者”支队或“梅里尔抢劫者”支队。

度拉拉加特基地起飞，20时在代号为“百老汇”的降落场机降。由于1架飞机拖曳2架滑翔机，导致燃油不足被迫提前解脱，因而只有32架到达机降场，发生碰撞后死亡31人，伤30人；其他35架滑翔机掉进丛林，所载人员多未生还。尽管损失很大，但钉子已经钉下，把日军第53师团和独立混成第24旅团拖在了印缅战场的中心地带动弹不得。

盟军部队正在源源进入战区，而日军荒唐的“乌号作战”，也终于开始了，于是，灾难注定要在1944年与日本驻缅部队拥抱。缅甸日军除了第15军外，又增调了第28军（司令官樱井省三）来保卫缅甸西南沿海，第33军（司令官本多政材）来防备滇西和缅北中国人的进攻，这样一来缅甸日军于是从1943年3月27日升格成为缅甸方面军。

担任对印度英帕尔主攻任务的第15军，下辖第31、33和15师团。可是这些部队在战役开始时甚至没有到位，如匆忙调来的第15师团，后尾还拖在泰国，其他部分散布在整个缅甸北部；而几乎1000公里外的西边，第31师团却已经开始进攻，战役才开始就乱七八糟。傀儡军“印度国民军”第1师也跟着与日军共甘苦，结果一个个饿得不人不鬼。

但这远不是最叫人吃惊的，日军需要大量后勤运输部队，大致数量是150个汽车中队和60个驮马中队，原以为能达到运输所需要补给品数量的60%，可是到1944年3月，连20%都没有达到。如此心寒的数字没有阻止住日军，他们为了越过崎岖的山地和丛林，被迫削减了携带弹药的数量。每个师团带的山炮炮弹数量被迫进行大削减，这一来又造成了日军部队战场支援和攻坚能力异常薄弱，要知道对方可是拥有大量坦克装甲车辆的整整1个集团军，数量多达3个军近20万人，背靠印度平原，在西部还有同样数量的装甲部队可用于增援，另外还有百万预备兵员，更不用说美国第26航空队和英国皇家空军、海军航空兵随叫随到的空中支援。

日军高官居然丝毫不考虑，基本上只靠老式步兵武器装备的军队，在平原上怎样与拥有压倒火力优势的现代化装甲部队交战？

日军把自己中古时代内战史上的“鸭越战术”（轻装翻越高山去袭击敌军，为平安末期的武将源义经首创）奉为至典，严重忽视后勤，弹药、油料与粮食准备都不充分，辎重部队的骡马数量也严重不足。为了补充运力，他们在这次战役中把大量山羊、水牛，甚至猴子作为运输的畜力，用于为部队输送物资，当然运完物资后还能杀了吃，就连泰国皇家陆军运输营的大象也混杂在日军的行军队列里前行。素无训练的动物大军的加入造成笑料百出的结果：战斗打响后，受到枪炮惊吓的各种动物背着日军的弹药满山遍野四处乱窜，造成了大量物资流失，更加大了后勤危机，许多日军中队从战斗打响后就一连几星期无法补充枪弹粮食，把武士们带有明显菜色的小脸气得蜡黄蜡黄的……

在第18师团已经明显不支的时候，缅甸方面军全力进攻英帕尔，致使第18和第56师团孤立无援，田中新一面前已经积聚了3个中国师加1个美国团，以及英军5到6个旅，这么多兵力如果被田中新一提前知道，难说不会吓出什么病来。

此时，新22师和战车第1营，正在踏着零零落落的日军尸体，猛追从孟关逃出的第18师团主力，日军逃出生天的唯一机会，是击溃盟军切断南比河渡口的守军——装备精良

日军缅甸方面军

日本陆军缅甸方面军成立于1943年3月，成立之初下辖第15军和第55师团，隶属于南方军，主要负责缅甸方面的作战任务，方面军代号“策”部队。

历任司令官为河边正三中将（1943年3月—1944年8月）、木村兵太郎中将（1944年8月—1946年4月）。

1945年8月在缅甸毛淡棉向盟军投降。

缅甸方面军作战序列（1944年3月）

缅甸方面军：司令官河边正三中将，参谋长中永太郎中将

第15军：司令官牟田口廉也中将（1941年11月成立，负责实施英帕尔战役）

第15师团师团长山内正文中将

第31师团师团长佐藤幸德中将

第33师团师团长柳田元三中将

第28军：司令官樱井省三中将（1944年1月成立，负责缅甸西南部作战）

第2师团师团长冈崎清三郎中将（1944年7月转隶33军，10月转归方面军直辖）

第54师团师团长片村四八中将

第55师团师团长花谷正中将

第33军：司令官本多政村中将（1944年4月成立，负责缅北地区作战）

第18师团师团长田中新一中将

第53师团师团长河野悦二郎中将（后武田馨中将）

第56师团师团长松山祐三中将

方面军直辖：

第49师团师团长竹原三郎中将

独立混成第24旅团旅团长林义秀少将

的“加拉哈德”部队。

摆在第18师团面前的，是一条进退两难的崎岖小路。

荡寇瓦鲁班

从1942年起，史迪威就不断催促陆军参谋长马歇尔为缅甸战场派来至少3个陆军师，以支撑住中国和英国军队的信心，理由很简单：他不相信英国殖民军的战斗力，也不信任“重庆政府那些腐朽的官僚”。但美国政府并不想分散自己的力量，他们的军队首先将用于太平洋战场和欧洲，至于远东，只要维持中国人继续抵抗的能力就可以了。所以迟至1943年，美国陆军才给史迪威拼凑了这么个奇怪的别动队，不过毕竟他们中很多人曾经在遥远的太平洋岛屿上与日军经历了无数次厮杀，经历了炼狱般的所罗门群岛山地丛林争夺战，专业丛林战人才并不缺乏。虽然部分人员来自被称做“人渣回收站”的陆军第33师（这个师基本上就是个“非正常人类研究中心”，其人员要么智商低下，要么行为夸张，总之就是一无是处。该师志愿参加缅甸丛林战的人员的想法，不过就是为了逃避犹如坐牢一般的守岛生活而已），但也掩盖不了这个突击队的真实能力。但在缅甸，他们遇到了大麻烦。太平洋岛屿上的争夺再怎么激烈，也还有野战机械化工兵给他们安排张罗工事，他们可以在舒适安全的工事里喝可口可乐，可是现在，在他们必须自己动手构建防御的时候，他们却错误地以为日军已经丧失了进攻的勇气。很快，美国人的老爷思想就遭到了报应。

日军从孟关逃出的时候分成了两股向瓦鲁班突围，田中新一跟长久竹郎大佐率领的

■ 在缅甸克钦族向导带领下在丛林中行军的美军特遣队。

第56联队在一起，另一路是师团步兵团长相田俊二暂时指挥的第55联队，两路日军都在夺路狂奔，后面丛林里则到处是105毫米炮弹爆炸的火光。开始还很顺利，可是不久相田就看到了前面公路上有大批坦克在耀武扬威地肆意碾压，他考虑到第55联队士气已经接近崩溃，不敢硬冲，只有调头向师团长靠拢。

田中新一眼见本来分成两路的部队，现在居然又挤到一起来了，日军越来越多地拥挤到了南比河边，后面炮声隆隆，追兵正在越来越近，105毫米榴弹炮惊天动地的爆炸则说明中国人的公路已经修到孟关平原，自己在前线的火力优势已经荡然无存。一旦天亮，美军飞机将成群结队飞来，炸得自己的部队尸骨横飞。田中自己觉得死到临头了，可是一点主意都没有，就这样在恐惧中绕室彷徨了几乎一夜。

可是日军似乎命不该绝，天快亮时，田中新一得到了一个他想都不敢想的好消息：前卫部队长久联队第2大队在大队长吉田武司的率领下，抱着“玉碎”的决心，擅自向防守渡口的美军发起了进攻。本来这位军官要做的是与敌人同归于尽，不料该处美军竟然轻易地像豆腐一样被捏得粉碎，他们猝不及防，在日军亡命攻击下狼狈逃窜，不少人被当场打死，剩余人员越退越远，很快就消失了踪影。美军仓皇撤退，扔下大批物资。后来收复该高地的新38师捡获很多装备，仅M1半自动步枪就多达百支。

苦恼得几近绝望的师团长在片刻的呆若木鸡之后马上恢复了理智，他立即组织部队抓紧时机渡河，到3月5日中午时分，日军终于冒着远程炮火的轰击全部逃到了南比河南岸，为师团解围立下大功的吉田大队作为先头部队进入了瓦鲁班，继续攻击已经逼近该地的美军并且再次成功打败了他们。

可是几小时后，从美军退却的方向涌来了中国人，很快瓦鲁班以南的秦诺也遭到中国人的猛攻。不用判断就可猜到，这支部队一定是可怕的新38师。田中知道，瓦鲁班终究是守不住了，现在只有第56联队可以依靠，第55联队已是溃兵，只能委屈第56联队来掩护了。该联队第2大队现在在瓦鲁班已经与迅速冲来的中国第113团接上了火。师团指挥所周围也出现了坦克，这说明新22师也已经突破南比河，正在压过来。而第55联队的攻击部队又在瓦鲁班西南被压得抬不了头，中国第112团已经切断了通向南方的退路。

闯过了南比河，又落进了另一个陷阱，第18师团的形势，危如累卵。

新22师第64团第1营在驻印军总指挥部的战车第1营引导下，进展顺利，6日，日军南比河南岸昆年卡、大班等阵地一个接一个失守，在日军抛弃的仓库里，储存着足够新22师全师食用3天的粮食。日军好不容易从孟关搬到这里的100多箱炮弹，也落入新22师手中，没有了炮弹，日军炮兵的武功被彻底废掉了，他们只好拖着大炮混在步兵里逃命。

战车第1营在3天前初次出场就碾碎了日军步兵的信心，他们在营长赵振宇的指挥下，绕过孟关西侧向南迂回，一边前进一边战斗。班长张天翼的座车冲在最前面，当冲进日军阵地时，张班长突然看到了日军2门平射炮，仿佛是从地里钻出来一般。日军的平射炮尽管性能很差，但在近距离还是对坦克很有威胁的，张班长眼疾手快，抢先一炮打在日军炮位边上，在日军还没有转过炮口时就把他们炸得躺了一地，因为来不及重新装弹瞄准，为了抢时间，张班长就直接照第2门炮压了上去，炮手的人头挂在履带上来回滚动，异常恐怖。很快坦克群就迂回到孟关守敌背后的瓦朋高地，日军只顾在左翼攻击中国的步兵，没有发现后面出现了坦克，一顿痛快淋漓的榴霰弹与机枪，100多名日军化作了凌乱的肢体，少数人仗着脚杆长、地形熟，大呼小叫地跑得满森林都是。

继续冲锋的坦克在那宁河遭到了日军反坦克炮的伏击，有1辆坦克中弹，驾驶员杨少安在身负重伤、同车战友全部牺牲的情况下，使用前机枪连续击毙4名“肉弹”（日军反坦克挺身队队员，抱着炸药包与坦克同归于尽的自杀式队员），一直坚持到将车驶回安全地带，当人们找到该车的时候，英雄杨少安已经安详地在驾驶座上长眠了。另1辆坦克在过那宁河时被地雷炸毁，驾驶员王英华右

■ 在瓦鲁班战役中战功卓越的驻印军战车第1营。

臂被炸断，艰难地爬到了炮塔后面躲避车内冒出的浓烟。当看到日军前来搜查时，他以单臂挟冲锋枪击毙3个敌人。子弹打光后，他一只手无法装弹，为了避免被俘使驻印军声誉受辱，他毫不犹豫用自己随身带着的“廓尔喀”弯刀引颈自尽。这一幕被后面赶上来的战车营赵际昌连长从车长镜里看得清清楚楚，满腔悲愤的赵连长吼叫着猛扣扳机，一长串子弹击毙了爬到王英华车上的3个日军，最后一名叫做田桥清吉的日军士兵比较机灵，赶紧举手投降了。

日军放弃了孟关后，第66团第1营与战车第1营毫不停留，紧紧粘住日军，歼灭了不少日军后卫小分队。8日，战车第1营在南比河南岸横冲直撞，将100多名日军士兵碾成肉泥，并几乎冲进了田中新一设在大班的司令部，田中新一急忙带着指挥所向瓦鲁班转移。由于第113团已经攻进了瓦鲁班西南一角，在那里防守的第56联队第2大队，也就是那位由于鲁莽而救了全师团的吉田武司大尉的部队音信全无，田中新一感觉不妙，在中途急忙溜到了长久竹郎的联队部去了。而其他人则遭到了灭顶之灾，他们在到达瓦鲁班西北角并建立起指挥所以后，遇到了突然从森林里窜出来的坦克，作战课长石川中佐、经理部长木村大佐等人全部被打死，他们连同第55联队长山崎四郎大佐的印章、文件、日记，统统被坦克兵作为战利品搜去。

战车第1营在日军指挥所来回碾压，日军官兵的尸体惨不忍睹。在日军的枪声渐渐消失的时候，坦克兵在一所小棚屋里的桌子上发现了一个5寸高、3寸见方的小东西，抓到手里才知道，这枚毫不起眼的印章，竟然就是堂堂大日本皇军精锐部队第18师团的关防！缴到这样重要的物品，在整个八年抗战里是绝无仅有的一次，新22师和新38师的军官们后来争着在白纸上压上这枚关防的印记，以纪念这一次不同寻常的胜利。

在瓦鲁班战斗结束的第二天，日本东京广播电台在为第18师团的败绩辩护时，给了战车第1营这样一个评语：“支那军惨无人道，在不适合使用坦克作战的瓦鲁班竟使用了坦克！”敌人的咬牙切齿，是对战车营最好的褒扬。

死里逃生惊魂未定的田中新一，知道大

■ 被中国军队缴获的日军第18师团的关防大印。

势已去，急忙再次组织撤退，他命令第55联队从先前准备好的秘密小路绕过正在激战的瓦鲁班和秦诺，沿西边的丛林一直向南，待师团主力撤完，第56联队再跟上。这条由师团长亲自策划，工兵联队长深山忠男中佐带队施工开辟的道路很隐秘，中美联军没有发现日军企图。在一昼夜惴惴不安的静默行军之后，第18师团再次逃出包围。

9日拂晓，第113团对瓦鲁班发起总攻，兵力严重折损的吉田大队消耗殆尽，余部撤出战斗，第113团第3营早于6日占领秦诺，第2营于9日早7时切实控制了瓦鲁班，到中午13时，战车第1营、第66团第1营和第64团主力也冲到瓦鲁班，几支部队胜利会师。

瓦鲁班附近，散落着775具日军尸体，整个孟关－瓦鲁班战役找到日军尸体合计超过1500具。日军的伤亡总数当在4500人以上，剩下的残兵败将正在继续分路涌向胡康谷地最南端。

开山神箭

在占领瓦鲁班的第二天，驻印军总指挥部下达了第11号作战令，按照该命令，新22师第66团第1营和第64团主力沿孟关至孟拱公路前进，攻克胡康谷地和孟拱谷地之间的天险要冲间布本山隘，远在西线大洛的第65团第1营则沿着大洛峡谷与主力平行向南发展，预防日军迂回，同时也为英军温盖特组建的“钦迪特”部队第77旅做接应。新38师负责巩固已占领的各处阵地，清剿日军的残留人员组成的游击小组，并担任战役总预备队。

间布本山隘是一道弯曲狭长的山谷，长20多公里，山高林密坡陡，公路在谷底河边慢慢地爬行，多数地段只能容一车通过，在车上看去，峥嵘的山岩就悬在头顶，山岩上长满了郁郁葱葱的树林和灌木，两边的绝壁像是随时要倒下来，把车辆人员彻底埋葬。日军在路边的高地上布置了数十个据点，无数道封锁线把这个山隘卡得死死的，他们使用了第56联队和第55联队各1个大队守点，还配备了山炮2个大队，野炮、重炮、速射炮各1个大队进行火力封锁。各种火力封锁的重点目标是公路，因为这一带山势比那加山更加恶劣，日军认为这种地形无法通过，只派小分队监视侧翼。那加山上至少还可在草和灌木里开出一条路来，这里不仅仅是丛林那么简单，因为基本没有坡地，全是高山陡崖，大部队想通过基本是靠攀爬悬崖，很多时候一天只能通过一二百米。

更糟糕的是，雨季就要到来了。3月的雨还不算多，都是小雨或中雨，可是一下起来就没完没了，一直淅淅沥沥，身上衣服干不了。气候一下子就变得乱糟糟，中午能叫人闷热得像穿着衣服洗桑拿，而清晨和夜晚，手碰到物体却又觉得冰冷如铁。亚热带山岳丛林的古怪脾气带给交战双方的是无穷尽的严酷考验。

这一带山体土层薄，大量水土流失，泥石流和山洪最为常见，山峰间很多深达数米的大坑被稀泥填满，上面跟正常地面一样长着灌木，还结着一层仿佛很厚实的泥壳，可是人一踏上去，什么反应都来不及做就会被泥浆紧紧裹挟，一直沉到底，有些泥潭面积不小，即使1个班的人也能在瞬间全部沉下去。泥潭密布，神出鬼没，只要在山里行走，随时可能碰上，令人胆战心惊。进攻中的新22师和新38师就是这样牺牲了百余名勇敢的探路士兵，连遗体也无法挖出来。

第64团与新22师山炮第1营负责打开间布本山隘的大门，这里地势开阔，便于发展进攻，可是到处是日军埋设的地雷，因此进展十分缓慢。所幸日军第55、第56联队已经残破，兵力不足，到了15日，山隘中的第一个高地丁高沙坎被驻印军占领，第56联队只象征性抵抗了一下，就井然有序地撤走了。第64团士兵们站在这个高度很小的阵地上，望着前面越来越高峻的大山和阴沉沉的天色，心情都很沉重，因为他们明白往后的战斗会充满艰辛。

鉴于新22师进展缓慢，史迪威在位于瓦鲁班的指挥所召见孙立人，发布了派第113团与“加拉哈德”支队共同沿间布本山隘东边的库芒山迂回敌后的命令，第113团与“加拉哈德”支队第1营迂回至敌后16公里的主阵地沙都渣，将日军防御的前沿阵地高鲁阳的后勤线切断；“加拉哈德”支队第2、3营在梅里尔准将指挥下迂回到更南方的山兴洋，准备将更多的日军装进口袋。

3月14日，第113团在团长赵狄上校率领

■ 史迪威在位于瓦鲁班的指挥所和孙立人一起研究作战方案。

下，与“加拉哈德”支队一道，消失在库芒山高大的剪影中，开始了坚忍顽强的跋涉。

第66团越过丁高沙坎，以2个坦克排为先导沿公路向南继续进攻，战斗开始激烈起来，每前进一步都要遭到日军早已标注好坐标的炮击，第66团也毫不示弱，以配属的山炮还以颜色。该团一边与日军战斗，一边与自然拼搏，在雨水和炮声中一步步向南前进，满是泥浆的路面下随处布有日军的磁性地雷，2辆坦克被地雷击毁，偶尔还会有“肉弹”从丛林中窜出向坦克投掷爆炸物，装甲兵和步兵一样吃够苦头。从15日到18日，一连四天，日军不断发起反击，第66团损失不小，15日甚至被日军攻到了第2营营部附近。幸亏第64团经过几天强行军，出现在日军的重点防御阵地高鲁阳以北7公里处，第66团当面日军才急忙撤出间布本山隘，拱卫孟拱谷地的入口高鲁阳。19日，在付出重大代价后，新22师击毙400多名日军，占领间布本山分水岭，越过了胡康谷地与孟拱谷地的分界线。廖耀湘令第64团团长熊杰将其第1营交已经大大削弱的66团协助正面攻击，以主力再次迂回高鲁阳以南，以期一举击破日军的防御。

这个时候，第18师团正在从瓦鲁班溃败的混乱中恢复秩序，后方守备部队第114联队派来了生力军——1个完整的大队，另外，军医永井末松从仰光带回了2000多名伤愈归队的伤员。日军在坚固的工事里迎击那些在滂沱大雨中仰攻的中国人，占有地形优势，中国人虽有坦克，155毫米重炮也已经到达，但受环境制约，难以发挥全部威力。

麻烦出在背后。英军“钦迪特”部队自从3月5日正式开始行动后，不顾复杂的气候和频发的事故，至11日已在丛林里机降了9800多名士兵，加上大批山炮和吉普车，力量已经很强，他们与前来围剿的日军独立混成第24旅团狠狠地干了一仗，把骄狂轻敌的第24旅团打得狼狈不堪。然后200－300人一队组成几十支游击队，渗透到日军空虚的后方交通线，干起了“杀人越货”的勾当，日军的仓库、桥梁、铁路纷纷飞上了天，连第18师团通向仰光的铁路也被截断了。

“钦迪特”部队的行动严重干扰了日军的“乌号作战”，正在向英帕尔全力冲刺的日军不少物资仓库被破坏，本来就可怜巴巴的后勤更加窘迫，情急之下只好加派第5飞行师团配合第53师团增援第24旅团，对无法无天的英军游击部队进行扫荡。这样一来，支援英帕尔作战的后备力量就用完了。不过英国远程突击部队“钦迪特”的创始人和灵魂人物温盖特准将，在3月24日从缅甸飞回加尔各答汇报情况的途中，由于恶劣气候的影响，飞机一头撞进明京山脉坠毁而遇难，这严重影响了该部队的后续战斗。

驻防印度东部的英军第14集团军，由

于受到日军在缅甸西北沿海发动的若开战役的欺骗，其南下的主力虽然打败了日军第55师团的挑衅，但却使英帕尔兵力十分单薄，当日军第33、第31和第15师团猛然出现在英帕尔时，英军才发觉问题的严重性，他们的部队来不及增援英帕尔，只好请求史迪威把中国新30师从新平洋重新调回印度，准备作为防止印度东部总崩溃时的消防队来使用，史迪威考虑到后方的安全，同意了英军的请求。新30师的调动使驻印军后备力量空虚，直接影响了孟拱谷地北部战役的进程。

1944年3月的缅甸战况，就是这样乱糟糟的一个局面。

3月21日，第66团猛攻高鲁阳以北高地，高地附近被磁性地雷和大量鹿砦封锁，日军凭藉地形和防御设施进行了拼死抗击，双方步兵时不时搅在一起进行肉搏，许多日军头缠写着“七生报国”字样的白色布条冲进第66团的队形里引爆身上的手榴弹，人的肢体满天飞舞。驻印军战车第1营的5辆坦克在混乱中被日军“肉弹”击毁，23日又有3辆坦克被日军反坦克炮近距离击中，遭受了严重损失。只有靠步兵与日军血战，每前进一步都要付出很大伤亡。在这场短兵相接的战斗中，很多战士表现出了异乎寻常的勇猛，他们拉开手榴弹拉引信后，为了避免日军反掷，要等上一二秒才从日军工事的射击孔里塞入。这样做的风险很明显，如果投掷不准确，手榴弹被弹回来，或因意外延迟了出手时间，自己可能被炸得血肉飞溅。在这个疯狂的下午，第66团第2营战士张长友，一个人以手榴弹一连敲破了日军3个堡垒，但更多的士兵倒在了那些泥水横流的山坡上。

从15日到25日，仅仅10天时间，第66团元气大伤，不得不停止了攻击。26日到来的时候，战场的泥泞里没有了往常的厮杀声，只有几辆烧焦的坦克摆在满是稀泥的公路上。静静的战场上大雨如注，到处片片殷红。

27日，指挥部获悉，远程迂回部队“加拉哈德”支队和第113团，在克服了常人想不到的困难之后，终于就位。因为这次迂回极端重要，为了保密，飞机没有进行空投补给，而库芒山山势复杂险峻，也确实难以进行空中保障，14天的迂回中，有8天他们是靠吃山中野菜和芭蕉根度过的。在饥肠辘辘的情况下，他们携带着全部武器装备在悬崖上爬行；在摔死了30多头骡子之后，他们又把山炮分解用人力运送。阴雨绵绵，泥滑如冰，两个星期脱不下军装，人人一身馊臭。尽管困难重重，他们还是如开山神箭一般射向日军要害沙都渣。

28日，突然出现在沙都渣南6公里处的第113团，以迅雷不及掩耳之势向西渡过南高江(这条江从流经孟拱城附近开始称孟拱河)，占领了从沙都渣通向孟拱谷地中心地带的公路要点拉班，日军拼命向拉班攻击了数次，但没有效果，这些仓促进行的反击都被瓦解。在轻松打败日军的逆袭后，第113团第1营向北进攻，沙都渣日军旋即崩溃，扔下300多具尸体，沿丛林小道四处逃窜。

29日，接替第66团向南方追击的第65团胜利到达拉班，与第113团会师。前面，就是笼罩在烟雨迷雾中的孟拱平原。

在胜利的欢呼中，却传来了“加拉哈德”支队的求救声。

要说这美国人，行动的效率是非常高的，他们在24日就已经切断拉班东南数公里的山兴洋补给点，给了日军意外重击。不过美国人看来没有吸取上次的教训，他们还是忽略了构筑工事这一细节。

由于主力都在与中国军队激战，田中新一只能派遣一支杂乱不堪的部队前来驱逐这支美国部队：师团高级副官森田利八中佐，带着临时由1个工兵中队、1个大队炮小队和司令部各种勤杂人员，加上1个野炮中队组成的队伍，向美军展开反击，美军立足不住，被迫后退。其第2营被跟踪而来的第114联队1个大队围攻，一连几天，情况不断恶化。31日，第3营前往营救，也被日军挡住。第2营的电台很快耗尽了电池，包围圈外的第3营只能通过枪声来判断战况，到了4月4日，枪声却渐渐稀落下去。实际上，日军是困顿不堪，正在重新调整，第2营的状况比第3营预计的稍微好点。

但在总指挥部的梅里尔准将不可能知道真相，他只好向中国人求救。

第二天，中国新38师第112团出现在日军身后，日军没有料到中国军队这样快到来，右侧高地随即被112团占领。日军只好将兵力转向第112团，放弃了对“加拉哈德”支队的围困。战斗到4月20日，眼见围攻已成泡影，日军撤向平原，美国人成功脱险，但是2营受伤和病倒人数太多，战斗力降低了七八成。

驻印军的统计表明，自1943年10月底发动进攻以来，已经击毙日军军官60多名、士兵4100多名，当时估计日军伤亡至少在12000人以上，但考虑到日军即使是伤患也死战不退而导致阵亡占伤亡总数的比例偏高的普遍特点，也许日军的伤亡数字应该比这个数据小很多。另外，被俘日军达60多名，这在国内战场上是根本看不到的。驻印军也付出了重大代价，牺牲军官达80名之多，战死士兵1850名，受伤4560人。由于是正面强攻，伤亡中以新22师为多，仅第66团在争夺间布本山隘的10天战斗中，伤亡即达到674人。

扬威异域不会没有代价，在战斗中壮烈殉国的将士永垂不朽！

第七章
孟拱谷地追穷寇

向南方突破

印缅边境上，山脉纵横，江河密布，气候多变，疾病肆虐，每到夏天，雨水泛滥，自然条件十分险恶。这里难得有一片平地，所以英帕尔作为唯一的山间盆地，格外受到英日两军的重视。英军把这里作为进攻的前哨站和前进补给基地，而日军的“乌号作战”计划的核心则是夺取该地，利用这里交通不便和英军不擅长山地战的弱点，打垮英军，趁势煽动印度起来反对英国，将印度从英国的殖民统治下“解放”出来，参加“大东亚共荣”。一场带有战略意义的战役，在这里爆发了。

不过“乌号作战”的序幕并没有在预定的主战场拉开。

1944年2月4日，在距离英帕尔几百公里外的缅甸西北沿海若开地区辛遮瓦盆地，日军第55师团首先发难攻击英军，设想以突然袭击的方式包围并吃掉在此布防的英印军第7师，造成日军将要夺取印度东部沿海地区之势，诱使英第14集团军主力南下，这就是日军为了配合“乌号作战”而进行的“哈号作战”，后来缅甸西北沿海地区的这次战役又被称为第二次阿恰布战役或若开战役；待英军主力为增援第7师而离开阿萨姆平原后，日军将一举投入第15军的3个师团猛扑阿萨姆平原的大门英帕尔。英帕尔到若开，中间没有公路，都是十分险峻的山道，大有一夫当关万夫莫开之势。英军的重装部队一旦开出去，想回来可不容易，即使没有日军阻击，这么一个上千公里的大圈，光那些重装备的调度和运动就够英军自己好好受用了。日军根据地形特点制订了详细计划：第31师团和第15师团分南北两路包围英帕尔，另以第33师团在更加靠北的路线直扑英帕尔盆地的出口科希马，控制英帕尔平原与后方交通的咽喉，切断英国人从阿萨姆到英帕尔的增援道路，再调头一口一口将英帕尔守军啃掉，最后转向西方，冲出山区，在印度东部一马平川的平原上直抵喜马拉雅山下，彻底荡平阿萨姆平原的一切英国势力和布拉马普德拉河河谷里的那一长串美国陆军航空队基地，这样，日本人可能得到三个巨大的收获：印度加入大东亚圣战的行列；美国给中国输血的“驼峰空运”永远终结而导致中国屈服；中国驻印军也将结束自己的命运。

但是，这些收获都有赖于战役的胜利，“乌号作战”如果失败，一切都只能是水中月镜中花，甚至带来缅甸日军的总崩溃。日军的战略决策层的思维出了大问题：缅甸方面军司令官河边正三也罢，第15军司令官牟田口廉也也罢，都不愿意去设想两个问题带来的后果，那就是空中力量和后勤对战争结局的巨大影响。不仅他们，连同东京的决策者们也一起被虚假的胜利前景冲昏了头脑。

战幕一揭开，就不见得能体面地收起了。就这样，英帕尔近10万日军及其仆从军，在第一声枪声响起之前，就已经开始走向失败。

4月到来的时候，缅北日军第18师团的前线部队已经十分虚弱，他们的一线中队剩余的兵力，通常在50－60名左右，按日军1个中队的战时编制为204人计算，前线步兵已经损失达70%以上，某些编制人数为250人的加强中队，则已经损失了近80%的兵员。现在日军第18师团在孟拱谷地前线保持的兵力，名义上还是第55和第56两个联队，第114联队的1个大队，以及师团直辖的野炮兵联队、工兵联队、搜索联队，以及配属的第21独立野战重炮兵大队和第13独立速射炮大队，但都已经十分残破了。

日军防守孟拱谷地的部署，是以加迈为核心做坚决抵抗，公路沿瓦拉河进入孟拱谷地，瓦拉河东岸的丁克林和西岸的瓦康扼守着河谷入口，驻印军新38师和新22师分别在河的两岸，做好了对第55和第56联队的攻击准备，只等弹药给养补充完毕，即开始新一轮进军。

眼见第18师团顶不住驻印军的凌厉攻势，日军缅甸方面军连忙拼凑部队前往孟拱

■ 孟拱谷地的航拍照片。

谷地，4月调来了第56师团的第146联队主力，还从久留米、姬路师团管区紧急调拨1000余名后备士兵补充第18师团。随着战事的节节失利，5月又调来第2师团第4联队（联队长一刈勇策）及该师团炮兵、工兵联队，到了6月，又有第53师团第128联队（联队长冈田博二）主力、第151联队第1大队参加作战，同时又有2000多名后备兵员补充进第18师团。但是这些部队的到来，并没有扭转缅北前线的颓势，它们先后都在孟拱谷地被中国驻印军击败。

由于新30师被调回印度，驻印军后方立显空虚。史迪威于是要求国民政府军政部再从国内调来2个师。1944年3月到4月，第54军下属第14师和第50师空运印度。这个军原本隶属驻防滇南的关麟征第9集团军，军长黄维，在怒江反攻前转隶驻防滇西的霍揆彰第20集团军，是中央军嫡系部队。如许多人预料的一样，史迪威坚决不要该军军部，时任军长的方天中将只好郁闷地率军部和叶佩高第198师留在怒江东岸。后来军政部将李志鹏第36师（也就是1942年5月在惠通桥彻底阻止住日军沿滇缅路侵袭的那支部队）编入该军，一起参加了著名的高黎贡山战役和腾冲攻坚战，以高昂的代价，为怒江反攻战役写下了浓墨重彩的一笔。

第14师和第50师是正牌的中央嫡系部队，在国内应该算是装备和人员都比较好的。可是到达印度后这两个师却叫美方人员大吃一惊，人员严重缺乏倒也罢了，编制为12000人的师实际只有8000人不到，这可以克服，只要驼峰航线返航飞机不断，人员是可以补充的，可是在这每师不到8000人的人数里，甚至有十二三岁的娃娃兵，人才比枪支高几厘米，这还不算，史迪威在向国内军政部的报告中提出了强烈意见："大半数的士兵因体力极弱，不能忍受长时间之劳苦工作。营养不足，极为普遍，因食品不足之故也。肉及脂肪完全没有，盐及蔬菜亦不足量。至

■ 中国驻印军中最年轻的战士——第14师年仅12岁的李留培。

■ 中国军队的山炮正在轰击日军阵地。

于高级官长多无反攻精神。彼等缺乏精神、想像与果断力”，这个可怕的预言式断语在后来密支那战役里得到了充分验证。如此从体力到精神都严重缺失的部队，缺少必要的训练是可以想见的，大量美国罐头并没有起到立竿见影的作用，要他们发挥出潜力来，还有很多路要走。所以史迪威一边愤怒地发泄怨气，一边抓紧时间，对这两支部队进行了一点不松懈的训练。

1944年4月4日，驻印军总指挥部发布第12号作战令，新22师、新38师及战车第1营在驻印军总部直属炮兵部队的支援下，以日军在孟拱谷地的中心据点加迈为目标，开始了孟拱谷地战役。

战场山河纵横，湖泊密布，气候多变，森林险恶，加上雨季逼近，每取得一点进展都要付出艰苦努力，在接下来的两个月里，战线就这样一米一米向南延伸。

南高江西岸是新22师的作战区域，对手是日军第18师团第56联队。战役一开始，新22师的第一个战术是派遣第64团第3营迂回敌后，然而被日军发现，迂回变成了攻坚，战斗转为旷日持久的正面攻击。在日军被侧后第64团粘住之际，新22师师长廖耀湘立即增派山炮1个连，加入正面战斗，集中第65团第3营和第66团第1营攻击正面，进攻当面日军瓦康据点，再遣第65团第2营和第66团第2营向东包抄日军左翼，到5月9日中午，瓦康前沿阵地日军在伤亡60多人、被俘4人后，被迫困守瓦康。12日，日军眼见瓦康已经陷入三面包围，为避免处在狭小阵地中被炮火杀伤，又逐步退到瓦康以南的不利地形中。14日第65团跟踪而来，日军第56联队于当日在瓦康以南的河沟道中被击溃。

10天战斗，日军阵亡军官10余人、士兵394名，新22师牺牲副营长以下军官14人，士兵牺牲171名，伤405名。

新38师在南高江东岸的库芒山下与新22师同时动作，鉴于攻击面狭窄，只使用第113团向丁克林推进，其余2个团等待时机进行迂回作战。4日，第113团第1营遭遇日军1个中队，1营没有直接进攻，而是慢慢向两翼渗透，形成三面包围后才猝发攻击。12日，113团集中山炮、迫击炮猛轰之后日军四下溃散，第1营毙、伤日军约百名，乘胜拿下了西丁克林。该团第3营也于12日偷渡南高江，消灭日军30余人，占领了中丁克林。13日，该团第2营南下过程中，顺利占领东丁克林，并在15日捡到一个意外战果：其第6连伏击了中丁克林守军残部，予以全部歼灭。死里逃生吃够苦头才到达此地的40多名日军，最终还是没能回到日本。

前进的道路打开了，除第113和第114团继续前进之外，新38师还派出第112团又一次秘密潜入了险峻的库芒山，准备再次创造一个远程迂回截击的范例。

被新22师击溃的第56联队退到英开塘、沙逊山一带，将瓦拉渣作为支撑阵地；第55联队退到高利、瓦兰、拉吉，这两个联队兵力不断遭到削弱，中间隔着南高江，已经不能相互支持，陷入独自作战的悲惨境地。西岸日军抵挡不住连续前进的新22师，致使新22师在坦克的支持下突破英开塘西北，周围阵地也在经过手榴弹和白刃为主的肉搏战之后相继失守。

但号称“超人战士”的日军第18师团，即使在这样的颓势下仍然顽强战斗，其隐蔽的工事和精准的射击给新22师造成了严重伤亡。有时几名日军藏在一个秘密工事里，就能在突如其来的爆发射击里杀伤几十名中国军人，在密林里苦斗的新22师只能一寸一寸发展自己的胜利。

4月23日雨稍微小了些，史迪威决定在新22师的左路使用坦克。早已等不及的几十辆坦克从距离瓦拉渣以北约2公里的空地里冲出，杀向安勘加道日军阵地。坦克手纷纷打开警报，骤然响起的凄厉警报声吓得日军丑态百出，不少吓得乱窜的日军新兵甚至直接

■ 正在冲锋的远征军战士。

钻到了履带下面；12号车的炮手亲眼看到自己发射的一枚穿甲弹穿透一棵大树，将藏在树后的一名日军军官活活炸成两段；13号车消灭1门平射炮后发现许多新的土堆，知道那是日军正在修筑中的工事，就直接碾压上去，将日军士兵活埋在还没有构筑牢固的散兵坑中。坦克的突击显示了巨大威力，这天新22师推进达到约5公里，拿下了瓦拉渣，歼敌百人以上。

屡次遭到严重打击的第56联队只能被动困守，眼看警戒阵地一块块被新22师夺取，虽然在4月25日经过白刃战，在沙逊山马拉高主阵地的重要屏障英开塘正北方向阻止了第65团第2营，转入对峙，但长久大佐已经不认为自己能阻挡得住敌人，除非得到增援。

5月2日，新22师第64团成功迂回到英开塘西南，并用炮兵封锁了第56联队主阵地马拉高；第66团第3营也在英开塘东北方构筑了进攻出发阵地，与右边的第65团相呼应。英开塘日军陷入三面包围之中。

5月3日，是个难得的晴天，战车第1营不失时机出动57辆坦克向英开塘冲击。下午13时，由36架B-25“米切尔”中型轰炸机和P-51“野马”式战斗机组成的机群，隆隆飞过坦克车队上空，向密林中的日本守军投弹扫射，第65团紧随坦克，很快将日军赶出阵地。这次攻击，M4A2“谢尔曼”中型坦克首次出现在缅北。日军面对M3A3“斯图亚特”轻型坦克已经够呛，现在要面对这些肉粗皮糙重达32吨的大家伙更是无论如何都啃不动。为了避开坦克，日军试图撤向英开塘以西的预备阵地，但在空地联合火力打击下很难机动，2小时仅仅转移了270米，好不容易挨过4小时的轰炸炮击，天才黑下来。这股日军摸黑向主阵地撤退的时候，又遭到新22师事先测量好坐标的炮火覆盖，只有少数人逃出了炮火制造的死亡地带。

从4月17日到5月4日的战斗结束后，新22师掩埋日军尸体多达410具，但自己也付出了牺牲军官11人、士兵145人，伤军官12人、士兵507人的惨重代价。

后方孟关医院躺满了从前线送回的伤病员，轻伤员一般用卡车输送，重伤员则召唤小型联络飞机运输，许多伤员因此保住性命或四肢。操刀的医生大多是美国人，责任心很强，但做事方式带有典型的美国式的莽撞，所以也弄出了许多小矛盾。由于伤员太多，为了赶时间医治，很多四肢中弹的伤员经受了相当大的痛苦：不使用麻醉，直接用消毒手术刀挖去腐烂的软组织。在前线炮火连连的时节，忙乱的帐篷医院、怒声呵斥的美国医生、满头大汗的伤患、跑来跑去的印度女护士、杂乱不堪的医疗物资、血腥刺眼的绷带堆是这里的主要内容。不过一般伤员只要2周医治就可回到前线，大大保证了部队的战斗力，重伤员经过手术，也会被送回印度疗养，暂时从残酷的丛林战里解脱出来，有时也能随辎汽第6团的兵油子司机一起去吉大港享受一下原本只有洋人才能得到的海滨浪漫之旅。

■ 戈登·格里西伍医生的医疗小组正在抢救中国军队伤员，他们在恶劣的战场环境里每日都有190例左右的手术要做。

伤员以新22师为多，新38师的伤员很少，该师有一套和新22师很不一样的打法。在新22师举步为艰的日子里，新38师在南高江东岸的攻击却一直很顺利，这个师不断使用远程迂回战术，避开日军的防御正面，从日军无法有效防御的后方和侧翼进行打击。他们往往利用白天渗透，夜间构筑工事以获得立足点，等到充分准备后才遂行攻击。日军第55联队兵力空虚，无法防止这类渗透，只好在大山顶上到处设立观测点，企图通过观测对手的空中补给来确定新38师部队渗透的方向，可是新38师的渗透很注意保密，日军这类努力也终归失败。

新38师第112团在迂回中一度走错了道路，在库芒山里向东南方走到了连空手的人都攀缘不过去的悬崖群山之间，只好退回，在没有得到任何补给的情况下重新寻路迂回前进，吃了8天芭蕉根和野菜，穿插到日军瓦兰据点以南。其第3营第9连20日在药板山附近与由加迈北上增援瓦兰的日军第114联队第

1大队迎头相撞，混战一场，当天晚上抢修工事，第二天果然日军2个中队来攻，第9连依托工事毙敌60余人，自己损失甚微；第3营第7连则顺瓦兰河而下袭击南高江边的要冲芒平，自以为身处后方而麻痹大意的日军被击毙40多人后，把芒平扔给了新38师，狼狈而逃。

对这股切断日军交通线的中国军队，日军自然很重视，他们立即四处抽调部队对第112团第3营各阵地发动了猛烈攻击，从4月25日到5月8日，新开到的日军新锐第56师团第146联队第2、3大队主力和第114联队第1大队连续强攻，第3营冷静应战，毙敌200多人。

第112团另一路第1营直向高利而去，试攻后发现日军第55联队第1大队第1、3中队和第1机枪中队在此据守。对峙数天后，4月30日新38师山炮第2营第5连到来，战斗出现倾斜。5月2日，在长时间炮击之后，第1营冒雨仰攻，充分利用浓密丛林渗透进敌阵，激战6小时，一口将日军阵地左翼啃下。到5月3日下午，高利完全占领。日军中队长加藤武雄中尉等60多人被击毙在滂沱大雨中。

第112团的行动对第114团的进攻的配合作用马上显现出来。从4月16日开始一直坚持的第55联队长山崎四郎大佐亲自指挥的第55联队第3大队、第114联队第3大队、第56联队第3大队和联队炮中队终于抵敌不住，被迫于26日全面后撤，放弃前线丁克老缅阵地，5月1日又被迫放弃主阵地东瓦拉。

5月8日，第114团第2营、第1营和第3营分别扫清东瓦拉、拉吉和大弄阳残敌，日军瓦兰据点因为南北两面都落入驻印军手里而陷于孤立，新38师的位置超越沿瓦拉河西岸、南高江两侧而下的新22师的战线达30多公里，这为孟拱谷地后来的战斗产生了极为深远的影响。

此时，新22师还一直在与日军激战，进展不大而损失不小。5月6日，为维持进攻，第50师第149团加入新22师正面，总指挥部也派来了重迫击炮支援。

9日，战车第1营配合第64团进攻马拉高高地，被早有防备的日军击毁2辆坦克，另有

孟拱谷地

孟拱谷地又称孟拱河谷，是孟拱河两岸谷地的统称。孟拱河发源于杰布山，由北向南流入伊洛瓦底江，上游称南高江，下游就叫孟拱河。孟拱谷地从沙都渣到孟拱南北长约115公里，东西宽约10公里，是一段狭长的谷地，谷地中间溪流密布，一到雨季，便成为一片汪洋泽国。谷地周围则全是崇山峻岭，尤其是谷地东北的库芒山脉，山势更为险峻，当地土著人甚至有歌谣称：“无顶之山，永不能至。”

7辆被击伤，日军抓住第64团进攻受挫之机大举逆袭，双方伤亡者躺满山坡，景象惨不忍睹。新22师的进攻为此停顿达7天。此后对马拉高的进攻由第149团接手，一直激战到30日。在这之前，新38师抽出一直作为预备队待命的第113团越过克老河向南向西发展，支援新22师和第50师第149团的正面战斗。5月20日，马拉高阵地的后路马兰据点被该团攻占，致使马拉高阵地的动摇。日军力量消耗过大，后路又被新38师第113团截断而撤退，第50师第149团终于占领了这个让新22师流遍鲜血的高地。在30天的战斗里，超过500名日军与马拉高阵地同亡。

在日军第18师团左翼第56联队与新22师在加迈以北鏖战的时候，其右翼第55联队、第146联队连续败于新38师之手，田中新一眼见中国军队在自己后方越来越深地挺进，一边向上级第33军呼救，一边继续抽调兵力会同援军反扑深入日军防线后方的新38师第112团。无奈仓促的攻击毫无效果，疲敝的日军没有炮火掩护，亡命攻击终究败北，新开到的第146联队第3大队一直战斗到5月9日，拿出吃奶的劲才突破了第112团第3营阵地，旋即就被第3营 (欠预备队) 反击而逐出，白白抛下90多具尸体，死者中包括了第9中队长中村大尉和机枪第3中队长大见池淮中尉。

第18师团步兵团长相田俊二急赴瓦兰前线督战，为了刺激部下，还在命令中写下了什么“倘判明贵官等不足赖时，本职决心率部下30名突入敌阵中”之类的话语，可是丝毫不见作用，中国军队新38师第112团步步进逼，包围了瓦兰据点，每天用炮火打击和小部队袭扰相结合的战法，弄得日军困顿不堪。23日，日军支撑不住被迫突围，大部被歼，死者达110多人。至此，日军右翼防线接近崩溃，只剩左翼防线还在苦苦支撑。

“威尼斯商人”

面对日军在英帕尔平原的疯狂进攻，英军一时间措手不及，其第17英印师仓促间被打了个稀里哗啦，被第33师团包围在山间小道上动弹不得，只是由于日军判断失误而侥幸逃脱。英帕尔和科希马都分别陷入混战，英军阵地摇摇欲坠，南方的重装部队却回援不及，急切之下，盟军东南亚战区总司令蒙巴顿勋爵只好紧急向这两个地方空运步兵和武器物资，为此还大批抽调美国第26航空队用于驼峰航线的运输机，致使1944年3月和4月驼峰航线的运输量急剧下降，让国民政府骂娘不止，连孟拱谷地前线的空投量也只能保持最低限度，又另将新30师部署在印度阿萨姆平原以防万一，这些举动都严重损害了正在进入高潮的孟拱谷地战斗。

从孟拱谷地向东，横越雨雾蒙蒙的库芒山脉，再向东跋涉大约100公里的丛林，就能

蒙巴顿

路易斯·蒙巴顿（Louis Francis Albert Victor Nicholas Mountbatten），1900年6月出生于英国温莎的皇室家庭，外曾祖母就是英国著名的维多利亚女王，父亲巴登堡亲王路易斯，原系德国王室成员，后放弃德国国籍，参加英国皇家海军，曾任海军参谋长兼第一海务大臣。母亲为赫茜·维多利亚公主。

蒙巴顿1913年9月考入奥斯本皇家海军学校。1914年12月，因达特茅斯皇家海军学院的高年级学员提前毕业参战，蒙巴顿和海校同学一起转入该院学习。1916年以优异成绩毕业，分配到"雄狮"号战列巡洋舰上作为海军军官候补生见习，后调至"伊丽莎白女王"号战列舰任职。1918年转至"K-6"号潜艇服役，不久晋升为海军中尉转至"P-31"号快艇服役。

1919年进入剑桥大学切斯特学院补习大学课程，作为学生会辩论委员会委员，曾在辩论比赛中领导剑桥大学队力克牛津大学队，以能言善辩蜚声全校。

1920年3月晋升为海军上尉，随即陪同威尔士王子出访新西兰、澳大利亚等地，并利用出访机会组织拍摄出英国第一部军事教育片。

1923年1月在"复仇"号战列舰任职。1924年进入朴茨茅斯皇家海军通讯学校学习。1925年进入格林尼治皇家海军学院深造。结业后，任地中海舰队通讯军官。1932年晋升为海军中校。1934年担任"勇敢"号驱逐舰舰长。1936年调往海军部工作。1937年晋升为海军上校。1938年进入奥尔肖特高级指挥官学习班深造。1939年8月担任"凯利"号驱逐舰舰长。1941年10月出任联合作战部总指挥，筹划两栖登陆作战。1942年8月，指挥了对法国西北部迪耶普港的登陆作战，但遭失败。1943年8月出任东南亚盟军总司令。1944年7月指挥英印军队取得英帕尔战役的胜利。1945年指挥盟军反攻缅甸，9月在新加坡接受东南亚日军投降。1946年6月返回英国，获英王授予"缅甸的蒙巴顿伯爵"称号。1947年3月出任印度总督，在其任内提出关于印度独立的"蒙巴顿方案"，该方案导致印巴分治和长期纷争。1948年10月出任英国地中海舰队第1巡洋舰队司令。1950年6月调任海军部第四海务大臣，负责海军的补给后勤工作。1952年5月出任地中海舰队总司令。1953年2月晋升海军上将。1955年3月出任皇家海军参谋长兼第一海务大臣。1956年晋升海军元帅。1959年5月出任国防参谋长（国防参谋长实际上是整个英国陆海空三军武装力量的专职首长）。1965年6月退役，返回汉普郡布罗德兰兹庄园居住。曾于1974年访问中国。

1979年8月27日，他在"阴影V"号游船上被爱尔兰共和军放置的炸弹炸死。

到达中国腾冲，往东已经能够看到高耸入云的高黎贡山。在高黎贡山那一面山坡下的怒江江岸上，就要响起中国远征军反攻滇西的炮声。

腾冲是滇西重镇、历史名城，从西汉以来就有一条经过腾冲的通向缅甸和印度的马帮之路，即著名的“南方丝绸之路”，中国的铁器和丝绸、缅甸的玉器和宝石都在这里集散，这里至今仍然沉淀着浓浓的侨乡玉器文化。

现在，在驻印军与腾冲之间，只剩下两个障碍，一个是库芒山脉，另一个是库芒山脉东麓的密支那。占领密支那，驻印军就可以在腾冲与国内向西反攻的远征军实现会师，胡康谷地、孟拱谷地的驻印军和由泸水(在今云南省怒江州)、片马、保山而来的远征军将连成一片，等于给分别在孟拱谷地、滇西顽抗的日军中间扎下一根钉子，使第18和第56师团不能互相呼应，加快日军缅北滇西的防御计划的破灭；而“驼峰航线”也能向南避开喜马拉雅山的恶劣气候，不但缩短航程增加安全性，还能大大增加载运量，更有力地支援中国的抗战。因为穿梭在平均海拔为6000米的喜马拉雅山中的缘故，两年来，英勇的美国陆军航空兵空运部队和中国航空公司已经在这条航线上损失了500多架飞机和1500多名飞行员，耀眼的金属碎片在雪峰间随处可见，仿佛一条从印度逶迤而来的

■ 驼峰航线上的美军C-47运输机。

驼峰航线

驼峰航线（Hump Flying）是二战时期中国和同盟国之间一条主要的空中运输通道，1942年5月日军占领缅甸，切断了中国和同盟国之间最后的国际交通线滇缅公路，因此美国总统罗斯福下令：不惜任何代价，开通到中国的路线。由于海陆已无通道，只能开辟空中航线，于是美国陆军航空兵的空运部队和中国民航便开辟了从印度飞越喜马拉雅山脉到达中国西南的空中航线。由于这条航线要飞越喜马拉雅山脉绵延起伏的山峰，航线高度也随着山峰的起伏而上下起伏，形同驼峰，所以被称为驼峰航线或“驼峰空运”。

驼峰航线在印度的起点主要是汀江、杜姆杜马等地，在中国的终点主要是昆明、叙府（今宜宾）、泸州、重庆。具体航线有好几条，前期主要是从汀江经葡萄、云龙、云南驿到昆明的南线（全长802公里）。日军占领缅甸后，为避开日军飞机的拦截，驼峰航线更偏向北，航线长达1150公里。1944年盟军收复密支那后，航线可经密支那、保山到昆明，航线全长885公里，但飞行高度可较低。

参与驼峰航线的主要是美国陆军航空兵，1942年5月至11月是第10航空队的空运部队，1942年12月起成立美国空运总部印度—中国联队（后改称印度—中国师），专门负责驼峰航线的空运。国民政府交通部所属的中国航空公司（简称中航）原本为中美合作企业，由美国按照租借法案提供飞机，也参与了驼峰航线。

驼峰航线所使用的飞机主要是C-53、C-47和C-46，后期也有少量C-54。

驼峰航线1941年12月开始试飞，1942年5月正式开通。由于刚开始时相关保障工作还未能跟上，因此运输量很小，1942年6月仅29.6吨，但随后便逐步提高，至1942年12月已增至1000吨，1943年12月达到1万吨，1944年6月更是高达2万吨，1944年11月甚至达到了3.5万吨，超过了滇缅公路的运输量。

驼峰航线的飞行困难很大，第一，飞行高度是当时运输机的极限高度，而且当时飞机又没有密封座舱，飞行员体力消耗很大。第二，航线上气象条件十分恶劣，全年中有5个月的雨季，雨季中连续风雨，只能进行全航程的仪表飞行。而在旱季，则是气流极不稳定，常有强气流、低气压和雷暴，飞机极易失去控制。美军认为这是他们在二战中所遇到的气象条件最恶劣的飞行地区。第三，地形复杂，所经地区全是高山峻岭、急流峡谷，不要说备降机场，就是找一块平坦的迫降场都很难。另外还有日军战斗机的拦截，如1944年11月25日，由于日军飞机空袭，迫使航线上的导航台全部关闭，当时空中有美军飞机12架，中航飞机1架，因为无法进行仪表飞行而全部坠毁！

> 正因为困难如此之大，所以损失相当惊人。美军在1943年底有142架飞机参加空运，到1945年更增加到629架。中航参加空运的有90架。在历时3年又5个月的空运中，美军损失飞机563架，中航损失飞机60架，几乎相当于投入飞机的50%。中美牺牲的飞行人员总共约1500人（其中中航168人）。空勤人员的损失率丝毫不比在欧洲执行对德国战略轰炸的轰炸机部队低！
>
> 通过驼峰航线，总共运送了72.5万吨（其中中航运送约7.5万吨），人员33477人，总的飞行时间高达150万小时。
>
> 驼峰航线是中美两国在二战期间，为抗击日本法西斯侵略，保障中国战略物资运输，共同在中国西南山区开辟的空中通道，是两国飞行人员共同创立的世界航空史上的英雄壮举，对打败日本军国主义作出了不可磨灭的贡献。
>
> 1945年美国《时代周刊》这样描述驼峰航线：在长达800余公里的深山峡谷、雪峰冰川间，一路上都散落着这些飞机碎片，在天气晴好的日子里，这些铝片会在阳光照射下闪烁发光，这就是著名的“铝谷”——驼峰航线！

圣洁的“哈达”(编者注：藏族人民作为礼仪用的丝织品，类似于古代汉族的礼帛)，以至于飞行员们把这条航线称作“铝谷”。飞行员们说，从印度飞向中国的航线上，连新手都不会迷路，因为沿途都有坠毁飞机的金属碎片，几乎可以成为一条不间断的路标。

再有，只要孟拱谷地战役取得胜利，中印公路就可以从孟拱折向密支那，由腾冲安然入境，不但公路里程可以减少数百公里，而且运输车队由于远离前线，安全性也大大增加。

这个时候，驻印军副总指挥郑洞国听闻前线战况进展艰难，在印度坐不住了，亲自赶赴孟拱谷地协助新22师师长廖耀湘指挥战斗，在沙都渣总指挥部指挥所里焦急万状的史迪威因此可以腾出手来全力筹划奇袭密支那的战役。

在胡康谷地战役里，美军第5307步兵团伤亡和病号很多，兵力从2997名减少到了1400名；其核心部队“加拉哈德”支队减员达700余名，只剩下一半战斗力。史迪威使用一支纯美国部队来夺取密支那的构想不得不修改，只得临时组织由美国军官率领的中美混合部队来实现他的设想，编成了2个纵队：美国肯尼森上校率“加拉哈德”部队第3营，与中国新30师第88团及新22师山炮第2连混合，称K纵队；亨特上校率“加拉哈德”部队第1营及美国山炮兵第1排，与中国第50师第150团混合，称H纵队。梅里尔准将对这两支部队的指挥负责。2个纵队分别于4月21日和28日从孟关出发，经库芒山西麓的太克里，从胡康谷地悄然南下，远离炮火连天的孟拱战场，静静地在库芒山里潜行，一前一后隐蔽向密支那接近。

这个计划的核心是，使用远程部队渗透袭击夺取机场，然后依托夺取的机场，从印度空运第二梯队来加强攻击力量，一举夺取密支那。其最重要的一点，在于隐蔽性和突然性，一旦意图被日军识破，这次战斗即前景难堪。

然后，只要袭击部队夺取机场，发出“威尼斯商人”的暗语，美国第10航空队将护卫着美国陆军航空兵部队运送部的飞机完全遮蔽密支那的天空，援军会从天上源源而来。可以预计，在强大的陆空联合兵力面前，日军在该城的一切抵抗都只能被粉碎。

这次任务的代号是“威尼斯水城”。

为呼应孟拱前线和英帕尔的战斗，并打通日益逼近中缅边境的中印公路，国民政府在史迪威及美国政府的强烈要求下，以美国武器装备的“Y部队”重新组建中国远征军，从云南西部渡过怒江开始反攻，兵锋直指高黎贡山西边的历史名城腾冲。

5月11日，第20集团军（总司令霍揆彰）采用已准备了3个多月的方案，在工兵第2团和独立工兵第35营（营长就是当年炸毁惠通桥的英雄张祖武少校）配合下，从今天的云南省保山市隆阳区西北部的双虹桥、栗柴坝地段，穷一夜之力，使用美国橡皮艇、帆布船和当地人惯用的竹筏渡过了水急浪高的怒江。驻滇西日军第56师团（师团长松山祐三，1942年12月1日接任）主力急速前往迎击，在海拔高达4000多米、高峻严寒、阴雨绵绵、易守难攻的高黎贡山上混战，中国远征军第20集团军5个师和占有地形优势的2个日军联队搅做一团，一时杀得难解难分。

日军现在负责占领云南怒江西岸的第56师团只有不到1个联队的机动兵力，孟拱谷地的第18师团被压制在南高江两岸动弹不得，其他部队也在各个方向被牵制住，进攻密支那的时机，把握得恰到好处。

密支那是一个历史悠久的城市，在历史上就是缅北政治和经济中心，从密支那往

■ 霍揆彰，时为第20集团军总司令。

■ 远征军使用冲锋舟乘风破浪，强渡怒江。

东，是名城腾冲，直通中国内地；往北则可控制与中国云南怒江州贡山、福贡县毗邻的孙布拉蚌和葡萄，直抵中国西藏的林芝。我们所熟知的缅甸玉器宝石，其产地就是密支那附近山区，南方丝绸之路将密支那与腾冲紧紧联系在一起，犹如两支并蒂莲，从19世纪中叶开始，由于重要的经济地位和地理位置，英国殖民者就将密支那作为向云南渗透的重要基地，因此进行大力经营，不但规划了整齐的街道，还将铁路从仰光延伸到这里。当地居民的生活中也渗入了浓郁的英式风味，小洋楼与竹楼、铁皮房、木头屋相交织，威士忌和面包、咖啡是餐桌上的常用食品，西装上衣和缅式“笼基”（一整块花布制作的大围裙，不过是男人穿的）是当地常见的服饰。

美丽的密支那坐落在伊洛瓦底江西岸，长长的江水把它从北、东、南三面环绕，郁郁葱葱的江岸和城市连成一体，而“密支那”这个名字，正是缅语“大江环绕的城市”之意。由于地处库芒山东麓的山间平原上，茂密的丛林一直延伸到城市中，到处都是青翠宜人的景象，缅人、景颇人、佤族人、傣族人、印度人和华人在这里一起生活了上千年，每到清晨，就有各种肤色、各种面孔、各种服饰的人用各种民族的风格把这座城市唤醒。战前，这城市是一个非常合适的度假胜地，但战火毁掉了一切。日军用了两年时间，在城市里修筑了严密的防卫工事，用血和火把这座城市洗浴了无数遍，居民全部逃散进山里，只剩蝼蚁般的日本兵，在这里遍地开掘，将城市变成了一个巨大的堡垒。

在第18师团主力向胡康、孟拱谷地开拔以后，第18师团第114联队长丸山房安大佐成为这座城市的主宰者，他要负责第56师团的侧后安全，并要保护好第18师团设在这里的粮食和弹药仓库。由于他的联队被方面军分割使用，密支那防守兵力明显不足，主力只有他的第114联队第2大队；另有第1大队的1个中队又1个小队，该大队机枪中队的1个小队，大队炮小队的1个分队；此外，联队炮中队也留下了装备有1门步兵炮、2门反坦克炮的2个小队以及通讯中队的几十人，总兵力1400余人。

由于密支那地处第18师团和第56师团之间的安全地带，丸山大佐并不担心来自其他方向的袭击，他唯一顾虑的是北部，北方孙布拉蚌和葡萄有英军的土著人游击队在活动，但力量并不强大，西北方胡康谷地的中美军才是真正的威胁，不过中间被从未有人成功翻越过的库芒山截断了，也正因为库芒山无比冷酷，历史上南方丝绸之路在从腾冲到达密支那后，才要向南方绕行孟拱谷地西去印度。丸山将第2大队主力撤出去，在密支那北方及西方形成一张搜索网，史迪威派出的远程攻击部队要想到达密支那，对这些搜索部队保密就成了大问题。路程不算很远，只有200多公里，但亚热带原始山岳丛林的立体气候和复杂地形使每天的行程只有几公里甚至几百米，时间拖得越长，暴露意图的可能性越大。

在摔死了几乎全部的骡子之后，先行的K纵队在库芒山的雷班遭遇了日军，激战之后夺取该地，接着又分别于阿兰、丁克路高与日军相遇，形成僵持局面，斑疹伤寒席卷而来，K纵队战斗力大损，连指挥官肯尼森上校也死于这场灾难。眼见日军斥候部队的分布越来越密集，心急如焚的梅里尔准将急令随后的H纵队绕过正在战斗的K纵队，向南强行军避开日军侦察阵地。15日，H支队终于钻出丛林，踏上了密支那至孟拱的公路，并于第二天潜行到密支那西郊的飞机场附近休整；K纵队也于13日留下中国新30师第88团第3营在丁克路高吸引日军注意，主力绕道向东南方密支那北郊兼程急进。

至此，中美混合部队以坚苦卓绝的强行军在库芒山中跋涉达19天之久，原本计划在5月12日发起的战役，由于险峻地形的影响而推迟了5天。

17日清晨，第10航空队的大群B-25轰炸机飞临密支那，对整个城市进行了密集轰炸。日军城防部队全部进入地下工事躲避，给H纵队的行动创造了有利条件。上午10点整，H纵队在前一天布置好的轻重支援火力一起开火，山炮、迫击炮和轻重机枪的怒吼声震动着伊洛瓦底江，守卫密支那机场的第15师团（师团长山内正文）机场守备大队百多名日军在突如其来的攻击面前毫无准备，开始向市内撤退。第150团发动冲锋，步兵在布满汽油桶、破牛车、木材和鹿砦的跑道上攻击前进，战斗迅速向机场外围扩张，“威尼斯水城”行动异乎寻常地顺利，H纵队仅用了50分钟就占领机场，缴获大批给养和弹药——日军都没有来得及破坏。

占领机场的部队开始分头清剿残敌、修筑防御工事和清理跑道，而亨特上校则在机场一角紧张地对着电台呼叫：“在圈子里！在圈子里！”这句暗语的意思是正在战斗。沉稳的亨特上校想等清剿结束再发暗号，以免空运部队发生不测。

14:00，沙都渣总指挥部的报话机里终于传来了期待已久的那句话：

“威尼斯商人！威尼斯商人！”

远在印度阿萨姆邦的马鲁、杰哈特两个空军基地立即忙碌起来，一架又一架的运输机和战斗机螺旋桨飞速旋转，巨大的风力将机场跑道上的积水鼓起了大大小小的旋涡。管制人员给出起飞信号，各种飞机开始依次滑上跑道，机轮犁开几寸深的积水，支撑着

■ 驻印军的75毫米山炮正在对密支那机场进行猛烈轰击，从其面前堆积如山的炮弹可见攻势之猛。

机体慢慢升向灰蒙蒙的天空。

随第一批运输机升空的是中国新30师第89团，他们原先作为英帕尔战役的后备增援部队来到这里待命，在5月13日才接到史迪威总指挥部参加密支那战役的命令，并临时开始空运演练，以每营配属迫击炮1个排，团部直属部队配属重迫击炮1个连，共分为4个梯队搭乘运输机和滑翔机飞赴密支那机场并占领那座城市。

史迪威的参谋人员为这次行动制订了详细的方案和细则，包括人员和装备的数量及重量，精确到每一个人和每一磅。每个士兵所携带的武器装备和补给，连同士兵的体重不能超过185磅，每门炮只能携带50发弹药，运载炮兵的吉普车共8辆，另外，团部及各营总共只能携带4辆吉普车用于通讯联络，这些车辆都由滑翔机装运，站稳脚跟后，其余补给和装备由后续飞机按照程序表依次运来。16日21：00，所有准备才刚刚完成，17日上午11：00，行动开始了。

美国陆军航空兵东方空军司令部下属的第1和第2部队转运中队近200架C-47运输机承担空运任务，这时驼峰航线上已经拥有C-46、C-47、C-87和C-109等多种运输机，C-47是其中运载量最小的一种，但因为性能稳定，故障率低，口碑最好。尽管其他几种运输机的运载量达到它的1倍半，但由于都是战时赶工出来的型号，所以事故率是C-47的5倍以上，这种情况要到C-47的后继型号——同时拥有大运载量和高出勤率的C-54来到，驼峰航线上那种悲壮的冒险才有所改观。

跑道只有15米宽、1200米长，渴望得到空中支援的士兵清扫速度很快，第150团在17日下午15：00前，已经将跑道上的障碍物全部清除，15：30，载运第89团的第一梯队首批2架运输机飞过库芒山，很快，大批运输机解脱开滑翔机，开始在机场四周密集的爆炸声中强行着陆。第89团先头部队的到来使得第150团能够腾出手来扩大占领阵地，爆炸声渐渐向市内转移。运输机络绎不绝地飞来，一批又一批部队在机场长满青草但被先前的中国士兵踏得泥水四溅的土质跑道上降落，拆成两段的滑翔机腹中冲出一辆辆外形精悍的“威利斯”吉普车，从运输机里蜂拥而出的士兵经过短暂集中就分头奔向各自的目标。

后续的飞机遭到一点麻烦，第10航空队在空中与久违的老对手相遇。日军几架游猎战斗机突然出现在云层下方，向慢吞吞飞行的运输机俯冲扫射，没有还击能力的运输机只能左摇右晃地躲避。然而日军的飞行员大概是心虚至极，竟然没有能给任何一架运输机造成实质性伤害，随后赶来的“野马”战斗机十分轻松地就将他们赶得无影无踪，有1架日机反应稍微慢了一点，结果折断了一只机翼，浑身着火地打着螺旋飘向地面。

有1架运输机被打中了一梭子弹，飞机内

■ 运载驻印军的滑翔机机降密支那机场。

的2名士兵不幸牺牲。这是“威尼斯水城”行动中，空运部队所遭受的唯一损失。

这次任务眼看大功告成，驻印军沙都渣总指挥部里的史迪威在长达两星期的紧张和兴奋后，终于得到了丰厚的回报。

截路奇兵

“威尼斯水城”行动的初步成功，震惊了缅甸日军。这是个十分敏感的时刻，因为日军在缅甸西南沿海的若开、缅甸西部边境的英帕尔、缅甸西北部的孟拱谷地、缅北的密支那、滇西的腾冲地区同时陷入与盟军的苦战，而缅甸南方沿海随时可能出现强大的盟军登陆舰队，滇西也还有一个中国第11集团军（总司令宋希濂）的4个军虎视眈眈地看着龙陵、芒市，这些地方一旦也爆发战事，现在已经备感吃力的缅甸日军兵力就根本不敷分配。第54和第55师团及独立混成第72旅团在若开战役里受到严重损失，眼下只能苦苦拖住英国第4军的反击，期盼英帕尔的作战能出现一个奇迹；英帕尔的第15、第31、第33师团伤亡近半，第31师团长佐藤幸德和第33师团长柳田元三甚至出现了与主张强行进攻的第15军司令官牟田口廉也相对立的情绪，柳田中将因而被撤职；第18师团经过近10次兵员补充和增援，还是招架不住驻印军的凌厉攻势，师团长田中新一正在硬着头皮抵抗；第56师团在高黎贡山勉力抵挡中国第20集团军，兵力损耗严重，而它自己柔软的下腹部却不得不暴露给了行将发起攻击的中国第11集团军，师团长松山祐三正日夜站在地图前绞尽脑汁；第53师团（师团长武田馨）一部在与第18师团同甘共苦，另一部分则在奔向密支那的增援途中，被拉扯得七零八落；在瓜达尔卡纳尔岛被拖成残废撤到马来亚休整的第2师团（师团长冈崎清三郎），也只能与仓促成立的第49师团（师团长竹原三郎）一起投入救援第18、第56师团的战斗；缺乏重武器的独立混成第24旅团和第105旅团，则在东奔西跑，跟英军“钦迪特”部队捉迷藏。

由多达10个师团另3个旅团组成的20多万缅甸日军完全陷入泥潭。

5月18日，史迪威喜气洋洋地带着10多名记者搭乘飞机到密支那视察，天空上往来运输中国军队的运输机依然络绎不绝，市内传来的炮声仿佛是迎接他的礼炮。看着那些吃了十几天“阿的平”（Atabrine，防疟疾药品）而脸色变成深黄的战士在紧张忙碌，史迪威真实地感受到，离自己在1942年5月定下的目标确实不远了。

由于不赞成驻印军在缅北继续进攻，英国的印度当局与史迪威争吵了许久。为了平衡，史迪威表面上接受了英国人的指挥，然而性格倔强的史迪威内心里并不买英国人的账，因此在远程部队攻击密支那之时，远在加尔各答的盟军东南亚总司令蒙巴顿，事先对史迪威的行动一无所知，直到“威尼斯水城”行动成功；不仅如此，史迪威将借给他对英帕尔方向进行警戒的中国新30师转调到密支那，他也根本不知道。丘吉尔的质问弄得蒙巴顿十分尴尬，首相说：“美中军队是怎样漂亮地在密支那从天而降的？”在两天的沉闷之后，蒙巴顿才给史迪威发来一张嘉奖，承认这次行动“在军事史上写下了光辉的一页”。

但对密支那的攻击只是有个漂亮的开端，因为种种原因，第二天的进攻就不顺利，并且演变成了旷日持久的攻坚战，驻印军战士的热血，后来洒遍了这座江畔小城的每个角落。

在围攻密支那的中美军攻击屡屡受挫之际，日军拼凑各种能够调动的部队北上，意图在密支那击溃盟军，重新稳定战局，增

■ 盟军东南亚战区的总司令蒙巴顿勋爵。

援部队的主力第53师团等从卡萨沿铁路线推进，5月中旬赶到孟拱，其前锋一度接近密支那，并且还利用进攻者各部之间的空隙接收到守城日军送出的给养。密支那攻防战一时显得扑朔迷离，不知鹿死谁手。

可是在孟拱至加迈的公路上，一场能够真正彻底决定缅北战局的大战，正在悄然拉开战幕。

5月19日，当新22师浴血马拉高阵地、中美混合纵队已经开始密支那战斗的时候，孙立人开着他那辆到处磨光了漆面的吉普车，从位于西丁克林的师部淌了一夜的泥浆，到沙都渣总指挥部找到史迪威，交给他一份初步计划。刚见证了密支那战斗回来的史迪威一看不禁大喜，既而又颇为担心地问："你认为这个计划能够圆满完成吗？"

孙立人的回答斩钉截铁："我相信我的部下一定能够完成任务，而我也不会让部下去完成无法完成的任务！"

根据空中观察日军公路上汽车运输的种种情况，孙立人判断出日军隐蔽补给基地的位置。由于驻印军的步步进逼，日军在加迈只留下指挥中心，而将后勤基地放在了加迈南边12公里的西通。这个西通，是南高江西岸的一个小村落，原先有个小渡口，向东渡江可进入库芒山区，日军在这里囤积大量弹药、食品、药品和其他作战物资，同时还将第12辎重兵联队大部、后勤和医务部门、宪兵放在这里驻守，另外，独立野战重炮兵第21大队的第1中队当时也在西通休整。这个第12辎重兵联队拥有千余人，不过日军一贯轻视辎重兵，配备的步枪很少，多数士兵只有一把刺刀，真正有战斗力的，仅有守卫后勤仓库的2个极度缺员的步兵中队。

一个小篮子装了大堆鸡蛋，这样的配置，一旦发生意外，定要吃大亏。

孙立人的计划就是奇袭西通，破坏日军的后勤，使孟拱谷地的日军全盘失败。

史迪威当即批准了孙立人的计划并立刻布置后勤支援。根据计划，出击部队只带一个基数步兵武器弹药和6天给养，沿库芒山西侧向南强行军，出于保密考虑，穿插部队途中不能获得空投，连渡过南高江的工具也只能因陋就简自行解决，占领西通后才能得到空投的山炮零部件和补给，6天的期限和近100公里的丛林，对穿插部队提出了极大的考验。

新38师在前期作战中，将第55联队机动兵力全部消耗，当面日军只能在库芒山西侧设点防御，这为下一步作战提供了极为有利的条件。

日军第18师团据守库芒山的右翼第55联队，已从3000余人的大编制减少到只剩下900余人（其中有近400人是病号），还在进行着力不从心的抵抗，而左翼防守公路沿线的第56联队和第114联队一部，却在严密防守着加迈以北20余公里的阵地。南高江沿线的战斗一如既往的激烈，新22师和第50师第149团尽管配属了155毫米重炮、重迫击炮以及坦克，其攻击还是备感艰辛，雨季的到来更加剧了进攻的难度，前线到处是被炮弹犁了几遍的松土，雨水一泡，都成了难以克服的沼泽。但新22师的努力进攻粘住了日军左翼，吸引了田中新一的注意，使其没有余力注意南高江东边库芒山的变化。

20日上午，孙立人回到师部，立即命令第112团团长陈鸣人前来商议，因为这个团目前的位置最有利。任务的内容使陈鸣人大吃一惊，深入虎穴意味着以不到2000人的轻装步兵，不仅要克服密林、激流、沟壑和沼泽，更要独力承受来自两个方向的上万名拥有重武器的日军的疯狂冲击。但陈鸣人深知这一计划的重大意义，只犹豫了几秒钟，马上就接受了这个巨大的挑战。几天之后，中国传统的英雄主义精神和军人一往无前的使命感，使陈鸣人上校带领第112团克服千难万险，成就了一段真实的传奇。

5月21日，第112团留下第2营对瓦兰继续攻击，主力则绕过该据点直奔敌后而去。孙立人给陈鸣人配属了1个工兵连用于开道，还配属了1个徒手山炮连，加上团部直属队大部和第1、第3营，共1800名将士，冒雨偷渡棠吉河。为了减少目标，避免暴露意图，他们连1匹骡马都没有带，所有重机枪、迫击炮，一律人力运送。为了对付日军工事，每人携带的手榴弹多达10枚，这一身装备给养，重达60－70斤。部队一路潜行超越日军阵地，连日倾盆大雨增加了行军的艰难，但也掩盖了他们的行动，日军巡逻队龟缩在工事里，哨兵的耳中也只有不停的雨注击打丛林和山洪暴发的巨响。有几次部队从日军阵地附近还不到100米处通过，日军也毫无觉察。

部队日夜兼程，衔枚急进，渴了喝一口放了明矾的净化水，饿了啃一口饼干，困了也只能趁休息之机打个盹，没有享受熟食热饭的条件，没有搭建帐篷吊床的机会，所有的时间全部消耗在泥泞的道路和纵横的河川中。马不停蹄走了4天，到达山兴洋，雨也稍微停顿了一下，日军新兵兴高采烈地跑出来嬉闹，与第112团撞了个正着，被打死10多人，于是便作鸟兽散。

从山兴洋向南又走了一天多，终于翻越了库芒山，到达了南高江边，对岸西通的灯光隐约可见，这时已是5月26日晚23时，离预定时间只剩15小时。在简短报告后，陈鸣人关掉无线电话，率领部队在2小时内完成了渡河准备。

渡河点选择在西通侧对面一个水流平缓的河流弯曲处，这个地方便于第112团隐蔽而不利于对岸日军埋伏，其下游150米处还有一个150多米长、10多米宽的平整草地，是个天然的空投场，还可供滑翔机降落。

战士们把身上的雨衣、雨布、钢盔、水壶、干粮袋和树枝竹竿编织在一起做成浮筏，把武器装备绑在上面，拖在身后泅渡而过。阴沉的夜幕下，满河都是攒动的人头和闪亮的钢盔。200米水面仅仅拖延了勇士们30分钟。

夏天的黑夜很短，5点钟已略现晨曦。前卫连向北沿着公路潜行，一口气狂奔千余米。接近西通的时候，一个早起割草的日军士兵身影进入视野。满河薄薄的晨雾，满山清清的芳香，如果不是战争，很能让人想到乡村田园的美景。有可能是因为这幻景般的空气太过于迷人，这个士兵专心致志割草，低着头一路向着中国人割来，可惜战乱中的生命远比他手里攥着的草脆弱，早已蜕变为战争老手的中国士兵静静伏在深草里，100多双眼睛一齐盯着这个不速之客，想悄悄将之活捉或刺死。不料，这个士兵在最后关头发现了草丛里的潜伏者，立即转身飞跑。看来这是一个新兵，或是没有上过前线的辎重兵，因为他逃跑的时候没有借助地形地物以减小目标，没有蛇行机动以避开子弹，更没有正确选择退却路线，而是一面发出恐惧至极的大叫，一面在公路上跌跌撞撞地狂奔。瞬间一颗步枪子弹拖着清脆爆音划破黎明前的阴霾，宣告了西通截击战的开始。大批战士迅速跃过公路上横躺着的那位倒楣的日军士兵尸体，向西通发起强袭。

熟睡的日军还来不及反应，已经有上百人被打死，其他的人穿着衬衣甚至光着身子乱窜，在冲锋枪、卡宾枪的射击中纷纷倒地，或者被上了刺刀的步枪捅翻，手榴弹也发挥了预期的威力，许多房屋和帐篷里的日军随着声声闷响被炸得肢体分离。第112团的攻击使日军乱做一团，发生了错觉，日军那些没有跟驻印军直接交过手的后勤部队缺乏经验，以为在远离前线的后方，这突如其来的打击可能是“钦迪特”部队的空降袭扰，于是到处响起刺耳的防空警报，枪声、爆炸声、警报声伴随着火光硝烟，西通一片混乱。

陈鸣人向师长报告：“我军已安然渡过南高江，正以战斗态势逼近西通。缴获大批粮食，只要空投山炮和弹药，粮食不用投了。”孙立人立刻上报总指挥部，要求为陈鸣人空投弹药，一向自信的史迪威正在为密支那战斗裹足不前而大伤脑筋，听说不到1个团的兵力就能占领西通，这个倔老头一时不敢相信自己的耳朵，一手拿着话筒，一手举着餐叉僵在了饭桌上。

仿佛老天爷想卖中国人一个人情，5月27日是个雨季罕见的多云天气，早晨7：30，史迪威亲自乘坐L-7小型观察机混在一群C-47运输机里飞来，亲眼目睹了第112团奋勇杀敌的场面。大半个西通已在第112团的散兵线后面，日军留下遍地死尸，乱糟糟地逃向丛林，战士们紧跟着爆炸的烟柱层层跃进，胜利无可置疑。

跟随第112团行动的山炮连抓紧时间，就地组装空投下来的山炮零部件，加强了部队的攻坚力量，上午11时，枪炮声完全停息。日军丢下700多具尸体，将西通拱手相让。

第112团在西通缴获的物资和装备堆积如山，其中有150毫米重炮4门，满载给养的卡车76辆，骡马320匹，汽车修理厂一所，粮食和弹药仓库11座。已经吃了3天芭蕉芯的部队终于吃上了热饭。

占领西通之后，第112团分出1个营的兵力，向北搜索前进6公里，很快逼近到距离加迈只有7公里处，与正面攻击的新22师遥相呼应，后方极其空虚的加迈守军慌忙由马拉高阵地收缩后撤，企图一边缩小防御面，利用加迈以北的大小山头拖延新22师的进攻，一边集中重兵力反扑，企图夺回西通，重新打通补给线，改善防御态势。

这个时候，原驻缅甸中南部的日军第53师团主力，在追击向北撤退的英军"钦迪特"部队到达孟拱，继而奉命以主力向密支那增援，刚刚跟密支那外围的中国军队接上火，西边的孟拱谷地却出现了更危急的局面。

缅甸日军第33军司令官本多政材命令，增援密支那的部队统统调过头来，全部用于攻击西通，消除心腹之患。

第2师团第4联队全部、第53师团第128联队1个大队加上第151联队1个大队从孟拱向北突击，第18师团第114联队第3大队由加迈向南前进，夹击西通。一时间，南北两面日军共五六千人携带150毫米重炮4门、野炮12门、速射炮15门以及5辆坦克向第112团逼近过来。第112团的支援火力，只有4门75毫米山炮和编制内的迫击炮；而且，由于密支那、英帕尔、阿恰布、孟拱谷地和怒江前线全线展开激战，盟军的飞机不敷使用，第112团的空投支援十分迟缓。

可是在6天6夜的硝烟飘散以后，本多政材和田中新一发现，第18师团的七寸仍然牢牢攥在中国驻印军新38师第112团手里，而新22师正在以泰山压顶之势全面出击，已经在孟拱谷地苦苦支撑了两个月的日军第18师团主力，犹如被放干了血的画皮一般，就要软绵绵地飘落下来。

燃烧的南高江

28日，西通北面出现的日军第18师团第114联队第1大队发动突袭，被西通守军轻易打败，尔后由于新22师在加迈前线加紧攻势，第18师团自顾不暇，因此坚守西通最激烈的战斗，发生在西通的南侧。

6月1日拂晓，日军第4联队的先头部队，经过疲劳不堪的行军，出现在西通南边泥浆泛滥的公路上。公路爬上一个小坡，坡的顶点处形成一个马鞍状小高地，两边制高点上埋伏着第112团第1营第3连。因为西通周围有许多前几天被打垮的日军散兵游勇，需要进行扫荡，营长李克己也只能拿出2个连用做阻击，而第3连阵地则关乎第1营阵地是否能够坚持。连长周友良深知责任重大，他做了周密准备，几个排的阵地，经过抢挖，战壕都已经连接在一起，机枪都有预备火力点，可以灵活转移火力，主阵地、警戒阵地和预备阵地都可互相支援。在库芒山里跋涉6天没有睡过好觉，没有吃过好饭，继而在西通酣战杀敌的战士们，没有得到什么休息又投入了浴血阻击的战斗中。

日军在第3连阵地上花了大本钱，从1个中队的试探性进攻，发展到1个大队的强攻，最后变成整整1个联队的轮番强袭，夜以继日，周而复始。3天里他们进行了5次进攻，每次进攻时的冲锋不计其数，1个中队打残了，另1个中队立刻接上来，妄图用武士道精神造成对手意志崩溃，但面对大量自动火器，结果可想而知。仅仅第一天，日军即发动了14次疯狂的冲击，如果不是因为兵力施展不开，他们肯定会让整个联队一起蜂拥而上；仅仅第3连第1排的阵地上就落下了3000发炮弹，横躺竖卧的大和武士尸体几乎都化做大大小小的肉泥；日军对这个排级阵地还动用了飞机进行俯冲扫射，这在第二次缅甸战争里是十分罕见的。可以想见日军第33军解第18师团之围的心情之急迫。

夜幕降临时，第1排从排长周浩以下40余人全部阵亡，前哨阵地失守；日军则在第3连阵地前的泥泞里留下了320具尸体。南高江的浪涛声配上如此壮观的画面，此情此景何等恐怖。

6月1日这一天，第112团第1营第3连以很大代价顶住了日军援军，而在西通北面的加迈，日军第18师团却正处于崩溃的前夜。由于西通补给线被截断，第18师团放弃了马拉高，向加迈方向收缩，却没有料到新22师正在以大部队穿插。迂回部队第65团主力、第66团第1营、第149团第3营，经过近10天的艰苦行军，沿沙逊山经绝壁深涧冒雨前进，出现在第18师团防线后方达20公里的南亚色村西侧和索克道以南。索克道的日军进行反扑，遭到严重损失后被迫停止了行动。而新22师和第149团各部则得到了重新部署的时间，正面攻击部队攻陷马丁沙坎，于5日兵临索克道北侧。第18师团又一次陷入包围圈。

还是在6月1日，第18师团防区东边的中国怒江以西地区，日军第56师团长松山祐三担心已久的事发生了：继第20集团军之后，中国第11集团军也开始渡过怒江，直取滇缅公路上的山城龙陵。龙陵是怒江西岸滇缅路上的战略制高点，关乎整个怒江前线的存亡，第11集团军实力远比第20集团军强大，尽管第56师团想方设法拼凑一切兵力抵挡，每一个士兵包括伤病员都被要求不下火线，还是到处被包围攻击，顿时左支右绌，狼狈不堪。一旦第56师团招架不住，第18师团的侧背就完了。同为九州兵团的这两支兄弟部队，真正成了拴在一根绳上的两只蚂蚱。

6月6日，第18师团发现新22师的围歼企图，田中新一连忙指挥主力向索克道南3公里的拉察加道转移，计划占据其东侧山地和公路继续抵抗，可是，大规模的转移无疑给中国军队的炮兵提供了绝好目标，涌出工事的日军毫无隐蔽地暴露在中国军队重炮威力下，大批有生力量迅速丧失在炮火之下。155、105毫米榴弹炮和75毫米山炮不停地发射，掩护中国步兵全线出击，奋勇追击日军残部。从7日到9日，炮弹爆炸的巨响在加迈北方不绝于耳，大雨如注的漆黑夜空里也充斥着炮火的闪光。

第64团第3营经过一昼夜战斗，夺取了拉察加道以北山谷里的日军重炮阵地，歼敌200余名，缴获105毫米榴弹炮4门、野炮6门、汽车10余辆，宣告了独立重炮第21大队的覆灭；第149团以第1营、第2营从两个方向合击索克道，激战两天两夜，击毙日军数百，缴获山炮1门、速射炮3门、汽车27辆；第65团与正面强攻的第66团主力夹击索克道到加迈之间20公里路上的日军，上千名日军在仓皇逃命中被打死在条条山沟里。

■ 滇缅战场上中国军队装备的德制150毫米榴弹炮。

9日，加迈以北已经不存在任何有组织的日军部队，新22师的前锋一路高歌猛进，距离加迈已不足6公里，仅在公路沿线找到的日军尸体就超过1600具。遗憾的是，第18师团长田中新一得以逃脱，为了掩护田中新一和参谋长大槻大佐逃跑，第56联队第2大队残部拼死断后，从大队长吉冈大尉以下，全部在公路附近阵亡。

6月10日，新22师主力及第50师第149团开始正面压迫加迈守军，逐步将外围据点一一攻下，第65团从西侧向南发展，新38师第112团第3营向北进击，构成对加迈的三面包围。零星日军借夜色掩护从水路突围，有的乘竹筏，有的抱着圆木，顺南高江漂流而下，却又在西通不断遭第112团第1营阻击，一批一批死在水里。

13日，新38师第113团从芒平南下到达加迈对面的支遵渡口，全歼刚刚逃来此地喘息未定的第55联队第1大队残余100多人，致使该大队彻底覆灭，加迈日军唯一的逃命通道也被关闭，加迈四面楚歌。日军拼力阻止中国军队过江，最后还是无法改变战败的事实，16日早晨，第113团得到飞机空投的100多只橡皮艇、帆布船，立即组织山炮、迫击炮进行猛烈轰击，将对岸仅持有步兵武器的日本溃兵打得狼奔豕突，第2营500名勇士奋力击水，迅速渡过洪流翻涌的南高江。加迈工事多是向北防御，第113团从东进攻，日军惨淡经营两年的工事顿成废物，因此进展神速。9:00，攻占加迈东南侧制高点637高地，11:00，战斗向硝烟弥漫的加迈市区发展。

“加迈”是缅语“秀丽”之意，银岛江和南亚江分别从城南城北流入南高江，这三江环抱的小城风光旖旎，此刻却全部笼罩在浓烟烈火之中。13:20，熊杰上校第64团第3营营长李定一带头从城南渡银岛江，冒滂沱大雨杀入加迈，先头连连长何光源手持冲锋枪，后面跟着无线电员，指挥部队朝北压去，先头排孟排长强忍左臂血管被打断的巨痛，在城内菩萨庙的屋顶插上了加迈城里的第一面国旗，由于血流过多，这位年轻的排长在国旗下壮烈殉国。

迎着风雨飘动的国旗加快了胜利的步伐，西侧的第65团第2营营长窦思恭也率部杀入城中。13:50，第113团与新22师在到处燃烧的大街上胜利会师，日军残余部队丢下300具尸体，向加迈西南的山地败逃。驻印军新22师、第50师第149团加上新30师第90团，在接下来的半个月里，中国军队对逃入山中的日军进行全力扫荡，战果颇丰。日军第18师团战斗力量全部损失，只剩一些零星人员陆续越过重重大山，勉强走到缅甸中部。在这次大败逃中，许多人饿死或病死，打扫战场的中国军队曾经惊愕地看到，近2000名全副武装的日军，成片成片地饿死在加迈西南的山谷里。

加迈附近的胜利，是从西通截击战开始的，这次突如其来的截击使日军第18师团主力深深地陷入了弹尽粮绝的困境，为新22师的正面进攻创造了极其有利的条件。为了迎接胜利，截击西通的奇兵第112团承受了日军南北两面的巨大压力。

■ 加迈之战中被中国驻印军战车第1营击毁的日军坦克，该车系日军缴获的苏制T-26坦克。

由于第112团第1营第3连位置最突出，也就成了日军重点攻击的目标，在第四次攻击里，日军的渗透分队截断了第3连的后路，将第3连的阵地变成孤岛，被压缩到高地顶上的第3连还没有喘过气来，第5次进攻又开始了。

连长周友良负了致命的重伤，话都说不清了还在指挥战斗，最后壮烈殉国；排长们全部伤亡，人越打越少，在落满浮土的战壕中，泥水里泡着满壕筋断骨折的伤兵，和那些血迹斑斑的烈士，山坡上、公路上，炮弹不断地在阳一发阴一发地落着，鲜血混着大雨将泥土染得腥红，阵地危在旦夕。

在这样的危急关头，只要还能动弹的重伤员都自觉投入战斗。班长陈应明上士就是其中一位，他斜躺在两个机枪掩体之间的焦土上，用尽全力使用两挺机枪消灭了即将扑入战壕的几个敌人，这位从云南大理走出来的淳朴农家小伙子，以自己的牺牲保证了阵地的安全。

转机终于来了。第112团第2营在攻占瓦兰据点之后，于27日奉命循团主力的行进路线南下归建。他们使出浑身解数，沿着被团主力踩踏得稀烂的泥路，在大雨如注的库芒山山坡上连滚带爬，拖着满身腐臭的气味，终于冒着纷飞的弹雨闯进战场，日军几天来的努力顷刻化为乌有。生力军的到来强化了西通的防御力量，损失严重、疲惫不堪的日军攻势越来越弱。到6月9日，第18师团的命运已无法扭转，增援日军扔下陷在泥水中的1730具尸体退向杰沙，西通阻击战宣告结束。日军一次战斗之后抛弃这么多尸体，十分罕见，以往日军无论如何也要夺回战友的遗体，或是焚化后带回骨灰，如果不是损失十分严重是不会出现这种场面的。算上5月27日的突袭，整个西通战斗，新38师第112团以牺牲180人，负伤100余人的代价，取得毙、伤日军增永大队长以下2500余人的辉煌战果。陈鸣人和第112团因此被日军称做“拦路虎”。

在陈鸣人率第112团攻占西通的第2天，孙立人把自己手中的第三个撒手锏也打了出去。他料定日军抽调兵力西攻西通东援密支那之际，远在百公里以外的孟拱兵力空虚，而且留守日军必定麻痹，于是命令第114团沿南高江边的库芒山中丹班卡小道急进，直扑孟拱。这条山中唯一的马帮路已经被第114团截断，库芒山中的日军第55联队残部，除了少数命大福大的以外，大部分人的前途只有病死饿死。

从6月6日到12日，经过第114团的扫荡，丹班卡地区日军全部清除，不但打开了向孟拱前进的道路，还造成了日军对第114团作战目的的判断失误。12日后第114团突然离开战场向东潜行，孟拱的日军各后勤、指挥机关还沉醉在歌舞升平之中。

1944年6月初，尽管孟拱谷地北部落入中国驻印军手里，但西通以南直到孟拱的公路沿线附近依然布满日军部队。缅甸方面军抽调了所有机动兵力到达孟拱谷地南部，全力堵截驻印军的前进，另以其他部队增援密支那，西通以南的日军达到近万，密支那附近也聚集日军达3000人以上。孟拱城作为两个战场的联结点，突然之间具有了巨大的战略意义；并且日军孟拱守军正在对付南面的英军“钦迪特”部队，由于位置相对安全，北面的日军战斗部队也不多，以后勤、辎重部队和医疗部门为主。从孟拱城背后插上一刀，又将形成截击西通那样的大好局面。

16日，新38师第114团沿孟拱河 (即南高江下游) 北岸高山迅速前进，从背面攻击占领了孟拱北面的警戒阵地亚马楼、巴陵杜。至此，该团距离孟拱城只剩下6公里的路程，尽管道路上到处泥泞没膝，如果不是因为中间隔着一条波浪翻滚的孟拱河，第二天他们就可以杀进城去。

缅甸属海洋性季风气候，植被丰富，降雨奇多，河川密布，因此很多城市依山傍水，婀娜多姿。此刻呈现在第114团眼前的景色之美，不由得让人心情激荡。南高江从孟拱北面流过，然后在东北方迅速折向南方，直奔最后的归宿——伊洛瓦底江而去，而在城市的西北侧，又有一条南因河往北与孟拱河交汇，两条江从东西北三面把孟拱城紧紧包在怀里。虽然山色阴沉，愁云满天，但依然掩饰不了自己的美丽。

3月间，英国“钦迪特”部队3个旅实施机降，不惜付出高昂代价，在孟拱西边到杰沙和英多之间的丛林里成功建立了3个据点，满天穿梭的P-51战斗机和B-25轰炸机，以及雨点般的大威力107毫米迫击炮弹，将贸然前来围剿的日军独立混成第24旅团打得一片鬼哭狼嚎。以这3个据点为依托，他们四处出动，一共摧毁了日军21个补给站和弹药库，把日军运输部队九死一生冒着盟军的空袭转运来的68200升油料送上了天，还到处埋下地雷，让日军巡逻队和运输队吃尽苦头。为了清除这些特种部队，并支持第18师团抗击中国人，由于战线过度拉长而导致兵力空虚的日军只好命令驻扎在朝鲜的第53师团漂洋过海，零零落落在缅甸登陆，到了4月底，第53师团才在武田馨中将的带领下，与雨季一起跌跌撞撞赶到战场。

此时的英军远程突击队，也已经由于恶劣的气候和艰苦的战斗而战力大损，日军第53师团陆续到达以后，3个据点陆续丢失。英国第14旅受到压迫，被迫慢慢向西撤退，脱离战斗；第111旅在孟拱西南的和平附近被洪水困住，所幸边上有个十分宽阔的银边湖，伤员可以靠“卡塔林娜”水上飞机运送，不过因此也得到了险恶的大自然的保护，日军第53师团停止了对它的攻击，直到6月初，日军重兵转向西通和加迈，这个士气沮丧的英国旅才得以撤向印度。最悲惨的是第77旅，于撤退中落入了日军夹击的包围圈，他们拼死突至孟拱东边山地，想通过这个城市与中国军队会合，不料在第一次尝试里刚刚摧毁了一所医院和一座弹药库，就遭到守城日军第53师团的第53炮兵联队炮火的毁灭性杀伤，机降作战开始时拥有2000多人的部队打到这个时候，只剩下500来人了。

这个从一旅之众减员至不足一营的精英部队，唯一明智的做法就是求救。事实上他们也这样做了，6月17日，该旅一名少校联络官乘坐小型观察机飞出包围圈，到达了离他们最近的盟军指挥部——库芒山中的中国驻印军新38师师部，并见到了师长孙立人。少校将旅长的话原封不动告诉了中国人：“如果不能迅速获得增援，第77旅将潜入孟拱城东南山地，以脱离噩梦般的战场。”听到这个请求，新38师指挥所诸人不禁哑然。两年来，新38师屡次救援盟国军队，都几乎变成了专职的救援队：先是英军第17英印师，接着是美军“抢劫者”支队，现在则轮到英国丛林战王牌——特种远程渗透部队“钦迪特”了。

孟拱河边的第114团团长李鸿在渡河前接到了孙立人的命令，要求他派一支部队前去搭救英军。第114团的战线已经拉得很宽，为了迷惑敌军，他们在位于城市北边的伪装渡河点已经留了1个多连与日军躲猫猫，2个多营的兵力要从东南两面包围孟拱，已很不容易，再分出一支部队的话，兵力密度还要再次稀释，弄得不好，连防守力量都难以保证了，何况突击能力。

李鸿最后派了1个营从南面包抄，从这个营里只派出1个连增援英国人，其余部队还是以攻击孟拱为主要目标。乍一看，这个方案仿佛是在表演在国内经常玩的敷衍把戏，但实际上李鸿经过了深思熟虑。英军当面的日军连500名疲惫不堪的残兵都吃不掉，这说明日军兵力并不强，派1个连进行解围，应该不是不可能的。

第114团全线展开，于6月19日傍晚全部渡过了200米宽的孟拱河，形成了一道薄薄的丝带，系向了还在浑浑噩噩的日军。不过，在孟拱城的北面，隔着波浪滔滔的孟拱河，赵狄带领的第113团经过几天没日没夜的冲刺，到达了第114团一天以前的位置，开始布置防务和助攻。消息传来，第114团那些已经连续55个小时没有休息，身上只剩下几块饼干的士兵们，不由得精神大振，20日一天不但解救了英军第77旅，还顺便攻占了马亨、瓦铁据点，完全肃清了城东的敌军。

李鸿救援英军的命令是下达给第1营营长杨振汉的，杨营长则指派了营的前卫——许谷山的第1连去完成任务，精锐的第1连已经好几天没有出现伤亡了，可是由于急于完成任务，在强渡孟拱河时即牺牲3人，其中一位还是身经百战的老班长。按照英军少校提供的方位，在一路狂野的冲击后，第2天清晨这个连在一座山谷找到了萎靡不振的英军。当时日军正在转移兵力，故只留了一个分队监视这些白人，就这么一个孤零零的分队竟然就把士气遭到重大打击的英军第77旅钳制得死死的。许谷山连长查看地形后，派了1个排，在6门迫击炮的掩护下，以疏散的队形，分成前后两个梯队互相掩护，利用丛林死角逼近日军，日军抵挡不住近距离的密集火力，只得丢下了多具尸体仓皇遁逃。英军倒也聪明，马上明白了其中的道理："我们攻了几次死伤惨重，原来是队形太过密集……"

在许谷山连的身后，20日凌晨1时，营主力也发起了对城东孟拱河铁桥的突然袭击。一整夜爆豆般的机枪和冲锋枪声响过之后，孟拱日军发现，他们与刚刚离开的生力军之间的联系被切断了，6月18日这座城里刚刚进驻了第53师团司令部，从数字上看，城里日本军人不少，但战斗兵员很少。

在6月上旬，孟拱防务曾得到过第53师团的第53炮兵联队的加强，不过和第53师团其他部队一样，这个炮兵联队的到达也是零零落落，这是由于日本在太平洋上已经全面丧失了制空权和制海权，远道而来的海运部队一路上要对付越来越厉害的盟军海军航空兵和潜艇部队的袭击，船队已经不可能保持严整的队形，该师团的部队只能陆续到达缅甸，这样就严重削弱了战斗力，甚至有的部队根本就没能到达缅甸，或者临时改在菲律宾或马来亚的什么海滩上岸，或者不幸与船一同沉入大海。

在成功击败仓促进攻的英军第77旅以后，第33军认为孟拱城安全形势不至于有大的变故，第53师团先头部队与第53炮兵联队主力，已经在第53炮兵联队长高见量太郎大佐指挥下离开该城向东开拔，向正处在风雨飘摇中的密支那增援。本多司令官没有料到，这支生力军于19日刚刚离开，20日中国军队就突然兵临城下，他只好命令高见部队来了个180度的转弯，希冀神速回头解孟拱之围。高见部队去得容易回来难，士兵们在泥水中摸爬滚打，一边日夜抢修窄轨铁路一边躲避空袭，40多公里走了两天，于6月22日才赶回到孟拱附近，可是为时已晚，增援密支那不成，还丢了孟拱，顺带着把自己也送进了死地。高见不知道，在孟拱通向密支那的铁路边，中国第113团已经派出得力部队悄悄埋伏下来，在恭候着他的光临。

20日，新38师第114团和第113团主力正式进攻市区。李鸿团长与他的得力干将王东篱副团长和彭克立营长，率领几个参谋与2个班战士靠前指挥，指挥部队席卷而至。日军没有想到中国大部队已经从孟拱河北偷渡到河南，以为这不过是英军游击队的袭扰，因此抵抗还十分激烈。李鸿一看日军没有撤退，不禁大喜，为了不惊动日军，以免日军过早遁逃，他命令储幼萍连长率部穿上英国军装，绕到敌后专门攻击日军机枪和迫击炮阵地，以减轻正面进攻的压力。这个连插向日军防卫稀疏的后方，果然大显威风，一连缴获了日军4挺重机枪、8挺轻机枪、6门迫击炮，有力配合了正面攻击。

第114团的战斗队形逐渐从城东向城南挤压，到23日，顺利拿下了控制城南公路和铁路交通的汤包、来生、来鲁，完成了对孟拱城的包围，现在只要攻下西南的火车站，临渊驱鱼的战术就算成功了。日军将重机枪搬进了用火车车皮垒起的工事里，凭借厚厚的铁板猛烈抵抗，先期进攻的1个排40几名战士，大半都在一次次攻击中倒在铁道旁边的泥泞里，只剩下了十几个人。排长率这最后的十几个人，用了极大的耐心，借着铁路路基的掩护，慢慢在泥浆里匍匐迂回了几百米，绕过日军监视，从背后把手榴弹投进了车厢。不停息地吼叫了两天的4挺日军机枪，终于彻底哑巴了。

彭克立、李卓、杨振汉三位营长，从城东城南向日军最后聚集的城北压缩，第2营的第5连甚至攻击到了城西的南因河大铁桥附近，日军只能蜷缩在这个小小的河套里，三面背水作战，固守的决心越来越动摇。其东面由密支那回师的高见量太郎所率部队，为中国第113团伏击分队的突然袭击所瓦解，西面的主力也被新22师和新30师第149团死死拖住，待援的希望完全破灭；而中国新38师却连续得到增援，其第112团又开始沿着第114和第113团走过的路向孟拱扑来，在这样的情

■ 在攻占密支那火车站的战斗中被打得千疮百孔的火车头。

况下，日军已经不可能再守住孟拱城。

兵败如山倒。第53师团司令部仓皇逃出城外以后，日军残余部队纷纷向夹在第114团和第113团之间的唯一退路——城西的南因河铁桥逃跑，没有了组织的溃兵毫无战斗力可言，他们在炽烈的弹雨中留下许许多多泡得发胀的尸体，城市的焦土上随处可见人体残片碎骨，雨水毫不留情地把腐尸的气味冲得满城弥漫。南因河里漂着的死尸，宣告了孟拱战斗的结束，中国驻印军新38师第114团完全占领了这座满目疮痍的重镇。

450名日军成了废墟里的陪葬品。李鸿第114团损失了大约100人。

从索克道、南亚色南下加迈，后到西通，再折向孟拱，在军用地图上，战线沿着整条南高江（孟拱河）一直向缅甸腹地延伸。不到10天的时间里，南高江沿岸陆续燃烧起来，随即延伸到伊洛瓦底江，并且一直深入到遥远南方的首都仰光，从此到处烈焰熊熊，直至将缅甸日军的主力烧成灰烬。日军在这条大江边上品尝到了真正的惨败。

正道沧桑

现在是收获的时节。天空依然大雨如注，但驻印军从总指挥部参谋到基层士兵，都知道缅北大局已定，即使是仍然在艰苦进行之中的密支那外围战斗的结局，也不再是悬念，人们只是关心战斗伤亡情况。黑夜里亮如白昼的闪电，山洪肆虐的道路，深可没人的泥潭，横躺竖卧的焦木，凄风苦雨中飘零的紫茎折兰，沿着边缘流下雨水的钢盔，积满水的汽车篷布，被大大小小的车轮反复碾压成沼泽的红土，散发着浓烈馊臭的卡其布战斗服，沉甸甸的子弹袋和冷冰冰的手榴弹，见证了八个月来中国驻印军坚忍不拔的品质。

即使经过了10次补充，日军第18师团也只剩下大约1700名病饿交加的残兵，那些曾经多达220到250人的步兵中队，这时平均只剩下大约10人。在缅甸方面军的全力挽救下这个师团才得以幸存，师团长田中新一以1个师团之众独力抵挡全副美械的两个多中国师达半年之久，除了第18师团超凡的意志力和充分的训练这个因素以外，这位中将的决心和毅力也值得钦佩。所以，田中新一尽管打了败仗，仍然受到日军高层的信任，继续在缅甸为日军的抵抗殚精竭虑。

在孟拱谷地战场的西方，与英军在英帕尔对阵的日军已经崩溃，即使参加进攻的3个师团长全部被免职，情况也丝毫未见好转。从4月到6月，第33师团长和第31师团长连续发难，直接对抗第15军司令官牟田口廉也的进攻令，先后将几个月来被拖得只剩一口气的部队撤下火线。这直接损害了第15军不计得失拿下印度东部的幻想，危及到军司令官“创造历史”的野心。于是柳田元三和佐藤幸德两位中将分别于5月中和6月初被罢免，而第15师团长山内正文，则以重病要求辞职，3个师团长都被换了一轮。作战指挥官在前线全部罢工，这在日军历史上是没有先例的。到最后，由于战役完全失败，牟田口中将也和他下属的师团长们一样，失去了军司令官的宝座。

加迈西南山地的战斗还在继续，新22师和新30师第149团，继续一个一个将日军阵地拔掉。这些阵地都是仓促间建立的，在强大炮火面前没有什么作用，多数成了日军自己的坟墓。山上躺着的一些日军尸体，嘴里含着树根，满脸都是黏黏的泥土，死得很凄惨。很多尸体伏在地上，从后面看不出什么异常，等搜查的士兵将之翻转过来，常常发现其扎在泥土里的脸部已经被虫子吃空。不少新补充进部队的兵员，都是胡子拉碴、重新服役的退伍兵，例如一名叫藤田芳二郎的一等兵，就已经38岁。由于战线越拉越长，当年横扫东南亚的日本军队，已经江河日下了。

另一位俘虏，第56联队3大队第9中队2小队队长平田悦二，当年30岁，在被俘前连续吃了6天芭蕉根（芭蕉芯比芭蕉根好吃，可是早已被日军吃光，此时已经属于稀罕物品了)，在饿得非常难受的时候，亲眼看到他的联队长长久竹郎大佐下令烧死了140名伤员，然后再命令仅剩的百余士兵死守，自己却悄然溜走，平田中尉于是决心活下来，不再为不仁不义的军阀卖命。

日军里还有台湾人或朝鲜人，有一个姓钟的台湾士兵被俘虏后，就地当起了战地翻译，为驻印军的战俘管理工作做出了一定贡献。有位被俘的日军小队长准备在战俘管理所表演杀身报国，结果被他笑得连头都抬不起来。

遗憾的是，更多的愚忠于军国主义的日军仍然在疯狂抵抗。某天晚上，新22师某团第8连还遭到日军夜袭。8名日军由一个会说中国话的日军带头，骗过哨兵后偷偷摸上阵地，在连掩蔽部边上突然遇到了刚刚出来查哨的连长，日军顺手将刺刀戳进了他的胸膛。这位叫做姚玉林的连长，意志力令人吃惊，他在倒地牺牲前竟然还拼尽最后的力气对着凶手连开数枪，与敌同归于尽。枪声破坏了日军的计划，驻印军的士兵训练有素，反应敏捷，附近的小炮班马上投来一顿手榴弹，9名日军血肉横飞。

在新22师继续扫荡加迈西南日军的同时，配合作战的新30师第149团也沿加孟公路南下，一步一步向孟拱攻击前进，占领孟拱城的新38师也同时向西推进以为策应，日军残部无可奈何，一点一点被挤出缅北。

在第114团攻击孟拱和稍后打通加孟公路的同时，第113团正在向密支那与孟拱之间的地方进击。6月21日，即第114团解救出英军第77旅并开始攻打孟拱的第二天，已经出发增援密支那的日军奉命回援孟拱，高见量太郎大佐率领相当于1个大队临时混编部队，沿缅甸那条岌岌可危的窄轨铁路，乘坐摇摇晃晃的小火车往回赶路。由于连日暴雨不停，盟军飞机的空袭也少了许多，加上沿途有厚厚的树冠保护，这一路日军的麻烦还不算很大，如果不把路基坍塌严重导致随时停车修路看做麻烦的话。

新38师副师长唐守治少将在20日查看第113团到达情况的时候，敏锐地将目光放到了孟拱城东铁桥与南堤之间的威尼第478号铁道岔路口上，第114团背后的这个地方很重要，应该特别予以关注。当时第114团则已面向孟拱全部展开，第113团的先头分队正在北岸展开扫荡作战，主力还未到达，兵力很薄弱，只好紧急抽出1个连赶往这个路口。21日夜，伴随着身后孟拱城激烈的枪炮声，牛志仁连长率领自己这个孤单的连队以强行军赶至第478号铁道岔路口，到达之后先修筑工事，然后才在冰冷的雨水中蜷缩在散兵坑里静候日军到来。部队两个星期没有好好休息过了，几包饼干和着雨水就是战地伙食。牛连长把3个排分散配置，士兵们严守战场纪律，不生火、不吸烟，也不睡觉，到22日凌晨终于等到了日军。前面是4个湿漉漉的日军摇着一辆破旧的轧道车在前面侦察，后面的小火车像不堪重负的老牛在大雨中使劲喘着粗气，当火车的黑影放大到遮住眼眶的时候，先头排当仁不让，猛烈的火力袭击开始了。

各种火力在夜色里从两个方向朝火车扑去，长长的火舌像纷纷攘攘的流星雨一样，许多撞在火车车厢上的子弹叮叮当当乱舞，拖着长长的曳光尾迹，就像节日里的礼花。

火车戛然而停，车上乱七八糟的黑影如同下饺子一样掉下路基，更多的人影到处乱窜，到处是惊慌失措的日本话呼喊和伤员垂死的哀号。这是一场一边倒的战斗，被伏击者死伤惨重，尽管日军也曾努力稳定下来进行过一次反冲击，但黑夜掩护了中国军队，1小时内的两次猛烈的火力急袭便使135名日军倒在铁路两侧，自身却没有任何伤亡。

伏击圈外，乱哄哄奔逃的日军好不容易整顿下来，尝试步行绕道完成增援孟拱的命令，果然半夜无事，可是在泥潭里艰难跋涉地走到天快亮，威尼车站已遥遥在望，马上又能坐上火车的时候，却撞上了牛志仁连另一个排的伏击圈，马上再遭一顿好打。武器都已经不齐备的日军毫无还手之力，又扔下275具尸体。这个倒楣的混编部队，连对手都没看清楚就连遭两次重大打击，部队指挥官高见量太郎大佐被击毙（另一说高见量太郎重伤未死，只是日记被中国军队缴获），其余日军经这一夜的战斗也完全变成了惊弓之鸟，不敢再继续向前进军，垂头丧气地原路返回，到达了孟拱城东边30公里处的南堤，多日跋涉疲劳已极的日军不想再走了，准备在此固守。

可是这样的好景也不长，6月26日以后第113团全部到达，开始展开对孟拱周围的扫荡行动。27日，南堤也被第113团的迫击炮炮火所笼罩，残余日军没有炮火和坚固工事的掩护，被迫慌忙撤退，沿伊洛瓦底江畔的密林向南方的八莫逃窜。28日，第113团攻破南堤，除了收拾到95具日军尸体，还缴获了列车车厢25节。

孟拱与尚在苦战的密支那之间65公里的公路、铁路被完全打通，在那里战斗的中美军队后顾之忧解除了。然后新38师又以第114团向南警戒，第113团负责对八莫戒备，刚刚飞速驰援到达孟拱的第112团向西沿加孟公路前进，扫荡孟拱谷地残余日军，于7月10日与齐头对进的第50师第149团会师。

激烈战斗的时刻已经过去，从索克道到加迈，再经孟拱直到密支那的道路全线畅通了。美国工兵开着推土机在沼泽一样的红土路面上游弋，掩埋路边满坑满谷的日军尸体，路过的士兵漠然看着推土机前海浪一样涌动的泥浆逐渐淹没那些曾经的敌人。战斗旷日持久，年轻的士兵或者成熟了，或者已经在残酷的战斗中麻木了。日军的一条条涂

■ 被日军缴获的美制雪佛兰卡车如今又回到盟军中了。

着“菊字××××号”的冲锋舟，现在成了中国军队跨越江河的最好工具；从南亚色再往前到加迈，以及从加迈到西通，到处有成连成排的士兵和穿着红色囚服的日本俘虏，抱着树枝不停地填埋一个个隐没的泥坑。这些红色囚衣是在西通的仓库里发现的，本来是日军计划在英帕尔胜利后给盟军战俘穿用，最后却穿在了日本人自己的身上，真是一场超越时空的黑色幽默……军官和记者们乘坐的吉普车像敏捷的小猫一样上蹿下跳，颠簸得像是波澜中的小船，但乘客们却依旧喜形于色全然不顾。

他们眼中看到的战争遗留残景，足以说明日军第18师团惨败的事实。路边都是长长的汽车队列，两年前日军缴获的福特、雪佛兰、道奇，还有日本制造的卡车一应俱全，日军逃跑时把它们甩在公路上，泥浆糊满了轮子。其中有一辆特别有意思，挂着“昭和十五年九月制京字40614”的铜牌，使用酒精做燃料。在卡车制造上，日本特别考虑省工省料，例如丰田的卡车只有后轴是带有减震缓冲设计的，没有前刹车，大灯只有一只，活像个独眼龙，而驾驶室的座椅，则为全木制造，硬邦邦的，连个垫褥也需要汽车兵自带。到了后期，日本军方连燃料也舍不得用了，因为海上运输线逐渐被美国潜艇和航母联合绞杀，宝贵的商船不断被击沉而且无法补充，因而只能大量使用质地粗劣的合成汽油。合成汽油固然粗劣，但可贵之处在于不必依赖越来越危险的海上运输线从东南亚油田运来的石油，为此政府发动老百姓上山采集合成汽油的原料——松香。问题是日本国太小，松香的采集量照样是入不敷出。二战中，侵略国日本的酒精燃料汽车和被侵略国中国的木炭汽车相映成趣。

成百辆汽车陷在泥浆里一动不动，拉察加道的山坡下，刻着“大正十六年大阪制号209、198”或为“大正十二年日本制钢所制号168、106”等字样的4门105毫米大炮也扔在路旁暂时无人问津，细长的炮管低低地指着地面。这些杀人的凶器在失去主人之后，显得多么的优雅和文静。周围还凌乱地扔着6门75毫米山炮，全都低垂着头，一如低眉顺目的仆从。

从加迈沿着加（迈）孟（拱）公路直到西通，一路上都是看不完的战利品，150毫米和105毫米榴弹炮、75毫米山炮、70毫米步兵炮、37毫米战防炮、20毫米速射炮，林林总总，扔在这条泥路上的各种炮，涵盖了几乎日军所有制式火炮的口径和型号。新22师在这段路上共缴获火炮56门，卡车230辆，小卧车14辆，仓库20多座。这些物品中，有一辆银灰色的小卧车，上面的号牌赫然写着“菊字1001”，发动机盖左侧的前轮挡泥板上装了个小圆镜，漆着一面上红下白的三角旗，这便是第18师团师团长田中新一中将的座车。师团长阁下在逃跑时表现得如此果断，连自己的座车都来不及处置，而和师团长的名贵座车一样，数百辆汽车除了少数被打坏的以外，其余都没有被日军破坏。

新38师缴获的战利品数量同样庞大，仅第112团在西通截击战以及随后的阻击及扫荡中，就先后缴获卡车90辆，火炮38门，还有十几座仓库。而第114团在孟拱城内，则得到了这样一组战利品：150毫米榴弹炮3门、105毫米榴弹炮3门、九四式75毫米山炮9门、臼炮4门、坦克5辆、卡车56辆、高射炮2门、轻重迫击炮12门、轻重机枪47挺、步枪891支、无线电台4台、火车皮75节、军马263匹、仓库28座。

在孟拱，除了打死日军1515名外，还俘虏16名日军，军衔最高者为第53炮兵联队的田代一大尉。至于缴获物中那5辆九七式坦克，完全是它们自己晦气。因为道路太过泥泞的原因，它们在西通就没用上，好不容易撤到孟拱后又没有维修保养，待从孟拱撤退时，却因最前面的坦克发生机械故障抛锚挡住去路，动弹不得。于是给第114团来了个瓮中捉鳖，得来全不费功夫。

缴获战利品太多了，很多人就留下了一些非军用物资作为纪念，结果竟然创造出了一个市场。和驻印军一起作战的美国官兵，

千人针

千人针，是日本民间传统习俗，据说一千人每人缝一针的布条可以保佑出征的人平安，所以在战争期间，全国女性们为祈求出征家人平安归来，发起一女一针、千女千针缝制一条长约三尺，宽约三寸的红线白布条护身符，并将它寄往前线以鼓舞士气。

十分热衷收藏这些东西，尤其是大大小小的太阳旗和千人针。美国人为了得到它们，很舍得出价钱。在前线，卢比和美元、法币没处消费，那些有实用价值的东西逐渐演变成了通用“货币”。最后是香烟担当了这一重任。在野外丛林里，香烟具有提神醒脑的作用，更有愉悦精神的功效，因此这一般等价物非它莫属。换取一面太阳旗的价格，是3条美国产骆驼牌香烟，当然，这是官价，跟所有的交易一样，换取纪念品也有黑市，黑市价格要高很多，为骆驼牌香烟5条。

交换到了太阳旗和千人针的美国官兵，马上兴高采烈通过军事邮政系统寄回遥远的美国，让妻子挂在客厅醒目位置上，好让来访的客人注意到这个家庭的男主人正在遥远的丛林奋勇保卫正义。后来某地政府爱屋及乌，特地为这些国家保卫者的家属举办了几次茶话会，请她们替自己英勇的丈夫跟当地爱国者们交流沟通，这些家属充分发挥了主观能动性，把她们根本不可能看到但早已回荡在脑海中多时的战场，以及自己丈夫的英雄行为大加歌颂，收到了良好的爱国主义教育效果。当地人为自己的家乡能出现如此英勇的楷模而自豪，家属们则为了自己家庭的荣誉急剧上升而陶醉，皆大欢喜。

在这段日子里，几乎所有盟军，从将领到士兵都无疑是喜悦的，振奋的，只有一个人例外。这个人就是史迪威。

在缅甸丛林里，这位老步兵的指挥部一直紧随战线，他的打扮在前线几乎无人不晓，一顶老式的蒙大拿战斗帽，这种尖顶遮阳硬帽在美军中早已淘汰，只有那些参加过一战的老资格才能有戴这帽子的荣誉；一身普通的卡其布战斗夹克和笨重的大头帆布靴湿了又干干了又湿；粗筋纵横的大手随时抓着一支卡宾枪；一位长着半白短发的老人神色冷峻，仿佛焊在吉普车上的雕像一样与座车一起跋山涉水，而他忠诚的华裔副官杨孟东少校永远抱着“汤姆森”冲锋枪沉默地守卫在后座上；他给中国士兵们香烟，给黑人工兵巧克力，士兵们则亲切地称呼他“老乔”；他总是说北平是他的第二故乡，每当给士兵讲话的时候总是说“我们中国军队”；每天早晨6：00他要起来做早操，匆忙拿上一块三明治就开始阅读战报和文件，然后直接命令司机发动车子赶往前线。在前线他一般不指手画脚，他只是静静蹲在对面日军的子弹射程之内，直到急得直跺脚的前线指挥官终于完成任务，他才会露出满意的微笑回到他的车上。因此他也被人尖酸地称为“美国陆军最好的三星连长”。

这位鄙夷腐败、崇尚民主却不善于处理公共关系的军人，在缅甸固然找到了良好的“痛揍日本猴子”的感觉，另一方面却由于与国民政府军事委员会委员长蒋介石闹僵而很不愉快。

他看到的国民政府阴暗面远远超出他所看到的光明面，他眼中的国民政府一直在囤积物资，似乎日本的失败已经指日可待，国民政府是在为将来的扫除异己作准备。这使得他对这个政权抱有深深的怀疑，和他几十年来在中国的理念一样，他的目光更多地是投向那些低层的忍受着苦难的普通中国民众而非精英阶层。尤其是这样一个敏感时刻，他正率领中美联合部队在艰苦的丛林战斗里取得节节胜利；而在中国正面战场上，从北方辽阔的平原到南方湿热的山地，国民政府的军队却正在经历着前所未有的大溃败，数

■ 坐车视察前线的史迪威（戴蒙大拿战斗帽者），车后座上的人是其华裔副官杨孟东少校。

十万军队在很短的时间里便一败涂地，面对这样的局势，一个政客会很坦然，但对于一个军人来说则是不能原谅的，这似乎再次印证了他对中国军队的看法。正因为如此，在驻印军即将彻底打败缅北日本军队的时候，他做了两件稍后将带来重大历史影响的事。

其中之一是改组国民政府的军队。他想做的是彻底改组，以纯粹美国的方式，甚至是由美国将军来率领这支多达数百万人的庞大军队，然后由他亲自装备和统率，以强大的力量将日军从中国大陆上赶出去，直到登陆日本本土。为了达到这个目的，他希望能吸收所有的中国军队，包括共产党领导的八路军和新四军。这个问题带有典型的原则性，国民政府和大大小小的各路军阀都不会答应，即使是共产党也未必真的心动。其实他也隐约感觉到，这种只注重效率而不尊重政治的思维已使他与国民政府之间形成了鸿沟。

另一个事件更使人瞠目结舌，在那位颐指气使的中国第一夫人访美给美国总统留下很坏印象，中国军队在垂死的日军最后奋力一击前大举溃败 (豫湘桂会战，日军称为打通大陆交通线作战) 的时刻，他作为美国在中国军事存在的总代表的身份，却让总统给蒋介石发来了一封措辞严厉的电报，电报大意是如果委员长不肯将军队投入前线进攻，将影响到将来美援物资的数量甚至取消美援，口气异常严厉，像是老师在教训不听话的学生。在国家之间的交往上，这么做并不明智，任何一个独立国家的元首都不可能接受另一个国家的元首如此的不恭。这口气很快将发泄在史迪威这位一心一意只想往前冲锋而不顾政治风向的老战士身上。

但不管怎么说，这位老步兵至少看到了孟拱战役的胜利结束。在这次历时4个多月的战役里，超过11500名日军阵亡 (伤者数字未知)，个中滋味第18师团品尝得最真切，这个师团首当其冲，在4个月里连续进行了12次兵力补充，巨大的损失仍然像是填不满的无底洞，来自北九州的精悍兵员纷纷消失在残酷的丛林中。此外驻印军俘虏日军117名、缴获骡马585匹、大炮116门 (迫击炮和掷弹筒缴获数字不详)、轻重机枪324挺、步枪4370支、汽车数百辆、火车头和车厢462节。驻印军牺牲军官58名、战士1370名、负伤3163人。这样的战果、缴获与伤亡比，都称得上是空前的胜利。

第八章 漫漫归来路

苦战密支那

从孟拱城向东，沿着铁路或公路行走大约65公里，就是炮火连天的密支那，从5月中旬以来，经过艰苦的山岳丛林地行军和机降作战，中美军队在这里包围了日军第18师团第114联队长丸山房安率领的密支那守备队，任何人都没想到，开局如此振奋的突袭，在后面的两个多月里，竟然演变成了一场漫长而惨烈的攻坚战。

5月18日一早，为切断密支那市区与其北部主力部队之间联系而组建的第3纵队（由"加拉哈德"部队第2营和英军克钦族游击队共约600人组成），在向密支那北郊高地进攻时，遇到了难以克服的积水地带，因此轻易被日军为数不多的守军打退，这一事件是典型的打草惊蛇，给后来的战斗造成了很大麻烦，丸山大佐在后来一个月内，从这里将自己原先散布在密支那以北几十平方公里密林内警戒的部队陆续撤回，全力加强密支那城区的防御。

19日早晨，亨特上校命令中国军队第150团以主力从南郊向市区进攻，这个团以第1营沿江岸丛林向东朝伊洛瓦底江河曲挺进，向北进攻的第2、3营很快就将密支那车站实力薄弱的日军宪兵队击溃，攻占了火车站。但150团犯了一个致命的错误，他们没有乘胜从火车站继续向前发展，而是就此固步不前。第150团在一个多月前才加入驻印军的行列，还没有真正建立起在现代条件下作战的习惯，那些刚刚从国内的苦难生活里解脱出来的士兵，依旧带着那种浓厚的小农意识，他们在车站里堆积的日本军用物资前看花了眼，忘记了打仗，只是忙着到处去搜寻发财的机会，大群士兵在仓库和房舍中进进出出，兴高采烈地抱着各种财物跑来跑去，如同在家里赶集的时光，更令人不可思议的是这支部队可能以为已经胜利在握，连警戒都形同虚设。从早上8：30到9：00，他们没有前进一步。

这给了日军极好的反击机会。

丸山房安大佐当时手上直接掌握着的兵力只有300多人，用来进攻显然远远不足，他在得知火车站失守后，只能派出第114联队的情报主任八江正吉中尉带着6名侦察兵前去查明情况。这一小股日军本来预计要应付严重局面，谁知在战场上看到的却是一支军队的自我瓦解。如此良机岂能白白放过，八江中尉不顾兵力悬殊，立即率领部下发起袭击。

第50师下属的3个团中，第149团已经与新22师一起，在胡康谷地接受了激烈战火的洗礼，并取得了突出的战绩，但第150团则一直在后方掩护修筑中印公路，进攻密支那是其在缅甸的第一次战斗，也就是说，跟其他驻印军部队比起来，在兵员品质和军官素质上，此时他们还有很大差距。在遭到八江小

附图四　中、美、英军队与日军在缅印边界作战态势图

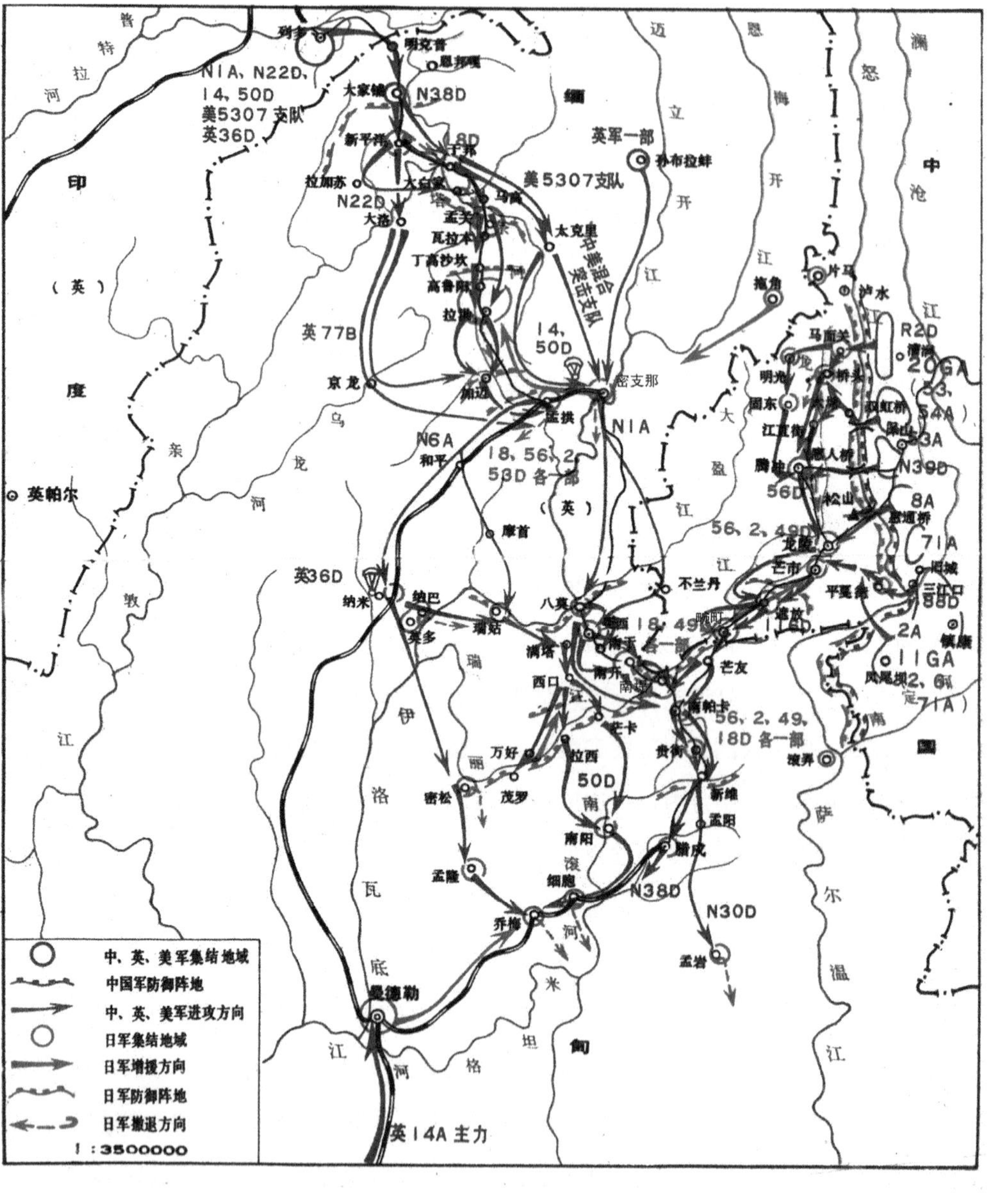

分队的冷枪突袭之后，第150团上千人马乱作一团，到处寻找地方隐蔽，不少单位整班整排的枪都好好架着，人却都不见了，只剩下满地狼藉的物品。在八江发动攻击后大约一刻钟，丸山派来的援军——大约60名步兵也加入了战斗，第150团的损失剧增。

指挥部一听到火车站枪声大作，立即命令山炮开火轰击，炮弹纷纷落到中国军队的队形里，又引发了更大的混乱，关键时刻该团却找不到自己的美国联络官，没有办法让炮火停下，只好冒着自己人的炮击开始反击日军。悲哀的是他们找不到敌人，只是任由分散蜷缩在车站角落里的各个单位对可疑目标自行开火。由于2个月前刚刚装备了为数众多的单兵自动火器，这个团火力大为加强，一时间整个战场上弹雨纷飞，任何敢于露面的人都成了射击目标。直到炮兵终于弄清这是一场误会停止了炮击，那些心有余悸的步兵还是寸步不敢移动，只是不停地向四周盲目开火。

实际上，日军小分队早在炮击开始时就退出了战斗，只是冷眼看着中国人各个部队之间自己对射。到了晚上，几乎耗光弹药的第150团才渐渐停止了这台独角戏，但这场“友好射击”造成了巨大的损失，真正的战斗还没有开始，第150团就已经死伤枕藉，400多名士兵血肉飞溅，2营营长郭文干也不幸殉职，150团的残部退出车站，在附近挨了两天，打光了弹药以后，才不得不勇敢地尝试突围，监视车站的少数日军抵挡不住150团大部队的白刃冲锋，150团轻而易举就冲出了这个由薄弱的散兵线构成的包围圈。

这次战斗成了中美矛盾集中爆发的导火线，轻取密支那空城的机会失之交臂，盟军内部为此几乎闹崩，中美军官之间吵得一塌糊涂。在寻找失败原因时，指挥官梅里尔认为中国军队战斗力低下，军官素质差，坚持要将第150团团长黄春城撤职；中国人认为美国人做事草率，行为武断。双方各执一词，一直吵到史迪威的总部。梅里尔准将在5月初的迂回里由于劳累过度，心脏病发作被迫离队住院，稍微好转后于5月18日就乘飞机来到密支那担任指挥。现在一气之下，心脏病再次发作，被紧急送往后方。缅甸丛林的战斗生活极大损害了这位斗士的健康，11年后，年仅52岁的梅里尔就因心脏病过早辞世。

中美盟军在密支那一时出现群龙无首的局面，日军可没闲着，丸山房安大佐急令驻防北部丛林瓦扎要道的第2大队火速回援。由于盟军没有拿下城北高地，山实盛少佐的第2大队毫无阻拦地顺利回到密支那。原本留在丁克路高牵制该大队的中国第88团第3营，却被扔在丛林里。因为中美双方高层忙于争吵，这支部队给遗忘了，没有新的命令，也没有空中补给，在吃完所有能找到的食物后，整整8天后该营才被人重新想起。

■ 在密支那地区作战的美军士兵。

火车站的战斗如此顺手也造成了日军的误判，丸山以为当面敌军战斗力不堪一击，在得到第2大队增援后，趁着盟军裹足不前，就进行了轻率的反冲击，试图将盟军赶回丛林。21日数百名日军挺着刺刀冲向机场，却遭到大量自动火器喷吐出的弹雨，重新被压回城里。

日军第18师团为了保住密支那这个战略基地，命令第114联队的第3大队前往密支那归建，盟军的包围圈到处是漏洞，中西德太郎少佐率第3大队在密林里穿行，成功穿过包围圈进入城里，使丸山大佐的兵力达到近3000人。守军因此大受鼓舞，气焰更加嚣张。

盟军也调来了新的部队。第14师第42团团长许颖上校率所部被空运至密支那，包围圈西部进一步得到充实，但在伊洛瓦底江东岸和南岸，由实力薄弱的“加拉哈德”支队第2营和600名英国训练的那加山区土著克钦族游击队员组成的第3纵队阻击不力，日军增援部队时时借助森林的掩护从东南两个方向穿越包围圈进城。在机场的防御由新来的部队进一步巩固后，盟军动用中国新30师第88团从城南跑马堤阵地向西郊反击。这个团到达印度的时间比第150团早半年，训练也更充分，自然战斗力更强，他们于23日出击，果然一鼓作气再次夺回了火车站。

梅里尔病倒后，由麦凯恩准将负责指挥，由于历次进攻各兵种协调性太差，中美盟军士兵缺乏炮火支援和有效的班组协同，在城外繁茂的丛林、遍布的稻田和翻涌的泥浆里艰难前进，在几乎成为活靶子的情况下，和日军一个又一个加固的散兵坑搏斗，很多人倒在那些散兵坑四周，永远没有起来。

此时盟军在密支那战场已投入了5个多团兵力，但矛盾重重，无法建立起良好的协作关系。为了平衡矛盾，5月23日总指挥史迪威率新30师师长胡素、第50师师长潘裕昆、总指挥部参谋长博特纳飞赴密支那战场进行调整，在听取中美双方指挥官的陈述后，史迪威取消了混合编组，具体战斗由中美各部队自行负责，史迪威还解除了麦凯恩的指挥权，由博特纳负责全盘指挥。

博特纳这个人很有才干，不怕吃苦而且口才十分好，曾经代表史迪威在白宫将史迪威的战略意图以非常明确的言语与罗斯福总统进行了良好的沟通，此前总统一向不喜欢史迪威，但这次却将缅甸丛林发生的故事听得津津有味，即使延长了不少宝贵的时间也毫不在意。博特纳年纪轻轻就获得了准将军衔，并不是偶然的。

但这是博特纳第一次亲自指挥战斗，而且一开始他所获得的就是战役级别的指挥权，这无疑让本已伤痕累累的部队雪上加霜。他接过指挥权以后，命令部队全方位发起攻击，不顾天气和伤亡情况，后果自然可想而知。

24日，减员十分严重的“加拉哈德”支队第3营在城西木材厂被日军击溃，包围圈再次出现缺口。25日，日军力图扩大这个突破口，而被后勤压力压得透不过气的盟军也在此地大举反击，新30师88团、89团和第50师150团、第14师42团全部投入战斗，结果发现攻击正面日军坚固据点密布，苦战之后，以数百人伤亡的代价才换来了几十米的进展，双方在这里都付出了严重伤亡。刚刚带队增援进城4天的山实盛少佐也阵亡了，日军的努力没有成效，可是盟军封闭突破口的努力也没有完全成功。

天气越来越恶劣，被雨水浸泡的土质跑道这些天被沉重的飞机机轮反复碾压，变得稀烂，大大小小的泥坑在稀泥下根本看不见，每天的跑道保养修复工作如同隔靴搔痒。有些飞机在空中遭遇雷击，被狂野的高空气流撕扯，或着陆时颠簸太厉害，在完成运输任务后就因机械损伤无法复飞，机场跑道一角已经累积了故障或报废的C-47多达9架。日军山炮和迫击炮弹时时落在泥泞的跑道上，泥浆冲天而起，留下的弹坑立刻被泥水掩盖，这加剧了空中补给的艰难，使得每一次降落都充满风险。

此时的日军库存的野炮炮弹为300多发，山炮炮弹2500多发，盟军炮兵的弹药投射量却被迫削减到每天100到150发，这对于进攻一方是远远不够的，在大量堡垒面前，失去炮火支援的步兵显得十分孱弱，逃脱不了被屠杀的命运。有好几次盟军的野战口粮只剩一天之需，屡次战斗后，仓库都被炮火开了天窗，囤积的粮食由于缺乏有效的防潮措施，不断发生霉变，霉变粮食作为口粮自然会严重影响士兵健康，从而大大削弱部队的战斗力。为了预防疟疾，“阿的平”吃得太多，人们开始出现各种副作用，即使在战斗中也会无法克制地沉沉睡去。大家面色憔悴，满脸胡须。在这种情况下，活下来都很不容易，军容反而不是那么重要了。

盟军军官伤亡率很高，这是日军狙击手造成的。日军历来强调精确射击，其狙击手的要求是能用步枪击中400米外麻雀大小的静止目标，或者100米外的活动目标。这些经过千挑万选，又经过特殊而艰苦训练的狙击

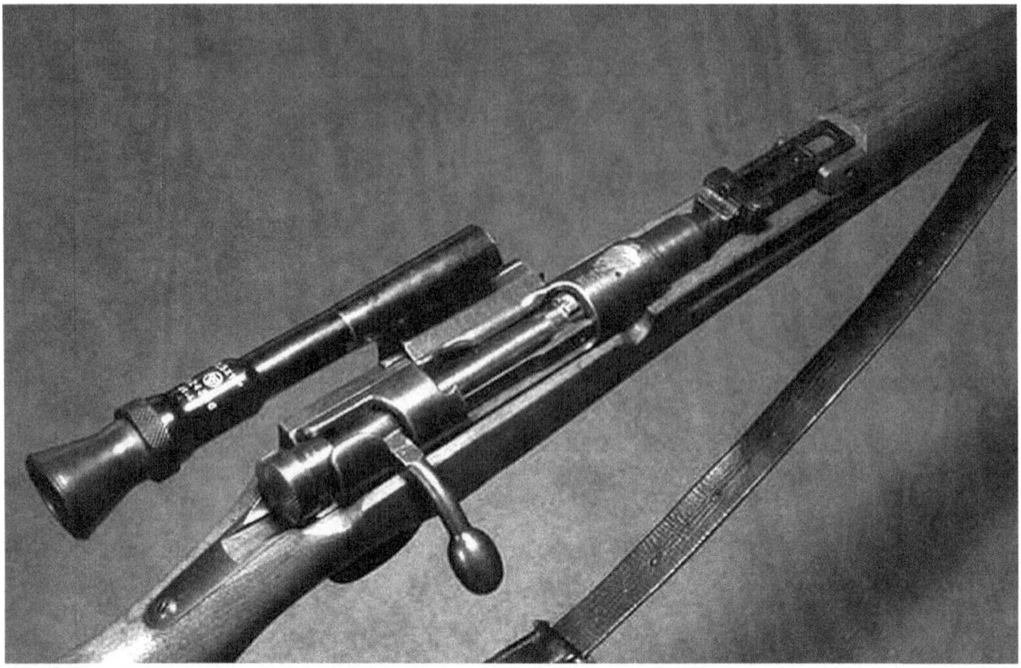

■ 日军狙击手使用的九七式狙击步枪，在缅甸丛林中的日军狙击手给予盟军的威胁绝不亚于一个炮兵连。

手给盟军造成了很大麻烦，他们专门射击那些手持冲锋枪的人，因为那些人即使不是军官也是士官，是军队基层的灵魂人物，射杀这些人往往能够瓦解一次进攻。为了增加稳定性，获得更好的射击精度，他们不惜将自己用绳子固定在树上。这种做法相当危险，因为这等于是放弃了机动，一旦暴露目标，生还的可能性几近于零。日本民族从不缺乏玉碎精神，这样一个小小的战术行为亦可看到其影子。当中国人发觉日军这个“癖好”以后，每次进攻必然专门组织火力对位置可疑的大树进行射击，新38师首先使用这一战术，后来推广到了整个驻印军中，日军狙击手从此风光不再，纷纷从树上掉落下来。狙击手培养不易，鉴于狙击手损失巨大，得不偿失，缅甸作战后期，日军也只能放弃这一战术。

密支那日军还在陆续获得援军，从孟拱谷地方向紧急驰援的第56师团148联队1大队，也顺利进入密支那，另外，从5月18日起，第56师团的步兵团长水上源藏少将也率领数百人赶来，目前已经击溃英军克钦族游击队的阻拦接近了密支那；接着丸山又得到了友军第53师团先头部队抵达60多公里外的孟拱，正在向自己方向继续前进的通报，他的雄心被大大激发起来，准备以自己已经拥有的3000多名士兵对外围的近万盟军来一次总攻击，挑选一个盟军力量薄弱的地段，在孟拱方向援军的呼应下击破密支那的包围，甚至粉碎当面敌军主力。他一边命令部队养精蓄锐，一边利用坚固的工事消耗盟军，等待着奋勇一击的时刻。

盟军各部队被拖得筋疲力尽，而市区还是跟原来一样仅仅是遥遥在望。此时的日军兵力已很充裕，所以到27日，进攻中的第150团3营反而在南毕塔工厂区被士气高涨的日军围困，在横飞的掷弹筒火力面前，欧阳营长率众竭力抗击，不幸中弹牺牲。这一天，这个营表现得异常顽强，即使营长阵亡，也没有像不久前在火车站战斗中那样崩溃，而是继续坚守阵地战斗，他们以惨重的牺牲洗刷了耻辱，顽强不屈的战斗作风当然也获得了回报，坚持到28日，该营被友军救出。

丸山房安大佐以利用地形和工事进行防守反击的策略暂时占据了上风，雨季使盟军不能正常运用机场，只能通过空投，但此时美军在印度东部的那些空军基地多数浸泡在水里，只有乔哈特和马鲁两个基地筑有混凝土跑道，却要担任若开、英帕尔、孟拱谷地、密支那几个战场的空运和空投，还要兼顾一刻也不能停的“驼峰航运”，即使无数的飞行员以极大勇气，冒着巨大危险向大自然和敌人发出挑战，成功完成任务因而诞生了许多传奇故事，前线的物资供应还是十分紧张，而且密支那战役中地面双方的形势犬牙交错，战线不明显，空降物资到处飘落，很多落到了日军阵地上，因此丸山预计盟军的力量消耗已很大，计划在5月30日再发动一次不遗余力的袭击，将盟军赶回库芒山。

可是形势的变化使丸山的计划泡了汤。5月27日，缅北的主战场孟拱谷地出现重大变化，新1军副军长兼新38师师长孙立人下属的112团在西通截住了日军第18师团的后勤线路，将第18师团主力装进了口袋，这使得缅北战局急遽偏向了盟军，日军在缅北的整个防御体系面临分崩离析。日军第33军被迫将53师团的增援方向修改为孟拱谷地，暂时放弃了对丸山的援助，并且给了丸山一个电报，通知他马上取消攻击行动，转入长期坚持的准备。无奈之下，丸山不情愿地接受了命令。

雨季越来越猛烈地拥抱着小城，雨水将腐烂的尸体埋没在阴暗的角落，散发出难以忍受的恶臭；千疮百孔的大地上，一根根焦黑的树桩漫山遍野，沉默地对着满天阴霾。

攻占密支那

5月30日，丸山得到的最后一支援兵到达密支那，并马上渡过浊浪滔滔的伊洛瓦底江投入战斗，从这以后，到处吃紧的第33军再也没有能力对密支那守备队提供任何帮助。这支数百人的援军由一位将军——第56师团步兵团长水上源藏少将带领，可见第33军对缅北这个最后的战略据点是何等重视。

日军战线太长，每个战场的兵力密度均严重不足，水上源藏部队的组成也几经周折。水上少将最初的任务是带领一支劲旅在八莫、南坎和密支那之间机动作战，根据需要对第33军各部队进行支援，他带领第56师团的113联队3大队；第56师团的野炮兵第56联队2中队、工兵第56联队主力；师团通讯队、卫生部、防疫给水部各1个分队以及师团电报班一部，于5月8日从木姐、南坎到达八莫，又于12日向密支那方向搜索前进，此时他的部队人数多达2000人，如果这些部队这个时候到达密支那，则“威尼斯水城”行动的结果鹿死谁手难以预料。然而5月11日中国第20集团军在高黎贡山的进攻战迫使日军第56师团主力向怒江前线北段收缩，水上部队奉令刚放弃密支那方向返回到南坎，史迪威的部队就在伊洛瓦底江畔从天而降了。

手忙脚乱的第33军一边令密支那守备队脱离第18师团接受军司令部指挥，一边令水上部队不顾劳累重返缅北投入救援。但假若水上这么一走，对第56师团来说也许就意味着灾难，该师团的第146联队早已被第33军抽调到缅中，目前只有第113和第148这两个联队防守近400公里长的怒江防线，抵挡第20集团军已很吃力，如果当面兵力更强的第11集团军越过怒江（在第20集团军发起进攻后，这已经是预料中的事了），没有预备队的第56师团无兵可调，将陷入困境。因此，在师团长松山祐三默许下，参谋长川道富士雄大佐违背了本多司令官的命令，将水上部队的主力——第113联队3大队与工兵联队抽走，转为师团预备队。该大队转归师团后，参加了在龙陵拖住中国远征军的战斗，松山祐三中将想方设法调集了所有能调动的兵力，在龙陵战役中使中国第11集团军好几个师打成了空壳，成功拖住中国远征军达4个月之久。在这些杂七杂八的部队中，这样1个完整的步兵大队对第56师团来说意义实在重要。当然，为了照顾军的命令，川道大佐还是给水上少将留下了该大队的部分兵力——步兵1个小队和机枪1个小队。这样，5月18日23:00，刚到达南坎的水上少将喘息未定，就率领剩下的

■ 水上源藏少将，日本陆军士官学校23期，曾参加过在中国大陆的多次会战，最后自尽于密支那。

部队重新返回缅北，但此时这支部队的兵力已经大大减少了，现在只有步兵第113联队3大队第8中队1小队、机枪第2中队1小队、野炮兵第56联队2中队、工兵第56联队1中队，配属无线电和防疫给水部各1个分队，这个番号纷乱的混合部队全部加起来，只有400人左右，重武器只有2挺重机枪和2门山炮。

本多司令官闻讯大惊，为此军参谋野口被派到第56师团对这一事件进行调查。但在具有“下克上”传统的日军中，这种调查无果而终，何况第56师团确实已是兵力衰微，本多中将最后只能默认第56师团的决定。

水上源藏不愧是参加过中国大陆战场多次会战的老手和冷酷屠夫，150公里的丛林和驻印军的强大力量没有成为他畏缩的理由。由于英军克钦族游击队防守面过大，训练又不足，水上部队经过12天跋涉，两次突破阻击，顺利加入密支那守军行列。

6月到来了。攻击密支那的盟军在泥泞中丧失了全部精力，雨季几乎吸尽人体的每一分热量，丛林和山谷无时无刻不笼罩着雨雾，强劲的江风吹不干军装上的水汽，反而令人瑟瑟发抖。

B-25轰炸机和P-40战斗机给日军的工事造成了严重破坏，炸弹俯冲落下，然后烟尘挟带着人体高高飞起，再四下散落。但日军仍然保持着较高士气，他们利用破损的房屋、大树、竹丛、废墟甚至稻田等地形地物进行隐蔽并时时发起反击。密支那郊外的丛林里掩体和散兵坑密布，不少单兵掩体上还盖着铁板，可有效防御手榴弹和炮弹破片的杀伤。丸山房安大佐防守策略的核心是保存有生力量，守备队曾经做过严格要求，命令进入地下工事的日军士兵携带竹筒和铁管，这样，即使工事被炸塌也能减小窒息的可能。而攻方暴露在日军预留的射击面上，又有大片水田、泥泞造成运动能力大幅下降，伤亡十分严重。新30师的第88、89团伤亡已经高达1043人，第150团伤亡也有400多人，即便刚加入战斗不到一星期的第42团，伤亡也已达到了10%。

6月3日，博特纳再次命令全线出击，中国第14师42团、第50师150团、新30师89团第1营参加了进攻，结果是白白损失320余名战士。空运几乎断绝，消耗补充不上，也没有火力优势，屡次攻击均伤亡惨重，中国各级指挥官都对美方的指挥公开表示了质疑；美军的口粮是C型野战口粮，而中国士兵得到的大米、面粉等粮食则多是发霉变质的；美军第5307团得到的待遇却远远超过中国士兵，他们每天有75到100人以生病为由被撤出战场，尽管中国部队吃的苦头比美军多得多，可是中国士兵却只能老老实实待在战场上。盟军内部的矛盾越来越深。

为了补充进攻能力，史迪威调来了他所倚重的美国部队2个新单位：第209和第236战

美军C型战斗口粮

从美国与西班牙战争后，美军开始重视战地口粮问题。二战之前，美军口粮已经形成了品种齐全、营养丰富、食用方便的系列。美军将士兵口粮分为“国内”口粮、“海外”口粮、“救生艇”口粮和“伞兵战斗”口粮四种，同时还按不同的气候带开列了五种主菜单，即热带地区菜单、亚热带地区菜单、温带地区菜单、亚温带地区菜单和寒带地区菜单。基本的战地口粮则有C型口粮、K型口粮、D型口粮和E型口粮之分。C型口粮是二战以来美军的主要口粮，其目的是给士兵提供“一天中三顿足量、满意的饮食”。D型口粮是应急战斗口粮，一份供一餐食用，可提供1770卡路里的热量。1947年开始装备部队的E型口粮，由7个罐头、1个附件包和20支香烟组成。

C型战地口粮是指随身携带的可以不经加热即可使用的野战（快餐）食品，通常被制成净重227克（半磅）的罐头以便携带，有几十种不同的菜肴配方。主要分为两大类，一是以肉类（包括肉食、蔬菜等搭配）为主的M（即Meat）系列罐头和以饼干（包括糖果和咖啡、可可粉或柠檬粉等速溶饮料）为主的B（即Biscuit）系列罐头。每个士兵每天可以领取3个M罐头和3个B罐头，可以完全保障一个人在大运动量情况下的热量补充。此外，C型口粮同时还配有口香糖、巧克力、火柴、香烟、餐巾纸等附属品。

斗工兵营。这些工兵在加入密支那战斗前一直在中印公路工地上忙碌，史迪威很快就悲哀地发现他们从离开新兵训练后就一直没好好摸过步枪，第209战斗工兵营在第一次战斗里就溃不成军了。他只好又从印度召集第5307团的后备兵员来补充该营，尽管此前他很厌恶这些对打仗十分外行的兵油子。很快他又有了新的发现：这些人无论是吃苦精神还是战斗意志都令人头疼，初次作战中刚遭遇到日军炮火，他们就逃跑。“难以置信，连美国人都不可靠了。”可怜的中国战区总参谋长兼中印缅战区总指挥很是吃惊。

他只好命令所有适合打仗的第5307团成员统统返回前线，不管他们是在疗伤、养病还是休假。这在美国人看来简直惨无人道，可是他们驳不倒他的理由：那些中国士兵一直在苦战，吃的苦头和承受的伤亡远远超过美国士兵，凭什么美国人就可以休养？

在史迪威强硬的命令下，新的单位和兵员都重新被迫进行了临战训练，他们采取换班的做法，保证每人每天能训练4到8小时。这期间天气时有好转，在得到大量训练和补给后，到7月初，史迪威最终得到了约2000名美国步兵。

看到局面严重，中国高级军官纷纷走上前沿观察情况。新30师参谋主任唐泊三上校看到满地狼藉的障碍物，忽发奇想，提出了采取土工作业战术。其具体做法是，在敌我阵地之间的开阔地上，呈之字形开挖三条壕沟，其后壕沟蜿蜒前进，并在其边缘堆放沙包布置成火力点，在火力点里的轻机枪和后方迫击炮的直接掩护下，三条壕沟交替发展，直到突破日军火力封锁线。这种战术十分有效，日军炮兵已经被压制，步兵躲在堡垒中难以观察当面敌情，中国人的伤亡呈直线下降趋势。虽然挖掘壕沟费时费力，但由于这样做伤亡小，因此士兵们非常卖力，进展反而加快了。城郊的守军防御系统就这样被一块一块分割开来，中国前线士兵信心顿时大增。

6月16日，在大量B-25轰炸机掩护下，盟军在密支那南北两个方向的进攻终于都有了进展：伤亡惨重但意志坚强的第50师150团，夺取了城南的木材厂；新30师88团夺取了城北的日军靶场和迈纳渡口，这些地段都是森林地带，土层厚实，中国人不难实践自己的新战术。但在那些地形有所限制的地方，战斗还是一如既往地艰难，美军第209战斗工兵营和第5307团3营被日军击溃，在城西稻田地带进攻的中国第14师42团2营主力也死伤枕藉。

不管什么战术，能以小的代价得到胜利就是良好的战术。可是博特纳不明白，他看到的是中国人在畏缩不前，他怀疑中国人在用原地踏步的方式消极对抗他的命令。为了杀一儆百，6月25日，他在史迪威那里告了一状，对中国将领有看法的史迪威不放过任何他认为可以整顿中国军队的契机，马上将新30师师长胡素少将撤职，并迅速将其送回了国内，新30师师长一职暂由参谋长吴行中接任，后由副师长唐守治继任师长，吴行中仍为参谋长。在没有中国统帅机关军事委员会首肯的情况下擅自撤换一位中国将军，史迪威这一做法在围攻密支那的部队中引起了轩然大波，中国指挥官们正式向史迪威提出了一波又一波抗议。为了化解矛盾，避免中美联军走向分裂，史迪威被迫上演了一出“挥泪斩马谡”：就在胡素从乔哈特基地登上返回中国的驼峰航线运输机的时候，惹下乱子的博特纳也被撤职。

双方都在连日阴雨和泥水里被折磨得筋疲力尽，但随着孟拱谷地的枪炮声渐渐稀落下去，时间越来越明显地偏向盟军。中国军队使用对壕战术，一点一点挤进日军防御，守军一筹莫展，只能徒劳地看着对手越来越多的兵力，携带着榴弹炮从天而降。第33军司令部急切想了解守备队的情况，却在同一天陆续收到两份截然不同的报告，第一份报告称可支持两个月以上，接踵而来的第二份报告却说难以长期坚持。这两份电报可能分别来自水上源藏和丸山房安，由于分属于不同的师团，没有直接的上下级关系，拥有守备队大部分兵力的丸山大佐并不想臣服于水上少将，而作为第56师团步兵团长的水上少将也根本指挥不了第18师团第114联队的部队，由于没有多少可指挥的部队，水上一直待在防空洞里，并不很清楚守备队的真实处境。

第33军司令部无计可施，只好发出一个罕见的命令。于是7月初，躲在潮湿的防空洞里的水上少将接到这样一份电报：“水上少将必须死守密支那。”这个电报的作者，是刚从南太平洋战场转来的新任第33军司令部参谋的辻政信大佐。辻政信是一个狂热的军国主义分子，一个少壮派军官的偶像级人物，他特别注意自己在日本青年基层军官中的形象，可是作为一名军人，其军事才能未必与其名望相符。在南太平洋作战期间，美军在所罗门群岛进行的那一连串漂亮战斗，很大程度上就得益于辻政信大佐等飞扬跋扈的参谋们，自作主张一个接一个制订的那些想像力丰富而不切实际的行动计划。这些擅自制订的计划直接帮助了美军，而制订者却没有受到任何处罚，主要是因为辻政信在日本“愤青”里有很高的人气，即使到了缅甸第33军，其他的同级幕僚甚至是本多司令官本人，也要对他礼让三分。在辻政信起草这封电报之后，曾有个不信邪的同僚野口省己少佐对“水上少将”这个名称提出质疑，认为改为“水上部队”才合适，却被辻政信几滴鳄鱼眼泪的表演轻易挡了回去。即使是第56师团松山师团长授意川道参谋长对第33军提出抗议，也被本多司令官所回绝。

本多司令官这么做，在他自己看来是很有道理的，因为他正在组织一个战略行动，他准备以密支那拖住史迪威，用八莫防备在孟拱休整的新1军，再以腾冲保护侧翼，保证能够腾出主力，在龙陵击破远征军。这就是旨在阻止驻印军和远征军会师的所谓“断作战”。7月3日，日军大本营下令终止已明显失败的“乌号作战”，第15军和第28军在几个月的严峻战斗里被严重的后勤问题拖成溃兵，第33军必须顶住中国军队的压力，为缅甸方面军主力重新调整战线而努力。本多需要一兵一卒都派上用场，所以辻政信那份针对水上少将个人的电报他并不认为有何不妥，即

辻政信

与石原莞尔、濑岛龙三并称为“昭和三参谋”，因传闻其曾生食战俘人肉，故又被人称为“豺狼参谋”。

1902年10月出生在日本石川县江沼郡东谷奥村山中町（现加贺市山中温泉）的一个贫寒家庭。

1918年，由于家庭贫寒无法承担中学学费只能以小学毕业的程度与中学二年级考生一起竞争报考陆军地方幼年学校，在录取50人的情况下考得第51名，后因有录取考生体检不合格，才得以替补进入名古屋陆军地方幼年学校学习。1920年3月，以第一名的优异成绩从名古屋地方陆军幼年学校毕业，进入东京中央陆军幼年学校学习。1922年再次以第一名的优异成绩毕业，回到家乡加入金泽步兵第7联队，军衔上等兵。1922年6月考入陆军士官学校本科第36期。1924年7月仍是以第一名的成绩从陆军士官学校毕业，仍回到金泽的第7联队任少尉。1927年10月，晋升中尉。1928年12月，考入陆军大学第43期。1931年11月，以第三名的成绩从陆军大学毕业。在陆大期间辻政信学习了汉语和俄语。

1932年1月辻政信随第7联队开赴中国上海，此时正值一·二八事变，辻政信在战斗中左膝盖受伤。1932年9月奉调到参谋本部总务部第一课（动员编制课），课长

就是日后的战时内阁首相东条英机。1933年晋升大尉，调到作战部第三课（要塞课）任职。1933年8月参加参谋本部进行的“苏联对新疆的渗透情况之调查”，前往中国甘肃等地活动了一个多月。1934年8月，辻政信调任陆军士官学校学员中队长。因为涉嫌煽动皇道派学生发动“政变”的陆军士官学校事件，受到停职一个月的处分，随后于1935年4月调到步兵第2联队任职。1936年二二六兵变后，关东军内的皇道派人物几乎被一扫而空。1936年4月调到关东军兵站课任职。

1937年调任北支那方面军参谋，主张扩大“卢沟桥事变”。1939年调任关东军少佐作战参谋，曾以关东军司令官植田谦吉大将的名义下达《满苏国境处理纲要》，公开鼓励前线部队向苏军挑衅，结果引发“诺门坎事件”，日军惨败之后，关东军司令官植田谦吉被撤职，辻政信也被调任台湾军研究部部员。

太平洋战争爆发后，辻政信参与了对菲律宾、马来亚、新加坡、缅甸、泰国等地的入侵作战。在任中干了不少枪杀盟军战俘的暴行。

1943年8月，辻政信在陆军大学教官任上晋升为陆军大佐。随即调任中国派遣军总司令部第三课（兵站和政要课）课长。

1944年，辻政信调任第33军作战参谋，参加缅甸战役。1945年6月，升任驻泰国曼谷的第39军作战主任参谋。7月调任第18方面军高级参谋。

日本投降时，正在泰国曼谷的辻政信自知难逃法网，化名“青木宪信”前往当地的军统机关投降，随即由军统护送到南京，被安排在在南京政府国防部二厅任职，成为日本战犯进入国民政府任职第一人，不久又调到国防部第三研究组，先后编撰过《西伯利亚作战纲要》、《对三次大战的预想》、《共军与国军军事形势评判》、《冬季作战的参考》、《东北国军与共军作战设想》等文件。

1948年辻政信回到日本。回国后撰写了一本描写自己潜逃生涯的书《潜行三千里》，成为1950年日本的最畅销书。1952年11月当选为众议院议员，1959年6月又当选为参议院议员。

1960年辻政信变卖家产筹集前往印度支那的旅费，1961年4月来到印度支那。不久化装成和尚潜入老挝，此后便在东南亚的丛林里不知所踪，流传最广的说法是1962年1月被老挝人民解放军抓获后处决。

他在参议院的议席一直被保留到1965年任期结束为止。1969年6月，在其家属申请下，东京家庭裁判所宣布他的死亡认定日期为1968年7月20日。

辻政信一生参加过七次大战役，上海、诺门坎、马来亚、菲律宾、新几内亚、瓜岛和缅甸，每次都受伤，作为不是军事主官的参谋，没有人会受这么多的战伤，这也说明辻政信在战场上永远冲在最前面。

使这份电文引出了很多波折。

7月6日，驻印军新1军军长郑洞国从孟拱赶到密支那视察，在仔细观察攻防态势后，他认为必须加大进攻力度，尽快结束战役。中国军队的战壕东一条西一条延伸到日军堡垒丛中，尽管不成系统，但进攻难度已经大大减轻。第2天就是七七事变7周年纪念日，郑军长命令炮兵全力射击，各部坚决攻击，得手后要迅速插向纵深，不给日军再次布置抵抗的机会，决心用一场胜利来纪念七七事变。

在第二天的战斗里，日军拼死抗击，双方伤亡十分惨重，中国军队在血红的大雨中奋勇冲击，撕裂了日军前沿防御。日军至此已战死790余人，伤1180人，能作战的人数还不到2000人，只能改变战术，让多数士兵隐蔽作为后援，少数士兵使用自动武器据守堡垒，力争在失去战斗力前尽可能多地杀伤中国人。

盟军的伤亡也大到了几乎无法忍受的程度，只好改变战术，开始研究小部队渗透。在小部队跃出战壕工事，分散成很大攻击面渗透攻击的时候，后方的重火器则密切监视日军阵地，只要日军一射击，重机枪和山炮就及时支援，前方小分队只被要求对付临近之敌。在近战时冲锋枪、卡宾枪与日军的三八步枪、九九步枪相比大占优势，日军损失剧增。

为了补充战斗人员，第114联队情报主任八江中尉再次率领部下潜出阵地，到北方的密林里寻找战前隐蔽的野战第2医院分院，这个分院里还有约400名伤员。7月17日，八江在离密支那北十五六公里的地方找到了他们，并立即安排痊愈的伤员回城。重伤员被放置在木排上沿伊洛瓦底江自由下流，其余人则由陆路寻隙返回。在潜入城内的战斗里八江负了重伤，其他顺江漂流的伤员则一个都没能收容，在恶劣的风雨中全部葬身鱼腹。最终大约有260人回到日军防线，但盟军的攻击一次比一次猛烈，密支那守军得到的这点微薄的兵力补充很快就被消耗掉了。

中国军队的战壕继续延伸，7月15日，市区阵地开始成为前沿，盟军攻击线越过市南区第一条东西向横马路。24日和25日，从孟拱谷地调来的第50师第149团、新30师第90团分别到达密支那，大大加强了盟军的攻击力量。据守在第3、4、5、6条横马路的散兵坑里的日军，分别于25日、28日、29日、31日被肃清，第7、8、9、10条横马路也为中国人的战壕截断，日军阵地被彻底分割，市区大半被盟军控制，日军守备队被压缩到城市北区，阵地面积越来越小。

在遥远的仰光，缅甸方面军司令官河边正三下令起草了一份嘉奖令，准备空投到战场，以激励部队杀身成仁的意志。不料嘉奖令写好后竟无法投放，第5飞行师团在美国第

10航空队的强大压力下，拒绝派飞机到密支那上空执行任务。在三个方面战线节节败退的大形势下，面对缅甸日军士气的崩溃，司令官河边除了悲哀，没有任何良策。

7月31日，名义上的守备队指挥官水上源藏少将，向守备队的实际领导者丸山大佐发布了撤退的命令。既然第33军的命令是“水上少将必须死守密支那”，那么只要水上自己殉国，部下的生命就可保全。8月1日，早有撤退打算的丸山立即着手布置撤出密支那，将伤员安放在木排上任由其漂流向下游150公里的八莫，然后率领能够行动的人逐步向市区北部高地转移，以期偷渡到江东森林里去。那些漂流的伤员实质上是被自己人抛弃了，所谓的木排，只不过是两个汽油桶上横着绑上一块木板，依靠这样简陋的装置，即使侥幸通过伊洛瓦底江大拐弯处严密的中国军队火力封锁，在漫长的漂流过程中也难以克服泛滥的江水，因此这些伤员后来大多数都失踪了。剩下的1200名日本守军暴露在炮火下，艰难地进行了两个晚上的渗透，期间遭遇了十几次小型战斗，许多九死一生的士兵终于没有能看到最后的黎明。到达江东以后清点人数，丸山凄惨地发现，兵力曾经累计增加到3300人以上的守备队，只有800人还活着。

8月2日，第50师师长潘裕昆从149、150团里通过抓阄组织了100名敢死队员，以发起最后的突击。敢死队员每6人一组，每组配备1挺机枪和4支步枪，每位队员另外至少携带手榴弹10枚。下午2时，突击队在刚攻占的缅寺废墟旁集合时，变成了104人，4名没有抓到阄的战士为了杀敌报国，明知此去很可能就此牺牲，仍坚决地站进了队伍，使在场作临战动员的潘将军等人为之动容，同意他们加入敢死队。入夜，敢死队在大雨掩护下潜出阵地到达敌阵后方。凌晨3时半，满天瓢泼大雨和如同白昼的巨大闪电笼罩了这座江畔小城，炮声和雷声将人的五脏六腑震得几乎跳出腔外，敢死队分成十几把尖刀向第11条横马路发起攻击，迅速插向城北的江边，在他们身后数不清的废墟和泥潭中间，无数呐喊冲杀的中国士兵漫过了整条战线。

早晨8时，战斗结束，日军浅井广中中尉率领断后的几十名炮兵几乎全部阵亡，其余士兵在最后时刻毫不犹豫地拉响了手榴弹。整个战役中，2300名日军死亡或失踪，另有先期撤出的伤员约200名到达八莫，只有69名日军伤兵被俘。

8月3日早晨，伴随着密支那城里稀落的炮声，第56师团步兵团长水上源藏在密城对面隔江相望的一棵菩提树下自尽了。他没有用日本军官常用的切腹，而是选择了手枪，枪弹的巨大冲击力将他的眼球都击出了体外，挂在满是鲜血的变形的脸上。随行军医将其手掌制成遗骨，与遗物分头携带，跟随着丸山大佐经历了长长的漂泊撤向日军后方。一个多月后，9月15日，丸山率领丧魂失魄的残部到达八莫，阴森的丛林吞没了不少人，携带水上少将遗物遗骨的7个人，几乎扔掉一切物品才得以幸存，最后只带回了水上的一只手掌。

密支那的胜利来之不易，在长达2个半月的凄苦战斗中，中国驻印军和美军总共付出了牺牲军官114名，战士2300余名的代价，此外还有4000余名官兵负伤，伤亡总计高达6551名，其中美军伤亡即有千名以上。

但这些代价是值得的。密支那战役的胜利使“驼峰航运”不再经过危险的喜马拉雅山，航线重新变直了，飞行高度重新变低了，运载量变大了，而安全性则大大增加。即使密支那正在激战的6、7月份，由于有了密支那西机场作为中转站，美国陆军航空队空运部专门担任“驼峰航线”运输任务的“印度－中国”空军师的飞机从此告别了频发的空难，一条空中坦途形成了。于是驼峰航线的运输量扶摇直上，在5月份还只是11383吨，6月就达到15845吨，7月为19050吨，8月则是23675吨，仅仅在8月22日一天，空运量即达到1300吨，这个惊人的数字甚至超过了1942年12月整整1个月的运输量。到了1944年12月，每个月的运输量已经刷新为31935吨；1个月后，即1945年1月，这个数字更是上升到了44099吨。巨量的营养就这样注入到中国灾难深重的肌体中。

密支那战役的胜利，还使驻印军和远征军之间初步连成了一片。密支那与尚在鏖战中的中国滇西重镇腾冲之间，有140公里长的古代商道相连，1944年8月8日，驻印军新38师第112团1个加强连（连长孙蔚民）和美国1个

■ 密支那机场。密支那战役的胜利使“驼峰航运”不必再经过危险的喜马拉雅山，航线重新变直了，飞行高度变低了，运载量变大了，而安全性则大大增加。

步兵排开往腾、密两城间的中缅边境，保护与远征军联络的孔道。9月6日，这个连在海拔2400米的高良工坳口，与正在腾冲酣战的中国远征军第20集团军取得了联系，并举行了一次小型的会师。第20集团军的胡振国团附率兵20人，中美英各方记者和工程人员220人，以及参加修筑中印公路北线的当地中缅边民千余人参加了典礼，正在修筑的中印公路北线将从这里进入中国。

下一步的行动，就是南下八莫，然后沿着滇缅公路打回老家。

血祭国门

“乌号作战”彻底失败以后，日军第15军3个师团逃向缅甸中部，战线因此大大缩短，兵力密度相对增大，第33军的抵抗地域缩到八莫以东的滇缅公路的终点缅甸腊戍至中国境内龙陵一带，八莫以西交给了正在得到大量后备兵补充的第15军。驻印军的老对手第18师团，现在得到了第13次、14次补充，与第56师团、第2师团、第49师团合在一起，准备在芒市、腊戍附近的中缅边境线一带做最后的顽抗。

经过了10个月不间断的连续作战，艰苦的丛林环境几乎已将驻印军新1军的作战能力吸尽，从1943年10月胡康谷地作战开始至今，新22师、新30师和新38师牺牲已近2400人，伤6700人；围攻密支那的第14师、第50师在78天的战斗里伤亡也达5000人之巨；美军第5307团和数个工兵团、战斗工兵营也死伤严重，不经休整已难以继续战斗下去。

在雨季最猛烈的8月，缅北的战事沉寂下来，只有滇西山地还在继续炮声隆隆，血流成河，远征军攻击松山和腾冲都到了最紧张的时刻，但日军第56师团的力量消耗照样巨大，其他师团都被驻印军与英军拖住，滇西战局出现恶劣变化的可能性已经很小。所以尽管远征军伤亡惨重，但是大局基本上已不可逆转。

本来按照军事委员会和军政部的安排，驻印军5个师将整编成2个军，因为连续战斗而被延缓，现在正好完成扩建整编：由新38师和新30师合并组建成新编第1军，组建地点是密支那；新22师、14师和50师合编为新编第6军，以孟拱为组建地点。于是划分了战线，新6军为右翼，新1军为左翼，待编制调整和休整完毕，即从缅北出发，直取缅甸中部，完成打通滇缅路的战略任务。

原来的新1军军部只有官兵40余人，没有任何直属部队，驻印军扩建后，新38师和新22师的105毫米榴弹炮团分别上交给新成立的两个军的军部，又将各自原先装备的2个山炮营中的1个分别交给第14师和第50师（新30师因入印时间早，已装备1个山炮营），自此这两个师的师属炮兵只剩下1个山炮营，与前期相比火力投放能力大大下降。原新1军军长郑洞国在下属部队扩编成2个军后专任驻印军副总指挥，但他并未到任，不久就回国了。

驻印军除了新1军和新6军这两个战斗力很强的单位外，还辖有以前就有的那些直属部队，包括2个化学炮兵团改编来的独立步兵团与重迫击炮第11团；装备105毫米榴弹炮的炮兵第4团、炮兵第5团及装备155毫米重炮的炮兵第12团；装备400辆汽车的辎汽第6团和装备数百匹骡马的骡马运输队；工兵第10团、第12团；独立工兵、高炮、通信、宪兵、特务各1个营；教导第3团；等等。另外，其7个战车营中已完成装备有2个营，第3个营正在筹措训练计划。在新1军和新6军成立以后，总指挥部将所属的特种部队拆开，以营为单位分别配属给2个军，战车营、重炮营、汽车营这样的国宝级部队使2个军的装备达到了“武装到牙齿”的地步。

与中国人并肩战斗的美军暂编第5307团，经过了比太平洋战争更严酷的考验，获得了美国陆军的肯定，被授予了正式番号：陆军第475步兵团。这个团与其他游杂分队组成的第124游骑兵团共同属于第5332旅。二战结束后，第475步兵团移驻日本冲绳，从此成为常青树，逃过了美军好几轮部队裁撤。几十年的风雨过去以后，它进入美国精锐的游骑兵部队行列，成长为美国陆军最著名的特种部队之一，而且，即使其他游骑兵部队纷纷裁并，它却有如神助岿然不动，以至于美国最后将自己所有的游骑兵部队全部放到它的名下，这就是在当代媒体镜头下曝光率相当高的、经常与三角洲部队和陆军第160特种作战航空大队一起活跃在世界各地的美国陆军第75游骑兵团。该团的团徽是个小盾牌，盾牌右下方是一颗白星象征“缅甸之星”，左上方则是青天白日徽，中间一条斜斜的红色闪电代表游骑兵突击敌后的专长，而绿、红、白、蓝四种颜色代表第5307暂编团当时下属的6个战斗编队中的4个（为避免颜色上的混乱，卡其色和橙色未出现在团徽里），缅甸之星、青天白日徽，这就是当年第5307团与

■ 美军游骑兵的臂章。请注意臂章下方盾形的第75游骑兵团的团徽。

驻印军作战序列（1944年8月）

总指挥：索尔登　副总指挥：郑洞国

新编第1军军长孙立人

新编30师师长唐守治

新编38师师长李鸿

战车第1营营长赵振宇

新编第6军军长廖耀湘

第14师师长龙天武

第50师师长潘裕昆

新编第22师师长李涛

直属部队：

独立步兵第1团团长徐懋禧

炮兵第4团团长蒋公权

炮兵第5团

炮兵第12团团长侯志馨

重迫击炮第11团团长林寇雄

汽车兵团

辎重兵第6团团长曹阴

工兵第10团团长李乐中

工兵第12团团长梁可发

教导第3团

特务营

战车第2、3、4、5、6、7营

高射机枪第1营

独立通讯兵第3营

宪兵独立第2营

运输第1、2大队

中美混合团

新1军作战序列

新1军军长孙立人中将，副军长贾幼慧少将（1945年3月到任）

新30师师长唐守治少将，副师长文小山少将，参谋长吴行中少将

第88团团长杨毅上校

第89团团长曾琦上校

第90团团长项殿元上校

新38师师长李鸿少将，副师长陈鸣人少将，参谋长何钧衡少将

第112团团长梁砥柱上校

第113团团长赵狄上校

第114团团长王东篱上校

新6军作战序列

新6军军长廖耀湘少将

第14师师长龙天武少将，参谋长张羽仙上校

第40团团长王启瑞上校

第41团团长萧豪上校

第42团团长许颖上校

第50师师长潘裕昆少将，副师长杨温少将，参谋长段麓荪上校

第148团团长王大中上校

第149团团长罗锡畴上校

第150团团长谭云生上校

新22师师长李涛少将，参谋长刘建章上校

第64团团长熊杰上校

第65团团长傅宗良上校

第66团团长陈赝华上校

中国驻印军一起在缅甸丛林战斗中留下的永久印记。

总指挥史迪威在密支那战役结束后达到了他军事生涯中的最高峰——美国陆军四星上将军衔，成为太平洋战争爆发以来所产生的美国第8位，也是美国从建国以来所产生的第75位四星上将。也正是在驻印军在缅北扩建、休整期间，这位从来不懂政治平衡的将军，终于在驱使中国国民政府全力对日作战的问题上与蒋介石彻底闹翻。他派出了联络组到陕北与共产党亲密接触，进行将共产党部队收归麾下的尝试，还极力按照美国军队的组建原则，试图从根本上整顿中国军队，为了达到这个目的，他要求总统给他所称呼为“花生米”的那个人(史迪威在日记里将蒋介石称为“花生米”)写了一封带有最后通牒意味的、充满批评和指责的信，并幸灾乐祸地把这包“辣椒面”亲手交到了对方手里。不知为什么，一向精明的罗斯福这次似乎没有发现，或者说是没有刻意去发现，发出这封信函是个错误。

按照美国的战略，支援中国抗战的目的是拖住日本陆军和消耗日本薄弱的资源，好让美国海军从太平洋打到东京；中国国民政府的目的则在于保存力量，不愿意过多消耗自己的国力。史迪威把握不了这个度，他完全无视国民政府的想法，也没有遵循美国政府的方针，就这一点来说，他失败了。为了促进建设他设想中的部队，他还曾经幻想为国民政府每个连补充进20%的共产党士兵，结果他的朋友——国民政府的萧毅肃中将一听就吓坏了。萧毅肃马上告诉他，如果这么做，“整个连不到两周就会成了共产党的了”。他想率领一支由“世界上最好的士兵”所组成的军队，在以美械进行全面装备、训练以后，从中国大陆杀向日本，这作为一位军人来说确实令人激动，可是这会使美国被迫全力向中国供应物资，会相应削弱美国其他战场尤其是美国正在逐渐深入的、最重要的欧洲战场的力量，美国虽然生产力发达，但无法达到无穷无尽的程度，它的全球战略会受到极大影响，而要中国政府将全部军队交给一个外国将军来指挥，更是天方夜谭，蒋介石肯定不会同意。

最后，美国政府终究不可能与未来世界格局中的重要一环、未来远东最重要的盟友之一决裂，既然不敢摊牌，那就只有接受中国政府的强硬立场。两个月后的1944年10月18日，史迪威离开了他所热爱的缅甸战场，回到了美国，尽管他后来历任美国第10集团军司令、美国西部军区司令、第6集团军司令等职，却因为战争十分迅速地结束，而再也没有得到指挥军队打仗的机会。

丛林生活完全毁掉了史迪威的健康，1946年10月12日，离开中国不到两年，他死于肝癌。弥留之际，他的挚友五星上将马歇

美国游骑兵部队

美国陆军游骑兵（Ranger）部队，也被翻译为别动队，是一支历史悠久的部队，早在17世纪殖民地时期，游骑兵就是指机动灵活的小型骑兵侦察部队，“Range”一词最早的意思是指侦察骑兵的巡逻范围，这支部队的士兵就被称为“Ranger”，部队也因此被叫作“Ranger”。

第一支正规的游骑兵部队是1756年由罗伯特·罗杰斯少校组建的9个连，这支劲旅在战场上表现异常出色，使游骑兵成为优秀与荣耀的代名词。美国独立战争中最著名的游骑兵部队就属弗朗西斯·马利隆指挥的绰号“沼泽狐狸”的部队。

二战爆发后，美军于1942年6月19日在北爱尔兰组建了第一支游骑兵部队——第1游骑兵营，该营的49名官兵参加了1942年底袭击法国港口第厄普的战斗，成为第一批与德军正式交手的美军部队。随后该营转战北非，因其优异表现深受器重，游骑兵部队因此迅速扩编为6个营。诺曼底登陆中，参战的第2游骑兵营（也就是影片《拯救大兵雷恩》拯救分队所在部队的原型）在德军密集火力压制下其他部队无法前进的关键时刻，奋勇突击为后续部队打开了突破口，赢得了第29步兵师副师长诺曼·科塔准将的由衷称赞：“游骑兵，开路先锋！”(Ranger Lead the Way) 这句话从此就成为游骑兵的座右铭。

战争结束后，6个游骑兵营相继被裁撤，只有曾在缅甸与中国军队并肩作战的第5307团被改编为第475步兵团，得以保存。1954年第475步兵团改称第75步兵团，1987年又恢复游骑兵的名称，正式改称第75游骑兵团，成为美国陆军第一支常设的游骑兵部队。该团编制人数2300人，下辖3个营，团部和第3营（1984年10月成立）位于乔治亚州本宁堡，第1营在乔治亚州图尔特堡亨特空军基地，第2营(1974年10月成立）在华盛顿州路易斯堡。该团不论平时和战时都处于高度戒备，随时都有1个营作为战备值班营，轮值待命并且保持最高战备，这个战备营能在18小时内抵达全球任何地点并投入战斗。

第75游骑兵团成立后先后参加1980年营救美国驻伊朗大使馆人质、1983年入侵格林纳达的“暴怒行动”、1989年入侵巴拿马的“正义之师行动”、1991年“沙漠风暴行动”、1993年索马里亚“重建希望行动”等。

在现代战争情况下，游骑兵主要是以远距离空中机动深入敌后进行侦察和其他具有战略意义的作战任务。而作为传统，绣有“RANGER”字样的黑色贝雷帽永远都是游骑兵荣誉的象征，所以游骑兵也被叫做“黑色贝雷帽”部队。

尔赶到医院，将一枚步兵战斗纪念章轻轻别在他的胸前。

接替史迪威中印缅战区美军司令职务的人是魏德迈中将，此人看上去忠厚而睿智，很容易相处，但实际上比史迪威要圆滑得多，与前任史迪威相比，魏德迈对装备中国军队并没有多大的热情。史迪威事件给美国的警示意义是，中国政治派别之间的根本对立很可能使中国在战后陷入内战，魏德迈完全执行了白宫的政策，美国的物资和装备进入中国的速度开始放慢，除了已装备的“X部队”和“Y部队”，史迪威计划成立的“Z部队”那30个美械师成为泡影。那些太平洋战争结束后没有及时处理掉的物资，成了国民政府从美国得到的最后援助。

接替史迪威中国驻印军总指挥职务的是索尔登中将，缅甸最艰难的战斗已经过去，索尔登中将并不想过多干涉中国部队，所以在反攻缅甸的最后阶段，新1军和新6军的战斗行动，完全由孙立人和廖耀湘负责。

10月15日，中国驻印军第2个旱季攻势开始。新6军从孟拱谷地南下作为右翼，向缅甸中部要地杰沙、瑞姑直插，新1军由密支那启程，沿伊洛瓦底江而下，直逼拱卫滇缅公路的门户八莫。

八莫的防御由第2师团的第2搜索联队联队长原好三大佐负责指挥。该联队原是为增援密支那而从南坎调到这里的，密支那战役后改为八莫守备队，由搜索第2联队的2个步兵中队、1个装甲车中队和拥有3个步兵中队、1个机枪中队的步兵大队（第2师团步兵第16联队第2大队，大队长高桥进少佐）为主力，加上第2师团野炮兵第2联队、第18师团山炮兵第18联队、工兵第2联队各1个小队，以及第33军通信队1个分队、第2野战医院1个班组成。这个时候的日军缺员很严重，第2师团在残酷的瓜达尔卡纳尔岛争夺战里伤了元气，还没恢复过来，这搜索联队本来是个小编制，即使满员也才980人左右，现在缺了汽车中队、坦克中队和1个步兵中队，实力实在很弱，仅350人；而高桥那个步兵大队也不满员，只有约600人，这样算来，守备队全部兵

■ 史迪威与蒋介石闹翻后，魏德迈接替史迪威成为中印缅战区美军司令。

力大约是1180人。

驻印军新6军新22师乘火车由孟拱向西南出发，给人一种沿铁路前进，准备与从英帕尔翻越明京山脉而来的英军会师的错觉，但车到中途，停在一个叫做和平车站的山野小站，全师立刻下车，分两路步行进入东南侧的劳阳山，沿高威河和莫西特河南下，直指八莫西边的瑞姑，切断日军第15军沿伊洛瓦底江经八莫与第33军联系的路径。战线最前端的第50师冒充该军主力奋力进攻，打垮日军和缅军各一部，造成日军对新6军主攻方向判断失误，成功吸引日军注意，掩护了新22师的行动。新22师在山中艰难跋涉，到5日拂晓，两路都赶到瑞姑附近，1个团在西边包抄，2个团正面压迫。11月6日发起攻击，仅用了半天就成功拿下瑞姑，控制了八莫侧后的水路，活生生将日军第33军和第15军切成了互相不能支援的两部分。更往西边一点，是尾随新6军由孟拱谷地西山地南下的英军第36师，以及正在从英帕尔慢吞吞赶来的英军第14集团军主力。

新1军的推进也很困难，公路已遭日军破坏，一边前进一边修缮，到10月29日才到达八莫以北的庙堤，当晚新30师攻占该地。从中国发源的太平江（在中国境内叫大盈江）由东而来，在八莫汇入伊洛瓦底江，形成宽阔的水面。日军退却到太平江南岸山地隘口坚守，凭借坚固工事里的重机枪严密封锁江岸，新1军的攻击暂时延缓下来。

■ 新1军的士兵们在缅甸的原始丛林中行军。

孙立人在11月初亲自到达战场视察，仔细观察后他决定继续采用他最拿手的远程迂回战术，新38师留下第113团吸引日军，主力沿太平江北岸向东前进，避开正面日军防御，从中缅边境上的古驿道出奇兵绕到八莫背后，再行攻击。新38师在反攻缅甸的战役里练就了铁脚掌、飞毛腿，跟胡康谷地和孟拱谷地那些阴暗的原始森林比起来，这条早已荒废的丛林小道在他们眼中实在不值一提。向东进发的路越来越高，很快超过海拔1800米，群峰苍翠，林海茫茫，一条小道峰回路转，路边野花芬芳，如果不是战争，这景色多么令人神往。越过太平江上游的铁索吊桥，看着雪白的江水在被急速通过的部队踏得吱呀乱响的木板下翻腾，让人顿生豪情。

日军察觉情况异常，开始收缩兵力，并加强了八莫以东的警戒，这样一来却让太平江北的第113团得以乘机突入南岸，夺取了八莫以北的山地屏障。一天以后，也就是11月9日，新38师主力迂回到位，八莫以东10余公里的新龙巴卡和莫马克被第114团攻占，驻守在这里的日军搜索第2联队第1中队被打得只剩12人，中队长只身逃回八莫。17日，沿八莫以东丛林小道继续南下的新38师第112团占领曼平，从南面切断八（莫）南（坎）公路。新38师一边收拢部队一边攻击，诱使守军暴露火力，然后一个一个慢慢将日军堡垒啃掉。到11月30日，城东城南两个可供战斗机起降的机场落入中国军队之手，战斗开始从东南北三面逼近市区。

11月19日，滇西战局又有了新的发展。日军第56师团只顾在龙陵与远征军鏖战，战线后方支撑整个滇西作战的战略要点芒市（今云南省德宏傣族景颇族自治州潞西市）被中国军队夺占。滇西日军全线溃退，国境线一带成为新的战场。战线缩短使日军密度进一步增加，远道而来的第49师团也开始加入战斗。第33军命令得到了第14次补充的第18师团腾出几乎全部兵力，组成山崎支队（由第55

■ 驻印军战士与据守八莫的日军展开巷战。

联队联队长山崎四郎大佐指挥），从南坎出发增援前去解救八莫守备队。

此时，驻印军接到国内发来的命令，中国军队在豫湘桂会战中遭受了前所未有的大溃败，损失了数十万人，目前日军已经在河南、湖南、广西一线取得全线胜利，甚至打到了贵州的独山，离重庆仅仅400多公里。形势急转直下，全国震动，因此拟调战斗力强悍的驻印军一部回国拱卫陪都，以防不测。除了正在鏖战的新1军与新6军第50师，新22师与第14师即刻开始收拢部队，准备空运回国。今后的战斗只能由新1军独立完成了。中国军队在豫湘桂会战中的大溃败也引起了美军将领史迪威和陈纳德之间的激烈矛盾，史迪威指责陈纳德“试图逃避骗术失败的罪责，却归罪于那些早就指出了危险并设法采取措施弥补的人”。而陈纳德则批评史迪威“没有向不在他直接指挥下的任何中国军队分配过装备，哪怕只是一发信号弹”。

新1军一边围攻八莫，一边派遣新30师主力越过八莫分两路向南坎推进，北路以第90团第1营配属山炮第2连对南坎警戒，第88团第1、3营为后援；南路第90团第2、3营配属山炮第1连和师工兵连，抢占5338高地，以防备南边的第18师团主力。

刚刚完成部署，战斗就发生了。9日拂晓，山崎四郎率临时拼凑的来自第18、第56、第49师团的4个半步兵大队、炮兵1个半大队及工兵1个大队总共约3000人的兵力，向突出在战场最东面的新30师第90团第1营发起突袭。日军利用山沟和小路渗透过来，偷袭炮兵阵地得手，新30师山炮第2连连长朱永刚战死，第90团第1营一时陷入困境。幸亏士兵们英勇奋战，死守不退，日军攻势渐渐停顿。在后续2个营的支援下，90团开始逐步向山崎支队压迫，逼迫日军步步后退。新1军迅速将曼平的新30师第89团车运到前线，将山崎支队包围，另抽出号称“拦路虎”的陈鸣人带领第112团从北边越过山崎支队，沿国境线上的群山向东，再调头向南攻向敌后方，将八莫到南坎间的日军斥候部队扫荡得干干净净。

山崎支队的行动没有使自己到达八莫，却几乎将自己也搭了进去，日军第33军大惊，催令南边的第18师团主力全力投入战斗。此时第18师团的第55、第56、第114联队，全都是被歼灭后重建的部队，兵力十分缺乏，新兵的战斗力更是令人无法恭维，“超人战士”风光不再。田中新一在11月调任缅甸方面军参谋长，由中永太郎中将接替师团长职务，长久大佐、丸山大佐也调出了第18师团，第56和第114联队长分别由藤村义明中佐、简井恒大佐接任。

如果说第18师团战斗比较消极，那是不对的。该师团先头部队56联队于8日清晨就对当瓜的驻印军发起了进攻，比山崎支队还早了1天，只不过在盟军飞机和炮兵火力的联合打击下被轻易瓦解，那些新补入的后备兵死伤枕藉，光是重新调整就用了整整2天。以前的第18师团的进攻凶猛而又频繁，根本不用专门花费时间来调整，可见在遭到驻印军屡次严重打击之后，第18师团的战斗力下降的程度。56联队的第2次进攻是11日拂晓，听闻山崎支队在北线被包围，中永中将亲自指挥师团主力倾力进袭，这次的进攻也只维持了几个小时，就在驻印军的山炮、迫击炮轰击下很快败下阵来，只好后撤4公里整顿。后来查明，第18师团撞上了正在等待回国的新22师，这次精彩的战斗，则成为新22师在缅甸的谢幕演出。

但新22师此时正在脱离战场，准备空运回国，因此新1军的战斗并不轻松。14日夜，炮火的闪光将八南公路南侧变成了白昼。日军在炮兵的掩护下一昼夜进行了15次冲击，3000多发炮弹将制高点5338高地上的第90团第3营阵地掀了个底朝天，而日军的步兵群也不断遭到中国炮兵的火力覆盖，双方的炮火硝烟笼罩着八南公路、八(莫)密(松)公路以南的群山，久久不散。战斗从夜晚一直持续到第2天下午，结果是守卫高地的营长王礼竑与80名战士全部牺牲，而日军则阵亡1263人，被迫停止了进攻。

日军救援部队的牺牲也不是全无效果，他们的进攻牵制了新1军大部分兵力，新1军

■ 在八莫被击毁的日军坦克。

不得不将4个团投入阻援作战，这就使围攻八莫的部队只剩下2个团，进攻节奏放慢了。新1军兵力的稀释给八莫日军的遁逃创造了条件。14日夜，原好三大佐组织部队撤离市区，在第113团和第114团到处是漏洞的包围圈中渗透而出。原好三很狡猾，他令一些小分队从正面冲击，以这些小分队的牺牲来保证主力脱离战斗，从宽阔的、到处是沙洲的伊洛瓦底江江面上隐蔽渡江。15日早晨的大雾掩护了他的行动，在击退新38师1个小分队后，他与高桥进少佐两人带领部队成功逃脱。19日，专门拣小路落荒而逃的八莫守备队到达南坎，剩900人，其中有300多名伤患。士气低落的山崎支队在得知八莫守备队成功突围后，也开始向南坎撤退。

第113团守江部队第2营营长孙蔚民怠忽职守，连累了团长赵狄。孙立人得知八莫守敌逃脱，不禁大怒，将赵狄降职为军部附员，其团长一职由第114团团长王东篱接任，第114团团长一职，则由副团长彭克立接替。

日军在中缅国境线上的最后据点南坎、木姐，落入中国驻印军和中国远征军的夹击中。

12月27日，第112团尾随撤退的山崎支队攻入国境——驻印军终于实现了打回祖国的夙愿——占领原中央飞机制造厂遗址所在地垒允，南坎西北、东北山地不再成为保卫南坎的屏障。从北面和东面的群山那面，像阵阵滚雷似地传来炮声。这是从腾冲南下的远征军第53军（军长周福成）在扫荡瑞丽坝子周围的日军。日军在不断溃败，炮声越来越清晰，友军的距离越来越近。

新1军转向南方向南坎攻击前进，第53军也向东推进，靠向远征军主力，会攻畹町。1945年1月11日，八南公路沿线日军被全部肃清，趁着早晨大雾的掩护，第88、89、114团渡过瑞丽江，从西面和南面包抄南坎。待13日战斗正式打响，日军才发现侧翼全部暴露，前线与市区之间又被早先穿插到位的第112团控制，顿时阵脚大乱。15日凌晨，第90团从南面率先冲进南坎。南坎是个建筑不多的小城，到处是日本人在废墟上建立的临时房屋和帐篷，地形地物比较简单。巷战迅速结束，残敌向南方新维、腊戍和东面的木姐仓皇溃逃。

日军在国境上最后的据点是木姐，日军不想轻易放弃。从此地往南大约百公里的战区里，会集了第56师团残存的几乎全部人马，以及山崎四郎、一刈勇策2个支队，共1万余人，他们的顽抗使远征军不断遭受重大伤亡，但日军战线却一直向芒市西南方收缩，风平、猛戛、三角岩、牛坝、蕨叶坪、三台山、遮放、回龙山、黑山门……边境上一个又一个地方被远征军占领，先是点，后是线，逐渐将日军压迫到境外。一批又一批远征军士兵倒在了荒山野岭中，为国家民族流尽了最后一滴血。

1月19日，新38师与国境北边的第53军遥相呼应，向木姐发动了最后的攻击。孙立人命令新30师主力围剿南坎以东山区的山崎支队，以第114团深入到南坎东南的南巴卡，几乎截断第56师团的后路，压得守卫新维—木姐公路的一刈支队和第56师团司令部透不过气来，又令第112团从南坎向东迂回，与第53军第116师（师长赵镇藩）配合夹击木姐，全部坦克和大量火炮配属第113团，沿公路正面攻击，造成第56师团东、南、西三面被包围攻击的严重局面。攻击发起的第2天，远征军第53军与驻印军迂回部队第112团在国境线上的猛卯（今云南省德宏傣族景颇族自治州瑞丽市瑞丽镇）会师。

日军顿时一片混乱。山崎四郎和第113联队联队长松井大佐频频告急，而和师团司令部在一起的一刈勇策大佐则惊恐地向松山祐三报告，数百具降落伞从天而降，可能是敌人大规模的空降已经开始。又损失了3000人的第56师团只好抛弃前线还在木姐苦战的部队，命令所有支队、联队从南巴卡向南方的新维转移，被迫永远离开了这片被他们侵占了两年半的土地。孙立人亲自率领第113团越过已经被攻占的木姐，向北急速前进，于1月27日与远征军第2军（军长王凌云）第9师（师长陈克非）会师。稍后，第53军和第71军（军长钟彬）也涌过了边境。新38师第113团官兵在北上过程中，击毙250名日军，缴获大炮5门，长短枪120余支，一路势如破竹，很是风光。但他们很快被追击日军至木姐以北九谷以南一个小山坡上布防的第2军第9师第26团第1营官兵误以为是日军，发生了一场短暂的交火，双方各伤亡一二十人。发生误会的原因是远征军1个营里才有两部有线电话，但追击时无法架设，根本没法与上级沟通，反观

■ 1945年1月12日，美国著名的工程专家皮克准将亲自率领一支由120辆军用卡车和8辆救护车、食品保障车组成的车队，满载着战略物资，从印度雷多驶往中国。

驻印军，摩托罗拉公司生产的步话机都装备到了连一级，精良的武器装备和战斗能力，让相比之下土得掉渣的远征军士兵羡慕不已。

经过两年半的艰辛努力、艰苦卓绝的战斗，中国驻印军打回祖国、重新打通中国陆上国际交通运输线的战略目标终于如愿实现。驻印军和远征军的会师，标志着云南怒江以西被日本侵略者蹂躏达2年零8个月的神圣领土终于全部光复，滇西抗战胜利结束。

无言里程碑

1945年1月12日，一支由120辆军用卡车和8辆救护车、食品保障车组成的车队，满载着战略物资，从印度雷多浩浩荡荡踏上征途。这支车队将穿越荒无人烟的那加山、泥沼遍地的胡康谷地、越过大龙河、大奈河，通过曾经洒满了热血的间布本山隘，沿着库芒山上险峻的弯路在南堤跨过伊洛瓦底江，到达密支那，尔后径直南下转道尚在激战的国门，进入中国国境。

这支车队，是滇缅公路中断以来的第一支运载国际援华物资的地面运输车队，地面运输的开通，将使中国以更从容的方式获得大量物资，也将使美国从驼峰航线居高不下的伤亡和损失中摆脱出来。车队由美国著名的工程专家皮克准将亲自率领，用车轮丈量这条中美英印军民用生命铺筑的“通向东京之路”。

这条公路就是中印公路。从1942年10月到1945年1月，它跟随缅北的战火顽强延伸，紧随中国驻印军的炮声克服了难以想像的恶劣环境，以巨大的牺牲将自己和整个亚太战区的命运紧紧连在了一起。

修筑中印公路的方案最早是在滇缅公路开通之后提出的。滇缅公路于1938年开通，那时抗战渐渐进入高潮，中国需要大量军事物资来支撑战局。日本全面占领中国的野心逐渐明朗化，这使得中国人十分忧虑，即使国民政府已经搬迁到被形容为“中国的堪察加”的重庆，也时时感到危急，尤其是日本趁着法国在欧洲的战败而侵占其殖民地越南后，中国沿海援华路线全部丢失，仅有的这一条陆上运输线又不时遭到日本飞机轰炸，滇缅路上的惠通桥、功果桥和昌淦桥时常遭到空袭，从1940年到1942年，死于日军空袭的人数已达千余人，负伤数千人，功果、昌淦二桥数次被炸断。而到了1941年，日本以调解越南与暹罗（泰国旧名）的矛盾为借口进一步侵入泰国，更是直接威胁到了滇缅路的生存，日军对英美挑战的迹象越来越明显，这条国际输血大动脉随时可能丧失。为此，国民政府决定再开辟一条国际公路，来防备这种状况的出现。

新的国际公路准备以西康省会康定为起

■ 1945年2月中印公路开通后，军需运输车队从印度开往昆明。

点，经川滇边的盐源越过金沙江到云南中甸(今云南省迪庆藏族自治州香格里拉县)，再分成南北两线，南线向西穿越澜沧江、怒江峡谷、云岭和高黎贡山山脉到达贡山 (今云南省怒江傈僳族自治州贡山县)，直接穿过江心坡，经印缅边境的那加山抵达雷多；北线沿着茶马古道直上西藏察隅，再转向西南过瓦弄 (即1962年中印边境自卫反击战中国第54军第130师的主要战场)，到达印度萨地亚。

1941年春天，国民政府派出的南北两路勘察技术人员开始了艰巨的踏勘。北线很快就被滇藏边界那些直插天际的雪山上还没消融的积雪阻挡住了，这一带地形之险让人咋舌，以当时的技术手段看，简直是无法征服的地带。南线则勘察了整整7个月之久，技术人员带着笨重的设备翻越了后来入缅远征军溃退时第96师走过的那些道路，九死一生才到达了缅北几乎最北端的靠近喜马拉雅山的葡萄，再往前则是一片文明还没有触及的未知世界，由此得出了“极端艰巨”的结论，筑路工程还没开工就被迫终止了。

到了1942年春天，国民党元老时任云贵监察使的腾冲人李根源向国民政府指出，从滇西重镇保山，可修筑延伸到印度的道路。具体方案是，从保山南18公里的滇缅公路大官市垭口开辟一条向西的道路，经过蒲缥，通过险峻的打板箐到达怒江边的怒江坝，再沿江北上在道街跨怒江，越高黎贡山直通腾冲，之后沿腾北古驿道通向密支那，再折向西南的孟拱，从孟拱谷地通胡康谷地，越那加山也可抵达印度雷多，这样，可以利用古代商道降低修筑难度。国民政府马上批准了这个计划，并立即调拨人手执行。

前后两批勘探队从孟拱出发，在连续几个月不散的朝雾中穿越了后来成为驻印军与日军血战战场的河谷地带，在没有任何安全保障的情况下，成功越过那加山脉的林海到达印度雷多，根据他们的报告，中印公路立即开工修筑。谁也没有料到，开工仅仅3个月后的1942年5月，入缅远征军从缅甸败退，参加筑路的来自中、缅、印各民族的5000名工人被迫随远征军撤退，和第5军各单位一起在缅北经历了炼狱般的考验，许多人的尸骸至今还躺在那些阴暗的丛林中。不过仅仅半年后，这条公路又提上了日程。因为取得陆上国际交通线，对于中国来说毕竟是梦寐以求的事。

驻印军成立后，雷多一带成了中国人的根据地。史迪威极力赞成由这里修筑通向中国的公路，因为那符合中美双方的战略利益，美国政府和中国国民政府在这个问题上令人惊讶地表现出了高度的一致，都全力支持史迪威。经过几乎无休无止的争吵，尽管受到英国殖民当局的百般刁难和拖延，这位斗志昂扬、从不服输的老头还是以强硬的态度促成了中印公路的修筑。

1942年12月10日，工程开始，路线就按照李根源老人的方案略作修改。在最初的阶段，只有中国工兵第10团参加，没有任何机械，全靠自己“万能之双手”（郑洞国语）排除困难。但接着美国人就参与进来了，他们一下就派来了2个黑人工兵团，携带着大功率推土机（中国人充满敬意地叫它开山机）、压路机、空气压缩机、混凝土搅拌机等新式机

■ 美军工兵强大的机械化施工让中印公路的修建进度大幅提高，遇到艰难地形也很容易克服。

中印公路

1942年5月，日军占领缅甸后，中国与同盟国之间的联系只有飞越喜马拉雅山脉的驼峰航线，因此尽快修建中印公路，粉碎日军对中国的战略封锁，便成为最重要的工作。

1942年4月28日，云南省紧急成立了“协修中印公路募工处”，出动总数为10万的滇西民工前往中印公路工地，加上已先期到达的工程技术人员和就地招募的民工，这支筑路大军已达12万多人。同时印度方面也出动了7万多人赶修印度境内的道路。1942年12月，从雷多到密支那公路也正式破土动工。

这条公路全长1730公里，经密支那后分为南北两线：南线经八莫、南坎，至畹町与滇缅公路相连；北线越过伊洛瓦底江，经腾冲、龙陵与滇缅公路相接。其中雷多至畹町段长770公里，经过印度东北部和缅甸北部的亚热带山岳丛林地区，由美军工程兵部队以及中国军队的2个独立工兵团，并在当地民工协助下构筑。昆明至畹町段长960公里，路线基本上循沿原来的滇缅公路，由中国战时运输管理局滇缅公路工务局组织改建和抢修，美军派出工程兵筑路机械部队配合。整个中印公路工程先后分别从两端开始。从1942年11月于雷多动工算起，至1945年1月全线通车，历时2年零3个月。美方投入费用1.5亿美元，中方亦投入工程款2亿元法币。筑路工程浩大，作业条件恶劣，要不断克服崇山峻岭、江河峡谷、高草丛林、沼泽泥泞、暴雨山洪、酷暑病害等困难。在有些路段（如修复惠通桥），筑路人员不得不在日军航空兵、炮兵轰击的条件下作业。为了及早使公路通车，他们还抢修了自中国保山至缅甸密支那的急造军路作为支线。据不完全统计，中印公路从动工到通车共牺牲3万多人（不含前方作战阵亡将士）。

中印公路建成以后，同盟国与中国之间恢复了陆上交通联系，作战物资得以通过公路运往中国内地。在中印公路通车的半年间，共运进汽车1万多辆，军用物资5万多吨，有力地支持了中、美、英盟军反攻缅甸的战役。1945年2月，有30支车队1333辆卡车，装运了1100吨物资从印度前往昆明，其中22支车队在2月里到达，还有8支迟至3月才到达昆明。从雷多到昆明共1736公里，要求10天到达，但实际上通常要12到15天才能到达。1945年10月，鉴于日本已宣布无条件投降，于是这条花两年时间在原始森林中修筑的公路仅用了半年就结束了它的历史使命。

另外，中印公路通车后，中印输油管道也随之接通，输油管道从加尔各答，经汀江、雷多、密支那、八莫、畹町至昆明，全长3000多公里，是当时世界上最长的输油管道。据统计，中印输油管道自1945年6月输油至11月停止输油，7个月共输入航空汽油、柴油等油料10万多吨。中印公路和中印输油管道运作时间并不长，但对夺取中国抗日战争的全面胜利功不可没。

中印公路因始于印度雷多也叫做“雷多公路”，又因为这条路是中美工兵合作开路，又叫“华美路”。1945年初，为了表彰史迪威对这条公路的巨大贡献，而正式改名为“史迪威公路”。

参加中印公路修筑的中美部队序列：

中国军队：

工兵第10团、工兵第12团

美国军队：

工兵第45团、工兵第330团、第823航空工程营、第849航空工程营、第209战斗工兵营、第1883战斗工兵营、第1905战斗工兵营

械，立即把原本静悄悄的山谷变成了喧嚣的工地。由于地形起伏不大，这一阶段的筑路工程进展神速。从1943年元旦开始公路进入山中，工程变得极其艰难，为此，3月份军政部增调了梁可发少将的工兵第12团入印。施工人数和工程机械的增加使建设进度维持着每天约1.6公里，而且参与施工的人员也得以轮换。

与公路配套的电线等设施，以及为中国输送油料的中印输油管线，在公路动工的同时，也开始了建设。油管一共三条，一条从加尔各答作为起点，直径为4英寸，另有两条以印度阿萨姆邦迪格堡油田为起点，一条直径4英寸，另一条直径6英寸。三条油管先各自延伸到雷多，再从中印公路起点并排铺设，一直伴随着公路全程。为了提供足够的压力，又分别在公路沿途各点建立加压站和32个储油池。其中4英寸油管在最高压力下每小时可输油达45600升。油管伴随公路穿过胡康谷地、

■ 民工正在赶修中印输油管道。

库芒山、伊洛瓦底江、高黎贡山、怒江、澜沧江、云岭，直达云南昆明，总长度2976公里。从1945年6月起，就开始向中国源源不断地输入汽油、柴油、润滑油等，到1945年11月止，每月供油18000吨，共向中国输送油料达10余万吨，给美国第14航空队轰炸日本本土的行动提供了充分的保障。抗战胜利后，这些油管被美国对外物资清理委员会以废旧金属的价格分别处理给印度和中国有关机构，中国境内的油管被玉门石油公司拆迁至酒泉，继续为中国的石油工业服务。但在缅甸境内，也有架设在深山密林中不便回收者得以保存，成为当代那些热爱这段历史的爱好者们心驰神往的探索目标。

1943年的雨季结束后，公路继续延伸。8月，史迪威又调来了新的工程部队。这时中印公路上的施工部队，计有中国工兵第10和第12团2500名士兵，美国第45、330黑人工兵团6000名黑人，第833、849航空工程营，第209、1905、7883战斗工兵营数千人，以及印、藏、尼等各族劳工12000人，不算轮换休整的部分，每天在工地上忙碌的有7000余人。工程的总指挥，是美军中最有名的工程专家皮克准将。

在新38师的掩护下，到12月17日，从雷多到新平洋段修筑完成，全部是优质水泥路

■ 美军最有名的工程专家皮克准将（左）。

面。这187公里路程是整个中印公路最艰巨的地段，没有任何标志，也没有任何小路，一切都要从头创造。在被称为鬼门关的班哨垭口一带，各国军民看到的是白骨盈野的惨绝人寰的景象。这些尸骸是当年远征军留下的，许多人走到这里，已经在与那加山的搏斗中耗尽了自己全部能量，无可奈何地永远躺倒了。最让人耿耿于怀的是，从这里再向西走10余公里，就可到达雷多！

从鬼门关开始，公路的修筑者们也开始领教到世界屋脊那不可捉摸的古怪脾气，塌方和泥石流是家常便饭，毒虫猛兽更是司空见惯，正在修建的桥梁和涵洞转瞬间就被冲垮，常常有人被活埋；洪水说来就来，幸存者眼巴巴看着人和机械被裹胁而去；被毒蛇咬了的民工往往救治不及，那些巫医的跳神毫无作用，最终只能七窍出血悲惨死去；一些短暂离开工地的人永远没有回来，成为了亚热带丛林中各种动物的美食……从雷多至畹町与滇缅公路相接这一段总长772.3公里的公路沿途，仅美国黑人工兵就付出了1133人牺牲的代价，加上中印缅尼等国军民，死亡的当有数千人之多。

为了帮助中国人民赢得反侵略战争胜利，有多少人默默地在平凡中变成不朽。这是一条不折不扣的白骨之路，英魂之路。

新38师初战于邦，狠狠打击了日军第18师团的骄横之气，公路也随战线一起延伸，从新平洋到于邦的牛车道很快就拓展成了公路，然后再继续向大洛和孟关方向修筑，新38师和新22师的后勤运输得到保障。参加瓦鲁班战斗并缴获第18师团关防的战车营，也是沿这条战时公路开往敌阵。到孟关后，驻印军的后勤线与日军修建的临时公路相接，而中印公路则舍弃了这条路线，另行延伸。

胡康谷地地形复杂，地势低洼，洪水沼泽和丛林混杂在一起，这样的地理条件，修条季节性的临时公路是可行的，但修建永久战备公路一定要避开它。所以工程指挥部决定，从新平洋直接向东发展，沿胡康谷地东北侧地势较高的库芒山麓，从大龙河、大柰河、茂林河、大宛河的上游经过，再逐渐顺山势转向间布本山隘入口的丁高沙坎，与原来中国工程队修筑的孟拱到孟关的公路衔接。1944年5月，间布本山隘被驻印军攻取后，公路路基也基本完成，只是在雨季里经常被毁坏。又经过艰苦努力，到7月终于通车，并通过山隘到达驻印军总指挥部所在地瓦拉渣，衔接旧路以维持前方作战。

但是旧路是1942年春天匆匆构筑的，选线并不科学，只是照着缅北的马帮路拓宽而已，雨季里泥泞过膝，连吉普车都常连同底盘一起被淤泥牢牢吸住。所以从瓦拉渣起，中印公路又一次重新选线，继续沿库芒山麓越南高江，经丁克老缅、大弄阳、丹班卡，绕开加迈和孟拱，直达密支那。从密支那开始又分南线北线，北线可向东直入腾冲，再到保山，但这条路才刚刚于1944年7月10日开工，那时腾冲的围攻战正在渐入高潮，短期内不能通车。所以1945年1月12日从印度雷多出发的车队，准备改走南线进入中国。

在1944年12月，八莫被新1军攻占以后，又将八密公路和八南公路加以拓宽改直，削减坡度，再铺设碎石压实，军车可直接到达南坎；从南坎向东北，转入国境就是畹町，这是中印公路的南线。从畹町到昆明的路程是967公里，整个南线长度为1637公里。

1943年和1944年两个雨季，缅北的雨量异常充沛，随战场发展赶工筑路的人们也与前线士兵一样吃足了苦头，疾病和自然灾害成了一辈子挥之不去的阴影。但他们以高昂的士气面对惨烈的牺牲，仅仅用了2年零48天就完成了这条在炮火硝烟中延伸，在暴雨洪峰中屹立，在惨重牺牲中永恒的举世闻名的世界屋脊之路，除了1943年雨季停工4个月之外，他们保证了平均每天1.6公里的奇迹般的进度，那一个个埋没在泥浆下的无言里程碑，将一个个不为人知却充满感伤的故事，藏在了历史深处。

皮克将军的车队出发后，一路经过缅甸最隐秘的地带，在春天的美景中从容行进，沿途的胡康谷地和孟拱谷地已经看不到战争景象，只看见一群群欢天喜地的当地百姓在重新建设自己的家园，GMC大卡车副驾驶位上方顶棚上架设的12.7毫米口径M2机枪倒很威严，却全然派不上什么用处。中美驾驶兵

■ 中印公路航空拍照。

各120人，正好每两人驾驶1辆轮流开车，车队行进得不急不徐，那些随车一起前往中国的各国记者共65人，唧唧喳喳，不停地用镜头记录着眼前如魔幻世界一样随时变幻的的风景。这支长龙般的车队每天在深山里蜿蜒爬行，却一点不显寂寞。

车队到达密支那后，见证中印公路北线腾（冲）密（支那）段的试通车，皮克车队在1945年1月18日，分出盖尔上尉从密支那率领的2辆GMC卡车和1辆救护车，开向中国腾冲。这几个牛仔式的美军一路上吃喝都在车上，轮流驾驶着飞奔的“大马”，沿这条新公路一刻不停地越过国境，1月20日15时30分驶过腾冲，再从龙陵折向东方，一直向遥远的保山驰去。这批疯子不但在一天内赶到了保山，而且竟然在1月22日深夜23：00，就到达了昆明。从腾冲到昆明，近1000公里碎石、弹石、泥浆交替的复杂路面，成千个触目惊心的坡度急弯，其间还要越过惊心动魄的怒江、澜沧江河谷和云岭、点苍山脉，以及大小几十条红浪翻滚的江河，他们驾驶着笨重的军用卡车，居然只用了56个小时！因此伦敦在1月24日广播：“第一批车队已经到了昆明！”指的就是这支只有3辆车组成的小车队。军委会随即在重庆召开记者招待会，宣布中印公路通车，同时宣布中印公路为军用公路，一切物资运输均由政府统筹支配，禁止民间车辆通行。

腾密段路况不稳定，大车队通过还有困难，所以皮克车队要绕行南线。由于当时南坎、南巴卡、畹町、木姐一带正是炮火连天，车队在到达密支那后难得休息了一个星期。

北线腾密段的修筑，几乎与远征军攻打腾冲的炮声同步，滇缅公路工务局早在1944年7月10日就派遣了先期勘探队20余人，在浓烈尸臭中穿越数十里长的高黎贡山战场，绕过正在激烈攻防的腾冲，到达腾北一带开始做开工的准备工作，尔后第2支队伍40余人也携带60多匹骡马与仪器到达，8月开始募集当地人民参加建设。腾冲光复后，他们一边与从腾冲溃散的日本散兵战斗，一边坚持筑路，11月和12月渐渐进入高潮，公路避开丛林，一直到达密支那。参与建设的数百名美方技术人员和2万余名各族边民为之付出了巨大努力，甚至付出了生命。该路段的滴霖崖，就是为纪念死于塌方的美国技术人员滴霖而命名的。

其间由于战火影响，后勤跟不上，还曾经动用驼峰航线的返航飞机低空空投大米包，空投场选择在古永坝，可是当地常年起雾，笨重的运输机不能飞得太低，通常都在距离地面100米以上，又是直接空投（无降落伞），大米包时常砸进沼泽和河流里，或者砸破了百姓的房屋，物资损失很大，空投大米包损失率高达40%以上。甚至有一次飞机受气流影响剧烈抖动，竟将在机舱门边进行空投作业的机组人员连同大米包一起抖落下来，造成驼峰航线上的又一出悲剧。

腾密段的复杂程度比雷（多）新（平洋）稍微低点，主要是洪水和塌方比较少，但山势却一点不逊色，而且海拔更高，山多石质，开挖殊不容易。曾有一段沼泽，公路在此没有改线条件，只得用竹篾编织沉筏承载沙石，沉入水里之后，上填沙土石料，然后再来一层竹篾，再填沙土石料，如是者四，方才初见功效，路基得以显现；然后在路基左右10米以内开挖纵向深沟，待水渗出再挖横沟排水，这样折腾月余，路基才渐渐变干。又曾有一座石山垮塌，美国工兵奉命爆破，为了一举炸掉石山，美国工兵装多了大威力黄色炸药，结果爆炸一起，乱石纷飞，压死美国工兵1人，且将山谷内部预定公路通过处完全掩埋，后腾冲民间放炮能手上阵，以精确的炮眼一次爆破成功，将路基清理出来，工程才得以继续。

中印公路北线保（山）密（支那）线腾密段于1945年1月试通车，但保腾段预定横跨怒江的继成桥，由于主孔长达140余米，通车时还没有来得及建造，从密支那到保山的车辆，须从腾冲起就绕道龙陵，再沿滇缅路过惠通桥。这样，原本预定到保山才会合的中印公路南北两线，就在龙陵提前交会了。从1945年1月到1945年10月，中印公路北线一共运进车辆万余辆，运送物资5万多吨，但抗战胜利来得突然，中印公路很快就不再使用，用了无数人力物力修筑的腾密路从此荒废。而保腾段则仅仅完成路基，一直到1948年5月18日，继成桥才终于完工，然而此时保腾路高黎贡山段路基损毁严重，修不胜修，完全中断，一条废路与一座新桥就这样无语相对。新中国成立后，为了巩固边疆，保腾段公路建设重新上马，于50年代完成，在继成桥之后，又建成东风桥并使用至今。到20世纪90年代，保腾路重新改线，从东风桥南十余公里的跨径达数百米的曼海大桥通过，绕过了高黎贡山主体部分，这样的坡度在现代汽车技术面前变得微不足道，今天到腾冲去旅游已经是一件轻松的事。腾密段也于世纪之交重新修筑，为二级油砂路面，这种路面防水防滑，腾冲与密支那之间交通也变得十分便利，每天都有一辆中巴从腾冲发往密支那，充当起“国际班车”的角色，从我国境内槟榔河上的猴桥出境，直达伊洛瓦底江畔的那座曾被驻印军将士鲜血浇灌的缅甸小城。

1945年1月24日，皮克车队到达还在燃着余烬的南坎，28日紧跟着进攻部队到达芒友－木姐向内地延伸14.8公里处，当时被称为“105码”，滇缅公路与史迪威公路在这里会合。同日，车队在各界人士的欢呼声中，缓缓驶进了中缅边界上用作庆祝的松枝大门。那天，正好是举行中印公路正式通车仪式的

■ 1945年1月28日中国驻印军同远征军在芒友举行会师典礼，前排右三为远征军司令卫立煌。

日子。

1945年1月28日上午，驻印军和远征军在芒友举行了会师典礼。中国驻印军总指挥索尔登、新1军军长孙立人、中国远征军司令长官卫立煌、炮兵部队指挥官邵百昌、第11集团军代总司令黄杰、第2军军长王凌云、第71军代军长陈明仁、第53军军长周福成等中、美高级将领出席会师典礼。另有40多名中外记者专程前来采访。

会师典礼的会场设在一座小山下面的广场上。会场正中的主席台用丝质降落伞张盖，台前是一个表示胜利的巨大红色字母“V”，主席台正对面竖立着两根旗杆。远征军在通往祖国的路口挂上“欢迎驻印新1军凯旋回国”的白布横幅。

主席台下两边各有驻印军和远征军1个营护卫，两支军队表现出了不同的气质，远征军士兵虽然有美式冲锋枪，但从脸色上可以看出明显营养不良，身穿旧式灰布军服，显得很臃肿很疲惫；而驻印军士兵则全套卡其布战斗服，美观精干，穿着厚实的皮鞋，头戴威武的钢盔，面色红润，目光中饱含的自

■ 1945年1月28日上午，中国驻印军士兵（左）与中国远征军士兵在芒友会师，小帽遇见钢盔、草鞋遇见皮鞋、手动式FN毛瑟步枪遇见半自动M1928式……对比实在悬殊。

信是远征军士兵根本比不了的。而在主席台上，他们的长官腰别三号左轮，身穿与士兵一样的卡其布战斗服，帽子则是普通的战斗便帽，在一片深黄呢子将军服中，更是显得卓尔不群。

卫立煌和索尔登在讲话中盛赞了孙立人和史迪威，还有这支他们亲手创建的新式军队。卫立煌是个正直的军人，他的赞许显然是真心的。

1945年1月28日下午会师典礼在芒友结束后，中印公路通车典礼随即在滇缅交通要冲畹町隆重举行。典礼主席台设在畹町河畔，横跨界河的木桥两头都搭起彩牌楼。国民政府行政院副院长宋子文专程从重庆前来主持通车典礼。参加通车典礼的除了从芒友赶来的所有中美高级将领外，还有中国远征军副司令长官黄琪翔、参谋长成刚、第6军代军长史鸿烈，美军第10航空队司令戴维斯、第14航空队司令陈纳德等。参加的部队有中国远征军第2军特务营、中国驻印军新1军的1个工兵连，美军官兵100多人。从雷多长途跋涉来到畹町的100多辆汽车的中、美驾驶兵在车头插上两国国旗，中、美官员乘坐的数十辆指挥车和新1军组织的一个车队也参加通车典礼，场面蔚为壮观。看到这个场面，索尔登不由感慨地说：“今天是同盟国最高兴的一天，也是日本最不高兴的一天！”

15时30分，宋子文为通车典礼剪彩。浩

■ 中印公路通车时的盛况。

浩荡荡的车队在皮克乘坐的吉普车带领下，在热烈的欢呼声中缓缓驶过界河上的木桥，进入中国境内。中、美空军的飞机在边界上空盘旋掩护。蒋介石于同日发表题为《中印公路开辟之意义》的广播演说，宣布："以史迪威将军的名字为这条公路命名，纪念他的杰出贡献，纪念他指挥下的盟国军队和中国军队在缅甸战役中以及修筑公路的过程中作出的卓越贡献。"

离开畹町以后，皮克车队日夜兼程，于2月3日，在一片欢腾与中美两国国旗的海洋中，驶入了大后方最重要的战略基地——昆明。这标志着中印公路已经开始发挥自己的职能，向严重缺血的中国抗日战场供应养分了。

万水千山

远征军在反攻怒江西岸的战斗里打得元气大伤，战斗力耗损已经达到极限，惨烈的战斗在许多人心里成为永远抹不掉的血腥回忆。许多人留在国境一带养伤，后来就没有归队，纷纷在当地傣族、景颇族、德昂族村寨里成了家落了户，这支部队开始后撤休整。继续向缅甸南部进攻的任务，落在了比远征军训练更加有素、装备更加精良、战术更加灵活、战斗行动更加高效的驻印军身上。

2月8日，新30师在追击中占领畹町－腊戍公路之间的咽喉要地南巴卡，与第114团合力击毙日军近千人。但激战一周没有得到弹药补给，只好停止了追击，日军第56、第18师团龟缩到腊戍，继续抵抗。但孙立人抓紧时间补充弹药，只让自己的部队休息了一天，他深知在追击溃敌的时候，最重要的就是不能使其获得哪怕片刻的喘息，他一边布置新1军的2个师沿滇缅路不停挺进，一边令新6军留下的第50师越过瑞丽江向滇缅路扫荡前进。

2月9日到11日，新30师向新维攻击前进，开始了夺取滇缅路终点站、泰缅边境交通要冲腊戍的战斗，从南巴卡到腊戍大约80公里，中间隔着相当大的新维坝子（当地人将山间盆地称为坝子），这个新维坝子南北长达50公里，宽度在1.5到2.5公里之间，滇缅公路从中间穿过，是日军一个十分重要的前沿基地，而在新维北边大约32公里处也有一个小坝子，名叫贵街，丘陵纵横，溪流密布。要进到腊戍，必须先攻占这两个地方。新30师紧跟第56师团退却的脚步，于13日占领贵街北面标高1800米的制高点，14日拂晓在大雾掩护下一举冲进贵街，日本守军根本就无心恋战，一下就作鸟兽散。于是第二天，马不停蹄、人不卸甲的新30师兵临新维以北高山。从这里开始，已经走出横断山区，地势突然跌落，新维以北周围都是1800米的高山，到了腊戍海拔一下变成仅仅300米，所以这里是日军最后一个能够凭险而守的地方。为了守住这里，19日的战斗变得十分激烈，日军出动数百残兵配以8辆坦克迎击新30师，妄图将没有重火器支持的新30师阻止在山地里。不料新30师装备的大量火箭筒正好派上了用场，于是这些坦克一辆接一辆地变成了火球，日军的防守兵力反而被削弱，正面攻击的第90团顺势趁又一个雾天袭占新维，远程渗透的第112团与90团形成夹击之势，获得了不小的战果。除了击毙日军750人，击毁6辆坦克以外，还缴获卡车30辆、炮9门、机枪26挺、长短枪370余支，更重要的是，解救了关押在这里的上次入缅远征军大批掉队被俘的战友，以及被扣做人质的云南地方土司2人。这些人在日军铁蹄下生活了两年有余，如今终于彻底脱离了苦海。

■ 进攻腊戌期间正在轰击日军的驻印军105毫米榴弹炮。

新维丢失虽在意料之中，但丢失速度之快还是大大震动了日军，尤其是坦克冲击居然也是毫无效果，更令日军胆寒。他们将第56师团唯一没有与驻印军交过手的部队——第56搜索联队派到腊戌，并配备了山炮和坦克，还把第49师团第168联队的残部也都加强给了这个联队，准备与驻印军进行最后的决战。

腊戌是缅甸中部的锁钥，缅甸大平原从这里往北就开始转为崇山峻岭，这里是唯一能够控制北方群山的门户，若此战失败，日军在无险可守的缅甸大平原上唯一能做的事，就是逃向泰国，并且逃得越快越好。

腊戌可以分为3个独立的建筑群，新城、老城和火车站。这里由于是中缅印泰四国交往的要道，原本就有较为古老的城镇，英国人侵占这里以后，又在老城西南2000余米的地方，就着一座靠河的高台平地建立了据点，以后就逐渐发展成了新城，老城西边2000米左右则是火车站，这3个独立的建筑群正好形成了正三角，日军原以为以新城为核心，依托老城和火车站，形成犄角之势，又有坦克和炮兵，防御水平至少应该可与八莫相当。但接下来的战斗却不是这样。

考虑到这里地形开阔，孙立人将呆在后方闷得发慌的战车第1营调上前线，还派来了1个105毫米榴弹炮连，火力之强超过了新38师和新30师以往任何一次战斗。有了这些部队，腊戍之战几无悬念。24日开始，新1军以新38师第112团为正面，新38师第113团与新30师第88团为两翼，中路配以坦克重炮争夺新维与腊戍中间的分水岭，坦克和榴弹炮首先发威，不断摧毁日军炮兵阵地和冒死冲击的日军坦克，到3月5日黄昏，沿公路推进的第112团突破了最后一个阻击阵地，隔着缓缓流淌的南育河，前面就是暮霭笼罩下的缅甸平原。该团没有被美景陶醉，他们马上组织偷渡，并顺利建立了桥头堡。两翼迂回的部队由于没有重武器拖累，速度更快，全部抢渡成功，其中右翼第113团已经深入到新腊戍以南，切断了腊戍日军的后勤线。

3月6日拂晓，第112团主力在桥头堡阵地的支持下强渡南育河，一个冲锋就打进老城，3小时后即完全肃清老城日军。第二天上午又一个冲锋，坦克与步兵一起冲进火车站，并趁势拿下飞机场，日军残部全都缩进了新城准备拼死抵抗。

可是孙立人没有给他们这个机会，日军残兵前脚进城，驻印军的攻击随后就到。虽然日军打退了驻印军的一次步兵冲击，但到8日上午，趁黑夜一点一点爬上坡顶的第112团第2营李纯明连从距离日军阵地十数米的地方跃起冲锋，同时30多辆坦克摆开阵势，在无遮无依的平原上用铁甲和炮火掩护步兵突进新城之后，结局就注定了。巷战激烈而酣快，枪声很快停息，日军溃兵尸体倒毙在原野上，中国人胜利了。新1军在这里缴获的物资数量巨大，仅工兵器材即达万吨之巨，丧

新1军军歌

吾军欲发扬，精诚团结勿欺罔，矢志救国亡，猛士力能守四方。
不怕刀和枪，誓把敌人降，亲上死长，效命疆场，才算好儿郎。
第一体要壮，筋骨锻如百炼钢，暑雨无怨伤，寒冬不畏冰雪霜。
劳苦本平常，饥咽秕与糠，卧薪何妨，胆亦能尝，齐学勾践王。
道德要提倡，礼仪廉耻四维张，谁给我们饷，百姓脂膏公家粮。
步步自提防，骄傲与贪赃，官长榜样，国军规章，时刻不可忘。
大任一身担，当仁于师众不让，七尺何昂昂，常将天职记心上。
爱国国必强，爱民民自康，为民保障，为国栋梁，即为本军光。

新6军军歌

中国不会亡，
中国不会亡，
远征军健儿浴血拼杀上战场。
枪在我们肩上，血在我们胸膛，
庄严的军旗在炮火中飘扬。
宁死不后退，宁死不投降，
日寇强敌不敢当，不敢当。

失了所有后勤物资的日本第33军从此再无斗志，只能沿丛林小道向泰国逃窜，在丛林里留下许多悲惨的故事。

在驻印军新1军南下的同时，新6军留在中路的唯一部队第50师也进行了数百里的孤军追击，于1月间分三路突破日军瑞丽江防线。其前锋50团在万好与日军的激战十分惨烈，肉搏战达9次之多。后日军退守狭路，以重机枪封锁道路，该团一位班长黄庆树带着几个人，绕到日军机枪据点后方高崖上，拼命向下甩手榴弹，将日军全部炸死，因此立功受奖。日军最后丢下180具尸体，这些军国主义的受害者们，被切下一根手指，由他们的战友带回遥远的日本故土，但战火如此无情，丛林如此宽阔，日本那些望眼欲穿的家属，能“幸运”得到自己亲人噩耗的又有几人呢?

2月22日，南图 (也译作南杜) 之战，第50师以4个团兵力 (本师3个团加配属的驻印军总部第1独立步兵团)，在猛烈的空中火力和重炮支持下力挫日军第56师团第113联队及第18师团残部，毙敌数百，乘胜推进到缅甸中部山区的最后屏障西保，与新1军的距离只有几十公里了。为了方便统一指挥，第50师被正式划归新1军建制。

3月8日，第50师3路进兵西保，由于地形险要，河水湍急，不能偷渡，战斗一时僵持。但日军此时心慌意乱，指挥上出了大问题，他们将主要兵力布置在西保北方山区与第50师的右翼和正面激战，却忘记了左路可能实施迂回的路线。3月14日，第50师第149团在罗锡畴团长率领下，在丛林里跋涉6天，竟然没有遇到一个日本兵，顺利潜入日军后方西保城。当第149团于15日突然发起攻击时，引发了日军的全线崩溃，西保城里日军慌忙派出7辆坦克反击，全部被第149团的火箭筒击毁。16日战幕降下，日军一败涂地。

新1军与第50师从北与西两个方向并进，日军第33军已溃不成军，孙立人派出第88团和第113团分别配属山炮1个连，分路向东南

驻印军军歌——《知识青年从军歌》

君不见，汉终军，弱冠系虏请长缨；
君不见，班定远，绝域轻骑催战云！
男儿应是重危行，岂让儒冠误此生？
况乃国危若累卵，羽檄争驰无少停！
弃我昔时笔，著我战时矜，
一呼同志逾十万，高唱战歌齐从军。
齐从军！净胡尘，誓扫倭奴不顾身！
忍情轻断思家念，慷慨捧出报国心！
昂然含笑赴沙场，大旗招展日无光，
气吹太白入昂月，力挽长矢射天狼。
采石一载复金陵，冀鲁吉黑次第平，
破浪楼船出辽海，遮天铁鸟扑东京！
一夜捣碎倭奴穴，太平洋水尽赤色，
富士山头扬汉旗，樱花树下醉胡妾。
归来夹道万人迎，朵朵鲜花掷马前，
门楣生辉笑白发，堂内腾欢骄红颜。
国史标明第一功，中华从此号长雄，
尚留余威惩不义，要使环球人类共沐大汉风！

方泰缅边界和南方追歼，使日军不得不越来越加快逃跑速度，这大大加剧了日军的灾难，日本第33军的建制完全被打乱，只顾在丛林里狂奔，没有了给养。大批营养不良的日本士兵扔掉一切随身物品，仍然觉得没有一丝气力，脚上的皮鞋也连同脚一起烂掉，根本不能走路，身上穿着的衣服都觉得是一种负担，但脱掉以后又会被毒辣的阳光晒得脱水。许多日军忍受不了这种痛苦，用手榴弹自杀的日军尸体散布在泰缅交界广阔的丛林中。幸运活到战后的日本老兵，在回忆中都把这段路叫做“充满伤心的白骨之路”。据估计，第33军至少有数千人死在这场可怕的溃败中。

3月23日，新1军新38师南线追击部队第113团与第50师第148团会师。3月30日，第50师占领乔梅。从英帕尔向东追击的英军，此时正以机械化开进的方式与日本溃兵在缅甸南部平原赛跑，另一部成功在缅甸沿海登陆。南缅甸不是中国军队的作战区域，因此与中国第50师一道南下的英国第36师接替了追击任务，中国驻印军的缅甸反攻作战宣告结束。

从1943年10月到1945年3月，中国驻印军由缅甸雷多出征，经历了那加山区的作战、胡康谷地的作战、孟拱谷地的作战、密支那的作战、中缅边境沿滇缅公路进行的作战，缅甸中部的追击作战，行程达3500公里，战斗数百次，所向披靡，每攻必克，每战必胜，尽管美国向其提供了充足的物资保障和强大的空中支援，但驻印军本身强烈的民族自尊，高尚的爱国情怀，高超的指挥能力，娴熟的战斗技巧，顽强的战斗意志才是其取得辉煌胜利的根本原因。

反攻缅甸之战，驻印军击毙日军数量巨大，仅找到的尸体即多达26000余具，因战场全部为繁茂的原始森林覆盖，而日军在战争后期又是那么慌乱，所以日军在这个战场的确切死亡数字一直是个未知数，如按照一般规律，伤者数量为战死数量的2倍来计算的话，即使只以这个数为基础，日军在驻印军攻击下死伤也达到了80000人左右。驻印军的伤亡为17000人，其中新38师大约3500人，其中牺牲1100人；新22师伤亡近6000人，其中牺牲近2000人，但这2个主力师击毙的日军多达20000人以上。驻印军的战斗历程中，以密支那的战斗最为艰辛，而损失颇大，这与参战部队素质很有关系，并不能一味指责美方主官无能。

缅甸丛林的传奇，是用抗日军人的生命来书写的。

1945年5月，驻印军告别缅甸的日子渐渐来临了，60000多名驻印军军人，还有军用骡马3000多头，连同弹药物资和器材数千

■ 1945年5月开始，驻印军搭乘美军运输机回国。

■ 驻印军进入昆明城那天，整个昆明城万人空巷前来欢迎勇士归国。

吨，从6月开始被陆续空运回国，这个空运行动开创了中国军队的新纪录。美国派遣了大量C-47来完成这个任务，每架飞机装载50人，或骡马20到30匹，直接飞越滇西险峻的山水，目的地是广西南宁和滇东霑益，整整1个月飞机不断在密支那机场起降，弄得排在最后离开缅甸的新1军军部的人觉得心里空荡荡的。军长孙立人受盟军司令部的邀请，到欧洲考察二战战场去了，这位深得西方军人尊敬的模范军人是中国军人中受此殊荣的唯一一人，也因为这个他受够了中国人惯有的红眼病，包括来自上层的猜忌。临走的时候，他把安排回国这件大事交给了他的清华老同学——风尘仆仆赶来上任的原税警第1团团长现任新1军副军长的贾幼慧。

贾幼慧把这件事安排得很妥帖，几个榴弹炮团和重迫击炮团，以及各师山炮营，加上辎汽第6团，各种车辆和大炮都从陆路沿滇缅公路回国，其余部队空运回国。6月，驻印军3000多台车辆、火炮，浩浩荡荡行进在那条著名的公路上，成了一幅庄严雄壮的宣传画，沿途的每个村镇百姓都情不自禁地自发涌上公路来欢呼。车队进入昆明那一天，更是万人空巷倾城出迎，掀起了一浪又一浪的狂欢热潮。

7月7日、8日，最后一批中国驻印军部队——新1军军部，搭乘飞机，永远离开了这片与他们的荣誉连成了一体的热土。

第九章
滇西烽火

怒江防线

抗战进入中后期，由于物资极端匮乏，即使像36师这样的中央嫡系部队也已不复当年清一色德式装备的精壮阵容。1940年春末夏初，李志鹏师长率部由陕西经潼关到河南，渡过黄河进入晋东南地区开展游击战，先后收复晋城、高平等地。游击战艰苦，部队常常是一日一餐，甚至三日都难得一饱，被服也不能按季更换，夏穿冬衣，冬着夏服，早已见怪不怪。是年秋末，部队由陕南入川，移驻遂宁、潼南一带。虽说身处“天府之国”，毗邻“天子脚下”，但伙食依然得不到有效改善，每人每天20两糙米还得你争我夺，不过官兵都知道驱逐倭寇的重任责无旁贷，尤其是各级军官大多来自中央军校，抗日士气始终高昂。1940年全国整训部队校阅，36师成绩位列第一名，获军委会嘉奖，李志鹏师长获记大功一次。

1941年夏，36师进驻西康西昌，担负地方绥靖和铲除烟苗的任务。1942年3月17日，蒋介石令第2军移驻隆昌、乐山、西昌一线，第36师速向云南祥云开动。按理36师应该能够从容入滇，但西昌行辕主任张笃伦电请缓调，理由是该师正在宁南各县担负铲除烟苗的任务，须等第2军接防才能开拔。就这样拖到4月中旬，第36师才沿滇康公路开进。5月1日，先头第106团徒步抵达云南楚雄，因前方战况吃紧，改车运滇西。本来106团可以在4日晚进抵惠通桥，但当日清晨106团正在保山上车时，突然遇到日机空袭，由于抢运物资和华侨逃难的车辆交相云集，一时之间全城大乱，造成道路堵塞。熊正诗团长只好重新集合部队，携带武器弃车步行。5日零时许，到达惠通桥东侧约10公里附近，沿途车辆更加拥挤，道路闭塞几乎不能通行，熊团长只好下令埋锅造饭，休整待命。

随着惠通桥一声巨响坠落江中，日军便衣队200余人撕下伪装，拿出武器对桥头守军猛烈射击。进占怒江西岸松山的日军也架起山炮，用火力封锁东岸老农田一段公路，掩护步兵乘橡皮船强渡怒江。滇缅参谋团指挥以溃兵为主组成的守桥部队奋力抵抗，伤亡惨重渐渐不支，眼看日军渡过江已有500余人，占领东岸黑崖山高地。关键时刻，106团1营2个连冒着炮火率先赶到，双方为争夺怒江东岸制高点，进行了激烈拼杀。下午，36师山炮营加入战斗，开始隔岸炮击，掩护陆续赶来的106团主力进入阵地。傍晚时分，106团基本控制了公路两侧的最高山峰，已经过了江的日军固守黑崖山顽抗待援。黑夜降临，老农田公路上被日军炮兵击中的汽车火光冲天，106团不明敌情，也不敢贸然出击，熊团长清点人数，见3个营差不多都到齐了。6日拂晓，熊正诗调整攻击部署，1营守大山头、2营攻黑崖山、3营从中策应。7时，

2营前进至日军阵地前数十米处，突遭机枪扫射，伤亡营长以下100余人。李志鹏闻讯传令转攻为守，待107团、108团上来后再一起攻击。7日晨，106团1营由黑崖山正面及右侧背干沟发起攻击，107团1个连附重机枪2挺、迫击炮2门，于黑崖山右侧高地向日军左侧攻击。10：00左右，1营受敌侧射机枪火力威胁，难以进展，易睿华营长分兵包抄，1连班长吴玉堂潜入敌后，猛甩出几个手榴弹，才使正面攻击略有起色，不过200余名日军据守的黑崖山主阵地上仍飘扬着膏药旗。中午，宋希濂来到老农田师指挥所视察，和李志鹏等人商定将全师所有迫击炮集中使用，务求8日歼灭东岸残敌。108团当日从保山赶到太平，奉命到东蚌、兴华沿江阻击日军偷渡。

宋希濂返回保山总部，顺道来到金鸡村会晤刚从缅甸撤回来的参谋团团长林蔚。林蔚判断滇西日军的目标是突进昆明，最少也将以大理为目标，再由滇西、滇南会攻昆明。林蔚对36师阻击日军的前景并不乐观，认为“敌纯为快速部队，非我步兵由正面阻止，更非逐次抵抗、逐次增援及临时破路炸桥所能收敛。……惟在战术上必须以炮火及装甲部队阻止其正面，另以步兵部队由两侧及其背后夹而击之，并在地形上陷敌于长大隘路，方能达成歼敌之目的”。林蔚提出“歼敌之地以下关、漾濞之间为宜”，调集预2师及第71军第87、第88师，预先在隘路布置口袋阵，第36师节节抵抗后留在敌后扎口袋，到时四面围歼日寇。林蔚的方案听起来有些像薛岳的“天炉战法”，但宋希濂并不赞同，退到下关、漾濞，意味着放弃险要的怒江和澜沧江，万一歼敌不成，滇西大片国土势必沦于敌手。蒋介石也不同意，致电龙云强调“保山应竭力固守，增调88师增强兵力，当可解决战局”。要求林蔚从预2师“派1个营，另令李师（36师）派1个加强连并选一勇敢善战营长或团附带领袭击芒市，又腾冲亦应速派1个营占领”。

8日白天，李志鹏师长并不急于攻击，除了加强封锁江面外，令106团休整，107团和108团加紧修筑工事，同时派出小股精悍部队袭击骚扰日军。入夜，全师迫击炮集中轰击黑崖山日军及惠通桥东端，步兵随即三面围攻黑崖山。结果2个团还是咬不动200多日军，李志鹏不得不承认，比起八一三淞沪会战中攻击汇山码头，36师官兵素质在这些年中下降了很多。9日，缺乏补给的东岸日军，知道用不了多久将面临弹尽粮绝的局面，于是便在怒江西岸炮火掩护下，向106团、107团阵地进行反攻，企图乘乱脱身。10日0：00，日军开始退却，106团和107团迅速占领黑崖山及老渡口，跟踪追歼残敌。据宋希濂回忆，最后只有数十名日军泅水逃回西岸，其余全被消灭，共计缴获轻重机枪、步枪共80余支。李志鹏很想扩大战果，106团一度试图渡江追敌，无奈遭到日军机枪密集射击，只好退回黑崖山、乌木榔沿江阵地加强固守，防敌反扑。此后，日军虽几次偷渡想要突破怒江防线，均被36师击退。宋希濂觉得惠通桥一战极富战略价值，打击了日军继续东进的企图，保住了保山要地，造成以后一个时期怒江对峙的形势，争得了准备反攻的时间。笔者认为第36师惠通桥阻敌不是形成“怒江对峙”的唯一因素。日军大本营1942年1月下达南方军司令部，缅甸作战的目的是击溃驻缅英军，占领和确保缅甸的重要地区，并加强对华封锁。日军攻占仰光，15军的任务是抓住战机，与中英联军决战，将败逃之敌赶向缅中边境。5月1日，饭田祥二郎下令第56师团越过缅境，向龙陵、腾冲和怒江周围扫荡。惠通桥被炸毁，日军上述目的已全部达到，笔者看不出日军大本营有进一步突破怒江的意图。不过话说回来，促使日军改变对云南军事部署的可能性还是存在的，如果能轻易突破怒江，哪个不想直捣昆明？要说这是36师力挽狂澜其实也不为过。

陆陆续续投入的1个师就把日军堵住了，因此重庆军委会判断滇西日军最多不过二三千人，孤军深入，必定不能持久。蒋介石决心打破僵局，13日命令林蔚、宋希濂：“腾冲情况无论如何，我军务于17日前设法占领，如果敌军负隅固守，则我军攻城武器未到以前，不必攻坚，亦可派一有力部队监视城敌，而我之主力，应直向腾冲西北西南地区，确实占领以后，即兵力向莲山、盈

■ 从保山驮运步枪去松山前线的马队。

江、梁河、泸水各县道路，每路派一至两连兵力，另派一营兵力，向密支那、八莫间星夜挺进，迎接第5军主力为要。”宋希濂对此是比较乐观的，预2师、第88师到达后，加上36师共有三个师，对日军占绝对优势，15日下令：“我军以收复滇西边疆，接迎我远征军归国之目的，即以主力迅速由惠通桥下游渡过怒江，先歼灭惠通桥西岸之敌，再进出腾冲、龙陵之线。”宋希濂计划：预2师在惠仁桥附近渡江，相机占领腾冲；第36师捕捉日军于惠通桥、腊勐间歼灭；第88师由攀枝花渡江，竭力阻敌东进，配合第36师打歼灭战。关于预2师在腾冲地区的战斗情况，后面辟有专门章节，这里就只讲第36师和第88师在龙陵的反攻。先说第71军当面的日军，松山有第56师团第146联队的第3大队、野战重炮兵第18联队（欠第2大队）、野战重炮兵第3联队第2大队；龙陵有第146联队的1个中队、工兵1个中队和野战医院。由于严重缺乏渡江工具，第71军攻击部队都未能按时到达预定位置，因此总攻拖延到24日拂晓才发动。36师和88师的攻势来得突然，最初使日军陷入被动，渡边正夫急调正在八莫、杰沙等地扫荡的第113联队驰援龙陵。饭田祥二郎一时摸不清中国军队投入反攻的兵力，抽调第18师团3个步兵大队、1个山炮大队、1个工兵中队自南曲经腊戍，向芒市疾进。随着日军援兵逐次到达战场，第88师艰苦支撑，伤亡很大。27日晚，263团被迫脱离公路，264团3营勉力在南天门与日军激战，蒋介石电话指示宋希濂：“攻击部队应避免硬战，分成若干小组，钻隙进出公路，依伏击、截击诸方法打击敌人，并加紧破坏（公路）。”

36师方面，据第11集团军的战斗详报记载，107团1营曾一度攻占松山并击毙第113联队第3大队大队长入部兼康少佐，但受到猛冒街方向200多名日军反扑，不得已退守松山北端高地，就地构筑工事。笔者起初断定36师夸大战果，入部兼康早在200师攻棠吉时就报销了，怎么会死两次？后来发现根据品野实所著的《中日拉孟决战揭秘》一书披露，36师击毙的其实是日军首任松山守备队长野战重炮第3联队第2大队大队长田村中佐，在田村24日战死后由第146联队第3大队大队长松本治中佐接任守备队长，继续指挥部队。

日军援兵源源不断赶来，第71军的压力越来越大，魏珍贤当时是36师108团3营9连班长，他回忆说：“日本人在对岸，攻过去后我班只剩3人，班长也死了。对岸刘营长叫号兵吹‘死不退’，我们靠着重机枪终于顶住了敌人的三次反攻。开始要打仗时，心咚咚地直跳，可是一打起来，看着死了那么多的兄弟，眼睛红了，也就不晓得怕了。记得当时我背着背包往前冲，敌人机枪一梭子打在我背包上，打得我扑倒在地。是背包救了我。”面对凶猛的日军，令宋希濂极为气愤的是，新领到的一批武器质量奇差。“昆明造捷克式轻机枪，膛径与新领子弹多有不合；木柄手榴弹十之八九皆不爆炸；82毫米迫击炮弹底火钢质脆弱，每于炮弹击发出膛后，其底火留着于撞尖上，必须将炮倾倒取出底火重新瞄准始能发射。此种械弹故障发生，常使逸失杀敌良机，而更遭受敌之损害。”林蔚觉得这样不行，36师、88师、预2师全部使用在怒江以西，即使能攻下腾冲、龙陵，估计伤亡也得在二分之一以上，如果日军增援反扑，势必无力继续作战，保山到楚雄一线没有预备队，到时恐怕整个滇西战局都无法收拾。林蔚久居中枢，知道委员长正在反攻兴头上，没有直接向他表达自己的看法，而是建议军令部“转攻为守”，保有实力，巩固怒江防线，并详细提供了两个方案供军令部参考：甲案（一）36师主力守备惠通桥我岸，预2师一部守备惠仁桥我岸，主力转至腾冲以北，以双虹桥至保山为后方，以防敌之迂回。（二）88师一部守备攀枝花渡口，主力在惠通、龙陵间设防，掩护南侧，牵制敌军。刘伯龙部整理后伸至龙陵以西游击。此乃守于彼岸之河川防御法，其攻势转移之际，争取不着痕迹，且可随时再转攻势。但保山无总预备队，一旦被突破则无补救。乙案（一）36师主力守惠通桥我方河岸，一部守攀枝花渡口，刘伯龙部整理后进至敌后游击。（二）88师主力控制保山附近为总预备队，一部守备功果桥。（三）预2师配备如甲案。此乃稳扎稳打之办法。惟敌怒江彼岸之行动较为自由，是其不利，至于下关、祥云，无论何种时间均应先行控制部队。

林蔚“转攻为守”方案十分符合当时滇西战场敌我双方战力对比，比起当日的“滇西天炉战”设想要现实、成熟很多。军令部持赞同立场，认为“现我滇西兵力仅有此三师，如我继续攻击，因无攻坚武器，损失必大。如敌再集中相当兵力乘虚东犯，则滇西防务实属堪虑”。不过，军令部对甲、乙两案拿捏不定，照“甲案”保山没有控制部队，照“乙案”则怒江西岸惠通桥至龙陵间，就没有部队。为以后转移攻势容易，接应200师回国，倾向甲、乙两案结合并用，以88师主力控制保山，一部在怒江西岸，预2师主力和刘伯龙部担任龙陵、腾冲敌后游击，36师与预2师一部担任怒江东岸渡口防御。正当军令部忙于研究部署之时，88师264团在龙陵－松山公路上缴获一份日军作战计划，得知日军第56师团已全部集结在滇西，判断总兵力在15000人至20000人之间。31日，蒋介石下令停止攻击，“关于滇西部署，希遵照以下指示：预2师及刘伯龙部在怒江西岸游击，并破坏龙陵、腾冲、惠通桥间公路。36师主力守备惠通桥及攀枝花两渡口。88师一部守备惠仁桥，主力控置于保山”。

方国瑜先生的《抗日战争滇西战事篇》

和万寿康先生的《惠通桥激战前后见闻记》都有一种观点，重庆（5月中下旬）下令破坏保山境内滇缅公路，完全是想要放弃保山，怒江防线是在李根源、宋希濂力主之下才得以坚持下来的。笔者认为值得商榷，万寿康先生文中所谓“退守澜沧江，放弃保山，在一个时期，是已经决定了的”，多半是指林蔚的“滇西天炉战”，要知道林案只是个方案，并没有获得军委会批准。再说，林蔚后来也以“转守为攻”案自我纠正了错误认识，在得知滇西日军确切兵力后，重庆军委会的决

■ 云贵监察使李根源。

定是“转守为攻”，不是放弃保山。腾冲籍辛亥革命元老时任云贵监察使李根源于5月30日抵保，指出“保山为滇西门户、而怒江为边疆要隘，舍此不守，致必震撼全滇，影响全局”，呼吁重庆“续增三师于保山附近，更以一师控制祥云，以防敌由滚弄方面进犯”。笔者认为这是李老作为地方爱国人士发自内心的担忧，担忧重庆放弃保山，而不是阻止所谓的“放弃保山定案”。从时间上看，李根源的“呼吁”在林蔚“转守为攻”案之后，不存在影响林蔚的“转变”和蒋介石的决定。宋希濂晚年在回忆录中也从未以“力主怒江防线”自居，宋希濂回忆说：“随着蒋介石于31日下令停止攻击，将主力部队撤回，固守怒江，留置一部分在西岸及腾北地区从事游击，遂演变成为怒江对峙的局面，一直相持到1944年5月反攻时为止。”

腾冲、龙陵沦陷后，云贵监察使李根源不顾年老多病，连电请缨西进抗敌，并由昆明赶回保山。6月5日、6日，李根源在保山金鸡村传檄召开军民大会，第11集团军总司令宋希濂及各界知名人士、保山的八乡四哨的乡镇长等数百人到会，在会上李根源慷慨陈词，倡议各乡组织“义勇自卫队”，保家卫国，协助正规军作战。

这次大会对于稳定滇西地区的民心，鼓舞抗战士气发挥了重要作用。会后李根源还发表了《告滇西父老书》，号召父老乡亲

李根源

李根源，字印泉，又字养溪、雪生，号曲石，别署高黎贡山人，祖籍山东青州，1879年生于云南腾冲。1903年入昆明高等学堂，1904年留学日本，先后毕业于振武学堂与日本士官学校。1905年加入同盟会，回国后任云南讲武堂监督兼步兵科教官，不久升总办。武昌起义爆发，与蔡锷等发动新军响应，成立大汉军政府，任军政总长兼参议院院长，继任云南陆军第2师师长兼国民军总统。1923年，因反对曹锟贿选总统，李根源退出政坛，隐居吴中。

抗日战争爆发后，他积极投入抗日救亡运动，与张仲仁等倡议组织老子军。1938年，李根源被委任为云贵监察使。1942年，日军侵入滇西。李根源致电蒋介石，力主坚守怒江，并发表《告滇西父老书》，动员土司和民间力量团结抗战。李根源在怒江对峙期间协助部队整顿军纪，抚慰民心，促进军民团结，为滇西反攻胜利贡献颇巨。

新中国成立后，李根源历任西南军政委员会委员、西南行政委员会委员、全国政协委员等职。1965年病逝于北京。

“抱定更大牺牲之决心，始能保住滇西，驱逐敌寇，恢复失土，始能在云南抗战史中占最光辉之一页”。

腾北游击

腾冲位于滇西边陲，古称“腾越”，西部与缅甸毗邻，历史上曾是古西南丝绸之路的要冲，有着“极边第一城”的美称。龙陵沦陷后，日军第56师团第148联队步骑100余人越腾龙桥北上，于6月10日14：00攻占腾冲。据日军战史记载，16日，步兵第146联队一部由腾冲向老寨追击途中，在橄榄寨附近与兵力未详之敌遭遇。所谓兵力未详之敌正是中国军队预备第2师，别看人家番号前面加了个预备，日后可是腾北战场上多次与第56师团交锋的主力部队。

预2师是1937年10月由贵州几个保安团编成的，师长初为冯剑飞，后为陈明仁。桂南会战后，预2师移驻黔西整训，副师长洪行为了适应川黔等地青红帮众多的客观情况，提出部队也应该入乡随俗，发展帮会组织，便于开展军民合作和情报工作。陈明仁想想没错，就同意洪行带头发起。陈明仁小洪行三岁，两人都是“湖南骡子”，一个是湖南醴陵人，一个是湖南宁乡人，一个毕业于黄埔军校第1期，一个毕业于湖南讲武堂第1期。1937年12月，陈明仁和洪行同时完成陆军大学第13期学业。洪副师长经过一番调查，得知第5团输送连连长陈南桂是一名青帮头目，辈分还挺高，于是便令陈连长在师部开堂收徒，规定师部处长、主任以上全部加入。一时间，预2师上下互相称呼师父、师母、大哥、小弟之风盛行，几乎成了“天地会”。没过不久就出事了。师部司号长黄桂生因赌博输了钱，伙同当地帮会分子拦路抢劫，被黔西县政府侦破拿获，牵涉到驻军，县府就把这事上报给了贵州省政府。尽管黄桂生是陈明仁当团长时的老号长，可事情闹大了，陈师长只能整肃军纪，把黄桂生给枪毙了。陈明仁随后召集全师官兵训话：“从今天起，师里再不准有什么青红帮了。如果再查出来什么狗师傅、狗徒弟、你哥哥、我弟弟等狐群狗党，不管什么人，都按军法从事。”黄桂生之死，陈明仁显然有些迁怒副师长洪行。1941年底，预2师移驻云南安宁。1942年4月，蒋介石从腊戌返国，住在昆明郊外温泉别墅小憩，陈明仁从预2师第4团挑选精干官兵编成1个加强营，担任警卫工作。据时任4团2营营长的程杰回忆，蒋介石当时很满意，觉得陈明仁的部队训练不错，根本不知道这些人都是经过特别挑选的。几天之后，蒋介石路过璧鸡关，发现公路旁做工事的士兵军容不整，穿得破破烂烂，询问后得知是预2师，顿时大怒，认定陈明仁阴一套阳一套。次日，蒋介石召见陈明仁，责备陈为何把官兵带成这个样子，陈明仁毫不客气地回答说，后勤部历年发给的被服既少又不及时，

■ 预2师师长陈明仁。

你叫我如何军容整齐，我这个中将师长是多年流汗流血拼出来的。回答够“湖南骡子”，结果陈明仁明升暗降为第71军副军长，预2师师长一职由顾葆裕接任。

滇西战火起，预2师5月10日赶到保山东北板桥街附近，宋希濂命令顾葆裕率部从惠仁桥渡江，向龙陵东西地区前进，破坏交通后牵制日军，阻其增援。顾葆裕以6团3营为先遣支队，向腾冲东侧吴邑挺进，再将主力分为3个梯队，依次在惠仁桥、老渡口实施渡江。王希孔当年是6团3营9连排长，他回忆

说："为防止敌人过江，惠仁桥已经破坏，我排用竹筏渡江，接连被江水冲走，后来选出几个游水能手，将铁丝系在腰间，带往怒江西岸，把铁丝分别捆在东岸两岸的大树上，后再增加多股铁丝，以空汽油桶连在铁丝上作为浮桥，终于一个一个地渡过江。"

15日，宋希濂根据蒋介石指示，规划滇西反攻，令预2师应于17日正午以前全部由惠仁桥附近渡过怒江，向腾冲方向搜索前进，截断腾冲、龙陵间交通，相机占领腾冲。16日中午，6团3营赶达龙江桥东岸占领阵地，并以一部驱逐桥西日军警戒部队，这就是日军战史中所说的"16日于橄榄寨附近与兵力未详之敌遭遇"。17日夜，6团3营即向橄榄寨日军发起围攻。橄榄寨四周树木掩映，日军工事都做在围墙内和房屋内的墙角下，3营事先没有做好侦察工作，冲到离橄榄寨五六十米处，遭到日军轻、重机枪密集扫射，伤亡很大。19日，5团到达龙川江勐捧街，为切断龙陵方向日军增援，全部开往勐连等地布防。黄昏前，6团主力悉数赶来，辛伦团长率团部和3营乘夜袭击橄榄寨西南日军，一直战斗到翌日2时许，才攻占黄草坝附近一处高地。强攻不是办法，顾葆裕改变思路，留下一部监围橄榄寨之敌，主力分两路向腾冲、上勐连搜索前进，破坏腾冲与龙陵间公路，相机攻略腾冲。这招还挺灵，日军毕竟人少，飞凤山、高山寺据点很快就被预2师拿下。可橄榄寨日军超乎想象的顽强，任凭你怎么攻，都无法奏效。

24日，宋希濂电令顾葆裕："橄榄寨之敌如难攻下，可以第6团一部严密监视，并构筑工事，大力封锁或诱其出寨，再捕捉歼灭。第6团主力占领飞凤山一带高地，监视腾冲之敌。第5团应激励其设法袭占来凤山，以期早日收复腾冲。"

■ 宋希濂（中戴军帽者）渡过怒江。

拿破仑曾说："战机犹如风骚之妇，今日不娶，明日将另嫁矣。"滇西日军本来就不止重庆判断的二三千人，攻坚又非中国

■ 腾冲抗日县长张问德。

军队所长，松山、橄榄寨这样的据点哪个不是硬骨头，等到渡边正夫一调兵来援，光复何处，收复何地都成了宋希濂不可能完成的任务。29日，预2师6团阵地被日军三面夹攻，副团长万启民中弹殉职，蒋介石打电话给宋希濂："敌源源增援，我军应避免硬战，减少牺牲，以伏击邀截等方法钻隙扰袭，并尽量破坏公路，限制敌之行动。"宋希濂当日的乐观此刻早已被严峻的现实打破，他在给预2师的电令中说："敌人自畹町方面大举增援，88师数日来伤亡颇大，已令其避免真面目之战斗。预2师兵力有限，为减少牺牲计，不能与敌作激烈战斗，注意主力宜向东北移动。"30日，预2师主力在瓢泼大雨中退守龙川江东岸，只留一部在腾冲东南牵制日军。

6月，滇西战役检讨会议之后，宋希濂指定预2师担负怒西游击任务。7月中旬，预2师主力进入腾冲西北地区，沿响水沟、界尾、灰窑江、林家铺、马面关一线构筑工事，协助地方建立乡镇基层政权，师部与张问德为县长的腾冲战时县政府同驻界头，第4团和第5团分驻固东、江苴街大鱼塘。8月，副师长洪行率第4团绕出腾南，以蛮东为中心，积极联络土司和地方武装，以此壮大游击队伍，并不断破坏日军的交通线。游击活动如火如荼地开展起来，腾冲各界爱国人士和男女青年、学生，纷纷前往界头参军、参政，加入政工队、战地服务队、护士队，预2师补充兵员逾2000人，抗日县政府工作人员也得到充实。

渡边正夫急于扑灭这个"星星之火"，第56师团于9月14日分路突破哨坡、古永、阱口，直扑马站街、碗窑、固东等地，并向明光河流域推进。19日，江苴街失陷，日军继续向南斋公房推进，意图一举切断中国军队

张问德

张问德，字崇仁，1880年生于云南腾冲。民国初年历任腾冲府司法科长、干崖行政委员、腾冲道署实业科长。1934年被选为腾冲参议会议长。1936年应鲁道源邀请，赴昆明任滇军第5旅秘书，后来第5旅改编出省抗日，继任省府秘书和龙云私人秘书。1939年任昌宁县长，1940年因病辞职回家休养。1942年夏，日军兵临腾冲，城中军政官吏闻风丧胆，弃城而逃，年过花甲的张问德临危受命出任腾冲县长，投入保家卫国的艰苦征程，在界头、曲石一带组建起战时县政府和腾西北抗日前方根据地。1943年8月31日，日军侵腾行政班本部长田岛致函张问德，企图软化诱降。张问德写下了当世名檄——《答田岛书》，痛斥日寇战争罪行并表达腾冲人民抗战决心。陈诚称之为“全国沦陷区五百多个县长之人杰楷模”，被蒋介石誉为“富有正气的读书人”。腾冲收复后，国民政府授予光华甲种二等奖章以示奖励。1946年出任顺宁（今凤庆）县长，在任内禁烟，倡种木棉、茶，治匪患，编县志，至今仍传为佳话。1956年被推举为德宏州政协常委，1957年2月病逝。

附：张问德《答田岛书》（注：田岛便是日军驻腾冲行政班本部长田岛寿嗣，1943年8月田岛给张问德写了一封信，表示他关心腾冲人民的饥寒，约请张问德县长到腾冲县小西乡董官村董氏宗祠会谈，“共同解决双方民生之困难问题”。张问德便回了这封著名的《答田岛书》。）

田岛阁下：

来书以腾冲人民痛苦为言，欲借会晤长谈而谋解除。苟我中国犹未遭受侵凌，且与日本能保持正常国交关系时，则余必将予以同情之考虑。然事态之演变，已使余将可予以同情考虑之基础扫除无余。诚如阁下来书所言，腾冲士循民良，风俗醇厚，实西南第一乐园，大足有为之乡。然自事态演变以来，腾冲人民死于枪刺之下、暴尸露骨于荒野者已逾二千人，房屋毁于兵火者已逾五万幢，骡马遗失达五千匹，谷物损失达百万石，财产被劫掠者近五十亿。遂使人民父失其子，妻失其夫，居则无以蔽风雨，行则无以图谋生活，啼饥号寒，坐以待毙；甚至为阁下及其同僚之所奴役，横被鞭笞；或已送往密支那将充当炮灰。而尤使余不忍言者，则为妇女遭受污辱之一事。凡此均属腾冲人民之痛苦。余愿坦直向阁下说明：此种痛苦均系阁下及其同僚所赐予，此种赐予，均属罪行。由于人民之尊严生命，余仅能对此种罪行予以谴责，而于遭受痛苦之人民更寄予衷心之同情。

阁下既欲解除腾冲人民之痛苦，余虽不知阁下解除之计划究将何如，然以余

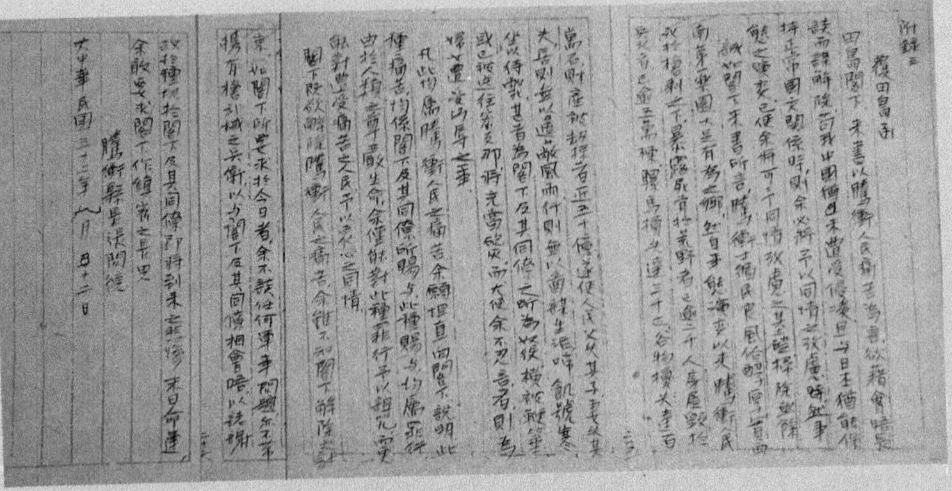

■ 张问德《答田岛书》。

为中国之一公民，且为腾冲地方政府之一官吏，由于余之责任与良心，对于阁下所提出之任何计划，均无考虑之必要与可能。然余愿使阁下解除腾冲人民痛苦之善意能以伸张，则余所能供献于阁下者，仅有请阁下及其同僚全部返回东京。使腾冲人民永离枪刺胁迫生活之痛苦，而自漂泊之地返回故乡，于断井颓垣之上重建其乐园。则于他日我中国也不复遭受侵凌时，此事变已获有公道之结束时，且与日本已恢复正常国交关系时，余愿飞往东京，一如阁下所要求于今日者，余不谈任何军事问题，亦不携带有武器之兵卫，以与阁下及其同僚相会晤，以致谢腾冲人民痛苦之解除；且必将前往靖国神社，为在腾冲战死之近万日本官兵祈求冥福，并愿在上者苍苍赦其罪行。苟腾冲依然为阁下及其同僚所盘踞，所有罪行依然继续发生，余仅能竭其精力，以尽其责任。他日阁下对腾冲将不复有循良醇厚之感。由于道德及正义之压力，将使阁下及其同僚终有一日屈服于余及我腾冲人民之前，故余谢绝阁下所要求之择地会晤以作长谈，而将从事于人类之尊严生命更为有益之事。痛苦之腾冲人民将深切明彼等应如何动作，以解除其自身所遭受之痛苦。故余关切于阁下及其同僚即将到来之悲惨末日命运，特敢要求阁下作缜密之长思。

大中华民国云南省腾冲县县长张问德

大中华民国三十二年九月十二日

进出高黎贡山的道路。23日，沿怒江西岸北上的日军一部占领大塘子，第88师在南斋公房的守军腹背受敌，只得向敢顶街撤退。日军回过头来的目标就是活跃在腾北一带的预2师主力，顾葆裕急电洪行从腾南对腾冲县城发起佯攻，牵制北犯之敌，顺势将第4团转移到腾北，师部及县政府则于中秋之夜向高黎贡山转移。洪行立即率第4团猛攻蛮东，经一夜激战，日军退回县城，第4团尾追到和顺乡，摆开攻城架势，迫使日军一部由瓦甸回撤。目的达到，洪行虚晃一枪，带着弟兄们经新歧、崩麻、古永、伦马、胆扎、麻栗坝直插明光东营，跨东山抵界头大塘一带。渡边正夫错误估计预2师将全部翻越高黎贡山渡江，日军遂疯狂北犯马面关，顾葆裕调集兵力反击，5团经古永、麻栗坝、营盘街向桥头日军猛攻，师主力由明光以北向马面关增援。周旋到10月12日，日军全线撤退，预2师在腾北的原控制区基本恢复，腾南游击区则因第4团北援腾北而丧失。日军战史声称："经过此次讨伐，敌游击活动暂时隐蔽下来，特别是预备第2师蒙受损失最大，远远地躲向北方进行整顿、补充，以图恢复战力。"实际情况并非如此，预2师要真是损失巨大，以滇西中国军队当时的补给能力，可能半年都恢复不过来。事实上，仅仅2个月之后，预2师就与第88师一部互相策应，以固东街、瓦甸附近为据点，再度活跃在腾北大地。留着一脸落腮胡的洪行成为腾冲游击战场家喻户晓的人物，"日寇通缉洪胡子，洪行夜夜杀敌人"的故事至今广为流传。

■ 正在视察前线的日军第56师团师团长松山祐三。

12月，新近接任第56师团师团长的松山祐三，为了压制中国军队未来可能实施的反攻，决定有组织地进行三期扫荡作战。1943年2月4日，第146联队第3大队先在腊戌及萨尔温江之间，对地方游击部队展开"讨伐"，由于游击队采取避其锋芒的战术，日军几乎毫无战果可言。松山祐三的重点还是针对腾冲东北方高黎贡山脉方面的预2师，11日夜，第146联队主力从畹町出发，经猛昌街、龙川江村北进，沿江苴街、林家铺进入高黎贡山东麓。13日，马站街、固东街附近的预2师第4团不敌日军第148联队主力，向马面关撤退。第146联队第3大队完成腊戍扫荡后，也调头北上，16日晨突入瓦甸，预2师第5团退往马面关。第88师264团1营防守南斋公房和大塘子，没有料到日军会冒雪上山，结果被第146联队轻易击溃，连双虹渡、猛古渡都被日军占领。战局对预2师越来越不利，前有来势汹汹的第148联队，后有沿怒江北上包抄后路的第146联队。20日中午，第148联队突破冷水沟，第146联队的计划是一部趋冷水沟与第148联队会师，主力进占栗柴坝。眼看松山祐三的两把“钳子”就要合拢，但今冈宗四郎的部队摆了一个乌龙，向冷水沟迂回的日军，半路上认定第148联队已顺利驱逐预2师，便私自改变方向，转头杀向栗柴坝。顾葆裕师长利用日军的这个合围间隙，指挥预2师化整为零，巧妙跳出包围圈。

28日，松山祐三认为已经达到目的，下令各部向龙川江返转。4月，远征军司令长官陈诚把预2师调到永平、邓川整训，划归第6军军长黄杰指挥，另以第36师接替腾北游击任务。编制万余人的预2师在怒西前后转战近1年，最后退到东岸的师直属部队和第4、第5团剩下3300多人，第6团人数不详，如果假定1000人的话，合计全师也只有4300多人，松山祐三的扫荡确实给顾葆裕带来极大困难。

6月15日，黄杰到永平校阅预2师，对全体官兵讲话说：“本师在腾北地区担任游击经年，全师官兵均能一本军人天职，勇敢作战，在沦陷区内，尤获民众之合作，使敌人数次扫荡，均告失败。委员长已接到报告，对本师传令嘉奖，这是大家的光荣。”预2师昔日帮会组织横行，经过滇西战火洗礼，得到地方和中枢褒奖，不少官兵激动得热泪盈眶。

1943年5月8日，第36师越过北斋公房，进入腾冲县境。日军趁预2师和36师办理交防之际，集结兵力再行扫荡，接连突破固东、江苴、瓦甸、界头，企图把36师封堵在高黎贡山冻死、饿死。张问德的腾冲战时县政府被迫向马面关转移，日军追得很紧，县府的公文、行李都被截断，距离最近时，日军的子弹就在头顶上方嗖嗖飞过。36师抓住日军兵力少的弱点，实行反包围战术，跳到外线与敌周旋，很快将向阳桥、灰窑桥、固东等地收复。李志鹏和张问德乘胜把师部和县府推进界头，师部驻张家坡等村寨，县府住街上，逐渐恢复了往日秩序。

36师107团驻防江苴至灰窑江一线，108团驻守固东、响水湾一带，李志鹏师长给108团的任务很明确：“日军来攻时，务须首先确保农作物的收割！其间尽量抵抗，给日军以沉重打击！”尽管日军频频扫荡，腾北游击根据地的抗战热情仍是十分高涨，局势稍一稳定，侦察人员和特工就立即活跃于界头、江苴附近，好像大有反攻腾龙之势。实际情况并非如此，张问德倒是不止一次呼吁增加腾北武装力量，反攻腾冲，但每次都是石沉大海。陈诚有令在先：“36师除轮流以一部向腾龙方面游击外，应以主力在固阳河东北地区构筑坚固据点工事，确实掩护双虹桥及以北各渡口，其游击活动，宜以多数小部队，实行扰袭、破坏及获得敌薄弱为主，不宜使用大部队，以免影响双虹桥一带构成掩护阵地之任务。”你不打算吃掉人家，人家可老在打你算盘。日军第15军为消除后顾之忧，以便腾出手专心进行英帕尔作战，决定给怒江西岸的中国军队来一次闪电式大扫荡。第15军当时有两个作战方案：一、越过怒江，急袭毁灭敌反攻基地保山，彻底粉碎敌之反攻意志。二、将作战地域限定于怒江西岸，击破其反攻据点，将敌封锁在怒江东岸。饭田祥二郎认为第一个方案较为理想，不过第15军的主力以及直辖的炮兵和工兵，都要支援英帕尔作战，分身乏术，第18师团又要应对中美联手反攻的缅北战场，事实上无法实行第一个方案。最后采用第二个方案：以第56师团一部，确保滚弄、松山地区，主力由腾冲方面向北；以第18师团一部，由左永街、拖角正面向东及南面，分别攻击桥头、固东地区；以第56师团和第18师团各一部，向冷水沟及六库附近的渡河点挺进，阻敌增援。

10月13日，日军第146联队约1个大队奔袭怒江西岸大塘子，切断36师退路，联队主力沿龙川江和高黎贡山中间北上，另外1个大队从大塘子向西翻越高黎贡山，进攻江苴街背后。148联队主力由西向东对固东街实行正面攻击。日军这次扫荡代号为“甲号讨伐”，构思缜密，36师处境非常不妙。15日，固东、明光、江苴街和高黎贡山冷水沟相继被日军占领，36师只得化整为零，潜伏山区暂

■ 腾冲北面的界头村公所，张问德就在这里坚持抗日斗争。

避锋芒。后来由熟悉路径的当地老百姓作向导，专挑偏僻小路，昼伏夜行，从马面关南边进入高黎贡山，又从大塘子北面的小道东渡怒江。饭田祥二郎的“甲号讨伐”于10月25日基本结束，日军战史声称彻底击溃了36师106团和108团，综合中国军队的说法，这可能有所夸大。但“甲号讨伐”对日军来说无疑是取得了成功，不仅把中国军队正规军的腾北游击根据地连根拔起，还占领了高黎贡山各个隘口。后者对中国军队来说更是致命的，如果据有高黎贡山，那么到1944年大反攻，就不会出现5个师仰攻1个多月死伤数千的高昂代价。还是张问德说得好：“取腾冲侧击滇缅路是上策，保有腾北反攻怒西是中策，背怒江仰攻高黎贡山是下策，偏偏我们要走到用下策的地步，虽有可守之形，而无可守之势。”笔者不禁感叹，同样是高黎贡山的险要地势，为何日军未经强攻就能轻易拿下？换成我们进攻咋处处都是啃硬骨头？关键还是中国军队缺乏守高黎贡山的勇气，退一步隔江对峙何乐而不为？

第十章 整训反攻

重建远征军

1942年5月31日，蒋介石下令第11集团军停止反攻腾（冲）龙（陵），林蔚率参谋团人员于6月10日离开保山返回昆明。军令部部长徐永昌向蒋介石建议，滇西作战接下去不如由宋希濂统一指挥，参谋团可照最高幕僚会议决定撤回重庆。蒋介石点头同意，命令第11集团军总部从昆明推进到大理，务必加强江防，积极整训部队，待机再行反攻。这样一来，参谋团正式结束了滇缅战场指导使命，在1943年3月中国远征军司令长官部重建之前的半年多时间里，滇西战场的指挥重任实际落在了宋希濂身上。1907年出生的宋希濂是黄埔军校第1期最年轻的学员之一，不仅相貌堂堂且少年得志，26岁当上第36师师长，34岁已是第11集团军总司令兼昆明防守司令部司令。

■ 时任第11集团军副总司令兼66军军长的张轸。

宋希濂奉命整训部队大刀阔斧毫不留情。6月，第11集团军滇西战役检讨会议在保山板桥郎义村召开，参加会议的集团军总部人员有参谋长车蕃如、副参谋长陶晋初、参谋处长欧阳春圃、作战科长蒋国中、兵站分监李国源等人，带兵官则全部到齐，集团军副总司令兼第66军军长张轸、第71军军长钟彬、第36师师长李志鹏、第87师师长向凤武、第88师师长胡家骥、新28师师长刘伯龙、新29师师长马维骥、新39师师长成刚、预2师师长顾葆裕等一个不少。宋希濂对第66军从腊戌、畹町、龙陵一路溃败，进行了严厉批评，对第36师惠通桥阻敌，坚守怒江防线大加表扬，认为只要各部队都像第36师那样克尽厥职，滇西战局不难挽回。会议连续开了三天，张轸、刘伯龙、马维骥对滇缅路溃退互相指责，三个人都想各自脱身。刘伯龙脾气暴躁，吵得最凶，说张轸抓着新29师都不抵抗，导致新28师前后受敌，不得不从曼德勒撤下来，甚至还大骂张轸贪污敛财，腐败无能。张轸反击说刘伯龙不听指挥，马维骥私自撤退，才是溃败的真正祸首。为整饬军纪，申明赏罚，宋希濂报请蒋介石：张轸、刘伯龙、马维骥均革职惩办；将第66军番号和新29师番号取消，保留新28师番号，以收容的5000多人编成；预2师改为独立师，归集团军总部直接指挥。蒋介石大笔一挥，照准!

检讨会议后，宋希濂除以一部守备怒江各要点，并派出预2师等在怒江西岸游击外，大部分驻保山、永平、大理、弥渡、祥云一带整训。军政部不久拨来20000多名补充兵，聊以充实各军师兵员。为保证练兵效果，第11集团军所属军师连排一级都设立了自己的讲堂，土造了各种练习射击的设备和各种式样的沙盘，制作了坑道作业、阵地防御作业的模型。还经常举行班排连营的对抗演习，包括攻击堡垒、爬山、夜战等，备战气氛非常浓烈。出于滇西反攻作战需要，宋希濂还在大理成立了“滇西战时工作干部训练团”，确定团的教育方针为“对滇西青年施以三民主义的政治教育和必要的军事训练，培养他们成为保家卫国的干部。”到1945年3月为止，这个团共办了两期，先后培养了近2000名军政干部，除一部分派到各军师充当排连级干部外，大部分按原籍组成小分队深入滇西各县及滇缅边境做地方工作，不少人还为此献出了年轻的生命。

评价宋希濂负责时期的滇西战场，一般都肯定他在怒江阻敌、安抚地方、腾北游击几方面贡献重大。但是从最新出版的史料来看，蒋介石在1942年底就流露出宋希濂难以胜任滇西方面大员的想法。12月21日，蒋在给第6战区司令长官陈诚的电报中说：“我远征军反攻缅甸兵力分为二部，其一为现驻印度部队，其二即现在驻滇各部队。…… 惟驻滇之中央各军，庞杂骄矜，统属为杂，最近军风纪日渐败坏，险象丛生。……故决派吾弟前往云南，先从事整顿，并作反攻之准备，……不致贻误大局，为外人所蔑视。”对陈诚到云南建立“远征军司令长官部”，宋希濂内心十分不满，认为滇西人口较少，物产不丰，粮食补给困难，不适于大兵团作战，以3至4个军组成1个集团军，充实轻重装备，辅以空军支援，尽可担负反攻任务。言下之意就是给我第11集团军增加兵力武器——就能包打！宋希濂咬定陈诚好抓权，绝不会放过这一扩大“土木系”实力的好机会。事情其实不完全是这样，陈诚觉得“在盟国真有协力同心联合反攻之诚意以前，中国的抗战方略，仍应以本国战场为第一，不宜轻言远征”。一再向蒋介石陈述自己不能兼任远征军司令长官的原因：远征军的行动关系国际信誉极大，责任远非他战区可比；各方对反攻多持怀疑，意见不能统一；个人能力有限，无法胜任。蒋介石则认定非陈诚莫属，一方面陈诚素来都是心腹，另一方面也是美国人的意思。陈诚在1943年1月参加了史迪威装备训练中国30个师的讨论，被史迪威看作是国民党高级将领中“最强有力和最令人感兴趣的”人物，史迪威将编练计划报请蒋介石批准的时候，特意强调：“应请加速集中军队，陈诚将军应摆脱其他一切职务。”

■ 1943年2月，陈诚出任远征军司令长官。

1943年2月，陈诚出任远征军司令长官的任命由军委会发布。临行前陈诚代拟蒋介石手令稿一份，寄望滇中各军能切实听从整顿，振奋精神，作好反攻准备。还通过蒋介石硬是从何应钦那里要来萧毅肃担任参谋长。为了避免引起龙云猜疑和摩擦，与昆明行营平级的远征军司令长官部设在楚雄，其中也有兼顾滇西、滇南的用意。比陈诚出任远征军司令长官早一个月的一项人事变更——中央军校第六分校主任黄杰与第6军军长甘丽初对调。第6军军部驻顺宁，隶属昆明行营作战序列，所属第93师驻防在300公里以外的中缅边境西双版纳一线，此刻正与北侵的泰国军队激烈交战中。黄杰能够直接掌握的只有分驻永平、营盘，担负澜沧江防务的新28师、新39师。25日，黄杰到达昆明，关麟征和宋希濂各自从大理、文山赶来迎接，三个黄埔一期同学聚在一起，少不了互诉这些年来南征北战的戎马岁月。更多的是谈及新任远征军司令长官，当年的军校特别官佐——陈诚，宋希濂从思想上抵触陈诚，走何应钦路线的关麟征早在11师时就与陈诚不和，黄杰似乎很难不受他们的影响。通过短暂咨询研讨，陈诚对云南防务的观感是：滇南地形险要，国防工事建筑在山地中间地带，而非山地前缘和国境线上，因此宜守不宜攻；滇西保山正面虽然重要，但危险其实在两翼，即右翼片马方面和左翼滚弄方面，必须控置有力部队；车里、佛海地区与后方联络线过长，补给相当困难，本不适宜使用大军，但在反攻时为了威慑腊戍，还须用1个军进出景东。陈诚经蒋介石同意，对云南防务作了一些调整：第71军第87、第88师仍担任怒江正面防守，第36师改为第11集团军独立师，接替预2师腾北游击任务，新28师划归第71军建制；第6军第93师仍任车里、佛海守备，预2师划归第6军指挥，和新39师一起开盘县、普安整训。

另一方面，第2军、第53军、第8军总计8个师也先后从不同方向开入云南。第2军下辖第9师、第76师、新编第33师。第9师是第2军的核心，该师第27团的历史可以追溯到

1924年的黄埔军校教导第2团，故有“革命老祖宗”之称。第76师前身是河南临（汝）伊（阳）平（等）自（由）四县的剿匪民团，司令王凌云出身行伍，后来虽带职入中央军校高教班第3期学习，但仍难免有些“江湖味道”。新编第33师是抗战初期编成的新部队，没有什么悠久历史和复杂人脉。1942年春，第2军从川西进入西康，接替第36师西昌一带的防务。宋希濂调升第11集团军总司令，所遗第34集团军副总司令一职，胡宗南有意由第2军军长李延年升任并代理总司令，胡宗南另一手就是报请由其亲信第76军副军长钟松接任第2军军长。按理说彼此都是黄埔1期、2期同学，一切似乎应该顺理成章。可李延年的决定令所有人大跌眼镜，竟然把具有“光荣革命历史”的第2军交给了他属意的“绿林”部下王凌云。第2军入滇不久，接踵而至的是下辖第116师和第130师的东北军旧部第53军。第53军前任军长万福麟系东北军宿老，行伍出身，目不识丁。抗战初期率部转战冀中、豫北、晋南等地，战绩平平。武汉会战后，万福麟调任第20集团军副总司令，副军长周福成升任军长，奉命担任洞庭湖三角地带守备，4年来与日军一直没有大的接触。接到开拔命令，第53军经湘西横越滇黔，长途行军3000公里，到达滇西弥渡、蒙化一线。第8军下辖第82师、第103师、荣誉第1师。第82师和第103师同属黔军系统，因王家烈的倒台，

王凌云抗战简历

王凌云，字仙峰，1899年9月生于河南伊阳。早年在直军、北洋军当兵，积功至陕西陆军第9混成旅第1团第2营少校营长。1927年9月，第9混成旅改编为伊阳县城防总队，王凌云改任第3队队长。1929年升任总队长。1930年5月，伊阳县城防总队扩编为临（汝）伊（阳）平（等）自（由）四县剿匪司令部，任司令。7月，改编为国民革命军第20路军第32军第3师，任师长。后来第3师缩编为第75师第225旅，王凌云降为旅长。这个225旅后来两次改番号，先是改为第20路军特务旅，后改为第76师227旅，王凌云始终都是担任旅长。1934年10月，带职入中央军校高教班第三期学习。

1937年11月，升任第76师师长，率部转战苏南、皖南、赣北、粤北、桂南、鄂西等地。1941年11月，所部奉调四川荣昌整训。1942年1月，升任第2军副军长仍兼第76师师长。3月，部队开赴西康，协助西昌行辕主任张笃伦铲除彝民种植的烟苗。6月，第2军军长李延年升任第34集团军总司令，王凌云升任中将军长。1943年初，第2军移驻滇西，先后驻防祥云、下关、顺宁、镇康等地。抗战胜利前夕，王凌云带职入陆军大学将官班甲级第3期受训，不久获颁忠勤勋章。

周福成抗战简历

周福成，字全武，1898年生于辽宁省灯塔县柳条寨乡连三台子村。1919年7月，毕业于保定陆军军官学校第9期步科。早年在奉军第15旅担任连、营长，驻防满洲里。1925年5月，升任奉军第6旅第17团团长。东北易帜后任东北边防军步兵第6旅第44团团长。1931年5月，东北军编入国军统一序列之内，任第13旅39团团长。1933年3月，升任第53军129师师长，先后参加长城抗战、清剿察哈尔抗日同盟军吉鸿昌部，在1936年12月的西安事变中，周福成担任临时外线总指挥。事变和平解决后，任129师和130师合并后的116师师长。

抗战爆发后，周福成率部先后转战平汉路北段、太行山区和湖北大冶、阳新等地。武汉会战后，万福麟以“年高体衰”为由辞去53军军长，周福成升任军长，部队移驻洞庭湖西岸。直到1943年夏，远赴滇西编入中国远征军战斗序列。1945年10月，53军调到越南河内受降，周福成兼任河内防务司令。

部队已渐渐中央化。荣誉第1师是由抗战中伤愈官兵拨编而成的，官兵抗日意识强烈，作战经验也相对丰富，昆仑关攻坚时就有该师矫健身影。第8军曾长期担负宜都以北、宜昌以西江防任务，前任军长郑洞国调任驻印军副总指挥兼新1军军长，第8军军长由何绍周升充，部队移驻滇南文山、古木。

史迪威当日要求“加速集中军队”到云南，蒋介石办到了，当然这离不开“云南王”龙云的支持。而另一项“陈诚将军应摆脱其他一切职务”，重庆显然没有兑现。陈诚赴云南上任，请辞第6战区本兼各职，蒋介石不准。尽管陈诚将鄂西的军事、行政工作分别交由孙连仲和朱怀冰代理，但第6战区还是几乎天天都有战报和一些重大事项要他裁决处理。要怪就只能怪陈诚太勤快，太受蒋介石器重，要不怎能滇西、鄂西隔着千山万水两头挑重担。5月上旬，鄂西战事吃紧，陈诚索性又回到第6战区指挥岗位，一去就是两三个月，云南的事只能交给副司令长官黄琪翔和参谋长萧毅肃打理。直到8月初，陈诚才飞回远征军任所。没想刚过一个月，又从昆明飞重庆，出席中国国民党十一中全会，前后历时又是20多天。期间，陈诚曾数次向蒋介石请辞，所谓无法专心致志为远征军工作只是其中原因之一，深层次的因素是派系争斗，部队纪律松弛，兵役、补给制度落后等积弊令陈诚感到难以招架。

第54军军长黄维秉性憨直，发现部队给养困难，士兵每天的主食虽然规定大米24两(旧秤1斤合16两)，但是由于兵站供应环节滋生腐败，军粮不仅发霉掺沙，分量还时常短少，每月的6元菜金则根本买不到什么蔬菜食油。黄维就利用前任军长陈烈遗留下的公积金，私自决定每人每天增发口粮2两，并几次将低劣军粮用小口袋包装呈送军政部。黄维很快被扣上“破坏军需独立，公积金不报不缴”的罪名。何应钦趁机要关麟征保荐继任军长人选，关便推出陕西同乡、军校同期同学张耀明接任军长一职。结果上演了一出“陈诚与关麟征第54军之争”，张耀明只上任1个月，陈诚就把他拉下马，以嫡系方天执掌第54军。关麟征为此大发脾气，当面指责陈诚说：“我指挥第52军打了多少胜仗，才多了个第195师。你当年带的第11、第14师现在扩充到多少人？第54军是国家的部队，还是你私人的？”陈冷冷地对关说：“你不要争。”关声色俱厉地回答：“我争的是礼义廉耻！”陈关矛盾从此不可调和。

第6军军长黄杰因1938年豫东战役失守归德，被贬到后方办教育，这次总算在滇西重新起用为带兵官，别提有多高兴。可按照陈诚的意思，为了远征军所属各军师保持战斗力，有意按照1943年远征军编制改编，即各军先补充第一线2个师，将第二线1个师兵员并入第一线师，第二线师再候令充实。黄杰有些难以接受，第93师远在车里，一时无法归还建制，预2师和新39师一并编，只有1个师的军长还有什么当头？陈诚亦不客气，后来在对第6军干训班讲话时直言，第6军是很有革命历史的部队，现在纪律士气都落后，训练业务形同虚设，期盼能奋发图强，恢复过去光荣历史，负起反攻使命。“1943年远征军编制”最后没有实施，除第53军本来就是2个师外，其他各军都保持着3个师的编制。第2军的一批补充兵在8月中旬抵达楚雄，陈诚看了大吃一惊，“新兵形容枯槁，身负稻草，俨如乞丐”，出发时军官101名，士兵2177名，点查时军官不少，士兵只剩1401名，而且大都瘦弱不堪。第9补训处拨交新兵1023名，内有病兵300余名，团长由渝来滇，贩卖大批香烟盐巴纸张等货物，每担重60－70斤，强迫新兵挑运，终日不得一饱不说，走慢了还要挨鞭子。这样的兵如何反攻？气得陈诚一纸电报给何应钦，要求从严查办，矛头直指何系亲信——军政部兵役署署长程泽润。值得一提的是，程泽润在1944年7月被免去兵役署署长职务，1945年5月被执行死刑，这是后话了。

9月初，陈诚再一次向蒋介石提交辞呈，蒋介石的反应异常激烈！少有地使用大白话回复：“你9月6日辞呈，我昨日（15日）方才接到，不胜感慨。关于远征军事，凡你所要求者无不遵你意旨照办；于我个人，无论公私，我以为已到至极地步。此外，再无其他办法可以服从，你要不去就可不去，你要如何就可如何，我绝不再来恳求。现在除向你三跪九叩之外，再无其他礼节可以表示敬意。……我再明告一言，我派你往远征军，乃是要希望你立业成名，而绝非陷你于死地，我以为一切公私道义都可弃置不谈，然而军人对于革命作战命令，即使赴汤蹈火亦不能推辞，此乃军人之本分。……希望你再加深思一番。是乎？否乎？从此余亦绝不再有所言矣。”陈诚看完蒋介石的这份复电，立即上书了800多字的“痛陈远征军各种意见书”，首先表示“不胜警痛。……惟计追随二十载，自知愚憨，无以报钧座知遇于万一。然自问忠诚赤胆，始终如一。”接着把辞职的原因一一向蒋介石说明：笔者根据陈诚原电将其归纳为以下三点：第一，关于远征军事，中外意见始终不统一，除了蒋介石外，国民党阵营多数人不重视不积极，造成无形搁置，多方牵制，“自古朝议不一，未有将领能立功于外者”。第二，正是由于各方意见不一致，中央凡事推不动办不通，导致地方系统庞杂混乱，各有主张，各有根据。第三，不少高级将领认为敌不会来攻我，我也绝无力量反攻，结果部队纪律废弛，战斗力消失，甚至将缺额走私视为维持部队的正当途径。陈诚最后疾呼：“今日国军确实难言反攻，非但难言反攻，纵令走到缅甸，亦不可能。……长此以往，(部队) 能否维持下去，实属疑问。此实今日国家莫大之隐忧，普遍之危机，不过滇中尤为深刻可虑，职不敢随众隐讳不言耳。”陈诚确实勇于在蒋介石面前说真话，但问题是，中国军队长期以来的种种积弊和劣势，不是陈诚也不是蒋介石一两个人可以完全扭转的，何况陈诚治军向来也不能脱此等弊习啊！

走马换将

面对蒋介石的威严和宠信，陈诚收起辞职念头，继续埋头投入整顿远征军的工作中。10月中旬，劳累的陈诚胃溃疡发作，蒋介石同意给假1个半月，后又派林蔚携带美金10000元到昆明问候，就是不允许陈诚“撂挑子”。其实陈辞修此番发病，来势真的非常凶猛，开始是胃部膨胀作痛，旋即呕血有一痰盂之多，顿时整个人呈昏迷状态。陈夫人谭祥见状大惊，马上电话通知红十字会救护队副总队长倪葆春、远征军长官部卫生处长陈立楷、副处长关健全等人来家会诊，立刻注射了吗啡古阿可林内止血剂与维他命B、C等，当晚血止，神志有所清醒。蒋介石虽然同意给假，但重要问题还需陈诚亲自裁决。还在1943年4月远征军成立之初，蒋介石就要求徐永昌和陈诚，研拟反攻缅甸路线的具体计划，指出“以其正面甚难进攻，似宜由南、北二面研究，预定侧攻道路与方向”。围绕蒋介石提出的两面展开、主攻与侧攻相结合的作战方针，陈诚、徐永昌进行了多次研究。这次林蔚又从重庆带来蒋介石关于反攻缅甸准备工作的几项指示："怒江各渡口必为敌寇严密封锁，正面恐不易突破。……必须另筹方略，或增强攻击工具，期其有成；届时空军对于敌军各种工事与阵地之侦察，以及俯冲轰炸之熟习与各种之准备，尤其炮兵与空军协同动作之实习，更非从速着手熟练不可。……请陈纳德将军拟订具体计划，切实进行，是为重要……"陈诚够累够辛苦，病重期间还念念不忘"右翼片马方面，因受地形限制，只能用约1个军兵力，担任牵制及游击任务。因敌防备甚严，恐不能渡江，故主力应用在滇缅公路以南，渡江较易，补给亦便，并可出击龙陵。"勉强带病支持到11月中旬，陈诚身体实在是吃不消，只得再次呈请蒋介石派员接替。据说谭祥通过宋美龄从中说项，蒋介石这才同意放陈诚长假休养，所遗远征军司令长官一职由卫立煌代理。

在国民党众多将领中，卫立煌被称之为"嫡系中的杂牌"，不是浙江人，不是黄埔生，却能得到蒋介石的信任与重用。共产党方面也因为卫氏在第一战区司令长官任内，明里暗里接济八路军不少粮弹药品，对其亦是赞不绝口。毛泽东曾称卫立煌是"坚持华北抗战的领导者"，朱德称赞他是"在忻口战役中建立伟大功劳的民族英雄和抗日领袖"，陕甘宁边区政府主席林伯渠更绝，书赠卫立煌："黄河保卫华北，先生保卫黄河。"正因卫立煌在抗战期间与中共走得较近，1942年初他被免去第一战区司令长官本兼各职，明升暗降为西安行营办公厅主任。卫立煌在西安任职仅1个月，便到成都赋闲。代理远征军司令长官，使卫立煌得以东山再起，颇受嫡系打压的东北军旧部第53军就对这位新上任的司令长官抱有相当好感，认为卫氏为人宽宏大度，不拘小节，坚决以抗日恢复失地为己任，对所属各军一视同仁。130师师长王理寰后来还专门写了一篇题为《卫立煌督师反攻滇西》的回忆文章，详细记载了卫长官给53军出头的一则轶事：话说卫立煌特别重视军事教育，时常亲自到各部队视察教育的进

■ 1943年11月起出任远征军总司令的卫立煌。

度，并加以指导，有一次到53军视察，前后历时约5天整。卫立煌对第53军的训练程度感到十分满意，最后集合2个师在弥渡阅兵。当检查武器时，发现步兵连仅有4门60毫米迫击炮，比规定编制的6门少了2门。卫立煌马上问："为什么不都拿出来？"周福成回答说："第20集团军扣留未发。"一旁的霍揆彰未等卫立煌质问，急忙抢着说："是准备补发的，如一次发完，坏了就没得补发。"卫立煌又问："那第54军和第2军为什么都发了呢？"霍揆彰顿时语塞。卫立煌即以极为严肃的口气说："大敌当前，宜以整体计划为重，不应再存歧视心理。少发2门60炮，减少火力，这是自己配苦药给自己吃。都是国军，有什么东北西南之分呢？" 霍揆彰马上答应次日补发。但卫立煌似乎意犹未尽，当即集合全体军官训话："中国是中国人的中国，杀敌复土，人人有责；军队是国家的军队，不得视为谁的私有物。请大家放心，今后第53军不论是谁，都应平等看待，对补充上一律按司令部的规定，不听命令，必受处罚。"

中国远征军与日军第56师团隔江对峙的两年，负责人前后换了三个。宋希濂任职的9个月先是打了一场小规模的渡江反击，随后主要构筑怒江防线，办了一些有助于滇西抗战的训练班，口碑还算不错。陈诚差不多也是9个月，但任职期间恩施、重庆两边跑，真正在楚雄长官部办公的时间很少。任劳任怨的陈诚构思反攻的初步构想，整训部队的同时又敢于揭露远征军的种种弊端，势必要在派系林立的中国军队中得罪人。美械装备的配发，缺额士兵的拨补，这些牵涉到各方利益的棘手难题，让陈诚背负不少骂名。陈诚曾谦虚地说："我在远征军任内，仅仅做了一点奠基工作，上层建筑尚未着手，就病倒了，真辜负了国家和委员长对我的付托。"实际陈诚尽心尽力，所谓"万事开头难"，没有他的奠基工作，何来日后的远征大军兵锋西指。卫立煌1943年11月到任，已是临近渡江反攻，主要工作集中在积极加强战前准备，协调美国军事联络组相关工作，当然也是恪尽职守。比如有一次，卫立煌对美国军事联络组组长多恩准将提及，中国的军事地图测绘技术落后，希望美方能够提供航空照相地图，以便准确掌握桥梁、道路的真实信息。多恩颇感诧异，留着小胡子的卫立煌外表很东方，内心却对西方的先进军事技术多有留意，答应两周内妥善办理。滇西战场的三任指挥官每一位都为滇西反攻贡献良多，但却存在两个共同的疏漏——眼睁睁看着对岸松山日军进行工事构筑，没有进行干扰活动；对松山日军的防御措施没有进行充分的侦察。据原71军新28师参谋盛兆回忆，第11集团军曾对松山敌情多方进行摸底，但因松山日军戒备森严，只探知一些粗略迹象，而不了解其详细情况。

滇西的高山怒水即将迎来一场惊天动地的生死大战！大战前夜双方的情报部门一般都会互相刺探对方底细，中国军队的情报工作显然不如日军。71军军长钟彬在战后所著的《龙陵会战》总结中，坦言当时搞情报之难："第71军驻保山，为了腾龙以至腊戍之情报，非得人民之助，用重赏征求不为功。虽两年余来，对敌军装备、工事位置、强度及敌军动态，尚能熟悉预知，但已至感运筹此种经费之苦。尤以谍报工作本身，因知识过低及技术未精，每为敌间所利用而不自知。"钟彬还举了一个例子，据战后调查，在龙陵附近的小勐柳乡，远征军从集团军到师级情报单位，布置多达5部电台，但令远征军想不到的是，日军在那里也秘密设置了一个情报组，更令人匪夷所思的是，中日双方各级情报组都受到当地保长保护，简直成了情报交换所！保长两头讨好，俨然一出精彩的"无间道"。钟彬为此感慨地说："故敌对我远征军之行动及国军内容，颇为熟悉，此乃无可讳言之事实。"那么日军掌握中国军队内容到底达到怎样程度呢？36师后来缴获了一份"龙陵情报记录第14号"的文件，文件详细记录了反攻前夜第71军的人事、官兵数量和武器装备的现况，其准确性虽说不是百分之百，但足以令钟彬等人惊叹——"鬼子真他娘的神！"日军情报称第71军与第2军是中国西南部重庆军（注：重庆军是日本对国民政府军队的称呼）之双璧，1943年夏以来，71军87师、88师优先得到强化，75毫米山炮、战防枪、火箭筒等美式装备先后交付使用，判断反攻前，还会有有力武器出现。日军悉数掌握71军各部的驻地，并统计71军军直属部队有6043人，87师有8389人，88师有8699人，新28师有6220人，基本上八九不离十。日军对71军几位高级将领的评价都很高，"军长钟彬中将，与宋司令同为黄埔步科出身，并为陆大9期首席，其战术有中国第一人之称。重庆军对师长以上之战术教育，多采用钟彬之战术。87师师长张绍勋少将，乃本军升拔人物，军长之旧部也。88师师长胡家骥少将，据称人物伟大，受部下爱戴，与宋总司令有不可分离之关系。"日军认为71军的优点是"抗战意识旺盛，阵地工事巧妙，遮蔽伪装良好"，缺点是"射击过早，有乱射之倾向"。

中国军队的情报工作成效较低，但或多或少也掌握了一些有价值的东西。1943年，远征军司令长官部直属谍报组周炎涵少校一行，在腾冲以北的江苴街一带活动，一位自称是教书先生的中年男子主动提供了一本记事簿，里面详细记载了腾冲沦陷以来的诸多情况，包括日军部队番号、兵力、装备及城内外工事位置、强度等重要内容。第71军情报队的余在海原来从事滇缅公路养护工作，基于爱国热情发展几位同志建立了镇安街情

钟彬抗战简历

钟彬，字中兵，谱名炽昌，1900年8月出生于广东省兴宁县龙田乡合水村。1924年考入黄埔军校第一期，与同队同学宋希濂最为交厚。1928年9月，考入陆军大学正则班第9期。陆大毕业后分配到警卫第1师第1旅任中校参谋主任。1932年1月，警1师第1旅改称第87师259旅，钟彬随军参加了一二八淞沪抗战。1933年1月，钟彬调到宋希濂当旅长的第87师第261旅任第522团上校团长。8月，军政部合并第87、第88师的4个补充团，成立第36师，任命宋希濂为师长，钟彬随之升任该师少将参谋长。福建事变后，调任36师108旅旅长。1935年8月，钟彬升任第36师副师长兼安庐师管区司令，负责本师的新兵补充和训练工作。1937年3月，奉调中央陆军军官学校，担任军校第11期第2总队总队长。后来又任军官班主任。1938年6月，钟彬受第71军军长宋希濂的推荐，离开军校前往河南郏县接任第88师中将师长。1939年4月，奉召再返军校，任中央陆军军官学校第一（汉中）分校中将主任。1941年4月，还是宋希濂的举荐，调任第71军中将副军长。1942年1月，升任71军军长。1944年12月，调任青年军第203师中将师长。1945年10月，升任第9军中将军长。

报组。1943年端午节前，余在海送出一份情报，帮助87师259团2营6连成功袭击了行至镇安街东北雷家寨附近的1辆日军军车，击毙日军7名，缴获轻机枪1挺、步枪数支及部分弹药、文件。同年11月，余在海等人遭到叛徒出卖，被日军龙陵行政班和宪兵队捕获，面对严刑拷打始终不屈，为中国抗日事业献出了年轻的生命。残忍的日本鬼子割下烈士头颅，悬挂在镇安小学门口的照壁上示众，一度使中国军队的情报工作陷入低谷。

除了爱国人士的主动配合外，良心未泯的汉奸有时也能提供一些有用的情报给中国军队。第11集团军参谋处第2科即为情报科，当年33岁的朱宗敬分管腾冲军事情报，朱参谋1932年毕业于江苏省警官学校，懂得一定的侦察与反侦察的专业知识。据朱宗敬回忆，腾冲情报组总共只有7个人，本地人占多数，主要利用老乡关系混入腾冲城进行活动。获得情报的突破口是汉奸，一般汉奸都怕日军有朝一日失败，自己难逃惩罚，所以都会留一手，乐意把日军番号、调动及部署工事等透露给中国军队，以求到时候获得同胞的宽恕。

中日两军真实状况究竟又如何？先说中国军队。陈诚上任之初，滇西计有第11集团军的第71军和昆明行营的第6军，合计7个师，其中第93师远在西双版纳一线。1943年春夏第2军、第53军先后入滇，滇西方面增加到了12个师。中国远征军司令长官部和昆明行营职权划分后，第6军改归远征军指挥。1944年春，第54军、第8军又相继列入中国远征军作战序列，截至4月，远征军所属各军、师大致情况是：第11集团军总司令部驻大理，下辖第2、第6、第71军及滇康缅特别游击区。第2军军部驻顺宁，第9师担任镇康、果敢、孟定一带守备，第76师分驻营盘街、顺宁、云县一带整训，新33师担任耿马、缅宁一带守备。第6军军部驻瓦窑附近，预2师担任自六库（不含）至栗柴坝（含）江防，新39师担任栗柴坝以南至双虹桥（不含）江防。第71军军部驻保山，第87师担任自满八脑（含）至江口（含）江防，第88师分驻板桥、新街、由旺一带整训。第20集团军总司令部驻弥渡，下辖第53军和第54军。第53军军部及第116、第130师均驻南涧公郎一带整训。第54军军部驻祥云，第36师驻邓川、洱源一带整训，第198师驻永平附近。滇康缅特别游击区所属分驻六库（不含）以北及泸水登梗一带。第8军分驻凤仪、祥云、弥渡、保山等地，为远征军总预备队。按照台湾的刘凤翰先生严格统计，远征军共计189000人，其中西渡怒江参战的部队人数为165000人。史迪威认为中国远征军投入战斗时，人员少于编制定额达115000人。这个数字，在卫立煌致蒋介石的一封电报中得到了印证。卫立煌的电报说："滇西反攻伊始，所属各师缺额约十万有奇。"

笔者收集整理资料发现，中国远征军如按表面编制数计算，各师人数应在13000人左右，实际情况则不然，大多数的师只有7000至8000人，个别师在9000至10000人之间，也有少数的师不到6000人。如第54军第198师为5600余人，第36师为7200余人，预2师为7400余人，军直属部队为4700人，全军约25000人。第71军第87师为8300余人，第88师为8700余人，新编第28师为6200余人，军直属部队6200余人，全军29000余人。第2军第9师人数也不满，真正参加战斗的官兵还不到6000人，不过另有资料显示，第2军3个师合计有29000余人直接参加了反攻作战。只有2个师的53军合计21000多人，后来调上来打松山的第8军接近29000人，第200师最充实，超过11000人。考虑到中国军队吃空额现象普遍存在，逃兵司空见惯，数字也只能是反映一点基本面貌。以每师缺5000人计，远征军缺额总数确实接近100000人，可抗战中后期的中国军队又有几个师是满员的？能有七八千人已经相当不错了。

再说日军。日军预料重庆为呼应英军的英帕尔反击战，会出动云南境内的远征军实行反攻。第56师团最担忧的就是在长达400公里的广阔正面上，中国军队有九条进攻路线可供选择，高黎贡山有四条，龙陵和芒市地区有四条，滚弄通向新维有一条。倘若中国

日军第56师团作战序列

第56师团师团长松山祐三
步兵团长水上源藏
第113联队联队长松井秀治
第1大队大队长武田
第2大队大队长原田万太郎
第3大队大队长荻尾南
第146联队联队长今冈宗四郎
第1大队大队长安部和壮
第2大队大队长胁山
第3大队大队长横田
第148联队联队长藏重康美
第1大队大队长水渊嘉平
第2大队大队长日隈
第3大队大队长宫原春树
搜索第56联队联队长平井卯辅
野炮第56联队联队长山崎一郎
工兵第56联队联队长小室钟太郎
辎重第56联队联队长池田耕一

军队在每条作战路线上布置一两个师，全线发起攻势，那将是整个师团的最大痛苦。唯一能取胜的打法就是预先扼守各作战路线，迟滞中国军队进攻，再拆东墙补西墙似地来回调集兵力，在内线作战中各个击破中国军队。第56师团最初判断远征军的反攻时间可能是进入雨季前的一个月，即4月中旬左右，将由腾北地区率先开始。5月初通过破译中国军队密码，进一步判明远征军将于5月10日渡江反攻，主攻方向大致在惠仁桥以北、六库渡以南地区。日军第56师团属于三单位制师团，就是师团下辖1个步兵团，步兵团下辖3个步兵联队，步兵联队下辖3个步兵大队与1个联队直属炮兵中队，另外还有炮兵联队、工兵联队、搜索联队、辎重联队等单位，师团定员15400人，加上补充兵，总兵力累计达28980人。第56师团的基本兵力配置是，步兵指挥官水上源藏少将指挥步兵第148联队主力，任大塘子、冷水沟、瓦甸、腾冲一带守备，联队本部设在腾冲；第113联队任松山、红木树、镇安街、龙陵一带守备，联队本部设在拉孟（腊勐）；第146联队的1个大队在平戛，主力控制在畹町附近，作为师团的机动兵力。不过随着增援缅北第18师团而陆续抽出兵力，第56师团的基本配置实际上是支离破碎，日军战史无奈地说："云南远征军5月中旬开始反攻时，师团长失去了反击后备兵力，整个师团仅有包括配置部队在内的6个半步兵大队的基干而已。"

换装与反攻的双重奏

滇西战场的指挥权像接力棒更像是烫手山芋在宋希濂、陈诚和卫立煌之间传递，中国军队的种种积弊在这一过程中暴露无遗。而关于中国军队更换美式装备和进行滇西反攻的争论，同时也在中美英三国间激烈展开。

1941年3月，美国参众两院分别通过《租借法》，授权总统对他"认为其防务对美国国防至关重要的国家出售、转让、交换、租借或以其他方式处理……任何国防物资"。美国总统罗斯福随后发表讲话："千千万万的普通中国人民，在抗拒中国被敌人宰割中显示出同样伟大的坚强的意志。中国通过蒋介石委员长要求我们提供帮助，美国已经答复，中国毫无疑问地将得到我们的帮助。"《租借法》通过不久，重庆曾向华盛顿提出援助清单：提供训练与技术援助，为中国建立一支由1000架飞机组成的现代空军；训练并装备中国陆军30个师；帮助中国建立有效的国际交通线。对于这样的清单，美国一时无法满足，以"不够详实"为由婉言相拒。1942年5月，盟军保卫缅甸之战，以失败告终。史迪威一心要收复缅甸，在制订反攻作战计划的同时，还提出了一个"改造中国军队"计划，倡导在印度训练10万中国军队和在云南装备训练30个中国师。要求反攻缅甸时云南境内国军出动20个师，由滇西出击腊戌，与由印度入缅的中美英联军在曼德勒会师，一举南下击溃缅甸日军主力。7月，史迪威正式向蒋介石递交了《反攻缅甸计划》。军令部奉命研究后，得出三点结论：反攻缅甸从政略与战略上来说，对盟国都属有利；中国军队只能担任助攻，主力须动员美、英陆海空军；中国军队可以准备10至15个师，主力出滇西，一部出滇南攻击日军。11月，蒋介石在重庆对史迪威强调，反攻缅甸的中心问题在于英国能否出动足够海空军，"此次不反攻则已，一旦反攻，非胜不可，绝不能再受第二次挫败"。不久，军令部拟订《收复缅甸作战计划》，方针是："国军以联合英、美反攻缅甸、恢复中印交通之目的，应于英、美由印发动攻势同时，先行攻略腾冲、龙陵，整备态势，尔后向密支那、八莫、景东之线出击，保持主力于滇缅公路方面，与印度盟军协力歼灭缅北之敌，会师曼德勒。”为了表示中国在反攻缅甸问题上的热情，蒋介石同意向中国驻印军加派了1个师，另在滇西集中部队，限1943年2月完成作战准备。毕竟重庆有求于华盛顿。

1943年1月，美国陆军参谋长马歇尔正式批准史迪威训练和装备30个中国师的计划。中国远征军司令长官部在这一背景下迅速成立。军政部很快核定滇西11个师、滇南6个师、昆明3个师、拱卫陪都3个师、第6战区4个师为换装对象。为使将来获得美械的部队能够正确运用相关武器，两个美械装备训练基地也相继建立。其中之一便是已经启动的印度兰姆伽训练处，该处主要负责训练中国驻印军和国内美械部队的团以上干部，史迪威称之为“X部队”。3月，“军委会驻滇干部训练团”在昆明建立，专门负责调训准备换装美械的30个师的团以下军官和部分士官，称为“Y部队”。“驻滇干训团”团长由蒋介石兼任，副团长由陈诚兼任，教育长由云南境内的集团军正副总司令轮流兼任。另外，远征军司令长官部还成立了怒江渡河工程处，专门负责制造渡河器材。1944年春，为了接收使用美国渡河器材橡皮舟，又成立工兵集训处，在大理洱海进行渡河训练。总之，重庆对史迪威的反攻缅甸计划，尽管是有条件的赞成，但态度是积极的，准备也是不遗余力的。

由于受到“先欧后亚”政策束缚，加上驼峰航线空运有限，1943年和1944年两年，援华租借物资只占美国同期援助盟国总物资的0.4％，驻印军以外的中国军队换装美械速度十分缓慢，远征军以外的中国军队更是难上加难。1943年5月鄂西江防吃紧，经美方同意，陈诚准备用平射炮6门、反坦克枪144支装备第六战区1个反坦克炮兵团，到了提交武器时，史迪威以鄂西危机已过，表示要重新请示华盛顿再说。蒋介石对此相当不满，特别要外交部长宋子文转告美国军方，美方械弹交由军政部接收，由军政部再照所定装备计划分配各部队，不宜仿效驻印军，由美方直接补给。美国的反应使蒋介石感到失望，仍是强调史迪威具有监督与控制租借法案下一切援华物资的权力，“山姆大叔”从根本上不信任军政部处理物资的效率。史迪威坚定认为美械主要是为了装备远征军反攻缅甸之用，应从速发给滇西边境的军队，以便早日训练和早日应用。为加强对“Y部队”的训练和控制，美军还向远征军长官部、第11、第20集团军总司令部以及所属各军、师分别派遣了人数不等的联络组，主管并协助进行训练、作战、联络、补给和运输等任务。美国军事联络组组长由史迪威的得力助手多恩准将担任。截至1944年9月底，通过印度空运到中国的军械计有75毫米山炮398门、60毫米迫击炮314门、37毫米战防炮98门、20毫米战防枪1269支、火箭筒1030具、轻机枪1041挺、冲锋枪4430支等。这其中的大部分都拨交给云南境内的战斗部队，只有小部分拨交给其他战区的中国军队。

那么“Y部队”换装美械的情况到底怎么样呢？原则上各军直属部队有炮兵团（炮兵营）、辎重团、工兵营、通信营、战防炮营以及特务营、搜索营等。每师辖3个团及直属山炮营（75毫米山炮12门）、辎重营、特务连、搜索连、工兵连等。每团辖3个步兵营及直属特务排、搜索排、迫击炮连（81毫米迫击炮6门）、战防炮连（37毫米战防炮4门）、通信连、输送连等。步兵营辖3个步兵连和机枪连，直属战防枪排（配备战防枪3支、火箭筒3具、火焰喷射器3具）等。步兵连辖3个步兵排及60毫米迫击炮排，配备有轻机枪9挺、冲锋枪18支、卡宾枪5支、60毫米迫击炮6门、掷弹筒9具等。但笔者通过史料和各军（师）亲历者的回忆，发现“Y部队”获得美械装备的时间和数量存在相当差异。

第2军原有1个军直炮兵团（装备苏制76.2毫米山炮），1943年秋，炮兵团第2、第3营先后脱离序列，第1营换装美制75毫米山炮12门，仍属该军建制，据时任第3连连长的冯国真回忆，炮兵团在滇西山区作战，交通不便，运输供应困难，故将军属炮兵由团缩编为营。第5军则完全不同，该军原系机械化部队，拥有军直属150毫米榴弹炮营和装甲侦察车连，所属3个师亦分别装备有美造山炮营，每团装备37毫米战防炮6门、81毫米迫击炮8门、火箭筒15具、火焰喷射器8具，火力在当时的中国军队中堪称一流。第8军换装时间要晚于第2军，1944年夏才基本完成美械装备。据时任荣誉第1师第2团政治指导员的孟祥氛回忆，该军直属榴弹炮营，配备美造105毫米榴弹炮12门、汽车80辆；荣誉第1师和第103师各1个山炮营，每营装备美造75毫米山炮12门、汽车10余辆、骡马50余匹；每个步兵团直辖一个平射炮连，每连装备37毫米战防炮4门、战防枪2支、火箭筒2具；每个步兵营辖3个步兵连、1个重机枪连和1个迫击炮排，配备81毫米迫击炮2门、60毫米迫击炮18门、重机枪6挺、轻机枪27挺、冲锋枪60余支、步枪300

■ “Y部队”的第20集团军53军的士兵。

余支。另按参加松山大战的第103师307团副团长陈一匡所说，他曾将全团火焰喷射器8具分成8个战斗小组，配属攻击部队对日寇堡垒实施火攻。由此可见，第8军换装较晚，在结构上也与远征军一般编制有所出入，但火力无疑属于上乘。第18军换装时间在1945年春，军属榴弹炮营装备美造105毫米榴弹炮12门，师属山炮营装备美造75毫米山炮12门，团属战防炮4门、火箭筒6具、火焰喷射器4具、82毫米和60毫米迫击炮62门、轻重机枪100余挺、冲锋枪300余支。第53军一向有受到歧视的说法，但在当时担任军作战课长的夏时记忆中，该军军属榴弹炮、师属山炮、团属平射炮均按远征军一般编制配备，营有81毫米迫击炮2门、火箭筒2具、火焰喷射器3具，火力并不缩水。第54军作为最先吹响渡江反攻的部队，按理装备应该比较齐全，但在该军以及第36师、第198师的战斗详报中，直到围攻腾冲阶段才能找到使用火焰喷射器的记录。军令部调制的“美国陆航对远征军投送粮弹数量统计表”显示，1944年6月至10月，第20集团军两次获得投送火焰喷射器，其中一次仅为16具。

■ “Y部队”美军顾问沃克·邦尼菲，正在教授中国军人如何使用火焰喷射器。

中国坚持反攻缅甸必须“由南北水陆两路夹攻”，英国人显然不感兴趣，直至1942年12月，英国才勉强同意云南境内的远征军可由滇西出击，进出腊戍，但对于从海上进攻仰光的问题不作明确答复。这一计划代号为“安纳吉姆”行动。蒋介石不干，你们海空军实力不充实，我们不愿派一兵一卒参战。英国人又很快变卦，英国印缅军总司令韦维尔通知史迪威取消缅北作战，英军将只使用3个师攻占若开和锡当、加里瓦，此外不愿作任何承诺。蒋介石很生气，28日电告罗斯福说，中国已经准备就绪，只因英国耍赖，反攻缅甸计划无形取消。

1943年5月，中、美、英三方在华盛顿举行“三叉戟会议”，迫于中、美压力，丘吉尔答应把“1943年雨季结束时在缅甸北部发动的战役作为打通滇缅公路的基本措施”，行动代号“茶碟计划”。蒋介石当然不满意，“茶碟计划”中没有占领仰光的规定，运送外援物资的途径只能是加强空运和打通穿越缅甸北部的中印公路。计划还大大削弱了英国在反攻缅甸作战中应承担的义务，进一步加重了中国的负担，要中国驻印军和远征军担当主攻任务，英军只需要助攻配合一下。后来在开罗会议上，罗斯福一面向丘吉尔继续施压，一面私下向蒋介石保证，一两个月内英国人将在南缅和中缅实施大规模作战，并将在孟加拉湾海岸实行两栖作战，切断日本缅甸陆上供应线。蒋介石心想，中国的事还得我说了算，老牌的大英帝国你罗斯福能替他做主。不过罗斯福承诺的驼峰航线每月空运量将保持在1万吨上下，并同意考虑中国提出的装备90个师的要求，蒋介石兴趣很浓，觉得罗斯福这话倒还有几分可信。

1944年3月，日军发动英帕尔作战，企图占领英帕尔和科希马等要地，控制整个东印度地区。英帕尔是印度东部与缅甸交界地区的一座边境城市，自英军兵败缅甸撤退至此后，英帕尔就成了英军的军事和后勤补给基地。在此前后，正在指挥驻印军展开缅北攻势的史迪威为夺取印缅战场反攻的全面胜利，一再敦请罗斯福催促蒋介石迅速由滇西出兵。罗斯福也觉得时机不错，既然我已答应给蒋介石武器装备，想必蒋介石不会拒绝我吧？中国有句古话——“吃人家的嘴短，拿人家的手软”。没想到蒋介石还真是拒绝，理由是“如无南缅大军登陆协助，则驻滇部队入缅作战，只是自取灭亡。”蒋介石执意要拉英国人一起干，罗斯福伤透脑筋，隔着“伤心”太平洋，华盛顿又于3月20日第四次敦请重庆出兵，要求蒋介石考虑驻印军正给日军第18师团以沉重打击，英国温盖特兵团正威胁第18师团背后的有利战机，将云南的军队向腾冲、龙陵一线推进。蒋介石、何应钦、徐永昌不为所动，拖到28日回复罗斯福，盟军没能同时在缅南地区实施登陆，日军兵力移动和转用十分方便，云南境内的远征军因交通困难，人员补充不易，此时进攻腾、龙，将蒙受重大损失，影响尔后全面反攻，只能等到雨季过后，各方面作战准备均告完成，发动反攻才最为有利。重庆顶着美国的巨大压力，坚持滇西按兵不动，其实也是迫不得已。3月下旬，军令部收到各方情报，日军从伪满及长江下游大量调集武汉，并由平汉路由北向南集结大量兵力于豫北，判断日军有大举进犯企图。中国出于自身安全立场，力避东西两线同时作战，实在也不为过。虽然如此，蒋介石还是下令抽调第14

■ 英帕尔战役中协助日军的泰军大象运输部队。

师和第50师空运印度增援缅北反攻。4月4日，罗斯福第五次致电蒋介石，强烈要求中国远征军迅速准备滇西反攻，并明确提出："我方过去装备、训练阁下之云南军，即为了在这种时机利用。……假若云南军不用于协同作战的目的，则空运装备、提供训练教官等我方呕心沥血的广泛支援，亦将完全失去意义。"面对罗斯福的指责，蒋介石选择沉默，华盛顿的耐心一点点失去，马歇尔于10日下令，将援华物资暂时停拨，直到远征军出动后再予恢复。史迪威紧跟其后，宣布原本属于远征军4月份应得的734吨军援物资，将转拨给陈纳德的航空队使用。倾向滇西出兵的蒋夫人宋美龄为此焦虑万分，她坦率地对美国军事联络组组长多恩准将说："很多事并非我不做，而是我只有这样大的影响力。"12日，多恩举行酒会，何应钦和主管作战的徐永昌、刘斐以及远征军参谋长萧毅肃准时出席。一阵寒暄过后，多恩反复说明出动远征军对中国在军事以及政治上的好处，热衷出兵的萧毅肃接着说明敌情、远征军的现况和作战计划。多恩后来回忆说："到了酒酣耳热的时候，大家就渐渐一致倾向出动远征军了。散会时，何应钦将军表示他愿意向蒋介石提出建议并力争请其批准。"基于美国的强大压力以及打通中印公路的重要作用，蒋介石最终同意出兵，所谓"酒酣耳热"只不过是给好面子的"大国领袖"一个台阶下而已。

4月，重庆决定发动滇西反攻，军令部很快出台《远征军策应驻印军作战指导方案》，确定第20集团军为攻击部队，渡江攻击腾冲；第11集团军为防守部队，担负怒江东岸防守；另以该集团军派出4个加强团，渡江攻击，策应第20集团军。25日，蒋介石分别致电卫立煌、宋希濂、霍揆彰：“此次渡江出击之胜负，不仅关乎我国军之荣辱，且为我国抗战全局成败之所系，务希各级将领，竭智尽忠，达成使命。”5月11日拂晓，中国远征军在排山倒海的优势火力掩护下，强渡怒江天险，发起滇西反攻。而此时的中原战场早已烽火连天，日军“一号作战”第一阶段“河南会战”正在黄河流域激烈展开，缺乏反坦克武器的第一战区，显然无法抵御日军战车第3师团在豫中平原任意肆虐。13日，蒋介石致电罗斯福：“中国远征军已于昨日强渡怒江完毕，现在向敌军猛烈进攻中，中国甚愿竭尽绵薄，能策应盟军在印缅之作战有所补益，以副阁下之殷望，惟中国本为贫弱之国，加以今日七年之长期抗战，其艰难困苦，甚于其他之盟邦，必为阁下所深悉，而且中国战场，一方面在其战场中心河南平原作战，正在大规模发展之时，而一方面又欲在怒江作战同时进行，以中国疲弱之身，而担此两面作战之重任，其艰危之状，更倍于往昔，尚望阁下体谅此苦情是荷。”也算是对屡次拒绝滇西出兵的一种解释。

■ 正在渡江的霍揆彰将军。

第十一章
腾冲国殇

云层上的战场

1944年4月20日，卫立煌电令第20集团军总司令霍揆彰："着第53军为第一线，第36师、第198师为第二线，于栗柴坝、双虹桥间地区超越防守部队渡河，攻击当面之敌，向固东街、江苴街之线进出，相机攻占腾冲。"同时明确规定第53军、第54军归霍揆彰统一指挥，第36师改归第54军建制。23日，第20集团军副总司令兼第54军军长方天，率领2个军及炮兵工兵部队的必要人员，前往怒江东岸侦察地形，并指定各部集结地区。25日中午，卫立煌改命令了，由萧毅肃电话转达方天，以第54军为第一线，第53军为第二线。这显然是重庆军委会的意思，蒋介石觉得卫立煌决心不够，将20日命令中的"相机攻占腾冲"改为"攻略腾冲而占领之"，这样就需要战斗力相对较强的第54军打头阵。方天别的倒没说什么，只是向渡河工程处提了一个要求，部队渡江后，如果遭到日军顽强抵抗，不能占领登陆场时，工兵部队要负责把他们接运回来。要求并不算过分，但却反映出一些高级将领对渡河作战明显缺乏信心。其实也难怪，横在远征军面前的是最高海拔4058米、最低海拔1093米的高黎贡山。美国新闻处编的《怒江战役述要》认为："只有3条山路可以通到（高黎贡山）西面，最北的一条路高约9千英尺，中间是马面关，高约1万英尺，南面是大塘子与江苴街之间的路，高约1万英尺。"所述基本正确，这3条路都是千年古商道，北路由栗柴坝或猛古渡渡江，经灰坡、北斋公房、马面关、界头、瓦甸、江

霍揆彰抗战简历

霍揆彰，字嵩山，1901年1月生于湖南酃县。1924年，入黄埔军校第1期炮科，毕业后历任炮兵部队排长、连长、营长。1926年6月，任补充第1师3团少校团附（团长陈诚）。11月，补充第1师改番号为第21师，转任第63团团附。1928年6月，调任南京警卫司令部经理处处长。11月，任第11师64团团长。1931年2月，升任第18军14师3旅旅长，后又改任第11师独立旅旅长。9月，任第14师副师长。

1937年10月，在淞沪战场上升任第54军军长，率部与日寇在罗店几番拼杀，罗店有"血肉磨坊"之称。武汉会战期间，霍揆彰一度兼任田（家镇）南要塞指挥官。1939年7月，升任第20集团军副总司令兼洞庭湖警备司令。1940年7月，代理集团军总司令商震的职务。1941年6月，实任第20集团军总司令。1943年，率部移驻云南。因滇西反攻有功，获国民政府授予青天白日勋章，美国政府授予嘉猷勋章。1945年初，任青年远征军编练总监部副监，带职入陆军大学将官班甲级第2期受训，后调任第3方面军副司令官。

苴街、向阳桥可至腾冲；南路由双虹桥或大沙坝渡江，经大塘子、南斋公房、林家铺至江苴街；南北斋公房中间那条是小路，经冷水沟、高粱弓可至界头和瓦甸，但骡马不能通过，习惯上称为分水关。第20集团军的任务就是从这三条路翻越高黎贡山，到达山那边的固东街、江苴街，再整顿态势渡过龙川江，围攻腾冲。

卫立煌原本决定第198师于5月11日黄昏后实施渡江，吹响了滇西反攻的号角。不料预2师在怒江西岸游击的1个营10日晚上遭到日军压迫，几乎难以支持。霍揆彰请示卫立煌后，第198师594团一部提前到中午渡过怒江，一方面增援预2师游击队，另一方面掩护主力后续行动。17：00，第594团团长覃子斌率部由栗柴坝渡江，当即驱逐少数日军警戒部队。19：00左右，第592团、第593团相继由猛古渡、水井渡开始渡江。美国橡皮舟一次能载1个班，负责操桨的工兵都在洱海经过训练，都能按航线行驶到达预期登陆点。怒江工程处制造的木船一次能渡1个排，刚下水时船舱进水，急得官兵们纷纷用钢盔往外舀水，等到木头泡透膨胀，进水现象消失，工兵更是奋力划桨，奔向彼岸。至12日拂晓，各部都顺利逾越怒吼的激流。

第54军工兵营连长董嗣勋回忆说：“第198师老兵多，平时训练有素，从渡江开始到全部渡过怒江，秩序井然。在寂静的夜里，除脚步声，悄悄的‘跟上’声和桨划水声外，就似一个无人之境。”千余年前诸葛亮南征时的“五月渡泸，深入不毛”，如今中国远征军又尝试了一回。据《怒江战役述要》记载，初期渡江的4万名官兵，使用393艘美国制的橡皮艇，此外还使用竹筏和汽油桶做的筏子，渡河极为成功，仅有1名士兵落水溺死。也许有读者要问，如此大规模的渡江行动，只有1名士兵死亡，是不是日军疏于防守？不是！第20集团军正面的日军第56师团第148联队合计也就3000人上下，除去腾冲、瓦甸、江苴街等据点的守备兵力，能直接防守怒江的就屈指可数了，因此采用的是江河间接防御，不守怒江西岸第一线，以逸待劳守住高黎贡山的几条路，既节约了兵力也缩短了补给线。所以第20集团军渡江基本没遇到什么抵抗，真正的较量是在高黎贡山上展开，多恩曾对记者说：“我要你们把这次作战的任何一点成就都寄希望于中国军队。渡过怒江的中国军队进入的是高不可测的困难地带，数以千计的骡马和夫役滑下冰冻的隘道，坠下几千英尺的深沟死去。战斗是在云层覆盖海拔11000英尺高的冰天雪地之中进行的。这是第二次世界大战中海拔最高的陆上作战，称为云层上的战场。”

第54军反攻前正确判断当面日军第148联队共约3000人，在灰坡、北斋公房、大塘子、南斋公房、江苴街、瓦甸街等地构筑有

中国远征军作战序列（1944年5月）

中国远征军司令陈诚（后卫立煌），副司令黄琪翔，参谋长萧毅肃
- 第20集团军司令霍揆彰
  - 第53军军长周福成
    - 第116师师长赵镇藩
    - 第130师师长张玉珽/王理寰
  - 第54军军长方天/阙汉骞
    - 第36师师长李志鹏
    - 第198师师长叶佩高/刘金奎
    - 预备第2师师长顾保裕
  - 集团军直属部队：
    - 高射炮第49团3营
    - 第6军山炮营
    - 辎重团
    - 工兵第2团
    - 独立工兵第24营
- 第11集团总司令宋希濂/黄杰
  - 第2军军长王凌云
    - 第9师师长张金廷/陈克非
    - 第76师师长夏德贵/刘平
    - 新编第33师师长杨宝谷
  - 第6军军长黄杰/史宏烈
    - 新编第39师师长洪行/夏日长
    - 预备第2师师长顾葆裕
  - 第71军军长钟彬/陈明仁
    - 第87师师长张绍勋/黄炎
    - 第88师师长胡家骥
    - 新编第28师师长刘又军
- 远征军直属部队：
  - 第8军军长何绍周
    - 第82师师长王伯勋
    - 第93师师长吕国铨
    - 第103师师长熊绶春
    - 荣誉第1师师长汪波
  - 炮兵总指挥部总指挥邵百昌
    - 炮兵第7团团长吕钦黄
    - 炮兵第10团团长胡克先
    - 重迫击炮第2团团长廖治民
  - 工兵总指挥部总指挥傅克军
  - 滇康缅特别游击区总指挥郑坡

坚固工事，担任第一线进攻的第198师和第36师分取北斋公房和南斋公房。南北两处斋公房都是兴建于唐代南诏国时期，经历风风雨雨到了近代，就成了两座倾颓的老屋。所谓斋公就是道士，好心的道士建造斋公房目的是为了给过往的路人施舍免费姜糖。北斋公房古道地跨高黎贡山中上段主脉，最高点北斋公房垭口海拔3150米，不下雨还好，但只要一下雨，山中小路就成了流淌的溪沟，泥沼没膝，四条腿的骡马都站立不稳。因此，198师的任务格外艰巨，既要与凶狠的日军较量，又要与恶劣的雨季气候“试比高”。198师师长叶佩高出身云南讲武堂，1928年秋冬考取陆军大学第九期，与同时进校的特别班学员黄维建立了深厚友谊，陆大毕业后得以进入陈诚的“土木系”部队。1933年夏，黄维升任第11师师长，报请总部调叶佩高出任师参谋长。1940年秋，黄维调任第54军军长，邀请叶佩高任军参谋长。第54军当时下辖第14、第50、第198师，为了平衡3个师的战斗力，叶佩高在黄维的支持下，将198师的2个建制团分别纳入第14师和第50师，而从第14师和第50师各抽调1个建制团编入第198师。尽管战斗力有所平衡，但198师最初在高黎贡山的表现很令叶佩高失望。12日，198师592团进攻北斋公房日军前沿阵地灰坡，遭到日军148联队第2大队的速射炮、机枪狂风暴雨般扫射，第1、第3营伤亡官兵85人。由于跋山涉水甫到，对地形敌情缺乏了解，部队一下便如潮水般往下退，叶佩高见状大喊：“顶回去！往前冲！”亲临前线的师长挽救了一场有可能溃退到江边的败局。

■ 198师师长叶佩高。

次日再攻，损失更大，第3营营长姚立功、副营长郭砚田先后阵亡，1营营长宋逢桥负伤，其余死伤排长、班长及士兵200余人，好在陶达纲团长非常沉着，亲自指挥机枪压制日军反击，重新稳住了阵脚。592团两次攻击

叶佩高抗战简历

叶佩高，1903年出生于广东省文昌县（今属海南）铺前镇高峰村。1922年，入云南讲武堂学习。1925年7月，任黄埔军校第4期政治科大队第3大队第7区队区队长。1928年10月，叶佩高考取陆军大学正则班第9期，学习期间与特别班第1期学员黄维成为莫逆之交。陆大毕业后，赴江西抚河任第18军干部补习所学员队中校队长，不久升任上校大队长、第52师团长、第3路军总指挥部作战科上校科长等职。1933年7月，黄维升任第11师师长，叶佩高当上了该师少将参谋长。1937年4月，调任第11师33旅少将旅长。

抗战爆发后，率部转战淞沪、苏南、皖南等地，因功调升为第11师副师长。武汉会战后，第11师移驻湘北整训，叶佩高主要负责补充新兵和加强军事训练的工作。1939年5月，升任第11师师长，后因内部派系仅挂职第18军军部附员。1940年10月，在黄维的帮助下，出任第54军参谋长。1942年11月，改任第198师师长。1944年9月，叶佩高在滇西腾冲战役中被提升为第54军副军长。

失利，叶佩高想把该团撤下休整，陶团长没答应，向叶师长郑重表示：“攻击灰坡是本团的责任，第三次攻不下灰坡，便是本人成仁的所在。”于是叶佩高调整部署，第593团主力由石竹山、三元宫小道迂回敌后，切断灰坡、北斋公房一线日军交通补给线。592团正面交给593团1营接替，全团左旋，绕攻灰坡。592团官兵知耻后勇，用绳索把美制M1919A4式机枪的枪鞍、枪身、三脚架，81毫米和60毫米迫击炮的炮筒、炮盘，以及携带的枪支弹药，悉数背在背上，奋力攀援茅草或树枝，翻山越岭，向灰坡右后方前进。18日8:00，配属54军的重迫击炮第2团、第6军山炮连持续轰击20分钟，陶达纲团长一声令下，到达迂回位置的3个营猛烈向日军阵地攻击，日军不支后退，渡江后的第一个要地灰坡被远征军敲开。陶达纲团长后来在回忆录《滇西抗战血战写实》一书中这样记载灰坡之战：“炮声、手榴弹声、喊杀声、号声……会合成巨雷般的怒吼，震耳欲聋。各种火炮大发神威，山摇地动，这个争取生死存亡的战争景象，真是惨烈、凶猛到了极点，血腥味火药味混在一起……”

师右翼第594团攻势相对顺利，连续攻下苦竹林、营盘山、大绝地，叶佩高本想一鼓作气继续西攻，怎料连日阴雨，道路泥泞不堪，只得停下脚步，暂时与日军保持对峙。叶师长此时最挂念的是担任师左翼远距离迂回的第593团。

第593团奉命迂回敌后，13日晚以预2师便衣队为向导，2营和3营冒着严寒，沿石竹山、三元宫西进。沿途人烟绝迹，密密麻麻的树叶遮天蔽日，天气又是时阴时雨，廖定璠团长毫不迟疑，一心要达成任务，挥师奋勇向前。为了不暴露目标，严禁烟火，官兵忍受饥饿和寒冷，就地取积雪为饮，干咽炒米为食。15日，593团终于翻过高黎贡山，到达桥头东面的冉家寨附近，日军还蒙在鼓里，哪会想到中国军队会抄小路翻山西来。桥头西边不远便是江面不宽，水流缓慢的龙川江，向阳桥虽然仅能通过人畜，但却是腾冲进出高黎贡山的要道。所谓桥头，顾名思义也就是向阳桥的东头。593团的任务是切断北斋公房日军的补给线，自然就要攻占桥头。廖定璠选定智勇双全的3营副营长李茂容和3连连长张硕昌，化装成民夫，搬运木材到桥头阵地，侦察日军兵力部署及重火器位置。李茂容、张硕昌不辱使命，傍晚就摸透敌情安全返回。廖定璠当夜决定2营攻击桥头，3营9连向北袭取马面关。马面关也称马回关，意思是马到了那里无路可走，只能回头，可见地形险要。16日拂晓，2营借着朦胧月色，潜入到桥头阵地前鹿砦、铁丝网前，不幸被日军察觉，顿时枪声大作。张程甫营长身先士卒，冲入敌阵把手榴弹投进地堡，随着轰隆一声，日军的机枪瞬间被炸飞。仓促迎战的日军这次吃了大亏，桥头阵地被593团一举攻下，马面关也被9连占领。据“198师滇西攻势作战战斗纪实”统计，桥头、马面关计毙敌松光丰大尉、酒井国太郎大尉、太平中尉以下官兵300余人。18日中午，廖团扩大战果，3营及2营一部攻占余家寨日军仓库，将无法带走的军用物资付之一炬，据说大火持续燃烧了四昼夜。20日，廖定璠团长亲率6连和特务排围攻李家寨，击毙日军20余人，缴获步枪4支、钢盔6顶。

叶佩高获悉593团克敌制胜，电令廖定璠以有力一部经马面关、朝阳地协助师主力，夹击北斋公房、冷水沟之敌。廖团长即以7连接替9连马面关防务，加强9连机枪和迫击炮各1个班，准备向北斋公房攻击前进。可未等9连东进，情况发生了重大变化。松山祐三得知桥头失守，急令第113联队第2大队、第3大队的2个中队和炮兵第56联队1个大队，由汽车运往瓦甸归第148联队联队长藏重康美大佐指挥，反击桥头。随着日军援兵到来，进攻的593团顿时感到实力相差悬殊，廖团长电请叶师长将1营火速归建。为赢得集中兵力的时间，廖团长改令9连南下界头堵击日军。叶佩高充分理解廖定璠的处境，即将1营从冷水沟正面抽出，令其火速由辛西山至冉家寨归建，同时呈报上峰请求增援。26日，预2师划归第54军指挥，方天即令该师主力渡江越过高黎贡山，增援桥头。28日，第593团1营从灰坡绕道而来，廖定璠令该营必须确保三元宫隘路口，掩护预2师进出。29日，桥头被日军攻占，593团抵挡不住第113联队主力北上，廖定璠下令退守三元宫、冉家寨、马面关等要地，截阻当面之敌向北斋公房增援。根据日本战史记载，藏重康美指挥的1个步兵中队曾突破马面关，强行向北斋公房、冷水沟一线实行补给和收容伤员，主力于30日清晨返转南下。这就奇怪了，藏重的主力为什么就这么折腾，才北上又要南下？要是全部压向北斋公房，198师很有可能被击溃。这个问题我们留待后面讨论，这里还是先把北斋公房的战斗说完。

593团在桥头、马面关的一连串举动对198师主力攻克冷水沟帮助很大，陶达纲后来回忆说："28日打下冷水沟，只见两个坑中有水泡着的10多具日军尸体，细看他们的大腿肉和屁股肉，都有刀痕，有的还见骨头，真是惨啊，……房屋四周有一小堆一小堆的黑色粪便，这才恍然大悟，原来是日本人吃他们自己人的肉，因为吃人肉的粪便是黑色的，显然五六天以来，日本人后方补给断了。"30日，594团从辟菜地南下，与正面攻击北斋公房的592团取得联系，覃子斌团长求功心切，亲率一部从右翼向西迂回北斋公房，不幸连中数弹腿骨折断，后因流血过多，壮烈牺牲。对于覃子斌的殉国，叶佩高悲痛万分，虽说覃团长脾气暴躁，容易犯上，但打起仗来勇敢，素有"老虎"之称，他这一死无疑是198师折了一员大将。不过可以告慰"覃老虎"的是，北斋公房日军已成瓮中之鳖，东边有592团，北边有594团，西边马面关有593团，南面是双方都无法逾越的悬崖峭壁。单衣单裤的198师从炎热的怒江峡谷一路打到飘雪的北斋公房，多亏美军第14航空队及时空投雨衣、粮食，才勉强可以抵挡严寒和饥饿。但由于天气的原因，空投并不能按时保证，冻死饿毙者不在少数，陶达纲在回忆录中写过在他面前死去的两个士兵："高黎贡山上很冷，士兵抬了两个兵来团部，是冷得不能动的。摸他们的双手和头额两颊，都是冰冷的，他们双眼睁得大大的，还在不断转动。等卫生兵弄了热汤去喂他们，已经喝不下了。就这样眼睁睁看着他们死去。"无论是日军吃人肉还是中国军队被活活冻死，都足以说明这场战争的极度惨烈和悲哀。

6月1日，预2师主力进抵三元宫附近，方天令593团归顾保裕指挥，顾师长以593团扼守马面关，相机攻占朝阳地，预2师一部挺进界头，主力攻击桥头东侧余家大坡和狮子山。5日，廖团攻占朝阳地，离北斋公房又近了一步。预2师就没这么顺利了，几次进攻都无法取得进展，6日正准备再攻，方天要顾保裕暂停，立刻派兵接替593团马面关、朝阳地防务。原来日军第18师团第114联队第1大队从片马南下，方天为确保198师攻克北斋公房，决定收缩战线，将预2师回撤马面关扎口

■ 高黎贡山区复杂险恶的地形和多变的气候给中国军队带来了极大的困难。

袋，将593团归建歼敌。激战至11日，藏重康美部200余人再次北上攻陷马面关，预2师5团节节东退，顾保裕没有完成方天交给他的任务，198师的官兵认为预2师不经打，私下里戏称“顾葆裕”为“贾宝玉”。方天来不及责备预2师，急令正在寺山寨、瓦甸方面作战的36师，留下一部兵力，主力星夜北开去解预2师之危。

再说叶佩高，11日下午得知日军突破马面关、朝阳地，即从594团抽调一部抄小路占领北斋公房、朝阳地之间的小石桥，意图依靠自己198师的力量阻敌东进。12日，594团一部与预2师5团3营相遇，彼此交换情报和意见后，携手挡住了日军东进的步伐。北斋公房的日军148联队第2大队这时尚有200余人，小石桥的枪炮声促使日隈大队长孤注一掷，抽出100多人西下，想要与东进日军夹攻小石桥。198师乘机猛攻北斋公房日军堡垒，并于14日完全占领北斋公房。“第54军滇西攻势作战战斗详报”声称“敌伤亡枕藉，无一生还”，事实上日隈大队并没有全军覆没，吉野孝公就是当时幸存下来的卫生兵，他在《腾越玉碎记》一书中回忆道：“藏重联队长命令主力一部不惜一切代价实施强行突破，前往救援冷水沟部队。同时部队主力在马面关周围同守敌激战一昼夜，最终击退顽敌，成功救出了冷水沟阵地即将全军覆没的第2大队。”

第20集团军滇西反攻战斗序列

第20集团军总司令霍揆彰

第53军军长周福成

第116师师长赵镇藩

第346团团长张儒彬

第347团团长刘焕堂

第348团团长毛芝荃

第130师师长张玉珽/王理寰

第388团团长佟道

第389团团长王京山

第390团团长傅广恩

第54军军长方天/阙汉骞

第36师师长李志鹏

第106团团长谷宾

第107团团长麦劲东

第108团团长李定陆

第198师师长叶佩高/刘金奎

第592团团长陶达纲

第593团团长廖定璠

第594团团长覃子斌/董铎

预备第2师师长顾保裕

第4团团长吴心庄

第5团团长李颐

第6团团长方诚

大塘子、冷水沟、南斋公房、江苴街之战

第36师在日军腾北“甲号讨伐”之后元气大伤，经过近半年补充整训，人员逐渐恢复到7500人。4月30日，方天命令36师师长李志鹏：“第36师应即展开鸾莺凹、缅嘎、下鲁村之线，由康朗渡、猛赖渡、双虹桥间进出瓦甸、江苴街及5485高地之线。”5月2日上午，李志鹏师长召集各团长布置任务，初步决定第108团为右翼队，于康朗渡、猛赖渡之间渡河，向高黎贡山各隘路搜索前进；第106团为左翼队，于缅嘎渡、双虹桥间渡河，向大塘子、南斋公房搜索前进；第107团为左侧支队，一部以龙潭渡附近渡河，主力以大沙坝渡河，左与第39师加强团注意联系。8日，方天为掩护第36师左侧背安全，特别把第二线的第53军116师346团配属给李志鹏指挥。李师长手握4个团，便调整部署为：108团占领雪山、高梁弓各个隘路口，以一部向高黎贡山通往界头、瓦甸的小道搜索前进；107团改为左翼队，向大塘子攻击前进，占领大塘子后，再进一步进攻南斋公房；106团改为师预备队；346团为左侧支队，确实掩护师左侧背。12日拂晓，第36师所属的3个团和临时指挥的346团，都没有遇到日军抵抗，全部强渡成功。108团进至大白峰坡、梁山、冷水沟(与北斋公房那边的冷水沟非一地) 附近时，天色已明，侦察发现高梁弓方面有日军百余人，分别占领五台坡、五门坎、5640高地既设工事，李定陆团长也不急于进攻，在冷水沟东端构筑阵地，与日军对峙。107团的任务要重得多，渡河完毕即分向大尖山、唐习山展开攻击。大尖山位于大塘子以东，所谓大塘子就是一大村落，位居群山环抱的中央，上通南斋公房及江苴，下达双虹桥，是进出高黎贡山的必经之路。唐习山在大尖山东南，53军的战斗详报形容此山“坡极陡峭”。36师所面对的敌人——日军第56师团148联队3大队，大队长宫原春树少佐，合计1000余人。

12日黎明，107团3营进抵大尖山山腹，一部攻正面，主力从山腹右侧包抄，激战至9:00左右，日军放弃大尖山。霍揆彰获悉107团得手，下令第130师派1个营接替大尖山，116师派1个团接替108团防务，以便36师能集中全力攻击唐习山。和霍总司令的谨慎相反，李志鹏对攻克唐习山显得信心十足。13日13:00，没等第53军接防，李师长就以106团1营、3营分别从唐习山南北一路向西，意图联系107团1营，共同包围攻击日军。起初战斗倒是十分顺利，唐习山第二峰和主峰很快就被攻下，可日军一个反扑，106团1营3连连长黄英正、副连长郑福元便相继牺牲，主峰随即易手，只能往下退到第二峰。日军第148联队第3大队的狠招还在后面，14日零

时，据守大尖山的107团3营被日军包围，李志鹏抽调106团2营一部星夜驰援，经一夜恶战，才解了3营的围。而令李志鹏万万想不到的是，两百多日军正钻隙朝着他的师部而来。2:00，107团团部先被偷袭，日军继续渗透发展，突然就杀到了36师位于凹子寨的师指挥部。根据《第54军滇西攻势作战详报》记载，“李师指挥所适遭袭击，幸赖师直属队及麦团（107团）一部之猛勇攻击，敌以伤亡惨重，乃于8时起狼狈溃窜。”从这一原始记录来看，36师的损失应该不大，但有一点毋庸置疑，李志鹏的指挥部被彻底打乱。方天无奈下令：“第36师108团仍在野猪塘一带高地担任警戒，固守高梁弓各隘路，师部及其余部队集结于回恒山整理待命。”1个中队规模的日军组织一次夜袭，就迫使36师从进攻转入整理，李志鹏师长总结教训：“敌每以快速小部队，利用夜暗，由不意之道路作扰乱性之袭击，主要袭击目标为我之指挥所。故战斗时，尤其夜间，指挥所附近的警戒应特别注意，可能时应于相当之距离派出有力斥候，以求及早发现敌夜袭企图。”

接过攻击任务的是第53军。15日，第116师和第130师分别攻占唐习山、大尖山。这可真够讽刺的，堂堂国民政府警卫师出身的36师，打了两三天就要整理，张学良旧部53军一上来就圆满完成任务，是不是周福成的部队特有战斗力？仔细一想——不是。第148联队第3大队一棍“击晕”36师，自己也有一定伤亡，见中国军队上来2个师，干脆就放弃唐习山、大尖山，集中力量退守大塘子。于是就让53军捡了大便宜。

16日，116师348团与130师主力协同攻击大塘子，348团先声夺人，首先攻克东南方各处高地。17日，348团占领鸡心山、宗宝山及其以西之线，130师只攻下马蹄山山腹两处据点，没有显著进展。霍揆彰为迅速拿下大塘子，要周福成继续正面攻击，并于大塘子西北、西南各派有力一部，攻敌侧背。18日拂晓，130师390团猛攻马蹄山，一直战斗到18:00，才将各个山头完全控制。348团则按照上级指示，绕攻大塘子日军主阵地，尽管美军飞机曾三次低飞扫射日军阵地，怎奈日军火力点非常隐蔽，空袭的效果并不大。即使在空中支援下，当日348团只推进数百米。毛芝荃团长有鉴于地形限制，下令所部纵火焚烧日军阵地前的荒草，不过效果不大，热带雨林的植被终究不比东北地区的干燥易燃。次日再攻，双方反复冲杀，中国军队一度迫近日军阵地前仅200－300米，突然遭到藏匿在树上的日军机枪狙击，388团团长佟道腿部中弹负伤，士兵死伤惨重，只能快快退出。日军战史写道：“第3大队自5月12日，乘第130师和第116师刚由大沙坝渡开始渡江进攻，立足未稳之机，发起反击，继而以主力据守大塘子东侧要线，5月18日以后为阻击优势之敌的轮番攻击而英勇奋战。”20日，348团2营迂回日军左侧背，攻下黄顶山高地，宫原春树发起反击，王福林营长率部冲杀，不幸被乱枪击中牺牲。黄顶山得而复失，毛芝荃急命1营反击，李庆仙营长带头杀入敌阵，身负重伤，进攻顿时又告失败。这一天的战斗异常惨烈，348团伤亡营长各一人，美军联络员麦克姆瑞少校亦牺牲在异国的反法西斯战场上。

霍揆彰看到报告心情沉重，决定36师效法198师迂回马面关、桥头的战术，打开南斋公房一线的僵局。21日，霍揆彰命令36师暂归集团军直接指挥，留下108团扼守大白风坡、雪山、梁山各隘口，主力沿野猪官堂、冷水沟道、寺山寨进出瓦甸、江苴，策应53军大塘子正面战斗。23日晨，107团官兵冒着严寒，沿指定路线踏上积雪小道，向目标冷水沟进发。当该团先头部队于24日勉力抵达冷水沟附近时，李志鹏师长得到报告，由于天寒路滑的原因，107团非战斗减员严重，光是冻死和摔死的就有100多人，伤者一时还难以统计。经过研究，李志鹏下令107团就地休整，改以106团超越107团向前推进。28日中午，做足御寒工作的106团1营、2营终于克服种种障碍，在冷水沟南北之线展开。谷宾团长立即下令对五台坡高地发起攻击，日军想不到中国军队会顶着恶劣气候，冒雪驱兵，匆匆退守最高峰。李志鹏师长闻讯亲自赶到五台坡前线督战，激励106团2营排以上军官说：“当前敌阵扼守要道，必须迅速击破，以利本师进出容易，且山区气候变化无常，运补困难，如不尽快攻占，全师官兵将蒙受冻饿之苦，即上级责难，本师亦无地自容。”次日天气放晴，106团1营、2营正面攻，3营包抄日军左翼，游涤渊时任2营6连连长，他回忆说：“我令本连60迫击炮5门，弹药50发就位……经炮轰30分钟，日军有如过街老鼠，东奔西窜，大部就歼……我率各连士卒一声号令向敌阵冲锋前进，未及20分钟，将敌阵全部占领……我后续部队源源由此通过，往瓦甸平原挺进。”

30日晚，36师主力悉数到达白夷寨、寺山寨一带，集团军电令：“迅以主力乘胜攻占瓦甸，再谋进出江苴。”31日，李志鹏正积极进行攻击准备，突有日军400余人从界头、赵家窝向寺山寨杀来。这股日军就是由藏重康美大佐指挥的，从马面关返转的第113联队一部。笔者曾在上一节说过，如果藏重所部全部压向北斋公房，198师很有可能被击溃，正是36师在冷水沟、五台坡的有力突破，打乱了日军阵脚，迫使113联队400余人急急调头南下。李志鹏布置主力展开于寺山寨西北东西之线迎击日军，以一部向窑上牌方向前进，攻击日军左侧背。下午3：00，107团1营、2营与鬼子交上火，战斗并不十分激烈，当晚在寺山寨西北端高地形成对峙。6月

1日，日军集结兵力攻入寺山寨北端，36师右翼被迫后移，李志鹏令108团一部仍扼守各隘口外，主力增援白夷寨。日军战史认为，藏重的部队"在瓦甸以东捕捉到由寺山寨窜出企图进攻瓦甸的第36师主力108团和106团一部，给以重创。"实际并不符合真实战况，2日拂晓，108团经罗古城攻击大衙坡，9：00击退来犯之敌，基本恢复到5月31日的态势，根本谈不上什么重创。相反，藏重康美"闪"得很快，松山祐三命令他"击破第36师后即刻南进，由北攻击眼下正在江苴街东南高黎贡山脚构筑阵地之敌"。从马面关返转瓦甸，又从瓦甸转向江苴，藏重康美总是那么"行色匆匆"，这次拉他南下的是周福成。日军战史说："第53军主力方面，强敌正从各小道逐次渗入，前出到龙川河谷的江苴街东南地区。"

36师翻越险道迂回冷水沟，第53军正面攻击大塘子也没闲着。5月21日，116师348团攻占大塘子西北两个山头阵地。23日下午4时多，日军百余人掩护驮马50余匹从大塘子向旧街方向撤退，遭130师388团伏击，种种迹象表明日军已有动摇模样，但当日天雨路滑，53军的2个师没有能突破敌阵。24日，130师389团占领马蹄山，全线压向大塘子，日军已从容向西南方向撤离，留下步枪子弹万余发和平射炮弹百余发未及带走。按照日军的说法，宫原大队是主动撤退，撤到大塘子西部高黎贡山坳再进行防御作战。25日，周福成率军部进驻大塘子，决定兵分两路，116师攻南斋公房，130师攻江苴街。

南斋公房山高路险，不便展开大部队行动，116师打打停停，进展缓慢。赵镇藩师长从346团挑选2个连的精壮士兵，携带器具在南斋公房以北开辟小路，迂回日军侧背。6月3日，2个连勇士不负众望，硬是从悬崖峭壁登上山顶，攻占两处堡垒，毙敌近百人。周福成军长总结经验，指定346团继续抄小路围攻南斋公房，116师主力开进路新，策应江苴街战斗。这时，130师已翻越高黎贡山接近江苴街附近。江苴街是一个较大的村落，日军盘踞已久，修建了坚固的工事。130师师长张玉廷、副师长王理寰、参谋长王冠英看到日军工事林立，失去了作战的决心和信心，同时又担心日军可能从背后的牛屎坡方面前来增援，于是放弃进攻，由原路退回了高黎贡山。由此，不仅影响了整个战局的进展，而且使130师广大官兵遭了殃，随身携带的给养已全部吃光，退到云雾满天的山顶，飞机无法空投粮秣，天雨不止，缺乏雨具的士兵苦不堪言。"正面战斗紧张之际，牛屎坡方面发现敌人二三百人，尚有后续部队千余人前进中，为顾虑左侧背之安全计，乃又派389团1营确占河头寨附近，拒止该敌。5日黄昏后，牛屎坡方面敌人进攻异常猛烈，军为主力方面避免不利计，决将左翼之部队变更为守势钩形之态势。”尽管53军的战斗详报轻描淡写130师的后撤，但张玉廷师长随后被撤职，遗缺由副师长王理寰代理，可见事情非常严重。

将130师打回高黎贡山的日军总共700－800人，除了南下的藏重部队，还有第113联队第1大队，该大队原在红木树抵抗新39师加强团的进攻，由于情况紧急，松井秀治率大队主力北上江苴街。“6月5日，藏重、松井两部队南北呼应，开始攻击江苴街东南之敌。这次战斗，大有第一次反击作战期间的决战之势，敌军抵抗极其顽强。由北攻击的藏重部队的战况，虽处于忽进忽止的苦战中，但各部队浴血奋战，特别是松井部队的奇袭奏效，终于击破第53军主力，迫使其败逃高黎贡山内。”6日，藏重康美和松井秀治在江苴街会师之后，藏重部队又调头北上马面关，援救被困北斋公房的日限大队残余。11日，346团攻克南斋公房，加入围攻江苴街的战斗，据当时任53军作战科长，后升任军副参谋长的夏时回忆，346团的1个营后来居上，反而赶在116师前面，抢先攻入了江苴街。

笔者曾仔细查阅54军、116师和130师的战斗详报，发现实际上江苴街最后并没有发生激烈战斗。6月1日，第11集团军全面渡江反攻，重点指向龙陵、芒市，这使日军“拆东墙补西墙”的战术失去作用。“正当师团主力向龙陵方向转移之时，被授命在腾北打持久战的藏重康美大佐，按照前述计划，开始逐渐收缩战线，14日退到桥头街，15日又退到江苴街和瓦甸地区，22日，随着守备队主力陆续到达腾越周围，藏重康美大佐完成了腾越守备队的集结及对其的控制。”别看日军战史写得轻松，其实藏重内心充满悲伤和愤怒，忽南忽北来回奔波，结果不得不收缩战线，收容日限大队败走腾冲。日军节节收缩，中国军队步步紧逼。16日，36师克服桥头，预2师一部西渡龙川江尾追残敌，4团主力编成挺进队，由副团长荆哲生指挥，向固东、顺江挺进。18日，挺进队占领明光，日军第114联队第1大队迅速从固东南撤。20日，荆哲生挥师穷追进占顺江，36师相继攻取金钟山、狮子山日军各据点，乘胜进入瓦甸。21日，116师、130师和36师分别编组敢死队，会攻江苴街，日军无意死守，当日弃寨而走，预想中的惨烈搏杀没有上演。占领江苴街后，霍揆彰下达命令：“本集团军以攻击腾冲之目的，暂在龙川江东岸地区积极整顿，并完成攻击诸准备。”蒋介石对第20集团军一个多月来的表现基本满意，特别致电霍揆彰：“该集团军此次强渡怒江，路越高黎贡山作战，备极艰辛，殊深恒念。尚希策励所部，克服困难，达成任务。”

对于中国军队强渡怒江，日军根本没想到中国军队会在5月这个缅北最糟糕的雨季，进入气候和地理都非常恶劣的怒江地区——他们更是把怒江地区称作为“东方的毒药”！从这点上看，完全可以预见到这场战役的极端困难。

石城险山烽烟起

腾冲城区虽为狭长而曲折的盆地，但四周有四座高山拱卫，飞凤山耸立于东，宝凤山雄峙于西，来凤山横枕于南，蜚凤山屏障于北，地势易守难攻。第20集团军主力陆续渡过龙川江，获得了美国飞机空投的火焰喷射器16具，其中7具分配给了第54军，由军工兵营副营长何志清负责训练使用，该军“士气益为振奋”。霍揆彰进一步作出部署：第54军（欠198师）为右兵团，沿顺江街至腾冲大道攻占宝凤山、来凤山，协同第53军围攻腾冲；第53军为左兵团，以一部先攻占机猛山，向酒店以南推进，主力应于26日前到达干榨山、打苴山、龙川江右岸，准备向飞凤山攻击；第198师为集团军预备兵团，先在瓦甸集结，待第53军前进后，再向江苴街推进。霍揆彰显然对腾冲日军的布防情况有所了解，这主要应归功于36师在攻占瓦甸时缴获的一份日军撤退命令，根据这份命令，中国军队得知“据守蜚凤山及飞凤山之敌为第148联队第3大队，据守来凤山之敌为第2大队之一部，据守宝凤山之敌为一个半小队，据守腾冲城之敌为第2大队主力及机枪2挺、炮3门、迫击炮2门”。不过撤退命令中的日军部署后来发生了一些变化。藏重康美退到腾冲，立即投入到兵力配备和加强构筑阵地的工作中，几乎到了与时间赛跑的地步。但令藏重感到不满的是，师团长松山祐三为解龙陵之围，抽调了第148联队第3大队主力转用龙陵战场，这使腾冲日军的人数减少到2000人左右，原本由第3大队防守的飞凤山只剩下1个小队和1个机枪分队。随着第53军一部占领机猛山、干榨山等地，日军不得不从龙川江东岸后撤。27日，预2师把握战机，乘日军立足未稳，攻克宝凤山。29日，霍揆彰修订作战命令：第54军一部向来凤山攻击，其余各部沿向阳桥、腾冲公路两侧先攻取蜚凤山，再协同第53军攻占飞凤山；第53军沿向阳桥、酒店公路一带，由东向西攻击飞凤山。

霍揆彰麾下的2个军5个师，渡江时大概在47000人上下，据“第20集团军腾冲会战经过概要”统计，该集团军收复腾冲后共计伤亡、失踪18000多人，假定翻越高黎贡山使中国军队减员9000人的话，参加腾冲战役的至少有38000多人。也就是说，腾冲之战中国军队和日军的兵力比大体在19：1左右。

7月2日拂晓，116师348团乘着大雨浓雾之际，攻占飞凤山高山寺。当晚，198师592团夜袭蜚凤山，战至3日晨也基本将此山

日军腾冲守备队配备情况和兵力统计

来凤山阵地指挥官：联队炮兵中队中队长成合盛大尉；兵力配备：联队炮兵中队主力（炮2门）、步兵第6中队、第2机枪中队1个小队。

宝凤山阵地指挥官：冈崎均少尉；兵力配备：混成步兵1个半小队，机枪1个分队、迫击炮1门。

城墙及东营台阵地指挥官：早濑千岁大尉；兵力配备：混成步兵3个小队、联队炮兵1个小队（炮2门）、速射炮2个小队（炮2门）、机关炮2门。

飞凤山阵地指挥官：副岛秋义准尉；兵力配备：步兵第9中队的1个小队、第2机枪中队的1个分队。

预备队指挥官：第2大队大队长日限太郎大尉；兵力配备：步兵第2大队第5中队基干。

具体兵力

步兵第148联队联队本部：110人。

步兵第148联队第2大队主力：650人。

步兵第148联队第1大队残余：80人。

步兵第148联队第3大队残余：70人。

步兵第148联队直辖部队（联队炮兵、速射炮兵、通信兵、行李兵、骑兵小队）：340人。

第56步兵团残余：42人。

野炮兵第56联队第1大队本部及第1、第3中队各一部：35人。

师团通信1分队：12人。

师团卫生队：20人。

第1野战医院主力：150人。

第1野战医院收容伤员：约250人。

野战仓库：14人。

宪兵派遣队：10人。

野战邮电所：7人。

师团防疫给水部的1个小队：约45人。

师团病马厂的一部分：25人。

工兵第56联队的1个小队：约40人。

步兵第114联队第1大队残余：约100人。

步兵第146联队的一部分：约7人。

辎重兵第56联队的一部分：18人。

掌握，残余日军西撤至山西南端，与飞凤山5138高地守军会合。同样是浓雾天气，36师攻击5138高地可谓出师不利，4日8：00，配属的山炮部队第一发炮弹就误伤108团2营5连董连长以下官兵7人。接着因为变换阵地，炮兵直到14：00才重新开始射击，步兵接近日军工事，发现东南面的防御设施相对薄弱，李定陆团长命令2营4连向左延伸。炮击过后，1营1连因地形隐蔽，在工兵的帮助下，逐步将日军阵地前的鹿砦和第一线铁丝网破坏，首先冲入敌阵。可惜2连、3连攻击地点地形开阔，无法协同1连的突破，工兵几次想用爆破筒炸开一个缺口，都遭到日军密集火力杀伤。左翼的2营4连、5连不费什么力气就把第一道铁丝网破坏，日军发射白色信号弹，引导纵深炮火瞬间就覆盖了5138高地，1连连长文光邦、2连连长李长发先后挂彩。李定陆目睹日军凶猛，拿起电话下令3营副营长周福生，率该营反坦克排及第9连迅速向第1连方面增援。15：00多，周福生一面用火箭筒射击日军掩体，一面设法破坏第二道铁丝网，无奈工兵已将炸药用尽，光靠几把大砍刀根本无济于事。眼看日头西落，李志鹏顾虑夜间攻击容易产生误会，令各部占领既得阵地，等待工兵营集中破坏剪实施作业，天亮后再攻。5日2：00，工兵营的破坏剪按时集中左翼，步兵悄悄剪断第二道和第三道铁丝网，到达攻击位置。黎明时分，李定陆的信号弹划破长空，各连官兵奋勇向前，一举占领日军阵地大部，只剩下山顶几个堡垒拿不下，其中北山顶的堡垒还有一层带刺的铁丝网。关键时刻，火箭筒开路，击溃两处地堡，108团官兵沿交通壕向敌冲杀，用手榴弹从射击孔投入堡垒，以冲锋枪向掩蔽部猛烈扫射。“小队长副岛准尉首先让受伤的士兵撤退，而他自己和留守的士兵大多数都坚持到了最后直至战死。”日军战史承认，防守飞凤山的第148联队第3大队9中队的1个小队和第2机关枪中队的1个分队大部被歼。

正当飞凤山血战之时，198师也从东向西进击，于5日晨占领娘娘庙，16：00占领董库，完全控制腾冲以北道路。日军一部约50人由腾冲北门开出，企图增援蜚凤山，被36师106团和198师一顿好打，丢下20多具尸体，仓皇逃回城内。飞凤山一战，局部看似激烈，其实中国军队伤亡并不大，106团1营营长江淮柏所谓的“我营800余人，仅剩100余人”之说，未见“36师飞凤山战斗详报”有所记载，即便是主攻5138高地的108团也不过死伤100余人。

7日，54军指挥所前移到酒店，方天军长决定先攻老草坡、龙光台，再全力围攻来凤山之敌。18：00，炮兵开始射击，炮火将滇西的黄昏映得通红，但因日军堡垒多为火山石砌成，重迫击炮和山炮的破坏效果并不理想。预2师5团在李颐团长带领下，向老草坡攻击前进，迄21：00，第一线连冒死进入铁丝网，与日军展开肉搏。第6连排长邱荣山中弹牺牲，邱排长的鲜血激起了6连弟兄们有敌无我的必死斗志，突入敌阵的部队凭借交通壕，一次又一次击退日军反击。8日，36师进占观音堂，198师向饮马河进出，预2师4团也顺利攻占和顺乡。友军节节推进，也极大激发起了预2师5团的昂扬斗志，李颐连夜集中3个战防炮排秘密潜入老草坡，用战防枪、火箭筒直接瞄准击毁日军堡垒，步兵乘机一拥而上，于9日1时左右完全占领老草坡。

预2师6团担任毗卢寺、龙光台的攻击任务。方诚团长把团部设在擂鼓顶，以2营攻毗卢山，3营取龙光台，经过白天的威力搜索，方团长对当面日军的情况有了一定了解。9日21：00，天空飘起细雨，6团冒雨进攻，2营4连占领毗卢寺北端两处堡垒，5连、6连向毗卢寺宝塔附近阵地攻击，日军从叠水河增援数十人，龙光台那边的侧射火力也越来越密集，2营渐渐有些招架不住。危急关头，龙光台的日军机枪突然哑了下来，随之是“汤姆森”冲锋枪的开火声此起彼伏，原来是3营成功迂回袭击龙光台寺庙，10日3：00，残余日军40多人退过叠水河东岸。3营营长叶惠南为这一有利局面付出了生命，方诚团长后来回忆说：“是役不幸我第3营营长叶惠南，身先士卒饮弹殉国……叶同志虽成仁，精神未死，但我至今犹每念不忘！”

叠水河东岸就是来凤山。来凤山紧连腾冲城南关的六保街，中峰比城墙高出150米，山顶分为营盘坡、文笔坡两个主要据点，要攻入腾冲城，就必须先拿下来凤山。日军深知来凤山的重要性，在侵占腾冲的两年多时间里，为开阔射界，将来凤山茂密的植被全部砍烧干净，构筑了十分坚固的防御工事。机枪、炮兵掩体布满山顶和山腰，重要据点用钢筋水泥筑成，足以抵挡中国军队的60毫米迫击炮和82毫米迫击炮。从营盘坡至文笔坡，挖有一条宽1.5米、深

■ 来凤山日军阵地的工事战壕，中国军队在夺取了阵地后利用这些工事进行警戒。

1.7米的总交通壕，用于连接各个散兵坑、轻重机枪阵地、掩蔽部和指挥所。壕外60多米处设置三道铁丝网，壕内两边及上面，都用直径40多厘米的原木掩盖，再加上2米多的厚土，给仰攻的中国军队带来极大难度。狂妄的日军曾题下诗句："腾冲要塞算来凤，象鼻营盘左右拱，文笔形成钢铁垒，何妨诸葛显神通。"

9日，方天把攻占来凤山的重任再度交给预2师，并将36师107团临时划归顾葆裕指挥。顾师长以107团守备龙光台、毗卢寺、东营之线，牵制白衣阁、叠水河、大山脚日军；以预2师展开芭蕉关、小山脚一线，整顿态势准备进攻。12日，霍揆彰指定所属各部攻击目标：198师攻北门；36师攻西门；预2师先攻占来凤山，再攻南门；116师攻东门；130师担任对龙陵方面的警戒。要求"各师于指定目标方面，即开始向腾城及市区攻击，各部队对腾城四郊之敌应密切协作而攻击肃清之。既入城后，应不分地区，要定信号相互策应，迅速歼灭残敌。"13日7:00，预2师5团、6团分向象鼻子、文笔坡、文笔塔、营盘坡发起进攻。11:00许，工兵将象鼻子第一道铁丝网破坏，5团一部奋勇冲入，与日军刺刀见红，夺获轻机枪一挺。但6团在文笔坡、文笔塔、营盘坡的攻击受挫，导致攻入象鼻子的部队陷于孤立，顾葆裕下令5团、6团暂取守势，确保既得阵地，防敌反扑。预2师的这次进攻实际带有侦察性质，顾师长分析认为象鼻子日军工事相对要弱些，有意变更部署再攻。结果连日瓢泼大雨打乱了预2师的攻击计划，也使第20集团军的攻势陷入停顿。16日，霍揆彰在宝凤山护珠寺召集各师长讨论战斗方略，结果一致决定先以主力消灭来凤山日军，同时骚扰佯攻腾冲，最后再收复腾冲不迟。

19日，预2师完成象鼻子、水碓、小山脚一线的展开，顾葆裕计划5团攻象鼻子、二台坡；4团攻营盘坡；6团（欠2营）为预备队，待象鼻子、二台坡、营盘坡攻占后，再相机协同4团、5团攻击最高峰文笔塔。雨一直下，空军不能活动，炮兵观测困难，各师派出少数部队轮流骚扰日军，打打冷枪，妨碍日军修筑工事。20日，第一线阵地上传递着一个好消息，军工兵营副营长何志清负责的火焰喷射队已结束训练，7具火焰喷射器将全部配属主攻来凤山的预2师。和预2师的喜悦相反，方天军长接到一个坏消息，他被调任第20集团军副总司令，军长遗缺以副军长阙汉骞递升，25日实行交接。阙汉骞是湖南宁远人，毕业于黄埔军校第4期，其人"身材魁梧，声如洪钟"，戎马生涯之余喜好书法，据说每到驻地都要挥毫几笔，乐在其中。

26日，久雨初晴，新上任的阙军长正在张家坝召集李志鹏、叶佩高、顾葆裕等面示来凤山攻击要领，集团军总部打来电话说，

阙汉骞

■ 第54军军长阙汉骞。

阙汉骞，字拔云，1901年出生于湖南省宁远县北乡阙家庄。早年曾入常澧镇守使学兵队受训，期满入教导团，接受军官训练。1926年10月，黄埔军校第四期步兵科毕业。先后留校任第五期学生区队附和第六期学生区队长。后任独立第20师教导团第1营营长，继代团长。1929年，任中央军校武汉分校第七期学生区队长。1930年，调任教导第3师学兵连少校连长。后升任该师第5团第1营营长。11月，教导第3师改称第14师，任该师第83团第1营营长。1931年夏，升任第83团中校团附。此后至抗战爆发前，历任第18师干部补习所大队长、第14师第79团中校团附、团长、第14师第40旅旅长等职。

抗战爆发后，率部参加淞沪会战，血战罗店、洛阳桥，有“猛将”之称。抗战中期，阙汉骞先后任185师副师长、第14师师长，转战武汉、粤北等地。1944年春，升任第54军副军长。同年7月，升任第54军第6任军长。日本投降后，协同新1军于接收广州，兼广州警备司令。

阙汉骞平生没什么嗜好，惟独偏爱书法，留有四体千字帖，被誉为“拔云体”。

美机将于本日中午来腾冲轰炸。阙汉骞放下电话，当即要各师长返回师部准备攻击。12:15，果然有重轰炸机18架飞临来凤山上空，经过轮流轰炸扫射，营盘坡、文笔塔一片硝烟弥漫，部分工事被摧毁。没过多久，又有36架轻型轰炸机向腾冲城内轮番投弹，英国领事馆和城东南角两处声震喧天。13:40，预2师4团趁飞机轰炸后的浓烟，顺利迫近营盘坡铁丝网附近，虽然在文笔塔日军侧射火力下有一定伤亡，但官兵仍奋勇冲入日军工事，用冲锋枪接连击毙端着“三八大盖”往外冲的日军。残余日军最后死守营盘坡堡垒不退，中国军队的火焰喷射器悄然上场，两千度高热火苗由堡垒射口射入，不少日军当场被活活烧死，侥幸不死的也早已吓破胆子，跳出工事朝文笔塔狂奔。原4团特务排排长王希孔见证了这一幕："最具威力的就是火焰喷射器向敌人喷烧，那天我眼看着有4个日本兵，身上燃火，满身黑烟，连滚带爬地边跳边跑，士兵连续投去五六个手榴弹，把敌人炸得血肉乱飞。"营盘坡告破，迫不及待的6团立即投入进攻文笔塔的战斗中，当时方诚团长的指挥所距离文笔塔不过500米，方团长清晰地看到，7连副连长夏正清矫健勇敢，第一个纵身跳过铁丝网，大多数士兵则利用死角及弹坑，弯着身体接近日军堡垒。喊杀声、机枪声、爆破声顿时响彻来凤山山顶，激战至18:30，文笔塔整个堡垒群终于被英勇的预2师6团官兵占领。日军战史惊叹："7月26日，远征军使用57架战斗机和轰炸机组成的联合空军，另外还使用了大量的火焰喷射器，以来凤山为重点，对来凤山阵地开始进行全面彻底的轰炸和猛烈的扫射，一天所投射的炸弹多达5000余枚。"

再说象鼻子，顾葆裕认为象鼻子相对好攻，可从26日的进攻来看，顾葆裕的判断有欠准确。5团选择西南侧斜坡攀登而上，地形暴露，日军火力猛烈，好在官兵都能奋勇冲

■ 一名美军士兵拍摄的空袭过后来凤山阵地上的巨大弹坑。

杀，硬是夺取象鼻子堡垒一部。黄昏后，5团顶住了日军连续三次反击。27日2：00，来凤山黑夜沉沉，日军百余人由城区开出，联合二台坡、象鼻子之敌，冒雨向我反扑。6团1营、3营伤亡较大，天亮时有30多个日军冲入文笔塔东南阵地内，敌我形成混战。顾葆裕适时投入预备队，6团4连、特务排传令班、火焰放射队上山驰援，不到半小时，即将侵入阵地的日军消灭。三三两两的日军一路败逃至来凤寺，又遭到预先埋伏在北侧凹地的6团3连袭击，零星生还者不足10人。据方诚团长后来回忆，这次战斗中国军队死伤官兵147人，日军遗尸69具，缴获轻机枪4挺、步枪38支、电话机3部、牛肉罐头300多箱。清扫战场之后，5团、6团从东西两面攻击二台坡、象鼻子堡垒群，“经过极度惨烈战斗，卒将敌整个歼灭，逃回腾城者仅十余名”。日军战史写道：“尽管来凤山阵地的守备队为迎击进攻的敌军进行了拼死顽强的抵抗，但由于远征军一线的进攻部队采用轮换人员，连续进攻的战术，整日对来凤山阵地执拗地进行着反复不停的攻击，使来凤山阵地的守备队丝毫没有喘息时间，就连修复被毁坏的工事的时间也没有，终日被激烈的炸弹轰炸，死伤人数不断增加。更为严重的是，此时强大的远征军一部分已侵入到来凤山和腾越城之间的中间地带，形势逼得守备队不得不放弃来凤山阵地。7月27日傍晚，藏重大佐决定撤退，放弃来凤山阵地，让来凤山剩余的守兵撤到了腾越城的城墙阵地。”

■ 占领来凤山阵地的预备第2师官兵。

极边城破

腾冲城始建于唐代德宗年间，最初不过是一座土城，占地只有1.5平方公里。明正统年间，腾冲守御千户所升为腾冲军民指挥司，戍边将士按照中原城郭的式样，用火山石筑起了腾冲城墙，使“土城”摇身一变为颇似金陵的“石头城”。明代遍游天下的旅行家徐霞客至此，不由不感叹，想不到西南极边之地竟有如此雄伟的石头城！于是挥毫写下“极边第一城”五个行书大字，并称此城为“迤西所无”。徐霞客当然不会想到这座“迤西所无”的石头城，五百年后会成为中国远征军西征路上的一大障碍。日军占领腾冲的2年多时间里，城防工事修筑未曾停过。

城门和城墙角用石头和混凝土制成碉堡，四周围起铁丝网，在铁丝网的前方，再构筑简易阵地；城墙与墙角的上面，设置了用泥土和木材修建的半遮盖式火炮掩体和机枪掩体；城墙的下面，挖开5、6个防空壕；城内各主要街道的周围，均修建了简易遮盖式阵地，这些阵地都用交通壕连接。放弃来凤山，日军大部撤入腾冲城内，只留一部扼守东门外税务司署帮办衙门、白马庙、饮马河村、拐角楼与西门外西林寺、英领事馆各据点。

28日上午，阙汉骞军长率参谋人员登上来凤山顶，只见腾冲城东、北、西三面地形开阔，阡陌交错，城外大盈江、饮马水河环绕，成为天然阻绝，接近十分困难。只有城南方面由于中国军队攻克来凤山，逼近南门，勉强可以靠近城垣。阙军长视察完毕，召集各师师长、团长于和顺乡预2师师部指示攻城注意事项。次日，第20集团军总司令霍揆彰初步规定了各师攻击任务：54军附迫击炮1个营向南门至西门、北门至东门之线攻击，该军预2师先行固守来凤山、来凤寺等处，准备随时策应作战；53军116师附重迫击炮1个营、军山炮营向东门至南门之线攻击；130师主力占领龙川江西岸，控制腾龙桥，阻击龙陵日军北上，抽出一部布置于倪家铺附近，策应116师作战；各部队应充分准备攻城材料，工兵部队要准备坑道爆破作业；本部正要求空军轰炸，各部务必铺设布板，待轰炸获得成功或城垣有缺口时，迅速冲入城内实行巷战。此时第20集团军总部已迁到和顺乡图书馆，54军指挥所亦由张家坝迁到和顺乡上庄，预2师师部住进了张家坡张家祠堂。

和顺乡位于腾冲城西3公里，是西南丝绸古道上的一个百年古村，素有“华侨之乡”、“书香名里”之称。1944年的和顺乡成了大头兵的海洋，大部分房屋都驻扎有中国军队，军队所需粮秣肉食，乡民一概慷慨献出供给，军民心中共有一个目标——早日取得胜利。预2师6团团长方诚曾感慨地说：“我经历过的战场不少，像和顺乡这样处于枪林弹雨之下，村民不顾危险，守持家园，更齐心协力协助国军作战，不惜人力物力，支持应付，诚属少见，令人佩服。”

城外中国军队摩拳擦掌，城内日军抱定一死，藏重康美接到师团长松山祐三的命令，腾越守备队在师团主力进行龙陵会战期间，一定要死守腾越。第20集团军判断腾冲残敌在600－700人上下，附炮2门，实际藏重康美手中还有1300多人，不过其中有伤员约200人。城墙的南半部及英领事馆阵地由第148联队第2大队主力和1个半中队防守，计有迫击炮2门，人数约400；城墙西面北半部、西北角、北面阵地和拐角楼阵地是早濑混合部队的防区，有速射炮1门、机枪1挺，人数约200；东北角、饮马水、税务司署帮

■ 一群中国士兵坐观美军飞机轰炸腾冲城。

办衙门各阵地由高木混合部队防守，有迫击炮2门、机枪1挺，约300人；中央门附近阵地控制本部预备队200多人和伤员200多人。29日黄昏，饮马水河、拐角楼日军300多人以攻为守，向198师阵地猛扑，激战不久，美军飞机7架飞至腾冲轰炸助战，城内数处燃起大火。不过初次空地联络不太成功，城外何家寨附近的592团被误炸，死伤20人。116师的电话线断成好几节，任凭赵镇藩师长如何喊叫，就是不通。30日2时，腾冲北面阵地日军200多人也向198师袭来，日军反击的目的就是要打乱中国军队的攻击部署，几个小时战斗下来，双方各自伤亡几十人。17时，美军飞机再度临空，腾冲城内熊熊大火烧了2个多小时，看来掌握制空权就是不一样。当时有美联社战地记者登上来凤山观战，顾葆裕师长在回答相关问题时说："抗战七年了，像这样把日军包围在一个城市里，认认真真、轰轰烈烈地消灭的场面还不多。虽然蒋委员长早就提出'焦土抗战'的口号，而真的用焦土埋葬日寇，这还是第一次。作为一个抗日军人，我感到无限欣慰和自豪。"

31日，第20集团军各部仍然在作攻击准备，日军这天也没主动出击，但有几个日军太目中无人，大摇大摆在拐角楼加修工事，592团团长陶达纲唤来几名神枪手放倒其中几个。但弟兄们心头有点憋，都准备好几天了，这总攻到底哪天开始啊？8月1日，第20集团军正式下发攻击计划，各师任务基本没有变化，计划特别强调"攻城部队应以城之四周不时佯攻，并于拐角楼方面故意暴露登城企图，牵制日军注意力及防御重点。"

2日，晴空万里，空军分批轰炸腾冲城垣，效果并不理想，只在城东南角炸出一个

附图五　日军腾冲布防图

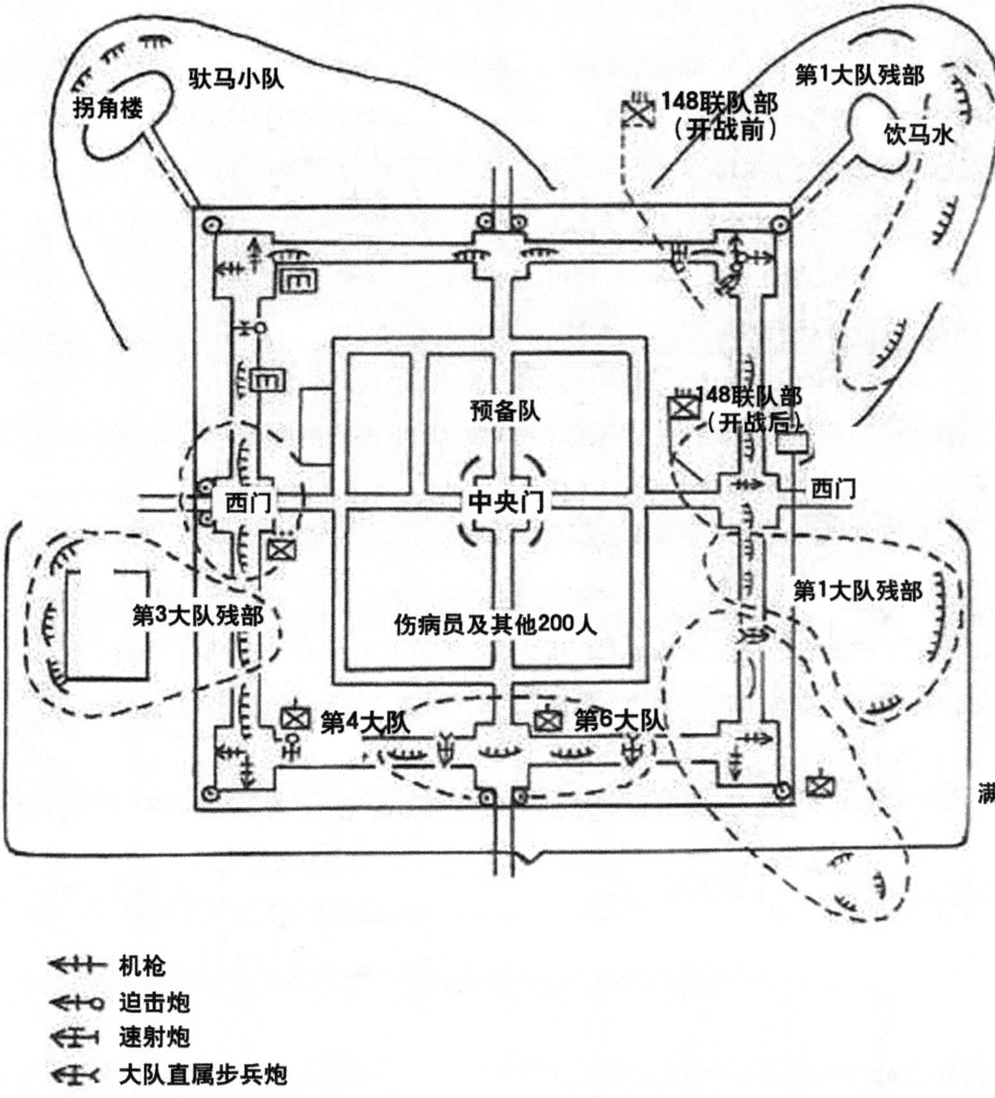

驮马小队
拐角楼
148联队部
（开战前）
第1大队残部
饮马水
148联队部
（开战后）
预备队
西门
中央门
西门
第3大队残部
第1大队残部
伤病员及其他200人
第4大队
第6大队
满金邑
机枪
迫击炮
速射炮
大队直属步兵炮

小缺口。霍揆彰电话命令所属各师，不论城墙炸开缺口与否，部队应极力开始攻击，先入城者总部赏洋10万元，并赠荣誉旗一面，有功官长报请军委会颁发勋章。14：00，198师首先强渡饮马水河，向拐角楼及东北城角日军佯攻，由于地形开阔，日军居高临下，在距城约200米的地方伤亡不少，叶佩高师长的任务是吸引日军火力，当然不会让士兵继续往前白白送命，就此构筑工事，暂停进攻。15：00，36师顺利进迫南城脚，东南角上的那处小缺口近看实在不成缺口，但有缺口总比没缺口好，107团临时搭建几架云梯，1营2连连长刘恩宪率1、2排奋勇先登，攻占城垣西南角城墙上三座堡垒。日军拼命反扑，刘连长以下官兵30多人全部阵亡，3排来不及爬城，就被日军密集火力打得抬不起头。相比还是116师更强一些，348团一举冲上城墙东南角，几次打退日军反击；346团攻击东门外帮办衙门和东方医院，先将铁丝网破坏，接着攻占四五个小堡垒，一部突入帮办衙门院内，占领了日军原先修筑的一些防御设施。3日，54军无进展，116师346团向日军占据的高楼进攻，结果变成对峙。倒是登上城墙东南角的348团表现得最为英勇，冒着右边日军机枪射击，迅速构筑简单工事，渐渐在城墙上站稳了脚跟。4日11：00，空军轰炸拐角楼北端和西南城角，分别炸出宽约6米和7米的缺口，36师、198师强行登城，108团3营当晚攻占西南城角缺口，准备2营上来后向城内扩张战果。22：00，日军集中火力反击，3营上下不得，仅余15人逃出，2营继续登城，伤亡更大，只剩下5个人。鉴于54军数日强攻鲜有成效，阙汉骞军长要参谋处研讨攻城方法，当时总结出36师登城失败原因三条：登城地点仅只一处；登城部队未带近迫作业器材；少数部队登城后，日军即以火力封锁后继部队，然后集中主力围歼已登城部队。找出病因就要对症下药，36师在城南及城西南角至少应各以1个团爬城，城西方面可以少数部队予以牵制，佯装爬城，吸引日军注意。

5日，霍揆彰电告阙汉骞：“昨晚被日军夺回的阵地，如果今日不能规复，将严重处分担任攻击的团、营长；36师应编组敢死队，携带沙包入城，成功后即向后构筑交通壕；198师今日自北门附近强行入城。”当日空军第6批次战斗机4架，沿南门城墙纵向轰炸，炸出两个缺口，加上原先的西南城角缺口，李志鹏刚好投入106、107、108团攻击。18时，108团20余人艰难爬上城墙，将南门左边缺口占领，并按指示用沙包强筑城头工事。本来这一战果勉强可以向霍揆彰有所交代，可一个小时后，后续部队仍被日军火力死死封锁，城墙上的20多人无法支持，只好放弃。

6日，36师、198师进展不大，116师348团力量单薄，只能固守缺口，不敢贸然下城，346团也拿据守帮办衙门的日军没办法，除了对峙还是对峙。阙汉骞召集第一线部队官长检讨对策，决定试用炸药炸城墙上的堡垒，再行登城。7日，107团工兵用炸药把西南城墙炸出一个大斜坡，108团工兵稍差，但也将西南城角缺口爆破扩大，看来用炸药的办法还比较有效。步兵跟着就上，江淮柏原为106团1营营长，因部队伤亡太大已缩编成连，便担任了攻击连长，他后来回忆说："轰隆一声巨响，地裂墙崩，黑烟密布、碎石满天飞，我大喊'冲'，全连即向墙上冲去，西南城墙炸出的那个大斜坡，碎石还在向下滑动，士兵站立不稳，敌军受强烈震荡，我们登上城头，未遭抵抗，顺利占领。"107团、108团各自占得几处掩体，利用断墙残垣连续五次击退日军反攻，当日军再次卷土重来时，师部便送来一具火焰喷射器，烈焰顿时照亮西南城墙的夜空，把战场变成埋葬日军的火海。从缴获的一份日军士兵日记中可见西南城角战斗之激烈："腾越线西门前至城内西南角的原有阵地，在这三日间，尤其是昨晚战斗，确实异常激烈。重庆军持有迫击炮、山炮、水冷重机关枪、捷克式轻机枪等优良武器，以及数倍于我的兵力前来攻击，

■ 今日腾冲的城墙。

■ 当年战地摄影师拍摄的中国军队使用火焰喷射器攻击日军的情景。

结果西南角的一角被他们占领。守备队第4中队虽然拼命死守，但无济于事。我们预备队队长松冈中尉组织了四次夜袭，可惜全部都成仁，重庆军受伤的也很多。”

36师几天来伤亡重大，阙汉骞电令预2师从来凤山抽调第4团归李志鹏指挥，预备将107团、108团撤下来暂时休整。9日晚，198师在饮马水河抓获日军军曹村井一郎，村井如实供出了腾冲城内日军人数和武器数量，阙汉骞一改让36师休整的想法，为求迅速歼灭守敌，12日重新部署如下：预2师配属第6军山炮营、迫炮营、军工兵第1连及战防炮2门、火焰喷射器2具，除以一部仍固守来凤山外，主力应由城南缺口先行登城；36师附军山炮1个连和重迫击炮1门、战防炮1门、火焰喷射器2具，应以一部攻击西门外英领事馆各据点，主力就现占领之西南城角向北扩张，务必将西门城楼及其以南城墙占领；198师附军山炮营（欠1个连）、军工兵营（欠2个连）和战防炮2门、重迫击炮1门、火焰喷射器2具，于攻占拐角楼后，再由拐角楼两侧缺口登城。顾葆裕、李志鹏、叶佩高遵令准备，连日大雨如注，敌我依然在西南城角缺口、城墙东南角、帮办衙门、拐角楼等地互相角逐，态势没有大的变化。

13日，天气转晴，美军从11：40到18：30，总共出动六批战斗机投弹扫射。第一批3架P-40在东门投弹3枚；第二批4架P-38在拐角楼及城内投弹4枚；第三批4架P-40在城东北角投弹4枚；第四批4架P-40在饮马水河附近投弹4

枚，有2枚误落在198师阵地；第五批4架P-40在城上盘旋一周，没有投弹；第六批4架P-40在城东北角内投弹4枚，在东门以南炸开一个小口子。从《空军滇西作战日志》来看，当日似乎并没有取得什么突出战果，但对照日军战史，不得了！位于东门的腾越守备队本部被数枚炸弹命中，将第148联队本部的32名官兵炸得粉碎，这其中包括联队长藏重康美大佐、联队副官奥景光大尉、第2中队中队长下川忠藏大尉、第2机枪中队中队长大贺保大尉、联队旗手北原升一中尉、联队技术官下泽敬市少尉、联队军医落合芳雄中尉在内的7名军官。藏重康美战死后，城内日军由军衔最高的第9中队中队长太田正人大尉指挥。当然，中国军队那时压根不知道这一重大变化，不知道空袭战果如此辉煌。

■ 担任日军“腾越守备队”队长的藏重康美大佐（图为其任中佐时留影）。于8月13日在美军飞机轰炸东城门时被击毙，死后被日军特别追晋两级为中将。

15日4：00，54军各师按预定计划，各向当面日军攻击。天亮后，预2师4团借炮兵掩护，先后跃登西南城墙附近两个缺口，因遭受城墙内侧日军7个堡垒侧射，前进受阻。12时，吴心庄团长组织步兵冲击数次，都未成功。17时，顾葆裕调整部署，令第5团攻击南门城楼，意图乘黄昏天暗时一举登城，怎料部队刚上去就被日军伏击，一下伤亡200多人，只好占领位置构筑工事固守。36师106团奉命攻英国领事馆，这领事馆可是英国人花了10年才建起的，墙壁全部采用腾冲当地的火山石镶砌，墙体厚达1.5米，日军占领腾冲后，把英国领事馆所有窗户封死，只留射击孔，并将地下室扩大，有地道与之相通。火山石这玩意挺特殊，是火山喷发后岩浆凝固而成，有许多气孔，密度较低，具有隔音、隔热、防潮等特性，尤其是具有极为罕见的韧性。子弹打上去弹跳开了，迫击炮、战防炮炮弹轰上去也只能刮下浅浅的一层表皮，大小不会超过巴掌大。106团攻了半天没进展，直喊“见鬼”，使人感叹英国佬真会造房子。108团攻西南城角与城墙上日军堡垒，战绩还算不错，以极小的代价拿下了西南城角北侧一处火力点。198师最难，拐角楼外田地低洼，水深及腹，593团1营奋勇登城，一度攻入缺口处和拐角楼内堡垒5座，日军由西门外英国领事馆增援反击，1营营长李春挺和3个连长相继负伤，被迫退出。阙汉骞请示霍揆彰，拐角楼方面地形攻击太困难，198师是否可以留下一部担任饮马水河、大盈江通西门大道之线警戒，主力转移叠水、水碓间一带，向南城墙扩张战果。霍揆彰觉得有道理，同意阙汉骞调整198师的使用方向。

17日，叶佩高率592团、594团到达指定地区，阙汉骞下令：“军为扩张既得战果，决定变更部署，彻底集中兵力于城南方面，先行肃清南城墙上下之敌，然后入城，逐次向北推进，扫荡城内日军。”19日拂晓，198师594团工兵爆破南门城墙缺口两处，机枪第1连连长余成章带着2个弟兄，冒死冲到日军堡垒前往射击孔投掷手榴弹，当场炸死日军6名，进占堡垒，缴获步枪4支、轻机枪1挺。预2师4团、5团掩护198师攻击南门城墙，以伤亡54人的代价毙伤日军30余人，控制了白果巷至西南角第4座堡垒之间的一段城墙。36师106团用火箭筒压制英国领事馆日军火力，得以占领南面石墙的一处缺口。西城墙上的108团稳扎稳打，爆破作业向北推进10余米，南面则构筑起重机枪掩体，俨然一副北攻南守的姿态。54军打得热闹，53军这边相对沉寂许多，“各部均以原态势与敌对峙，但仍不时发生小接触”，19日攻克的东方医院是116师继3日攻占城墙东南角后的唯一显要成果。

满城尽毁葬倭寇

1944年7月20日，预2师4团、5团登城部队一部由城上向城下掘壕，率先突入腾冲西南城区，5团3营9连并于18时30分占领东岳庙。36师方面，师参谋长胡翼烜亲自至106团1营3连阵地打气，3连随后向英国领事馆发起进攻，官兵固然用命，但日军第148联队第2大队负隅顽抗，加上日军西城墙上居高临下的侧射机枪火力，3连伤亡很大，只得怏怏退回原阵地。10时左右，空军临空轰炸，把领事馆的石围墙炸出几个窟窿，谷宾团长瞄准时机，发出冲锋信号，3连一鼓作气冲入领事馆内，配属的火焰喷射器从窗口注入烈焰，逐一埋葬侵略者。14:00多，领事馆被完全占领。70多年后的今天，英国领事馆旧址还在，除了门窗木质内框和地板被烧掉外，整体结构尚完好，墙壁上那些密密麻麻的枪眼和弹痕，任凭岁月如何洗刷，烙印不改，仿佛默默地向后人述说着当年那一段血火往事。

21日，198师592团全部肃清南门城墙上的残余日军，2营确保城上缺口，1营、3营突入城区，谨慎向前推进200多米。594团1营、2营在592团右翼下城，进攻至田家巷附近，3营则防守南门口道路，保障进攻部队侧后方安全。预2师的前进步伐略慢于198师，9：10占领电报局，14：40占领玄天宫和督办公署，前后击毙日军20余人，缴获轻机枪1挺、步枪9支。36师108团沿西城墙北进，用炸药爆破三个缺口，离西城门只剩下不到200米的距离，有效掩护了预2师左翼。54军各部动作协调，按照“逐次向北推进，扫荡城内日军”的既定方针，53军116师集中各种火器对东南角以北城墙上的日军堡垒猛烈射击，工兵乘机在南门东边城墙爆破出两个缺口。11时，347团、348团各以一部攻入城内，傍晚将左所街东面之线完全占领，攻至距城隍庙约30米处，推进距离并不亚于第198师。日军战史坦言：“市街的惨状远非野战可比，逐次被追到城内东北角的守备兵，在瓦砾中忍耐着城墙倒塌声和火焰喷射器的火焰，以超人的毅力继续死斗。” 面对中国军队的步步逼近，太田正人给师团长发了一封电报，别无所求，只希望尽可能地补充手榴弹。

■ 今日仍然“健在”的原英国领事馆的二层小楼，墙体上的弹孔仍历历在目，向后人诉说着当年惨烈的战事。

■ 远征军正以火焰喷射器歼灭腾冲城内顽抗的日军。

和顺乡图书馆的第20集团军总部墙上挂有一幅腾冲地图，198师、预2师和116师的箭头所到之处差不多已经占领了城区的三分之一，日军利用断垣颓壁拼死抵抗，惨烈的巷战已是不可避免。霍揆彰在地图上一比划，把腾冲城一分为二，阙汉骞和周福成各打半边。南城门、南门街、文星楼至北城门之线（线不含）以东地区归53军，线上及其以西地区归54军；城外饮马河至北门段仍归54军监视部队堵击。阙汉骞重新分配各师任务：198师配属工兵1个连和重迫击炮1门、战防炮1门，仍以593团扼守饮马水河亘西门以北、大盈江之线，主力继续攻击前进，进抵北城墙之线后，一部出北门攻击拐角楼之敌，大部与预2师协同围歼西北角之敌；预2师配属工兵1个连和重迫击炮1门、战防炮1门，迅速击破当面日军，联系198师、36师压迫歼灭日军于西北城角；36师配属重迫击炮1门，一部沿西城墙北进，主力攻击西林寺后，会同198师消灭拐角楼日军。分到半个腾冲城的周福成有苦说不出，同样都是军，阙汉骞有3个师，布置起来当然有条不紊，53军只有2个师，除去130师在龙川江西岸布防，实际用于攻城的只有1个116师。3个师包打半边，1个师也包打半边，谁让人家是中央嫡系，自己是东北军残余，周福成只得恳请集团军总部将130师调来打巷战，霍揆彰没有立即同意，只称研究研究再说。

22日，198师攻入田家巷北面的高等学堂，36师106团占领西门南侧150米处的城墙工事和西门外的西林寺，预2师5团使用挖墙洞的办法，连克县党部和女子中学。这挖墙洞的打法其实不是什么好办法，隔着墙不易

■ 和顺图书馆，当年是20集团军总部。

观察对方情况，运气好挖过去就能包抄日军后背，运气不好就是死路一条。可城内路口、巷道、房顶、墙角遍布碉堡，不管你从哪方向攻进，都会受到日军直射或侧射火力，除了挖墙钻洞你也找不到更好的良策。王希孔原是预2师4团特务排排长，因各连伤亡惨重，吴心庄团长临时增加特务排40多人，由王代理连长投入巷战。王希孔后来回忆了腾冲“地道战”的残酷：“我们多利用夜间，挖墙洞地道才能节节前进，有时一两天通不过一家房院。攻到女子中学北侧，挖过墙洞，钻过去3个人，正在敌人碉堡边，五六个鬼子一拥而出刺死我2人、伤1人，敌人被刺死1人。这样墙内墙外日夜拼刺刀，稍微大意就会被敌人的刺刀穿身。”116师也是硬着头皮进攻，346团1营、2营监围帮办衙门之敌，3营在东门以南破坏日军堡垒，进入城内调头北攻，距离东门大街约80米处，遭到日军层层阻击，无法前进。347团1营、3营由左所街攻到文庙附近，算是碰上了大钉子。

腾冲文庙始建于1480年，原先是建在城内西北隅，1705年，不知什么缘故移到了南门大街东边，后来因为地震和战火破坏，兴修过几次，直到1879年大规模重建，逐步形成宏大的建筑群。文庙是腾冲日军宪兵司令部和慰安所所在地，本来建筑就牢固，再加上后来构筑的6个堡垒，成了116师北进路上的一只拦路虎。348团在347团右翼，横在前面的是日军大仓库，5个堡垒外加两道铁丝网，毛芝荃团长倒有两把刷子，当天就指挥工兵炸掉其中2个堡垒。23日，198师向北推进100米，预2师和116师一样，遇到恶虎挡道——自治局和武侯祠的日军把坚固工事当作自己的坟墓，进去了就没想到再出来。4团好不容易攻到武侯祠南边民房内，吴心庄团长召集团直属部队排长以上人员开会，研究进攻办法，不巧日军打来10多发炮弹，1发正落在开会人中间，重机枪连连长和迫击炮排排长当场阵亡。116师方面，346团3营向东门大街艰难前行30米，347团、348团分头进攻文庙、日军仓库和城隍庙，结果都没有取得突破性进展。24日，腾冲城内雨雾迷蒙，顾葆裕师长下令5团和6团换防，由6团担当“虎口拔牙”重任。方诚团长查明自治局、武侯祠内有日军70人上下，翌日又发起新的攻势，一举拿下自治局及其北端2个堡垒，本想一鼓作气再攻武侯祠，因天降大雨被迫取消攻击。淫雨整整持续了两天，霍揆彰终于同意130师留下2个营分别担任南甸、腾龙桥警戒，其余均开腾冲东门外加入攻城战斗。受此鼓舞，116师冒雨进攻，346团占领城隍庙南侧3个堡垒，348团击毁日军大仓库外工事两处。27日，346团在城墙上的部队向北进展30余米，与城下部队遥相呼应，猛击城隍庙日军，可惜腾冲土地爷的地盘太强固，这会儿竟成了东洋倭寇的保护神。347团突进文庙南墙，一连占领数个堡垒和一条战壕，为蓄力再攻打下了良好基础。

腾冲日军此时已不足500人，最近也是最后一次获得的补给是空投的500颗手榴弹。西门南面70余米处的缺口成了日军反击的目标，36师的战斗详报形容“经四次激战，卒将该顽敌击退，仍确保原阵地，我伤亡士兵7名，缴获步枪10支。此后，日军山中中队军曹森满男曾冲入我掩体，经该团第9连少尉排长奚郁甫与之肉搏，终将其摔坠城外而击毙。”从伤亡和缴获来看，日军的反击规模应该不大，最终冲入中国军队阵地只有区区1人，无疑是垂死挣扎的一种表现罢了。28日，预2师6团全力攻武侯祠，6次攻进去都被日军打出来，直到黄昏时终于站稳脚跟，占据“半边天”。6团伤亡连长张剑山以下150余人，毙伤日军30人，死伤五倍于敌。130师抵达腾冲后，390团一部接替198师593团饮马河、大盈江警戒任务，389团攻击帮办衙门日军，也因当晚大雨如注而暂停。29日，顾葆裕为扩张6团武侯祠攻击成果，令减员已十分严重的4团加入围攻，吴心庄还是老办法——挖墙洞，王希孔回忆说：“过后挖地道墙沟，攻进武侯祠，鬼子拼死不退，经我激烈肉搏拼杀，把敌人大部分杀死在碉堡及房内。计有尸体60多具，其中有军官2人是悬梁自尽。我方伤亡官兵80多人，有连长4人、排长8人。”

■ 腾冲南城楼下的龙云铜像，但右下却构筑了日军的机枪堡，该铜像毁于战火中。

腾北游击一年多的预2师战斗力确实不俗，从游击转变为攻坚，打起巷战起来照样有板有眼。攻下武侯祠当天，方诚、吴心庄又挥师推进至西门街南侧家屋附近，这一动作具有关键作用，36师正云集西城墙缺口内外，日军怕被包饺子，大部退到西门街，只留下一小部扼守西城门。日军战史坦言：“太田守备队长认为要击退侵入城内的敌人已是不可能的事，所以决定退到已构筑好的连接西门和南门的阵地上阻击敌军的进攻，并将各部队重新进行了部署。……西门阵地终于

附图六　腾冲巷战示意图（1944年8月2日至9月14日）

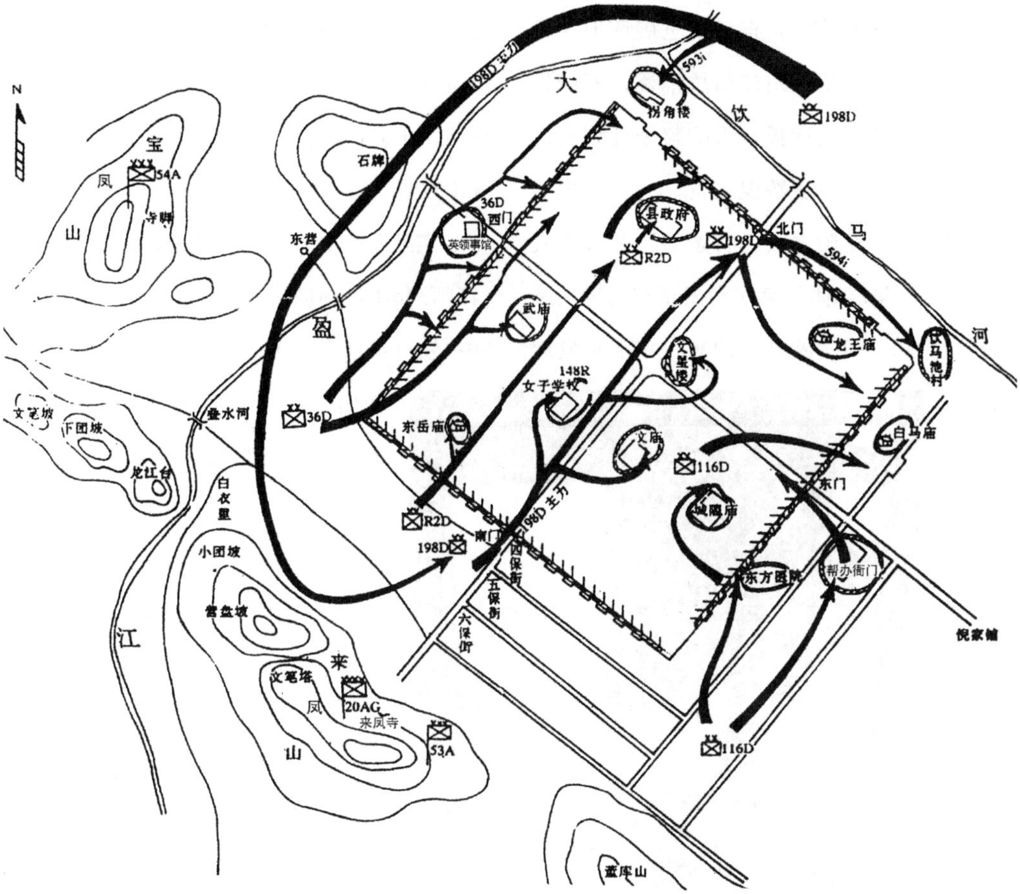

落入敌手，为此，守备队的防御能力几乎损失了一半，远征军已经可以看到守备队的末日了。”

第20集团军各部浴血奋战，从攻城到巷战每一步都走得举步维艰，腾冲城区不知不觉已被战火整整笼罩1个月，站在高层立场上，蒋介石、卫立煌对这一推进速度感到不满，电令霍揆彰督师猛进。迫于各级上峰压力，霍总司令给所属军、师长发了一道手令：“查集团军围攻腾冲以来，为时一月，虽各部咸能努力，从未稍懈，但纵观成绩，尚未及半。目下困据城内之敌，能作战者不过300余人，我围攻部队之兵力与火力依最低限度计算，亦在10余倍以上，纵令残敌如何顽强，工事如何坚固，安有不能一举歼灭之理？而时日稽延，大功未成者，全在各级指挥官无必胜之信念与必死之决心耳。言念及此，能无惭愧？近日龙陵之敌已有增加，而瓦厂方面亦发现敌情，均有随时增援腾城之可能。兹特规定自30日起，限5天内将各该军区域之敌彻底肃清，并将每日进展情形，具报本部。如有观望不前或借故推诿，不能如限肃清，致使外敌增援，影响整个计划者，各该军长、师长应负贻误之责。” 霍揆彰手令中提到的“龙陵之敌已有增加”并非空穴来风，日军第2师团和第56师团正在酝酿实施“断”作战，对龙陵外围的第11集团军发起攻势。据日军战史披露，当时还破译了重庆给前线将领的督战电，“侦悉我军攻势意图的蒋介石向远征军发出督电，内有‘国军名誉沉浮即在今日’之语，第20集团军接到督电后，于8月30日午后，开始了前所未有的大规模攻势。”

实际上30日一早激烈巷战就已展开。6:00，116师346团进逼城隍庙南墙外，348团于14:00占领日军仓库南院，347团由文庙左侧的秀峰山突入，15时完全占领文庙大成殿，不过盘踞秀峰山和文昌祠的日军仍然死死地挡住中国军队北进之路。198师就因为右翼暴露在秀峰山日军侧击火力之下，无法由南门街北上，叶佩高师长才让右翼部队进入教育局和高小学校，掩护594团从左边进攻西门街。36师107团从西南缺口入城，在武侯祠西北方向击毙日军10人，大步向前推进70米，与预2师取得联系。要不是预2师4团、6团当日在西门街南侧受到日军猛烈侧射，进攻受阻的话，107团团长麦劲东或许到腾冲光复之日都赶不上方诚和吴心庄两位袍泽的进攻步伐。31日，顾葆裕将师搜索连、防毒连分别配属减员严重的4团、6团，猛攻西门街南侧日军占领区域，从早打到晚，4团成功突进西门

■ 在滕冲巷战中进行火力掩护的远征军重机枪火力点。

■ 腾冲文昌庙内被日军用作机枪火力点的明代大钟，可见钟身上日军钻出的枪孔。

街，6团前面仍有50米距离有待突破。36师108团攻占西门城楼后，除了198师右翼受到秀峰山日军阻挠外，其余腾冲西南片已全部为54军掌控，西门街上的预2师4团态势突前，颇似一匹领头黑马。53军方面也在努力“蚕食”，346团攻下城隍庙堡垒一处，348团将仓库日军压迫到第二院落，唯有347团在文昌祠的一口大钟前无法前进，交了白卷。文昌祠的这口青铜大钟高1.9米，口径1.4米，钟身厚达2厘米，钟上刻有“大明景泰元年岁在庚午春正月上元吉日造”、“昭勇将军腾冲军民指挥使李升监造”等字样，显然这是一口铸造于公元1450年的大钟。也不知道日军用了什么“金刚钻”，居然在坚韧无比的青铜大钟腰身部位钻开了一个洞，一个身材矮小且不要命的日军躲藏在倒扣的钟内，用1挺机枪发疯似地往外射击，一时还真拿他没办法。14：00，城外130师传来捷报，389团占领帮办衙门，残余日军退到了东门附近堡垒群。

9月1日，叶佩高升任第54军副军长，遗缺由198师副师长刘金奎升充，因腾冲城内巷战胶着，叶佩高没有立即到军部就任，而是暂留师部与刘金奎共同指挥战斗。西门街是腾冲四条主要街道之一，昔日繁华的居民区在无情的炮火下早已废墟一片，日军用沙包和石块筑起废墟防线，冷枪时不时从冒着烟的残垣破壁中射出。594团主力和592团1营施展不开，太田正人乘机抽调20多人组成敢死队向逼近西门街的预2师6团右翼猛扑，6团虽将日军敢死队打退，但从攻城以来累计死伤不少，战斗力已大为下降。顾葆裕便令5团接替6团，继续执行攻击任务。54军之所以受阻西门街多日，主要原因还是116师不能有效突破文庙、仓库、城隍庙一线，9月1日15:00情况发生了根本性变化。346团攻入城隍庙南院正殿，348团将仓库后院占领四分之三，347团得到130师388团2营支援，以迫击炮、重机枪、手榴弹集中瞄准大钟，但一顿狂轰滥炸后，还是不见青铜大钟被炸开。正纳闷间，“歪把子”机枪哑巴了，10多名士兵冲上前掀翻大钟，发现里面的日军神情恍惚，两只耳朵用破布塞着还止不住流血，没一支烟的工夫就见阎王了。想想也是，用圆木撞钟几十米以外都当当响，更何况是弹雨如注砸向钟身，这人在里面不被打死也被震死。扫除文昌祠的障碍，包括秀峰山在内的文庙据点很快就被占领。347团和388团伤亡120人，只缴获2支“三八大盖”和1挺“歪把子”，这挺“歪把子”就是从震死的日军士兵那里夺来的，真是可恨又可怜。

2日，预2师4团越过西门街以北50米，5团攻占西门街以北100米的团保局；198师以近迫作业向西门街推进；36师108团1个班更是远出西门内区公所，缴获步枪3支。116师突破文庙据点之后，54军各师的突破速度明显提高。3日，198师594团跨过西门街，592团由西向东攻，前方的十字街中心矗立着一座高层建筑——文星楼。文星楼建于清光绪21年（公元1895年），是当年的腾越厅同知黄柄倡修，由驻腾镇守五品武官、文武进士尹同庵设计。日军称文星楼为中门，太田正人集中残余兵力300余人，据守从东门南面100米经中门到西北角100米以北一线，所控制区域已经不到半个腾冲城。592团艰难推近至文星楼40米处，月亮已悄然爬上，日军久居城内熟悉地形，新官上任的刘金奎不敢贸然下令夜战。同样没有选择夜战的还有顾葆裕，预2师4团攻至西门街北侧50米开外，5团从团保局往北攻出100米，日军退入树林，月亮挂上树梢，李颐团长接到师部命令——明日再战。53军这天收获最大，346团攻克城隍庙，348团进占仓库，347团突破文庙、秀峰山以北100余米，逼近东大街。

4日，198师以593团换下592团，不过进展不大，54军的战斗详报称“迄晚迫近文星楼”，昨晚592团已迫近到40米距离，今晚593团怎么还在迫近？或许有读者要问，各部推进几米越过几米是不是存在水分？笔者认为数据还是可靠的，预2师6团方诚团长曾回忆说：“记得各巷战部队，由南向北推进时，为密切协同齐头并进起见，每日由高级司令部派员会同测量推进距离。”估计593团4日的推进距离就不用量了，微乎其微，预2师5团也差不多，“当面树林茂密，地形复杂，进展极为困难”。54军其他几部情况要好得多，

198师594团50米、预2师4团80米、36师108团攻占西北城墙角南侧100米处缺口一个。53军130师389团在帮办衙门西北与少数日军争夺堡垒，390团攻击东门及城隍庙以北之敌，好歹前进20米；116师348团天不亮就“开工”，与日军混战仓库北面，346团天亮后悉数扫除了藏在文庙暗角中的残敌，347团则往东大街方向继续前推20米，合计3个团伤亡250余人。

5日，5天期限已过，198师593团疏开队形，先后占领南街口和西街口，呈半包围状合击文星楼，594团又推进60米，县政府遥遥在望。显然，198师已经超过“黑马”预2师，4团和5团在密林面前只能放慢进攻脚步。36师紧贴西城墙，一边协助右翼预2师向北攻，一边沿城墙扫除障碍往北压，速度略慢于198师，略快于预2师。53军明显落后54军，周福成照旧是以“开早工”的形式追赶进度，天还未亮，389团主力就从东门缺口登城，与日军在城头展开白刃战。116师346团驱逐钟鼓楼日军，347团攻占东大街南侧民房，348团取得20米进展，一天下来又是死伤250多人。

6日，593团费尽九牛二虎之力，终于将文星楼上的“膏药旗”拔掉，日军战史称“远征军在炮兵、迫击炮的集中火力下，陆空相呼应，攻击重点指向中门正面，其压倒之势令人生畏。我第一线在敌人怒涛般的压力面前，终于被突破，西北角立即被孤立。”594团向北推进60米，县政府南端的粮食、被服仓库正熊熊燃烧，太田正人知道末日将临，已下令销毁文件、物资。敌我双方忙于攻守，谁都没有时间很好地掩埋阵亡者尸体，此刻空气中弥漫着焚烧物资发出的焦味和阵阵尸臭，令人作呕。36师108团在西城墙上几乎是掩鼻而战，中午时分占领城墙西北角与城脚下堡垒，成为这场由南向北巷战中首先攻抵最北端目标的胜利者。借助108团居高掩护，106团2营、3营冲出北城墙缺口，一举夺下拐角楼西半部。位于36师右翼的预2师6团经短暂休整，当日有一部也攻到了“终点站”——西北角城墙。如果将54军和53军的推进速度比作赛跑，那么53军周福成已是必输无疑，346团、347团刚刚跑过东大街北侧，390团、348团还在东大街南侧喘大气，离东北城墙尚有一半路程。

7日，198师593团距离北城墙还有约100米，594团攻抵县政府。北城墙下谷宾、李定陆、方诚三位团长一合计，决定谷团继续攻拐角楼，李团在城墙上协助预2师攻极乐庙，方团掉头由北向南扫荡残敌。结果捷报频传，拐角楼日军荡然无存，县政府、极乐庙至北城墙到处是中国军队的欢呼声，日军被压迫到东北角联队本部，只等53军从东大街往北收网。

腾冲城四分之三宣告光复，54军亦已完

成集团军总部当初规定的南城门、南门街、文星楼、北城门一线上及其以西地区的巷战任务。霍揆彰基于战况下达新的作战命令："龙陵以西由芒市窜到敌一部，有增援腾冲之模样……集团军为迅速肃清增援腾城残敌起见，着54军36师于8日晨向腾龙桥附近前进，到达后即布防龙川江北岸，统一指挥原在腾龙桥守备的53军130师388团3营等部，构工拒敌。"至于腾冲剩下部分，霍揆彰在和顺乡总部召见阙汉骞和周福成，当面指示"以53军由南向北，54军(欠36师)由西向东互相协同，一举肃清残敌。"战事已经临近最后关头，霍总司令为何要从前线召回两位军长当面布置任务？发封电报打个电话不能下达吗？原因很复杂也很简单，54军和53军分属两个系统，要54军在已完成"各打半边"任务的情况下向东支援53军，若不是当面布置恐怕有些难度。虽然霍揆彰在使用53军、54军时难免会夹杂一些个人感情因素，但关键时刻"中央军"和"东北军"的概念还得服从抗战大局，这个道理霍揆彰必须要和同一系统的阙汉骞有所沟通，这才有了当面布置。

8日拂晓，李志鹏率师南下腾龙桥，由于军情紧急，全腾各乡镇没有余粮可供，和顺乡乡民火速拼凑几千斤大米，应付急需。乡亲们送走36师，预2师即由西向东攻击，当天就越过北大街进抵财神庙街以西150米处。130师389团在东城墙上向北推进，388团主力自钟鼓楼调头向东，接近文家巷附近。116师各团分从北大街、东大街向前攻击，俨然一副收网之势。9日，蒋介石下令："腾冲必须在9月18日国耻纪念日之前夺回！"预2师4团冒雨攻到财神庙东边民房，活捉日军台湾籍翻译官白炳璜和行政班班长田岛的老婆蔡兰辉。王希孔先从北门街将白、蔡二人捆送到位于麦子田蔡家的团部，毕竟是同胞，吴心庄团长唤来炊事兵打水给他们洗脸、洗澡，换上衣服后押送和顺乡集团军总部。或许是受到优待而感动，白炳璜供出翌日8时将有日军飞机前来轰炸。霍揆彰立即请派空军来腾冲上空掩护，同时通知各部做好防空准备。10日14：00，果然有日机10架飞临腾冲，美空军立即起飞战斗机8架升空迎战，击落日军轰炸机2架、战斗机3架，其中有1架受伤迫降在买鱼村，飞行员被俘。白炳璜因为提供重要情报，后来一直受到优待，据说抗战结束时仍住在和顺乡，经营土锅铺农场多年，直到人民解放军席卷西南，才返回故乡台湾。

粉碎日军空袭后，130师389团于16时许攻克东城门，116师346团、347团也都进展至文家巷、李家巷周围，预2师当晚直插龙王庙、李家塘，掀翻老财神庙的日军总部指日可待。这时霍揆彰接到卫立煌命令，36师归宋希濂指挥，立刻渡过龙川江，夹击向龙陵北犯迂回之敌。霍揆彰对此十分不满，36师要一过江，腾冲南面就只剩原来53军的1个多营了，他宋希濂的侧翼重要，我第20集团军的侧翼就不重要？霍揆彰连夜致电蒋介石，痛陈第20集团军各部伤亡十之六七，“敌若即窜扰，职已再无一兵可以抽调堵击，影响腾城攻略，实堪顾虑。”

其实霍总司令有些多虑了，即便是有日军援兵窜扰腾冲，只剩下70余人的太田正人难道还真能翻盘不成。11日4：00，在老财神庙昏暗的烛火下，太田正人向师团发了一封电报：“敌军增加了大量的兵力，以位于城内东北角的联队本部为中心，呈圆形战斗阵形，强行向我方阵地逼压，我们试图以最后的血战进行抗击，但由于敌人的火力太猛，我们没有必要的物质器材，只能依靠钢盔掩蔽在工事中，伤亡又不断增加，无论怎样努力，局势已十分困难。”尽管伤亡惨重，但中国军队的进攻没有停，预2师将龙王庙南北民房内残敌肃清，198师攻占东北城角，并向南推进约150米。在198师对面，130师389团正在东城门城墙上与日军激烈角逐，116师347团展开李家巷以东地区，已杀到老财神庙外围，10：00，太田正人又发出当天第二封电报：“现在敌军已逼近到守备队阵地前80米的地方，双方战斗异常激烈。已于9时命令销毁军旗，命令官兵作最后的奋战。官兵含泪奉烧了军旗，表示愿意血战到底，绝无怨言。祝天皇万岁，祝兵团武运长久。”军旗销毁，也就意味着第148联队将要从日军番号中消失了。

12日，预2师、198师改为由北向南压迫，130师、116师各以一部组成混合登城队，从东城门楼沿城墙向北挺进。太田正人心里非常清楚，全员玉碎的结局已不可改变，于是给松山祐三发出了最后一电：“根据现在的情况，要想再坚持一个星期无疑是困难的。我们决定在联队长阵亡整整一个月后的明天，即9月13日，做最后的果断突击，以此消除怒江作战以来心中的郁愤，也最后为军人的荣誉再次争光。请再

■ 日军在腾冲的最后阵地——东北城角。

次体谅在敌军炮火绝对控制下，忍受着敌人旁若无人之压制下官兵们的心情吧。”傍晚，347团攻占老财神庙，太田正人等退守指挥部以北小高地。13日，预2师猛攻东北角日军最后据点，5团团长李颐恨敌久攻不下，亲率所部奋勇冲击李家巷，不幸被日军击中要害，壮烈成仁。李植当年是5团少校卫生队长，他后来回忆说：“午后3时许，李颐团长在进攻东北拐角时牺牲，经担架抬至麦子田卫生队检查，为敌弹从右眼射入，贯通头部而亡。李颐团长牺牲后，5团立即报知师部，当即派员来处理善后，购得上好棺木，将团长遗体抬往和顺乡，沿途民众得知，夹道扶棺痛哭，经工作人员劝扶后，始缓缓抬入中天寺停放。”李颐系湖南醴陵人，黄埔军校第6期毕业，外表文弱，反攻前曾任大理干训团总队长，牺牲时年仅36岁。顾葆裕闻讯悲痛万分，指令副师长彭劢赶往第一线指挥，官兵们誓死为团长报仇，入夜后攻克龙王庙东侧民房两间。至此，处于中国军队南北夹击中的日军仅存3间破屋，已经毫无活动空间可言，其出路除了战死就是投降，太田正人选择自杀性攻击来给战斗画上句号，日军战史写道：“太田大尉率领残存的所有兵力，向敌军发起最后冲击，结果腾越守备队全部玉碎。”事实上日军13日并没有全军覆没，14日9：00，腾冲大雨倾注，浓雾弥漫整个山野，东城外和白马庙日军、营妓几十人，向董库、猪新街方向溃逃，后经116师、130师等部派员追剿，非死即俘。1946年5月被遣返回国的卫生兵吉野孝公就是这批俘虏之一，后来作为腾冲战役的幸存者写下了《腾越玉碎记》一书。

当年亲身经历这场已经无法用语言形容的惨烈之战的老兵蔡斌的回忆足以让人震撼：“腾冲城里到处是枪声、喊杀声，一眼望去都是烈火和硝烟。断壁残垣下，一堆堆的尸体，一股肥肉的焦臭味、死尸味直呛得恶心。在进攻的道路上，我们为了隐蔽身体，不得不扒开敌人腐烂的尸体，从一堆堆的蛆虫上爬过去。在受日军火力所阻，又找不到隐蔽的地方时，就只好把死尸堆起来做工事，让自己卧倒在恶臭的血水之中。有时一梭子机枪或一颗手榴弹炸在尸体上，弄得我们一头一脸臭烂的死人肉。”

当年驾机参加过对腾冲进行轰炸的美国少校飞行员布维尔·卢维斯在回忆录《死去的日本和牵牛花》中这样描述腾冲之战：“每天从飞机上，我目睹着腾冲城在慢慢地毁灭。我可以看到一栋栋房屋在燃烧，一个个的弹坑以及中国人的厮杀。战斗结束，每栋建筑物、每个活着的生命被系统地彻底地摧毁了。死亡的波浪从东到西、从南到北冲刷着整个城市。腾冲城已经被毁灭了！”

霍揆彰迫不及待地向蒋介石报告：“9月14日10：00……我青天白日之国旗，乃复飘扬于边陲重镇。综合攻击来凤山之日起，至克服腾冲之日止，经50日之激战，我各部伤亡5000余员，共生俘敌军官3员，士兵52名，营妓18名，毙敌藏重康美大佐联队长以下军官50余员、士兵3000余名，缴获敌大小炮15门，轻重机枪50余挺，步骑枪800余枝及汽车10余辆，其他军用品无算。”有一点需要说明，霍揆彰电报中所提到的伤亡数字和各项战果，只是收复腾冲当天的初步统计，与实际存在不少差距，光是歼敌一项就多出了近千人。2个月后，第20集团军再次上报伤亡数据，“综合自渡江起至克服腾冲止，所历大小战役40余次……我亦伤亡官佐1334员，士兵17275名”。

■ 从日军手里收复后的腾冲城，已经成为一片废墟。

面对如此惨烈的战斗场面，美国人似乎很难理解中国人宁可毁掉美丽家园也要拼死赶走侵略者的那种想法。战斗结束后，腾冲乡绅组成的代表团赶来向美军表示感谢，多恩就无法理解，这些乡绅为什么要一再地鞠躬，一再地感谢他们解放了这座城市：“解放？我们毁掉了你们的家园，我们在这座城市完全给毁灭了！你们还要感谢我们？”代表团的团长便严肃地回答：“我们感谢所有来帮助我们的美国人，没有你们，我们的家园现在还可能被倭寇所占据，没有你们的帮助，我们的军队也还不可能消灭这些日本鬼子。”多恩还是难以理解，因此他最后只能用神秘的东方来解释腾冲人不惜毁灭家园焦土抗战的不屈精神。

1945年7月，为纪念第20集团军抗日阵亡将士而修建的陵园建成，李根源取楚辞“国殇”之篇名，题为“国殇墓园”。从忠烈祠内的阵亡将士名录碑收集的9618人来看，第20集团军伤亡总数可能还不止“官佐1334名，士兵17275名”。伤痕累累的还有腾冲，小小的一座四方城，打到片瓦无存，遍地血水，尸臭冲天，几乎找不到一张完整的树叶，用自己的粉身碎骨与中国远征军一起把侵略者碾成了灰烬。李根源有诗写道：“锦绣名城作炮灰，倭奴无一得生回。”不过可以告慰李老的是，60多年后的腾冲城区面积已比原来扩大了4倍，全县人口也从25万增长到了60万，完全有理由重新享有“极边第一城”的美誉。

■ 今日的腾冲县城，已经再现“极边第一城”的盛况。

腾冲国殇墓园

国殇一词，源自屈原《九歌·国殇》篇，那是一首为祭祀为国牺牲的将士而作的诗歌，因此后人便把国殇代指为国牺牲的烈士。

腾冲光复之后，腾冲军民决定建造国殇墓园，安葬在腾冲之战中牺牲的官兵以及死难的百姓。墓园始建于1945年1月，于同年7月7日抗战纪念日建成，位于腾冲西南约1公里的叠水河畔，占地88亩。这是全国建立最早、规模最大的抗日烈士陵园之一。

国殇墓园大门门额上刻有李根源先生手书“腾冲国殇墓园”六个大字，大门右侧围墙下筑有一处“倭冢”，葬有腾冲守敌日军第148联队联队长藏重康美大佐和太田大尉、桑弘大尉等阵亡日军官兵的尸骨，与墓园内挺拔的松柏、山坡上高大的纪念塔和整齐的烈士墓形成强烈反差，与杭州岳飞庙前的四铁人有着异曲同工之妙。

循林荫便道步行约百米，便可见一处高台，台基正面的中央勒石上，有蒋介石题、李根源手书“碧血千秋”四个大字。高台之上便是墓园主体建筑之一的忠烈祠。忠烈祠为重檐歇山式建筑，上檐下悬挂着蒋介石所题“河岳英灵”匾额；祠堂正门上悬挂着国民党元老、大书法家于右任手书的“忠烈祠”匾额，祠内外立柱悬挂国民政府要员何应钦、卫立煌、孙科、陈诚、龙云及远征军第20集团军军、师将领的题联；走廊两侧有蒋介石签署的保护国殇墓园的“国民政府军事委员会布告”，第20集团军总司令霍揆彰的“腾冲会战概要”、“忠烈祠碑”等碑记。祠内正面为孙中山像及遗嘱，两侧墙体嵌刻着腾冲之战中9618名阵亡将士的英名。

■ 腾冲国殇墓园正门。

忠烈祠侧建有美军烈士墓。忠烈祠至大门甬道两侧，建有陈列室，展出当时作战照片及实物。

忠烈祠后，便是叫作小团坡的山坡。山峰上苍松翠柏间，一座用腾冲特有的火山岩雕凿砌筑的玄色方身锥顶10米高塔直插云天。塔身正面书“远征军第二十集团军克复腾冲阵亡将士纪念塔”；塔基正面刻有蒋介石题、李根源书“民族英雄”四个大字，其余三面为腾冲抗战纪要铭文。小团坡整座山自下而上分成八个扇形区域，每个区域又分为九行，共计72行，3346块墓碑，碑下均葬有阵亡官兵骨灰，安葬着腾冲血战中壮烈牺牲的3346位将士的忠骨。

■ 远征军第二十集团军克复腾冲阵亡将士纪念塔。

墓园在“文革”中遭到破坏，1983年起经腾冲县委、县政府及云南各级部门的努力，墓园不但得以修复，而且还于1996年成为全国重点文物保护单位。作为目前国内规模最大、保存也最完整的抗战时期正面战场阵亡将士纪念陵园，国殇墓园自20世纪80年代修复、充实并开放以来，以其独特的历史价值与强烈的震撼力、感召力为海内外所共崇，前来拜谒凭吊者络绎不绝。

第十二章 血战松山

初战松山

松山位于龙陵县腊勐乡境内，东距惠通桥约22公里，西到龙陵约39公里，是惠通桥至龙陵的咽喉。松山包括阴登山、大小松山、大垭口、滚龙坡、长岭岗等山，周围25公里，山峦棋布，丘陵起伏，主峰海拔2000余米。滇缅公路从惠通桥一路向西，自腊勐转北而行，绕出松山回旋倾斜而上，经过滚龙坡、大垭口、阴登山陡坡而下，延伸至松山脚。登上松山顶，滇缅公路保山龙陵段88公里长的灰色公路就好像带子一样在两岸山间绕来绕去。松山日军炮兵可以直接轰击滇缅公路733公里处，控制路段达到70余公里。简而言之，松山就是卡在滇缅公路上的一枚特制的“钉子”，被西方记者称为“滇缅公路之直布罗陀”。

■ 日军松山守备队的营房旧影。

按照军令部的《远征军策应驻印军作战指导方案》，第11集团军为防守军，担负怒江东岸防守，仅派出4个加强团，渡江攻击，策应第20集团军。5月20日，军令部部长徐永昌提议远征军扩大战果，“应乘出击部队进展顺利及我驻印军一部奇袭密之那之机会，于敌增援部队未到达前，以主力渡河，扩张战果，攻击腾冲、龙陵、芒市之敌而占领之。”21日，蒋介石批示：“照办。”22日，卫立煌电令宋希濂：“第20集团军改为右翼军，攻击目标腾冲；第11集团军改为左翼军，攻击目标龙陵芒市。”

鉴于1942年5月反攻滇西时曾在松山碰过钉子，第11集团军决定避免松山正面攻坚，只以1个加强团的兵力，配以东岸强大的炮火，对松山作牵制性进攻。集团军主力则自左翼攀枝花、打黑渡等渡口过江，首先攻占平达、象达、镇安街，进而收复龙陵、芒市，截断松山日军的补给线，迫使日军撤出松山。第11集团军的作战计划设想虽好，可惜对松山日军的情况估计过低，一厢情愿地认为小小松山无足轻重，不攻亦能把你困死。

1942年5月下旬，日军第56师团步兵第113联队（欠第3大队）、野炮第56联队第3大队（欠1个中队）、1个卫生中队和防疫供水部队一部合在一起，担任从镇安街西南方面

日军拉孟守备队序列及阵地兵力配置情况

守备队长：金光惠次郎少佐

步兵第113联队本部一部（副官真锅邦人大尉以下）

第1大队本部残留者（副官木原唯雄中尉以下）

第1中队（小队长岩永嵩中尉以下1个小队）

第2中队（小队长井上要次郎中尉以下1个小队）

第4中队（中队长辻义夫大尉以下，欠1个小队）

第5中队（小队长桑野理壮少尉以下1个小队）

第6中队（中队长高桥九州男大尉以下，欠2个小队）

第9中队（小队长尾笼健儿少尉以下1个小队）

第1机枪中队（小队长荒木芳光少尉以下1个小队）

第2机枪中队（中队长只松茂大尉以下，欠1个小队）

联队炮中队（中队长福田国夫中尉以下，欠2个分队）

野炮兵第56联队第3大队本部（守备队长金光惠次郎少佐以下）

第7中队（中队长泽内秀夫中尉以下3个小队）

第8中队（小队长公门司少尉等3个小队）

第9中队（中队长毛利昌弥大尉以下2个小队）

辎重兵第56联队第1中队（中队长田中省五郎少尉以下1个小队）

第56师团卫生队担架第3中队（中队长野津高雄中尉以下约100名）

第56师团防疫给水部一部（军医冈崎正尚大尉以下约40名）

野战医院入院患者（约300名）

第56师团通信中队（本田治雄准尉以下40名）

共计约1300人

到怒江西岸的守备。按照日军惯例，他们以松山脚下的腊勐寨名，取谐音将守军命名为“拉孟守备队”。日军盘踞松山历时两年有余，期间构筑了大量坚固工事，堡垒群遍布大小松山、黄土坡、阴登山、大垭口、滚龙坡、大寨、黄家水井、马鹿塘等地。松山日军的堡垒可不简单，大都分为三层，上面一层用作射击与观测，中间一层用作寝室或射击，下面一层用作掩蔽部或弹药储藏仓库。连接堡垒间的交通壕内设有轻机枪掩体和散兵坑，纵横交错，并有暗壕相通。更厉害的是，堡垒上掩盖有口径20至70毫米的木柱

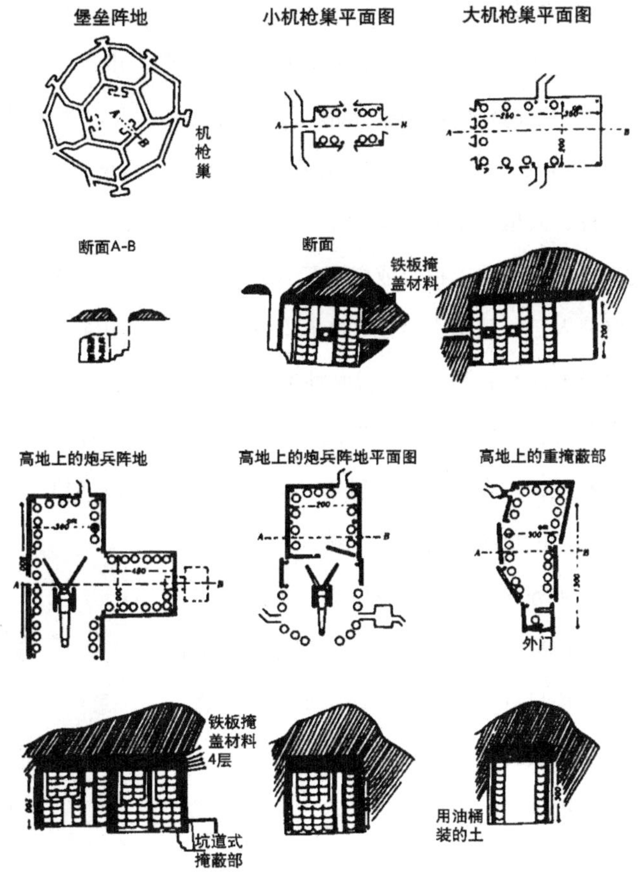

■ 日军工事构筑图例。

四五层，上铺钢板数层，再加积土1厘米，表面有巧妙的伪装，飞机炸弹和轻重炮弹不易破坏。堡垒高出地面部分四周，安放装满沙石的汽油桶，排列三重，桶间有钢板铺设，桶外有黄土覆盖，即便被重炮击中，堡垒内部日军受到的震荡也不大。步兵要想接近堡垒，难度同样很大，日军阵地前有铁丝网、鹿砦数道，要点敷设地雷及陷阱。地下埋设有电话、供水、供电等设施，配套建有医院、小型发电厂、蓄水池等，甚至还有慰安所。日本“缅甸派遣军”总司令河边正三评价松山工事“坚固性足以抵御任何程度的猛烈攻击，并可坚守10个月以上”。松山祐三也曾夸下海口，中国军队不死10万人，休想攻取。

第113联队是1938年5月在日本熊本编成的，最初隶属第106师团序列参加了武汉会战，在九江以南的沙河镇和万家岭，两次被中国军队重创，首任联队长田中圣道大佐被击毙。在1939年春的南昌会战中，继任联队长饭野贤十大佐又步前任后尘，相会黄泉。1940年3月，战死了两任联队长的第113联队被撤编，半年后又在福冈重新编成，由松井秀治任联队长，1941年10月纳入第56师团战斗序列。占据松山的第113联队处于日本侵华战线的最远端，两年中一直受到后方的特别关注。1943年初，日本广播协会组织慰问团跋山涉水来到松山，团员中有以春日井梅莺、奥山彩子等为首的当红歌星和一大群年轻的女舞蹈演员。

1944年5月，第20集团军渡江反攻，松山秀治率联队主力增援高黎贡山方向作战，守备队长一职委于炮兵第56联队第3大队大队长金光惠次郎少佐，后来又让自己的副官真锅邦人大尉返回松山协助金光指挥。金光惠次郎时年48岁，东京都人，毕业于东京工业专科学校。入伍前系动力技术员，本来很可能成为一名优秀的工程师或者工厂经理。20岁时应征入伍，服志愿兵役10年后，才以军曹资格考入日本士官学校少尉候补生第7期。拉孟守备队在缅甸方面军举行的年度军事演练大会武中，一直保持步枪射击、火炮射击和负重攀登三项第一的优异成绩。在长达两年的怒江防务中，拉孟守备队勤于演练，常备不懈，作战大小11次，多次受到嘉奖。据说金光少佐只有一次受到批评，那就是他将士兵接受慰安的次数由每月三次减为两次。据野炮兵第56联队本部的吉口未吉中尉回忆，金光为人内敛，擅长写文章、作报告之类，即使面对比他年轻的山崎联队长，都会像个新兵似地稍站片刻，回头就走。但真锅邦人就不一样了，真锅时年34岁，先后毕业于日本熊本下士官教导学校及陆军士官学校步兵科第56期，正宗科班出身。《中日拉孟决战揭密》一书披露，在松山战役期间，真锅一直扮演着前沿阵地指挥官的角色，他对松山阵地的每个角落都了如指掌，发布命令时喜欢大喊大叫，非常严厉。金光惠次郎指挥的兵力主要来自第113联队第2大队，该大队5月中旬曾一度南援平戛，后来大部分返回松山，只有原田大队长与3个小队被留在了芒市。

最初担负进攻松山任务的是新28师第82团附第5军山炮8连。6月4日清晨，新28师师长刘又军在攀枝花渡口对部队作战前动员，在他背后的733高地上，中国军队投入了炮7团混合营、炮10团主力和第5军山炮营，大小火炮近50门正虎视眈眈瞄准怒江西岸。“82团3营为右第一线，展开于沙子坡一带；82团1营展开于小董、5600高地一线；82团2营为

■ 日军“拉孟守备队”指挥官兼炮兵第56联队第3大队队长金光惠次郎少佐。

■ 1944年6月4日，新28师向松山日军发起进攻，远征军司令卫立煌(持望远镜未戴军帽者)亲临怒江东岸观战。照片为美军记者拍摄。

预备队，位置连场。”

刘又军师长下达完命令，得到钟彬允许，留在东岸白泥潭师部，由副师长王治熙全权指挥西岸作战。12：00，炮10团的150毫米榴弹炮呼啸着飞过怒江峡谷，日军6门100毫米榴弹炮进行还击，炮火明显处于劣势。82团很快拿下阴登山南翼前沿阵地竹子坡和腊勐，王治熙认为阴登山直接威胁惠通桥，又是日军在松山地区供应武器的中转站，企图一鼓作气将其攻占。5日9：00，82团继续攻击，几经冲杀只占领东南山腹和南侧一处小高地。7日，83团加入攻击，王治熙调整部署：82团攻阴登山，进出小水井、松山一线；83团(欠第2营)附工兵1个排，除以一部封锁、警戒镇安街方向，并将公路破坏，其余悉数展开于汪家寨、核桃箐一线，向大垭口、滚龙坡攻击；83团2营为预备队，位于松坡头、马鹿塘一线，一部警戒5600高地。王副师长的部署中规中矩，但面对日军坚固工事，当天并没有取得多大进展，相反伤亡倒不少。8日黄昏，阴登山日军100多人向82团发起反击，激战两小时，不支退回。王治熙组织突击队夜袭，也同样没有成功。10日，82团、83团再攻，从天蒙蒙亮打到烈日高照，仍旧原地踏步。此时，71军主力进展较顺，87师259团占领黄草坝，260团夺取大坝，完全切断了松山至龙陵间的公路，《中日拉孟决战揭密》的作者品野实感叹地说：“原来每天行驶联络的汽车无影无踪了，从此，3个月没有支援的孤军作战开始了。”

照理牵制松山日军的既定目标到此可算

完成，第11集团军主力已在龙陵与日军展开血战，接下去只要把松山守敌困死就行。问题出来了，松山卡住了滇缅公路，而进攻龙陵的部队离开公路运输困难重重，弹药和食物补给都成了大问题。骑虎难下，宋希濂下令新39师117团将怒江东岸防务交给115团缩编的加强营接替，即刻开赴松山归新28师指挥。14日，117团从新城到达，王治熙决心再起攻势，82团任务照旧，83团攻大垭口，117团展开于坪子地东西之线，由北向南围攻松山。15日和16日连续两天阴雨不断，山路泥泞不堪，别说是打仗，就是走路都要跌倒再爬起。王治熙只得变更部署：117团占领松山山腹的一部为右攻击队，对当面日军进行牵制攻击；82团附83团5连、6连和工兵1个排为中央攻击队，重叠展开于阴登山棱线及山腹，待炮兵将日军工事破坏后，一举突入敌阵；83团（欠2营）为左攻击队，向当面日军行钳制攻击；山炮兵第3、第8连先破坏阴登山东北、东南部工事，再向西北、西南山顶射击，阻敌增援。王治熙的这次战术调整十分有效，17日10:00，炮击刚刚停止，82团和83团2营即向日军猛烈冲锋，反复肉搏至18时，将阴登山山顶大部占领，计有大堡垒2个、小堡垒7个。83团（欠2营）夺取大垭口堡垒3个，117团攻至距松山顶仅200米处。当然，中国军队的伤亡也比较惨重，82团1营营长翁香山身负重伤，3团团附潘诚失去右腿，成为残废。19日，新28师得到弹药补充，84团攻占5600高地，士气一时大振。82团与83团2营再度联手，于20日4:00急袭阴登山日军残余，逼迫鬼子向松山、大垭口逃窜，宣告阴登山全部收复。

王治熙后来回忆：“我师先后攻占竹子坡、腊勐街、阴登山等地，从而切断了敌寇松山、龙陵之间的联系，并侦察到敌阵地的火力配置，为以后攻克松山，彻底消灭日军奠定了基础。”

此话虽不错，但新28师始终坚持松山日军不过三四百人，给决策层放手使用兵力的决心带来了负面影响。宋希濂考虑到新28师作战以来伤亡较大，决定再增加兵力加入松山攻坚，既然刘又军、王治熙一致认定日军只有三四百人，我就再给你1个营吧。于是第8军荣誉1师2团3营接到了渡江作战的命令，71军军长钟彬也奉命亲临前线指挥。21日15:00，钟军长来到小董瓮新28师指挥所，他要求“新39师117团附工兵3营1连主力为右翼攻击队，将阴登山阵地交给82团接替，22日13时开始向松山攻击；新29师82团附师工兵连，22日10:00接替阴登山，监视两端堡垒，担任左右攻击队的联系；83团附工兵1个排为左翼攻击队，22日12:30向大垭口之敌牵制攻击……”中国方面的战史对22日到26日的战斗情况没有具体记载，只说“复激战至27日，虽又克服据点10余处，终以敌利用坚固工事，负隅死守，致未能将其歼灭。至29日，荣誉第1师之第3团（欠1营）又奉命增加攻击，亦依然无大进展”。实际日军的日子也不好过，一面加固阵地，一面在夜间跳出战壕，从战死的将士尸体上寻找子弹补充，因为空投补给是杯水车薪。

从最初的1个加强团到现在的1个加强师，原本计划牵制作战的松山正在向攻坚作战转变，“非如一般限期攻占”这短短八个字，体现了钟彬军长对日军守备阵地的疯狂顽强精神有了充分认识。而最令宋希濂感到困惑的是，龙陵方面的战局趋向不利，71军的2个师本已攻入城中，眼看再有一两日便可大功告成，怎奈天有不测风云，日军援兵从腾冲、芒市突向龙陵，71军抵挡不住，慌忙退到龙陵东南郊小米地以西迄长岭岗一线，主力控制黄草坝及其西南地区，像刺猬般缩起身体，在公路边沿山头掘壕固守。险象环生的龙陵战局，迫使远征军必须打通滇缅公路松山段，啃下松山这个硬骨头，彻底改善后勤运输状况，挽救首尾不能相顾的第71军。为此，卫立煌下定决心，远征军总预备队第8军接替围攻松山的任务。卫立煌调兵遣将的同时，松山祐三也在动脑筋研究解救松山的对策。松井秀治认为从打磨山的东侧向镇安街附近挺进，以进出松山附近最有可能，强烈要求率2个大队前往驰援。松山祐三经过一番考虑，最终没有批准松井的计划，原因是“师团主力的战力已到了极限，对用2个大队的兵力解救松山缺乏信心”。

一方坚守不退，一方强攻不懈，松山仿佛是日军插在中国军队心窝上的一把尖刀，只有拔出这把尖刀，才能使腾冲、龙陵、松山三处战场连成一片。卫立煌为此专门召见即将率部攻坚的第8军军长何绍周说：“松山敌情是我们始料不及的，我们事先不明就里，估计有误，导致今日的被动。这个责任应由我本人来负。新28师是有功劳的，他们以极大的代价帮助长官部了解了敌情，使我们对敌人的阵地体系有了比较明确的认识。倘若不是新28师的艰苦奋战，前一阶段的代价恐怕会由第8军的部队付出的。你回去后立即进行部署，务求周密细致，尤其要向交防的新28师部队充分了解日军的阵地构筑和火力配备情况，制定有效的攻坚方案。长官部将从炮兵、空军两方面给予全力支持。具体怎么打由你决定，但务必不可骄躁。”何绍周时年42岁，系何应钦二哥何应禄之子，贵州兴义老乡习惯称他为“侄帅”。何绍周先后毕业于黄埔军校第一期、1928年至1929年，留学日本陆军自动车学校和野战炮兵学校，陆军大学正则班第十期。1930年代初任职财政部税警总团第1副总团长的何绍周，据说为人谨慎，对部队训练要求严格，并不因为叔父身居高位而飞扬跋扈。抗战军兴，税警总团

■ 第8军军长何绍周。

改编为2个支队编入第8军序列，何绍周便是第1支队司令官。后来调到黔军第25军第2师改编过来的第103师任旅长、副师长、师长，前后参加了江阴保卫战和武汉会战。1940年9月以后，何绍周先后担任新编第11军副军长、第88军军长、第8军军长等职。听完卫立煌的一席话，何绍周当即明白松山已成为中日双方拼死争夺的焦点和取胜关键。“拿不下松山，我不理发剃须！”何绍周的誓言久久萦绕在卫立煌的耳边。

肩负重任

1944年4月中旬，第8军奉命自滇南移驻滇西，徒步行军向凤仪、云南驿地区集中，归入中国远征军作战序列。5月中旬，还在西进路上，何绍周接到命令：82师推进由旺，接替71军87师怒江东岸江防守备；军直属部队与荣1师1团留置云南驿，担任飞机场守备，主力集结保山待命；103师停止于楚雄、禄丰间地区，归第5集团军指挥。何绍周有些不理解，按照长官部如此部署，82师打头，103师断尾，两者直线距离相隔250公里以上，第8军俨然摆了一个“一字长蛇阵”。抱怨归抱怨，执行归执行，6月上旬，各部逐次到达指定位置，长官部又从荣1师抽调第3团为保山机场的“飞虎队”站岗放哨。何绍周不甘心部队被分隔使用，和参谋长梁筱斋一合计，造成103师进入镇南以西山地的既成事实，迫使长官部改变命令，103师仍归还第8军建制。随后，荣1师2团3营拨归第6军指挥，担负蒲缥江防，3团主力车运保山归建。6月19日，卫立煌电令：“着荣1师（欠荣3团及荣2团3营）渡江，接替新28师围攻松山之任务。”谁料部队刚渡过怒江，卫立煌又改令副军长李弥率荣1师主力开赴镇安街集结，归宋希濂指挥加入龙陵方面战斗。26日，荣2团3营配属新28师攻击松山，伤亡过半毫无成果。卫立煌再令：“着荣3团（欠守备保山飞机场之第3营）配属军工兵加强爆破连及战防炮营，合编为攻击队，先行模拟演习两天，于27日渡江，归71军钟军长指挥，专任松山大垭口敌堡垒之攻击。”长官部屡次分隔使用第8军，固然有第8军是远征军总预备队的缘故，但将部队添油似地逐次投入松山作战，只能说明指挥官对松山敌情缺乏客观认识。但这倒也不能全怪卫立煌，卫立煌曾电请蒋介石集中使用第8军，至少103师应该全师车运保山准备参战，蒋介石回电，第103师可以车运保山，但必须留下1个团守备云南驿机场。对团级单位的使用发出再明确不过的表态，似乎是蒋介石的习惯，于是309团给云南驿机场当起了哨兵，“机”不可失啊！

在卫立煌指示下，新28师向第8军移交了“大垭口敌堡垒攻击资料”和“松山敌军兵力、工事位置判断图”，其中不乏一些正确的侦察反馈和实战经验教训，但也夹杂了不少错误分析。何绍周军长综合各方面情报，匡定松山日军兵力在1个大队以上，1个联队以下，已比新28师判定日军只有三四百人准确许多。可对于日军工事的判断，第8军只依据新28师已占领的阴登山，认为对手“除少数

■ 为美军飞虎队战斗机站岗的中国士兵。

■ 遥望松山主峰上的大垭口村，滇缅公路在村下蜿蜒而过。

堡垒外，一般为野战筑城而已”，显然过于武断。何绍周后来承认：“判断未能断然判决，影响各级作战指导非浅，并使军之攻击遭遇重大之困难。”

7月1日，第8军正式奉命担任松山围攻任务，何绍周将日军区分为南北两部，主力攻松山，一部攻滚龙坡。何军长的部署如下：82师245团3营应于3日午前推进至下腊勐附近，担任荣3团攻击松山右侧的掩护；荣3团(欠3营，配属军战防炮营及工兵加强连) 并指挥荣2团3营，即以该营接替阴登山新28师阵地，主力应于3日前完成对松山日军的攻击准备；新28师移交阵地完毕，一并指挥新39师117团，准备攻击大垭口、滚龙坡日军；71军山炮第1连、5军山炮第8连归本部直接指挥，协助荣3团攻击松山；炮10团、炮7团混合营、71军山炮第2营 (欠1连)，仍在怒江东岸加油站附近占领阵地，完成对松山日军阵地射击准备。当日晚些时候，卫立煌下令82师246团渡江接替阴登山防务，新28师、新39师117团归建。得知友军要走，何绍周决心依然不变，如果246团赶得上，担任新28师的任务，要来不及就以荣3团单独攻击。荣3团的官兵大多数是在抗日战场上久经惯战伤愈归队的人，跟前这座貌似普通的山头还真没放在眼里，团长赵发毕召集副团长陈运昌、1营营长陈岳峰、2营营长郑仁祥分配战斗区域，个个踌躇满志。

5日3：15，中国军队的炮兵按既定计划集中火力对攻击目标实行破坏射击，《中日拉孟决战揭密》一书写道："在盟军空军的支援下，怒江对面山头的敌军重炮一齐向我方阵地开火，我前沿阵地的二十多门火炮也开始还击，一时火光四起。"炮击过后，天已大亮，246团没能赶上战斗，荣3团主力依靠炮火射击的效果，向松山顶及其北侧高地施行果断攻击。5：40，有过昆仑关攻坚经历的荣3团一举冲上了松山顶，可还没来得及欢呼，就立刻遭到日军轻重机枪、掷弹筒的猛烈射击，被打得抬不起头来。更令这些抗日老兵难以接受的是，还没发现日军的堡垒位置，不少同生共死的弟兄已倒在血泊之中。幸存官兵只得退到松山顶下约100米下方构筑工事，等待时机再发起攻击，赵发毕团长等人这下再不敢轻敌了。第8军第一次攻略松山失败，何绍周意识到原因在于日军构筑了反斜面和侧防工事，炮兵无法破坏，步兵难以发现，即便能占领山顶，也坚持不了多长时间，不如放弃中央突破，先攻取两翼，再缩小正面，最后总攻松山顶。经过一番侦察，滚龙坡树木较少，山包上只有两个主要堡垒，构筑的多为侧防地堡，而且核桃青南侧高地能够瞰视滚龙坡，有利于步炮协同，于是定下主力由核桃青进攻滚龙坡的计划。为指示目标方便，何绍周以天干地支和数字命名松山各高地，松山为"子"、"丑"、"寅"、"卯"、"辰"、"巳"、"午"、"未"；滚龙坡为"甲"、"乙"、"丙"、"丁"、"戊"；滚龙坡东北大垭口一带为"已"、"庚"、"辛"、"壬"、"癸"；黄土坡为"一"、"二""、"三"、"四"、"五"、"六"。

6日，何绍周下达第二次攻略松山的命令：82师245团3营一部迂回黄土坡左侧，钳制、吸引日军；荣3团指挥荣2团3营，继续包围攻击松山"子"高地；82师246团一部攻大垭口、红木树，主力攻滚龙坡"甲"、"乙"、"丙"、"丁"、"戊"5个高地；炮兵主力破坏滚龙坡，一部先破坏松山日军阵地，再压制"丑"、"寅"、"卯"3个高地之敌。7日17时，荣3团在炮火掩护之下，由松山"子"高地山腹迫近山顶，2小时后成功登顶，但悲剧再度上演，日军火力随即从四面八方射来，荣3团完全被日军火力覆盖，根本无力扩张战果。入夜以后，"子"高地枪声稀疏，汪波师长预感不妙，果然到午夜时，冲入敌阵的200多将士仅生还5名伤兵。汪波师长在桂南会战时是荣1师第2团团长，想起当年这些血战昆仑关的弟兄，不禁眼眶湿润，泪水与松山上飘落的细雨交融，身边的警卫员早已泣不成声。82师246团攻击大垭口，先是奋勇攻占堡垒3个，因日军交叉火力凶猛，于拂晓前退回原阵地。该团主力攻滚龙坡，起初很顺利，20：00占领"丙"高地，接着乘势突入"乙"高地。但问题是过了铁丝网拿不下堡垒，你想摸近这个，那边枪响了，预备队的增援道路又被日军火力封死。日军又投入200多人分头反击，“我虽作壮烈之牺牲，仍无法立足”。分析第二次攻略松山失败，主要是第8军对松山日军阵地编成不知底细，滚龙坡方面虽然能占领局部，但无法确保胜利果实，最终伤亡很大。战斗中还发现日军在我军炮击时，往往隐藏于散兵壕、交通壕中的掩蔽部内，等中国军队步兵越过之后仍有少数人继续隐蔽，专门偷袭后续部队。面对凶狠狡猾的日军，何绍周下令：“仅占领制高点不为功，必须占领其工事，肃清其壕内，斩杀无余，始克有济。”研究决定：采取限制目标攻击法，逐步攻略日军据点；先以占领高地棱线为满足，严禁突下反斜面，以免遭受反斜面敌人火力杀伤；占领高地棱线的同时，要以有力兵力占领日军工事，严密扫荡躲在壕内、掩蔽部内的日军。

附图七　松山日军阵地要图

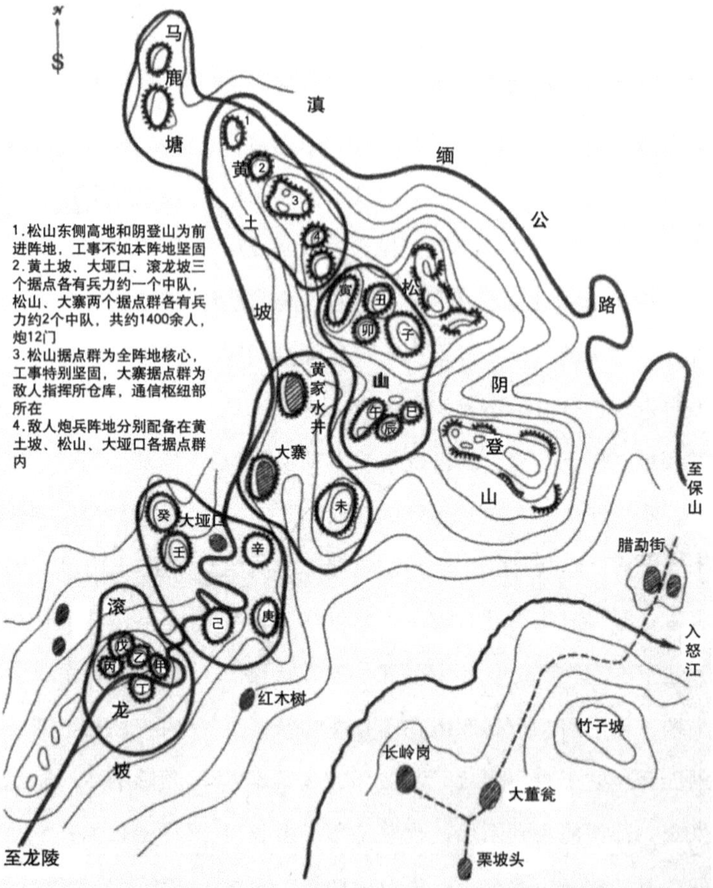

8日，103师307团自祥云车运到怒江边，当日薄暮前由惠通桥过怒江，加入松山攻坚。何绍周根据两次攻略经验，先令307团在腊勐街附近实行模拟演练两天，然后再移至核桃青担任主攻。9日，第8军第三次攻略松山的命令下达：82师245团3营为右侧支队，由黄土坡从北向马鹿塘迂回攻击；荣3团（欠1营）配属荣2团3营、军工兵营破坏加强连、喷火器6班为右翼队，任松山“子”高地攻击；82师246团配属喷火器2班为中央队，攻击大垭口、滚龙坡之敌；103师307团（欠1个营）配属第5军山炮第8连（欠1个排）、军战防炮3连1个排、82师工兵排、喷火器4排为左翼队，由核桃青一线攻击滚龙坡“乙”、“丙”、“丁”高地，一部支援右翼松山方面。何绍周这次投入了近4个团外加一定数量的特种兵，大有灭此朝食之势。不过随之发生了两件事，差一点改变何绍周12日发起攻击的决心。10日，71军山炮第1连奉命配属新28师转往平戛阻敌，何绍周请示缓调，但没有获得长官部允许。少了4门75毫米山炮，火力自然有所减弱，好在主攻正面不大，总算还能应付。11日，眼看总攻在际，第8军的弹药补给却还未到位，负责补给业务的是总监部第8分站，由于该分站是新成立的，组织不够健全，运输力不足，加上道路状况限制，既要远粮又要输弹，一时间实在忙不过来。何绍周发急了！离12日总攻时间只有10多个小时了，没有弹药补给就只能推迟进攻。“山穷水尽疑无路，柳暗花明又一村。”11日午后，事情有了转机，在军需人员的努力下，第11分监1分站同意出借弹药如下：步机枪子弹20000发、60毫米迫击炮弹1079发、82毫米迫击炮弹300发。军需送上弹药统计表，加上各部原先剩余的，弹药不至于出现接济不上，再说保山方面也答应不日追送，何绍周的脸色这才“阴转多云”，计划不变，打！

12日5:00，炮兵以猛烈炮火连续2个小时集中射击松山及滚龙坡“乙”、“丙”、“丁”3个高地，日军阵地顿时被弥漫的硝烟和飞散的沙土所覆盖。7时许，荣3团在炮兵转移射击的瞬间，突进到松山50米处，遭受西北侧、南侧两个方向的日军火力拦阻，日军巧妙利用密林丛荆，用机枪进行三发点射，让你无法确知他的位置所在。“陷入苦境”的荣3团伤亡剧增，最终还是凭借几个勇敢的老兵拼死抢占一段战壕，才将日军机枪手肃清，从而避免了整个部队的覆灭。滚龙坡方面，307团接近“丙”、“丁”高地约50米时，日军开始猛烈射击。该团29岁的副团长陈一匡毕业于中央军校第10期，后来回忆说：“我团1营、2营发起攻击，英勇官兵前仆后继，越过敌外壕，通过障碍物，向滚龙坡敌主阵地突入。接近‘丙’、‘丁’高地时，敌以猛烈火力射击……又值大雾弥漫，急风暴雨，攻击部队停滞在敌阵地前无法前进，故伤亡甚大。……我乃改变战法，抱寸土必争之决心，攻到哪里，占到哪里，就地挖坑，夜间对壕作业。敌用轻重机枪及掷弹筒射击，我用60迫击炮及步枪还击。”激战至黄昏，307团阵亡连长2人，排长4人，士兵伤亡150人，拼死击退日军两次反击。黑夜降临，炮兵无法进行有效射击，日军乘机组织第三次反击，307团抵挡不住，不得已退回原阵地。这一天，荣2团3营和82师246团同样没有取得多大进展。对日军堡垒情况缺乏了解使第8军损失兵力高达1个半营。

基于第三次攻击失败的教训，曾留学日本野战炮兵学校的何绍周得出结论，炮火覆盖对无防护或防护弱的目标固然有很大威力，但对工事坚固的日军作用不大，炮兵的面积破坏达不到预期效果。何军长调整炮兵战术，决心采用单炮对单堡的战法，进行一对一的逐点破坏。滚龙坡西南方5350高地配置山炮2门，专门破坏滚龙坡各高地西南斜面工事；滚龙坡北方阴登山上配置山炮2门，专门破坏滚龙坡各高地北斜面工事；山炮门，在竹子坡附近占领阵地，破坏滚龙坡各高地东南斜面工事；炮7团混合营115毫米榴弹炮4门，于腊勐街附近占领阵地，破坏滚龙坡山炮不能破坏的死角工事。为了减少日军侧防机能带来的损失，何绍周还指示第一线连用掘壕作业迫近日军，强调散兵壕必须逐段加盖，抵消日军掷弹筒损害。14日，第8军第四次下达攻略部署：荣3团(欠1营) 配属荣2团3营，袭击松山“巳”高地，破坏“子”高地侧防机能后，一举突占“子”高地；246团一部接替阴登山守备，主力突击“庚”高地，切断大垭口与滚龙坡之间的联络；307团突击“乙”、“丙”、“丁”高地；245团钳制松山、黄土坡之敌。至于攻击开始时间，当日的攻略部署并没有确定，只提到要以弹药囤积程度为转移。17日，弹药屯备接近半数，何绍周原定20日炮兵开始射击，22日步兵发起冲锋，因阴雨天气影响被迫向后推迟。

虽说连续击退了中国军队几次进攻，但松山日军丝毫没有胜利者的喜悦，“敌人的炮弹一发接一发，每天超过五十发。我方阵地遭到严重破坏，无法修复，弹药奇缺，形势一天比一天严重。”

附图八　松山日军据点群编成要图

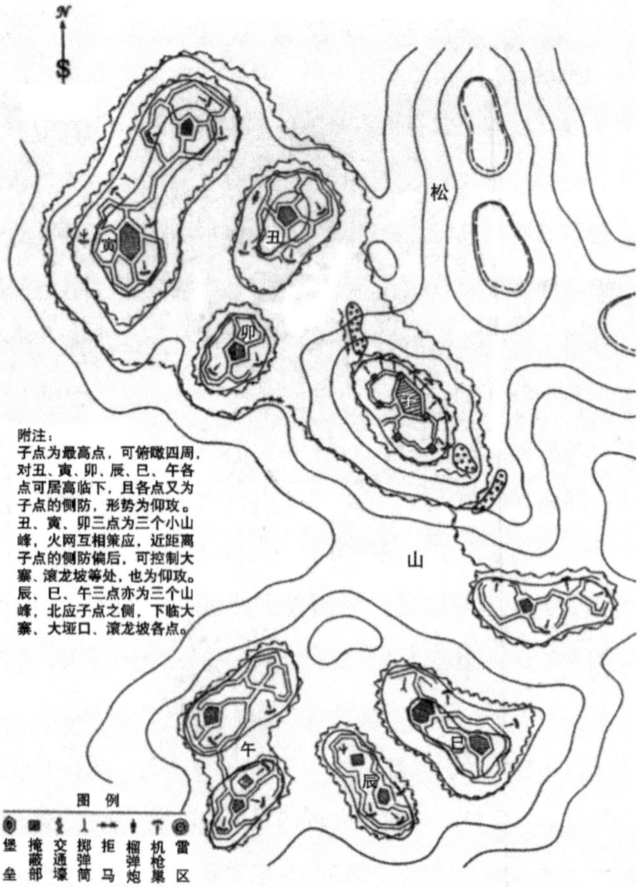

第8军滇西反攻战斗序列

第8军军长何绍周
- 第82师师长王伯勋
  - 第244团团长曾元三
  - 第245团团长刘体仁
  - 第246团团长田仲达
- 第103师师长熊绶春
  - 第307团团长程鹏
  - 第308团团长周相魁
  - 第309团团长陈永思
- 荣誉第1师师长汪波
  - 荣誉第1团团长程夏雷
  - 荣誉第2团团长李桢干
  - 荣誉第3团团长赵发毕

金光惠次郎紧紧抓住阴雨造成的战斗间隙，下令抓紧修补阵地，迎击中国军队即将展开的下一轮进攻。由第4中队小队长松尾良种接任战死的第2中队第3小队长井上要次郎，担任滚龙坡守备队长。

血祭滚龙坡

1944年7月23日，清早还是细雨绵绵的松山到了将近中午时分豁然转晴。炮兵按计划进行破坏射击，通过观测镜发现马鹿塘有日军50余人活动，5350高地配置的2门山炮立即送上一顿好打。12时10分，烈日当头，滇西战场偶尔一见的日本飞机12架投下补给品20多包，炮兵占有优势的中国军队立即集中炮火猛轰空投场，日军冒死抢拾，结果只拿到一小部分。品野实在《中日拉孟决战揭密》一书中真实记录了中国军队的炮击："本道阵地（滚龙坡）遭到敌人炮火的连续轰击，敌人发射的炮弹超过了8000发。整个阵地四周烟雾弥漫，火光冲天，尸体横飞。"14：00，何绍周得到炮兵报告：松山"子"高地顶点，树木已全部摧毁，但仍看不到工事所在；"丑"、"卯"高地破坏程度低于"子"高地，难见日军阵地位置；滚龙坡"乙"高地堡垒四周的汽油桶大部分已被击毁；"丙"、"丁"高地破坏效果最好，堡垒已出现倒塌，不少交通壕和机枪巢彻底崩溃。何绍周对此基本满意，当即下令炮兵转移火力，步兵开始突击。

■ 1944年7月，远征军第8军103师准备向滚龙坡的日军发起攻击。

先说荣3团，该团主力配属荣2团3营攻“巳”高地，事先何绍周曾特别强调要破坏“子”高地侧防机能，可惜临战还是没能做到，导致受“子”高地火力瞰制，一天打下来毫无战果可言。再说246团，该团主力动作敏捷，在炮兵转移的一刹那，一举突入“庚”高地，利用日军遗留下的散兵壕加以修改固守，又派出一部推进到大垭口南方200米处的公路旁隐伏警戒。入夜以后，日军集结100多人从大垭口和“巳”高地两个方向反扑“庚”高地，都被246团一一击退。拂晓清扫战场，日军遗尸80多具，战绩还算不俗。307团战果最大，《第8军怒江西岸松山围攻战斗经过概要报告书》称：“左翼队307团于炮火转移之瞬间约六分钟即占领‘丙’、‘丁’两高地。”副团长陈一匡后来在回忆录中证实：“轻重机枪适时压制敌火力之际，步兵即向‘丙’、‘丁’高地攻击前进。当时火焰喷射器发挥效能，敌堡的火力顿熄，步兵即勇猛突入敌阵，旋即占领‘丙’、‘丁’高地。”307团随后向“乙”高地冲锋，接近山顶时遭日军浓密火力扫射，一时间伤亡不少。金光惠次郎乘机抽调部队从“甲”、“乙”、“戊”3个高地反击丢失的“丙”、“丁”高地。16时，大雨迷雾下的滚龙坡杀声震天，副团长陈一匡隐蔽在一棵树桩后面观察，被日军发现，于是几发掷弹筒接连而来，其中一发直接命中树桩，将陈的头部和大腿炸伤——陈一匡伤愈后曾任103师副师长，1949年在广州投诚，80年代是昆明市政协文史资料委员会委员，撰写了不少抗日回忆——陈一匡伤重后送已是日落黄昏，“丁”高地一度局面混乱被日军反击得手，19:00再经307团浴血搏杀又失而复得。

24日，照旧是阴雨浓雾，荣3团那边没什么变化，246团、307团这边压力巨大。金光惠次郎从各地抽出兵力，收集弹药增援滚龙坡，敌我双方在“丙”、“丁”、“庚”高地反复争夺，307团1营营长刘家骐负伤，日军滚龙坡守备队长松尾良种阵亡。25日，已经无兵可调的金光惠次郎把军旗护卫小队投入滚龙坡，指定松茂大尉接任滚龙坡指挥官。即便如此，日军还是未能挽回滚龙坡阵地西半部的败局。307团利用死角甩出手榴弹，日军又将手榴弹反投回去，阵地周围弥漫着无数爆炸后的硝烟。穿过硝烟，中国军队突入战壕，在狭长的壕沟里与日军展开白刃战，肉搏战极其悲惨壮烈。要论拼刺刀的技术，307团大大逊于对手，但人数、气势占优，就足以弥补技术不足。傍晚，日军死伤大半，残部纷纷溃逃。何绍周以伤亡5个营的代价，换得“庚”、“丙”、“丁”3个高地的确实占领，并切断了大垭口、滚龙坡之间的交通。夜色降临，一些无法救治的重伤员，躺在战场上痛苦呻吟，因为惧怕日军夜袭，谁也不愿意冒险去救他们，整个松山到处充满着死亡气息。白天只要有飞机轰炸或者炮兵开火，随地可见腾起一团团血雾，死人胳膊大腿满天飞。第8军官兵既要忍受日晒雨淋，又要承受尸体腐烂发出的恶臭，还有成群结队的蛆虫。幸好美国军医连夜采取措施，预防针和药片双管齐下，才不至于瘟疫蔓延。“打仗就是这样，要多残酷就有多残酷。弟兄们天天泡在尸水里打仗，在死人堆里打滚，这种日子，别提有多么艰苦。”原308团老兵袁德均几十年后说起松山大战依旧老泪纵横。

■ 松山主峰上弹痕累累的老树。

当日炮兵报告“乙”高地堡垒四周的汽油桶被击毁不少，但从实际战斗情况分析，似乎对日军影响不大。爬上“丙”高地观察，结果发现炮击只破坏了“乙”高地表面一层，内层完好无缺。看来山炮直接瞄准堡垒的效力并不理想，至少在松山行不通，甚至150毫米榴弹炮直接命中“乙”高地堡垒，都没有什么明显效果。接下来怎么打？何绍周仍然从炮兵开始做文章：将山炮推进至最近距离，集中射击，逐次增大破坏效果，逼迫日军躲藏在堡垒或掩蔽部内，使步兵容易接近阵地，再以工兵爆破或喷火器解决日军。27日和28日，103师308团、82师245团冒雨赶到松山战场，何绍周决心重新调整势态，预定29日发起第五次攻略，处置如下：245团3营由黄土坡以北迂回攻击马鹿塘；荣3团主力配属荣2团3营，攻击松山“子”高地；246团将阴登山守备交给245团1营接替，集结优势兵力突击“己”、“辛”高地；307团和308团1个营配属战防炮2门、山炮1门、火焰喷射器两班，担任滚龙坡“甲”、“乙”、“戊”高地攻击任务……

中国军队的攻势一波接一波，松山日军对援军的盼望程度可想而知，可惜河边正三拿不出办法，只能以嘉奖令的形式鼓励松山守备队继续为天皇而战。“拉勐守备队驻守惠通桥要点，与中国远征军对峙。以高度的胆识和策略，在寡不敌众的情况下坚守阵地。……屡次打败敌人的进攻，其后陷入敌人重重包围之中，你们能与守备队长为核心，坚强团结，以坚韧的士气，毫不退缩，在弹尽粮绝的情况下，用刺刀同敌人拼搏……为全军树立了榜样。特发此嘉奖令，并通报全军。”嘉奖令对援兵和突围只字不提，这份赏词不过是告诉金光惠次郎等人，战局已经无法挽回，你们除了死守还是死守，别无选择。

29日，时晴时雨，步炮协同困难，何绍周要求各部利用天气晴朗的瞬间，寻找机会袭击日军。就在这一天，率领荣1师主力奋战龙陵外围的副军长李弥回到了松山。说起李弥，此人可不简单。李弥1902年出生于腾冲太平街（1926年改隶莲山设治局），1926年黄埔军校第4期毕业后派往江西朱培德部，在朱培德的军官教导团当排长。南昌起义后，李弥跑到南京国民革命军总司令部警卫团任连长，未几又改投四川赖心辉部，任营特派员、营长、副团长等职。1932年9月，赖部缩编的第51师驻防江西永丰被陈诚武力缴械改编，李弥坚决不从，拉着队伍直奔南昌。蒋

■ 松山主峰上的日军战壕。

介石得到报告，质问李弥为何不受命缴械，你猜李弥怎么回答？“以前校长在军校时，只教我们奋勇打仗，从未教导我们缴枪，所以，我决意把部队保持原封交给校长。”这一番话让蒋介石龙心大悦，李弥从此步步高升，第167师573团团长、瑞昌县长、第96师268旅旅长、第5师副师长、荣1师师长、第8军副军长，成为黄埔4期生中的佼佼者之一。松山战事激烈，卫立煌一纸电令把李弥从龙陵调回到何绍周身边协助指挥。

30日夜，308团一部成功偷袭“戊”高地，击毙日军10余人。田仲达团长回忆说“晚上8时，首先采取炮攻，发射500发炮弹把敌垒摧毁，然后用轻重火器掩护士兵冲锋，将暗堡逐个消灭。由于我们缺乏打地道战的经验，有时攻到前面的堡垒阵地，敌人又从地道背面钻出来打我们，开始我们吃了不少亏。经过这次教训后，我们便研究地道战战术，在攻击时尽量用火焰喷射器来摧毁敌人的地道和一切掩体设施。”8月1日，307团进一步将日军压迫于“乙”高地大堡垒中，但接下来任凭你山炮、火箭筒如何敲打，就是无法击穿这个“大龟壳”。16∶30，天空飘着细雨，第8军直属的1个火焰喷射班悄然出动，潘副班长管喷火，士兵张羽福负责背燃料瓶。步兵先用机枪把日军火力引开，潘、张二人左滚右爬进入喷火位置，离堡垒大概30多米，按照以往的训练效果，应该万无一失。哪晓得潘副班长刚扣动扳机，就惨叫一声，倒在地上乱滚。张羽福晚年曾对《大国之魂》的作者邓贤追述起那段惊心动魄的往事：“副班长姓潘，河南人，脸上有麻子，我们都管他叫麻皮。他只注意喷火角度，忽视了风向，一阵山风将喷出的近千度高温的火焰刮回来，当场就把他的眼睛烧瞎了。我幸好躲在他身后还有两三步远的地方，否则也不能幸免。但是麻皮射出的那股火却没有失效，鬼子的地堡立刻冒出许多浓烟来。我听见敌人在地堡里哇哇乱叫，有几个没烧死的钻出地堡逃命，马上就被我们的机枪打倒了。”火焰喷射器大显神威，307团只伤亡20多人便把久攻不克的“乙”高地给端了。

2日13∶00，天气逐渐放晴，何绍周下令各部按既定目标准备突击。一个小时后，炮兵集中轰炸滚龙坡“甲”、“乙”高地，246团迅速跃入“己”高地，从日军手中夺取了阵地的前半部。但阵地后半部的日军仍拼死不退，246团有些束手无策，何绍周一咬牙，不顾攻上去的部队与日军胶着在一起，严令阴登山炮兵向“已”高地射击。炮兵有些犹豫，何绍周解释说：“敌人拼刺刀比我们强，与其在白刃战中被敌刺死，不如双方同归于尽。”炮兵默然，军长的话虽然难以接受，但仔细想来也是残酷的现实，要怪就怪东洋鬼子吧！炮声响起，不少官兵壮烈成仁，换

附图九　滚龙坡日军据点编成要图

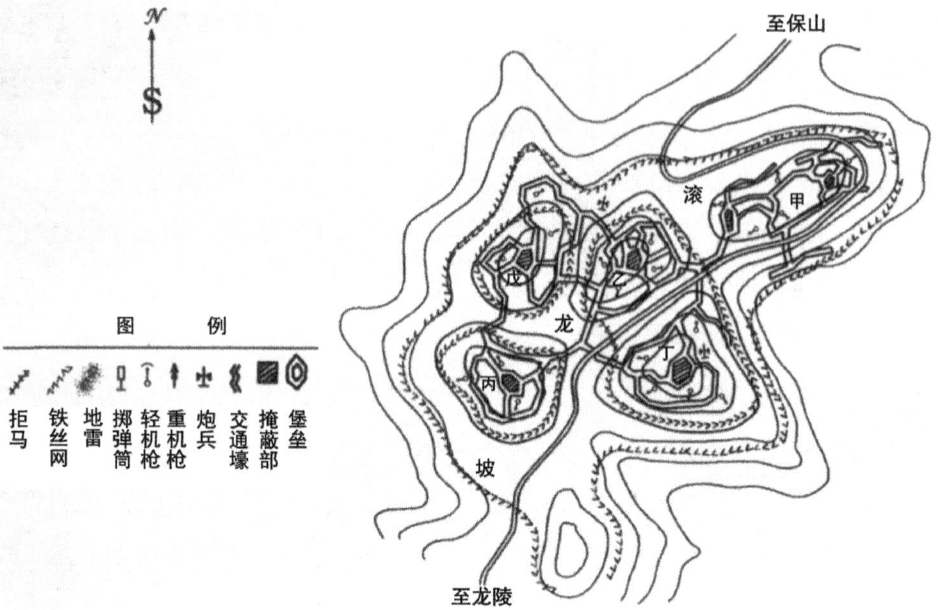

来的不过是占领“己”高地的约三分之二。14：00，103师跃出“丁”、“戊”阵地，由东西两个方向猛突“甲”高地，半个小时后步兵艰难进至离堡垒20米的地方。火焰喷射器对准已遭破坏的堡垒喷火，只见日军40－50人从东西两个堡垒顶爬出，冒着中国军队的枪林弹雨，大半滚落到“甲”高地北侧的交通壕中，试图整理反攻。竹子坡、阴登山的炮兵在观察镜中看得真切，哪容这几十号日军再肆虐，山炮、战防炮、高射机枪一时间都集中火力射向该地，246团也抽出4挺重机枪来凑热闹。17：00许，“甲”高地北侧交通壕血流成河，日军无一幸免。

3日拂晓，246团得到阴登山炮火支援，于12时将“己”高地之敌完全肃清，至此，滚龙坡据点“甲”、“乙”、“丙”、“丁”、“戊”五处全部被第8军攻破。清点战果，日军除炮击被埋地下及焚烧者无法统计外，“甲”高地堡垒周围遗尸68具，内有少尉、准尉3人；缴获大小火炮5门、重机枪1挺、轻机枪4挺、高射机枪1挺、步枪20多支。《中日拉孟决战揭密》从日军角度记载了本道阵地（滚龙坡）最后的战斗：“从望远镜里看到，敌人一齐向本道阵地投掷手榴弹。我方士兵在战壕里踏着死亡人员的尸体来回应战，整个本道阵地已经布满了敌兵。西半部的敌人一面向壕沟发射燃烧弹，一面冲上阵地。他们挥动着系有白色标志的手臂，好像是在显示自己已经占领了阵地。接着，东半部阵地也陷落了，熊熊黑烟直冲天空。我方官兵在（松山）主阵地上看到此景，个个咬牙切齿黯淡无言。……”在松山阵地的防御体系中，滚龙坡承担着前哨和保障主峰侧翼的重要角色，滚龙坡失守，松山主峰阵地（“子”高地）就完全暴露在中国军队的面前了，也难怪日军要“咬牙切齿黯淡无言”。

坊间有人认为第8军第五次攻松山，山炮抵近射击，火焰喷射器对付堡垒的战术调整出自李弥的想法。笔者对此不敢苟同，李弥赶回松山已是29日，距离第四次攻击结束的25日已过去4天，他对26日至28日的第五次攻略部署自然影响甚微。即便是后来的松山“子”高地大爆破，一般都将出谋划策归功于李弥，笔者也同样持怀疑态度。松山“子”高地只有一两亩地大小，日军构筑母堡两个，子堡多个，深沟壁垒，铁丝网3道，有掩盖交通壕直通指挥部阵地，这个据点配有轻重迫击炮、掷弹筒、轻重机枪等不同火力，火网十分浓密。但第8军对“子”高地工事的具体情况，事先并未掌握系统情报，只能通过航拍照片窥探冰山一角。照片惊人显示，美军飞机轰炸和中国军队重炮轰击并没有给“子”高地日军堡垒带来明显破坏的痕迹！荣3团几次进攻好不容易把战壕掘到距离“子”高地还有200米的地方，就再也没办法前进了。前面的山坡特别陡峭，少说也有50－60度，连打枪都得仰起头的地方，既要躲避日军火力，又得手脚并用往上爬，这显然就是不可能完成的任务。于是坑道爆破的计划出台了——“重炮兵之轰击仍未见破坏之痕迹，轻炮兵于最近之距离无阵地可资利用；至于高地工事究属如何，无从判断，遂决以坑道颠覆而占领之。于8月3日开始准备爆破工作，由军工兵营与荣3团共同担任之。”《第8军怒江西岸松山围攻战斗经过概要报告书》没有给出“坑道爆破”的决策背景和过程，这一杰作究竟应该属于何绍周还是李弥，又或者另有高人指点？

“子”高地大爆破

第8军从7月初接替新28师攻坚松山，至8月3日确实占领滚龙坡“甲”、“乙”、“丙”、“丁”、“戊”高地，整整花了1个月的时间。想当初淞沪会战双方投入近百万人也就周旋了3个月，对松山一隅这样的进展速度，远在重庆的蒋介石很难感到满意。卫立煌严令第8军限期1周克服松山，如违期不克，军、师、团长应以贻误戎机领罪。这就是重庆军委会对松山攻坚的第一次严令。综合第82师师长王伯勋、副师长王景渊、第8军辎重兵团团长李荩萱等人的回忆，何绍周接到命令后，马上召集副军长李弥、参谋长梁筱斋、荣1师师长汪波、第82师师长王伯勋、副师长王景渊、第103师师长熊绶春、副师长郭惠苍等将领召开紧急会议，商讨攻克松山计划。但具体是哪个提出“坑道爆破”？王伯勋和李苠萱的回忆有很大出入，说穿了都想把功劳往自己身上揽。王伯勋说：“我想起在陆大学习时工兵教官讲过，有时飞机、大炮难于摧毁的工事，可充分发挥工兵的作用，采用爆破战术。于是我立即在会上提议：是否考虑采用‘近迫’作业和‘对壕作业’，装入大量炸药，将敌军工事炸毁。”李苠萱说：“我建议何绍周令攻击松山顶的部队，在离敌100至200米处开挖一条坑道，延伸到山顶下，装上黄色炸药，将日军松山顶堡垒炸掉。何说：‘我军哪有这样的黄色炸药呢？’我说：‘请美军顾问斯贝特上校想办法。’何当即与斯贝特商议这个办法是否可行。斯贝特答应由加拿大用飞机运10吨以上的黄色炸药来，要求部队先挖好坑道。”没有资格参加紧急会议的荣1师3团少校团附崔继圣，则以自己的亲身经历试图让后人信服李弥才是“坑道爆破”的决策者：“8月1日晨，副军长亲临我团前线第1营指挥所，召集团、营、连、排、班长等，讨论解决当前战斗困境。他说：‘必须立即攻占子高地阵地的右翼敌堡，从堡下层挖掘地道直通子阵地母堡下层，设立两个药室，装下梯恩梯炸掉子阵地，方能全胜。’”前文曾提到的张羽福又提供了另一种说法：“还是美国顾问给

■ 松山主峰上的“子”高地。

附图十　松山战斗坑道作业敌我态势图

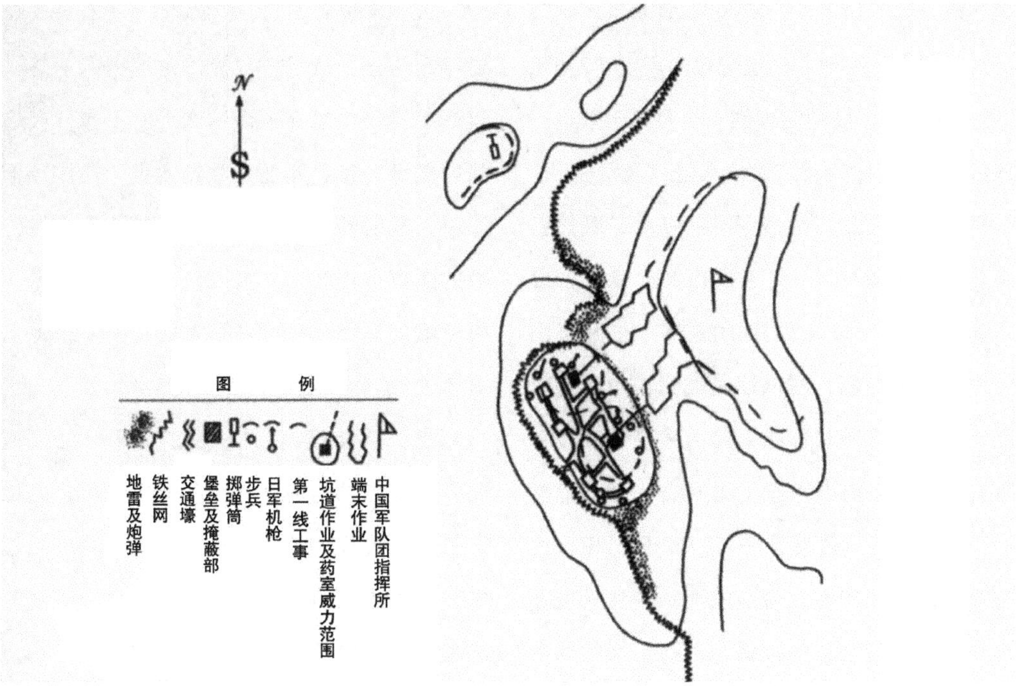

李弥出个主意，建议从松山下面挖地道通到子高地，然后用最新式的美国炸药将地堡炸掉。李弥采纳了建议，这就是后来有名的松山大爆破。”

既然说法不一，又缺乏可以佐证的原始史料，不如把“坑道爆破”权当是第8军的集体英明决策吧。8月3日，何绍周下令：荣3团与军工兵营主力协力爆破作业；荣2团3营准备攻击“巳”、“辰”2个高地；246团将已占领的地域移交103师，转移于阴登山、冯家坡之线，准备攻“午”、“未”2个高地；103师（欠309团）继续肃清大垭口及“壬”、“癸”高地之敌，向公路附近进出，以便围攻大寨。5日，各部到达指定位置，基本完成攻击准备，何绍周进一步下达命令——7日13：00开始第六次攻击！而事实上炮兵早在3日以后，就开始对“巳”、“辰”、“午”、“未”高地进行炮火准备，到6日已大体上达到软化日军工事的效果。“正是雨季，潮湿松软的阵地，被炮弹全部犁过一遍，战壕几乎被填平，士兵再也无力修复。”日军工事毁坏程度确实严重，但战斗意志顽强不减。7日13：00，荣2团3营主力费尽九牛二虎之力，突入“巳”高地，与日军进行了长达两小时的肉搏战，双方阵亡将士的尸体几乎快要与散兵壕持平，日军依然占据高地后半部拼死不退。3营一部攻击“辰”高地，因投入力量不大，被日军拒止在阵地前进退不得。246团2

营接连攻克“未”高地和“庚”高地，代价是兵员只剩下50多人，15：00，日军从“午”高地、“未”高地左侧进行包围反攻，246团2营无法支持，成功突围的不过寥寥十数人。308团团长田仲达对“肃清大垭口及‘壬’、‘癸’高地之敌”的命令有所抵触，既然已准备“坑道爆破”，何必再作如此牺牲，要求缓攻。大垭口地处松山腰部，左得松山“子”高地控制，右以滚龙坡为犄角，仰攻困难重重，田团长体恤部属的建议最终被军部驳回。担任主攻的3营伤亡殆尽，谢梦熊营长为国捐躯，全营最后仅有8人退回。田仲达在高炮阵地指挥时，身边的两个勤务兵中弹阵亡，自己的钢盔也被弹片刮破。何绍周不清楚308团减员已经非常严重，看到山坡很多士兵趴在地上，便打电话问田仲达：“你的兵为什么趴倒不动？”田团长回答说：“他们永远也不能动了。”何绍周无语，田仲达心里十分难过，他后来在回忆录中写道：“上级不了解战场情况，武断指挥，往往造成重大伤亡，这是最痛心的事情。”截至7日黄昏止，第8军各部均伤亡惨重，何绍周请求守备保山机场的荣3团3营和守备云南驿机场的309团归建参战，都获得了卫立煌批准。另一方面，何绍周从重机枪、迫击炮等重兵器部队中尽量抽出兵员，再加上一些勤杂人员一起编为步枪兵，勉强凑成1个团，荣3团（欠3营）220余人、荣2团3营60人、246团120人、307团100人、308团170人、245团余部组成1个营。

或许有读者要问，第8军不是已有火焰喷射器到达松山战场？攻克滚龙坡据点不是露过一手？伤亡怎么还会这么大？不错，火焰喷射器是厉害，问题是数量太少，操作也不简单。喷射器重量约50斤，用机油为燃料，喷射距离可达20米，换成汽油可喷射50米，机油喷射呈面状，汽油呈线状。喷射组每次可负油5加仑，点射可以发射3次，如果一次性喷完，可持续2秒钟。喷射完毕，必须退回安全地点补给油料，更换氮氢气筒，熟练人员更换过程大约需要15分钟。由此可以想像，火焰喷射组负重接近日军堡垒的难度势必很大，要没算准距离或者受到风力影响，不管是3次点射还是2秒喷完都经不起折腾，还得潜伏退回来过。所以，第8军把火焰喷射器当成“宝”，使用非常谨慎，将其控制在营一级的预备队中，视攻击部队需要，临时派出。出发前还要在现场观察确定以下几点：攻击目标、喷射堡垒的部位、进出道路、退出道路、掩护部队兵力及所在位置、风力和风速。明眼人一看便知，受到数量和技术条件的限制，火焰喷射器不可能在松山攻坚战中起决定性作用。

7日夜，何绍周部署第七次攻略：荣3团和工兵营主力加紧坑道爆破作业，尽可能缩短时期；246团撤出战场，于大董瓮附近整编为1个加强连，派营长1名率领，进入敌后横

■ 第8军在松山攻坚中使用火焰喷射器。

当附近，相机袭扰日军；245团（欠3营）指挥荣2团3营，除确保既得地域外，并向“辰”、“午”、“午”及“未”高地间无名高地，以交通壕端末作业力求接近，准备尔后攻击；308团肃清大垭口日军，攻占“未”高地；307团攻击“癸”高地，突击大寨，缩小包围圈。此时日军能够战斗的人数大概还有200人，由于炮弹、手榴弹无法获得补充，处境亦是艰难无比。8日晨，308团的170人将“未”、“辛”高地鞍部日军驱逐，下午攻“未”高地就力不从心了，进展至“未”高地棱线下10余米，无力再攻，毕竟兵力严重不足。307团一度攻占“癸”高地，但遭到“未”高地西斜面日军侧射，终究无法固守，结果徒增死伤。9日，势单力薄的308团没有放弃“未”高地，冲锋号一响起，能够拿起枪的士兵无一不是勇猛直前，无奈日军侧射火力设置巧妙，仍是无法取得任何进展。如果说日军对付中国军队步兵，无论是心理素质还是战术都占有明显优势的话，那么滇西战场上的炮兵无疑就是中国军队的天下了。金光惠次郎为了减少炮击伤亡，想出了一个妙计，挑选敢死队员穿着中国军服，携带手枪、手榴弹和爆破地雷等，摸黑偷袭中国军队炮兵阵地。残存的日军对于这次具有“戏剧性”的奇袭计划个个抱以莫大希望，敢死队亦总算没有空手而回，根据日军战史披露，“易装”的日军于11日、12日两天回到了主阵地，28人中只有2人战死，其余都安然无恙，战果是炸毁山炮2门、榴弹炮2门、迫击炮2门、机关枪2挺和卡车1辆，约150名中国士兵溃逃。然而一次偷袭并不能改变日军江河日下的局面。10日，307团攻克“癸”高地，拔掉了大垭口上最后一个日军阵地。11：00多，日机9架投下补给品7包，落于大垭口北侧，双方都派出部队前往争夺，结果还是日军先到一步，中国军队伤亡20余人，只毁坏其中一两个空投包。午夜，307团5名勇士乘隙袭击了大寨日军的一处指挥所，夺获113联队（龙6734部队）关防印1枚，安全返回。

地上炮火纷飞，地下坑道作业热火朝天。第8军工兵营从8月4日开始，分成四班，白天黑夜轮流干，先平行往里挖一个洞，目标是通到“子”高地下面。大约挖了10天，美国顾问爬进洞一段一段测量，差不多有30米，说是已经到了“子”高地下方，接着分成两组，左右开弓，竖着往上挖。想想阵亡的弟兄，工兵们挥汗如雨，人停锹不停，往上只挖了几天，美国顾问就连声说“OK”，已经在小鬼子脚底下了。这么大一个工程能瞒过日军吗？哪能。15日前后，日军破译了第8军请求补充梯恩梯炸药的电报，怪不得一到夜深人静时总能听见脚底下有动静，金光惠次郎缓过神来急忙下令从上往下挖，掘断中国军队的地道。可惜已经晚了。17日，荣3团3营到达腊勐街。18日夜，第8军工兵营宣告坑道工程全部完成，2个炸药室分别都有一间房间大小，“炸药都是美国货，铁箱子，每箱25公斤，我记得左药室填了120箱，右药室填了160箱，光是往洞里搬这些铁家伙就花了一天一夜”。尽管时隔40多年，张羽富回忆起坑道作业仍是一脸兴奋。得到工兵营和美国顾问的报告，何绍周决心不待309团到达，20日9：00实施爆破，并于19日下达攻击令如下：荣3团配属战防炮2门、火焰喷射器2具，破坏日军侧防机能，以一部守住双尖峰，主力应于爆破瞬间迅即占领“子”高地；荣2团3营确保“巳”高地已占领部分；245团以一部守备阴登山及冯家坡，主力于“子”高地爆破瞬间，突击“未”高地棱线；307团配属战防炮4门、火

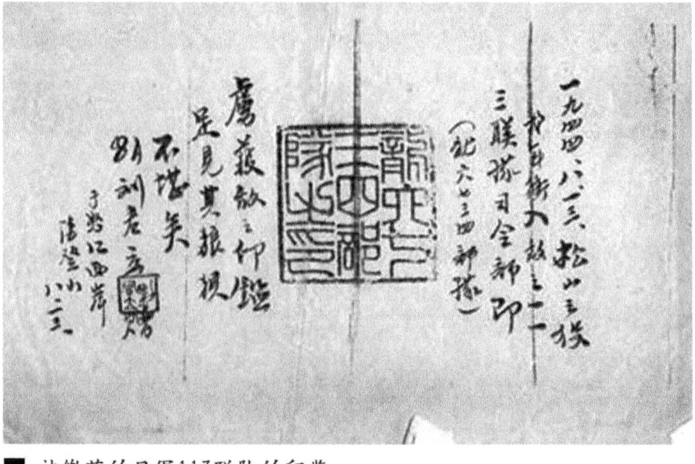

■ 被缴获的日军113联队的印鉴。

焰喷射器2具，攻击大寨……

20日，久违的太阳从怒江东岸升起，荣3团为了吸引更多日军聚集“子”高地，故意向“子”高地发动声势浩大的进攻。9时，荣3团攻击部队按计划陆续退到大垭口，众人屏住呼吸期待大爆破时刻的到来。9时15分左右，掩蔽部电话响起，何绍周在电话中只说了两个字——开始！第8军工兵营中校营长岳振霞高声喊道：“一、二、三，起爆！”负责点火的荣3团少校团附崔继圣猛得扔地烟头，微微颤抖的双手突然狠狠握住起爆装置，用尽全身力气往下一压一扭。奇怪！开始似乎没有什么动静，过了几秒钟，轰隆一声巨响，地动山摇，掩蔽部的木头支架嘎吱嘎吱作响。放眼望去，松山“子”高地上空黑烟百丈，高耸云霄。张羽富形容说：“我看见一股浓浓的烟柱蹿起来，越来越高，烟柱头上有一顶帽子，很像解放后电影上放的原子弹爆炸。烟柱足足有一二百米高，停留在半空中，久久不散。”场面足够恐怖，效果到底如何？9：30，荣3团1营冲上“子”高地，只见“子”高地被炸出2个直径30－40米、深达15米的大坑，离预期炸翻整个高地还有相当差距，究竟炸死多少日军谁都说不准，有说70多，有说80多，反正地面上就9具完整尸体，埋在地下和炸碎的恐怕只有天晓得了。俘虏最初倒有5个，耳朵鼻子直流血，看来是被震得够呛，没想到押解途中有个日军发狂，用牙齿咬解送士兵，下场就是“砰”的一声见阎王。

爆炸瞬间，245团、308团等部跃出阵地，各自杀向预定目标，不过只有308团顺利攻占“未”高地，其余各部都没有完成任务。当晚，金光惠次郎从各个阵地抽调60名

■ 松山主峰日军阵地被中国军队用280箱TNT送上天的瞬间。

■ 松山战场子高地爆破落坑标志碑。

士兵组成1个中队，由只松茂大尉指挥，企图利用夜色一举夺回松山“子”高地。结果荣3团1营坚持到了天亮，子弹、手榴弹用尽的日军被中国军队炮火猛烈轰击，狼狈退去。21日，金光惠次郎又抽调80名步兵和炮兵，由野炮第3大队本部观测员木下四郎中尉指挥，再夺“子”高地。赵发毕团长鉴于1营伤亡太大，令生力军3营接替“子”高地防守，这一部署原本无错，可荣3团3营初来乍到，地形不熟，混战到22日凌晨，把“子”高地给丢了。陈载经营长被士兵架着走下山，浑身上下全是泥和血，看来已是尽了力，赵发毕无话可说。何绍周、李弥闻讯勃然大怒，卫长官刚刚来电：“昨日攻下‘子’、‘未’高地，甚慰。希于本月26日前将松山克服为要。”李弥拿起电话冲着赵发毕团长直

■ 松山幸存的四个日军战俘。

发火："赵发毕你听好，松山就是赵发毕，赵发毕就是松山，有你就有松山在，不惜任何牺牲代价，必须明日夺回子高地。"

22日8：00，82师副师长王景渊奉命来到荣3团指挥所督战。何绍周之所以选派王景渊是有其原因的，荣1师在第8军自持中央嫡系，又有昆仑关攻坚战骄人战绩，眼中有些瞧不起黔军系统的82师和103师，这回就要地方部队的副师长来监督你嫡系部队的反攻，也算是一种激将手段吧。王景渊开门见山，一到团部就组织敢死队，荣3团残余官兵报名踊跃，陈载经营长要求带队，理由很简单，阵地是我丢的，就是头掉了也要夺回来。王景渊最终选定30人组成敢死队，外加特务排10多人，由陈载经担任队长，接下来的一幕很具中国旧式军队的特色：王副师长的随从打开几个大箱子，里面全是关金票，王景渊当场宣布："今天每人暂发5000元，夺下子高地再发5000元。"9：00，敢死队上起刺刀，人人奋勇，个个当先，片刻工夫便冲入"子"高地，与日军缠斗厮杀在一块。这时，敢死队突然多出了18个人，原来8连高建国排长带着手下一直坚守在一处掩蔽部中没有撤退，等待援军到来。于是两拨人里应外合一夹攻，日军三五成群向反斜面逃窜，敢死队也只剩下10多人，陈载经营长多处负伤，鲜血再一次染红战袍。崔继圣和美国顾问率3个高射机枪组担任掩护队，紧跟敢死队冲上"子"高地，不禁被眼前的惨状惊呆。陈营长浑身是血不说，四周密密麻麻堆集着双方的尸体，互相拥抱同归于尽的竟有62对，被污血浸透的土壤发出阵阵腥臭和硝烟味，令人作呕。荣3团经此一战，全团仅余200多人，何绍周下令整编为1个加强连，赵发毕成了"上校连长"。

23日17：00，金光惠次郎电告松山祐三师团长："19日以来，敌军猛攻。守备兵死守敢斗，大部伤亡，关山阵地被爆破，虽两次组织夜袭夺回，但敌集中炮击，我战死百人以上。由于兵力稀少，战线只得集中在横股、松山、音部山、里山一带，弃舍南方高地和东北部高地联线整理。守兵有一只手、一只脚者大部分都在奋力战斗，力争确保该线。"日军负隅顽抗，看来黄土岭、大寨、长岭岗等地还有一战。

最后的硝烟

1944年8月25日，103师309团主力陆续在腊勐街集结完毕。陈永思团长是贵州遵义人，早年当过王家烈的参谋，他一到驻地就急匆匆直奔军部请示任务。眼前的何绍周军长胡子拉碴、头发蓬乱，一副睡眠不足的样子，完全像换了一个人。也难怪，松山攻坚战从新28师到第8军，已经打了近三个月，何绍周的胡子和头发不知不觉有两个月未曾修勇，卫立煌8月初所归定的一周拿下松山，转眼也已过去三周。第8军必须给蒋委员长、卫司令长官和数千阵亡将士一个交代！何绍周、李弥、梁筱斋、熊绶春等人商议决定，利用“子”高地的胜利成果，继续突击，一举将日军包围歼灭于大寨及黄土坡。第8军第八次攻略松山部署如下：荣3团确保既得阵地，主力支援309团攻击；309团以1个连为师预备队，以1个连推进至阴登山为军预备队，主力由“子”高地右侧进攻“丑”、“寅”、“卯”3个高地及黄土坡“五号”高地；245团集中兵力，肃清“巳”高地之敌，荣2团3营确保“巳”高地已占领部分；308团向“午”、“未”高地间无名高地攻击，307团仍向大寨攻击；山炮1门、战防炮2门推进“子”高地南侧，归王景渊指挥，破坏“巳”、“辰”、“午”高地反斜面日军堡垒及掩蔽部。

26日，参谋长梁筱斋亲自跑到“子”高地侦察敌情，在他的带动下，各团、营、连长翌日也纷纷对当面日军进行细致摸底。中午，远征军司令长官部兵站总监司可庄、参谋处长季鼎生等人受卫立煌委托，专门赶到第8军竹子坡战斗指挥所，研究解决松山攻坚战所面临的种种困难。何绍周要求司可庄保证弹药供应，以免战斗途中出现弹药不济而影响作战，同时将第8军态势和兵力大要向季鼎生说明，强调第8军不能孤注一掷，但不会有违卫司令长官期望。28日晨，309团1个排向“丑”高地威力搜索，该排官兵行动非常谨慎，11:00许才接近“丑”高地外围，日军似乎没有察觉这支小分队的到来，动静全无。该排随即扑入壕内，射杀7名日军，夺获山炮1门、步枪4支。这也是第8军当日取得的唯一战果，307团对大寨中部攻击受到日军火力瞰制，难以进展。29日11:00，309团向“寅”高地及“五号”高地再行威力搜索，使用兵力仍然是1个排。2个小时后，再度得手，陈永思团长调上1个连，准备迎击日军反击，确保“寅”高地和“五号”高地不失。陈团长的处置相当正确，该连官兵刚刚进入阵地，日军就猛烈反攻而至，在王景渊指挥的炮火支援下，15:00日军被击退。黄昏时分，日军卷土重来，陈永思团长命令3营营长黄仁伟率2个连增援。当夜敌我展开浴血搏杀，黄营长身上三处挂彩，坚不后退，官兵士气高昂，拂晓时终于粉碎日军连续7次猛扑，但3营也付出了死伤200余人的代价。“寅”高地杀声震天，245团为策应309团战斗，利用炮兵对“巳”高地破坏成果，一举突入，肃清残余日军11人。308团不甘落后，午后强袭“午”高地和“未”高地中间地带，占领南半部。

基于309团已伤亡半个营，何绍周调整布置：以军工兵营主力担任“子”高地守备，抽出荣3团任“寅”高地南部及“卯”高地残敌肃清；309团应即整顿部队，除固守“五号”、“辰”、“寅”高地外，即攻占“四号”高地。新到工兵第15团1个连，担任荣3团工事材料搬运和构筑任务；阴登山炮兵全力支援荣3团，并破坏“寅”高地南端堡垒；配属309团的山炮，以1门推进“子”高地北侧，支援荣3团战斗；竹子坡炮兵亦全力协助荣3团。显然，何绍周此举是要309团集中力量专注进攻黄土坡，把“寅”、“卯”高地的肃敌任务转交给荣3团残余加强连。笔者以为，这充分体现了第8军使用309团的原则，309团是新到的生力军，也是最后的一点完整力量，既要承担第八次攻击的重任，又要充分考虑谨慎使用的意义。按照何绍周自己的话说：“我们要采取蚕食战术，一点一点地打进去把敌人消灭。”30日13：15，荣3团加强连向“寅”高地棱线发起进攻，到底是身经百战的伤愈归队老兵，15：00就把日军逼到一处已被破坏的堡垒中，赵发毕也不急于求胜，而是封锁堡垒静待火焰喷射器增援。等火焰喷射器一到，经过连续2次发射，日军瞬间就被滚滚烈焰吞没。17：00，赵发毕派兵10余人清扫“子”、“巳”两高地之间的谷地，其余乘胜进至棱线西侧，日军80多人向黄家水井败退，中途遭307团火力截击，留下30多具尸体。不过清扫谷地的10多个弟兄只有4人生还，杂草丛中竟然还隐藏着3座暗堡！31日，309团成功登上“四号”高地，受到鼓舞，赵发毕把阴登山上的山炮、战防炮推进到“巳”高地东北端，直接瞄准射击，摧毁3座夺命堡垒。稍事休整，荣3团加强连的20多名士兵继续往前搜索，又发现“子”高地西南脚下死角中有1处堡垒，这个堡垒位置隐蔽，死死封锁了搜索队前进道路。赵发毕得到报告，摊开地图研究地形，抽调1个班从“子”、“丑”高地间谷地迂回进攻，巧妙避开堡垒火力，击毙日军7人，缴获歪把子2挺、三八大盖3支，当然，这些日本货在荣3团眼里早已不入流。清除掉这个“毒瘤”，松山和阴登山之间的交通彻底畅通。

松山日军的阵地逐步缩小，援兵还是不见踪影，轻易不向上级叫苦的金光惠次郎终于按捺不住，致电松山祐三求救：“由于三个多月的战斗和敌人28日以来的总反攻，致使守备队的兵力死伤无数。加之长期作战，步兵、炮兵小队长以上军官已基本战死战伤，官兵多数成为残疾。音部山的一角及炮兵兵营、西山、横股阵地被迫不断收缩。即使死守，也处于极端危机的状态。由于弹药严重缺乏，就是短兵相接也无法解除包围，只有组织健康人员实施突击，请兵团主力部队面对残局组成敢死队，来确保拉孟之安危。”金光到死的那天都没有收到复电，这使《中日拉孟决战揭密》的作者品野实相当不满：“即使自己毁灭，如果没有死守的命令，任何情况都要向军部请示。当然，作为军部来说，是应该派援兵来坚守阵地，可援兵不但未派，连突围的命令也不下，就只顾自己保命！这难道不是他们犯下的罪恶吗？”松山日军的命运已经注定，顽抗到底是武士道精神的最好表现，第8军面对的将是一个垂死挣扎的人最后的疯狂一搏。

9月1日，309团从“四号”高地进攻“三号”高地。“三号”高地树木攀天，未经炮兵破坏，日军在密林中遍布狙击手，陈永思团长一时想不出好办法，下令伐木而进。这得多少斧头锯子啊？摆明了行不通，一天下来只推进了200多米。再说245团占领“巳”高地后，当面日军“辰”、“午”高地已经孤立，11:00，炮兵集中破坏“辰”、“午”高地及其反斜面，炮弹足足打了2小时，看来兵站总监司可庄的弹药屯备相当充足。13:00，245团开始行动，仅有1名士兵负伤，就相继轻松拿下了“辰”、“午”高地。308团也有好消息传来，“午”、“未”高地之间的残余日军，经过仔细搜索已告肃清。2日晨，第8军战斗指挥所由竹子坡推进到“子”高地，何绍周将此前暂做军预备队的309团1连归还建制，期待陈永思团长有更好的表现。10:00，309团艰难进至距离“三号”高地还有100多米的地方，受到日军火力阻止，再也无法迈步。陈团长求功心切，不得已改从双尖峰附近仰攻，官兵倒是十分勇敢，无奈受到日军隐蔽火力点的压制，营连长以下伤亡惨重，最后只能与日军相距50米形成胶着状态。荣3团加强连、荣2团3营、245团、307团、308团等部协同攻大寨也无法取得进展。日军是典型的困兽犹斗，反正我准备死在这里，多换你几条命陪葬。激战至13:00，卫立煌打电话给何绍周：“松山残余之敌为数甚少，目前全局成败转折全在松山，今日务必将松山及大寨之敌全部肃清。不得借口先后及顾虑任何牺牲。如逾期未能达成任务，着将负责之师团长一齐押解长官部，以军法从事，该军长亦不能辞其职。”顺便还送来一封亲笔信，“……绍周，切勿以熟相欺，以身试法！”卫立煌发狠话了。

何绍周当即通过电话把卫立煌的严令传

■ 1942年12月，进占松山的日军113联队在竹子坡6730高地面向东方举行遥拜天皇仪式，左起第一人为队长松井秀治。

达给师、团长，要求各级将士猛打猛扑，完成重庆统帅部和远征军长官部的殷切期望。日落黄昏，309团攻占“三号”高地最东端的一处堡垒，荣3团加强连等也完全占领大寨，第8军完成了卫立煌限令电中的一半任务，至于“全部肃清松山日军”这一条，何绍周请求宽限时日，以竟全功。卫立煌还能怎样？仗打到这分上了，难道真把第8军师、团长一块押到长官部法办？那谁接着来打松山？所谓“军法从事”这时也只能起到一点施压作用。何绍周当晚作出处置：荣3团配属荣2团2营，全部移于309团以右，于明日拂晓攻击“一号”、“二号”高地；309团全力进攻“三号”高地；“寅”高地及“四号”、“五号”高地由245团接替守备；308团主力清扫大寨，一部协同307团攻击；307团配属246团加强连，先攻占黄家水井，再向马鹿塘进出；军搜索营和特务营各1个连推进松山，担任军预备队。一般认为，何绍周9月2日晚的这次部署是第8军第九次攻略松山的开始。

命令刚刚下达，309团就全力以赴进攻“三号”高地，日军利用前一天获得的一点空投弹药，用轻重机枪、枪榴弹猛烈阻击，3营营长黄荣光、2营营长滕兴成先后负重伤，连长以下几乎伤亡殆尽，“三号”高地仍在日军手中。天快亮时，赵发毕带着弟兄到达309团右翼，陈永思眼中充满愧色，毕竟自己是带着1个整团过来的，如今却还得荣3团打剩下的100－200人来帮忙。赵发毕一声令下，这群抗日老兵毫不犹豫地拿起冲锋枪、步枪杀向“一号”、“二号”高地，309团深受鼓舞，一咬牙把“三号”高地最东端的一座日军堡垒给端了。3日晚，黄土坡“一号”、“二号”、“三号”高地和黄家水井到处陷入激战，日军集中几十人就从309团手中夺回了“三号”高地东端堡垒，日军战斗意志如此顽强。陈永思团长只好抽调通信兵、炊事兵等勤杂人员约200人，亲自端着冲锋枪带队发起反攻，一度离堡垒只有百多米的距离，陈团长心里很清楚，此刻阵地得而复失的结果是什么。不错，卫立煌发怒了！军长、师长在这节骨眼上拿你没办法，杀个团长的决心还是能下的。“309团团长就地枪毙！”何绍周电话中唯唯诺诺不敢顶嘴，挂下电话也没马上执行，毕竟陈团长正在火线上与敌拼命。

4日中午，309团恢复“三号”高地东端堡垒，陈永思负伤不退，何绍周指定王光炜前往代理团长，继续执行攻坚任务。王光炜也是贵州遵义人，中央军校第7期毕业，原任遵义师管区补充团团长，曾多次输送新兵拨补103师，是一名出色的征兵干部。何绍周见王光炜精明能干，通过何应钦的关系把他调到第8军，职务还没来得及宣布，就要他去当突击队长。何绍周先把卫立煌的手令给王光炜看过，然后语重心长地说：“光炜，现在只有你来啰，你按你的打法打，要怎样打就怎样打，只要能攻下松山。别的部队没有了，就是309团这点人了。”临危受命的王光炜接过任务，向何绍周提出一个要求，战况瞬息万变，我只接受军长一人指挥，其他指挥官的电话一概不接，否则影响战斗。何绍周当场点头同意，打电话通知了陈永思。王光炜赶到309团，陈永思激动万分，表示坚决不下火线，要一起带弟兄们去拼，与其被卫长官就地法办还不如挺着身体殉国。陈永思、王光炜集合部队清点人数，全团尚有1100多人，没有负伤的军官有副团长周志成和一些副营长及连、排长。陈、王二人一合计，决定将现有人员编成9个突击队，指定副营长和连长担任突击队长，每个突击队编组4个冲锋波，由排长担任指挥，另编组3个爆破小组，在进攻时为突击队开辟道路。王光炜一开始就对何绍周的“蚕食战术”有不同看法，认为打松山一定要出其不意，集中兵力突入，继而沿着战壕与日军搏斗，形成以多打少的局面，使日军来不及转移兵力。为此，王光炜规定疏开正面加强纵深，突击队与突击队之间的间隔为30米，各突击队的4个冲锋波，前后也是相距30米，目的是有效减少进攻途中日军枪榴弹带来的伤害。陈、王二人还根据以往战斗经验，粗略计算第一波冲到日军阵地前沿可能伤亡三分之二，没有牺牲的人立即站稳脚跟，猛烈射击，接着冲锋的第二波死伤略小，可能要达到二分之一，没有伤亡的人立即与第一波协同压制日军火力，第三波接着冲，可能伤亡会更少一些，如此三波力量结合在一起冲入阵内，与日军展开搏杀，就能形成绝对优势，等到第四波上去应该可以扩大战果扫荡残敌。

战斗打响，炮兵先行射击，王光炜用信号弹令副团长周志成率3个突击队佯攻“三号”高地，此举果然把日军注意力吸引过来。王光炜、陈永思趁机带着隐藏在“三号”阵地右侧山脚下的6个突击队潜行接近，在爆破组的引导下，突击队出敌不意，一举突入“三号”高地，喊杀声顿时此起彼伏。又一颗信号弹升空，周志成由佯攻转为强攻，日军兵力本就捉襟见肘，这下更是顾此失彼。两股突击队会合一处，手榴弹、冲锋枪、刺刀交织成一曲战场协奏曲，天空飘起的细雨给“三号”高地攻坚战平添几分悲壮色彩。309团奋战至傍晚，攻陷“三号”高地堡垒两座。金光惠次郎不甘失败，纠集最后的一点力量趁着漆黑的午夜，反击309团所占堡垒，头缠白布条的日军发疯似地见人就砍，混战程度几乎达到了不分敌我。关键时刻，赵发毕亲持冲锋枪，带着勤杂人员20多人驰往救援，混乱中突入“三号”高地。307团“围魏救赵”，协同工兵连、搜索连猛扑黄家水井，一时间所向披靡。东方吐白，“代理团长”王光炜、“戴罪团长”陈永思、

■ 松山日军"玉碎"的惨景。

"光杆团长"赵发毕个个血染征衣，好在齐心击退了来犯之敌，彼此也算经历了一回真正的生死与共。"309团仅余20多人，246团加强连仅余8人……"何绍周也是杀红了眼，打断参谋报告，下令再攻，赵发毕指挥荣3团、309团残部，确保既得阵地，努力扩张战果，攻占"一号"高地西端堡垒；军工兵营和特务营接替245团松山防务，抽出245团配属搜索第1连，由"四号"高地攻击"三号"高地两端堡垒；308团攻击马鹿塘。同时请调怒江东岸守备部队82师244团1营渡江参战。

5日，赵发毕遵命攻击，荣3团、309团到底是伤亡殆尽打不动了，一整天下来丝毫没有进展。245团移交松山守备任务后，艰难向"三号"高地搜索前进，当晚攻占"四号"高地西北端反斜面下的一座堡垒，要想再往前就不行了，日军机枪实在打得紧。308团前哨进抵马鹿塘前约300米处，主力受到"五号"高地日军侧射，无法前进。战斗固然激烈，日军终究也只剩下最后一口气，金光惠次郎明白大势已去，当晚10:00给松山祐三和河边正三发出了诀别电："从5月10日以来，死守阵地已有118天。卒因卑职指挥不力，弹尽粮绝，将士大部战死，所余73人，无一不带伤者，所以未能做到支撑全军攻势，深感内疚。为此我已下令焚毁军旗与密码本，准备全体殉国。承蒙总司令官、师团长阁下长期特别关怀，全体不胜感激。今后尚乞对阵亡官兵家属多加关照……"日本防卫厅战史记载金光阵亡的时间是6日17:00左右，当时中国军队集中迫击炮猛射，金光的大腿和腹部被炸得粉碎，当场一命呜呼。6日中午，卫立煌严令第8军"于最短期内肃清残敌"。卫长官也不具体规定时限了，"最短期内"四个字已足以令何绍周感到惭愧，毕竟上峰已经数次宽限时日。据张羽富回忆，李弥急红了眼，抓一顶钢盔扣在头上，亲自带特务营上了松山主峰阵地。"9月6日那天我看见他从主峰上被人扶下来，眼眶充血、胡子拉碴、军服变成碎片，打一双赤足，身上两处负伤，人已经走了形。松山战役好像就是李弥从主峰上下来的第二天结束的。那天夜里枪声响得特别凶……后来打到中午，枪声才

■ 第8军副军长李弥。

渐渐稀了。大概下午四五点钟，山上传来消息，说胜利了。我看得清清楚楚，李弥坐在指挥部外面一块石头上，参谋跑上前向他报告，他没动，仍然僵直地坐在石头上，接着眼泪一下子就滚出来。”张老的记忆力超强，松山战役确实是在9月7日画上句号的。当日“一号”、“二号”、“三号”阵地相继被荣3团、245团攻克，103师尽其所有兵力统归307团团长程鹏指挥，由公路直扑马鹿塘。14:00，荣3团、245团分别从马鹿塘北端、东端突入，16:00基本结束战斗。

再来看日军战史的记录，7日天亮，真锅邦人在掩蔽部中焚烧了军旗，命令木下昌已中尉以下3人逃出阵地向师团报告。“中午过后，敌人的攻击更加猛烈，真锅大尉以下幸存者只占据着最后方圆150米的阵地。18:00左右，拉孟一带的枪炮声消失，守备队终于全军覆没。”接到胜利的消息，何绍周和李弥一样，也是眼泪直流，勤务兵急忙提水给军长洗脸、剪头发、刮胡子，“松山之围攻，仰赖长官威德，将士用命而竟全功矣”。何绍周的喃喃自语倒也很具“中国特色”。

第十三章
龙芒决阵

进出红木树

1944年4月17日，远征军副司令长官黄琪翔携呈蒋介石的“远征军长官部作战计划”被核定实施。该计划确定远征军的作战方针是：第20集团军为攻击军，渡江攻击腾冲；第11集团军为防守军，担负怒江东岸防守；另该集团军的新编39师、第88师、第76师、新编33师各派1个加强团渡江攻击，策应第20集团军作战。远征军的这份计划，与军令部稍后拟订的《远征军策应驻印军作战指导方案》基本吻合。4月25日，高度重视滇西反攻的蒋介石致电宋希濂：“第2、第71各军此次强渡怒江之各加强团，每团兵数必须照编制充实，并须各拨一个加强营跟随各该团前进，其输送队，更应将各该军所有之输力，尽量拨补，总使各该加强团能远程挺进，供应无缺，达成其阻绝敌军后方之交通，勿使畹町以南之敌军，增援于龙腾……”5月4日，卫立煌将远征军长官部从楚雄前移至保山马王屯的前线指挥部。次日，卫立煌召开第11、20集团军总司令及各军长的作战会议，“一般情形，极为良好”。按照既定部署，新39师加强团从惠仁桥、来贡渡间渡河，进攻目标红木树、橄榄寨；第88师加强团从毕寨渡、打黑渡间渡河，进攻目标龙陵；第76师加强团从三江口、七道河间渡河，进攻目标平戛、芒市；新33师加强团推进至糯俄南北之线，准备攻击滚弄之敌。

新39师加强团由115团主力、116团2营、71军山炮营1连等部组成。师长洪行原是预2师副师长，能够升任师长固然是战功卓越，但也离不开蒋介石与李根源的一次谈话。当日李根源在重庆，蒋介石问：“前线将领孰好？”李根源答：“预2师副师长洪行不仅能打仗，还善于搞好军民关系。”不久之后，洪行便接到了升任新39师师长的委任状。日军分据松山亘红木树一带要点和沿江渡口的是113联队第1大队的约2个中队，企图阻止中国军队西渡，洪行把进攻部队区分为渡河先遣连、右支队、惠仁桥支队、左支队、炮兵队、渡河作业队，黄杰军长的意思很清楚，加强团进攻红木树，目的就是掩护第20集团军左侧背，阻止日军沿怒江西岸北上。5月10日21：00，先遣连由瓦打渡江，在当地土著人的引导下潜入高黎贡山新寨埋伏，意图待机袭击红木树，策应惠仁桥支队正面攻击。12日拂晓，以115团3营主力编成的惠仁桥支队渡江完毕，轻松驱逐240高地日军后向张明山攻击前进，刚刚进至半山腰时，山顶日军大喊大叫冲下山来。3营兵力过于分散，事先既没有控制预备队，也没有派兵扼守240高地既得阵地，一直被日军打到江边才算稳住阵脚，再退一步就要被赶下江里喂鱼，这个3营真是够菜。115团1、2营编成的右支队也不咋样，事先准备不足，渡河器材进水，12日

4时才渡过怒江，比预定时间整整晚了近4个小时。渡河慢也就算了，可2营主力攻长青坡动作也慢，6连连长赵芝贵阵亡，排长多人挂彩，支队长程梦霞这会儿还算机灵，带着部队向北边的1营靠拢。1营进展顺利，当日占领黄土坡，有了一块滩头阵地。左支队由115团3营7连附重机枪排编成，人数少反而比较灵活，11日23：00渡过怒江，占领了小红山。

前面说过，日军5月初破译了中国军队的密电码，对远征军主攻和助攻方向当然一清二楚，松山祐三认为12日已成功压制115团，便下令松井秀治率联队主力北上增援高黎贡山。13日，115团3营附116团1营3连再攻240高地，尽管日军人数不多，3营等部还是激战

■ 日军第56师团113联队联队长松井秀治。

竟日，反复冲杀才将240高地克复。占据黄土坡的1营接着打跑马山，没完成长青坡攻击任务的2营营长李克挥表示要与1营共进退。可冲到半坡上日军密集火力一扫射，2营迟滞不前，一下又成了软柿子，导致1营1连连长身负重伤，士兵死伤惨重。

14日，潜伏新寨的先遣连悄然出动，朱开诚连长以1个排于岩子脚截断日军后方联络，主力乘夜袭击红木树，日军从睡梦中惊醒，仓皇应战后向红木树西南方向溃逃。翌日天明，日军卷土重来，先遣连凭借红木树原有工事，全力抵抗，一天下来随身携带的弹药基本耗尽，只得重新退入高黎贡山。16日，左支队占领大红山，先遣连派往岩子脚的1个排亦因子弹耗尽，且与连部失去联系，无奈退下山与惠仁桥支队会合。洪行在怒江东岸大山师部综合数日战况，决定采取三点措施挽救怒西战局：辎重连立即渡江给先遣连送弹药；115团2营必须拿下长青坡；为确保既得阵地，116团主力马上西渡，集中到小寨附近，联合115团主力南下围攻新寨。17日6：00，李克挥硬着头皮率部逼近长青坡，5连正面展开，6连迂回包抄长青坡北面高地。因洪行师长严令在先，官兵攻击精神很旺盛，9：00便将长青坡占领。红木树日军一退一攻，大致已摸清先遣连的实力，派出一部试图截断先遣连的归路，没想歪打正着，中途碰上送弹药过江的辎重连。结果辎重连赔了

夫人又折兵，弹药都成了日军战利品不说，伤亡还超过一半。输送弹药成泡影，高黎贡山不能久留，先遣连利用日军人少，钻隙冲下山，与惠仁桥支队取得联系。同日，右支队攻占跑马山，击毙日军中尉百武毅郎以下10余人，松山祐三觉得“红木树方面的敌情已发展到不容忽视的状态”，又急令松井秀治率部返回红木树。

19日拂晓，右支队又克张贡山，洪行另拨116团3营7连归朱开诚指挥，下令再攻红木树。20日夜，先遣连潜入红木树铁丝网内，四处一片寂然，日军似乎没有察觉。朱开诚正要部署具体进攻方案时，突然探照灯大亮，日军堡垒中的机枪喷出数条“火舌”，朱连长头部中弹当场殉国，部队损失惨重。21日，过江增援的116团轻取张明山和竹青山，为使116团正面攻新寨容易，右支队支队长程梦霞下令115团2营先攻占5625高地，瞰制新寨正面。李克挥攻倒是攻下了5625高地，但攻占后又擅自放弃，原因是松井秀治的主力已从大塘子返回。从23日起，日军连续猛扑张明山、竹青山，116团1营营长刘大成、3营营长胡醒汉相继阵亡，洪行只得命令部队转进跑马场取守势，阻敌东犯。这就是日军战史所说的：“部队虽立即返转，但大约500人之敌已进入红木树附近，该地以西3公里的象膊子已被敌占领。松井连续以主力攻击该敌，夺回象膊子附近，随后以全力确保红木树要点，阻止敌人入侵。”

6月5日，第11集团军主力已向龙陵发起进攻，黄杰指示洪行，115团和116团将现有兵力各编组1个加强营，由116团团长朱道元统一指挥；115团和116团编遣人员一律东渡怒江整训。松井秀治击退新39师攻势，留下一小部继续据守红木树附近要地，自己又亲率主力北上江苴街，与藏重康美阻击从高黎贡山一路下来的第20集团军。日军战史承认“此举几乎等于把红木树方面弃守开放。”侦知日军大部北上，黄杰饬令116团向红木树推进，相机驱逐日军而占领之。11日，116团加强营相继攻占240高地、南湖、猪头山、新寨等地，松山祐三因龙陵战况紧急，也就顾不上红木树这样的小据点，下令松井秀治直接渡过龙川江增援龙陵。12日，朱道远团长挥师直下红木树、象膊子，打通了惠人桥至高黎贡山一路的要隘。15日，黄杰得知松井秀治一股从腾冲南下龙陵，急电新39师（附71军搜索营、辎重营）取捷径进驻三甲街，派队袭击黄泥克日军，破坏腾龙公路，截断日军交通。时值大雨倾盆，先头116团加强营踏着泥泞不堪的山路，朝着规定目标疾奔。16日，部队抵达花寨，松井秀治联队主力早已通过腾龙桥南下，宋希濂充分理解116团已尽力，改令新39师归71军指挥，集中猛外坝一带，协助87师侧击日军。24日，宋希濂赋予洪行新的任务：“该师应星夜于龙山卡附近占领阵地，构筑工事，彻底破坏龙山卡以西之公路，极力阻止龙陵之敌东窜，待我荣誉第1师转移攻势时，即协同捕捉敌于龙卡山以西、黄草坝以东地区而歼灭之。”新39师加强团进出红木树，表现虽然不尽如人意，但总体颇有些成效，至少减轻了第20集团军左侧压力，迫使松井秀治南北上下跑了个来回。

现在让我们把视线移到其他几个加强团的牵制战。新33师加强团滚弄正面的动作并不大，日军战史只有寥寥数语的记载：“5月13日，新33师200余人侵入哈林，第56师团搜索联队午夜自霍班出发，一部击破农莫之敌，主力击破哈林之敌。17日，约600之敌再次出现农莫附近，亦被击退。”中国方面的战史对新33师的小动作索性忽略不记，与之相反的是，第88师加强团和第9师加强团围攻平戛的经过记载得十分详尽。战史对第88师加强团的任务原是从毕寨渡、打黑渡间渡河，绕过平戛进攻龙陵。钟彬军长对此有自己的看法，如果不先攻占平戛，以渗透法深入袭击龙陵、芒市，1个加强团的兵力显然不足，再说后方补给线也无法满足前方粮弹供应。钟军长建议将第9师加强团和第88师加强团统归第88师师长胡家骥指挥，会攻平戛。远征军长官部很快同意了钟彬军长的合理建议。第88师加强团编制比较大，由264团、262团2营、军山炮兵1个连、独立工兵团第4营、军工兵连、师工兵连、辎重兵第2营、特务连、通信连各1个排、骡马2个中队组成，合计官兵达5000余人。毕业于黄埔军校第5期的胡家骥师长是腾冲大董乡胡家湾人，因为14岁那年远赴湖南湘乡谋生，以后长时间没回过家，多半被世人认为是湖南人，直到1943年2月派人回腾冲寻找胞兄胡应海，才算澄清了籍贯问题。据说胡大哥赶到保山板桥师部与兄弟会面，正值前方战情紧急，还没来得及说上几句话，胡小弟便匆匆跨上战马奔赴戎机。李根源有诗写道：“八八胡师长，胡湾胡家郎。凯歌班师日，何不一还乡。”第9师加强团由本师25团2营、76师228团主力和工兵连、战防炮连、输送连等编成，合计2400余人，第9师副师长陈克非担任指挥官。陈克非系浙江天台人，与胡家骥是黄埔军校同期同学，别看这会儿胡同学混得比陈同学好，可是1949年陈克非当上了兵团司令，典型的后来居上。

1944年5月7日，钟彬向胡家骥、陈克非转达第11集团军总司令宋希濂的命令要旨：第76师加强团归第88师胡师长统一指挥，该团应以有力一部，进占平戛东山，主力绕出平戛西北，截断象达、平戛间之道路，阻止日军增援；第88师加强团担任攻击平戛任务，进占平戛后，再向芒市攻击前进。胡、陈二将面对的日军是第56师团第146联队第1大队主力附联队炮一部，日军以平戛为核心，以青木岭、三村、张寨、扣寨为外围据点，构筑有坚固工事。由于中方密电被破译，日军对第9师加强团即将在平戛地区展开的牵制战心知肚明，松山祐三给安部和壮大队长下达了具有针对性的反击任务：全力击破敌主力并摧毁其主阵地，一举压迫敌人于江畔而歼灭之；第2中队山炮1分队、重机枪1挺归济田大尉指挥，对三村、青木岭确保并锐意予来犯之敌以反击；第1中队、第3中队、机枪中队及大队炮1个小队着于5月12日21：00，分由平戛通青木岭和三村的道路上急进，期于13日拂晓捕捉敌人于马鹿塘附近。但日军显然没有破译钟彬军长后来改变88师加强团进攻方向的密电，以为只有一个第9师加强团来攻，第56师团直辖的第113联队第2大队接到命令，由松山北方阵地向龙陵转进，预防远征军渗透袭击龙陵。

围攻平戛

第11集团军的各加强团原本计划一律于11日开始渡河攻击，第88师加强团从毕寨渡、打黑渡间渡河。后因日军加强封锁了打黑渡江面，钟彬军长当机立断，下令88师264团先头一部于10日晚提前强渡蚌董渡，并一举占领了蒋家山一带的掩护阵地。11日1：00，264团主力分由蚌董、河尾两渡口渡江，师指挥所、山炮连、262团2营等部稍后均于18时以前先后渡江完毕。88师的情报工作还算成功，对安部和壮的兵力部署大致有所了解，胡家骥师长认为日军以村落为中心构成坚固工事，如果我以主力攻击，受挫后难免要陷入敌控制部队两翼包围的陷阱中。决定用小部队施行佯攻或监视，另以主力绕出工事两侧，寻求日军援兵决战阵地之外，迫使工事内日军出来打。胡家骥命令264团主力切断青木岭、三村及平戛间的交通，确实占领马鹿塘西南要点，一部向青木岭、三村同时攻击，使日军首尾不能相顾。至于陈克非，胡家骥要求他率主力挺进平戛、象达，阻止芒市日军来援，一部分向张寨、扣寨攻击，并确实占领平戛。通过攻防双方的部署不难发现，胡家骥、安部和壮都把眼光投向了青木岭、三村、马鹿塘等地，在上述地方发生激烈碰撞也就在所难免。

12日黎明，88师264团1营、2营向青木岭、平戛间攻击前进，3营占领平戛、三村间高地，切断了青木岭、平戛间的交通，并将三村日军第146联队第1大队第2中队一部约60人团团包围。13日4：00，264团1营主力对平戛方向警戒，抽出1个加强连进攻青木岭，2营、3营南北两面夹击三村，戴海蓉团长与危耀东副团长分领南北两路。

加强连还没到青木岭，就在半路上小黑箐附近遭遇一股百余人的日军，这股日军正是昨晚21时从平戛向青木岭道路上急进的援兵，看来日军时间算得很准。既然是遭遇战，敌我都无暇占领有利地形后再展开，直接就刺刀见红展开白刃战，人数上中国军队略占优势，5连下士班长黄树才连续挑翻6个日军后壮烈牺牲，连长王正保交战不久便身负重伤，对青木岭的攻击归于失败。12时，3营一度冲入三村，日军凭借工事负隅顽抗，甚至端起枪跃出战壕，向进攻部队侧面展开反击，8连连长陈付灏指挥肉搏，不幸被刺中殉国。3营无奈停止攻击，退守已得阵地。88师加强团第一天进攻下来，伤、亡连长各1人，损失颇大。这使胡家骥回想起1937年的淞沪会战，那年胡是36师216团团长，带头由兆丰路攻击汇山码头，亲自攀爬码头铁栅，身上五处负轻伤，官兵不可谓不英勇，但就是攻不进去。7年过去了，日本鬼子还是那么顽强，而88师也好、87师、36师也好——当年头戴德式钢盔的中央嫡系早已精华不在。

倒是第9师加强团乘虚攻占了张寨。陈克非部选择三江口以南渡过怒江，一路上未遇日军抵抗，行动顺利，显然日军的注意力都被88师吸引了。264团14日再攻三村，收效甚微，平戛日军猛扑马鹿塘攻击部队右侧背，副团长危耀东指挥1营、2营尚能沉着应战，反复击退日军10余次突击。激战至15日拂晓，戴海蓉团长留下3营一部监视三村之敌，亲率3营主力及团特务排增援马鹿塘。戴、危合兵一处，从早杀到晚，拼死击溃日军，迫敌向小田坝、胡家寨、平戛方向撤退。败敌可能还不知道，平戛当天已被陈克非部攻占了。陈为鸣时任第9师加强团作战参谋，他后来在回忆录中写道："15日晨，在平戛东南北三面展开……我方以猛烈火力将敌人压倒，敌方仓促应战。一小时后，我方立即占领平戛东山，居高临下，向寨内倾泻火力，我军初次使用火箭筒及火焰喷射器向平戛街内敌军各据点施放，多处据点起火。8时许，敌军伤亡70余人……困守寨内残敌向象达方向逃

■ 在围攻平戛的战斗中，中国军队使用火箭筒向平戛街内日军各据点射击。

第11集团军滇西反攻战斗序列

第11集团军总司令宋希濂/黄杰
第2军军长王凌云
第9师师长张金廷/陈克非
第25团团长李剑霜
第26团团长邱健
第27团团长蒋志英
第76师师长夏德贵/刘平
第226团团长何德春
第227团团长冯心斋
第228团团长段国杰
新编第33师师长杨宝谷
第6军军长黄杰/史宏烈
新编第39师师长洪行/夏日长
第115团团长张鉴之
第116团团长朱道元
第117团团长江望山
第71军军长钟彬/陈明仁
第87师师长张绍勋/黄炎
第259团团长聂率淮
第260团团长贾运鸿
第261团团长庚浩如/张有琪
第88师师长胡家骥
第262团团长欧阳午
第263团团长傅碧人
第264团团长戴海蓉
新编第28师师长刘又军
第82团团长黄文辉
第83团团长董惠
第84团团长鲁恺愚

窜。”第9师加强团这次是典型的乘虚而入，228团团长段国杰高兴不已，拿出事先准备好的一面国旗，悬挂高处，宣告平戛光复，段团长还与国旗照相留念，毕竟攻克了一处大据点嘛。日军这才明白过来，平戛正面的不是第9师，远征军在平戛至少投入了2个加强团，计划中的“渗透龙陵”看来不过是虚晃一枪。松山祐三急忙让转进到龙陵的第113联队第2大队主力与第3大队的2个中队编成联合大队，火速增援平戛。日军第113联队第3大队本来已经在调往八莫的路上，远征军11日渡江反攻，促使松山祐三又将该大队的2个中队调回芒市担任机动预备队。这一重要敌情很快被第9师掌握，陈克非要求上峰派队截击正从芒市赶来的日军援兵，然而增兵过江并不符合第11集团军当时以加强团的规模牵制当面日军的方针。16日，胡家骥重新分配攻击任务，264团围攻三村，262团2营围攻青木岭，另调262团3营攻小寨。10：00，三村、小寨先后被攻占，青木岭日军也乘夜弃阵向火烧寨方向撤退。

17日，从缅北传来中国驻印军奇袭占领密支那机场的消息，日军第33军司令官本多政材要求第113联队第3大队主力转用密支那，松山祐三为此感到为难，在人数绝对占优势的远征军面前，第56师团的兵力实在是太薄弱了。如果松山当时不折不扣执行军部命令的话，远征军滇西反攻的艰难程度或许会有所降低，要知道抗战中，一般情况下，日军1个大队能抵中国军队1个师。松山拿不定主意，参谋长川道富士雄认为绝对不能放走第3大队。这位胆大的参谋长独断处置，仅以第3大队的1个小队加上1个炮兵中队归步兵团长水上源藏指挥，驰援密支那。水上源藏

■ 日军113联队军官合影。

倒也没提意见，只对川道富士雄说："对于不能在云南战场与师团主力共存亡深感遗憾，但在密支那必将竭力完成任务。今日一别，恐难再晤。请代向师团长致意。"水上源藏后来果真一去不回，死在了密支那战场。而本多政材在耐心了解第56师团的困境之后，竟然否决了自己前面下达的军令，不仅不追究川道富士雄的责任，还对其派出的微薄兵力予以追认。和日军内部的团结一致相比，中国军队的协同作战意识就差多了。88师加强团的任务当初只规定"主力切断青木岭、三村及平戛间的交通，确实占领马鹿塘西南要点，一部向青木岭、三村同时攻击，使日军首尾不能相顾"，现在基本已达成，胡家骥也就没打算进一步往前追击。18日，宋希濂致电慰问胡家骥："此次贵师加强团攻击三村、马鹿塘一带顽敌，苦战数日，卒致攻克，足见贵师长指挥有方，将士用命，殊堪嘉许。"既然宋总司令都只字不提后续任务，颇有折损的第88师加强团当然也就名正言顺地进入了休整。

实际上第9师加强团攻占平戛当晚即陷入日军反扑狂潮，可第88师到19日还在"确保既得要点，加强工事，侦察敌情，准备作第二步之行动。"偏偏陈克非与胡家骥的通信又在关键时刻出现故障，"贵部退出平戛否？现在位置如何？"带着胡师长的一连串疑问，我们回过头来再说陈克非。15日晚，也就是段国杰团长照完相之后，第9师加强团一部已向西北方向追击到河尾，陈克非令228团驻守平戛及外围据点，工兵连驻守平戛南面大尖山头作犄角之势，令陈四箴营准备24:00前往平戛南面约10公里处围攻扣寨。还没等陈营出发，从芒市来援的日军第113联队第1大队、第3大队和三村、小寨、青木岭败退之敌，已联手展开对平戛的南北夹击。首先枪声大作的是大尖山头，工兵连连长马德光一个劲向陈克非告急。16日凌晨，陈四箴营赶到大尖山，工兵连阵地刚刚失守，陈营长当即帮助马德光稳住阵脚，随后以2个步兵连在机枪、60毫米迫击炮和火焰喷射器掩护下，向日军猛烈冲击。1时许，陈营夺回大尖山一个山头，另一个山头虽连续三次发起冲锋，日军就是死守不退。日军战史写道："16日由南北夹击正在攻击平戛阵地之敌，歼灭其一个营。"言辞虽有所夸大，但也并非空穴来风。17日，日军冒雨全线反扑，一连三次都被我军击退，228团两次尝试突破日军防线，亦告失败。18日下午，陈克非召集段国杰、陈四箴、马德光等人商议进退大计，会上一些下级军官都报告伤亡惨重，请求往东边撤退，向第88师方面靠拢。陈克非决心难下，先不说胡家骥音信全无，往东撤是个10余华里的反斜面，日军居高临下一冲，别说伤员带不走，就是部队也势必乱成一片，到时退到江边凶多吉少。据陈为鸣回忆，陈克非最终决定带队冲锋，从西北方杀出一条血路，突到日军包围圈后面，往芒市方向打游击。

19日4：00，3发红色信号弹划破宁静夜空，第9师加强团的2门81毫米迫击炮把最后的12发炮弹全部倾泻到日军重机枪阵地上，20余门60毫米迫击炮也纷纷向日军火力点施行压制。本以为这将是一场硬仗，没想到一个小时不到，日军即向象达及西南方向脱离战场。这是咋回事？昨天还恶狠狠的日军，今天怎么都成了豆腐军？按照日军战史的说法，腾冲那边战事紧，第146联队第1大队击破平戛东方高地之敌后，将渡河点守备队收容到平戛主阵地，第113联队第1大队、第3大队奉命返转芒市，准备北上高黎贡山去迎击第20集团军。也就是说，日军援兵要走，陈克非事先不知情，抱定必死之心跳到外围，安部和壮刚好收拢部队重占平戛。出洞毒蛇你打不死，缩回洞去就不好打了，胡家骥和陈克非事后直跺脚，钟彬也是不无遗憾地说："当时因联络不确，两加强团无严密之协同，终以占领平戛一部之阵地，得而复失。"日军七个缸八个盖，几个大队忽北忽南来回跑，玩得中国军队团团转，徐永昌算是看出名堂，他向军委会建议："我远征军出击部队，自本月11日开始强渡怒江以来，进展顺利，已先后攻占马面关、桥头、红木树等据点，并围攻斋公房、大塘子等地。……此际我远征军主力似应即乘机渡河，扩张战果，进攻腾冲、龙陵、芒市之敌而占领之。"徐永昌的上述建议得到了蒋介石的同意。

23日，陈克非指挥所与胡家骥总部架通有线电，报告了当面日军情况："平戛敌600名，主力集结于大寨、河尾、大麦寨三处，附山炮、九二式步兵炮2门；小部盘踞黄家碑、王家坟诸高地。"胡家骥、陈克非在电话中倒是没有互相埋怨，当即达成口头协定，扫荡平戛残敌。24日14：00，胡师长在三村下达展开命令：88师264团主力于25日拂晓向河尾、大寨攻击，并确实占领小田坝，对西北方向警戒，截击平戛北窜之敌；9师加强团以有力一部固守大尖山、平戛东山及各要点，主力于25日拂晓向摆夷寨、大麦寨之敌攻击，再进占胡家寨，截击平戛向象达逃窜之敌；88师262团主力为守备队，占领青木岭、火烧寨、马面山、马厂山亘三村岔路口之线高地，一部在蒋家山，掩护后方补给线安全；262团3营为预备队，分别控制在小寨、芭蕉沟、三村间地区。25日，各部按命令同时攻击前进，安部和壮被迫放弃一些外围警戒阵地，专凭据点工事和石洞抵抗，你不靠近他不开枪，接近到一定距离，浓密火力突然扫射，打得你人仰马翻。为使平戛部队后方安全起见，钟彬下令88师263团全部渡江，担任打黑渡、平戛间掩护，正要准备下大力气围攻时，71军全军收到攻击龙陵、松山的命令，平戛移交第9师加强团单独负责。

29日，胡家骥电告陈克非："本师另有任务，本日移驻小田坝停止待命。贵属各部队归兄指挥，当面敌情希随时电告为感。"

没有城墙的龙陵坝子

1944年5月22日，军委会电令远征军："第20集团军，改为右翼军，辖53、54军及预2师，攻击目标为腾冲；第11集团军改为左翼军，辖6军（欠预2师）、71军及第2军，攻击目标为龙陵、芒市。"按第11集团军的渡河攻击计划，71军攻松山、龙陵，2军攻平戛、芒市，6军因预2师划归54军指挥，只剩下一个新39师，主要负责江防。显而易见，71军的攻击任务最重，当时有两个方案可供钟彬选择，一是以主力攻龙陵，一部攻松山，二是以主力攻松山，一部攻龙陵。前者交通便利，补给容易，又能得到炮兵充分协助，可与第20集团军齐头并进。但缺点是必需先攻占红木树，有效掩护右翼安全，再从南北夹攻松山，恐怕协同不易。最大的难处则是以一部长途袭击龙陵，兵力脱离掌握，起不到歼敌效果。后者能使龙陵日军感到极大压力，并可吸引腾冲日军分兵南下，减少第20集团军阻力。问题是大军渡河准备时间势必延长，过江补给也面临相当困难。其实第2军也面临两种选择，一是先攻平戛，再攻象达、芒市，二是先攻象达、芒市，再回过头围攻平戛。经过一番考量，宋希濂决定71军主力攻龙陵，一部攻松山，2军主力攻象达、芒市，一部攻平戛。宋希濂的决定与钟彬的主观愿望相符合，钟军长视龙陵、芒市作战为"71军的伟大任务"，立即颁布了渡河攻击计划：进攻松山由新28师82团担任，83团负责策应，84团为军预备队，随军部从毕寨渡过江；88师（欠263团）围攻平戛任务交待后，即向北移动，集结于大雪厂、天宁寺，向蚌渺、厥坝搜索前进，争取良好态势，构成围攻龙陵的重点；263团占领猪圈山，进出杨梅田，构成主力渡江掩护阵地；87师主力在263团后面渡江，向咬朗推进，准备向黄草坝日军攻击；并以1个团向镇安街进攻，截断松山、龙陵交通。

■ 远征军士兵在龙陵前线领取给养装备。

6月3日，第71军除新28师84团以外，均安全渡过怒江，期间仅死亡10人，全系操作事故所致，没有一例来自战斗伤亡。88师263团于5月31日开始渡河占领杨梅田掩护阵地，作业时竹筏被洪流冲走5只，15人中救回6人，牺牲9人；87师架设电话线过江，淹死通讯连排长1名。损失如此轻微，主要是日军根本未在怒江东岸进行抵抗，原先的沿江据点守兵撤得一个不剩，松山祐三此举实属无奈，此时龙陵只有第113联队第3大队和工兵联队留守人员200人，外加野炮1个小队100人，合计不过300人而已。那么日军第56师团的兵力都到哪去了呢？先说第113联队，以该联队为主的1200余人分布在松山和腊勐，另外镇安街留有第2大队的150人，联队长松井秀治正带着所属3个大队主力在高黎贡山西麓迎战第20集团军；第146联队第1大队困守平戛，第2大队和第3大队主力都在缅北战场；第148联队第1大队增援密支那，第2大队和第3大队协同113联队阻击第20集团军，已有相当损失，尤其是第2大队。至于工兵联队、炮兵联队和辎重联队这些特种兵，大部被分散配制在各个大队中，只有搜索联队较完整控制在滚弄。另外，芒市师团司令部尚有包括伤员在内的900多人，由师团兵器部长竹内正大佐负责，战斗兵只占其中少数。这账不难算，第56师团总共有9个步兵大队，5个被第20集团军吸引在高黎贡山一线，3个支援缅北、密支那战场，1个被第2军围困在平戛，难怪龙陵要唱“空城计”。第11集团军的全线压上彻底打乱了日军阵脚，日军不得不承认：“第56师团正几乎倾其全力在腾越方面与第20集团军激战，故在龙陵以南，仅安部大队在平戛附近与第76师之一部交战。因此，第11集团军的攻势完全形成攻我师团防备之虚，战局骤然紧迫。”

5日，钟彬军长下达渡江后的第1号作战令，龙陵战役正式打响！关于新28师攻击松山的经过，笔者已在前面章节中详细说过，此处就不再重复了。第87师展开于淘金河、麦子地、团山之线，任务比较繁重，钟彬要求张绍勋师长5日晚向镇安街、勐冒街、黄草坝之敌攻击，确实破坏镇安街以东黑水河桥梁，进出黄草坝附近的龙山卡，截断腊勐、龙陵间交通；6日拂晓务必开始进攻黄草坝，占领后即整顿态势，以有力一营进出大平子，夹攻龙陵。第88师展开于光山寺、黄家垭口、华达岭之线，6日晨以有力一部进出放马桥附近，截断芒市交通线，主力指向龙陵城区。昔日巩卫南京的姊妹师如今要在滇西战场上合演双剑合璧！镇安街是日军在松山、龙陵间的一处重要据点，即便是在隔江对峙时期，每星期一次集市开放风雨无阻，也正因此一度成为情报战活跃场所。远征军兵锋西指，日军第113联队第3大队第7中队的150余人奉命固守镇安街，利用西南端大坝、阎家寨既设工事阻碍我军打通围攻龙陵的公路补给线。5日晚，87师260团遵令策定攻击部署，张绍勋给贾运鸿团长配属1个山炮连，因炮连晚到，攻击行动迟至翌日7：00才开始。贾团长首先将3营投入战斗，经8小时激战，3营一举攻克阎家寨，又冒着如注大雨向大坝搜索前进，一路击退日军多次反扑，迫敌退守大坝东南据点。勐冒街、黄草坝日军合计大概60人，黄草坝东面山地构筑有互距1公里左右的3个堡垒，另有一处军需物资仓库。87师259团先于260团发起进攻，用火箭筒接连摧毁日军两处堡垒，随着一声巨响，最后一处堡垒也应声倒塌，灰头土脸的10多个日军举手投降，仔细一瞧有7个是印缅人，原来松山祐三兵力不足，拿二鬼子来凑数。

6日拂晓，259团又直下龙山卡要点，提前完成了张绍勋师长赋予的任务。而此时的龙陵日军总算得到了一点增援，第33军司令官本多政材命令第2师团第29联队第2大队疾进龙陵，因大队长原田久则在缅北莫罕战斗中负伤，由中队长藤木隆太郎临时负责指挥，该大队的440余人于5日以后陆续抵达龙陵，藤木同时担任龙陵守备队长。7日，张绍勋以副师长黄炎指挥260团，继续清除大坝残敌；以261团一部固守黄草坝、龙山卡之线。在工兵连破坏龙陵、大坝间公路、桥梁的爆破声中，259团主力迈开大步进出老户蚌、大平子以西地区，准备协助88师攻龙陵城区，该团同时派出1个加强连秘密前往破坏腾龙桥。8日黎明，260团依托山炮连掩护，先后剪除敌阵三道铁丝网，将公路以南日军全部肃清。11时，1营连通过公路，佯攻当面日军核心工事，3营一鼓作气攻下两个山头，连续打退日军数次冒雨反击。

9日晨，贾运鸿团长下令3营7连一部推进到龙卡山附近，截断日军退路。13：30，山炮连的2门山炮再度响起，1营和3营主力冲入日军据点内，与日军展开白刃战，3营7连连长王厚德奋勇杀敌，不幸中弹牺牲，日军伤亡更大，大坝于17：00被260团完全克复。87师出手不凡，过江首战就以伤亡官兵40余人的代价歼敌百余，缴获军车7辆。别看这7辆军车，后来还派上了大用场，松山攻坚旷日持久，滇缅公路始终不畅，供应龙陵作战部队的军需品用汽车先运到松山附近，改为人力或兽力绕过松山，再用缴获的日军军车运往前线。虽说是杯水车薪，但这一运输线路算得上是最便捷的了。87师的战绩在日军战史中也得到印证："镇安街守备队5日以后遭敌强攻，师团长遂命该地守备队转进龙陵，但此时守备队已在敌军重围下，后虽分成两股勉强逃出，但只有10多名官兵与龙陵守备队会合，其余几乎全部阵亡。"尽管龙陵日军已有所增加，但87师259团的推进依然非常顺利，7日晚占领南厂，8日占领文笔坡，日军战史形容87师"为夺取该地，8日整天冒雨连续强攻"，日军仅有的2个小队"最后只得撤离阵地。"

8日晚，行伍出身的259团团长聂率淮向师部报告说，腾龙桥附近有桥梁三座，除木桥一座已被派出的加强连破坏外，其余两桥为铁链桥和坚固木桥，无法破坏。张绍勋师长当晚下令261团主力占领5310、5412高地，向腾冲方向警戒，1营附师工兵连星夜前往腾龙桥实施破坏。问题来了，师工兵连过江时明显贪图便利，竟然没有携带足够炸药，到了现场束手无策，一面请求补充炸药，一面请求空军轰炸，一面又搜集汽油、棉花、稻草等易燃物烧桥。土办法当然不能彻底毁桥，1营郭营长以3连扼守公路，主力分布邦腊掌附近，从地图上看靠近公路，实际偏差7公里之遥。工兵连炸药不够，1营3连腾龙公路正面力量薄弱，张绍勋师长或许因大坝战绩不错而有所轻敌，没有及时弥补这些个看似问题不大的小错误，注定要为此付出代价。9日，259团攻克奎阁，11日黄昏又进占赵家祠堂西北高地及文学村之路，将盘踞龙陵新城的日军扫荡大半。同日，261团官甲东营亦乘大雾弥漫之际潜至龙陵西南的伏龙寺附近。伏龙寺是龙陵境内的名寺，传说最早系名僧真庆所建，后历经战乱，寺院被毁，清雍正七年高僧月西重建寺院，经历代僧俗扩建而具一定规模。伏龙寺据点不在远征军进攻龙陵正面的东北和东南方，日军防范不严，管营只花了半个小时即突入千年古刹。过江还不到一个星期，87师就完成了从东北方到西南方对龙陵城的半包围。

滇缅公路另一侧的第88师同样挥剑斩

■ 这是重建的伏龙寺，不过现已更名为云龙寺。

魔。胡家骥师长根据钟彬军长的第1号作战令，下令263团、264团向龙陵东南方的广林坡、猛连坡、老东坡、风吹坡推进，262团迂回南天门、放马桥，切断龙陵、芒市之间交通。5日4：00，264团3营到达尖山寺附近，尖山寺位于龙陵城区东南，庙宇建筑在海拔约5000米的山顶上，登上山顶，龙陵老城区附近一览无余。这龙陵县原本是属于"孤悬天末"的边远之地，自从滇缅公路穿县城而过后，瞬间繁华起来，自东卡到花桥公路两则临时搭建的商家店铺如雨后春笋般冒出，光是汽车运输站就有四个，什么中央银行、交通银行、农业银行一家不缺，据说咖啡馆遍布街市，一时人送外号"小上海"。其实小县城终究是畸形繁荣，说白了还是龙陵坝子，周围崇山峻岭，城区形似玉米棒子横卧其中，一头朝东北，一头朝西南，长是够长，就是没城墙。欣赏完"小上海"，3营又深夜攻击广林坡日军前进阵地，随即掉头向老东坡挺进，把广林坡攻击任务交给2营。

6日子夜，2营5连驱逐少数日军，并进占孙家山、蛇腰坡各要点。7日午后，新到龙陵的日军藤木大队组织七八十人反击，5连招架不住被日军突破，2营李营长重新部署兵力，8日拂晓经4小时恶战，恢复5连所失阵地。263团团长傅碧人毕业于黄埔军校第6期，是88师有名的急先锋，傅团负责攻打的猛连坡位于滇缅公路和腾龙公路的交叉点，日军在山头构有四座坚固堡垒，傅团孙营7日曾经数度冲入敌阵，结果不是踩到地雷阵就是遭遇手榴弹"雨"，孙营长挂彩，攻击顿挫。8日午后，傅团长增加1营投入战斗，264团董营一部也自愿由左侧协助进攻。日军深知猛连坡的重要性，拼死顽抗，战况极为惨烈。38岁的傅碧人团长杀敌心切，不顾左右阻拦，带头深入敌阵，左小腿被敌弹片打穿，血流不止，不得不撤下战场后送治疗。副团长雷乃电接过指挥，以波状队形发起突击，用火箭筒击毁日军堡垒，终于在傍晚时分攻克猛连坡。而这一切刚好被宋希濂、钟彬所目睹。8日这天，宋希濂、钟彬率幕僚、警卫登上尖山寺88师指挥所督战，263团来往冲杀的壮烈情景可谓一清二楚。"开门观战况，围火纵谈天。"尖山寺刚巧有个道士是湖南籍，且亦扛过枪当过兵，几个湖南骡子聚在一起，指点现地，口说战史，乐得宋总司令干脆住了下来。

老东坡由大垴子、老东坡和矿洞坡三座山峰组成，主峰海拔1700米，山脉自东北向西南延伸，环绕龙陵坝子约10公里，日军在山腰山顶掘有大量战壕、交通壕，做到三步一掩，五步一坑，处处设防，遍布地雷，成为控制龙陵县城而设置的主要防护阵地。264团3营5日13：00杀到老东坡，日军白天使用滚雷阻挡中国军队的进攻，夜间又两度施展反击故技，结果都被3营击退。

6日晨，滂沱大雨夹杂弥漫雾气，3营再兴攻势，无奈山地泥泞，行动困难，没有取得任何进展。滇西民谣说："下关风，龙陵雨，芒市谷子遮放米。" 龙陵地处怒江横断山脉的高峰，怒江终年流淌的雪水在龙陵境内怒江峡谷一带遇有高温蒸发分解，刚好在龙陵坝子上空与冷气流汇合形成积雨云，稍微有些天气变化，雨水便会纷纷扬扬飘落在龙陵小城。或许是雨天的缘故，天色似乎暗得要早，3营根据戴海蓉团长指示，组织敢死队60人夜袭老东坡日军，眼看越过两道铁丝网，正要朝着胜利的方向前进，冷不防右侧杀出日军40－50人，敢死队伤亡惨重，幸存者退回原阵地。7日14时，戴海蓉用1营换下3营，接力再攻老东坡，日军藤木大队百余人当晚进行反击，战事成胶着状态。8日、9日仍旧原地踏步，直到10日天蒙蒙亮，1营猛攻4小时，才把老东坡给拿下。乘着士气如虹，1营又马不停蹄攻向风吹坡，日军无力抵抗，望风而逃。《第71军滇西攻势作战详报》对88师评价很高："老东坡、风吹坡两处制高点被我占领后，龙陵城外围最坚固之据点，敌视之为金城汤池，但卒被胡师忠勇官兵以血肉之驱将其攻克，此不独予敌物资上之损失，且予其精神莫大之打击。同时，为奠定本军战克守坚，围攻龙陵胜利之基础也。"

88师262团前身便是赫赫有名的谢晋元八百壮士所在的524团，欧阳午团长常以"誓为上海四行仓库八百壮士第二"激励官兵斗志。5日晚，2营附工兵排占领龙陵西南面的南天门、山头寨、放马桥等要点，并将桥梁、公路破坏，中断了滇缅公路龙陵、芒市间的交通。6日，4连攻击张金山，这一带地形十分险要，公路在南天门兜一圈后又沿张金山蜿蜒而上，日军凭险不退，4连死伤不少。7日，2营主力和3营主力向三关坡、锅底塘坡进攻，3营营长石曰森负伤不退，官兵奋勇击毙日军20余人，连克三关坡、锅底塘坡。钟彬军长鉴于263团攻猛连坡时伤亡500余人，下令军预备队新28师84团接替262团放马桥、南天门防务，262团移驻尖山寺换下263团后撤黄草坝整理。

9日，262团1营留归84团指挥，主力悉数转移尖山寺附近。翌日晨，84团攻占邦武山、红岩山。10日，262团1营重整旗鼓再攻张金山，经两日浴血奋战，于11日17:00歼敌登顶，彻底截断龙、芒联络，把龙陵日军围向狭长的城区。日军战史写道："就这样到6月10日，守备队逐次放弃大部主阵地，退至龙陵城外侧的复廓阵地，缩小了战线。"没有城墙的龙陵坝子还能阻挡71军的"姊妹双剑"吗？

龙陵"得而复失"之谜

1944年6月10日，山城重庆整个天都是阴沉沉的，昨晚的一场小雨预示着再过两个多星期梅雨季节就要来临。傍晚略微闷热的街道上突然有报童传来激动人心的号外——“光复龙陵”。而此刻近在保山马王屯的远征军司令长官卫立煌对此反而一团雾水。11日，美国军事联络组组长多恩赶着凑热闹，第一个给宋希濂发出了贺电，可宋总司令一点也高兴不起来，因为“光复”的龙陵坝子还有日军在抵抗。谎报军情的后果很严重，事情究竟是怎么回事？剥去历史的层层谜团，60多年前的那场战争，今天仍有不少疑点有待解开。

宋希濂、钟彬当日都在尖山寺观战，88师264团1营于10日攻克老东坡，遥见日军六七十人狼狈逃窜，龙陵通芒市小道上的篱笆坡青烟一缕直冲云霄，是不是日军要跑路？钟彬军长后来回忆说：“当时（11时左右）怀疑青烟是为日军退却引路，我攻击部队挺身直进，至城区寂然。两连长率兵搜索前进，据报敌确已退却。到了黄昏，城区四面枪声大作，我搜索部队连长以下伤亡颇大，才知道日军是缩小阵地，退守城区。”两位小连长被胜利冲昏头脑，收复龙陵的不确消息又怎会传到重庆呢？钟彬的解释似乎有些令人难以信服：“官兵兴奋，认为龙陵即可克服，消息传播，以至后方军部总部的幕僚，竟以主官名义报捷中枢，演成日后有龙陵得而复失，轻易放弃之误会。”至于所谓的“幕僚”，钟彬没有点名，我们当然也可以理解成“幕僚群”，也就是说——钟军长把误传捷报的责任推给军部总部一干人等，可能钟军长也是好心，不是有句古话叫做“法不责众”么。再来看熊新民的回忆，熊新民时任88师副师长，后写过一篇亲历滇西反攻的文章，实为宝贵史料。集团军总司令和军长、师长坐镇尖山寺督战，官大一级压死人，熊副师长只有每战必临前线的分了。按熊新民的说法，264团占领老东坡，大家别提有多兴奋，连通信兵都加入了追敌行列，不知不觉中迎来一个伸手不见五指的黑夜。“我一方面催电话兵赶快接通电话，一方面想搭个临时铺，打个盹。忽然从城内回来一名传令兵，向我报告说龙陵城已被我军占领。前方还不通电话，可是后方已把消息传开了。当电话一接通，远征军长官部立即打电话问尖山寺指挥所，宋总司令还亲自打电话问我消息确不确实。”熊新民的回答有些想当然，说什么传令兵从城内缴获回来的牛肉罐头和饼干我都吃过了，遍地搜索不见一个鬼子兵，我看是占领了。什么叫“我看是占领了”？也亏宋希濂第一反应竟然不是继续加强搜索，而是赶紧委派戒严司令，准备接收战利品。

翌日破晓，事情弄清楚，西山坡、观音寺、文昌宫、东卡等据点尚有不少日军顽强死守，龙陵还在日军手中。熊新民懊悔不已地说：“这是我一生在战斗中所发生的一大错误，前方没有一个连营长向我报告过占领龙陵的情况，只听传令兵传说，便轻率地说是占领了，后来影响到宋总司令被人挟嫌诬告而调了职。”这时光复龙陵的捷报早已发往重庆，电报发出时间大约是在10日中午，不管是主官授意还是幕僚所为，电报署名终归是宋希濂，而且还是绕过卫立煌直接发给重庆军委会的。这份电报收入在中国第二历史档案馆编辑的《中华民国史档案资料汇编》套书中，全文抄录如下：“委员长蒋、总长何、卫戍司令刘：2979密。此次我远征军渡江反攻，职奉命为左翼军，已于巳东开始行动，由职亲率第71军及第2军主力，分别由毕寨渡、打黑渡渡过。我军向龙陵、芒市之敌攻击前进，沿途各地之敌均顽强抵抗，我军士气旺盛，连克腊勐、□□、镇安街各要点，鱼日（6日）迫近龙陵近郊，经分别围攻，于蒸申（10日）攻克龙陵。此役敌伤亡约数千人，遗尸三四百具，虏获战利品正清查中。我伤亡团长以下官兵约数百人。刻残敌向龙陵西南溃退。除继续扫荡、确保战果外，谨电呈鉴。职宋希濂。巳蒸。甸参。龙。印”。从末尾“甸参”二字来看，电报是从施甸第11集团军总部美军联络参谋组发出的，莫非真如钟彬所说，军部总部的幕僚用主官名义报捷重庆。

更为扑朔迷离的是，同样这封电报还存在另一个版本，如果说个人回忆录往往因立场不同，导致说法不一，那倒也司空见惯，可原始电报记载有出入，那恐怕是极其少见的。《中华民国重要史料初编——对日抗战时期》一书是中国国民党中央委员会党史委员会在1981年编辑出版的，书中也收入了1944年6月10日署名宋希濂发给重庆的电报。“国民党中委会党史会”这份电报三处地方与“二史馆”那份有出入，首先是直接去掉了字迹不清的两个方框，其实这两个字笔者推断多半是“大坝”；其次是“于蒸申攻克龙陵”变成“于蒸申攻克东郊”，别小看区区“东郊”二字，要真是电报“攻克东郊”的话，也就不存在什么误报军情了；最后是“我伤亡团长以下官兵约数百人”成了“我伤亡团长以下官兵约五百人”。笔者认为国民党中央委员会党史委员会收入的那份电报有问题。去掉字迹模糊的两个方框，说明电文已动过手脚；再说，既然统计上报敌我伤亡数字，就说明战斗基本上已结束了一个阶段，如仅仅是攻克东郊，就不会统计报告死伤，还得继续打城区啊，打完再报也不迟，中间又没准备休整。当事人之一的宋希濂又是如何说的呢？“第87师渡河后，其一部于6月9日攻克镇安街，其主力及第88师于6月10日攻占龙陵。旋敌军由芒市增援反扑，第71军于6月16日退据龙陵东北郊与敌对峙。”宋总司令坚信6月10日龙陵是被88师光复的，只不过几天后又丢了。

弥补误报最好的办法就是以最快的速度确实攻占龙陵。12日，88师264团以2营附1营3连向封家坡、大魁阁攻击前进，怎奈天意弄人，大雨下个不停，进攻没有取得任何进展。新28师屡攻松山不下，日军卡住滇缅公路，71军不仅要面对恶劣天气，同时还要设法解决粮弹接济不上的困境。13日晚，钟彬为速歼龙陵城区残敌，在尖山寺下达第四号作战令，明确规定先集中弹药，然后87师攻赵家祠堂、西山坡、黄土坡，88师攻封家坡、文昌宫、赵家村、桅杆坡。要求“各师均应于14日黄昏前完成攻击准备，15日晨8：00开始总攻击。最少限度务于14日，各确实攻占敌人据点两处。”下达完作战命令，钟彬睡意全无，又拿起电话催促粮弹加速追送，不久值班参谋送来87师敌情报告，发现日军便衣队从腾冲方向渡过龙川江不下百人。钟彬因没有得到第20集团军方面通报，对此没怎么放在心上，总攻计划不变，另外决定派87师副师长黄炎到邦腊掌负责对龙川江方面战斗，自己则离开尖山寺前往猛连坡指挥。14日，山炮弹800发及其他必须的弹药完成集中，虽然粮食仍无法追送，但官兵斗志依旧高昂，钟彬军长形容将士等待总攻时间是“翘首以望，枕戈而待”。15日，天气难得放晴，仅有稀淡浓雾，中国军队山炮齐发，87师259团和261团管甲东营分别进攻赵家祠堂、黄土坡，日军凭借坚固工事顽强死守，张绍勋师长以“牺牲过大”，下令暂停攻击。88师这边有宋希濂亲临前线督战，效果到底不一样，官兵士气如虹，个个奋不顾身，经3小时激战，264团攻占封家坡据点。16：00，该团副团长雷铿又率1营1连和团特务连，克复文昌宫。262团目标桅杆坡，2营4连10：30占领

■ 71军正在炮击龙陵。

桅杆坡南半部，5连、6连同时猛攻北半坡，一直厮杀到22时，敌我双方几进几出，死伤均大。日军战史对15日的激战有如下记载：“这天炮击异常猛烈，仅在东北正面即展开火炮12门、迫击炮20门以上。10：30又加上空中攻击……连野战医院的军医和野战仓库的军属都以手榴弹参加了战斗。而且在日落前30分钟，敌一部冲入位于城中心的野战医院内。正当守备队无力增援，龙陵阵地难保之时刻，天空升起了信号弹，敌军再次开始撤退。”

钟彬当然期待次日有更大的战果，可是粮食和弹药供应的中断正在动摇这位指挥官的决心。竹笋、芭蕉根已由副食变成主食，任凭电话中如何声嘶力竭地催讨，弹药起码要三天后才能达到一次攻击所需之量。美国出版的战史《中国－缅甸－印度：史迪威顾问团》印证了这一事实，当时“飞机用436个降落伞空投75毫米炮弹，另有600匹驮马往返怒江渡河点与龙陵之间，进行弹药补给。但仍不能满足围攻军的消耗，步兵进攻终告失败”。更令钟彬军长意想不到的是，百余日军便衣后面隐藏着龙陵战事的巨大危机。松井秀治率第2、第3大队主力在红木树、高黎贡山西麓与新39师和53军等部打了几个照面，6月11日奉命从腾冲出发，一路南下驰援龙陵，半路上意外得到3辆汽车，12日下午联队本部及通信中队首先前出到龙川江岸，等到松井本人赶到江边，第2大队已经驱逐渡河点南岸87师261团的少数斥候，并一举占领了还未彻底破坏的腾龙桥。当天深夜时分，第3大队等部也相继到达。日军强渡龙川江，必经腾龙公路，但防守那乃的261团1营3连连长还蒙在鼓里，当地百姓数次相告，这位连长就是不相信。还是手下排长警惕，吹起集结哨下令1排进入阵地，但为时已晚，没来得及拿起枪，全连几乎都被日军射杀。14日，张绍勋调集260团主力堵击南下之敌，令261团一部向腾龙桥、邦乃方面侧击，截断日军后路。结果日军速度很快，“逐次攻击龙川江南岸之敌，扩大桥头堡，攻击进展顺利”，日军战史中的短短数语实在令人心痛，这就是工兵连炸药不足毁桥不力埋下的祸根。

龙川江阻敌不成，张绍勋又令260团主力占领腾龙公路两旁的5412、5310高地，保证88师围攻龙陵城区的侧背安全。钟彬得知日军大举南下，与参谋长冯宗毅商量对策，分析判断日军最大限度是以1个联队从腾冲来援，决心使用87师全力压迫日军于龙川江，88师以263团一部在黄草坝、深沟构筑防御工事，主力巩固既得阵地，等补充弹药后，再向城区大奎阁、观音寺、红土坡之敌攻击。

钟彬彻底集中兵力以求决战，不愿已经到手的胜利果实被日寇轻易夺去。松山祐三获悉第113联队主力前出龙川江南岸，和钟彬不惜一战的决心一样，决定以15日黄昏为期，对龙陵正面的71军展开攻势，扭转被动局面。松山祐三以113联队主力攻击龙陵以北地区的87师；以师团参谋长永井清雄指挥新到的53师团119联队第1大队主力，迎击芒市东面的第9师；以步兵1个中队、装甲车1个中队、野炮1个中队归炮兵56联队联队长山崎周一郎指挥，攻击龙陵、芒市间的新28师84团，打通中断多日的滇缅公路。

16日7：00，远征军总部通告宋希濂："据报第20集团军当面之敌，11日起至14日止，陆续向腾冲撤退3000人。13、14两日，腾冲之敌向龙陵增援者约1000人，似有反攻龙陵之企图。"宋希濂当即打电话到71军军部，恰巧钟彬不在，接电话的是参谋长冯宗毅，冯参谋长没有及时向钟彬转达总部的敌情通报，钟彬对此抱绝对理解，认为"部署已定，可不必报告，以动摇指挥官的意志。……事实上当时指挥官不知此种情报，亦是好的。"16日，浓雾弥漫，87师259团右侧发现日军渗透约1个中队，宋希濂于9时打电话提醒钟彬："(87师)右翼阵地应加以考虑，必要时放开腾龙公路，改作守势钩形，以达摩岭、老庙坡、麻石头梁子、深沟、长岭岗与88师现有阵地衔接。"钟彬的回答是："等力战到黄昏再作打算。"宋希濂尊重钟彬的决定，只抛下三个字——"勿轻敌"。16：00，战局进一步恶化，日军1000余人向猛外坝迂回前进，企图包抄87师右翼，控制在镇安街、黄草坝的兵力只有88师263团的2个连，自然无法抽调上去应付日军的迂回。放马桥方面，84团亦难抵山崎支队猛攻，当日有日军300余人从象滚塘附近突入龙陵城区。

宋希濂也好，钟彬也好，从内心是一万个不愿意看到即将到手的龙陵坝子就这样"飞走"，可是事到如今，要再恋战下去，公路补给线很可能会被截断，71军势必要陷入不可收拾的局面。87师、88师若被各个击破，日军再分兵解围松山、腾冲，滇西反攻岂不前功尽弃。宋、钟等人一商议，痛下决心，"放弃右翼以血肉换来之一部阵地"，下达转移右翼守势钩形阵地命令，就是87师按照宋希濂的意思，撤到达摩岭、老庙坡、麻石头梁子、深沟、长岭岗与88师衔

■ 龙陵会战中，民众向前线运送粮食。

接；88师263团归军部直接指挥，3营1连及重机枪排守备猛连坡、瓦厂附近高地迟滞日军前进，主力在深沟占领阵地，协同87师迎击来势汹汹的日寇；88师主力在雷打洋附近迫击日军，并以适当兵力据守既得阵地；新28师84团向老尖坡靠近。黄昏后，部队根据转移令开始重新部署，21：00起彻夜下雨，敌我双方对这场倾盆大雨都是记忆犹新，国军战史说："钟彬军长见部队通过南厂、碗厂时，始由孟连坡，向黄草坝转移，大雨滂沱，咫尺不见，迄17日中午，部队均到达新位置，战局转危为安。"日军战史说"雨越下越大，天昏地暗，识别不出斜坡或道路，踏泥而行，步履艰难。由于连日行军和战斗，官兵疲惫不堪，天将破晓时，部队获悉敌已退却。松井大佐只好等待天明才向龙陵前进。但此时龙陵西北已无敌军，部队于10时许进入龙陵，与守备队取得联络。"很明显，71军主力在转移右翼守势钩形阵地时，老天爷帮了大忙，基本谈不上什么损失，日军连走路都难，就别说是进行追击了。不过掩护主力转移的部队还是有所伤亡的。17日拂晓，日军集中兵力向5412高地进攻，87师260团3营营长顾曾誉率领100多弟兄拼死抵抗，连续数次打退敌人冲锋。日军的目的是突破，这边打不开就换到5310高地，260团2营照样敢打敢拼，直到师主力完成转移，才放弃5412、5310高地后撤归队。

唾手可得的龙陵坝子就这样擦肩而过，"姊妹师"双剑合璧的大戏演砸了，宋希濂、钟彬在万不得已的情况下放弃用官兵无数血肉和生命换来的右翼阵地，也算是指挥官勇于负责到底的一种表现。值得一提的是，宋、钟二人始终"焦不离孟"，1949年底相继被解放军俘虏，一起被关押在重庆白公馆看守所，两位好友整日以下棋打发时间。钟彬棋艺平平，常要求悔棋让棋，宋希濂是出了名的"湖南骡子"脾气，一子不让，以至于摔棋子撕棋盘，被同监的王陵基大将揶揄为"兵团司令都可以让给钟彬，而一着棋却不肯让"。因两人前后担任过第14兵团司令官，又被好事者戏称为"送终(宋钟)兵团"。

进退有据

1944年6月17日，71军主力先后到达预定线占领新阵地，在黄草坝短暂休整的88师263团成为龙陵战场上的"八百壮士"，推进到猛连坡高地的3营坚守至18日，圆满达成掩护任务。蒋介石获悉龙陵"得而复失"，十分恼怒，要求卫立煌"饬即查明放弃龙陵系何人所下命令，迅速具报"，在蒋介石的威严面前，宋希濂并不打算推卸责任，17日深夜将战事经过原原本本电复重庆："职部自巳阳围攻龙陵……先后攻克猛林坡、广林坡、老东坡、封家坡、桅杆坡、赵家祠堂各据点，敌不过二百人，仅凭西山坡、黄土坡、观音寺三据点，负隅顽抗。龙陵收复，本已指顾可期，惟敌工事坚固，决非步兵兵器所能摧毁，乃因连日天雨，飞机既未能输送弹药，又不能协力轰炸。兵站输力薄弱，亦不能及时追送粮弹，以致迁延数日，未能将敌防御核心迅速扫荡。又因第20集团军方面进展稍缓，未能同时进出腾冲附近，致腾冲敌抽出兵力二千余增援南下。……铣日黄昏被敌突破阵地左翼，冲入龙陵。各官兵目睹功败垂成，各个嘘声叹气。现腾敌已南移龙陵……为谋求整顿态势，先事站稳脚步，即令71军除以一部固守现有阵地外，主力暂转移镇安街以西……一面向松山、平戛之敌严行肃清，然后再以第20集团军协力围攻龙陵。”宋希濂的坦荡换来蒋介石对龙陵“得而复失”暂不追究，关于先打松山、平戛，再打龙陵的部署，校长无意干涉这位“得意门生”的战术调整。宋希濂、钟彬等人都明白，日军一定不会善罢甘休，大规模的苦斗恶战即将来临，背对惊涛拍岸的怒江，71军没有后路可退。

20日，日军第56师团战斗指挥所由芒市推进到龙陵，随着第113联队第1大队、第2大队和第18师团第114联队第1大队等部相继到达或即将到达龙陵，松山祐三“为了以集结在龙陵周围的师团主力继续击破第71军，决定向黄草坝、长岭岗两个方向采取攻势”。松井秀治的113联队主力自21日黄昏开始，沿滇缅公路向黄草坝攻击；藤木隆太郎指挥自

■ 龙陵日军指挥部，曾是当地大姓赵家的宗祠，松山祐三以及水上源藏等人都在此地坐镇指挥过。

己的第29联队第2大队外加1个中队，21日夜从长岭岗南侧实施突破，向蚌渺方面攻击。21日拂晓，113联队提前行动，乘着雾漫天际，分两路向深沟、长岭岗87师阵地猛攻，防守深沟的259团1营虽然只剩240人左右，但尚有1挺战防枪和1具火箭筒，日军占不到什么便宜。7时30分，细雨濛濛，日军在长岭岗左侧的87师和88师的结合部找到一个缺口，进入到空树坡、回头坡附近，259团2营左翼暴露，激战至9：00许，长岭岗被日军占领，2营退守杨家大坟。10：00，日军沿滇缅公路挺进，在坦克掩护下抢修被破坏的公路、桥梁，259团1营的战防枪发挥作用，当即击毁日军坦克1辆。松井调集200多人包抄1营深沟阵地，近一个小时战斗下来，1营又顽强挫败日军攻势。松井接着集中山炮4门射击深沟，一时间弹片乱石纷飞，1营伤亡不小。张绍勋师长下令263团主力反击长岭岗，260团3营增援深沟，结果1营面对来势勇猛的日军，还是没能坚持到援兵到来，不得已退守新塘房、大坡一线。260团3营赶不到深沟，便与88师263团一部协力夹击回头坡之敌，官兵奋勇搏战，一度克复回头坡，但日军不断增援反扑，12：00又陷敌手。张绍勋为尔后进出关系，严令260团3营确实攻占回头坡，3营倒也能打，还真把回头坡重新夺了回来。

15：00，一心收复深沟、长岭岗的张绍勋命令260团2营归259团团长聂率淮统一指挥向长岭岗反击，主力策应259团1营、2营规复深沟；261团进出大坪子、猛连坡，攻击日军侧背。87师全体出动，各向指定目标猛攻，日军拼死顽抗，打到日头西落，还是不见进展。19：00，天色昏暗，87师各部于风雨中泱泱退回原阵地整顿。22日，轮到日军攻，中国军队守，宋希濂把从红木树南下的新39师加强营划归87师指挥，张绍勋随即下了死命令："259团确保深沟南北之线，261团与新39师加强营协力向敌侧背攻击，260团2营务必阻止日军攻势。"据《87师滇西战斗详报》记载，260团2营击退日军四次强攻，至第五次，日军以三倍于我的兵力攻击，崔曰森营长和姜征副营长相继挂彩，士兵伤亡殆尽，回头坡旋即再陷敌手。张绍勋试图挽救战局，组织259团一部与88师263团夹击日军，终因战力不济撤回到原阵地。259团主力一度逼近深沟日军堡垒，黄昏后站不住脚跟，除了退回也别无选择。原计划配属261团的新39师加强营临时有变，调回猛坝，庾浩如团长以兵力薄弱为由，也就没有认真执行进出大坪子、猛连坡的命令。

根据日军战史记载："22日黎明，松井部队击破一部敌军，前出到龙陵、黄草坝中间山岭一线，继而准备进攻北面的第71军主力。……天亮后，强大敌军在炮兵、迫击炮的猛射支援下转入反击，我军好不容易将其击退。"23日晚，松山祐三又将新到龙陵的第

18师团第114联队第1大队、第53师团搜索联队主力、第119联队第1大队等部增强到113联队正面，并派遣师团情报主任田口正之协助松井秀治指挥，松山祐三想要“尽速击破71军主力，尾追前出拉孟，营救松山守备队。”知道任务艰巨，师团长松山祐三没有直接下令，只是通过田口向松井转达自己的意向，毕竟松井这时是龙陵唯一的联队长，唯一的前线指挥官。龙陵东犯之敌沿公路两侧猛攻，87师黄草坝西南高地及长岭岗、空树坡附近炮火连天，大约在这个时候，张绍勋师长负伤了。坊间流传张师长因为误报攻克龙陵，感到内疚而选择自裁，结果没有击中要害，经过抢救后脱离生命危险。这种说法显然不符合实际情况，熊新民说得很清楚，占领龙陵的误报出自88师。如果说张绍勋确实有自杀举动，那也是腾龙桥破坏不彻底，腾龙公路阻敌不利，深沟、长岭岗一退再退等一连串失败所致，和误报攻克龙陵没有必然联系。

卫立煌28日致电蒋介石指出：“半月以来，我87师遵命在达摩山、黄草坝附近占领阵地，与龙陵东犯之敌2000余苦战甚烈，伤亡极重。今晨敌复增援……该师长张绍勋目下情形恶化，诚恐无法挽回，乃愤而自杀，弹由左胸左肋下出，由美医治疗中。”张绍勋将军的幼子张再平另有说法：“71军为宋希濂家底，宋为湖南人，继任军长钟彬广东人，副军长陈明仁湖南人，87师师长张绍勋广东人，88师师长胡家骥湖南人，湘广之争，军中皆知，松山一役，家父指挥87师攻坚，胡家骥88师却按兵不动，致使87师险遭败绩，事后家父曾当着宋希濂的面大发雷霆……俟攻打龙陵，胡家骥再度故伎重演，陷87师于日军重围，无奈，家父只好全力抵抗，身先士卒，危急中陈明仁越权指挥失误，宋希濂迟疑怕负责任……激战中，家父不幸中弹，日军子弹穿胸而过，距心脏仅一点五公分……宋希濂当着家母面守在医院三天三夜，再三向家父认错、劝慰，并答应追究此次战事失误责任……”张再平的说项可谓活龙活现，但至于什么“松山一役，家父指挥87师攻坚，胡家骥88师却按兵不动，致使87师险遭败绩”等完全对不上路，87师也好，88师也罢，都压根没打过松山。再说前方战事如此紧急，宋希濂能呆在后方医院三天三夜吗？不过张绍勋督战负伤的可能性还是存在的，蒋介石22日有一封电报给卫立煌、宋希濂、霍揆彰等，电文措词比较严厉：“查反攻缅甸，打通国际路线，乃我国抗战胜利之关键，亦民族存亡之所系，故自远征军成立以来，装备补充不遗余力，国人、盟友期望切殷。乃此次渡河攻击……以优势之兵力进攻劣势之敌，不特进展迟缓，且龙陵竟因少数敌之反攻得而复失，实有损国军荣誉。……该长官等宜督率所部积极进攻，排除困难，迅速收复腾冲、龙陵……如有作战不力，着由卫长官依法严惩。”蒋介石的这封电报无疑在远征军各级将领中激起了千层浪，卫立煌电令宋希濂：“第11集团军应立即集结主力，击破当面敌之攻势，至少亦须于黄草坝以西地区利用地形，站稳脚跟，拒止当面之敌，非有命令不得向东移动。”上层严令种种，师长前线督战负伤也就再自然不过。可是有一点令笔者困惑不解，无论是71军还是87师，原始战斗详报都对张绍勋负伤一事只字不提，难道这背后确实牵涉到71军内系派系倾轧的黑幕？如今宋希濂、钟彬、张绍勋、胡家骥等当事人早已作古，事情真相或许永远石沉大海。

张再平说法中的另一个疑点就是所谓的“俟攻打龙陵，胡家骥再度故伎重演，陷87师于日军重围”，转移钩形守势，日军藤木隆太郎指挥的第29联队第2大队外加1个中队，目标就是龙陵坝子东南外围的88师。说胡家骥的压力要小于张绍勋倒是不假，87师那边是113联队主力尽出，88师这边好歹只有1个大队多一点，但说胡家骥“陷87师于日军重围”难免唐突。88师262团18日占领杨梅山亘陡岩子一线阵地，挥汗如雨加强工事，第二天就有少数日军攀爬袭击陡岩子北端，都被262团一一击退。20日晚，日军20多人由孙家寨向杨梅山南端进攻，1营3连派1个班绕至敌后，日军狼狈逃窜。有了两次试探性攻击，21日天刚亮，日军百余从陡岩子两侧向262团1营1连猛扑，1连地势较好，当即毙敌50多人。日军增援，2连一部向敌侧击，迫使藤木鸣金收兵。欧阳午团长乘着战斗间隙，以3营7连增加1营阵地防守，又于黄昏后击退日军数次攻势。22日，3营替下1营，17时藤木率部倾巢而出，分三路猛突陡岩子，这一仗一直打到21:00许，日军伤亡惨重，以至于此后连续三天没有大动作。

日军战史承认“藤木大队虽力攻长岭岗至蚌渺西侧一带高地占领着数条阵地的约一师敌军，但因敌凭借险峻地形进行顽抗，进攻失败。”欧阳午团长后来回忆说：“敌人每天都以重炮掩护，轮番派部队向我阵地发起猛烈攻击，都被我居高临下，奋力击溃。我团一边坚守阵地，一边加固工事，每天夜晚还派小部队下山，到临近公路的山沟里埋伏，专门袭击敌人的运输部队，断其补给，牵制敌人。”26日拂晓，3营9连就打了一个精彩埋伏，日军运输队死伤50余人不说，还丢下步枪、马匹甚多。262团杨梅山、陡岩子、尖山寺附近战斗，不但予来敌以重大杀伤，还为日后再度围攻龙陵打下了有利基础，当时有国民党中央宣传部派员到阵地采访、慰问官兵，并实地拍摄电影，鼓励将士继续杀敌。

264团于17日转进到老将卡迄小石坊一线，从容构筑防御工事，直到24日才有日军出现，虽然日军才100多人，3营6连疏于防守，阵地很快就被突破，戴海蓉团长急调1营3连增援反攻，一连三次都让日军顶回来。25日晨，戴团长下了死命令，2营附1营3连务必恢复所失阵地，两小时激战下来，日军不支败走。三天后，日军卷土重来，这回咬不动2营阵地不说，反被2营跟踪追击，“拱手让出”灯草岭。263团猛连坡一战伤亡惨重，以后又掩护主力完成转进，钟彬以264团副团长危耀东升任263团团长，为能够机动使用该团，钟军长令危耀东所部集结控制在三叠坡、猛冒西南山脚、杨家寨附近整理。日军第113联队占领长岭岗后，气焰嚣张，空树坡、沙沟坡、老营盘山等要点相继不保，87师有些招架不住。钟彬一面请调援兵，一面先将减员严重的263团重新投入战斗。得到第2军第76师第227团一部协助的263团，曾一度恢复空树坡一处山头，无奈87师又失回头坡，致263团右翼发生空隙，危耀东团长只好停止攻击，抽调部分兵力向右延伸填补空档。钟彬也急，集中新28师84团1营和76师227团全部统归88师副师长熊新民指挥，试图以优势兵力压倒日军。23日，日军也增兵，熊新民被迫改攻为守，84团刘子雄营长身负重伤。71军战史形容20至25日“敌不断倾注全力，分向我公路正面，以及空树坡、回头坡阵地接合部与锁钥部强行攻击。敌我双方，反复肉搏，炮声、机枪声、炸弹声、白刃冲击声轰天震地，惨烈异常。军控制之预备队263团全已增加，激战未已”。当然日军伤亡亦重，据俘虏交代，第29联队第2大队有1个中队仅余士兵2人。日军战史也承认“各部队损失了许多官兵，例如113联队的第1大队第2中队，已减员到中队长以下不足20名。”卫立煌、宋希濂研究对策，采取了几点紧急措施：钟彬赴松山督战，71军暂时由副军长陈明仁负责；请调第8军荣1师主力过江增援；荣1师3团等接替新28师攻松山，新28师移至黄草坝准备投入龙陵正面；集结于勐外坝附近的新29师，火速赶至三关坡、南天门一带阻击芒市之敌增援龙陵。

26日，松山祐三电令松井秀治：“兵团以举全力获此一战之决胜，一举解决今后之作战。各队应觉悟，蚌渺会战之胜败，攸关兵团之存亡，务竭死力向胜利之途迈进。松井部队代表龙兵团之命运，应于敌主力集结之前，迅速击灭当面之敌。”同日，荣1师1团和2团2个营分别由副师长李弥、周开成团长、周藩团长率领到达勐冒街附近。周开成向宋希濂请示任务，当天就接替了88师263团等部的阵地，听完熊新民介绍有关情况，周团长命令各营、连严密警戒，增强工事，封锁谷口，消灭死角。27日，长时间笼罩大地的云雾渐渐消散，周开成急忙放下饭碗，登高观察敌情，发现香菇岭日军可以瞰制1团全部阵地，当即下令集中全团火力围歼香菇岭之敌。可刚刚完成兵力部署，浓雾又起，香菇岭在眼前“消失”了，周开成拿起电话查询各营准备情况，回答都是信心实足。周开成回忆说：“我立即令副官发射三颗红色信号弹，顿时火花闪射，枪、炮声在山谷里激荡。激战30分钟后，我再令副官发射三颗绿色信号弹，射击全部停止。接着又令3营胡开俊营长带一个步兵连搜索前进，占领香菇岭。”宋希濂、陈明仁等人赶到团部察看战况，刚巧胡开俊营长带着士兵抬着轻重机枪、步枪、子弹箱和牛肉罐头、饼干等战利品来向周开成团长报捷。看着战利品，听着胡营长绘声绘色的报告，宋希濂露出久违的笑容，返回总部便下达命令：“本集团军决定转移攻势，重点指向空树坡、长岭岗，先歼由深沟东南突入之敌，恢复深沟、长岭岗一带阵地，续行围攻龙陵。荣1师1团推进至倒淌水附近向空树坡攻击，确实占领后，即速转向回头坡、深沟攻击而占领之；76师227团于荣1师攻空树坡时，同时攻空树坡左侧，并沿长岭岗向公路附近猛进，阻敌从龙陵增援；88师263团配属新28师84团，驱逐当面之敌，以一营于傈傈田附近沿勐冒街至长岭岗大路两侧之高地，向回头坡、深沟之敌攻击，其余沿正面攻击；87师全力向当面之敌攻击，特须以重点置于公路两旁。”

28日拂晓，太阳照过每个大小山头，荣1师1团集中81毫米迫击炮和60毫米迫击炮，照准回头坡日军工事猛轰20分钟，炮声一停，1营营长陈其国率部迅即发起冲锋，很快占领了阵地。发现日军遗尸30余具，缴获重机枪2挺、轻机枪4挺、步枪30支、指挥刀1把。李弥挺高兴，想让连续作战的1团休息一下，以2团接替进攻空树坡，周开成团长坚持不下火线，要给2营一个立功机会，李弥欣然同意。2营挺争气，集中使用全团54门60毫米迫击炮，狂轰空树坡日军，没费多大劲就完成差点要给2团的攻击任务。“6月28日至30日，敌之攻势顿挫，一蹶不振，除仍以小部队，频行袭击外，无积极之企图。乃令各团先组成加强连，由空隙渗透，在敌战线之后方到处袭击，使我正面攻势转移容易。敌到处遭受打击，渐呈动摇之象，遂逐渐恢复初期围攻龙陵之良好态势。”钟彬在所著的《龙陵会战》一文中对击退日军反击颇为得意。71军龙陵“得而复失”后一度抵挡不住日军疯狂反扑，但关键时刻尚能在黄草坝以西稳住脚跟，等到“集团军适时集结兵力，予敌以决

周开成

1905年生，湖北潜江人。黄埔军校第六期（武汉）、黄埔军校高教班第一期毕业。抗战后期任荣誉1师副师长。

定性之打击”，总算是“进退有据”。与宋希濂、钟彬等人的释怀相反，松山祐三心情跌到了底谷，28日晚下令停止攻击，日军战史坦言：“师团长知晓步兵战斗力已达极限，即便继续攻击，预料亦难突破重庆军阵地，命令各部队于7月2日夜秘密与敌脱离，返回龙陵附近。”

再围龙陵

1944年7月3日，第71军等全部转移攻势，分路向退却之敌追击，87师主力当日就推进到深沟附近。4日，87师再克5255高地，荣1师和88师分别攻占长岭岗和老营盘。9日，87师进占太平子、老户蚌之线，荣1师进占杨梅山，88师进出小把地，按钟彬的话说——“全线皆就围攻龙陵城郊各据点之准备位置。”龙陵日军人数并不多，第33军司令官本多政材下令精疲力竭的第56师团主力后退到芒市附近整理。这时由中国派遣军参谋转任第33军作战主任的辻政信制订了一个“断作战计划”，顾名思义就是要切断中印地面联络。“断作战计划”预定9月上旬开始攻击，方针是“33军主力集结于芒市周围，在龙陵方面击灭云南远征军主力之后，前出到怒江一线，在援救拉孟、腾越守备队的同时，切断印中联络路线。”涉及到滇西部分具体要求“第56师团要长期确保目前态势，在拖住云南远征军的同时，准备今后的攻势。第2师团要首先集结在南坎周围，构筑工事，以佯攻欺骗敌人。在主力集中完毕后，利用夜间一举跃进芒市方面，和第56师团一起准备今后的攻势”。

要顺利从芒市向龙陵西南方依次集结兵力，到达进攻发起的位置，日军要解决三个难题：首先要突破活跃在芒市北方木康一带的第76师228团；其次要和正被第76师226团、第9师第26团围攻中的平戛守备队取得联系，实行收容伤员和补充粮弹；最后就是要在上述行动展开过程中，以最少的兵力保住龙陵。松山祐三认为“目前若不迅速击破进入芒市北方的敌人，军自芒市附近前进到展开线将极端困难”。决定在第2师团向芒市集结之前，单独解决三个难题，打开僵局。且看松山祐三如何分兵：第53师团步兵第119联队第1大队、第2师团第29联队第2大队、第56师团第113联队及第148联队各一部、工兵第56联队主力由工兵联队长小室钟太郎中佐统一指挥，担任龙陵附近的守备。第113联队1大队和2大队、第148联队3大队、第18师团114联队1大队、池田山炮兵大队等部由松井秀治指挥，执行芒市北方扫荡、联系平戛守备队的任务。

第11集团军当初拟订的渡河攻击计划，明确71军攻松山、龙陵，2军攻平戛、芒市。现在我们先回过头来说说第2军的渡江反攻，再接着说松山祐三的分兵“破难题”。6月3日，第71军除新28师84团以外，均安全渡过怒江，第2军76师全部、9师25团、27团也在攀枝花、毕寨、火石地各渡口完成渡江作业。4日零时，王凌云军长下令：“军奉命即围攻平戛之敌，同时向象达推进，第9师（欠26团）除原配属部队外，另配军山炮营1连即向象达挺进。”据时任9师参谋主任的王惜时回忆，76师久攻平戛不下，干脆留下226团包围监视，主力则在9师右翼展开。王惜时对76师的做法有所不满，不直接点名地说：“各军师把受领进攻某一地点的任务，看成邀功领赏的门道，自己攻打不下来，就把着不放，又不让别的部队增援协助……而日军分守各重要地点，兵力不大，很少出击，我们攻不动它，各军、师部队在敌据点外围，说是包围监视，实际是在前线无战事的时候呆了下来，等待着日军的自动撤走。”有道是“真话难听”，王惜时倒也敢说真话，不过第9师还是打下了象达，并非坐等日军跑路。象达地处龙陵县城西南部，西与芒市毗邻，第9师绕过平戛打象达，目的就是要切断平戛与芒市的联系。象达日军是一个中队上下，9师27团打头阵，几天下来伤亡100多人，没什么大进展，换25团再攻，碰巧3营绕攻日军据点后方高地，遇到日军由芒市出发的补给队，结果一顿好打，断了象达日军的接济。可日军依然顽强，直到24日深夜，25团才冲入象达，“象达街子和敌阵地已空无一人，事后知道，敌约40人，夜里撤回芒市去了。2个团对不到1个连的日军，也算克服了象达。”王惜时的回忆与第9师的战斗详报基本吻合。

黄草坝、深沟、长岭岗等地战事紧张，宋希濂指示王凌云“除以一团围攻平戛之敌，一部继续扫荡象达附近敌外，至少应以两团兵力布置于蚌渺附近，准备协同71军侧击龙陵来犯之敌”。于是76师227团加入蚌渺附近掩护荣1师向当面日军反击，228团进出到芒市木康后山、邦武山一带，破坏公路、桥梁。尽管宋希濂是口口声声“贵军长、贵军短”，但王凌云对宋希濂的这一部署很有意见：“第2军仅过江2个师，9师正攻象达时，宋把76师先后拉去协助71军。敌人乘我空虚，以1个联队的兵力从我左翼迂回到军部所在甘寨。军部仅有的特务营伤亡殆尽，连美国的联络员、参谋、副官以及非战斗人员都加入了战斗。当时美国联络组就此事也曾向长官部报告过。”

7月7日，松井秀治率部前出到木康北侧高地，227团似乎没有察觉日军大部队的赶到，仍旧面向芒市，整个背面暴露无遗。入夜，114联队第1大队惊动了227团，该团不知日军虚实，黑暗中集中轻、重机枪猛烈射击，阻止了猪濑大队的偷袭行动。8日黎明，大雾弥漫山间，227团放弃木康阵地，日军付出微弱伤亡后进入芒市。11日凌晨，松井继续执行救援平戛的任务，行军路线极力避开大道，专走羊肠小路。12日中午，日军集结平戛西面约4公里的高地，两天后226团的包围圈被突破，日军战史写道："113联队第1大队掩护卫生队、辎重队到达平戛，永井参谋代表松井大佐与平戛守备队长安部少佐握手致谢。并顺利地进行了补给和收容患者。"

15日晨，日军掉头返回芒市，中国军队认为"敌以迂回我左侧背之企图失败，乃复分别经猛堆、中寨以南地区，窜回芒市。"真是该检讨，明明是你围而不攻，日军来去自如，还非要写成打破日军迂回企图。松山祐三破解了三个难题中的两个，龙陵正面能否顶住71军的进攻呢？

12日黄昏，新28师、新39师都已奉命到达黄草坝，从松山返回龙陵前线的钟彬决定13日发动一场凌厉攻势。钟军长下令：新39师先占领伏龙寺及其西南高地，尔后再以一部，由伏龙寺向红土坡攻击；87师、新28师向文笔坡、猛连坡攻击；88师先向孙家山，再向老东坡、风吹坡、三关坡攻击；荣1师一部守备长岭岗、空树河、回头山、麦子地及杨梅山各阵地，主力向广林坡、蛇腰坡攻击；76师226团和9师26团继续围攻平戛，主力由华达岭、邦武山附近，进出南天门地区，于公路两侧占领阵地，确实切断龙芒间交通。13日拂晓，一场滂沱大雨不期而至，一时间群山雾绕，部队行动和通信受到极大限制，临近中午大雾渐渐散去，各师在炮兵火力掩护下，开始攻击前进。87师261团向孟连坡，荣1师2团向广林坡，88师262团向孙家山，9师27团向红土坡、一碗水、山神庙，激战至晚，各部捷报频传。对照日军战史记录，13日这天中国军队确实战果不俗——"重庆军攻击要领不同于第一次攻击龙陵，似避免过早攻击，专门依靠激烈的炮击，消耗我战力。龙陵东北侧要点东山高地被敌夺取，该地是由工兵2个分队守备。小室钟太郎中佐命令2个步兵小队立即夜袭，但2个小队长等27人战死，也未夺回该高地。"87师则形容攻克后的猛连坡"阵地敌尸遍野，武器杂陈，山丘之土，为之血赤，固枉尽人间悲惨，亦充满胜利之愉快。"

15日，88师猛攻老东坡，与日军反复冲杀肉搏，期间曾三次冲入敌阵，无奈每次都受到日军密集火力扫射，不得不退出血肉换来的阵地。17日以后，又是大雨如注的恶劣天气，加上平戛方面一度被松井秀治打乱，宋希濂早些时候抽调264团移驻苏帕尔河北岸邦公、大厂一带，防止日军北犯，88师暂时停止了进攻。20日，钟彬调整部署，下令各师按原计划再攻，还特别强调71军山炮营和5军山炮营"共使用山炮弹2000发，并应于22日完全堆集于各阵地内。"看来71军退到黄草坝也有好处，至少补给线缩短了，要不怎能奢侈地打2000发炮弹。命令是下达了，可连绵淫雨丝毫没有要停的迹象，等到24日午后，久违的太阳才钻出云层，龙陵坝子放晴。

25日黎明，晓光与夜色慢慢在东方划开，8时整，中国军队的美式75毫米山炮弹呼啸划破长空，引领新一轮攻势再度兴起。88师262团“在适当部署并猛烈炮火掩护下，向老东坡猛攻，”10：00许，已渐接近日军阵地。15：00，欧阳午团长以3营4连、5连分向老东坡左右攻击，2个连官兵勇往直前，上着刺刀冲入日军第一道交通壕，怎料狡猾的日军早已布下地雷阵，一连串爆炸声过后，2个连官兵几乎全部牺牲，侥幸不死的弟兄发出痛苦的呻吟声，叫人肝肠寸断。欧阳午强忍泪水，命令6连冲入第二道交通壕，结果先是遭到日军集中火力的急射，日军再从高处放下滚雷，6连死伤殆尽。欧阳午报仇心切，当夜挑选士兵30人为敢死队，夜袭日军阵地，后面以步兵1个连跟随前进，以便扩大战果。据中国军队战史披露，敢死队曾一度攻占第六号山头，但在日军反扑下无力据守，只好又退回来。26日13：00，262团2营附团特务排分三波续攻第六号山头，几进几出仅余战斗兵14人，所谓“欲速则不达”，262团事先对老东坡敌阵缺乏侦察，只知一味强攻，导致整团失去战斗力，不得不退守孙家山。与老东坡受挫相反，荣1师1团25日17：00倒是艰难攻下蛇腰坡。考虑到龙陵战事旷日持久，钟彬让88师撤到黄草坝附近整理，以新28师接替88师防务，并限令8月10日以前完成对老东坡的攻击准备。荣1师1团也退下整理，广林

■ 中国炮兵用美式75毫米山炮轰击日军阵地。

坡、蛇腰坡阵地由87师接防。新39师方面战斗同样激烈，117团连日攻三官坡，遭到锅底塘日军侧射，同时又被正面陡峭斜坡所阻，难以获得进展。116团更是所剩无几，编余干部和少数士兵由团长率领直接退到后方整补。第2军负责进出南天门，截断龙芒交通，9师与76师的表现有着天壤之别。9师25团先是将狗头坡、钟家坟攻占，接着又击退日军数次反击，26团3营增援上来，28日拂晓一举克复大尖山，战绩可圈可点。76师只不过“亦曾以一小部，进出龙芒公路之间活动”，敢说真话的王惜时回忆道：“我随师指挥所经过76师阵地，在227团团长冯心斋处休息，了解到一些作战真相。76师受领攻占放马桥截断龙芒公路的任务，而该师正面上的227团对芒市坝子东南角上的红岩山攻打了2个月，离放马桥还有4公里，不但控制不了龙芒间公路，连芒市坝子也到不了。”227团副团长关鹏程与王惜时是同学关系，私下悄悄说，就是再给冯心斋2000发炮弹，也攻不下来。

日军退守文笔坡、西山坡、伏龙寺、老东坡、风吹坡、古泽坡、三关坡等地，中国军队2个月战斗下来，确实疲惫不堪。钟彬形容龙陵战场“大雨连绵，日夜不断，小溪沟涨成为不可徒涉之河川，路面泥泞，行路艰难，官兵枵腹，疾病丛生，纵有余勇可鼓，亦无气力可用。”71军停下攻势整理补充，钟彬当然明白休战“使敌得有机会，增强工事，以增大异日攻略龙陵之困难。”看来也是万不得已了。新28师受领攻击老东坡的任务，负责实际指挥的副师长王治熙召集团、营、连长紧急会议，分析了88师进攻失败的原因，决定使用对壕作业。84团为右翼沿北面山坡，83团为左翼沿东面山坡，推进至日军老东坡阵地前为发起线；82团紧跟84团后面为师预备队。根据周密计算，84团需要挖三条战壕，82团需挖两条战壕连接第一线的攻击部队，王治熙要求每条战壕的壕长能接近阵地，壕深能够使人立行，壕宽能使四五人并行。8月14日9:00，新28师的3个团按预定部署向老东坡发起攻击。第一线的2个团长，进到营长位置，营、连长带头冲锋陷阵，部队虽有较大伤亡，但仍以优势兵力勇猛冲杀。6:00许，83团和84团分别占领老东

王治熙

号淦南，湖北云梦人，生于1906年1月6日。黄埔军校第6期步科、日本陆军步兵学校研究班毕业。抗战期间曾任陆军步兵学校西南分校教育处处长，1942年6月调任新编28师83团上校团长，1944年1月任第71军新编28师少将副师长，参加龙陵对日反击战，1945年3月任陆军总司令部少将高参。

坡、营盘山，王治熙随即亲临营盘山，指示83团、84团务必要占稳脚跟，向老东坡西、南面的山脚、山腰及龙陵城区进行扫荡，严防日军夜袭。尽管王副师长反复叮嘱，可84团还是麻痹轻敌，让日军把阵地夺了回去。鲁岂愚团长深知情况严重，竭尽全力彻夜同日军展开争夺，终因官兵伤亡过大，没能成功。失去右翼屏障的83团受其影响，阵地也很快得而复失。钟彬下达紧急命令，必须在四天内夺回失去的阵地，否则鲁岂愚团长就地处决。经过一番调整部署，83团、84团于21日再次突入敌阵，王治熙回忆说："我亲临前线指挥督战，由于我全体官兵奋不顾身，在战场上血战拼杀，终于击溃了顽敌，老东坡和营盘山又回到我手中。我巡视了整个占领阵地，走遍了整个营盘山，看到战斗的残酷、悲壮，充分表现了我官兵的英勇献身精神。"

就在新28师攻克老东坡的同时，87师利用浓雾奇袭占领古泽山，短暂休整后的88师主力展开于87师左翼，向龙陵城区逐步攻击前进。23日，小室钟太郎向松山祐三叫苦，战况日趋严重，如此继续这样下去，恐怕最多只能再坚持两天。"断"作战的前提就是要绝对确保龙陵，松山祐三接到小室钟太郎的叫苦电报，命令148联队第3大队疾进龙陵，并要小室想尽一切办法在军主力进入龙陵附近之前，确保要地不失。第3大队从芒市一出发，龙陵城区风吹坡、文昌宫、余家寺、桅杆坡、张家寨等据点又相继被新28师、88师克复。钟彬从87师缴获的日军文件中获知，第56师团将有新兵2000名即可补充到达，要求松山、腾冲、龙陵守备队坚守到9月7日，以支撑师团主力反攻。决心"于已得阵地内歼灭来援之敌，不许有寸土尺地之失陷"。

粉碎"断"作战

龙陵正面烽火连天，日军"断"作战的一系列准备工作悄然接近尾声，先是200吨作战军需品陆续运到，再是1350名新兵补充到位，146联队主力由缅北回到芒市附近，第2师团8月26日起，从南坎向芒市移动。本多政材迫不及待地将第2师团先期到达的第4联队，暂时交由第56师团指挥，以便第2师团全部进入芒市后，再一起并肩杀向龙陵。松山祐三更急，毕竟腾冲、松山、龙陵的守备部队都在一个劲叫苦，实在是等不起，于是独断决定不等第2师团全部到达，第56师团先单独进行龙陵解围作战。26日夜，松山祐三下令146联队为先头，113联队等部跟进，沿滇缅公路两侧攻击前进。第9师、新39师南天门、张金山等地首当其冲，新39师伤亡最重，27日全师战斗兵仅剩下100余人，一丘田的师指挥所都被日军袭击。新28师84团残余编成1个营，开到一丘田补缺口，营长刘勇以下死伤仅存30余人，暂时稳定了三关坡外缘。

得到148联队3大队增援的龙陵守备队，配合解围部队亦是向文笔坡、封家坡、桅杆坡等地反扑，其中一部突破到放马桥、邦乃附近，新39师116团与荣1师一部在一碗水、背阴山展开阻击，战斗异常激烈。28日，76师227团奉命威胁日军侧背，向放马桥以南挺进，结果没能达到目的，反而被日军打退到桐果树一带。日军战史写道："各部队在龙陵南侧地区逐次击破了顽抗的新39师主力，继而击退了从公路东侧地区攻来的76师，然后继续攻击前进。"

鉴于龙陵战事再次滑向不利，卫立煌命令第5军200师火速投入滇西作战。200师在昆明整训已久，官兵士气高昂，接到命令后，邱清泉军长当即指示高吉人师长，此战把滇缅路打通，将有利于整个战局，有利于第5军扬威国际。29日，88师263团、264团攻占龙陵城区观音寺西南的张家寨、段家坡，日军则继续突击南天门、桐果树。31日16:00，新39师117团3营全部牺牲，南天门阵地失守。9月1日，新39师张金山南端阵地再陷敌手，9师25团3营驰援反击，夺回部分阵地。2日，新39师116团残部伤亡殆尽，张金山完全被日军突破。9师25团3营营长、副营长先后负伤，无力恢复张金山，双坡阵地一角同时被陷。宋希濂十分恼火发了狠话："新39师全部及71军搜索营、新28师84团加强连、5军山炮营7连，统归2军9师张金廷指挥，担任该军右翼方面作战。先以全力确保双坡附近阵地，再行策划恢复张金山、南天门一带。76师即刻集结主力，由桐果园向南天门、放马桥攻击，如有不服命令或擅自脱离阵地者，准予报明，就地枪决。"

本多政材对于松山祐三独断下令56师团进攻并未表现不满，相反根据实际情况调整了作战方针，首先以第56师团收复龙陵，再将第2师团展开在龙陵东侧高地，两个师团并列向拉孟突进，接着营救平戛。不过随后又改变了部署，命令第2师团直接参加龙陵作战，从公路东侧采取攻势。对此第2师团长冈崎清三郎有些不太乐意，说是师团，实际掌握的兵力只有步兵6个大队，炮兵更可怜，仅有2个迫击炮中队。4日、5日，日军企图扩大双坡占领区域，突破桐果园阵地，都被王凌云部击退。新28师82团锅底塘坡的战斗更加惨烈，日军反复冲锋十余次，守军1个连包括炊事兵在内悉数阵亡。日军伤亡也重，根据日军战史记载，几天攻击下来，第2师团第4联队第2大队残存的战斗兵所剩无几，不过第7中队中队长平冈清茂大尉以下14人而已。

6日，200师599团率先赶到黄草坝第11集团军总司令部，高吉人师长请示作战任务，宋希濂要该团暂归71军指挥，接替双坡、庙房坡、三关坡、锅底塘坡一带阵地。日军得知200师开到，分兵迂回右翼，599团又奉命配属荣1师，于大脑子坡、5310、5412高地一线阻敌。599团新到战场，敌情未明，地形不熟，当夜就被日军打了个措手不及，王奠臣、朱银法营长阵亡。翌日，日军攻击5412高地，599团18时抵达，20时奉命投入战斗，因来不及侦察地形，又遭失败。日军十多个步兵大队全线压上，虽说都不满员，但“瘦死的骆驼比马强”，来势足够凶猛，钟彬回忆说：“彼时5310及5412诸高地要点经敌强攻，我荣1师亦伤亡过大，遂告陷落。敌且越过腾龙公路，大有直趋黄草坝，截绝我后方联络之势，幸我荣1师及200师竭力阻止，奋勇截击。”关键时刻，36师从腾冲南下，渡过龙川江，威胁日军左侧，才算稳定了71军右翼安全。

8日，拉孟守备队全员覆没的消息传到芒市，日军战史形容松井秀治“事前虽已有精神准备，但当接到覆没的通报，不由得泪下。作为联队长未能伸出援助之手，深感痛心”。经过再三考虑，松井当夜还是将拉孟溃败的坏消息通知了各个大队长，“各大队长一致表示为吊唁拉孟的战友而誓死战斗”。9日，日军凶猛进犯华坡新28师防地，87师260团缩编成加强连增援，军特务营、工兵营等亦先后“添油”似地加入战线，以至华坡一地混杂的单位就达12个之多。钟彬调整策略，大胆抽调城区兵力，下令87师261团全部接守华坡，所遗城区防务由88师抽兵接替，

■ 龙陵董家沟的一座大户私宅，当时被日军用作“慰安所”。

伤亡巨大的新28师后调整补。

日军迂回71军右翼的企图失败后，加强了华坡正面的攻势，261团抱定与阵地共存亡之决心，3营营长管甲东壮烈牺牲，华坡阵地一度陷于敌手。张有琪团长亲率预备队1个连及军特务营的2个排，跑步增援反击，乘敌立足未稳，又将华坡阵地全部夺回。据中国军队战史记载，自13日以后，除三关坡受敌攻击外，全线又进入休止状态中。日军战史坦言，第56师团大致能按预期进展，第2师团表现勉强，战况进展无望。“断”作战的主要目的是救出拉孟、腾越守备队，继7日拉孟守军灰飞烟灭之后，也于14日全员玉碎，本多政材含泪决心停止攻势，集中全力调头营救平戞守备队。就作战目标而言，这一决定可谓“退而求其次”。本多政材在樱冈战斗指挥所召集松山祐三和冈崎清三郎，要求“第56师团15日夜与敌脱离，向芒市附近集结，一定要排除万难，救出平戞守备队；第2师团一并指挥龙陵守备队，确保大概龙陵南方高地线并谋求持久”。

战况瞬息万变，世事令人难料，宋希濂怎么也不会想到，就在这大功即将告成之际，接到了陆大受训的调令。宋希濂为此忿忿不平地说：“松山克复，方期一举歼敌之际，突奉军委会命令，调我去重庆陆军大学将官班受训。我当时困惑莫解，但对命令唯有服从，即将职务交由副总司令黄杰代理，立即就道。不料到了重庆晋见蒋介石时，他第一句话就问我：‘前方正打得很紧，你为什么来了呢？’我答是奉委员长命令来陆大受训的，蒋闻之愕然，半晌不语，随后说：‘既然来了，就去受训再说。’我这才恍然大悟，我之调训，并非委员长之意。事后查悉系萧毅肃捣的鬼。萧曾为武器分配与反攻部署等问题和我发生过争执，加上他喜欢人送礼，我不买账，遂挟嫌报复，偷偷将我的名字列入受训名单。”宋希濂对萧毅肃没有一句好话，萧毅肃的后人几十年后对宋希濂同样不屑一顾。萧毅肃长子萧慧麟2005年出版了《萧毅肃上将轶事》一书，据说是前后花了9年的辛劳之作，书中以较大篇幅叙述、点评了宋希濂其人和去职经过。萧慧麟这样写道：“要下令攻击时，担任第一线的第20集团军总司令霍揆彰就称病住到医院里去了。第二线是宋希濂的第11集团军，他更糟！同样是集团军总司令，宋希濂有3个军（8个师）98540人，霍揆彰才2个军（4个师）49890人，宋希濂仗着蒋委员长的宠信，硬是不肯就战斗位置，以致美方提出要求，请蒋委员长在远征军内，新成立一个任务编组的攻击军，由先父兼任攻击军司令，暂时取代宋希濂，至此宋希濂才被迫就范。最后他还是因为领导能力不足，为美方强烈不满要求撤换。但最重要的原因，还是宋希濂自己。他在攻击龙陵时谎报军情，使蒋委员长在同盟国的追

■ 中国远征军司令部副司令长官黄琪翔（左一）与参谋长萧毅肃（左二），接待周恩来（右二）来远征军访问时之留影。萧毅肃将军前额纱布是不久前在前线视察为日军枪榴弹破片所伤而包扎的。

问下下不了台。又对龙陵久攻不克，以致失去早日打通中印公路的机会。此外，他还恃宠去找不在远征军编制内的第5军军长邱清泉的麻烦，不想碰了钉子，被蒋介石见怪。再加上9月20日由史迪威面呈蒋介石罗斯福9月16日密电的刺激，才被调去重庆受训而失去兵权。在当时，这算是一种留面子而相当重的处罚了，但事后宋希濂却把这一笔账算在先父头上，记恨在心。”宋、萧的这段恩怨公案或许还将长时间困扰历史研究者，我们只能把萧家的这种说法当成一家之言，毕竟彼此间存有宿怨。不过有一点是肯定的，宋希濂在滇西反攻中的功劳远远大于过失，1945年5月获颁“青天白日勋章”，获勋事由便是“滇西作战有功”。

龙陵光复

15日中午，200师600团收复5310、5412高地，代总司令黄杰决定利用这一战果，从右翼跟踪追击退却之敌，继续切断龙芒公路，以便尔后龙陵攻略容易。16日，20师占领大垴子坡，荣1师占领文笔坡、小奎阁。日军龙陵守备队长小室钟太郎十分苦恼，要叫我一个工兵联队长来指挥不属于自己指挥的步兵，第2师团连个参谋都不派来，守住龙陵谈何容易。17日，小室钟太郎越想越苦恼，作出了违背上级指示、放弃龙陵的决定。松山祐三知道后，一再告诫小室死守龙陵的重要性，小室才收回了退却命令。18日，小室钟太郎选择切腹自杀，一刀下去没有断气，一旁的副官又给补了两刀，死得非常痛苦。

针对日军打通芒市、平戛间联络的举动，黄杰处置如下：36师即经大桥、蚌渺开至大厂山附近，接替9师在三关坡、坝湾坡及大湾坡守备；9师主力于防务交待后，即开赴象达，向黑鱼沟来犯之敌攻击；第2军应抽集主力向芒市积极攻击。黄杰并不急于攻取龙陵，反正松山、腾冲已拿下，龙陵的光复只是时间问题，上峰也同意“应有较长时间充分准备，予敌以决定性歼灭”。龙陵战场又一次出现沉寂，中国军队除不时以小部队施行威力搜索外，并无十分激烈的战斗。日军只求自保，当然也无力再犯，仅派出些游动部队向71军左翼窜扰。考虑到88师在城区作战过久，部队疲惫不堪，黄杰于10月7日下令该师将城区吴家寨亘桅杆坡一带阵地，交给荣1师接替。据说期间某次中美作战会议上，第5军军长邱清泉提出“火烧背阴山，水淹龙陵城”的战术，以减少伤亡，希望美方能够提供汽油10万吨，开山机12部。美方认为邱军长的想法不切实际而断然拒绝，邱清泉当场痛陈盟国的“重欧轻亚”政策，引起美方相当不满。以至于史迪威对中方派遣邱清泉协助黄杰指挥的决定加以阻挠，何应钦不得不专门复函解释：“邱军长之前往滇西，系协助第11集团军代总司令黄杰指挥攻击龙陵据点者，彼并非一新委之司令官或副司令官，亦未奉命负责龙陵区域之作战。查邱清泉将军为我国一级优秀之军官，1940年桂南昆仑关之役曾予敌以重创，故对据点攻击颇具经验，此次前往龙陵前线，当可将其经验作一有价值之贡献。”

■ 参加了龙陵战斗的部分中国军队指挥员合影，左起王凌云、陈明仁、黄杰、史宏烈和周福成。

龙陵中国军队“官兵皆精神饱满，以待最后攻击之信号”，在芒市附近集结的日军第56师团主力，根据33军的命令，展开了对平戛守备队的营救之战。如果从5月中下旬88师加强团和76师加强团围攻平戛算起，时间已过去三个月，安部和壮的部队能顶不假，王凌云的部队“光围不攻”也是事实。可被围的日子也不好过，树皮野菜差不多都要吃光了。18日，配属给松井秀治指挥的第49师团步兵第168联队基干攻占勋山。松山祐三以松井联队确保进军路线侧方安全；以49师团168联队基干留下1个大队担任扫荡，主力卡住太平子东侧山坳，切断通往良子寨之路；以146联队疾进平戛。松山的作战部署十分奏效，22日14：00，146联队一部突入平戛，与守备队完成会师。安部和壮一把抱住146联队长今冈宗四郎无言落泪，还是今冈清醒，擦了擦眼泪说，兄弟！咱可赶紧走，四周都是重庆军啊！根据日军战史记载，今冈部队按预定计划接收了包括伤病员在内的平戛守备队，当天午夜匆匆返转。第2军当然不会善罢甘休——追！第9师参谋主任王惜时回忆说：“此时平戛被围的敌军，突围向西南逃窜。我随陈克非带着25团由象达向南到平河截击，令26团尾追该敌。我们跑了一天，次日到平河时，敌军早已安全通过了。26团赶来，在中途打死两个，捉到一个掉队的日本兵。”日军的腿可真是够长的！

9月底，33军判断占领密支那的中国驻印军下一步将南进八莫，与滇西远征军遥相呼应，直取南坎。本多政材未雨绸缪，下令第2师团向南坎、畹町之间的瑞丽江两岸地区集结，加强攻守两面准备；第56师团全面接替龙陵和芒市的守备任务，拖住远征军主力，以利于缅北方面对驻印军的作战。松山祐三遵命执行，以兵员不足半数的146联队接替第

黄杰抗战简历

黄杰，字达云，1901年11月出生于湖南省长沙县明道镇周家屋场。1924年11月，毕业于黄埔军校第一期，任侦探队排长、副队长、队长等职。1926年4月历任第1师第1团第3营少校营长、第14师第40团中校副团长、第40团上校团长、第2师第5旅少将旅长、第1师第2旅旅长。1932年3月，升任第2师师长，1933年率部北上参加长城抗战，成为中央嫡系中较早参与抗日的青年将领之一。1936年3月，调任税警总团中将总团长。抗战爆发后，黄杰升任第8军军长，随即率部参加淞沪会战。1938年3月，兼任第40师师长。6月，因豫东战役归德失守被撤职查办。9月，出任中央军校教育处处长。1940年5月，调任军校第六分校主任。1943年1月，重返抗日前线，任第6军军长，旋又调升第20集团军副总司令兼军长。1944年2月，调任第11集团军副总司令仍兼军长。9月，宋希濂带职入陆大学习，集团军总司令由黄杰代理。1945年3月，升任第1方面军副司令官兼中印公路警备司令部副司令。

2师团六七个大队占领的龙陵阵地，今冈宗四郎大惑不解，既然已经放弃“断”作战，为什么还要恋战龙陵？在芒市举行的师团部队长会议上，今冈大胆提出放弃龙陵的意见，松山祐三的书面指示很干脆：“只要今冈部队存在，就必须死守龙陵。”第56师团综合各方面情报，判断远征军将在10月下旬开始新的攻势，可以说判断非常正确。松山、腾冲已克，炮兵第7团、炮兵第10团、第8军山炮营和配属第20集团军的重迫击炮团等纷纷到达龙陵前线，黄杰为使攻略龙陵城区容易，决心先拿下外围三关坡、锅底塘坡、双坡、张金山、伏龙寺各要点。31日，87师攻击庙房坡日军阵地使黄杰记忆犹新。庙房坡六号山头较高，西、南两面均受到敌人侧射，我军每次攻上棱线时，都会遭到敌人猛烈反攻。黄杰回忆说：“在情况危急时，幸得该师261团8连中士班长许庆瑞，独立山顶，勇敢奋战，目见彼在数分钟之内，投掷手榴弹十枚，击退反攻之敌。六号山头，赖其一人之支撑而确保。87师也因此而继续克复了五、九号各山头，并占领庙房坡阵地。”同日16:30，36师勇夺三关坡最高点，肃清反斜面日军。

11月1日，荣1师占领龙陵城区重要据点观音寺坡，确实控制了海关大楼。日军惊呼：“敌人从四面高地激烈地炮击龙陵市街阵地，特别是在十五榴及火箭炮的集中射击下，阵地大部被破坏，敌兵终于侵入阵地一角。……自11月1日以来，守兵几乎全部战死。”2日，36师再下锅底塘，200师攻占老粮台东端堡垒数个，荣1师与大奎阁日军隔壕对峙。3日夜，松山祐三同意今冈宗四郎放弃龙陵，立即率部向芒市撤退。中国军队谨慎搜索残敌，也没顾得上追击，日军这才能够顺利转移到龙陵西南阵地，但因体力消耗太多，仅仅5公里的行程，日军竟然用了5个小时。钟彬后来跺脚长叹：“因情况不明，致部队未能跟踪追击，以竟歼灭之功，至属可惜。”3日凌晨，沦陷2年多的龙陵城宣告光复，3时许，中央社战地记者彭河清、黄印文打电话给重庆的萧同兹社长告捷，萧社长兴奋地拿起电话也没看表，就将捷报第一时间

■ 龙陵收复后，中美两国军队举行升旗仪式。

报告了蒋介石。半夜3时半的蒋介石似乎还未入睡，听完报告说："我正在等待这消息。"3日8：50，黄杰入城巡视，沿东卡、下节街、中节街、新衙门转上西山坡，只见沿途房屋尽为炮火所毁，残垣断壁，寸土焦黄。10：40，黄杰在西山坡领导中美官兵升旗庆祝，即兴作"河山大好终还我，残敌今朝路已穷"之联。西山坡上中美两国国旗飘扬，将士严肃振奋，溢于言表。

河山重光

1944年11月3日，71军攻占龙陵，一部驻守城区，大部配置在西南外围各要点，积极调整部署，恢复体力，补充弹药。4日，88师向张金山、南天门攻击，日军直到6日夜才"永远放弃了宿命之地龙陵"，中国军队为此在攻击团坡阵地时损失惨重，263团副团长雷键阵亡，官兵伤亡100余人。6日黄昏，张金山、放马桥、南天门悉数被克服，龙陵西南外围据点全部被占领。当天早些时候，荣1师、87师官兵2000余人在龙陵县城举行了中美两国升旗典礼，之后第11集团军积极策定芒市攻击计划，调集2军、53军、71军和预2师、36师、200师对日军展开最后一击。本多政材原本要第56师团在芒市附近长期坚持，但面对中国军队攻势如潮，这时不得不降低要求，命令松山祐三退出芒市，在畹町以北纵深地带，进行灵活的持久战。也就是不再像松山、腾冲、龙陵那样的死守到底了。19日夜，日军悄然撤离芒市，第9师在20日4时进入城区，据王惜时回忆，王凌云当时把芒市附近的进出口物资清理收集后运到昆明售卖，发了一笔小财。黄杰当然顾不上这些，他下令"集团军决计以一部，肃清三台山之敌，主力继续攻占遮放而占领之"。22日，88师264团开始进攻三台山南坐寺，日军凭借坚固工事拼命抵抗，1营营长董雨兰负伤，部队死伤重大，钟彬、胡家骥要该团后退整补。戴海蓉团长和残余官兵坚决不同意，宁愿全团战死，也要继续执行攻击任务。28日晨，264团终于不负光荣使命，攻占南坐寺，打开了遮放的大门。黄杰称赞该团"此种勇敢牺牲精神，与争取战绩之荣誉心，诚足为我国民革命军之楷模。"

12月1日，88师进占遮放新城，87师沿芒遮旧道击破日军抵抗后，占领遮放老城。此时缅北驻印军正从密支那、孟拱向八莫快速推进中，远征军与驻印军的胜利会师已是指日可待。

日军第56师团残部附第2师团、第49师团各一部退守畹町占领阵地，企图与南坎、南帕卡一带日军相联系，"始终为切断雷多公路（中印公路）而努力"。日军经过补充后，防守南坎、畹町地区的兵力计有：第56师团约9000人，第49师团第168联队约1200人，第

■ 被远征军摧毁的遮放日军营房。

进，粮弹追送，伤患后运，通信线路延伸，各种器材筹集，在在需时。限于实际，无法及时完成准备……拟恳即令兵役部在最短期内设法空运补充兵6万名，并予以训练时期，借以完成一切作战准备，适机呼应驻印军，一并收复畹町。”蒋介石对此有不同看法，19日、21日两次致电卫立煌：“我驻印军已克八莫，进迫南坎”，“畹町敌军数目不大，且驻印新1军自攻克八莫后，继续推进，颇为顺利。希仍遵前令，从速进攻畹町，以期与驻印军早期会师”。重庆期待卫立煌秋风扫落叶般肃清滇西残敌，这一重任自然落在了第11集团军身上。黄杰在龙陵召集所属军、师长开会讨论进军事宜，不想发生一出意外悲剧。新39师师长洪行17日由施甸往龙陵会议途中翻车遇难，据说当时洪师长亲自开车，同在车上的4岁儿子幸免于难。李根源闻此消息伤心叹息：“大小千百战，洪行死可哀。”25日，卫立煌遵令部署进攻，决定两天后开始向畹町推进。第11集团军计划以第53军为右翼军，推进至日岗、景坎、遮勒附近，阻止勐卯日军向畹町增援，尔后渡龙川江进出南托、龙卡附近，截断滇缅公路；以第6军为中央军，指挥200师等部，展开于天盆山、虎尾山亘拱撤附近，向大黑山、回龙山、黑山门攻击前

18师团第55联队约1200人，第2师团第4联队约1000人，另有第33军直辖部队约3000人控制在腊戌附近。12日，蒋介石致电卫立煌：“着远征军迅速攻击畹町之敌，限亥月（12月）养日（22日）以前占领畹町。”和蒋介石的热情相反，卫立煌表现为难，三天后复电大吐苦水：“滇西反攻伊始，所属各部缺额10万有奇。腾冲、芒市等役，官兵伤亡又达6万余，期间补充仅万余（各序列部队现共缺员12万余）。下级干部极为缺乏，现时作为战斗部队，各师战斗兵多则千余，少至数百。根据以往作战经验，我攻占敌之较大战略要点，兵力必须绝对优势。查畹町附近之敌，为18、53、49等师团各一部，共2000余，轻重炮数十门。黑山门一带阵地扼畹町咽喉，地形险峻，工事坚固。就本军现有兵力，发动大规模攻势，实胜算难操，万一顿挫，反噬堪虞。会战前粮弹、汽油筹屯，公路、桥梁抢修，交通工具调配，会战时兵站向前推

进；以第2军为左翼军，展开于谢连、猛街及其东南附近，向黑猛龙、南平、梁子日军进攻；第71军为总预备队，布置于小街、石门坎之间。

远征军将士在烽火连天的滇西战场迎来1945年的元旦。从12月28日至1月1日，53军进至龙川江北岸，200师兵临回龙山北麓，2军进抵戞中南山、蛮帕冷山东麓和黑猛龙一线。第2军在攻占芒市之后，进行了一番人事调整，副军长钟松调重庆中央训练团受训，所遗职务由张金廷接任，陈克非继任第9师师长，76师师长夏德贵调职，刘平接任师长。陈克非、刘平新官上任，进攻欲望都非常强烈，9师于1月3日到达畹町河上游，4日攻占蛮棒；76师5日克拱尾寨，7日占领洪屋梁子及卡拿以东高地。200师攻回龙山则陷入困境，回龙山位于畹町西北，标高2680米，高吉人师长把师指挥所设在北麓山腹，南麓日军4日拂晓反击，200师虽屡次顶住日军疯狂反扑，但就是无法攻克南麓日军据点。8日晚，黄杰与71军副军长陈明仁亲临前线，研判敌情地形，决定88师接替200师回龙山北麓阵地，对南麓实行中央突破，钻隙击破畹町之敌。10日，24架飞机和40门火炮轰击回龙山后，263团、264团奋勇投入战斗。黄杰回忆说：“至17：00，我263团、264团由回龙山反斜面攻上山顶，在此最后十分钟争夺山顶之战斗，手榴弹纷掷，密如骤雨，硝烟尘土，血肉横飞，杀声震天，山崩地裂。……本日回龙山之战，乃整个畹町战局之转折

■ 八莫战斗中的驻印军装甲部队。

■ 第9师师长陈克非。

点。回龙山被我军占领，敌守备畹町正面之右翼支撑点即被突破，我部队即向畹町钻隙突进。”黄杰所说并非夸张，日军战史记载：“畹町周围第56师团的阵地，按正面方圆10公里构筑，敌人兵力超过我守备队兵力十余倍。由于敌人从阵地的间隙到处均能侵入，炮兵阵地终于受到攻击而陷入混战。”

14日，黄杰下令加速进攻，要求53军迅速击破大青山日军，遮断畹町日军退路；2军、71军分向老街、畹町攻击；200师固守现阵地。陈克非认为黄杰是有意要把攻占畹町的功劳交给71军，有些不服气，因此拼命赶在71军前面展开强攻。16日，9师推进到畹町河以东边缘上，就急急上报进入畹町，偏巧71军受阻黑山门，陈克非有足够的时间来完成“预报”的战果。畹町与九谷一河之隔，实际日军的工事和指挥机构都在九谷，畹町并没有多少。9师在九谷以东连绵不断的斜坡上，对日军三四处据点逐一进攻，日军顽强据守，26团1营2连连长肖相琦、3连连长马德铭同时壮烈牺牲。18日晚，陈克非以26团插到畹町西南的傣族村子内，切断日军与黑山门的联系，控制九谷西南公路。该团出色顶住日军两晚一天的反攻，配合师主力19日攻占九谷英军营房和海关，迫使黑山门、九谷以南的日军连夜撤退。20日拂晓，9师确实控制了畹町和九谷。21日，9师向南攻击前进，与日军阻击部队发生多次激战，陈克非不留预备队，以各团交互进攻。22日，53军116师346团在姆色首先与驻印军新38师113团先头部队取得联系，黄杰的命令再清楚不过，第2军要附带指挥87师驱逐曼港残敌，向南追击，于芒友东侧高地、拉帕亘大蚌附近，占领阵地，坚固守备。到达该线后，87师归还71军建制。

陆大教官吴致皋随军观战，后来在《滇西作战实录》一书中写道：“迄1月27日，我各部以分进合击之态势，更向芒友附近进攻。……同时第36师、第9师、第76师、第87师亦先后各将当面之敌击破，继续向芒友及其西南压迫，势如涌潮。”那么芒友到底是哪个师攻占的呢？吴致皋没有说，显然是有意识在回避“会师首功”这蹚浑水。王惜时则坚持认为这是第9师的功劳，但错将攻占芒友的日子记成了22日。9师26团1营3连上尉连长解云祥后来也撰文回忆了芒友会师的前前后后。25日深夜，解云祥连作为26团先头部队向芒友方向追击前进，“当我们前进到一个三岔路口，附近不见房舍村寨，只见一片较平坦的开阔地，有几处树林和凤尾竹丛。……打开地图对照当地地形，找出左边一条公路是向南延伸的，右边的一条公路是向西北延伸的，左边公路旁是芒友的位置”。解连长请示营长是不是还继续向前追？营长不置可否，两人带着传令兵乘月色仔细察看周围的地形，突然看见一个上面写着“芒友战迹”四个字的大木牌。解云祥和营长一合计，都认为不能在这里干等新1军来

滇西反攻作战中日军主要战斗部队序列

缅甸方面军司令官河边正三
- 第33军司令官木多政材
  - 第56师团师团长松山祐三
    - 步兵团长水上源藏
      - 第113联队联队长松井秀治
      - 第146联队联队长今冈宗四郎
      - 第148联队联队长藏重康美
    - 搜索第56联队联队长平井卯辅
    - 野炮第56联队联队长山崎一郎
    - 工兵第56联队联队长小室钟太郎
    - 辎重兵第56联队联队长池田耕一
  - 第2师团师团长冈崎清三郎
    - 步兵第4联队联队长一刈勇策
    - 步兵第16联队联队长界吉嗣
    - 步兵第29联队联队长三宅健三郎
  - 第18师团第114联队第1大队大队长猪濑重雄
    - 第49师团第168联队主力（吉田部队）
    - 第53师团第119联队第3大队
    - 第53师团搜索联队联队长奥中年藏

会师，于是退回到左后方，爬上高地，一面休息，一面命士兵构筑简单的工事，以防日军反扑。次日天明，同营的李伯侯连也赶到了芒友。不久，一群一群的炮弹向解、李两连阵地打来，紧接着是步兵冲锋，3连的王连忠排长不幸阵亡，解云祥正暗暗叫苦时，发现对方戴的不是日式钢盔，指挥官居然还是说中国话的。“我判定是新1军来了，因为事先没约定好联络信号，才发生这次误会。我急命传令兵把连旗展开，迎风舞动，并向对方喊话。他们也发觉了，马上停止了攻击。双方问明后，都高兴地跳起来，我们立刻跑下去，和他们亲切地握手，互道误会。”一身破烂的布军装、脚穿草鞋的远征军士兵，与头戴美式钢盔、全身洋军服的驻印军士兵紧紧握手，彼此都为对方的样子惊讶不已，这是我们中国的军队吗？

28日上午，中国远征军与中国驻印军的会师典礼在畹町、芒友之间的苗斯举行，卫立煌在典礼致词中指出：“今天的会师是会师东京的开始。……今天的会师，是我们盟国在东京会师的先声，我们要打到东京去，在那里会师，希望大家加倍努力，勇敢作战。”同日下午，中印公路、滇缅公路通车典礼在畹町举行，国民政府行政院长宋子文为第一列车队入境剪彩，并将中印公路命名为“史迪威公路”。中方这边庆典不断，日军那边死不承认“断”作战失败，“自1944年5月云南远征军开始反攻以来，整整9个月，第33军各部队特别是第56师团的奋战，阻止了优势之敌的进击，完成了切断印中地面联络路线的重任。在筋疲力尽的情况下结束了‘断第三期作战’。”日军放不下面子，用“结束”替代“失败”，令人啼笑皆非。根据日方统计，日军在反击远征军作战及“断”作战期间的损失为：战死8390人、战伤4810人、战病约5000人。吴致皋的《滇西作战实录》统计日军死伤17229人，与日方的数据十分接近，想来日军伤亡一万七八千人应属确数。至于中国军队的死伤情况，各种数据有较大出入，笔者认为没有必要深入探讨，这其中涉及中国军队的“潜规则”，即在战后把吃空额的数目上报在伤亡人数中“消账”，实际战斗减员的数字恐怕谁都搞不清楚。

滇西反攻向来存在两种截然不同的评价。正面意义主要有两点：滇西反攻收复云南西部失地83000平方公里，是抗战以来正面战场唯一的一次获得彻底胜利的大规模进攻作战；滇西反攻作战的胜利，打通了中国对外陆上通道，使美国援华抗战物资顺利输入，支持了中国持久抗战直至取得胜利。抗战七年以来，中国一直采取消耗战略，在各战场基本上取守势作战，很少进行攻势作战。1939年那场声势浩大的“冬季攻势”，结果只有第八战区傅作义部攻下了一个五原县城。此前中国军队最成功的攻坚作战要算是

■ 1945年1月28日中国驻印军同远征军在芒友举行会师典礼。在会师典礼上的驻印军（左侧戴钢盔者）和远征军（右侧戴布制军帽者）。

昆仑关战役，机械化第5军重创日军精锐第5师团，击毙旅团长中村正雄，但日军后来增兵反攻，昆仑关还是失守。如此看来，滇西反攻的确是中国军队第一次真正意义上取得全胜的攻坚战。说到打通对外陆上通道，从抗日战争的实际进程角度考察的话，其实作用并不明显，因为七个月之后日本就宣布投降了。不过这里有一个问题，谁都预料不到抗日战争的最后胜利来得这么快，快得让重庆方面有些措手不及，对东北、华北等地的接收都要依靠美军运输。本来按照军令部的规划，第五、第九战区是要先收复宜昌、沙市，再会师武汉的。1945年2月，军令部又拟订《中国陆军作战计划大纲》，决定反攻西南和华南。何应钦对反攻方针解释为："中国战区中国陆军总司令部以打通广州海口之目的，先以主力部队攻略桂林，夺取雷州半岛，再分别攻击衡阳、曲江；并牵制越北之敌，以主力沿西江流域，攻略广州，然后扩及全面。" 7月，中国陆军总司令部制订了反攻广州的作战计划，只因日军突然投降，反攻才转变为接收。如果美国不扔那两颗原子弹，光是华中、华南地区就有一系列大仗等着中国军队去打，更别说是收复中原、华北和东北所需的人力及物资消耗了。排除外力因素，正面战场的反攻可能需要持续三年五载，那时"打通对外陆上通道"的意义就不言而喻了，美国援华物资输入量的大小足以影响正面战场收复失地的“时间表”。

另一种评价是滇西反攻得不偿失，远征军、驻印军取得的战绩根本无法弥补豫、湘、桂战场一连串失败所带来的巨大损失。1944年4月中旬，军令部制订远征军反攻滇西的作战计划，22日，郑州失守；5月11日，远征军强渡怒江，26日，洛阳失陷；6月10日，第71军逼近龙陵城区，18日，长沙失守；8月2日，第20集团军开始围攻腾冲城垣，8日，日军攻占衡阳；11月3日，第20集团军攻克龙陵，10日、11日，桂林、柳州相继沦陷；12月1日，远征军克复遮放，20日，日军会师绥渌，打通大陆交通线。蒋介石曾说：“5月缅北一战，将中国所有储积之装备一概用尽，同时又将应行空运来华之吨位占去，以致中国境内其他之军事供应概受影响。直到6月，始补复1月份之供应。正如余所预料，日本乘我北缅出兵之时，对于豫湘两省猛加攻击，中国国内各战场，因北缅作战之故，既乏军械之补充，又缺驼峰空运之接济，而其所受之日军压力，更六倍于北缅所遭遇，北缅一部之胜利，实不足以抵中国东战场之损失。”蒋介石所说的“缅北”当然包括后来的“滇西”，但问题是——西线不打，东线就一定能胜吗？说滇西反攻的胜利远远不抵东线之损失，显然是建立在一个未经历史检验的假设性前提之上，正如余戈先生在《1944：松山战役笔记》一书中所说：“西线之胜是‘现货’，而东线的前途是‘期货’。”

再说滇西反攻的作战指导得失。远征军长官司令部在战后所作的《滇西会战的经验与教训》中认定远征军的第一条优点就是“作战指导正确，先攻腾北，吸引敌主力，然后乘虚直捣龙陵”。笔者认为这实在谈不上什么优点，远征军起初的“单拳出击”给了日军一个在内线作战中使用机动兵力的有利条件，要不松井秀治怎能像“消防队”那样南北“救火”，来去自如。郭汝瑰、黄玉章编著的《中国抗日战争正面战场作战记》一书中指出：“假如采用全线同时进攻，将主攻方向置于左翼，以钳形攻势直趋龙陵，以一部在右翼牵制性进攻，阻止腾冲日军增援龙陵；以一部切断龙陵、芒市间交通，置龙陵日军于孤立境地，对松山、平戛等据点仅包围作牵制性进攻，尔后以绝对优势兵力强求龙陵日军进行决战。一旦奏效，则腾冲以北各据点的日军若不放弃据点西逃，就将难以避免被歼。”

这一假设除了没有考虑龙陵方面弹药是否接得上以外，似乎是要强过远征军的“单拳出击，先攻腾北”。如果让卫立煌、宋希濂、霍揆彰等人再打一次的话，或许他们真的会如此选择，可惜历史没有如果，这样的如果只能在电脑游戏中反复去尝试。

还是吴致皋关于敌我军优缺点总结的真切。日军官兵素质较佳，教育训练切实，对上级命令，能彻底奉行；对于工事构筑，火网编织，侧防配置及伪装等，绝不敷衍；富于独立作战精神，如不达成任务，虽死伤殆尽，亦不轻于退却；长于反击及夜袭；作战准备周到，企图秘密；情报良好，搜索严密，联络确实。中国军队士兵素质及训练较差，战斗动作不熟练，每每不能达到战略或战术上之要求；不论攻击前进或占领敌据点等，对工事多忽略；士兵缺乏独立作战精神，每遇官长阵亡，即失其战斗能力；有少数指挥官，不能彻底执行命令，致贻误战机，影响整体作战；官兵缺乏保守机密及防奸、防谍意识，对情报工作，也不如日军迅速准确。

话没说完，也说不完，谨以本书纪念滇西反攻胜利65周年！

参考书目

辻政信著：《日军新加坡作战之回顾》，台湾黎明文化事业股份有限公司1987年版。

蒋纬国编：《国民革命战史第三部：抗日御侮》1－10卷，台湾黎明文化事业股份有限公司1978年版。

汪朝光著：《中华民国史》，中华书局2000年版。

宋希濂著：《鹰犬将军——宋希濂自述》，台湾李敖出版社1990年版。

曾昭抡著：《缅边日记》，辽宁教育出版社1998年版。

[日] 服部卓四郎著：《大东亚战争全史》1－4册，日本原书房1979年版。

胡复生著：《世界空降作战》，解放军出版社1992年版。

牛军著：《从赫尔利到马歇尔——美国调处国共矛盾始末》，福建人民出版社1989年版。

美国新闻处编：《怒江战役述要》，美国新闻处，1945年。

戴澄东著：《戴安澜传》，安徽人民出版社1998年版。

宋希濂编：《第11集团军龙芒地区作战经过报告》，陆军大学，1948年。

卫立煌、黄杰等编：《滇西抗战实录》，陆军大学，1948年。

徐康明、刘莲芳著：《飞越驼峰》，解放军出版社2005年版。

黄仁宇著：《缅北之战》，大东书局1946年版。

日本防卫厅防卫研究所战史室著：《缅甸作战》上下册，中华书局1987年版。

薛庆煜著：《孙立人将军传》，内蒙古大学出版社2000年版。

张仁仲著：《印缅随军记》，读者之友社1945年版。

[日] 吉野孝公著：《腾越玉碎记》(未刊稿)。

孙克刚著：《中国驻印军缅北荡寇志》，辽宁教育出版社2005年版。

秦孝仪主编：《中华民国重要史料初编——抗日战争时期》，中国国民党中央委员会党史委员会1981年版。

中国驻印军副总指挥办公室编辑：《中国驻印军缅北战役战斗纪要》，1945年。

张家德著：《保卫滇缅路》，云南人民出版社1994年版。

[日] 品野实著：《中日拉孟决战揭秘——异国的鬼》，群众出版社1992年版。

[美] 塔奇曼著：《逆风沙：史迪威与美国在华经验1911－1945》，新星出版社2007年版。

政协全国委员会文史资料研究委员会《远征印缅抗战》编审组编：《远征印缅抗战》，中国文史出版社1990年版。

[美] 威斯特等著：《血战太平洋》，内蒙古人民出版社2002年版。

耿德明著：《滇西抗战史证》，云南人民出版社2006年版。

魏碧海著：《第四野战军征战纪实》，解放军文艺出版社2000年版。

黄宝洲著：《遥远的密支那》，云南民族出版社2007年版。

云南省政协文史资料委员会编：《云南省文史资料》第5、18、19、25、27、32、37、39、47、50、52辑（未刊稿）。